杨庭松

YANG TINGSHUO
MINZUXUE YANJIU
LUNWENJI

杨庭硕民族学研究论文集

◎ 杨庭硕／著

中央民族大学出版社
China Minzu University Press

图书在版编目（CIP）数据

杨庭硕民族学研究论文集/杨庭硕著. —北京：中央民族大学出版社，2012. 12
ISBN 978 - 7 - 5660 - 0355 - 3

Ⅰ. ①杨… Ⅱ. ①杨… Ⅲ. ①民族学—中国—文集 Ⅳ. ①K28 - 53

中国版本图书馆 CIP 数据核字（2012）第 303695 号

杨庭硕民族学研究论文集

著　　者	杨庭硕	
责任编辑	张　山	
封面设计	布拉格	
出 版 者	中央民族大学出版社	
	北京市海淀区中关村南大街 27 号　邮编：100081	
	电话：68472815(发行部)　　传真：68932751(发行部)	
	68932218(总编室)　　　　68932447(办公室)	
发 行 者	全国各地新华书店	
印 刷 厂	北京宏伟双华印刷有限公司	
开　　本	787×1092（毫米）　1/16　印张：32.25	
字　　数	670 千字	
版　　次	2012 年 12 月第 1 版　2012 年 12 月第 1 次印刷	
书　　号	ISBN 978 - 7 - 5660 - 0355 - 3	
定　　价	78.00 元	

序

正是这部文集的清样，将我的思绪带回到 30 年前的云南大学校园。当时，我在云南大学执教，改革开放的春风使这所古老的大学里新生事物不断涌现。其中，一大批蒙受冤屈的专家、教授恢复了名誉和正式招收硕士研究生。这两件相互关联的大事，使这所校园充满了生气，也吸引了世人的目光。我也是在这样的背景下，认识了当年的那一批研究生。除了出生云南大学的研究生外，其它省区前来就读的研究生也给我留下了深刻的印象，本论文集的作者杨庭硕就是其中之一。

我之所以最早就熟悉他，是因为他高度的近视和出奇的勤奋，在图书馆看书时，脸部几乎贴到了书上，以至于他成了校园中最引人瞩目的改革开放宠儿。他来自贵州，他的导师是知名的民族学前辈江应樑先生。我当时就住在云大校园内，因而和他几乎是经常见面。加上对江应樑先生的敬重，更使得我与他很快地熟悉起来，并曾多次谋面深谈，直到他在 1982 年以优异的成绩离开云南大学为止。

当年的云南大学虽说正式招收了硕士研究生，但研究生的人数却少得出奇，三届研究生加在一起总共才 9 个人，2 人攻读生物，7 人攻读历史。江应樑先生的专长是民族学，但在招生之际，民族学还没有得到恢复，江先生只能以历史专业的名义招收了杨庭硕和曹相两位研究生。尽管在 20 世纪 50 年代，江先生和杨堃先生在云南大学也给历史系的学生讲授过民族学和社会学，但要正式招收民族学硕士研究生，设备和教师队伍都十分短缺。于是，在江先生的执意安排下，我们这些学习历史的老师也不得不经常与这两位民族学研究生接触，为他们提供必要的指点和帮助。杨庭硕则是将他所了解的贵州各民族和有关贵州的风土人情带到了云南大学，并成了我们经常交谈的话题。在这样的教学相长氛围中，感受最深的是杨庭硕的勤奋和执着，光是他摘编的读书卡片就可以装满一个抽屉，谈话的时候总是在审慎中流露出令人难忘的新意。他对贵州苗族支系的认识和理解，我们都感到非常的新颖，也十分佩服他治学的勇气。在那个年代，谈论民族的支系问题要承担一定程度的风险，敢于提出这样的选题，大家都倍感意外。最后，在他的硕士论文答辩中赢得了一致好评。该论文还被收载入江先生和尤中先生主编的《西南边疆民族历史研究集刊》内，因而给大家留下了深刻的印象，并为他离开云南而惋惜不已。

10 年后，我经人推荐才有幸获知他此后前去贵州民族学院执教，并在 1992 年正式出版了《西南与中原》和《民族·文化与生境》两部专著。我在阅读后，为他的勤奋和执着感到十分欣慰,同时也为江先生感到欣慰。江先生对他的两位高足投入了百倍的激情和心血。他曾语重心长地对他的研究生说:"你们来到这个地方已经太晚了,我也晚了,但民族学需要传下去。你们都是到了该出成果的年龄才踏入民族学的门槛,而我对民族学的研究工作也中断了多年,现在我也老了,你们不可能做出太大的成绩,你们只要能够把这门学科坚持下去传给下一代就是大成就了。你们能心甘情愿地去充当一座桥,我就心满意足了。"看到这两部著作,方知杨庭硕果然不辱师命,心甘情愿地做桥墩去了。江先生在天有灵,自当含笑于九泉了。

时间又过去了10年。在我和李绍明先生主持的西南民族学会年会时,与会人员告知我,杨庭硕已经离开了贵州民族学院,被聘请到吉首大学任教,而且还陆续发表了不少有影响的专著和论文,还在《相际经营原理》一书的扉页上,写下了如下题记:"谨以此书告慰尊敬的导师江应樑教授在天之灵。"尔后,在他的推动下,吉首大学加盟了西南民族学学会,直到此时人们才惊讶地发现,吉首大学已经成了中国民族学界的一支生力军。在杨庭硕的周围,已经拥有了一批专门从事民族学教学与研究的教师,还有一批投身于民族学的本科生和研究生。他果然把民族学这门学科传了下去,而且得到了发扬光大。这座靠勤奋和执着建构起来的"桥",不仅日趋牢固,而且还在不断延伸,激励着一代又一代的年轻人投身民族学研究。除去良好的社会环境和优越的治学氛围外,他个人的努力和创意也发挥了不小的作用。

时间又过去了10年,杨庭硕已经是70岁的老人了。据不完全估计,他完成和参与完成的著作已10部有余,而他亲自培养的民族学研究生也有好几十位,其中有不少已经成长为知名的学者。在为他感到欣慰的同时,也为他坚持不懈的敬业精神所感佩。而今,吉首大学要为他结集出版论文专集,真可以说得上是水到渠成了。在总览这部论文集后,不得不感概万千,这部论文集可以称得上是中国民族学发展30年的一个侧影。从中既可以感悟到他们这一代学人治学的艰辛和生活的坎坷,更能体察到他们的勤奋与执着、创意和胆识,而这一点正好是当代年轻一代很难理解的真实历史。论文反映的内容固然难能可贵,但他们的精神更值得青年一代效仿。现今,轮到我受吉首大学所托为该论文集作序,我理所当然地要向年青一代推介民族学研究进程中特殊的这一代人,而杨庭硕正是他们中突出的一员。

作为一个迟至不惑之年才踏入民族学门槛的学人,杨庭硕的突出之处不仅表现在他矢志不移的治学精神之中,还体现在他的创意之中。这些有价值的创意,在这本论文集中被归纳为四个方面,所收载论文大致可以代表他多年来艰辛探索的成果。

这本论文集的一大亮点是对民族学理论的创新。论文集"民族学理论篇"所收载的论文较好地反映了他的众多新思想和新见解。出于建构人与自然和谐关系的实际需要,他以美国人类学家朱利安·斯图尔德(Julian Haynes Steward,1902 - 1972)的"文化生态学说"为起点,结合了中国各民族文化的实际,提出了"文化制衡论"和"终端验证法"等新概念，建构了文化进化的立体模型。尽管这些建树还有待进一步的发展和完善，但可喜的是这些见解已经在我国的众多学术著述中得到了辗转征引，一批年轻人正穿越这座理论之桥，推动民族学理论的中国化。同时，在该篇目中，还收录了他的相关田野调查成果。

田野调查被视为是民族学研究的生命，而杨庭硕也一直以这个为使命。他的田野点位于今贵州省贵阳市高坡苗族乡。他在离开云大后的十多年间，先后十多次来到这个田野点从事民族文化资料收集和整理工作，在此基础上编写的"高坡民族志"总字数超过60万，而论文集中仅仅收载了其中的十分之一。但仅就这有限的收载，已经可以窥见他对田野调查的专注和精深了。论文集中收载的内容属于对苗族命名制度和计时制度的探讨，这在同时期的民族学田野调查资料中是鲜有人涉及的民族文化内容，但却是民族文化中至关重要而又最难以把握的内容，因为这需要涉及天文学、生物学和语言学的相关知识。能够将这样的民族文化内容向读者娓娓道来实属难得，而且可以从中感悟到他知识素养的广博。

生态民族学是20世纪80年代才开始引进到中国的民族学研究新领域，直到20世纪90年代，我国学人专门从事生态民族学研究的人还极为稀罕，而杨庭硕却在这个时候推出了《民族·文化与生境》一书，首次将生态民族学的概念和方法纳入了民族学研究领域。而有关这一新领域研究的论文则被收进了这部论文集的"生态民族学篇"。这部分论文既有个案研究，也不缺乏理论探讨。尽管正式发表已经过去了多年，但至今读来仍充满了新意，确实为生态民族学的发展做了难得的铺垫。

历史民族学是杨庭硕潜心钻研的另一个领域。值得注意的是，这里收载的论文与一般的民族史研究大不一样，它们都是从民族文化的视角去探讨历史上的民族文化和制度变迁，而且特别关注时空场域的推演对民族文化所引发的演替和重构。其中，对土司制度的探讨则最富新意。其过人的长处在于，将土司制度置于多元文化并存的背景下，从国家权力有效统治边疆民族地区的实际需要出发，去探究土司制度的实质。文中特别注意到传承和发扬了江先生所倡导的"三结合"研究办法，从而使得这些研究成果更能切中土司制度的核心。这在今天更具参考和借鉴价值。

该论文集中还有一个编目称之为"其他"。其中收载的论文大多数是个案研究，涉及经济、习俗、语言文字、计时制度等众多方面的内容。每一篇论文虽说都是独立成篇，但首尾一贯的理论思想和务实治学的风范却在每一篇中得到了完整的体现，阅读这些论文不仅可以深化对上述四个方面的理解，而且还能起到指引研究取向和优选研究办法的示范作用。

每一个时代都有属于它的艰辛，也有那个时代引以自豪的荣耀。而今，杨庭硕为之奉献了毕生精力的那个时代正在逐步成为记忆，杨庭硕也迎来了他桃李满天下的幸运晚年，而我则是他和他所处那个时代的见证者。我在这里写下了他的精神和他的贡献，这不仅是吉首大学的执意要求，而且是很多年轻人的心愿。但愿这本论文集的正式出版，能够让更多的年轻人了解那个时代，了解那个时代中的佼佼者，从中获得力量和灵感，那么杨庭硕用他的学术生命建构的这座"桥"也就算完成了它的历史使命。不过，这正是杨庭硕毕生的理想追求。

谨此序之，以志难忘。

何耀华

2012 年 12 月 12 日

目　录

生态民族学篇

历史民族学篇

民族学理论探讨篇

民族志篇

其他篇

生态民族学篇

中国养蜂业的生态人类学预警

摘要：养蜂是一项历史悠久的谋生手段，养蜂业是现代产业结构中不可或缺的一环。考虑到养蜂业对所处自然与生态系统具有很强的依赖性，养蜂业产品又直接关系到人民的身体健康，因而如何评估养蜂业的得失绝不是一个单纯的产业问题，必须兼顾生态安全和人民的体质特征以及行业伦理等众多社会因素。然而，我国养蜂业的现状却不尽如人意。中华蜂种群濒临灭绝、养蜂业产品冒滥屡禁不止、中国传统医药、中国各民族传统文化也随之而蒙受了一系列潜在的威胁。生态的安全与文化的流失同时陷入困境。如果不及时地迷途知返，有效地遏制行业的贪欲追求。随着文化生态共同体的松动，我国的生态安全、中华各民族传统文化还将面临更大的困境和难测的风险。

关键词：养蜂产业　文化产业　预警

一、困境与挑战

养蜂是一项古老的谋生手段，世界上很多民族都有自己独特的养蜂史。养蜂技术的发展和养蜂业的扩大，都与相关民族文化的进化与社会的变迁结下了不解之缘，并显示出各不相同的特色或发展轨迹。然而，在过去的一个世纪中，中华民族所面对的各种挑战和特殊的经历，都对中国养蜂业的现代化发挥过不容忽视的关键作用，致使中国当代的养蜂业在很大程度上，还保留着模仿抄袭西方同类产业的烙印。一个世纪后的今天，反思中国养蜂业的这一发展历程，我们不得不为之惊叹：当年发展现代养蜂业时，疏于关照的生态问题、民族文化保护问题和中国人种的体质特征问题，而今都对中国的养蜂业构成了一系列不容回避的挑战。这样的挑战已经超出了单纯的行业问题，必须从更宽的视野、更长远的整体民族利益出发，才能做出有效的应对。生态人类学在这一领域内，恰好可以发挥独特的作用。

中国各民族驯养的蜂种为中华蜂，它是东亚蜜蜂的一个亚种。① 这一蜂种在中华大地已经生息了数千万年。在漫长的地质史岁月中，中华蜂早已和中国各生态区

---

① 杨冠煌．东方蜜蜂 Apis cerana Fab 在我国的分布及其亚种分析［J］．云南农业大学学报，1986（12）：89—92.

系中数以十万计的生物物种结下了相互依存、相互制约的密切关系。中华蜂的存亡将关系到数以万计植物的顺利授粉传种问题，还要关系到数十万种动物的食物链。中华蜂濒临灭绝，将意味着中国整体生态安全的牵连性受损。不幸的事实正在于，在我国当前的养蜂业中，中华蜂的种群已经濒临灭绝①，以至于不得不动用巨大的人力和物力，去建立中华蜂保护保种基地，以延续中华蜂的种群，进而挽救我国整体的生态安全。

　　作为一种历史悠久的产业，中华各民族都有自己独特的养蜂业发展史，各民族的养蜂业不仅能提供食物的来源，同时还支撑着多种农、林、牧业的正常运行。中华蜂与中华蜂制品已经渗透进中华各民族的日常生产生活之中，涉及中华各民族的传统医药、饮食营养乃至于伦理意识观念等诸多方面，从而成为中国各民族传统文化的有机组成部分。中华蜂种群的存亡，势必会直接关系到中华各民族的非物质文化传承以及人民的身心健康。中华蜂种群的萎缩绝不是一个单纯的物种保护问题，而是关系到中华文明健康延续的重大社会问题。

　　20 世纪初，面对中国的积贫积弱，有识之士提出了"科学救国"、"实业救国"等进步主张。影响所及，很多传统产业都为之而改观，养蜂业也不例外。20 世纪初的养蜂专家们，出于推动养蜂业产业化和提升经营效益的考虑，加快与国际接轨的良好意愿。同时，又受到西方"技术先进，科学进步"的习惯性等思维方式的诱导，着手引入西方的蜂种、活框蜂箱和养蜂新技术。② 经过艰辛的努力后，意大利蜂的引进获得了成功，西方的蜂箱养蜂和离心摇蜜机取糖等技术在我国得到了迅速的普及。经过长期积累以后，中国的养蜂业确实取得了可喜的进步，为中华民族的崛起作出了不可磨灭的贡献。然而，我们也必须注意到，任何科学技术都是人类凭借社会力量建构起来的"工具"，是工具就必然存在用得好与用得不好的区别，对引进的外来技术还必然存在着一个需要消化、吸收和再建构的过程。具体到中国养蜂业而言，由于受时代所限和环境所迫，当年考虑不周之处肯定会给今天留下难以估量的隐患。对此，我们虽无权苛求于前人，但却负有不可推卸的责任，只能由我们去化解当年因考虑不周而引发的"后遗症"。

　　毋庸讳言的事实在于，当年的科学技术引进仅止于关注养蜂业的行业发展，而没有注意到任何一个物种的人为引进，都会连带发生"生物入侵"和"生物污染"问题。这是因为在那个时代的科学技术发展水平，根本没有意识到生物污染的危害有多大。生物污染的风险乃是迟至 20 世纪后期，才在学术界达成了共识。由此而连带发生"后遗症"，也就在所难免了。

　　养蜂业的特点恰好在于蜜蜂不能彻底舍饲，必须实行半野化放养。这就注定了引进意大利蜂的生物污染风险比引进其他动物物种更大，而大规模饲养意大利蜂的

---

① 杨冠煌. 引入西方蜜蜂对中华蜂的危害及生态影响 [J]. 昆虫学报，2005（3）：401—406.
② 龚一飞. 中国养蜂史述要 [J]. 中国养蜂，1981（8）：1—4.

行业运行又要求长距离放蜂，这就在无意中为生物污染起到了推波助澜的作用。以至于到了今天，随着意大利蜂群的无限膨胀，中华蜂因此而蒙受了灭顶之灾。关键问题在于，意大利蜂与中华蜂不能跨种交配而正常繁育后代。① 在半野化饲养的情况下，行业无法对蜜蜂的跨种交配做出有效控制，这就直接导致了养蜂业中意大利蜂和中华蜂的并存格局极不稳定。在经济利益的助推下，中华蜂种群在无意中成了生物污染的牺牲品。事情虽然出自无意，但由此而导致的生态安全养蜂业本身却承担不起。当前，我国政府和各族人民都得为此而背负沉重的生态代价。

中华蜂与中国大地上的近千万种生物，在漫长的地质史岁月中，通过长期磨合已经达成了物种结构间的制衡格局。我国有一万多种植物的正常繁衍有赖于中华蜂授粉。意大利蜂由于体型大，对中国众多植物物种具有过敏性，因而无法全面承担中国众多本土物种的授粉使命。② 这样一来，意大利蜂有能力威胁中华蜂的存亡，但却不能替代中华蜂的生态价值。一旦中华蜂灭绝，受到损害的不仅是中华蜂本身，中国众多的本地物种都得蒙受连锁式的生存威胁。中国的整体生态格局一经被打乱，全国各族人民都得为此付出沉重的代价。如果不把意大利蜂列入生物污染物种名单加以清除，中国的生态安全将永无宁日。

西方各民族大多属于白色人种，中国各民族则主要由黄种人构成，人种不同，体质结构也各不相同。体质不同，对食品的需求也各不相同。大体而言，西方各民族养蜂的主要目的都聚焦于提供甜味佐料。中华各民族由于主导的调味品是盐而不是糖，因而对养蜂业产品的需求主要聚焦于提供综合性的特需营养物质，特别是必需氨基酸和微量元素的满足。这样的体质差异，导致西方养蜂业的技术建构通常是以大规模获取蜂糖为目的，而中国的传统养蜂业则是综合满足蜂糖、蜂粮、蜂蜡的获取。这样的差异直接规约着养蜂技术的发展取向各别。西方各民族较早采用蜂箱养蜂、流动放蜂和摇蜜取糖等技术，能够较好地满足他们的人种需求，但这种技术却不能很好地全面满足中华各民族的食品需求，更不用说药用需求了。引进一套与中国各民族体质不相适应的技术，虽说在引进时出于无意，但却难免会引发中华各民族的健康问题。若不推动中国传统养蜂技术与现代技术的结合，那么中华蜂濒临灭绝的同时，中国各民族的健康也将连带受损。

中国的传统养蜂业是作为农业生产的副业而存在，要形成规模性的养蜂业，显然不足为恃。然而，与欧洲各国相比，中国地域极为辽阔。各地的生态差异极大，中华蜂的地域性变种也极为丰富，因而作为副业而存在的养蜂业反而能够较好地应对各地生态系统的差异，确保相关植物的授粉顺利完成，蜜蜂对中国本土植物的过敏表现得并不明显。这对我国不同生态系统的稳定具有不可替代的生态价值。然

---

① 王启发等. 中西蜂间自然交尾干扰问题的观察［J］. 昆虫知识，2003（2）：164—167.

② 季荣等. 从有意引入到外来入侵——以意大利蜂 Apis mellif era L 为例［J］. 生态学杂志，2003（5）：70—73.

而，引进单一的意大利蜂种，实施长距离大规模的半野化放养，对于规模种植的农作物而言危害不大，但对于众多地方性的中华本土野生植物而言，却会带来灭顶之灾。当意大利蜂不能替代中华蜂授粉时，相关的植物都会灭绝，而且无法实施人工保护。对这样的灾难性隐患绝不能掉以轻心。这将意味着中国的养蜂业为了跟上时代的步伐，当然需要行业化，但行业的组建方式却只能靠自己创新，不可能照搬国外的行业结构。否则的话，尽管养蜂业可以获利，但由此而导致的生态隐患却得由其他行业去付出代价，全国各族居民都得连带受损。

中华蜂与中国各民族的文化经过长期的磨合后，已经达成了相互依存、相互制衡的和谐关系。中华蜂的存在已经渗透到了中国各民族的价值观、生命观甚至伦理观之中，养蜂技术、养蜂知识的积累已经成为中华文明知识与技术的有机构成部分。中华蜂及中华蜂的产品与中华各民族的制度安排、风俗习惯甚至语言表述已经相互认可渗透、融为一体。中国的传统养蜂已经渗透进了中国各民族的农业、畜牧业、林业、食品工业、医药行业、传统工艺之中，以至于中华各民族的非物质文化传承不能没有中华蜂。中华蜂种群濒临灭绝势必造成中国非物质文化传承的重大缺失，干扰到众多行业的运行规范，并对和谐社会的建构埋下潜在的威胁。挑战的复杂性和多样性虽然源于当年养蜂业发展取向的失误，但风险引发的社会文化问题却足以干扰科学发展观的模式与和谐社会的建构，使我国未来的发展陷入难以摆脱的困境。

二、以人为本，行业次之

中华各民族的人种构成，95% 以上都属于黄种人，而欧洲养蜂业发达的国家，如意大利、西班牙等，95% 以上的居民都属于白种人。不了解内情的人难免会误认为这与养蜂业无关，其实则不然。正是人种有差异，中国和西方的养蜂业在技术取向上就会很自然地拉开很大的差距，以至于双方建构的技术体系无法相互兼容。这得从不同人种的食品需求说起。

白种人的体质特征在于体表的汗腺不发达，但分泌的汗液却十分浓稠，毛孔粗大，并表现为狐臭体征十分普遍。人类出于正常消化需要，都需要摄入一定量的食盐，但进入体内的多余食盐又得通过新陈代谢排泄掉，以确保体内氯离子、钠离子的平衡。白种人由于汗腺不发达，汗液浓稠，因而维持体内食盐平衡的作用不明显，摄入体内的多余食盐，主要得仰仗排尿去保持平衡。必须强调的是，这样的体质特征属于遗传特征，是外在原因所不能改变的本底属性，因而白种人在进食过程中生理调节机制会尽可能地规避摄入过多的食盐。这就导致白种人的饮食习惯普遍怕咸，而习惯于靠甜味佐料调味。于是，糖（包括蜂蜜）对白种人而言，看重的是它的调味功能，而不大关注其他营养价值。否则的话，大量摄入食盐，会给身体健康造成代谢上的负荷，只能通过大量喝水和频繁排尿去求得平衡，但这会给生活带来诸多的不便。对此，即使是通过粗疏的观察，也可以做出意向性的判断。西方客人到了中国，虽然对中华饮食赞不绝口，但无一不抱怨中国食品过咸，担心多吃中国食品会诱发冠心病。其原因正在于他们长期食用中国食品后，会带来频繁排尿，极为不便，还会损害他们的身体健康。甜味佐料在他们饮食习惯中的特殊价值，正因此而起。偏好甜味食品，其实是西方各民族文化对自己体质特征的成功适应。

中国各民族的居民绝大多数属于黄种人，汗腺非常发达，汗液所含的蛋白质和脂肪极少，汗液清澈，排汗十分畅快。这就使得中国各民族居民即令比同样体重的西方人每餐摄入超过一倍的食盐，也可以通过汗液顺利排出体外。体内盐平衡的生理调节功能比西方人要强得多。即令摄入食盐过多，也不像西方人那样，需要大量喝水、频繁排尿。正因为体质本底特征如此，所以中国各民族的文化建构会很自然地将食盐定位为主导性的调味佐料。观念上将食盐定位为五味之首，把油香盐咸定位为美味，同样应当正确地理解为中华文化对自己体质本底特征的成功适应。

即令长期不食用甜味佐料，对中国人的饮食而言几乎不构成明显的负面影响，摄入食盐量偶然超标，对中国人的健康而言也不会造成明显的副作用。这正是中国各民族饮食中，食盐的输入量尽管很大，但中国人的冠心病发病率反而比西方人低得多的生理原因所在。

基于体质的上述差异，在西方各民族中，养蜂业容易形成规模性的大产业，也就容易理解了。比如，西方各民族在殖民时代，无不争相占领热带、亚热带地区的殖民地，为的是便于实施规模性的甘蔗种植，以便建构大规模的蔗糖产业，这同样是为了适应他们的体质特征而做出的应对。具体到养蜂业而言，由于西方各民族看重的是它的甜味佐料功能，因而其技术走向也会十分自然地聚焦于尽最大的可能去获取蜂蜜，而将"蜂粮"和"蜂蜡"弃之不用。其技术建构的理由也是怕取用蜂粮和蜂蜡后会影响蜂群的扩大，降低蜂蜜的产量。选用体型大、产蜜能力强的意大利蜂种，建构摇蜜机用离心手段单纯取蜜，都是出于获取甜味佐料的行业需求，因为满足这一需求才能更好地服务于西欧各民族的饮食尚好。换句话说，西欧各国养蜂业技术建构的合理性，主要适用于白色人种，而不能很好地适用于黄种人。

中华各民族特别是汉族和南方少数民族都是典型的农牧民族，其饮食习惯也打上了明显的农耕印迹，食品构成中植物性食品种类繁多、琳琅满目，而动物性食品特别是奶制品普遍偏少，而且还存在着季节性的大幅度波动。尽管中国各民族饮食习俗丰富多彩，但动物性蛋白质食物却明显偏少，以至于必需氨基酸缺乏和微量元素缺乏，自然成了文化建构中需要认真补救的饮食结构缺环。在甜味佐料需求量不高的前提下，中国各民族对养蜂业的技术要求也就很自然地转向对必需氨基酸、微量元素和生物活性激素的获取。这乃是中国传统养蜂技术长期沿用毁巢压榨法取蜜的原因所在，因为这种传统的取蜜方法，不仅可以获取蜂蜜，还能将蜜蜂用花粉酿造的"蜂粮"和未蛹化的幼蜂一并混入蜂蜜中，而这后两种构成部分恰好富含人体所需的 8 种氨基酸，还均衡地含有多种人体正常所需的微量元素。此外，还含有有助于人体健康的多种活性激素。即使是取蜜过程中混入微量的蜂蜡，也具有加快肠胃蠕动的功能，能防止便秘等消化道疾病，对人体健康也有一定的作用。

蜂蜜被中医药定位为必需的药品和营养滋补品，其合理性正有赖于这种传统的取蜜方式。如果照搬西方技术用离心摇蜜机取蜜，那么获取的蜂蜜虽多，但其食用功能仅等同于一般的食糖，药用功能也就无从谈起了，而糖恰好是中国各民族需求并不迫切的食品。一则中国，特别是中国南方地区甜味食品众多，供给充足。二则由于中国幅员辽阔，并拥有辽阔的甘蔗、甜菜等制糖原料生产基地。如果我们的养蜂业仅仅是为了获取甜味佐料，那么就会与我国的食糖产业构成完全没有价值的行业竞争。与此同时，中国的传统医药和中国的营养制度反而会受到致命的打击。

事实上，20世纪中期，中国的国内市场就出现过蜜价远远低于糖价的怪现象。在那些年代里，中国的养蜂业曾经蒙受沉重的打击。这样的教训，中国养蜂业的行内人应当记忆犹新。而今，蜜价虽然反超了糖价，但如果提供的仅是甜味佐料，其价格的合理性也必然要受到质疑。这同样是另一种意义上的不合理。有鉴于此，我国各民族传统的取蜜方式对中国各民族的传统医药而言，至今仍然不失其特殊价值。技术创新的取向理应致力于发明和设计能够同时获取蜂蜜和"蜂粮"的技术装备，才能满足中国各民族非物质文化传承和传统医药运行的需要，以便更好地服务于中国各民族的身体健康。机械照搬了多年的西方取蜜技术，事实上已经到了消化吸收的时刻了。对这个问题，强调规模化、强调与世界接轨显然是一种悖论，因为中国的养蜂业其市场主渠道是中国，而不是外国。拒绝为中国各民族饮食习惯和传统医药的紧迫需求服务，无异于将行业凌驾于"人"之上。这显然不是提出"以人为本"原则的初衷。进而还必须指出，中国本来就是一个产糖大国，中国的养蜂业在产品构成上如果不与机械制糖工业产品拉开差距，养蜂业的独立性和特殊效用也将成为空中楼阁。这正是行业本身需要认真思考的重大发展问题。

近年来，随着食品加工工业的日新月异，不仅是蜂蜜，就是技术相当成熟的甜菜制糖和甘蔗制糖，也开始面临新的技术挑战。我国的甜菜制糖产业已经全面瘫痪，纬度较高的小规模甘蔗制糖厂也纷纷倒闭，已经足以显示这种挑战的严峻形势。欧美各国为了缓解对境外甜味佐料的依赖，不断推出一批新的技术，可以将富含淀粉的多种粮食借助发酵工艺，直接生产出纯度极高的葡萄糖和果糖，甚至可以直接生产出完全没有营养价值的甘露醇、山梨醇等纯粹的甜味佐料，以满足西方各国白种居民和糖尿病患者的特殊口味需求。必须注意到，这一系列的技术发展，已经冲击到了欧洲各国的"先进"养蜂技术。中国如果再步西方养蜂技术的后尘，又不能满足中国各族居民的实际生活需要，在养蜂技术上因循守旧，对西方技术亦步亦趋，其前景只能是产业技术竞争的牺牲品，绝不会有美好的前途。但若改弦更张，转而服务于中华各民族的饮食尚好和健康需求，那么凭借中国国内市场的广大，中国的养蜂业同样可以兴盛，而且还能有效应对欧美现代新技术的挑战。这应当是我国未来养蜂业的机遇所在，中国养蜂业将何去何从，在此一举。

三、生态为先，利润其次

养蜂业和其他各种第一、第二产业相比，显然具有其特殊性。它不是纯粹的资源消耗型产业，而是一种兼具生态公益服务的产业。在全球生态状况日益恶化的今天，养蜂业在这一方面的价值更不容忽视。这是因为蜜蜂是众多植物授粉传种的媒介，又处在众多动物食物链的枢纽环节，中华蜂种群的稳定直接关乎中国生物多样性的水平，直接关系到中国众多野生动植物物种结构的稳定以及各类型生态系统的均衡。以蜂群的扩大为基础建构的养蜂业很自然地也得承担起相应的生态公益服务功能，因而即令养蜂业的产品可以被其他产业所替代，但它的生态服务功能其他任何一个产业都替代不了。即令中国养蜂业的蜂类产品市场价值有限，养蜂业也有正当的理由享受国家的高额补贴，因为养蜂业可持续存在的价值已经和中国的整体生态安全结下了不解之缘。为了中国的生态安全，中国自己的养蜂业必须长期存在并健康运行。

在当今世界，农业补贴已经成为所有发达国家的经济运行惯例，中国反倒是农业补贴额度最低的国家。中国对养蜂业的补贴与其他农业项目补贴相比，更是低得不近情理。这对中国的生态安全极其不利，与中国对生物多样性保护的庄严承诺也不相称。欧美发达国家实施高额度的农业补贴，完全是出于经济的需要和建立政治霸权的需要，本身就是一种不合理的民族利己主义产物。对此，我们暂时虽然无力改变，但为中国的生态安全负责，我们也有正当的理由对中国的养蜂业实施高额生态补贴，因为我们这样的高额补贴绝不是利己，而是兑现我国政府对生物多样性保护公约的承诺。

接下去，需要澄清的关键问题就在于，中国未来养蜂业应当定位于哪一个蜂种。答案不言而喻，只能定位于中华蜂。中华蜂对于各地不同的自然条件有很强的适应能力[①]，已经与中国本土不同类型生态系统之间形成了千丝万缕联系，是地质史上千万年来自然选择的产物。中华蜂已经成为中国本土众多生态系统不可或缺的关键组成部分。这也是人力无法重建的自然事实。中国各民族的文化则是在遵从这一客观事实的前提下，分别适应于所处自然与生态系统的成功范例。其成功之处正在于通过养蜂业去确保中华蜂种群的稳定延续，从而能在各民族正常的生产生活中连带实现生态维护功能，为中国本土整体的生态安全做出了积极的贡献。这就使得离开了中华蜂，中国本土的生态安全必将蒙受不可挽回的损失。至少有一万种以上的显花植物其正常的授粉繁殖要受到不同程度的阻滞，无意中导致这些物种的灭绝。中华蜂还能为数万种动物提供食物来源，中华蜂的缺位同样会打乱这数万种动物的食物链，威胁到它们的正常生息和繁衍，导致中国本土生物物种多样性水平的

---

① 周崧. 中蜂和西蜂之战 [J]. 蜜蜂杂志，1988（3）：18—20.

急剧下降。由于这是中华各民族文化与所处自然与生态系统长期制衡运行的产物，因而也是人力短期内根本无法重建的事实。人力所能做的仅止于推动中华蜂种群的复壮和扩大，使之承担起不可替代的生态维护功能。换用任何蜂种饲养，都将无济于事，因为中华文明不可能等待新蜂种通过漫长的地质史岁月的磨合，去成功地替代中华蜂在中国整个生态体系中的价值。目前，已经构成生物污染的意大利蜂更是如此。

对环地中海各类型生态系统而言，意大利蜂同样具有不可替代的生态维护功能，但由于任何类型的生态系统都具有其专属性，任何一个物种的栖息地变迁都必然会打乱新栖息地的生态健康运行，这乃是生物入侵必须严格防范的依据所在。意大利蜂在中国安家就是如此。诚然，意大利蜂个体大，飞翔能力强，采蜜量也大，作为单纯追求蜂蜜产品数量而言，显然具有很大的经营优势。可是，到了今天，养蜂业已经不是纯粹的食品提供产业了，养蜂业的生态公益服务功能远远超出于它的产品价值。到了这个时候，意大利蜂的产蜜优势必须退居次要地位，必须让位于中国整体性的生态维护。这是因为行业的利益仅是整个经济活动的极为有限的组成部分，而生态环境的整体安全，不仅要牵涉全国的经济运行，还直接影响到我国各族居民的健康，也会干扰到其他行业的正常运行。其根本原因在于，中国本土的各类型生态系统对意大利蜂而言，显然都是陌生的生态环境，意大利蜂的存在要与中国各类型生态系统达成相互兼容的和谐，必须经历一个漫长的磨合过程，而这个过程又是我们所不能等待的。其间的关系极为复杂，这里只能就关键的几个方面略加分析。

首先是生态位的重建问题。植物也像动物一样，在自然选择中也会发育出一整套自卫本能来，体现为能够分泌各种化学物质排抗某些动物的取食。这些都属于植物的本能，也是人类暂时无法改变的事实。从外面引进的意大利蜂同样会面临这样的挑战。这就使得很多对中华蜂不构成危害的植物，意大利蜂却不能正常取食。意大利蜂为了自卫，也会拒绝为这些植物授粉。结果使得中国很多种植物只能靠中华蜂授粉，而不能通过意大利蜂去授粉。在中国，具有重大经济价值的木本油料作物油茶就是如此。当前，我国的油茶主产区有不少区段茶树光开花不结籽，主要原因在于当地的中华蜂已经绝迹，而意大利蜂又拒绝授粉，光这一项，我国的油茶业已经蒙受了巨大的损失，并对相关地区的侗族、苗族、布依族、壮族和汉族的农林生产造成了重大损失。其他意大利蜂不能授粉的农林作物和野生植物还有很多，如那些植株分散、矮小以及生长在遮阴处的植物。此外，花型很小、植株柔弱的草本植物也存在同样的问题。意大利蜂体型较大，无法进入形体很小的花朵，植株柔弱的草本植物又承受不住意大利蜂的体重。一旦中华蜂缺位，这样的植物同样会面临灭绝的威胁。

中国地域辽阔，生态类型多样，以至于即令是中华蜂也拥有众多的地方性变种，这些不同的变种，对所处的生态系统而言也具有专属性。其他地方的中华蜂变种都难以相互替代，更不要说意大利蜂了。一旦中华蜂告缺，要等待意大利蜂形成新的地方性变种更是一个无法等待的漫长岁月。可见，意大利蜂对环地中海生态系统而言，虽然具有不可替代的价值，但对于中国复杂的生态系统而言，它却无能为力。当前最紧迫的问题是，意大利蜂对中华蜂的存亡具有多重的威胁性，而且已经导致了中华蜂的濒临灭绝。如果不抢救中华蜂，全面替代意大利蜂在中国的存在，被扰乱的生态位在相当一段时间内是人力无法修复的。为此，中国未来的养蜂业别无选择，必须清除意大利蜂，代之以中华蜂。

其次，养蜂业与中华各民族文化的协调问题。由于中国地域辽阔，并存的生态类型多样，而中华各民族又是针对自己所处的自然与生态系统，通过文化适应去建构富有特色的第一产业，并制约着各民族养蜂业的地域归属，结果使得中国各民族的养蜂业很自然地成为相关民族文化生态共同体的有机组成部分，各民族所处的生态环境维护都得仰仗这样的文化生态共同体去完成。

历史的教训值得借鉴。清雍正"改土归流"后，为了支持西南地区各民族的社会经济发展，清政府投入了大量的人力、物力和财力，向这些民族地区引种棉花、荞子等农作物。然而，引种到黔东南苗族地区的荞子长得很茂盛，但是只开花不结籽，引种工作最终以失败而告终。向广西、云南、贵州等地的壮族、布依族引种棉花的工作也遇到了阻力，不少地区是引种后数十年，棉花产量才得以稳定。其原因全在于上述各地区的少数民族，他们所饲养的蜜蜂由于长期习惯于消费这些民族种植和利用的农作物和野生植物，短期内不适应消费新引种的农作物。结果使得一个良好的政策，蒙受了不应有的损失。中华蜂的地方性种群尚且具有如此明显而顽固的取食习惯，外来蜂种就更不用说了。要让引进的意大利蜂获得中华蜂各地方种群一样的生态维护价值，由于生物的自然属性所使然，在短期内肯定是办不到的。但如果换用中华蜂，又能够扶持各民族传统农、林、牧业的复兴，那么适应所需要的时间和投入的精力都能够大大节约。更重要的还在于，这样去复壮中华蜂种群还能够激活各民族文化生态共同体为当地的生态维护发挥持续性的制度性保证。因此，它能够在不必加大投入的前提下，坐收生态维护的实效。

最后，生态风险的防范问题。任何生物物种的异地搬迁都得面对水土不服问题，都得有一个漫长的再适应过程，而且即令是基本适应后，还不能够防范突发性的生态风险。这是因为在生态系统中，任何生物物种之间都是环环相扣，仅孤立引进一个物种而不能引进与之相匹配的所有物种，特别是无法连同引进与之伴生的微生物，那么生物物种引进后，很容易打乱高等植物和动物的衔接关系，但却很难触动微生物环境。这样一来，由于引进的生物物种缺乏相应的免疫力，爆发性的病害肯定会像影子一样挥之不去。中华蜂则不同，由于在漫长的地质岁月中，各式各样的病害中华蜂已经经历过了，获得了相应的免疫力。更重要的还在于，中华蜂拥有海南中蜂、东部中蜂、滇南中蜂、西藏中蜂以及阿坝中蜂等众多的地方性种群①，基因库藏极为丰富，中国本土能够发生的病害都不可能构成致命性的风险。意大利蜂则不同，它不仅没有经历过在中国的生存磨炼，其地方性种群和生物基因库也十分单薄，一旦灾难性的病害降临，蒙受灭顶之灾永远是要高度提防的重大隐患。相反地，如果重新启用中华蜂作为中国养蜂业的主导蜂种，这样的风险就可以不需耗费其他的超额投资，也能做到防患于未然。

我们必须牢记：曾经引进中国的外来物种，在其被驯化的过程中都曾经历过各式各样的生物风险，马铃薯、甘薯的致命性病害直到20世纪末期才得到彻底控制。单一喂养意大利蜂的潜在风险不得不引起高度警觉，因为这不仅是养蜂业一个小行业的问题，更是关系中国整个生态安全的头等大事。对此，我们不能不慎之又慎。

四、伦理为本，遏制非法竞争

正因为当前我国养蜂业的技术是围绕单一提供甜味佐料而建构，现代科学技术的飞速发展获取甜味佐料的工业廉价产品又层出不穷，这就为行业的弄虚作假和产品冒滥大开方便之门。仅最近几年来见诸报章杂志的相关新闻就非止一端，从在蜂蜜中混入淀粉、海藻胶到用白砂糖饲养蜜蜂，再到直接混入工业产品的果糖和葡萄糖，花样层出不穷。各种各样的法律手段屡禁不止。弄虚作假的人远不止普通的养蜂户和普通的经销商，甚至某些有昧天良的科技工作者还在其中出谋划策，并借助旋光镜检测数据为凭，替假冒蜂蜜产品做担保。他们糟蹋的不仅是行业的信誉，更是糟蹋了中国各族居民的身心健康，践踏了法律，踩踏了中华民族的伦理底线。

由于蜂类产品本身就取材于多种多样的植物，一般性的单项检测手段很难发现产品的作伪，更难以提供有力的法律取证将罪犯绳之以法。这种情况在西方各国并不严重，原因不仅仅是因为他们的食品安全法制比较健全，更关键的原因还在于他们的传统文化仅仅是将蜂蜜作为甜味佐料使用，较少考虑蜂蜜的其他营养价值，更不会考虑蜂蜜的药用价值和滋补价值。这就使得西欧各族居民都能较为理智地选用物美价廉的甜味佐料，蜂蜜仅仅是备选甜味佐料之一，因而上当受骗的可能性很小。养蜂业也不值得为此而弄虚作假，即使作假，其获利也十分微薄。

中华民族的传统文化则不同，由于我们看重的是蜂蜜的滋补功能和药用功能，各民族传统文化看重的是蜂蜜的象征意义和精神价值，因而人们只要听说是天然蜂蜜，都会不惜高价购买、消费。加上我们的食品安全法有欠完备，我们的检测手段在短期内又难以做到与中国传统文化相兼容。再加上相关检测手段有欠健全，用工业产品的果糖、葡萄糖混入蜂蜜做药用品和滋补品推销，可以轻而易举地获取暴利，而检查手段又无法为法律提供有力的取证。这才使得中国养蜂业的弄虚作假愈

---

① 杨冠煌. 中华蜂资源调查（二）［J］. 中国蜂业，1984（6）：16—19.

演愈烈，以至于到了今天，弄到购买真蜂蜜得匹配蜂巢为证的尴尬境地。这是行业的悲哀，也是中华民族伦理底线的创伤。有鉴于此，从源头摧毁弄虚作假的根基就成为当前我国养蜂行业管理的必须之举。

问题仅在于，我们有没有勇气反省我国养蜂业近乎一个世纪以来的偏颇，敢不敢迷途知返。只要有这样的勇气，治理行业的假冒伪劣其实并不是一件难事，只需要在蜜类产品的质量检查规程中做出新的规定，就可以迎刃而解。具体做法是：必须在蜂蜜中检测到与商标相符合的花粉种类，而且是经蜜蜂发酵过的花粉"蜂粮"，那么上述各式各样的作伪都无处藏身。当然，围绕离心摇蜜机而建构的检测标准必须修改，最好是鼓励恢复传统的取蜜手段，必须确保正式上市的蜜类产品含有规定数量的酿造过的花粉和一定量的蜜蜂的幼虫。只有这样，中华民族的传统伦理才得以声张，养蜂产业的冒烂也才能够得到有效的遏制。摆脱中国养蜂业的困境仅在一念之转，事关民族大义和中国的生态安全，我们绝不能够姑息养奸。

五、小　结

文化生态共同体是生态人类学的核心概念之一。从这一概念出发，我们可以清醒地看到，目前我们所能观察到并直接加以研究的生态系统，其实并不是纯粹的自然生态系统，而是经由相关民族及其文化加工和改造后定型了的人文生态系统。相关民族的文化与这样的生态系统已经形成相互渗透、相互依存、相互制衡的共同体，文化与生态之间一荣俱荣，一损俱损。当前所暴露出来的众多生态问题往往是相关民族文化受损、扭曲甚至濒临失传而派生的产物。维护中国的生态安全与维护中华民族的文化"多元一体格局"，是同一问题的两个侧面。处在文化生态共同体接触点上的养蜂业，因此而获得了极为明显的代表性。看准了中国养蜂业困境的实质及其由来，也就看准了我国各民族非物质文化保护的难点所在，同时也就看清了我国生态建设的切入点所在。只要抓好、整顿好我国的养蜂业，使这项具有特殊生态价值和文化价值的特殊产业摆脱困境，重获新生，那么我们就可以做到只需花费很小的政策代价而"一举三得"，产业、文化和生态获得共同繁荣，和谐并进。

有鉴于此，摆脱困境的切实可行的政策莫过于，将农业专项补贴、非物质文化保护投入、生态建设投入和民族特困地区的扶贫投入，实施"四方捆绑"，用于资助中华蜂及传统养蜂技术的复壮和技术创新，并在这一基础上健全相应的法律、法规和行业规章、检测技术手段，那么中国养蜂业的新生也就指日可待了。与此同时，目前看似十分棘手难办的非物质文化保护、生态建设和特困民族地区的扶贫等都可以一并获得妥善的处理，需要等待的仅仅是何时下决心而已。

[原载《贵州大学学报》（社会科学版）2012 年第 2 期]

论侗族梯田经营化解气候风险的潜力

摘要：传统的评估方法习惯于认为，梯田脱水、育秧时节的烂秧比例和收割时的秕谷比例超过20％都可以作为梯田种植抗拒气候风险失败的标志。然而，通过对黔东南侗族稻作梯田的综合调查后发现，上述习惯性的评估指标存在很大的局限。首先，在这里的侗族稻作梯田中，并行种植着的多个糯稻品种的生长期和抗旱能力互有区别，因而无需担忧稻田会脱水。此外，这里的梯田大多使用井泉水灌溉，大气降温对稻田水温的影响很小，因而种植传统的糯稻不会出现烂秧。同时，这些糯稻品种都能适应阴冷丛林生态环境，不管气候如何变化，其秕谷所占比例都不会超过5％。因此，侗族梯田的传统糯稻种植抗拒气候风险的潜力极高。对于长期稳定延续的稻作梯田而言，其抗气候风险的能力必然成为它的文化适应性禀赋之一，简单的指标认证很难正确地揭示其抗风险能力的大小，因而直接的数据测量意义并不明显。

关键词：侗族　气候风险　评估指标　梯田种植

一、引　言

水稻的原产地是低海拔、低纬度的河网湿地生态系统[①]，这就注定了水稻的生物属性必然是一种耐高温、高湿，惧怕干旱、低温、阴雨的农作物。低温、阴雨和脱水都是水稻难以抗拒的气候风险。自从10世纪以来，水稻在我国东南河网平原地带得到了大面积推广种植。其展拓很快就导致了耕地的不足，随即爆发了严重的耕地资源短缺[②]，就在这个时候，梯田开始见诸于古代农书的记载。梯田的出现对缓解稻田耕地的不足发挥了重大的积极作用，但同时也诱发了一系列的气候风险[③]。由于水是从高处向低处流动，因而梯田首先要严防脱水。其次，梯田由于所处海拔区位较高，气温必然比低海拔稻田偏低，相对湿度偏大、阴冷又会成为制约水稻正常萌发的重要气候因素，因而梯田在播种期的烂秧比例偏高又是梯田水稻种植的另

---

① 杨庭硕，王楠. 民族文化与生态环境之间的水资源供求优化［J］. 吉首大学学报（社会科学版），2011（1）：34.

② 夏如兵. 中国近代水稻育种科技发展研究［M］. 南京：南京农业大学出版社，2009：168.

③ 赖纯佳等. 基于数据处理及图件的小麦－水稻种植制度的气候风险评估［J］. 农业工程学报，2011（2）：231.

一个气候负作用。另外，水稻在扬花时节需要较强的日照，切忌阴雨的干扰，否则会使秕谷比例上升而直接导致水稻减产。我国东南部的低山丘陵地区，由于处于冷暖季风频繁拉锯式袭击的地带，播种期的烂秧更是需要严密防范。

对梯田种植而言，抗拒上述三项气候负作用①能力的高低是种植成败的标志②。这三项指标对我国东南的丘陵山区而言，显然具有较高的实用价值。然而，笔者通过调查我国云贵高原东南缘的梯田水稻种植后，却发现了例外。这就迫使笔者不得不思考：梯田的水稻种植是否真像传统理解的那样必然具有其不利性；或者即使存在着这样的不利气候因素，人类是不是有能力加以化解。带着这样的思考，笔者将自己的研究成果简述如下，以求证于海内外诸贤达。

笔者的调查点位于贵州省黔东南苗族侗族自治州的黎平县双江乡黄岗村。黄岗是一个典型的侗族村寨，全村350多户，1700余人。该村的10个组全部聚居在黄岗寨内，只有第6组位于岑秋村，是一个苗族村寨。黄岗村土地有将近3万多亩为次生森林，稻田面积2100多亩，固定水域1000亩左右。黄岗村位于分水岭的山脊地带，最低海拔点为420m，最高海拔点为1050m。境内地势南高北低，境内有3条小河，小河之间有4条山岭阻隔。3条河流出黄岗村后汇合为归密河，最后汇入都柳江。由于境内地表崎岖不平、落差极大，因而境内的所有小河都有瀑布相连。全村境内找不到超过20亩以上的平坝地带，所有的2000多亩稻田几乎全部是梯田。这些梯田的最低海拔区位是450m左右，最高海拔稻田区位将近1000m。所有的稻田都沿着坡面层层建构，每一块稻田大致都呈现为条带状，以至于该村第4组和第8组的耕地号称"千丘田"。经过实际调查统计后，这两组梯田的块数确实都超过了1000块，但实际可利用的耕地面积却还不到300亩。像这样落差极大的梯田，稻田脱水的风险可想而知。

黄岗村不仅地表崎岖不平，而且山高林密，土地资源的同质性极低。所有的稻田都掩映在丛林之中，还要受到山岭的阻隔，大约有超过20%的梯田在一天中能够接受阳光直射的时间低于5小时，个别稻田每天只能接受1~2个小时的日照。因此梯田的气温偏低，不少稻田的气温即使到了盛夏也不会超过28℃，而水温则只能达到23℃左右。至于在撒秧季节，瞬时的气温甚至可以低至0℃左右，倒春寒很自然成了这些梯田育秧的大敌。

更由于黄岗所处的区位与南岭西段相接，从孟加拉湾和东京湾吹来的暖湿气流可以直接抵达这里，而北方的干冷气流也可以顺着河谷直达。这种冷暖气流在秋季的频繁交汇，再加上地势偏高，致使在这里的水稻成熟季节总会碰上连天的阴雨和浓雾天气。其时，空气的相对湿度将近饱和，牛毛细雨可以一连好几天不止，即使

① 周曙东，朱红根. 气候变化对中国南方水稻产量的经济影响及其适应策略［J］. 中国人口·资源与环境，2010（10）：152.

② 贺天博. 对梯田抵御气候风险习惯性认证的质疑［J］. 原生态民族文化学刊，2010（4）：11.

是晴天能够直接接受阳光的时段也仅止于正午时段。

综合以上因素，在这样的背景下所开辟的梯田，显然具有诸多的不利因素，种植水稻应当是一种不合时宜的错误选择。然而，相关的文献记载、乡民们的回忆以及考古学所能提供的物证都证明，这里的梯田水稻种植至少稳定延续了3个多世纪，而且产量高，受自然灾害的影响极小。换言之，黄岗村的梯田水稻种植是化解不利气候因素的成功例证，因此，探究侗族乡民化解自然风险的适应对策就显得意义重大了。

二、黄岗村侗族应对梯田种植不利因素的对策

1. 规避梯田脱水的对策

黄岗村侗族乡民首先是通过多样化的糯稻品种来规避梯田脱水风险的，其传统种植的水稻都属于糯稻品系[①]。他们至今在当地还在种植的及其邻近地区培育出来的，包括乡民记忆当中的糯稻品种总计达23个。由于一些品种已多年没有种植，因而笔者在调查过程中，仅获得了当前他们仍然在广泛种植的13个品种，并将这13个品种的相关生物属性整理成下表。

黄岗村传统糯稻的品种、穗、谷粒、米粒等相关数据测量统计表

品种	穗						谷粒			米粒		
	颗粒（粒）	分枝（行）	芒长（cm）	长径（cm）	短径（cm）	横径（cm）	长径（cm）	短径（cm）	横径（cm）	长径（cm）	短径（cm）	横径（cm）
列珠	247.3	12.3	2.17	29.5	1.67	2.33	0.769	0.227	0.138	0.56	0.188	0.268
六十天糯	151.67	9.67	1.87	22.17	1.5	2.83	0.753	0.242	0.355	0.555	0.231	0.313
矮径朝糯							0.869	0.213	0.326	0.576	0.187	0.261
高径朝糯							0.77	0.225	0.34	0.567	0.191	0.285
老毛牛糯	290.3	15.33	4.1	28.17	1.83	3.67	0.717	0.239	0.362	0.509	0.207	0.301
杉树皮糯	175.33	12.3	4.07	29.87	1.93	2.33	0.74	0.246	0.376	0.557	0.224	0.325
黄芒糯	217.67	14.67	6.97	29.33	2.87	3.13	0.713	0.229	0.329	0.515	0.194	0.293
万年糯	166.67	9.67	6.33	27.83	1.83	2.93	0.767	0.221	0.331	0.553	0.199	0.274
金洞糯	154.67	11.33	3.77	24.17	2.1	3.17	0.727	0.232	0.347	0.509	0.205	0.285
红禾糯	165.67	10	3.83	25	1.6	2.73	0.627	0.233	0.356	0.508	0.204	0.305
森山糯	299	15.33	3.2	29.17	–	2.83	0.767	0.243	0.362	0.495	0.207	0.293
小牛毛糯	243.67	12.33	2.37	26.33	1.67	2.83	0.733	0,228	0.358	0.536	0.207	0.296
龙图糯	333.67	18.33	4.5	31.17	2.33	3.3	0.741	0.218	0.345	0.52	0.195	0.291

---

① 崔海洋. 论侗族制度文化对传统生计的维护［J］. 广西民族大学学报（哲学社会科学版），2009（5）：67.

这 13 个糯稻品种共同的特点在于它们都属于高秆类型，成熟时稻株的立地高度可以高达 110cm 到 130cm，而且有些品种分蘖能力极强，一般都在 5 到 10 株之间。更重要的特性在于，这些糯稻品种不怕水淹，在生长季节即使水深超过 50cm，只要稻尖能够露出水面就不会淹死，而仅仅是稻株水下部分的叶子萎缩，稻秆则会迅速拔节生长①。正因为如此，这里每年只需下一次暴雨，稻田中储积的水就可以满足水稻全年生长的需要，而当地的夏季一般都要发生 4~6 次持续 24 小时、降雨量达 100mm 左右的大暴雨。这样一来，乡民们只需要把田埂加高加固，确保稻田储水达到 50cm 以上，这里的梯田就不会发生稻田脱水之虞。实测的结果也表明，这里的梯田田埂都超过了 40cm。特异的糯稻品种，再加上人工培修的田埂结构，基本上能化解稻田脱水的风险。

更值得一提的是，这里的稻田还通过侗族乡民的制度性保证做好了配套水利建设。乡民将鱼塘与稻田联网，河流与鱼塘串通，人工的饮水设施明渠、暗沟和涧槽交错设置在稻田和鱼塘之间，确保每一块稻田都能做到排灌自如。再加上沿山设置的拦山沟和引水渠，坡面只要出现地表径流，绝大多数稻田就可以获得有效灌溉。与此同时，当地社区还通过协商方式建立了稳定沿用的用水规章，在所有的河渠上都设置有分水坝，可以精确控制每一块稻田的水位高低。这就意味着当地侗族文化对环境的适应能力，已部分地化解了客观存在的不利自然因素，确保梯田水稻种植的稳产和高产②。

2. 化解烂秧风险的举措

尽管如前文所述，黄岗当地的气候极易导致稻田烂秧，但实际其比例却非常低，主要基于以下几个原因：首先是前文所述的 13 个糯稻品种的种子萌发也与众不同。它们在 10cm 到 18cm 的深水下也可以正常发芽、生长，而且能够迅速拔节，使稻尖迅速露出水面。在幼苗期，稻叶即使处于水面以下也依然能够正常完成光合作用，但等到稻尖露出水面后，水下的稻叶又会迅速萎缩，露出水面的稻叶又会快速生长③。也就是说，即使在萌芽期，这里的糯稻也具有抗拒水淹的特殊禀赋。其次，由于黄岗地区山高坡陡，基岩又主要是由砂岩构成，基岩风化后形成的土壤含沙量很重，整个黄岗地区地下水涵养量极高，导致在黄岗的坡面处处有泉水，到处可以挖井取水，因而这里的稻田几乎全部是靠泉水供水。由于有土壤发挥保温作用，所以井泉出水口的水温极为稳定。一年当中水温的波动都在 10℃ 到 15℃ 之间，靠井泉灌溉的秧田只要储水深度超过 10cm，即使遭逢倒春寒，哪怕气温降到了 0℃ 左右，而且持续一两天，秧田水温还是可以维持到 10℃ 左右。这正好是防范水稻烂

① 崔海洋. 从糯稻品种的多样并存看侗族传统文化的生态适应成效 [J]. 学术探索，2009（4）：75.

② 杜荣民，刘心禺，译. 稻作为主的耕作制下土壤管理的物理学问题 [J]. Soil Physiesand Rice, 1989（1）：24.

③ 傅志强，秦淑萍等. 灌水方式对湘南丘岗区水稻生长发育及产量的影响 [J]. 湖南农业科学，2010（21）：23、24.

秧的有力保障之一①。另一个保障措施则在于，当地侗族乡民对稻田的供水还有特别的讲究。他们会在井泉的出水口修建配套的通水渠和过水渠，稻田的排水口也有多个，可以相互替换开启和关闭，能够准确地控制稻田内供水的流向和流速。需要对秧田升温时，则让井泉直接流入秧田，并加快排水，使得较为温暖的泉水流遍整个秧田；当不需要保温时，又可以让泉水从过水沟流过，使稻田的水温不会过快地升高。正是凭借这种看似粗陋的保温设置，可以让这里的稻田水温在育秧季节的大部分时间可以维持在12℃上下，这就已经能使当地特有糯稻品种正常发育②。

与此相印证的是，近两年来，有关部门为了提高粮食产量，在黄岗也推广了杂交稻种植，而且还派去了专业的水稻技术人员指导当地的乡民育秧，而育秧时由于经常遭逢倒春寒，技术人员要求乡民实施旱地育秧，抓紧晴天让秧田暴晒，以便提高土温。尽管采取了这样的措施，不管哪个杂交水稻品种的烂秧比例仍高达20%以上。乡民们总结说，旱地育秧不行，白天虽然可以提高土温，但杂交稻不耐旱，迟早都得灌水。由于水温和土温反差太大，杂交稻受不了这个"气"，不烂秧才怪。从乡民的这一总结中，不难看出，乡民的传统是靠井水和泉水去实现秧田的保温，而这样的保温要有效又必须以糯稻品种的特异性为依托，还要以乡民对气候的变化做出针对性的调控，才能收到良好功效。上述条件缺一不可，而技术人员却只注意到了气温的满足，却忽略了杂交稻本身不能耐受深水环境的缺氧、也耐受不住水温的剧烈波动，还忽略了当地水温恒定而气温却易于波动的特点，因此收效不大。

近年来，侗族乡民也会种植少量的杂交稻，他们的育秧办法则与传统的办法不同。他们将秧田设置在海拔较低、向阳的背风坡，有时还围起挡风的栅栏，以此达到稳定水温的目的。他们的杂交稻育秧烂秧比例可以减少到10%左右，但依然比传统的糯稻品种高，以至于乡民们认为从其他地方买进杂交稻的秧苗来栽插更为实惠。

3. 规避秕谷的措施

如前所述，黄岗地区在从仲秋到深秋这一段时间内，阴雨天气占到整个时段的70%左右，而这一时段正好是水稻的扬花季节。按照常理，在这样的地区种植水稻肯定会出现大比例的秕谷，但调查的结果却恰好相反。其中的原因如下：这里的侗族乡民早就注意到了当地的气候对水稻扬花不利，因而在水稻插秧时就采取了积极的防范措施。他们将不同的糯稻品种实施混合栽插，而且混合栽插的方式也是多种多样，有的是将不同糯稻品种进行条带状混合栽插，一个品种只栽插1行到3行就换另外一个品种；有的是块面混种，将一块田分成3到5块，每一块种一个糯稻品种；有的则是实行同心圆混插，不同的糯稻品种沿着田坎插成圈状，3到5个糯稻

---

① 贺天博.对梯田抵御气候风险习惯性认证的质疑［J］.原生态民族文化学刊，2010（4）：15.

② 崔海洋.论侗族制度文化对传统生计的维护［J］.广西民族大学学报（哲学社会科学版），2009（5）：67.

品种围绕同心圆插 3 圈到 5 圈。这样做的优势在于，由于不同的糯稻品种扬花季节有早有迟，这就会使得整个稻田的扬花期会拉得很长，水稻可以等待最佳时期获得授粉，以此确保在不利条件下授粉的比例也能很高，进而使得糯稻很少出现秕谷。此外，由于这里糯稻品种的分蘖能力很强①,，分蘖时间不同的植株的扬花时间也会拉出较长的时间差来，这也会提高授粉率。还有一个不容易引起关注的措施也有助于水稻授粉率的提高，这就是乡民在稻田中喂养的鸭子。成群的鸭子在觅食过程中要不断地撞击稻秆，使得稻穗间频繁碰撞，这对提高水稻的授粉率也有很大的帮助②。

通过分析乡民规避秕谷的方法，我们同样可以看到他们实施的手段也具有多样性和复合性，而且成效比较显著。这与现代技术对策存在着很大的不同，这应该是值得学习和借鉴的风险防范思路。

4. 其他保持梯田高产稳产的措施

黄岗侗族社区的梯田为了保证稳产和高产，需要应对的不利因素还远不止于上述三项，其他如病虫的危害、鼠雀的危害、暴雨的袭击、山体的滑坡等都可能会对梯田的水稻种植构成潜在威胁③。侗族乡民的应对措施同样表现得具有复合性和多样性。

如应对虫害和病害就与他们实施多品种复合插秧有关联。因为不同品种的糯稻由于稻秆的硬度、绒毛的密度等都互有差别，因而对不同的病虫害也具有不同的抵抗能力。实施了多品种的复合种植后，尽管也会遭受病害和虫害的袭击，但不会大面积蔓延，仅止于个别植株。一旦出现病害，乡民会将病害稻秧植株拔掉做牛的饲草使用；而如果是虫害，那么他们就将害虫捕捉起来，制作成美味佳肴食用。当然，他们的稻田中大量放养鲤鱼和小麻鸭也可以收到抗拒虫害的功效，因为很多害虫在鸭子和鱼撞击稻秆时，都会吐丝悬挂于空中避害，这些害虫恰好会成为鱼和鸭子的捕食对象④。

应对降雨量的频繁波动，他们也有良方。一方面，他们所种植的糯稻品种生长期差异极大，生长期最短的"六十天糯"，从下种到收割只要 60 天到 70 天左右。稻田储满水后，即使连续一个半月不下雨，这样的糯稻也能够获得丰收，因而这是当地侗族乡民的一个应对偶然发生的春夏连旱的备用品种。生长期最长的是"苟羊弄"和"鹅血红"⑤。这两个品种在插秧后，可以在田中持续生长 150 天左右，有的年份下雪结冰后还可以慢慢地收割，因而对于防范某些年份的提早降温具有独特

---

① 任翔，翁清妹等. 水稻分蘖能力 QTL 的定位［J］. 武汉大学学报（理学版），2003（4）：533.

② 徐旺生. 从间作套种到稻田养鱼、养鸭［J］. 农业考古，2007（4）：209.

③ 朱志成，吴素琴等. 直播稻田病虫草鼠害的发生特点及药控措施［J］. 上海农业科技，2009（5）：123、124.

④ 罗康智. 论侗族稻田养鱼传统的生态价值［J］. 怀化学院学报，2007（4）：16、17.

⑤ 贺天博. 对梯田抵御气候风险习惯性认证的质疑［J］. 原生态民族文化学刊，2010（4）：13.

的功效。特别值得一提的是，这两个品种即使在稻谷成熟后，稻叶也不会随之迅速转黄，而是长期保持鲜嫩状态，因而是牛、马等牲畜越冬的鲜嫩饲草。正因为有这两个特殊的糯稻品种，所以当地饲养的牛、马不少，每户约有3头牛、2匹马。同样因为并存的糯稻品种很多，生长期和收割期都拉得很长，这使得当地的侗族乡民一年中几乎有半年的时间都可以吃上刚刚收割的新鲜糯米，这在其他地区的人们看来几乎不可思议。

鼠雀危害是稻田种植区需要认真对待的生物灾害，在黄岗野生的鸟类和鼠类虽然很多，但对糯稻的影响都很小，这也与乡民所种植的糯稻品种生物属性、田间管理和收割方式有关。当地的糯稻品种都属于长芒型，在上述13个糯稻品种中，谷芒最长的可以达到13cm，最短的也有1cm到2cm。糯谷成熟时，整个谷穗就像一条大毛虫，鸟类不能直接啄到谷粒，就算是啄到了谷粒，长长的谷芒很容易卡在鸟类的喉管中，使其无法直接吞咽。更何况这里的糯稻谷穗极为坚韧，而且不会掉粒，鸟类很难将整穗的稻谷啄下来叼走。鸟类在飞翔中撞击稻谷，谷粒也不会随意掉落，以至于鸟类很难从生长中的谷穗上获取谷粒充饥，而必须得等到稻谷掉落水中发芽后才有机会取食。当然，也因为这里的稻穗太独特，因而收割的办法也与外地迥然不同。乡民们是用摘刀将谷穗一穗一穗地割下来，捆成禾把，晒在禾晾上，等到这些禾把彻底干透以后才收入粮仓储藏。在整个晾晒的过程中，尽管是悬挂于露天，鸟类同样因为这些谷芒太长而无法偷食。当然，也因为有谷芒的保护，这样的稻穗也不怕被雨水淋湿，或者是被雨雪冻伤，因为这些长长的谷芒犹如给稻谷穿上了一层厚厚的外衣。而禾把则是珍贵的编织材料，当地乡民称之为"米芯草"，其市场价格几乎等同于同样重量的糯米价格，因而这里的糯米亩产虽然仅有300斤到600斤左右，但是实际经济收入却可以翻番，乡民因此认定种植传统糯稻比种植现代的籼稻更为划算。

侗族乡民在田中终年灌水，除在田中进行鱼和鸭的放养[1]外，还有其他功效。水稻在整个生长期都是浸泡在水中，老鼠就很难接近稻根，也不可能爬上稻秆，或者是咬断稻根。所以即使在糯稻成熟后推迟一到两个月不予收割，老鼠也无法偷食稻谷，而必须等到乡民收割完毕后，才有可能偷食被鸭子捡食后存留下来的少量谷粒。稻谷收割后由于是晾在禾晾上，禾晾的下端又设置有防止老鼠攀爬的机关，老鼠也几乎不可能偷食。这种防范方式还是一种网络式的配置，能够充分利用各种生物之间的匹配关系，将防范与维护相结合。这样的防范思路可以称得上是一种有助于生物多样性并存[2]、与自然和谐的防范手段，值得学习和借鉴。

---

① 罗康智. 侗族美丽生存中的稻鱼鸭共生模式 [J]. 湖北民族学院学报（哲学社会科学版），2011 (1)：28.

② 朱志成，吴素琴等. 直播稻田病虫草鼠害的发生特点及药控措施 [J]. 上海农业科技，2009 (5)：123、124.

三、结　语

在深入探讨黄岗的梯田糯稻种植的内在技术细节后，我们深感其间的复杂程度远远超出了预先的估计，传统的研究方法表现出一定局限性。从表面上看，这里的梯田糯稻种植，几乎没有表现出任何明显的气候性灾害，但当地的常规自然要素又明显地对水稻种植极为不利。如果用民族学的术语表述，只能说是这里的侗族传统文化对所处的自然环境达到了高度的适应。不过，这样的表述将会使得人感到十分空泛而难以相信，但当试图抛开民族学的表述方式和丢开度量指标后，我们立刻感到要把其间能够规避各种气候风险的技术细节、制度保障和土地资源配置一一交代清楚，并揭示其防灾、减灾的原理，有些力不从心。笔者尽管做了尽可能周详、准确的介绍，然而回头一看，仍然感到自己是挂一漏万，因为这里侗族居民的梯田水稻种植，事实上是一张无所不包、无所不有的立体网络，可以把各种有害的因素都控制在成灾之前。乡民们偏好自己的传统糯稻有他们自己的考虑，他们思考的比其他人理解的要周全得多，也有效得多①。这可以从一个侧面揭示出民族文化对环境的适应，其实是一项系统性的社会配置。一旦取得了较高的适应成效，各自然要素和人为要素之间，必然会相互穿插和相互嵌合，形成一个自成体系的网络才得以发挥抗拒风险的成效，因而引导传统创新时，决不能单就一个要素去下结论和采取措施，而必须通盘考虑整个适应机制的相关内容。此前很多急于求成的技术推广，正好在这一点上出现了偏差，因而难以收到很好的技术推广成效②。民族学所讲的文化适应显然是就整个设置和结果而言的，因为它是靠长期积累的经验建构起来的社会规则和生存方式，正像恢恢天网那样，不易觉察，但却疏而不漏。也正因为如此，要凭借有限的指标去评估这里的梯田糯稻种植，肯定会显得苍白无力。

［原载《云南社会科学》2012 年第 1 期］

---

① 崔海洋．论侗族制度文化对传统生计的维护［J］．广西民族大学学报（哲学社会科学版），2009（5）：67.

② 罗康隆．麻山地区苗族复合生计克服"缺水少土"的传统生态智慧［J］．云南师范大学学报，2011（1）：39.

民族文化与干热河谷灾变的关联性

摘要： 干热河谷是我国西南地区一种习见的自然景观，以前对干热河谷灾变的研究主要是由自然科学工作者去完成，他们认为其灾变主要是自然因素造成的结果。根据相关资料和民族学田野调查，干热河谷作为一种自然现象，在历史上其实早已存在，而且今后还将继续存在。但干热河谷分布面积向高海拔坡面蔓延和扩大，展拓到海拔 1000m 乃至以上高度，自然原因则退居到次要地位；而且民族文化因受到周边社会环境扰动后，被迫采用了不适当的资源利用方式，才是干热河谷分布面扩大化的关键原因。

关键词： 干热河谷 灾变 民族文化 变迁 文化成因

一、干热河谷及其生态灾变

干热河谷是地理学上一种习见的自然景观，但凡处在热带和亚热带的高原地区，被河流切割后形成的河谷底部，都会在一个狭小范围内呈现异常的气候和生态系统①。大致而言，气温与同纬度相比要高得多，相对湿度却要低得多，人会感觉又干又热②。由于受到这种特有气候的影响，在这样的区段，其生态系统也有其特异性，一般只能生长仙人掌科、景天科，或者是菊科的耐旱、耐热植物，而且生长的样态非常稀疏③。单位面积内，植物每年的平均生长量也很低，学术界将这样的生态景观统称为荒漠景观。不过在正常的自然背景下，这样的干热河谷景观的分布面非常狭窄。具体到我国的云贵高原和青藏高原的东南缘而言，真正的干热河谷生态系统一般都在海拔 500m 以下的河谷底部。如果河谷坡面的植被茂密的话，干热河谷景观的分布面甚至会低于海拔 300m，有的区段仅仅限于河床两侧 50～150m 的两侧坡面。像这样分布的干热河谷景观属于正常现象。在漫长的地质史中，它早就存在④，而且不管我们以后如何努力，这样的小范围干热河谷生态景观也不会消失。

---

① 郑科等．元谋干热河谷降雨、温度、蒸发量的监测分析 [J]．西部林业科学，2005（3）．

② 赵俊臣主编．干热河谷经济学初探 [M]．香港：中国经济文化出版社，1992：123—126.

③ 云南省志编纂委员会办公室．续云南通志长编（上）[M]．云南省科学技术情报研究所印刷，1985：429.

④ 蓝勇．历史时期西南经济开发与生态变迁 [M]．昆明：云南教育出版社，1992：40—41.

22

但是，如果干热河谷景观的分布面不断扩大，吞噬了此前的森林，或者是草原的河谷坡面，使河谷坡面全部蜕变为干热河谷生态景观，那么这就不属于正常现象，而是一种生态灾变了。因为茂密的森林和丰美的草原对于人类而言具有很高的利用价值，单位面积的生命物质和生物能的年均增长量很高，能够给人类提供更多的生物资源；一旦变成了干热河谷荒漠生态系统后，人类会因此而蒙受重大的经济损失。而且要使这样的坡面重新发育出茂密的森林和丰美的草原来，还得付出巨额的人力、物力和技术投入，因此干热河谷荒漠生态系统的扩大化，特别是像我国当前那样，金沙江、澜沧江、怒江、红河、元江、北盘江等，干热河谷荒漠生态景观的分布面已经爬升到了 1200m，乃至 1500m[①]，而且被视为不治的绝症，那么就是真正意义上的生态灾难了。因此，必须实施生态灾变的救治，深入探讨导致干热河谷扩大化的文化原因，才能够做到对症施治。

二、历史可以为我们作证

当前我国西南地区的众多河流，其中上游都不同程度地呈现出干热河谷荒漠生态景观扩大化的趋势，但是如果与相应地区的历史记载相对照，又会发现：在今天几乎是寸草不生的高海拔河谷坡面，在明清两代时却几乎都是森林茂密、牛羊成群的乐土。下面笔者分别以北盘江、金沙江和元江流域为例来说明这个情况。

1. 北盘江流域

北盘江从毛口河起到蔗香为止的中下游河段，目前已经大面积呈现为干热河谷荒漠景观，河谷坡面长出的植物大多为一些耐寒耐热的仙人掌科和景天科的植物，有的区段只能长出连片的鬼针草，很少看见高大的乔木[②]。但是查阅明代典籍后，会让人感到震惊，明万历年间成书的《黔记》在第四卷中详细地记载了驿路穿越北盘江河谷时所见的景象。很多地名一看就知道那儿生长着茂密的森林，比如今天难以见到高大乔木的花江大峡谷，在当时却被称为"安龙大箐"（见明郭子章撰《黔记》卷四"安南卫"、"普安卫"、"安庄卫"，明万历刻本）。《黔记》的作者还特意提醒过往的行人注意，这里不仅瘴气很重，容易生病，而且还会遭到盗匪的袭击，需要严加防范。再如该书还提到在今天的贞丰与镇宁两县交界地带的北盘江河段，也就是当时被称为鲁打的那个区域，由于森林过于茂密，军队进兵非常危险，商人过往也不安全，因而行政当局痛下决心，要把这些森林砍光焚毁，以确保驿路的安全。可是当笔者今天亲临上述两地时，根本找不到茂密森林的踪影，坡面勉强长出的野草粗糙得连牛羊都不喜欢吃。数百年之间，整个北盘江河谷的生态景观几乎发生了天翻地覆的变化。如果追溯近半个世纪以来的生态演化过程，当地布依族

---

① 赵俊臣主编. 干热河谷经济学初探［M］. 香港：中国经济文化出版社，1992：59—60.

② 马国君. 干热河谷生态灾变的历史成因及治理对策研究［J］. 原生态民族文化学刊，2010（3）.

和彝族老乡们还能记得北盘江坡面上的最后一片森林，也就是毛口河森林带，其实是到了上世纪70年代是因为要提高粮食产量而被焚毁的。令他们感到惊讶之处正在于，这片残存的森林被砍伐烧毁后，即使是人们不再耕种了，它却不像祖上传说的那样，很快会恢复为森林，而是变成了荒草坡。因此他们断言，这是得罪了山神。他们的推测虽然不足凭信，但为何最后一片森林不能自然恢复，确实是值得我们去揭开的哑谜。

2. 金沙江流域

处于金沙江南岸的云南省北部地区，目前有环境报告显示这一地区有9000多平方公里的土地，已经明显地呈现为干热河谷荒漠景观①。可是同样是这片土地，在唐宋时期却是另一番景象，据《元和郡县志》记载，在滇东北地区溺水（即今天的金沙江一带），"南北四百里，东西七百里，穷年密雾，未尝观日月辉光，树木皆衣毛深厚，时时多水湿，昼夜沾露"②，这显然是当地原生的生态景观。单凭树皮表面能长满青苔以及整年都浓雾弥漫来看，就不难推测当时林下的相对湿度极高，接近于饱和。这是因为阳光都被层层叠叠的植被所吸收，通过光合作用转化为生物能储备起来，以至于林下气温偏低，相对湿度才会如此之大。直到明末这里依然森林密布，明天启《滇志》记载说，元谋东南一带，"林杉森密"，北平关"松杉参天，其密如锥，行松阴中，尽日不绝"③。值得注意的是"松杉参天，其密如锥"的记载，这反映的是一种人工干预后发育出来的次生林景观。其特点是树种较为单一，生长的密度极大，同时见不到浓雾弥漫的水汽饱和景观。但连片的森林依然存在，则是一个不争的事实。时代相近的《广志绎》还对这儿森林的贮积量，做了一个全局性的估算。因为在从四川建昌府至金沙江沿岸的丽江、北胜、武定、乌撒、东川、乌蒙直达马湖的区域内，"两岸青山夹行"，"皆夷人所居，旁无村落"，所以"深山大林，千百年斫伐不尽"，但这一估量，在以后的历史发展中却失算了。在此后的300年间，该地的生态景观确实发生了天翻地覆的巨变。民国《昭通志稿》记载：在大关和角奎两条河的汇流带，由于"焚风"效应的肆虐导致两岸悬崖下的深谷"炎热如焚"。彝良县、盐津县、绥江县等地"气候较热，夏日，人不胜衣"。对于这种气候巨变的成因，民国《昭通志稿》的作者王士性做了如下推测："常见（昭通）三多塘、月牙塘等水面坚冰凝结，厚至数寸，儿童等游戏其上，均不能损坏。近年来，霜雪反降二三次，结冰一二次；抑且霜雪不时，隆冬温暖如三秋。往时，杏、梨、桃、李必至春分即始花，今则立春连枝吐艳矣。其天时之变异欤？地气使然欤？抑人稠地密，烟火骤增与阴阳相感召而然欤？"这一推测虽说缺乏可信的依据，但却有三个方面切中了要害，其一，这种气候转变所经历的

---

① 钟祥浩. 干热河谷区生态系统退化及恢复与重建途径 [J]. 中国地理，2000（3）.

② ［唐］李吉甫. 元和郡县图志（下）［M］. 北京：中华书局，1983. 827.

③ ［民国］姚荷生. 水摆夷风土记 [M]. 昆明：云南人民出版社，2003：18—20.

时间很短，堪称是一种突变；其二，发生转变的区域非常狭窄，仅止于河谷地带；其三，这样的巨变与人口的增多和土地的广泛垦殖有关联。特别是第三点，该书作者是从人为原因去找答案，这就具有很大的参考价值了。当然，这样的巨变是王士性那个时代的人万万想不到的，也是今天的人不敢相信的史实。于是，不少自然科学工作者总是竭力在自然因素中寻找答案。他们习惯于假设这一切都是全球气候的变暖，或者降雨量偏少而导致的后果。可是，在如此短的时间内，气候要发生如此大的变化，事实上并无可能。更值得注意的是，干热河谷扩大化的区段，有其特定的地理范围，而全球气候的变暖或降雨量的突然偏少都是大尺度空间范围内的事情，这与干热河谷的分布范围有限，显然难以兼容。这同样可以反证导致干热河谷扩大化的主要原因不在于自然因素，关键在于人为因素。

3. 元江流域

另一个干热河谷突然扩大化的地带是云南东南部的元江，目前已有研究报告明确指出这一灾变与清朝末年个旧锡矿的开采和磨黑盐井生产规模的无序膨胀直接关联。在笔者看来，这个结论尽管还有进一步深化的余地，但毕竟找准了原因。灾变的后果是当地各民族传统文化受到外来冲击后无序运行的产物，而不是各民族文化有序运行的结果。一些前代典籍曾经明确指出：清代中叶以前的锡矿开采，所用燃料尽管也是木材，但木材的产地始终是矿主所掌控企业的有机组成部分。矿主不仅要砍伐木材、冶炼矿石和煮盐，同时也要有序地组织森林护育，确保燃料的供应和冶炼成本的低廉。仅仅是到了清代末年，随着外国势力的渗入和锡价的攀升，木材成本在利润中所占的比例不断下降，才刺激矿主们出高价购买来自远方的木材，以扩大炼锡的规模，争取超额利润，这才诱发对森林的乱砍滥伐。干热河谷也才因此扩大成灾。短短几十年间就冒出来的干热河谷荒漠景观，不仅其社会干扰因素得到了明确的揭示，而且灾变速度之快也是任何无机因素的变化所无法解释的现象。

从上述三个例证可以看出，干热河谷荒漠景观的扩大化，不是一种等速均衡推进的生态递变，而是一种快速演替的非均衡生态改性。而且即使是在同一条河谷中，演替的空间分布和时间进程也表现为非均衡性，因此很难以单纯的自然因素来解释，其关键成因还是社会文化因素。自然界的无机因素的构成，在这一生态递变中仅仅是扮演了一个配角而已。

三、河谷坡面生态系统的脆弱环节

高原上纵横交错的深切河谷与高原台面相比，由于海拔较低，气温偏高，湿度也偏低，这是一件十分自然的事情，也是不以人的意志为转移的客观事实。可是，任何一种生态系统，它都具有适应于所处自然环境的禀赋，在一定限度内，任何生态系统都有能力自我改善，甚至创建适合于自己生存的环境，确保自身的稳态延续。在河谷坡面发育出来的森林生态系统，当然也具有这样的禀赋。其适应的机制也不复杂，河谷的温度虽然偏高，但只要坡面的植物有足够的层数，足够的茂密度，那么照射到坡面的阳光就会被这些植物层层截留，转化为生物能储藏起来，而不是成为热量直接辐射到大气中，导致地表大气气温的升高，而林下的空气层的气温就会变得相对凉爽，相对湿度也会很高。同时，还可以发育出能够大量储养水源的苔藓类植物层来，于是干热河谷中最不利于生物生长的"干"与"热"都可以得到适度的抑制，坡面森林生态系统的稳态延续也就不再成问题了。相反的，由于光照偏强，气温偏高，这儿的森林反而会长得更加茂密，生物多样化水平也会变得更高。但是这儿的森林生态系统也有它的致命弱点，那就是森林中藤蔓类、匍匐类植物，特别是地表的苔藓类植物，最容易遭到人类的破坏，破坏后恢复又最难，这是该生态系统的"脆弱环节"。脆弱环节一旦毁损，那么即使不砍树，那些已经长大的乔木，也会因为气温超常增高和水分的无效蒸发而枯萎。

笔者在田野调查中注意到，那些将干热河谷坡面的森林定位为过渡牧场和狩猎采集场的民族，如彝族、纳西族、苗族、仡佬族等都不会有意识地毁损森林中的藤蔓类和匍匐类植物，因为这样的植物不会妨害他们的生产作业，而且他们还能加以有效地利用。也就是说，他们的民族文化对这一生态系统的脆弱环节不构成冲击。但对把森林中的乔木作为建材和燃料使用的汉族居民而言，他们会认为此类藤蔓植物和匍匐类植物，特别是那些苔藓类植物不仅没有用处，而且还会妨碍木材的运输，影响乔木的积材，妨害人们的通行，应首先予以损毁。因此，即使他们在实施森林养护时，也绝对不会有意识地引种藤蔓类和匍匐类植物，更不会抚育苔藓类和蕨类植物，这样乔木虽然也可以长高，但积材量却不高，严重时甚至会长出千年不长的"老头"树来。如果将坡面森林开辟成农田使用，那后果就更不堪设想了。随着地表的暴露、气温的攀升和湿度的下降，"干"和"热"就必然会愈演愈烈，"焚风效应"也就不请自来了。真的到了这一步，即便是人类退出利用，甚至有意识地植树造林都难以成功了。上文提到的毛口河段的森林再也不能自行恢复的根本原因正在于此，而不是像老乡所说的那样是鬼怪作祟。

有鉴于此，此前不少研究者认定河谷坡面的森林整体是脆弱生态系统这一结论，显然并不全面，因为在这样的生态系统中，并不是一切构成要素都脆弱，而仅仅是其中的某个或某几个要素脆弱而已。为了解释这样的原因，显然需要回顾一下上述各干热河谷带世代栖息的民族及其文化，从而判断他们的资源利用方式与生态系统脆弱环节之间的关联性。

四、文化适应的目的就是规避生态系统的脆弱环节

1. 北盘江流域

北盘江流域在不同的海拔高度主要生息着三个民族。在高海拔区段，也就是乌蒙山区是彝族的传统分布地；在北盘江的滩涂区段，或者宽谷坝子中，生息着布依

族；而在海拔偏高的疏树草地坡面，则是苗族的密集分布区。这三个民族的生存方式互有区别。

彝族从事的是农牧兼容的生存方式，他们的农田和牧场都要有规律地互换，牲畜放牧的路线遵循垂直放牧的原则。夏天，要深入高海拔的高原台面放牧；冬天，就要把牲畜沿着北盘江河谷驱赶到北盘江与打邦河的汇流地带，也就是布依族的生息区去放牧，并在那儿把牲畜发卖给布依族，再由布依族转卖到广西和湖广的汉族地区。因此他们不需要连片地毁损北盘江河谷坡面的森林和草坡，更不需要损害森林中的藤蔓类植物和苔藓类植物，因为森林中的落叶和果实已经足够过往牲畜觅食了。

布依族主要从事稻田种植，他们虽然也要连片开辟稻田，但稻田必须有良好的供水，因而稻田面积一般不会超越宽谷坝区，更不会深入坡面森林中。事实上，布依族村寨后方的坡面森林，都被视为"风水林"和"神林"，任何人都不允许触动。而更多的坡面森林，最多是改造为经济林，种植桐油树、棕榈和构树，因而坡面森林也不会遭到人为的毁损。更值得注意的是，布依族在收割水稻时，往往仅割取稻穗，而将稻秆留在田中，为的是吸引过往的彝族乡民放养的畜群前往觅食，以便留下大量的牲畜粪便，提高土壤的肥力，同时也可以因此收购到较为廉价的活牲畜。

至于苗族，他们从事的是"游耕"。游耕时为了节省劳动力，他们主要是利用那些灌丛和荒草坡面，而不去触动坡面丛林中的藤蔓类植物和匍匐类植物。原因在于这些藤蔓类植物和匍匐类植物，在他们看来一身是宝，叶、花、果和地下块根是可供采集的对象，而藤条是提取纤维的原料，因而他们不仅不会毁损，反而会有意识地帮助这些类型的植物繁殖和蔓延。这不仅是为了采集，还是为了让这些植物去覆盖裸露的岩石和土壤，以便给耕地降低温度和提高湿度。所以，在他们的游耕操作段，农作物总是与野生类、藤蔓类和匍匐类植物同时并存，一道生长，而利用办法则是各不相同。

上述三个民族尽管生存方式各不相同，但他们都有一个共性特征，那就是将坡面丛林作为狩猎和采集的场所，因而从来不会主动地毁损坡面丛林中藤蔓类植物和森林底下的苔藓类植物。他们的文化客观上对此类生态系统的脆弱环节做到了有效的保护，因此尽管他们在北盘江河谷中生息了千年以上，但直到20世纪以前，这儿的原生藤蔓丛林一直相对完好，干热河谷扩大化灾变也就没有大规模发生。

2. 金沙江流域

金沙江流域的主体居民是彝族、纳西族、藏族和羌族等。这些民族的共性特征都和彝族相似，从事的是农牧兼容生计。他们的生计方式同样不会冲击到坡面丛林生态系统的脆弱环节。此前的一些研究者已经明确指出：清代"改土归流"以来，干热河谷荒漠生态景观扩大化，主要是由于东川地区铜矿和铅锌矿的大规模开采。这一见解很有道理，但远非全面。而如下三个方面的人为干扰因素其负作用更大：

（1）清朝政府为了增发货币的需要，提高了铜、锌、铅的收购价格，从政策层面刺激了炼铜等行业的发展，这显然是导致对森林生态系统超负荷利用的直接原因。而燃料涨价，造成炼铜业的利润下跌，最终使得炼铜业、炼锌业也会随之自然萎缩。（2）这一过程中更直接的冲击来自于外来移民的无序增多。内地的汉族客商和矿工，有的受到利益的驱使，有的为生计所迫，在炼铜利润的吸引下大批涌入了矿区。由于这些移民不会意识到森林除了燃料之外还有其他的价值，更不会意识到林中的藤蔓类、匍匐类植物，乃至苔藓类植物具有什么样的生态意义，在炼铜燃料日趋紧张的时候，他们会很自然地把这些藤蔓类植物作为生活燃料去加以利用。为了节约劳动力，他们还会将这些藤蔓类植物的根也挖来烧掉，在无意中断送了坡面森林生态系统存活的根基。（3）对整个坡面森林危害最大的资源利用方式，就是把原有的坡面森林开辟为旱地农田种植高产的外来作物，如玉米等。这是因为随着矿业的扩大化，人口必然迅猛增加，于是在燃料涨价的同时，当地彝族生产的粮食不足以养活这么多矿工，而从外地运进粮食运费会高过粮价本身，因而就地种粮收益更高，农田的迅速扩大也就不足为奇了。由于玉米是一种高秆农作物，即使在玉米的旺盛生长期，太阳光也可以直接射到地表。这些阳光只能转化为热能，这就必然导致大气的无序增温和水资源的无效蒸发。所以玉米种植面积越大，河谷内的气温就越高，地表的湿度就越低，同时地下水水位也就不断地退缩。事实上，在玉米地连片种植后，金沙江河谷坡面的蒸发量已经超过了降雨量的 5～6 倍，以至于高原台面富集的水资源，也供养不起如此巨额的水资源蒸发损失。这才是干热河谷荒漠景观扩大化的致命"杀手"，而这个致命"杀手"的背后，却折射出了相关民族的文化巨变。

3. 元江流域

元江河谷坡面丛林生态系统的蜕变，除炼锡、煮盐超常消耗木材和强行扩大耕地破坏森林植被外，改种甘蔗一类的经济作物也是重大的生态失误。元江流域由于纬度和海拔都偏低，土壤在旱季脱水的隐患更严重，而甘蔗、玉米一类的高秆作物，由于它们本身对水资源的储养能力较弱，对地表的覆盖度又太低，生长的耗水量又偏大，因而连片种植后，一旦遇上季节性的干旱，就会导致地表大面积的脱水。不仅农田所在位置的生态系统要蜕变，周边地区由于地下水水位的下降，也会发生牵连性蜕变。蜕变以后，要自然恢复就更艰难。事实上，在这儿的原生丛林生态系统中，必然包含着大量有地下块茎的多年生藤蔓类和匍匐类植物。这类植物的大比例存在，对坡面丛林的稳定具有至关重要的作用：一方面，它们能加密地表的覆盖度，能抑制无序增温；另一方面，它们具有很强的水资源调节功能，旱季时可以靠地下块茎储积的水资源熬过干旱，为高大乔木节约用水；再一方面，它们的存在还可以确保地表可以长出较厚的苔藓层，而苔藓层的储水能力比土壤还强，这也可以缓解季节性的干旱。但此类具有降温、保水的植物一旦被单一的高秆直立农作物置换后，地表的湿度和水资源的调节功能就会丧失。不仅农田本身年年闹灾，还要殃及周边的丛林。农田的开辟达到一定的极限后，随着温度的升高和地表湿度的下降，即使不砍伐残存下来的坡面丛林，这样的坡面丛林自己也会萎缩，导致地表的直接暴露。更由于这一地带土壤基质是花岗岩和变质岩，崩解后形成的砂质土，透水性能虽然很好，但保水能力差。一旦失去了植被的庇护，也会表现为表土的沙化。

这样的南方土地沙化现象，正是大规模种植玉米、甘蔗的直接后果。元江河谷的土地沙化现象在民国时代就已经露头。民国年间姚荷生的《水摆夷风土记》载：在今元江哈尼族彝族自治县境内的元江河段，江的"两边（已经）露出了一片又厚又白的细砂"，只要大风一刮，"这些（细）砂（就被）刮得弥漫天地，日光都给遮住了，气象昏昏惨惨"，使得过往行人都会感到"尤为难受"。更值得注意的是，在上个世纪的五六十年代，就是在这样已经退化的土地上，当地的彝族、哈尼族和傣族依照他们传统的办法，实施多物种复合种植，利用这样的土地培育木棉树，用来纺织衣物，当地的生态环境反而有所好转。等到全国布匹供应缓解后，在"以粮为纲"政策的推动下，他们又不得不砍掉木棉树及其伴生植物栽种粮食，干热河谷的扩大又再次重演。

这样的实例明确地告诉我们，干热河谷是可治的，关键是要发掘利用当地各民族的传统知识、技术和技能，而不能套用内地其他类型生态系统的恢复办法。

五、结论：生态恢复的对策建言

此前的研究者由于没有注意到干热河谷森林生态系统客观存在着脆弱环节，而当地各民族的传统本土知识又可以成功规避这样的脆弱环节，因而在他们的干热河谷生态恢复对策中，总是照搬仅适用于土层深厚、地下水位稳定地带的植树造林办法，以至于花费了大量的资金，投入了大量的人力和物力，但成效却始终不理想，如下的总结正好能揭示他们失败的原因。

北盘江的河谷带从上世纪80年代以来，就"灾害天气频繁，旱涝发生的频率加大，致使河谷地区造林困难。气候除表现为干湿分明外，雨季仍出现间歇性干旱，旱季末期气温高，土壤特干，持续期长，旱季及雨季对造林成活率都产生不利影响。据调查，间歇性干旱时，所种幼苗的死亡率在30%左右，旱季死亡率在50～80%"[①]。然而，笔者近年在北盘江、金沙江、元江所做的民族学田野调查却表明：在这些地区的各民族，其传统文化虽然不同，但他们在资源利用上却表现出惊人的相似，他们所实施的农耕都具有复合种养这一特色。这里仅以北盘江流域的山地苗族为例，略加说明。在他们的耕地内，虽然也种植玉米，但必须配种一半以上

---

① 安和平等.流域生态经济与防护林体系建设（贵州南、北盘江流域）[M].贵阳：贵州民族出版社，1994：159.

的藤蔓类植物，如南瓜、佛手瓜、扁豆、菜豆等等，同时，还要配种野生的藤蔓类植物，或有地下块茎的匍匐类植物，如土三七、葛藤、脚板薯、野荞菜等等，甚至在耕地内还要特意保留构树、桐油树和漆树等经济作物。粗略统计表明：耕地上的植被层次可以多达七八层。实测表明，贴近地表的相对湿度在强烈的日照下，也能维持在95%左右，气温也比气象台报告的气温要低4～6℃。而且地上的所有植物在清晨时，都有大量的露珠回落到土壤中，因而，即使遭逢一连10天的干旱，除了南瓜叶发蔫外，其他植物都保持着正常的生长状态，并无旱象表现出来。以此为依据，我们认为此前干热河谷坡面丛林生态恢复的失败，并不是资金和政策的问题，而是技术不对路。如果能够仿照上述苗族的混合种养方式，不是一开始就种乔木，而是先种有地下块茎的藤蔓类和匍匐类植物，让这样的植物先将表土和基岩覆盖起来，然后再引种蕨类和苔藓类植物的孢子，等到地表基本覆盖后，再引种合适的乔木。那么，不仅可以快速实现生态恢复，而且也可以大大节约生态恢复成本，当地乡民还可以通过有经济价值的藤蔓类植物的引种，从中获得可观的经济收入，甚至还可以兼营畜牧业。

［本文与伍孝成合作，原载《云南社会科学》2011年第2期］

民族文化与生态环境之间的水资源供求优化

摘要：淡水资源的再生在时空分布上极不均衡，致使很多民族都不可避免地要遭逢水环境的不利因素的冲击，因而各民族文化都得通过适应手段去消解水环境的不利因素，在一定限度内实现自身所处水环境的优化。具体表现为：通过改变和优化所处生态环境的手段和方法，提高对大气降水的截留、储养、净化和再生的能力，从而为该民族的可持续发展提供资源与生态保障。我国西部各民族长期以来一直在发挥着优化全国水环境的公益作用。正当我国水资源日趋紧张的今天，理清民族文化与生态系统间水资源供求优化的机制，尊重、发掘和利用我国西部各民族文化优化水环境的潜能，理应引起学术界的关注。

关键词：民族文化　水环境　水资源　优化

一、水资源供求的特异性

在地球上的各种无机资源中，水无疑是一种极为特殊的无机资源。其特殊性在于就在地球表面，水资源可以以液态、固态和气态三态并存，而且三态之间还可以互相转化。同时，其存在形式又具有多样性，既可以以液态的形式停留在地表，也可以涵储在土壤和岩石之中，甚至成为生命体的构成部分而存在，还可以以无机的形态成为各种岩石矿物的构成成分而存在。由于液态水中所含物质的不同，水还可以区分为淡水和咸水。固态的水同样可以多形态并存：既可以成为冰川、浮冰，又可以以霜雪的形式降落到地表，也可以以永久冻土的形式涵储在地下的土壤中。也正因为如此，人类社会才可以通过各种技术手段，对水的三态转换和利用做出一定限度的控制和加工，以满足人类的需要。因而，人类对水资源而言，具有一定程度的可控能力，这是作为资源状态水的第一个突出特点。

人类的生物性需求和农牧业生产的需求，其主要消费对象是淡水。与此同时，人类赖以生存的陆上生态系统对水资源消费的对象也主要是淡水。这就使得人与所处的自然生态系统之间，必须对当地的淡水资源加以分享，保持一种两者间的供求优化，否则的话，民族文化与所处的自然生态系统都会一损俱损、一荣俱荣。而淡水资源在地球的水资源总量中，所占的比例极为有限，仅占全球总水量的2.5%。于是，就人类社会不断发展的需求而言，必然会表现为欠缺性；但就具体的不同地区、不同民族的分享而言，又会表现得有丰有歉，而且是丰中有歉，歉中有丰。为了谋求淡水资源的稳定，任何民族都得在开源与节流上同时做出努力，从而使得民族文化的适应，总会与当地的淡水资源供给发生直接或者间接的多重联系。

人类所需的淡水资源，始终存在着供求不平衡的矛盾，这是地球水资源的第二大特性。人类和陆上生物最需要的淡水资源，在时空分布上具有很大的可变性。具体表现为淡水资源的再生在时空分布上极不均衡，途径具有多样性，比如大气降水。大气中水蒸气凝结为露水和霜，冰雪的消融等都是淡水资源再生的来源。从储养的形式看，淡水资源的时空分布也不均衡，一些地区的土壤，淡水涵养能力极高，而岩石则无法储养淡水。生命物质和生物体也具有淡水储养的能力。最后，淡水还可以以江河、湖泊等的形式在地表得到存储。淡水资源的净化在时空分布上也不均衡，这是因为不同地区的土壤和岩石可溶物质的含量各不相同，淡水流经或者储养在不同的地区，水中的可用物质成分会发生很大的改变，致使水质会变得纯净度不同，而人类利用的标准则是纯水。因而，纯化度不同的水都被视为净化度不高的水。此外，不同地区生长的植物和动物，由于要与淡水资源发生物质和能量的交换，因而对水资源净化的作用也各不相同。有的生物和生态系统有利于水资源的净化，而有的则具有反作用。在什么样的环境下有利于水资源的净化，什么样的环境而又不利于水资源的净化，在时空分布上同样不均衡。同时，人类对水资源的利用需求，也会随时空而异，随民族文化而别。具体到个人而言，在不同时空场景下，在不同民族文化中，满足生产生活所需的淡水资源供给可以称得上是天壤之别。有的民族，每人每年消费上万吨的水还觉得水不够；而某些民族成员，每年两千吨左右的水还显得有余。总之，淡水资源如果从人类社会的标准出发，表现得极不均衡，这是地球水资源的第三个特异性。

地球淡水资源的上述三个特性，最终会使得人类社会的可持续发展受制于淡水资源。在一定限度内，人类可以控制淡水资源的储养、再生、利用和净化，但另一方面，每一个民族都会感到这种控制力满足不了人类的需求。因而，水资源供应的非平衡状态是民族文化和它所处的自然生态系统都需要共同面对的永恒主题。

二、民族文化与所处自然生态系统之间的水资源流动

水资源是人类社会和生态系统共同需要的关键资源，这已是人们的共识，但民族文化和它所处的自然生态系统，两者都具有优化其所处水环境的禀赋，则至今尚未引起人们的高度关注。各民族成员与所处自然生态系统之间，围绕着水资源还会达成互惠、共享的制衡格局，则是到了近年才引起学术界的注意。因而，认真探寻水资源在民族文化与所处自然生态系统之间的流动、互惠与共享，显然可以为我们提供优化水环境，缓解水资源匮乏的有益启迪和借鉴。

各民族所处的水环境都互有区别，但他们都具有优化水环境的禀赋，则是各民

族共有的文化属性。随着人类社会科学技术的不断发展，不同的民族都分别发展起了各具特色的水资源优化技术和技能，可以影响到当地水资源的储养、再生、利用和净化，使当地的水环境更有利于该民族的生存和可持续发展。然而，其优化的标准却要因民族而异。沙漠民族将纯净的淡水存储在地下，放置在没有上釉的陶壶中，甚至是存储在牲畜皮做成的皮囊中，为的是保持饮用水的清凉和干爽。这是他们理解的最优水环境，这是一种尽量不让水见天的水环境。而滨水的民族则相反，他们总以为流动的江河、平定的湖面、随时可以汲取的淡水才是最为理想的水环境。他们向往的是森林茂密、流水环绕的风水环境①。不难看出，他们追求的是一种暴露在光天化日之下的淡水存储方式，并把这样的方式理解为他们心目中最为优化的水环境。我国北方的蒙古族非常喜欢薄雪覆盖的草原，因为这样的雪可以解除草原的干旱，牲畜可以靠雪来越冬，但积雪过后牲畜不能觅食却是他们心目中的"白灾"，也就是非优化的水环境了②。而生息在我国南方的哈尼族，则习惯于生活在整日烟笼雾锁的高山雾雨带，并对雾滴进行截留，使之形成高山清泉，用于灌溉梯田，进而形成以森林－村寨－梯田为主体③、雾雨带相伴的优化水环境，更是彰显了"人与自然和谐相处"的"人类文化遗产"的文化符号④。而需要指出的是，上述四个民族中的优化水环境，并不是纯粹自然状态的淡水分布，而是各民族利用自身民族文化，有意识加工和改造的次生产物。不管是修筑地下水窖，还是修筑堤防，都必然包含人类的聪明才智。规避"白灾"，规避浓雾天气对水稻生长的负作用也要靠蒙古族和哈尼族的民族文化作出有效的适应。因而，水环境的优化不是一个纯粹意义上的文化选择，而是一个通过文化适应而获得加工和改造能力的问题。

各民族所处的生态环境也具有类似的属性。一个稳定存在的自然生态系统，并不完全仰仗外界环境的稳定去获得自己的可持续能力，而是靠生物自己的力量，特别是生物之间的相互依存制约关系去规避外界环境的波动，弥补无机资源的短缺，它们其实也是靠自己的力量优化属于自己需要的水环境，并在这样的优化水环境中获得可持续能力。

常识告诉我们，在一片茂密的森林中，森林内的风速要比外界低得多，气温和湿度的波动幅度也要小得多。于是，那些怕日照、怕强风、怕干燥的动物和植物可以在森林中安全栖身。也就是说，森林生态系统内部有它自己建造的优化水环境。具体体现为地下淡水储养的稳定和大气湿度的稳定，森林生态系统也才能保持多样性、稳定性和可持续性。

寒漠草甸生态系统的不利因素显而易见。一年当中的绝大部分时间，水都以固

---

① 崔海洋. 重新认识侗族传统生计方式的生态价值 [J]. 思想战线，2007（6）.

② 方钧. 白灾及其防御 [J]. 民防苑，2007（2）.

③ 李子贤，李期伯. 首届哈尼族文化国际学术讨论会论文集 [C]. 昆明：云南民族出版社，1996：15.

④ 马翀炜. 文化符号的建构与解读 [J]. 民族研究，2006（5）.

态形式而存在，即便是到了盛夏时节，地表都还有残冰，地下都还有永久冻土层，而任何绿色植物要正常进行光合作用，只能利用液态水，而且气温不得低于12℃。从表面上看，这里的水环境对绿色植物极其不利，但寒漠草甸生态系统也有自己的办法，它们借助有机物的残渣，在地表形成厚厚的泥炭层和腐殖质层。在生长季，这些泥炭层和腐殖质层就形成了一个绝热带。在日照下，腐殖质层可以升温到12℃以上，但热量不会往下传递，下方的永久冻土层因而不会受到影响。这才使得草甸植物可以在这些腐殖质层中顺利生长、结实，给寒冷的高原带来生机。它们能够活下来的诀窍，其实是自己建造出来的。因为，它们不是长在土中，而是长在"前辈"的尸体形成的腐殖质层中，而这些"前辈"的尸体则是在为自己的后代制造了一个可以让绿色植物成活的优化水环境。其他的例子无需多举，因为，不管是什么样的生态环境都具有自我优化水环境的禀赋。

民族文化优化水环境和所处生态系统优化水环境，这两项优化能力的叠加，最终使得民族文化与所处生态系统都围绕着水资源的共同需求而达成了一种微妙的制衡关系。在这一关系中，双方都需要的淡水资源，其实都始终延续着有序的流动。当某个民族感到水环境不佳之时，他们除了靠社会的力量外，还要依赖所处生态系统的力量去富集水资源，包括采食含水多的食物，用植物的残株实施覆盖，避免水资源的无效蒸发，甚至是从生物体中直接榨取水源等等，手段方法千姿百态。与此同时，人类为了自身的生存还要为其他所需要的生物营造优化的水环境，各民族发明的各式各样的灌溉工具和手段就是为了让它们去发挥这一项功能。就此而言，有限的水资源其实是在民族文化的支配下实现于生态系统和相关民族社会之中，做有序的流动。反过来，生态系统也是如此。生态系统内部为了自己的需要而优化的水环境不仅满足了它自己延续的需要，也成了相关民族获取水资源的正常渠道。森林生态系统在稳定延续后，都会在地表形成厚厚的腐殖质层，并养活各式各样的土壤中的动物和微生物。这些动物会在地下打洞，结果会极大地提高单位面积对大气降水的储养能力。而在森林生态系统的周边，也就因为有了生态系统自我优化水环境的能力，而成了相关民族打井取水、开沟引水的最佳选择对象。在干旱的内陆沙漠，土壤中的水几乎都被那些耐旱的植物榨干了。干旱地带的游牧民族却可以从容地靠牧草中所含的水分养活自己的牛羊，靠草原凝结的露珠去滋润土地，而他们自身则可以凭借牲畜的快速移动，逐水草而居，以确保本民族文化的稳态延续。其实，他们利用的也是荒漠生态系统自我优化后的水环境。

湿地泽生生态系统目前已经被学者们正确地定义为大地的"肾"，因为它具有净化水体的功能，而这样的功能恰恰是人类社会水环境优化的关键指标[1]。因此，处于泽生环境的各民族不管是有意还是无意，他们既是在利用泽生生态系统优化水环境的成果，同时也是在凭借他们的文化维护泽生生态系统的稳态延续。相关民族

---

① 周红菊．湿地净化污水作用及其机理研究进展［J］．南水北调与水利科技，2007（4）.

文化既是在为自己优化水环境，同时也在为他所处的那个生态系统优化水环境，而泽生生态系统的作用刚好与人类社会的行动达成互补。淡水资源就在这样的有序节制中，流动于民族社会和生态系统之间。区别在于，人类排出的是废水和污水，而生态系统馈赠相关民族的则是净水。

与所处的生态环境相比，民族文化显然具有更强的能动性。因而，它不仅可以分享生态系统优化水环境的成果，有时还能为它所需要的生态系统优化水环境。我国黄土高原上各民族的砂田建构和水窖配套就是如此。近年来，有人做过总结，认为建构砂田不仅可以提高大气降水的截留能力，还具有抑制液态淡水无效蒸发的作用，更具有在地下储存前一年的大气降水，留给春旱时给作物使用的储养功能。此外，抗拒风蚀、防范土壤盐碱化、抑制有害生物的生长等等，也是砂田建构不可替代的价值①。而做出这一切努力的目的，无非是要在极度干旱的高原台面上，建构一个属于相关各民族所需要的人造的固定农耕生态系统。而这样的生态系统能够得到稳态延续，全仗相关各民族为它提供了一个自然界本来不存在的水环境，离开了相关各民族的呵护，当地就不可能有农田生态系统，只能以荒漠草原的方式存在。但是，这些民族建构砂田的终极目标还是希望从砂田农耕生态系统中，间接地获取水资源，其实是在为自己优化水资源。

民族文化与所处生态系统之间的水资源流动，形式多样，方法各别，真可谓不胜枚举，但是其原理却是相同的。民族文化与生态系统优化水环境能力都是有限的，但双方之间却可以通过水资源的流动紧密地结合在一起，从而各自都提高了优化水环境的能力。为了揭示这种能力的增长空间，我们显然需要针对不同自然水环境去解读某些有代表性的水资源优化供求实例。

三、优化与欠缺的辩证统一

自然界并不存在最优化的水环境，不仅对不同的生态系统是如此，对不同的民族文化也是如此，而生态系统与民族文化为自身而优化水环境却始终是有限的，而且这样的有限性优化，如果不能做到真正的因地制宜、因时制宜、因人制宜，就会造成欲益反损的悲剧，优化就会转变为欠缺。

云贵高原的东南缘是我国侗族同胞的生息区。这儿的水环境可以总称为温暖、湿润类型，因为这儿的年均气温超过15℃，年均降雨量超过1200mm，年蒸发量则不大于1000mm。生息在这儿的侗族凭借"稻鱼鸭"共生农耕模式和稻田、鱼塘的联网布局，在液态水最容易流失的坡面上，创建了立体的人工河网泽生生态系统。不仅侗族文化因此而获得了对大气降水的极大截留能力，并且还获得了在高海拔区地表大规模储养水资源的能力。侗族的传统文化在优化自身水环境的努力中，获得

---

① 戈敢. 中国压砂田的发展与意义［J］. 农业科学研究，2009（4）.

了令世人称慕的成就①。也惠及了周边他们所处的生态系统，提高了坡面的生物多样性水平，加大了森林草地的大气降水截留和储养能力。与此同时，凭借森林生态系统的多层次结构，加大对气态水转化为液态水的再生能力，更由于他们的稻田和鱼塘是尽可能地实现水资源的就地小循环，因而流出侗族社区的水资源都是经过了净化的优质水资源。尽管他们对水环境的优化也是有限的，但毕竟做到了既满足自身的需要，又能发挥稳定江河水位，惠及江河下游的作用。可是，这样的水环境优化只适用于这一特殊的水环境地带，如果把这一套做法移植到干旱地带，那么由于干旱地带蒸发量远远超过降雨量，其结果只会导致浪费水，而非节约水。况且这样一套水环境优化体制自身也无法正常延续，更不用说惠及他人了。同样的情况还会在侗族生息区出现，如果仅仅是出于追求短期经济利益的需要而轻易地改变侗族的水环境优化体制，那么后果同样是欠缺，而不是优化。比如说，如果要让侗族的高山梯田在冬季排干积水，改种小春作物，而不继续养鱼，那么从经济利益看肯定可以增加收入，但导致的后果却是悲剧。当泡冬田被排干后，我国南方地区刚好进入旱季。这样一来，稻田就再也无法通过地下水的渠道给珠江供水了，那么珠江中下游的缺水就会更其严重，海水倒灌会更其频繁。这样的损失是有限的小春作物无法抵偿的，它将会导致珠江沿岸的大面积停产。而侗族居民在来年的春天，再来储水种水稻，不仅田中喂养的鱼受损失，放鸭的季节也要缩短，更严重的还会导致稻田未能及时栽插的严重后果。靠各民族文化已经实现了优化的水环境，是一个亚稳定体系，它会牵一发而动全身，细微的改动都可能引发既损人又害己的水环境危机。不把握好优化与缺失之间的辩证统一关系，我国即将面对的水荒将会来得更快，受害会更惨重。

在云南、贵州、广西三省区毗连地带，自然界的水资源再生能力很强，年均降雨量都在 1100mm 以上，而蒸发量在生态环境良好的情况下，可以低于 1000mm。在生态环境破坏后，随着地表岩石的裸露和气温的上升，一旦形成干热河谷，年均蒸发量就可以超过降雨量的 6 倍左右②。更由于这儿的地质结构都处在喀斯特的峰丛洼地发育阶段，随着溶蚀作用的加强，地下溶洞日益扩大，地表的基岩就会随着时间的推移而缓慢塌陷。日积月累之后，就会形成地下伏流、溶洞纵横交错的情形，地表则是土石相叠和土石混杂的结构。这样的无机背景几乎不具有对大气降水截留、储养和再生的能力，可贵的水资源都深藏在地下的伏流和溶洞之中，地表则呈现为干沟和盲谷以及陡峭的石山。但当地发育出来的生态系统却具有顽强的生命力和水资源优化的禀赋，它们可以凭借大量藤蔓类植物的存在将地表的基岩和砾石覆盖起来，有效降低底层大气的温度，并提高藤蔓类植物覆盖下的空气湿度，从而

① 罗康隆，杨庭硕．传统稻作农业在稳定中国南方淡水资源的价值［J］．农业考古，2008（1）．
② 段爱国等．干热河谷主要植被恢复树种水分利用效率动态分析［J］．北京林业大学学报（自然科学版），2010（6）．

在岩石的表面也可以发育出厚厚的苔藓层来。正是凭借这样的水环境自我优化，才使得丰沛降水中的1/5以上可以被苔藓层所吸收，有效地支持了其他植物的生长，最终使得几乎不见土的石山也能够发育出茂密的常绿阔叶林来。当然，在这样的常绿阔叶林中，占生物总量1/3以上的植物是藤蔓类植物、匍匐类植物和灌丛，因而，应当把它们正确地称为亚热带季风区常绿阔叶藤蔓丛林。这样的生态系统对当地的苗族、仡佬族、彝族、壮族和布依族而言，几乎是给他们提供了支撑民族文化延续的水资源。离开了这样的原生生态系统，当地的水环境就会季节性地呈现为内陆干旱水环境。而当地各民族对所处生态环境的适应，则表现为尽可能地实施不动土的资源利用方式，并且精心地维护藤蔓类植物和苔藓类植物的存在。这不仅保持了藤蔓丛林的稳定，同时也是为了各民族可以廉价地获得地表液态水，当然也因为地表水资源容易欠缺，因而他们的文化建构也才具有明显的节水倾向。在此，民族文化对水环境的优化主要不是通过技术手段，而是借助生物手段去实现。

相关各民族的传统文化就本质而言，是当地水环境优化的屏障，一旦当地的民族文化在外界的干预下被扭曲，那么不合时宜的资源利用方式就会切断藤蔓丛林生态系统的"脆弱环节"，也就是那些必须稳定存在的藤蔓类和匍匐类植物一旦被人为清除，那么已经取得的水环境优化成果就会毁于一旦。苔藓类植物一旦失去了藤蔓类植物的庇护，就会在强日照下枯萎，从而失去了对大气降水截留的能力。更由于基岩、砾石逐步暴露在强烈的日照下，地表温度会迅速攀升，基岩表面最高气温可以升到75℃，距地表1m左右的气温最高可以上升到45～50℃[1]。幸存的水资源会大量地无效蒸发掉。高大的乔木为了自身的安全而加大蒸腾，超额消费水资源，最后就会导致整个藤蔓丛林生态系统像雪崩一样迅速萎缩，蜕变为低矮的灌丛，甚至是荒草坡。这不仅使得其经济利用价值丧失殆尽，人和动物在干旱时都得面对脱水的危险，目前已引起学术界密切关注的喀斯特石漠化山区的灾变就是因此而酿成的。在这一过程中，不仅原先优化了的水环境蜕变为水资源的欠缺，相关的藤蔓丛林生态系统和民族文化也一并受害。优化与欠缺，其差距仅仅是一个"脆弱环节"被扭断。而扭断这个"脆弱环节"，也就是清除那些藤蔓类植物，对于人类社会而言，几乎是轻而易举，但结出的苦果人类却没有力量去彻底修复，还得借助当地的民族文化去推动生态环境的自我更新，还得回到原点上重建可以稳态延续的藤蔓丛林生态系统。也就是重建优化的水环境才能获得既保证当地水资源的需求，又惠及江河下游的双赢成果。最近一次对该地区的调查，就亲身体验到了当地行政官员发自肺腑的愧悔——前些年大力推行退耕还林政策的时候，我们悔不该没有据理力争种植适合当地生长，又有经济价值，当地乡民也能娴熟利用的经济树种，如木薯树，或者是构皮树，而是动员各族乡民种上了林业部门配给的杉树、柏树和松树等

---

① 田红. 喀斯特石漠化灾变救治的文化思路探析［J］. 中央民族大学学报（哲学社会科学版），2009（6）.

旱生类树种。现在退了耕，植了树，可是树就是不长大，成了名副其实的"老头树"，就算是长大了也没有经济价值。如果种上了木畺树，一个县的木畺树完全可以支持三个小型香料厂的原料。林不会毁，而经济效益却可以上亿。很显然，他们的愧悔还仅仅是停留在经济的亏损上，还没有进一步注意到由于没有配种藤蔓类植物而导致了种植这些柏树等旱生类树种，即使是种活了，也长不快、长不大。当地各民族的本土知识告诉我们，松柏一类的旱生类树种，对地表不能构成有效的荫蔽，又不能为表层挡风，水会干得很快。即使成活后也只剩下孤立的乔木，地下长不出草来，更长不出苔藓来。相比之下，当地土生的木畺树、葛藤、桐油树、构皮树等，由于树形可以形成丛生状态，能很好地荫蔽地表。这不仅可以支撑其他树木成活容易，长得快，还能确保地下发育出苔藓层来，泉水和井水在旱季时都不会干涸。在他们的愧悔背后，其实是一种对各民族本土生态知识的漠视，也是对当地原生生态系统的无知。不难看出，优化与欠缺往往表现出天壤之别的后果。

我国内蒙古草原原来是蒙古族的牧场，而作为牧场利用的草原生态系统也有自己的"脆弱环节"，那就是地表的风化壳和牧草残株。蒙古族牧民一直在教育儿童，不要轻易挖土。这表明他们都深知生态系统"脆弱环节"的存在，当然，当这个"脆弱环节"没有被人为切断以前，人们很难正确评估它的不可替代价值。其原因在于我国的蒙古草原不仅降雨量小，而且降雨量大多集中在深秋，而在春夏极度缺雨的季节还要经常遭逢强风的袭击，自然界的水环境很不理想，蒙古族牧民也曾因此而逐水草而居。但是一旦随着草原生态系统积累了风化壳和地表残株后，水环境就可以得到最大限度的优化。深秋的集中降雨可以轻而易举地穿透风化壳，渗透到地底下储备起来，确保牧草在春季时提早返青，而且可以获得较大的产草量。这是因为，牧草事实上是长在风化壳上，牧草的根是扎在风化壳荫蔽下的表层土中，而风化壳既是大地的降温剂，又是抑制液态水资源无效蒸发的保护壳，还可以给牧草提供养分，更能够降低地表风速，抵御强烈的风蚀。其结果会使得哪怕每年仅有250mm的降雨量，也可以形成肥美的草原。水环境优化既是草原生态系统自我完善的产物，同时也是蒙古族文化精心维护的成果[①]。民族文化与草原生态系统之间，其实是一种相互依存的共同体关系，而水环境也是在这样的共同体中维系了草原生态系统的稳定和民族文化的发展。优化是两个方面共同作用的结果。

然而，目前草原水环境也存在着一些欠缺。时下，从行政官员到专家学者，都默许大规模地开采地下水资源，或者是提黄灌溉。他们解释说，建构高效的集约农牧业，可以减少游牧的人口和草原上的牲畜数量，这样一来，蜕变的草原就可以得到恢复。或者说，把大部分的蒙古族牧民集中在城市之后，草原的人口压力和牲畜压力就会降低，进而草原就可以自然恢复了。甚至认为，将蒙古族牧民全部以"生

---

① 谢景连. 少数民族传统生态智慧在生态灾变救治中的价值［J］. 怀化学院学报，2010（4）.

态移民"的方式搬出草原，草原才能够出现恢复生机①。这些理由全是似是而非的欺人之谈。因为这些解释忽略了一个关键环节，那就是集约农牧业的需水量比传统的游牧业的需水量要高出几十倍，都市人口的用水量比蒙古族牧民的用水量要高出150倍。填补用水的缺口只有一个来源，那就是提取地下水，或者是提取黄河水，而这样用水的结果就会导致整个内蒙古草原地下水位的下降和地表蒸发量的剧增，这既阻断了开源之路，又关闭了节流之门。草原生态系统的蜕变因之而加速，黄河的断流也将会愈演愈烈，华北平原终究会因为水荒而败落。但愿这仅是一种警示。不管是对我国广阔的西北干旱草原，还是对三江源的寒漠草甸生态系统而言，自然界的水环境都不理想，而当地各民族的传统文化却能够在水环境的优化方面做出杰出的贡献。如果仅仅是为了账面上的经济发展，而轻易改变世代积累起来的资源利用方式和与当地水环境相匹配的生态系统和民族文化，那么优化与欠缺同样只是一念之转。

四、结　语

我国是一个人均贫水的国度，即将面临水荒。为了确保我国经济社会的可持续发展，对水资源实施开源与节流具有决定性的意义。自然水环境、生态系统水环境、民族文化水环境三者之间的时空构成要素千姿百态，相互作用的后果更是变幻无穷，以至于什么样的资源利用方式和生活方式有助于水环境的优化，或者有害于水环境的优化都得因地制宜、因时制宜、因人制宜、因民族文化而制宜。一两项简单的节水政策，或者是水资源分享政策绝对解决不了如此复杂的天下大事。因此，归纳传统生计中的节水技术和技能，探明这些农耕体制在优化水资源结构方面所能达到的潜力，已显得至关重要。本文在此仅是抛砖引玉，希望通过此探讨，使有识之士意识到推出水资源人类学新理念的紧迫性，这或许有助于缓解我国即将面临的水荒。

[本文与王楠合作，原载《吉首大学学报》（社会科学版）2011年第1期]

---

① 杨牡丹. 生态移民工程与蒙古族文化变迁 [J] . 内蒙古科技与经济，2008（21）.

彝族文化对高寒山区生态系统的适应

摘要： 四川省凉山彝族自治州盐源县在历史上曾经有三个民族在这儿发挥过深远的影响，最早是藏族，接着是漠西蒙古和硕特部，最后才是彝族。这一特殊的历史过程使得今天在这里所看到的文化生态特点既有别于凉山腹地，又与藏区不同。但从今天调查到的当代彝族生计着眼，却可以清晰地看到彝族文化对这里的特异生态环境做出了成功的适应。其社会生产效益和生态维护成效，都比大小凉山彝族地区更能彰显文化再适应的针对性和灵活性。

关键词： 适应　高寒山区　生态系统　农牧复合生计

一、引　言

位于四川西部的凉山地区，其地理自然结构具有一系列特异性。从地形上看，大致呈现为北高南低的坡面过渡，但整个坡面河谷深切，地表相对高度差异极大。海拔虽高，但因处于北半球的南坡，而且面向海洋，以至于光照相对强烈，年降雨量也较同纬度、同海拔区域大。上述两个方面的自然原因，使得这里的生态结构呈现为多样性和过渡性。从亚热带到寒漠带的植物，在这里都有分布，所有的生物群落年均生长量比同纬度、同海拔的其他生态系统要高得多。但因年均气温偏低，又使得有机物的降解速度比同纬度海拔偏低地带低得多。换句话说，从海拔高度看，这里呈现为高山草甸生态系统，但这里却能长出高大的乔木。按照所处的纬度看，这里本该是生物的生长量和降解量都偏高的地带，但这里的生长量却明显地大于降解量，所有的生物群落都沿着等高线做垂直分布，而且各种不同的生态系统都沿着等高线的提升而按垂直方向过渡，生态系统结构的多样性和复杂性十分突出。同时又因地貌结构差异，而呈现为镶嵌状分布，生态结构具有明显的破碎化特点，同质性生态系统的连片分布面积十分狭小[①]。

自然与生态系统的过渡性，进而使得差异极大的民族文化也可以在这片土地上定居，并发展壮大。在历史上，这里依次充当过藏族、蒙古族和彝族的密集分布

[①] 陈晓莉. 凉山自然地理环境对彝族文化的影响［J］. 安徽农业科学，2008（36）.

地，并延续至今，形成这里多民族杂居分布的当代格局①。彝族进入这一地区为时较晚。当地彝族同胞的回忆表明，他们早年进入这一地区是靠依附当地藏族势力，并向蒙古王公缴纳税赋，才获得定居权，这样的收税地点在当地彝语中还被称为"鬼门关"。蒙古人在当地彝语中也有特定的称谓，被称为"特鲁人"。这个名字很可能是对和硕特蒙古人的省译，而对藏族的称谓则与其他地区的彝语相同。这种称谓上的差异，还可以折射出这三个民族在历史上政治权利的消长以及从彝族视角出发，他们对其他民族评估上的差异，而且可以充分表明彝族是非常晚才迁入的民族。结合上述两种背景作综合考虑，初步可以判定，当地彝族今天的生计特征显然属于彝族进入这一地区后文化再适应的产物。对文化适应已有成效的分析后不难发现，其适应的机制及其适应的对象在适应策略上的灵活性。我们就是沿着这样的思路，梳理了最近在盐源县彝族地区的相关田野调查资料，从中证明当地最近一次彝族文化对生态系统适应具有针对性和灵活性，可以成为探讨文化适应的典型个案。

二、适应对象清晰可见

盐源地区的彝族与小凉山地区的彝族都实施农牧复合生计，作物秆蒿都要做牲畜饲料使用；农田收割后都要开放作牧场，持续多年的牧场又必须改作农田②。这些特点在两地差异不大，但对农家肥料的使用，两地区却呈现出明显的差异。两地的彝族都不像汉族地区那样，将牲畜粪便和吃剩的草料长期储存在畜圈中，到春耕前才集中一次性运送到农田中做肥料。而两地彝族的做法则是将畜圈中的牲畜粪便和剩草不断地移出畜圈，并将这些牲畜粪便暴晒在强烈的阳光下，有的牲畜粪堆甚至直接堆放在农户的家门口，没有人会感到有任何的不妥。他们认为只有经过暴晒后，才能做肥料使用，其原因在于给粪便加温，促进其降解。盐源地区的彝族对这一点执行得更彻底，往往是每隔十天就要清理一次畜圈，将粪便移出去暴晒。以至于到春耕时，送到田里的粪便已经脱水成了干块，甚至可以点火直接焚毁。

两地彝族的施肥办法一直受到农学专家的非议，认为这样处理粪便会使肥效丧失。但两地彝族坚持认为不这样做，粪便没有肥效。盐源地区的彝族甚至说："山不过火，土不肥。"山不经过火烧，就没有肥效。对农学家和乡民之间观念上的冲突，在我们田野调查的初期，连我们也难以判断谁对谁错。只有当我们与盐源地区的彝族乡民一起收获马铃薯后，才知道他们这一做法的合理性和科学性。当地彝族种植马铃薯都是用整个马铃薯做种子，马铃薯种块一般都在200—300克之间，每亩马铃薯地光种薯就需要1000公斤左右，而产量则是种薯的五到六倍。同时，种下的种薯不会腐烂，也不会长大，还可以收回来喂猪。值得注意的是，由于种植时

① 四川省编辑组．四川省凉山彝族社会调查资料选辑［M］．成都：四川省社会科学院出版社，1987．
② 朱圣钟．论历史时期凉山彝族地区农业结构的演变［J］．中国农史，2008（4）．

种薯是直接放在半腐烂的脱水牲畜粪便上，因而所有的种薯表皮都呈现深灰褐色，这是因为种薯下面初春时施放的肥料在收获时大部分都没有腐烂，从而将种薯的表皮染上了较深的颜色。至于新长出的马铃薯，表皮是较浅的黄色，肉眼就可以分辨开来。对这样的现象，彝族乡民习以为常，但这样的景象却对我们具有很强的提示作用，使我们联想到，由于盐源地区的海拔在 2700 米以上，土层下方都有较长时间的永冻层，地下土层彻底解冻的时间，在一年中还不到三个月，因而牲畜粪便降解的速度极其缓慢，有机物不能降解，就不能给作物提供无机肥分。彝族乡民要将牲畜粪便暴晒在日光下，甚至用火焚毁，显然是对当地气温普遍偏低，生物降解速度极其缓慢的一种针对性极强的适应手段，他们的做法具有毋庸置疑的科学性和合理性。

对各种牲畜粪便的肥效排序，盐源地区彝族也具有十分鲜明的特点。他们认为鸡粪的肥效最好，其次是羊粪，而猪粪与人粪几乎没有肥效，因而也拒绝用这样的粪便做肥料。由于鸡粪的数量有限，他们必须精心收集，专门用来种园艺类作物。而羊粪主要用于种植圆根，施肥办法也十分特殊。他们往往是用活动式围栏，在野外建构临时性过夜羊圈。在山上放牧时，每天晚上都将羊群赶到这样的圈中。但这样的羊圈使用个把星期后，就要将这样的羊圈移往他处，同时也要将羊群赶到新的羊圈中过夜。以至于供羊圈使用的地块，地表就会铺上一层半寸到一寸厚的羊粪，这样的地块就成了秋季种植圆根的耕地。因而可以说，圆根几乎是直接播种在羊粪上，任其自然生长。令人惊讶的是，这样种成的圆根产量极高，每亩地收割的圆根晾干后，还可以接近千斤。仔细观察发现，圆根的根部不是向下生长，而是分叉横向生长，须根的分布往往在羊粪与土层之间展开。这使我们有理由认为，他们之所以这样看重羊粪，是因为羊粪中有较多的伴生微生物，这样的微生物即使在气温偏低的季节，也能缓慢地降解，及时地为圆根的生长提供无机肥。同时在降解的过程中发出微热，使地表不冻结，以免窒息圆根的生长。同样的原因，他们之所以这样看重鸡粪，也是因为鸡粪在这样的高寒山区降解的速度比牛粪、马粪要快得多。猪粪由于含水量较高，极容易冻结，又难以升温，才被当地乡民视为没有肥效的粪便。

仔细观察他们所种植的其他农作物，也可以看到极其相似的现象。作物的根系，不管是马铃薯、燕麦，还是荞子，其根系都表现为横向贴近土地表层生长，生长的土层都是乡民频繁施肥的表土层。正是因为当地彝族对生态系统有了精当的认识，因而这里的农作物产量高得令人吃惊，马铃薯和荞子的产量比我国南方低海拔地区的马铃薯产量还要高。同样，这里的玉米根系和其他地区的玉米根系不同，这里也是横向生长的。原因也是因为地下土层的地温太低，深入土层的根会被窒息。为了照顾玉米的生物属性，这里的玉米只能种植在海拔相对降低的滩涂地带。这些区段地下一般不会有冻土层，玉米勉强才能较为正常生长。显然，当地彝族是看准了这些区段水热结构的特异性，才选择这样的区段种植玉米，这同样是一种具有明确针对性的文化再适应对策。

盐源彝族的放牧方式与贵州毕节地区的彝族的放牧方式有明显的区别。他们拥有的畜种与贵州地区的一样多，马、牛、羊、鸡、猪，甚至骡和驴一应俱全，唯一不同的是盐源地区的彝族拥有牦牛，这是其他地区的彝族所没有的。

在贵州的彝族地区，往往执行多畜种混合放养，马、牛、羊、猪、鸡等各种不同畜禽多以家户为单位，合成一个大的畜禽实施放牧。由于畜禽间物种的差异太大，因而放牧半径很小，对畜禽活动的限制也极为粗疏。盐源的彝族地区则不同，对各种畜禽的放牧呈现了一定程度的专业化分工。有的家庭拥有较多的羊，有的家庭有较多的牛，至于放牧牦牛则是个别家庭的专利。最值得注意的是，虽然对鸡和猪也放牧，但却听任这些畜禽在村寨周围觅食，一般对它们不加以特殊的限制。为了防止猪破坏农田，农田周围要设置障碍，甚至用土坯做成围栏。当然最经济的围栏建构办法是成行的种植低矮的灌木，再缠绕带刺的藤蔓植物，使其自然成篱。

与当地的彝族牧民交谈，他们会十分自豪地告诉你，他如何调教自己的牛和马。调教的内容包括牲畜觅食的路线、觅食的时间和返村的时间、牧人指挥的口哨声或者专用彝语等等。目的是使自家的畜禽每天能按牧人规定的不同路线觅食，而牧人则可以三五成群地坐在河滩上，悠闲地聊天抽烟，因为一到时间，自家的畜禽都会汇集到牧人身边来，一道回家。这样的放牧手段表面上看，只是一个人与畜禽的关系问题，或者理解为牧人为了放牧作业更加轻松而作出的适应。但若进一步考虑到，在这里的彝族村寨、森林、草原、农田、水源、河流是相互穿插分布的，牧人不仅需要紧跟畜禽移动，监控畜禽，不懂事的牲畜偷食作物、破坏幼林的风险几乎天天存在。但经过观察，这样的破坏在当地几乎没有发生。要解读其间的生态适应价值，绝不像看上去那样简单。经过综合分析后发现，这取决于好几个方面的知识积累。

其一是当地的彝族乡民对自己生息地的生态结构几乎了如指掌。每一座坡面在什么季节生长什么样的植物，他们基本一清二楚，并据此规定牲畜觅食的路线。其二是对各种牲畜的食性有充分把握，当地的口诀说："羊爱浅草，牛爱深草，马爱独草，毛驴只吃巴地草。"同样是因为他们对每个坡面的季节性每种动物所需产草量有充分把握，所以他们规定的牲畜觅食路线能保证不同的牲畜都能吃饱。其三是他们对头羊、头牛、头马都做过精心调教，使这些带路的牲畜通了人性，放牧路线都远离农田和幼林。当然，为了以防万一，农田和幼林往往需要用人工设置围障。但这些围障并不是那样牢靠，牲畜也是能够强行穿越的，但牲畜穿越的情况却很少发生，这不能不归因于彝族农民对牲畜调教有方。

对牲畜的远程控制不仅是一项"创举"，同时也是对当地生物物种多样性的精当把握。值得郑重指出的是，在这里的坡面上，牧草种类极其丰富多样，季节的变化频度也极高。上文提到的马爱独草，经过调查后发现主要是是菊科、十字花科和百合科的植物。因为这些植物在开花前都会长出高高的花径，这正是马群觅食的对象。这里的牧民正是因为注意到了两者的联系，他们才有把握坚信自己的马匹不会丢开野生牧草，而盗食庄稼。他们对畜群的控制，才会做得这样精准可靠。应当看到，彝族的这种牲畜控制办法，不仅与蒙古草原上的放牧方式不同，也与其他地区的彝族放牧方式不相同。只有通过这样的文化再适应，当地彝族才能做到，牲畜在穿越幼林和农田时，一般不会偏离路线，盗食农作物。

总之，盐源地区气候偏于寒冷，生物多样性明显，日照充足，而雨量适中，高大乔木可以与各种草本植物混合并存，这些特点与其他彝族地区都不一样。这才使得这些从小凉山搬迁而来的彝族移民，在传统生计上与小凉山彝族拉开了一定的距离，这些新起的内容无不表明，他们对新环境的再适应表现出极其鲜明的针对性和有效性。

三、再适应手段善于取人之所长

作为一个迁入不久的人群，盐源地区的彝族很善于学习其他民族的成功经验，甚至照搬整套的技术和技能。当然这样的知识和技术技能也是其他民族适应当地特殊生态环境的成果，但可贵之处在于，当地的彝族最勇于排除文化的本位偏见，不仅勇于学，而且能做到大胆推广。盐源地区的制高点超过 4900 米[1]，盐源北部与木里交界就有大片的山区海拔超过 3000 米。而这一山区又恰好是藏族、蒙古族、苗族和彝族的杂居带，长期杂居的结果，最终使得从彝族现有的生计活动中都可以清晰地看到，来自周边各民族的生态适应手段和方法。

当地彝族最特异的生计活动莫过于饲养牦牛。在其他地区的彝族中，偶尔也喂养过牦牛，但这里却大规模地饲养牦牛，牦牛的饲养量已经与当地藏族的牦牛饲养量十分接近。更有趣的是，这些彝族牧民饲养的牦牛全用藏语名称，彝族乡民平常不说藏语，也只有少数人可以勉强听得懂藏语，但他们却能用纯熟的藏语称呼自己饲养的每一头牦牛。他们解释说，这些牦牛都是从藏族居民手中买来的，所以用藏语指挥更便捷。然而这样的解释对他们管理牦牛的特殊做法却没有说服力。因为这里的彝族不会跟着牦牛群转移，而是要建立固定的汇集点，作为牧民定期访问牦牛生息地的活动营地，也成了召集自己家牦牛的会面点。当牧民到达时，自己家的牦牛群不管在多远的地方觅食，只要一听到主人发出的藏语呼唤，都会准时到达，享用牧民带来的燕麦和食盐。当冬季高海拔地带封冻后，这里的牦牛会听从彝族牧民的指挥，游动到低海拔河谷地带觅食，但却不破坏村寨附近的森林、竹林和农田围障。这种冬夏营地分季节放牧的做法，是各地彝族较为一致的畜牧经营方式，但却与当地藏族控制牦牛的手段很不相同。藏族在冬季几乎不理会牦牛的存在，让它们自己谋生。因而在当地彝族的牦牛饲养中，既可以看到对本民族传统生计的延续，

---

① 王仕娣等. 浅议盐源县林业生态建设 [J]. 四川林勘设计, 2007 (3).

也可以看到从藏族学到的特种技术与技能。比如如何给牦牛挤奶，制作酥油；如何将牦牛扳倒在地等等，都是从藏族学来的。但延续与学习的结果却始终表现为对当地生物物种多样性和植物群落多样性的高效利用与精心维护。由此而发生的某些生态问题，仅是近几年来才偶有发生。我们在盐源调查时，县乡两级政府都提到为了改善生态环境，引种了大量楠竹和毛竹，长势不错，但牦牛总喜欢撬翻竹林，专门食用竹鞭，与当地的生态建设老是过不去，目前还没有办法对付。应当看到这既是例外，也是新起的问题，因为这些地方不会自然长出高大的连片竹林，只会长出箭竹。正因为是新的生态问题，牦牛捣乱和彝族牧民无力对付也情有可原。随着时间的推移，文化的再适应总会找出有效的解决办法来，但从生态建设的成效着眼，我们还是不得不说，这也许是引种楠竹不适当引发的新问题。原因在于，在这样的高海拔区段，地下都会有永冻层，年际间的气温也会有很大的波动，因而目前长势良好的楠竹林一旦遇到极端低温的年份，即使没有牦牛拱翻也会被连片冻死的。牦牛表面上看是在搞破坏，其实质却是在向我们示警：也许我们不应当把喜温的楠竹做这样的引种；看上去的坏事，也许反倒是好事。

在木里与盐源的交界地的北端，定居着少数的苗族，此前我们并不知道，但在盐源调查期间，彝族乡民告诉我们这里有苗族，他们自己也能听得懂苗语，这让我们大感意外。凭借他们的发音特点，因为辅音有大量的鼻冠音，可以判断这里的苗族属于苗族西部支系。但令我们感兴趣的不是当地彝族也能听得懂苗语，而是这里的彝族将苗族的刀耕火种方式运用到自己的生产实践去。从表面上看，个别地区的苗族一直从事"刀耕火种"并不奇怪，但是这里的彝族偏巧从苗族中引进特有的刀耕火种方式倒是一件怪事。这种"刀耕火种"的特异之处在于，这里的彝族也像当地苗族一样，他们有充分的把握对活着的中幼林也实施"刀耕火种"，并在这样的基础上，正常延续着农林牧的复合经营。当地彝族的具体做法是，在每年的特定季节纵火焚烧林区地表的枯枝和落叶。由于事前已经安排好了隔离带，所以顺风点火，火势可以得到极为精确地控制。火势不仅不会蔓延到其他的森林和草地，就连生长在其间的幼树，除了树皮被熏黑，不会影响到幼林的生长，而且经过火烧的中幼林的积材量反而比没有经过火烧的中幼林的积材量要加大一倍。

用当地彝族乡民的话来说就是，只要从松树枝条上的节距之间的长短就可以看出当地是否动过火焚烧枯叶，从而加速了木材的生长速度。动过火的林地，云南松枝条上的节距枯叶达到 70 厘米，而没有动过火的林地，枝条上的节距不会超过 30 厘米。这就表明，用火焚烧林地后，幼树的生长加快了一倍。据此他们强调，在他们的这个特有地区，纵火焚烧是育林的有效手段，而且是不可替代的手段。如果幼林地不过火，树木的生长就极为缓慢，弄不好就会长成"老头树"。幼林如果年年都掌握好按期火焚，林下不仅可以播种粮食作物，而且树木会长得很好。如果不播种粮食作物，林下也可以长出鲜美的牧草，用于放牧牛羊，只需要控制山羊的进入就够了。山羊会破坏森林，牛和绵羊在林间放牧对森林的快速郁蔽反而有好处。

对这种特殊的技能，在调查初期，由于乡民的解释其说不一，因而我们也无法抓住要领。在对他们纵火的季节作了综合排比后，正确的答案才逐步清晰起来。原来在这个特殊的地区，秋冬之交，日照十分充足，气温比同等海拔地区要高得多，因而相对湿度很低。但由于刚经历过雨季，土壤极为湿润，幼树的含水量也非常高，以至于在同海拔的地区，落叶树已经凋零时，这儿的落叶树并没有凋零，甚至还处在旺盛的生长期。与乔木相反，地表的草本植物以及掉落的落叶则会处于充分高度干枯脱水状况，几乎是见火就着。正因为他们对这种天干地湿的特殊季节有充分的理解和把握，这里的彝族才与苗族一样，敢于顺山放火，做到既不会毁林，又能确保农牧增产。这完全可以称得上是一种绝活。

在调查中，我们最感兴趣的是，当地彝族对这种技能到底有多大的自信心。访问了几个老牧民后，他们引经据典地作了如下解释。他们说："最近几年，西昌地区为了搞生态建设，从日本引进了很多落叶松，这些落叶松已经初步成林，但也发生了意想不到的问题。由于当地的所有动物都不食用落叶松的枝叶，所有落叶松的枝叶都沉积下来，有的地方已经超过了一尺多，这是十分危险的事情。一方面，一旦失火，整个森林将无可救药，但这个地区在这样的气候条件下，要绝对确保不失火又几乎是办不到的事情，不相信，走着瞧，这样的落叶松林危险得很。另一方面，落叶松林下寸草不生，既不能放牧，又不能耕种。只是样子好看，但却毫无用途，而且落叶松目前虽然长得快，以后却会越长越慢，甚至会染病，其后果更难说。"林业部门的有识之士正在惊呼引进落叶松已经构成了生物污染，但这些牧民却不以为然。他们满怀信心地说："只需每年看准季节焚烧一遍，落叶松林下就可以长出其他植物，林间同样可以耕种和放牧。如果对长大的落叶松执行间伐，逐步置换其他乔木，同样可以重新形成我们当地特有的冷杉林。"从他们的口吻中，我们可以感知他们的自信，也可以从中明白，在气温偏低的此类高海拔地带，只要是处在面向海洋的迎风坡，由于有机物的降解速度太慢，降解有机物的昆虫和微生物生长季太短，因而他们采用火焚的方法，加速生物的降解，应当理解为是一项明智的抉择，而不是对生态系统的破坏。这才是一种真正意义上的因地制宜的做法，因为这是他们文化再适应过程中获得的创新。

当地彝族从蒙古族居民手中也学到了不少的经验。彝族本来就长于制毡，但这里的彝族居民所披的毡子被称为"特鲁毡"，制毡的工艺与彝族传统的制毡办法稍有区别，与蒙古人的制毡也有区别。这里的毡子是用多种牲畜的毛擀成，而且多染成红色，不同于其他地区的彝族毡子保留白色的本色，或者染成黑色。披毡的式样也剪裁成扇形，这样的毡子具有很好的绝热和防水功效，在当地的浓雾天气穿着，不会将衣服打湿。

蒙古族远距离放牧的做法却没有被当地彝族接受，他们仍然坚持在固定的坡面上，分季节流动放牧，很少进行跨地区、跨村寨放牧。其聪明之处在于，这里的生物多样性水平比蒙古草原要高得多，生长季也比蒙古草原要长得多。即使在隆冬季节，地表都不会完全封冻。在河谷地带，甚至到隆冬季节，也会温暖如春，因而远距离放牧，躲避"白灾"和"黑灾"，在盐源完全没有必要。加上产草量极高，森林落叶也可以放牧，因而他们根本没有必要跨地区放牧，但是，控制牲畜每天放牧的路线各不相同，却是他们独特的创造。因为，只有这样做，草场才能得到均衡的消费。由此看出，彝族在接受其他民族的技术和技能时，一直掌握着引进和消化吸收的主动权，表现出明显的灵活性来。

通过上述分析可以看出，当地彝族不仅善于吸取异民族的知识和技术技能，也长于消化吸收引进的外来技术和技能，甚至对于新出现的生态问题，也有足够的敏感性，并充满自信，这才是最令我们最受感动之所在。

四、讨论与推演

毫无疑问，盐源地区彝族当前的生计方式显然做到了对所处生态环境的高效利用和精心维护，对生态环境的再适应既不失明确的针对性，又表现了务实的灵活性。生计方式流变的合理性十分明显，对迁入地生态环境的特异性认识和理解也能准确到位，但这还不是此次调查的核心内容。笔者认为更值得关注之处在于，长期以来，我们总是习惯于将民族文化与生态环境作一对一的分析，去解读其适应机制和适应成效。这种传统的分析模式，在这一个案中，会明显地暴露出缺陷来。

首先是这里彝族的生计方式与其他彝族地区已经拉开了一定的差距，文化与所处生态系统的对应关系不再是同一个框架内的已有内容，传统生计方式显然遇到了新的问题，如果对这样的新问题不能做出再适应，那么对文化适应能力的认识就得重新理解。

其次是这儿的民族文化背景比以往研究的领域要复杂得多。如果结合彝族的迁移史，可以明显地看到，并存异民族对当地彝族的生计方式已经产生了极其明显的影响，墨守民族文化与生态环境的线性关系，显然不能对这里彝族当代生计方式的流变做出正确的解释。要正确理解他们的生态意识变迁，显然需要注意到藏族、蒙古族、苗族等这些并存民族对他们的影响。

最后是以往理解的生态适应总是在生态现象和文化事实之间，直接建立关联性去作出描述和评估[①]。但在上述个案中，情况有所不同。很多生计方式的流变不是针对特定的生态系统的表征作出响应，比如说，不是针对有什么样的动物与植物去寻求对策，而是针对当地一种带普遍性的生命物质和生物能的转化机制做出应对。表面上的原因和结果之间插入了很多中间环节，表现出多重因果关系的复合并存。其中有机物降解缓慢成了众多适应性对策的聚焦点。

总之，这个个案中提供的适应过程，比此前的分析模式要复杂得多。如果不完

---

① 杨庭硕等. 生态人类学导论［M］. 北京：民族出版社，2007. 47.

善已有的分析模型，只遵循因果关系的一一对应，显然很难对这个个案中揭示的再适应机制作出准确地说明。只有注意到上述三个方面的特殊性，在讨论文化的再适应时，才可望得以深入与精当。笔者认为这才是本个案最值得关注的核心内容。

［本文与杨曾辉合作，原载《云南师范大学学报》（哲学社会科学版）2011 年第 1 期］

中国西南各少数民族本土知识在当代粮食安全战略决策中的利用价值例举

摘要： 无论现代科学技术如何发达，也无论人类的未来多么光辉灿烂，现代社会都无法彻底规避各式各样的天灾人祸这一客观现实。以往的研究者习惯于依赖现代科学技术去处理防灾减灾等复杂的客观现实问题，但事实表明，这样的决策思路不仅成本很高，而且收效不佳。在审视了西南各少数民族的本土知识技术和技能后，发现其中有不少内容在现代社会下的防灾减灾中仍然能够发挥直接利用价值。在此仅以我国粮食安全决策为例，略加说明，意在引起学术界对这一研究领域的关注，并希望借此吸引更多的研究者投身到各民族的本土知识技术和技能的发掘利用和传承工作中来。

关键词： 防灾　减灾　本土知识　现代社会

一、导言：灾害，现代社会甩不掉的幽灵

自然灾害与人为祸患是人类社会挥之不去的幽灵，过去、现在是如此，未来也将如此。人类社会虽说不具备彻底根除一切灾祸的能力，但却有足够的知识、技术和技能可以防灾和减灾，这是一切有理性的人都能接受的共识。然而，现代社会下的人们却容易在这一问题上出现理解上的偏颇，他们往往会基于现代社会科学的发展和人类社会的进步而过分地依赖现代科学技术手段和行政权力的干预。对现代社会下的防灾、减灾而言，这样的理解并不全面，甚至会十分有害。原因在于，现代科学技术虽然繁荣昌盛，但却客观存在着认识上的偏颇和对策上的效能低下，至于行政力量的干预也不能视为万全之策。与此相反的是，中国各民族的本土知识在应对现代的自然和人为祸患时，却具有投资少、成效大的诸多长处。因此，即令到了今天，重视发掘和利用各民族的本土知识仍然没有失去积极的作用。这里仅以中国西南地区各少数民族的本土知识为例，揭示其在现代防灾、抗灾事业中的直接作用和借鉴价值。

二、有关桄榔木的本土知识及其利用价值

维护粮食安全是中国历代王朝高度重视的基本国策，春秋时代成书的《论语》就有"足食，足兵"，然后教之的治国理念，此后的历代正史一般都安排得有"货殖列传"，或者编得有"食货志"，专门记载确保国家粮食安全的基本国策和各种有效的对策措施。明代初年为了防患不可避免的灾荒，朝廷还专门组织亲王编写了《救荒本草》。可是，上述各种努力总是在粮食的生产、供应和储备上下功夫，或者是在度荒植物的记载上下功夫，却很少有人关注到可以利用纷繁复杂的生物物种，通过不同的培育和加工手段去满足人类社会必然会面对的食物短缺。有幸的是，在中国西南各少数民族中含有丰富的本土知识，可以化无用为有用，将那些看上去无法食用的植物，加工成美味可口的食物。平常丰富人们的食物来源，遇到灾荒时，还可以最大限度地确保人类食物的安全。桄榔木是棕榈科、羽尾葵属一大类植物的总称，目前的植物志上往往又将它们称之为董棕[①]。这一类植物在中国西南地区分布极为广泛，海拔 100—2400m 不同环境下都有它们的分布，在广西、云南、四川、湖南、广东、福建等众多省区不同的生态背景下也能广泛生长。这种植物的特异性在于，它形体高大，可以高达 10—20m 之多，有如乔木一般。但是，它的树心却是空的，其中长满了"髓"，"髓"储存着大量的淀粉可供食用。从古到今，中国西南地区众多的少数民族都将从这种植物的髓部提取的淀粉作为主食。《后汉书》[②]、《桂海虞衡志》[③]、《岭外代答》[④] 等古籍中都有这种植物的记载，同时还有古代各民族食用这种植物的生动描述。翻阅国内外当代的民族学调查资料后，还发现不仅是中国西南地区的众多少数民族，包括傈僳族、怒族、独龙族、景颇族、佤族、壮族、傣族等民族至今还在食用这种植物提取的淀粉。广西壮族自治区龙州地区的壮族企业家还以绿色农产品的名义生产桄榔粉提供给市场。国外的南亚、东南亚和西太平洋群岛，至今还有 100 多个民族不同程度地使用着这种粮食作物。总而言之，中国西南各民族至今还传承着种植、加工、储藏、食用桄榔木的一整套本土知识、技术和技能，与外国的其他民族相比毫不逊色。因而，西南各民族围绕这种植物所建构起来的本土知识，可以为今天的粮食安全发挥直接的作用。利用这样的本土知识去应对突发性的粮食短缺具有七个方面的突出优越性。

其一，桄榔木具有多重的使用价值。目前中国南方和西南各省区都是把这种植物作为公共场所的观赏植物去加以利用的，因而，这种植物大面积推广利用在当前

---

① 杨庭硕. 释沤榔对古苗瑶民族生态智慧的再认识［J］. 吉首大学学报，2003（1）.

② 范晔. 后汉书·卷八十六·南蛮西南夷列传［M］. 北京：中华书局，1965.

③ 胡起望，覃光广. 桂海虞衡志［M］. 成都：四川民族出版社，1986. 153.

④ 屠友祥. 岭外代答［M］. 上海：上海远东出版社，1996. 180.

不会导致耕地的短缺，甚至可以在完全没有利用价值的石漠化或者是荒漠化的山区种植，同时也还可以在不能种植其他植物的海洋滩涂地带种植。也就是说在不打乱其他粮食生产的条件下，以活态的方式储备大量的食物，以应付突发性的祸患。其二，桄榔木一经种植需要 10—12 年才能开花结实。从种植后的第五年开始，树干的髓部就开始储备大量的淀粉，到第 10 年时，髓部储藏的淀粉可以达到 100—150 公斤。一株桄榔木所产出的淀粉足以解决近百人一天的口粮，而且不需要另修仓库，根据祸患的情况随即取用。其三，由于这种植物可以在西南地区广泛种植，而且产量又极为可观，一亩荒地可以种植 100—200 株不同树龄的桄榔木。成熟的桄榔木产量又很高，而且即使不成熟的也可以应急食用，因而普遍种植这种植物去防范粮食的短缺，可以免除运粮的负荷，各地各族居民可以随地取用。其四，这种植物普遍种植所要的费用极低，管理和维护费用也极低。用种子种植时，仅是开始的 2 年需要遮阴，2 年以后就可以自行生长不需要任何的护理，也不需要施肥中耕，就能够顺利长大，让它以野生状况自然生长就行了。因此，这是一种成本很低的救荒食物来源。更可贵的还在于种植桄榔木的同时还可以伴种很多其他的粮食作物，可以做到以短养长，也可以兼顾到生态环境的维护，实现耕地与森林的兼容，这是难能可贵的秉性，也是中国当前生态建设中极力推广的森林植物。其五，这种植物的大面积种植具有很强的隐蔽性，因为它分散在野外，而且是以野生的活态存在，因而在平常时不会引起敌对势力的注意，在战争时期敌人要破坏这种食物的储备也不容易办到，因而这是最好的战备粮食储备物种。其六，这种植物除了做观赏植物和粮食作物外，还有其他特殊的用途。它的树干极为坚韧，挖掉髓部食用后形成的筒状树管，既可以做珍贵的木料使用（著名的乌木筷就是用这个树干做成的），还能够作为渡槽使用，也可作容器使用。在中国的西南少数民族中还用它们做箭竿或者是刀剑去使用，当年美国侵略越南期间，越南居民就是用这种木头制成竹签，杀伤了大量的美国士兵。中国的一些少数民族则是用这种竹签去捕捉野兽。此外，它的嫩芽可以作为蔬菜使用，叶柄的纤维可以做纺织原料，因而把这种植物作为避荒粮食作物的种植不会妨害它多种价值的发挥，也不会影响各民族眼前的各种经济利用。其七，这种作物的最大好处还在于，它的待加工能力很强，如果粮食不紧缺时，一到成熟就可以按时砍伐，桄榔木的髓部不需要任何加工就可以作为猪、鸡饲料使用。如若要做进一步的加工，则可以精炼成桄榔粉，直接提供给市场。对人而言，在紧急状况下可以直接加工，直接食用，也可以通过腌制、干制的办法储藏起来，以备紧急时食用。也就是说，一般粮食作物能够做到的加工储备、升级换代，桄榔木与之相比都毫不逊色。它又不会与其他粮食作物争地、争劳力，因而用这种植物作为粮食安全的备用物种具有无可比拟的优越性，而中国西南各民族至今还传承和利用着相关的知识、技术和技能，因而不需要附加任何工程设计和产业规划，各民族凭借已有的社会资源就可以用桄榔木完成防灾、减灾的战略目的。

三、有关葛藤的本土知识及其在规避粮荒中的功效

葛藤是一种藤蔓类的豆科植物。驯化这种植物是中国各民族共同努力创造的奇迹。但这种植物引种到美国以后却成了灾祸严重的污染植物，原因在于这种植物的藤蔓会爬上电话线或电缆线，导致通讯和电力供应中断的祸患。20世纪初，美国为对付这种看上去有害的植物，每年消耗的资产高达9000万美元，但这种植物在中国本土却是有百利而无一害，这是因为中国的各民族掌握了它的属性，因而能够趋吉避凶、变害为利。早在中国先秦时代的诗歌总集《诗经》中就提到了这种神奇的植物，《葛礼》就是其中的名篇。该诗写到用葛藤提取的纤维编织草鞋，更由于这种植物的根可以作为粮食使用，因而利用这种植物成功的家族被称为"葛天氏"。《吕氏春秋》就有关于"葛天氏"的记载，三国时代的名相诸葛亮，其姓氏也因葛而来。中国古代的汉族，其衣着原料除了丝和麻以外，就属葛了。在中国古代的南方各民族中夏天都穿葛布制作的夏装。其后，随着棉花引进的成功，葛的纤维利用价值在汉族地区才逐步萎缩。但是，在中国西南各少数民族中，对葛藤的利用却长盛不衰。目前中国西南地区的如下一些民族还在种植和利用葛藤，他们是湖南境内的苗族、土家族、瑶族；贵州境内的侗族、布依族、水族和苗族；广西境内的瑶族、壮族和毛南族；云南境内的拉祜族、哈尼族；四川境内的彝族等。

中国各少数民族对葛藤的利用具有多层次、多渠道的特色。一方面，是将葛藤开的花作为重要的蜜源植物加以利用；另一方面，是将葛藤的叶子作为饲料作物利用；再一方面，是将从其韧皮提取的纤维作为衣服和造纸原料加以利用；最后，也是对中国粮食安全最具利用价值的办法则是将葛藤的根作为粮食加以利用，也是当代发掘、利用和传承最关键的价值取向之一。

葛藤也是一种在中国西南地区分布面极广的植物，从平原到山区，从温暖的南方到寒冷的高海拔地带都可以种植。这是因为这种植物也是一大类植物的总称，它包括若干不同的亚种、变种和品种，可以在很不相同的环境下正常生长。而中国西南各少数民族利用葛根做食品用途也显现出千姿百态、异彩纷呈：有的是将挖掘出来的葛根直接煮熟食用，有的则是把它制作为干片食用，最精细的加工办法则是提取纯葛粉用沸水冲调食用。更神奇之处还在于葛根也像桄榔木那样可以活态储存在地下，而且葛根不会过熟，种活了一株葛藤后它可以年年生长，甚至长到10—20年也没有关系，只不过它的葛根长得越来越大，产量越来越多而已。这样的葛根可以年年发芽、开花、结果，但是葛根的重量不会减少，只会增加，只会乖乖地在地下等待人们去挖掘、利用。因而，对于规避灾祸造成的粮食短缺而言，葛根的优越性和桄榔木的各种优越性几乎相等，但更重要的还在于葛根是藏在地下的，战争时期根本不惧怕敌人的破坏，对规避人为祸患更具独特的避荒价值。

各民族有关葛藤的本土知识，不仅在避荒上具有重大意义，在当前的生态建设

中也能发挥意想不到的作用。同样像桄榔木那样，现实的利用价值与长远的粮食避荒价值可以有效兼容。中国西南地区喀斯特地貌的分布面极为广阔，同时也是干热河谷灾变的易发区，而生息在这些生态灾变区的各少数民族，特别是苗族、仡佬族、瑶族、布依族和水族等对葛藤的生态价值具有独到的见解。他们注意到在喀斯特山区和干热河谷区地表的无序增温以及派生出来的地表脱水，乃是相关地区关键的生态治理制约因素，但是在石缝种上葛藤后，葛藤能够迅速贴近地表蔓延，将裸露的基岩和表土彻底遮阴起来，使得夏天的阳光不会直接照射到裸露的基岩和表土上，造成无序的增温和脱水，并将光能转换为生物能储备起来，因而葛藤可以在喀斯特石漠化灾变区和干热河谷区加以利用，等葛藤将地表覆盖后，在葛藤的保护下就会长出苔藓植物和蕨类植物出来。这样的低等植物可以部分地代替表土储养水分，支持大型植物的生长，因而葛藤不仅是一种缓解粮食危机的避荒植物，同时也是当前生态建设的有用植物，只需要发掘相关民族的本土知识、技术和技能，葛藤就能够成为中国粮食安全的依赖物种之一。

利用葛藤作为避荒粮食储备物种，同样具有投工少，产量高，储备、运输容易，又不与其他粮食作物争地的特殊优势。但更重要的在于，用它作为避荒食物来源可以避免任何形式的人为破坏和干扰，这是因为它的食用部分在地里面，地表上的任何形式的破坏都不会破坏供作食用的葛根，甚至被敌人喷洒毒药，食用葛根都还能确保安全，这是其他储备粮难以取代的优势。更神奇之处还在于，对葛根而言可以做到部分取食，将葛根的下部食用以后，只需要对葛根的切口用生石灰或者草木灰消毒，重新埋入地下葛根还能继续生长，这更是其他储备粮无法替代的优势。同样的，只要稍加政策鼓励，各民族对葛根的种植、加工和利用就可以滚动式的发展下去，在中国的西南地区形成庞大的地下粮仓，足以应对任何意义上的粮食安全挑战。

四、寒漠带也可以建构避荒的粮仓

中国青藏高原的东南缘是高原寒漠带的延伸区，这一片区主要分布在四川省的西部，具体包括凉山彝族自治州、昌都地区以及云南的迪庆地区。这一区域内生息着彝族、藏族、纳西族、普米族、羌族等众多的民族，在传统的观念中，这儿肯定不能成为粮食的主产区。原因在于，这儿海拔太高，一般都处在2500—4000m之间，地下都有永久冻土层，生长季极短，一般只有3—4个月。这儿的传统农作物无论是青稞还是燕麦，单位面积产量都很低，当地各民族都是实施农牧兼营生计。要在这样的地区建构储粮的粮仓，不少人都会认为绝对做不到，但如果审视了上述各民族的本土知识以后，情况并非如此。彝族的谚语说得好，"有了羊群不怕穷，有了圆根不怕饿"，这是因为当地各民族发明了一套能够在寒漠带正常种植作物的特殊技能，才使得在这样的寒漠带也能够大批量的生产粮食，为中国的粮食安全做出积极的贡献。他们的本土知识、技术和技能，可以精简地表述为在牲畜的粪便上种植粮食。最佳的种植作物有圆根、马铃薯以及荞麦，还有农牧兼用的燕麦。

在这样的寒漠带，地表温度极低，在3200m以上的高山区，甚至到了盛夏时节，地下深20cm的土温都不会超过12℃，也就是还低于植物根系发育的最低温极限，因而一般意义上的粮食作物，或者是用一般办法种植的粮食作物是很难以成活的。而一般人也正是以此为依据，认为这样的地区不可能成为粮食的主要产区。但上述各民族的居民却有他们的高招，他们是以牲畜的粪便作为绝热层去种植好几种产量高、产出稳定的特殊农作物，上文提到的圆根就是其中之一。具体做法是，在种植时不是例行翻耕土地，而是把放牧的羊群，用活动的围栏围在固定的区域内过夜，让羊群（200只左右）晚上排泄的粪便在地表上堆积为厚厚的一层（一般要堆到3—5cm厚），大约需要连续关3—5天左右。羊粪堆到一定的厚度后再换一个区段去关羊，而这样关过羊的区段，到了秋季就成了圆根的种植带。圆根是一种十字花科的植物，与我们习见的芥菜和苤蓝相似，圆根的种子直接播种在羊粪上，就可以任其自然生长了。这是因为羊粪在发酵的过程中会缓慢地散发出热量，既能够在晚上提供热量确保圆根的根系不会被冻死，又能够为圆根提供肥分，因而产量极高，一亩地可以收到2万多斤新鲜的球根和叶，晒干后能够获取300—400斤的干圆根。当地的彝族、羌族和藏族都是把这种晒干的圆根当做食物使用。吃不完的部分就改作为饲料使用，因而彝族谚语说"有了圆根不会饿"。言外之意，遇到粮荒时，晒干的圆根完全有能力满足度荒的需要，只不过稍微减少牲畜的饲料就行了，这样一来就农牧两便了。除了牲畜粪便外，各种植物的残株集中起来也可以替代羊粪发挥效用，确保寒漠带特种作物种植之需。

彝族和藏族乡民另一种重要的粮食作物是从国外引进的马铃薯。由于这样的地区和马铃薯的原产地自然地理环境极为相似，因而在这儿的马铃薯产量极高，每亩地每年可以产出10000多斤的新鲜马铃薯，脱水后还可以获得2000斤左右的马铃薯干片，因而借助当地的本土知识推广马铃薯的种植具有极高的储粮避荒功效。要在当地种好马铃薯也需要应对气候寒冷、永久冻土层高等不利因素，因而这儿的彝族和藏族乡民也是将马铃薯种在牲畜的粪便上，而不是直接种在土中。具体做法是，将牲畜的粪便和杂草，每隔10天或者半个月就要清除出来，置于太阳底下进行暴晒，日积月累后形成了半干状态的厩肥，到春耕时就将这样的厩肥铺到地表，将整块的马铃薯置于半干的牲畜粪草上，盖上薄土就行了。由于半干状态的粪草具有绝热功效，地下的永久冻土层就不可能损害马铃薯的嫩根，马铃薯的嫩根可以从这样的粪草当中吸取水分和养料，满足正常生长的需要。当然也需要牲畜粪便的降解提供热量，避免半夜温度降到12℃以下。正是凭借这样的本土知识和技能，彝族、藏族和羌族居民在看似不能种植粮食作物的寒漠带上获得丰收，而且还可以规模性地推广种植。因而，这里各民族的本土知识同样可以为中国的粮食安全做出直接的贡献。其突出的优势，有如下四个方面：其一，加工储存比较容易。由于这样的寒漠带气温低，湿度也低，气压更低，因而水分的挥发极快，不管是圆根还是切开的马铃薯，只要放在透风的地方，不出半个月就会自然干燥，而且不会霉变，也不会遭到虫害，因而对于粮食储备而言极为有利。其二，在这样的区段种植的粮食作物，淀粉的含量很高。除了储备做粮食之外，在平常的日子里很容易转换为牲畜的饲料，因而不会造成存储过长而导致过期或者是浪费。其三，再加工的渠道很广。除了作为避荒粮食外，还可以发挥其他利用价值。圆根很容易腌制，马铃薯可以进行多渠道、多层次的加工，使其变成便捷食品，因而同样可以做到以短养长，平时的利用和度荒时的利用都可以妥善兼顾。最后，这样的粮食安全特用物种的生长带都处在高山寒漠区，这样的地区在战时恰好是最关键的战略要地，也是战略防御中敌人最不容易进入的特殊地段。在这样的地区大规模地驻军，粮食供应极其艰难，但又至关重要。在这样的关键时刻，上述各民族的本土知识就显得尤为重要，其他的手段都无法替代。

五、小　结

自然界存在的高等植物物种多达数十万种，其中的千分之一可以在中国的西南地区普遍生长，其中又至少有一半以上在中国的西南地区各民族的本土知识中加以种植、加工和利用，以满足人类食品的需求，因而只需要发掘和利用中国西南地区各民族的本土知识和技能，在不打乱现代农业运行的前提下就可以为中国建构一大批另类的粮仓，为中国未来的粮食安全做出积极的贡献，而且还能兼顾到相关地区的生态建设、环境优化、经济发展和社会安定等多方面的效益。本文列举的只是其中极其有限的四种度荒植物而已，但关键的不是这些植物，而是相关各民族的本土知识，因为这样的本土知识才是真正的财富，才是中国粮食安全依赖的精神财富。希望这篇短文能够成为一个引子，能够吸引更多的研究者关注西南地区各民族的本土知识的发掘与利用，以便服务于中国的现代化建设。当然，不仅是粮食安全问题，生态建设问题、经济发展问题、边疆安全问题都能够在各民族的本土知识中找到借鉴，找到知识和技能的储备。现代化程度越是提高，这一研究使命的价值就越是显得关键和重要。但愿这不是笔者的希望，而是未来民族学研究的一个新领域。

［本文农仁富合作，原载《贵州民族研究》2010 年第 6 期］

种薯的温床：彝族地区马铃薯高产的生产体系

四川省凉山彝族自治州不仅是我国马铃薯的保种基地之一，同时也是我国马铃薯单位面积产量最高的地区。该州的布拖县和盐源县彝族乡民种植的马铃薯不仅品质优良，而且单位面积产量特高——每亩产量可以超过 4000 公斤。即使把 4 公斤的马铃薯折算成 1 公斤的稻米，其产量也要高出我国南方普遍种植的杂交水稻。然而，这一地区的彝族乡民并没有使用任何特殊的现代科技手段，而是凭借他们的本土知识和技术实现了马铃薯的高产。

众所周知，马铃薯的原产地是南美洲的秘鲁，那里的安第斯高原是古代印加帝国的领地，而马铃薯则是该地的主种作物，后来西班牙殖民者把马铃薯带到了世界各地，并传到了中国。于是，一些科学研究工作者就很自然地联想到凉山州的自然和生态环境在某些方面与安第斯山很相近，遂进而推测马铃薯因此较容易获得高产。这样的推论虽有一定的道理，但却与凉山州的实情不完全吻合。因为在凉山州还生活着其他好几个民族，有汉族、藏族、蒙古族和纳西族，而马铃薯真正高产地只限于彝族地区。为此，我们只能从彝族的耕作体制中才能找到这种不寻常高产现象的答案。

漫步在这里的彝族村寨，你总会碰上一种景象：每户彝族乡民的大门前，都会堆上成堆的厩肥，在强烈的日照下，腾起淡淡的白雾，并散发出臭中带酸的气味。单凭直觉，不少其他民族的成员都无法接受这样的人居环境，甚至感到恶心。厩肥为什么不置于牲畜圈中，偏偏要摆在大门口晒太阳？这似乎有损整洁和观瞻。长期驻点观察后，你还会发现，这儿的乡民十分勤劳，每隔几天就要把牲畜圈中积攒的厩肥取出来，及时堆到大门口去。结果牲畜圈比大门口还整洁，这不免让人感到匪夷所思。要知道长期在低海拔地区工作的农学家早就警告过我们，有机肥暴露在强烈的日照下，肥分会因为分解而丧失，因而把肥料堆在露天是一种不科学的操作，必须加以纠正。可是，接下来的调查，你会发现这些农学家的推理在这儿并不适用。

在马铃薯即将成熟的季节，如果有兴趣，你不妨做如下一项较为深入的调查，将整株马铃薯连同块根全部挖出来。这时候你会发现更加惊人的景象：一方面，新结的马铃薯不仅个头大，而且数量多，这是在低海拔地区不可能看到的景象。每一个块根都超过半公斤，少则结七八个，多则可以结十几到二十个。另一方面，作为

"种子"用的整个马铃薯块根，这时还完好无损，仅仅是表皮发黑变粗糙，与新结的马铃薯表面淡黄光洁形成鲜明的反差。彝族乡民往往将这样的"种薯"用来喂猪。也就是说，尽管种植一季马铃薯需要 2000 斤种薯，但这些种薯不但不会受损失，还可以生产上万斤的马铃薯，这在农业耕作中也是十分稀罕的事情。

彝族乡民为何用整块马铃薯下种，这同样令人不可思议。更奇妙之处还在于，种薯不是种在土中，而是种在一大堆厩肥上，而且这些厩肥还没有腐烂，厩肥中的草梗形态还清晰可辨。此外，马铃薯的根也长得很奇怪，不是像我们想象的那样向下生长，而是围着厩肥堆蔓延，整个根系入土很浅。如果夸张一点，说他们的马铃薯大部分长在厩肥上，也不算太离谱。

彝族乡民告诉我们，种马铃薯除了要下厩肥外，还要使用灰肥，灰肥可以是煮饭时烧柴产生的草木灰或是植物落叶焚烧而成的灰，但大多数情况下，却是将干燥的厩肥直接过火焚烧制成灰肥，不了解内情的人们总不免纳闷：既然已经使用了厩肥，干吗还要使用灰肥？向彝族乡民请教，他们会说这是老祖宗定下的规矩。为此，要揭示马铃薯高产的秘密还得借助现代的科学技术来解读他们的传统知识和经验。

经过各种渠道的实测，我们才最终认定土温偏低才是厩肥难以降解的关键原因。彝族地区昼夜温差太大，即使在盛夏季节，晚上的气温都可能降到 10 摄氏度以下。为了证实这一假设，我们先后在牧场、农田和森林中抽样开掘了大量的探方，在每天正午气温最高时实测不同深度的土壤温度。结果发现，在盐源县的羊圈村，即使是土温较高的低海拔农田，距地表 30 厘米以下的土温都不会超过 12 摄氏度。而海拔较高的牧场，距地表 20 厘米以下的土温则低于 10 摄氏度。常识告诉我们，厩肥的降解需要靠微生物的繁殖和滋生，但微生物的生长需要较高的温度。低于 18 摄氏度，微生物的生长就会减缓；低于 8 摄氏度微生物就可能停止生长和繁殖。与此同时，我们还实测了乡民家牲口圈中的地表温度，结果表明：没有一个牲口圈的地表温度超过 15 摄氏度。以这些实测数据为依据，我们总算明白了彝族乡民的这种耕作体制，其实是一种极为科学合理的生产技术，目的正在于规避气温偏低且不稳定和土温偏低这些关键制约因素。

他们将厩肥置于太阳光下暴晒，一是为了提高温度，加速微生物的生长和加快厩肥的降解；二是使这些厩肥部分脱水，从而形成酥松可绝热且重量较轻的半干肥，以便于运输。至于乡民将马铃薯种在厩肥堆上，并不完全是为了给马铃薯提供生长所需的养分，更主要是让这些厩肥充当绝热层。当大地刚刚回暖时，土温仍然很低，种薯直接接触土壤很容易被冻伤，种在半干厩肥堆上，厩肥则成了种薯生长的温床。至于下种时另施灰肥，是因为马铃薯生长初期急需磷肥和钾肥，因而早施富含磷钾的灰肥是高产的关键。厩肥的肥力则是等到马铃薯长大后，才缓慢均衡地释放以满足马铃薯后期生长的需要。最后，他们用整个马铃薯做种薯也是事出有因：一方面，在马铃薯刚种下的时候，土温和气温波动都很大，根系还没有长出，吸收水分和养分没有充分的保障，用整个马铃薯做种薯，由于种薯中储存着大量的水分、有机物和养分，可以支持马铃薯的幼芽迅速生长，确保幼苗水肥供应充分；另一方面，整块的马铃薯在海拔高、气压低的条件下含水量很低，不容易被冻伤，有利于抵御倒春寒的侵袭。而且，由于这样的种薯表皮完整没有伤痕，有利于抵御微生物的侵害，因而用整块的马铃薯作种薯堪称最明智的技术抉择。正是由于彝族乡民通过经验积累，形成了这些不同寻常的技术安排，才使得这里的马铃薯单位面积产量高得惊人。

[原载《中国社会科学报》2010 年 6 月 8 日]

论外来物种引入之生态后果与初衷的背离

——以"改土归流"后贵州麻山地区生态蜕变史为例

摘要：清雍正"改土归流"前，贵州麻山地区属于"生界"，改土归流过程中才着手在这片新开辟的土地上设置行政机构，对当地的苗族居民实施有效的直接统治。清廷出于确保税源和施惠于民的考虑，先后向这一地区引进多种外来农作物，并由此引发了当地苗族传统生计方式的巨变。这些政策执行之初，都收到了良好的成效，但由于时代和认识的局限，当时并没有意识到这些引进的外来作物与当地特有的自然与生态背景不相兼容，以至于随着这些外来物种种植规模的扩大，对当地自然与生态结构的脆弱环节构成直接冲击，经长期积累后，到了民国后期，终于以大面积"石漠化"生态灾变形式暴露出来。分析这200余年间的历史过程，集中表现为决策的初衷与其导致的生态后果相背离。

关键词：外来物种　改土归流　生态后果

一、引　言

外来农作物物种引种与推广的成功，不仅体现为科学技术研究方面的突破，而且还必然体现为政治经济发展目标的实现，也是特定社会背景下各种社会力量支持与推动的产物。由于外来物种的引进不是纯粹的技术问题，它还必然牵涉到被引进物种的生物属性问题，也要涉及被引进地区自然与生态环境能否兼容的问题。因而在类似决策达到既定目标的同时，也可能诱发为其他形式的社会问题，特别是诱发为生态灾变。有鉴于此，在探讨环境变迁史的过程中，理应关注外来物种引进的初衷及其派生后果的偏离，尤其是其中的不相兼容性而导致的生态灾变，更值得认真总结，以便从中吸取经验和教训，避免盲目引进外来物种的不利后果。这也是当前生态维护工作中需要认真吸取的历史教训。

位于贵州南部和西南部的麻山地区，按当前的行政设置，该区域的范围包括望谟、罗甸、紫云、长顺、惠水等5县毗邻地带。该地区都处于喀斯特峰丛洼地的高度发育带。地表石峰耸立，石峰的基部相连围成环状，每一个环状石山都围绕着一个溶蚀洼地，各洼地间相互毗连密集排列，呈蜂巢状；由于洼地间有石峰阻隔，因而相互封闭，水土资源和生物物种都以洼地为单元，自成体系；地下则伏流、溶洞纵横，并有岩缝和地漏斗与地表相连，以至于地表极度缺乏径流，仅有的河流大多河床深切，水资源无法得到有效利用。

在历史上，这里曾经拥有过繁茂的亚热带藤蔓丛林生态系统，并为当地的各族居民提供过丰富的生物资源，支持过各民族社会的稳态延续。但今天这里却是全国石漠化灾变最严重的地区，生态背景已经蜕变为石漠化灌丛荒草生态系统①。然而在这一生态环境巨变的过程中，当地的居民构成并没有发生过实质性的改变，生活在这一地区的主体居民属于麻山支系的苗族，此外还有少数的瑶族和布依族散居在其间，当地的汉族居民都是"改土归流"后到此定居的外来移民②。以上四个民族的生计方式均互有区别，即使经过了长期变迁后，这样的区别至今仍然能明显观察到。

二、引入棉麻的决策初衷及生态隐忧

作为当地主体民族的麻山支系苗族，其居民在历史上一直仰仗复合经营为生。作物种植是以刀耕火种方式从事旱地游耕。种植区段密集于石山山脊的疏树及藤蔓草坡。主要种植的作物有小米、燕麦、红稗、天星米、荞子等等。家畜喂养是在刀耕火种的轮歇地上实施，饲养的牲畜以山羊和猪为主，也喂养黄牛和马。此外他们还利用石山坡面上存在的藤蔓丛林生态系统，洼地底部的湿地生态系统作为狩猎采集的场所，以获取食物和衣着原料③。这一地区的瑶族人数不多，都属于布努支系瑶族④。其传统生计方式与苗族相同，但他们使用的语言与苗族不同，而且居住聚落的变动比苗族更为频繁。当地的布依族人数虽然不少，但他们的聚居区都位于麻山地区的边缘地带，或者是在麻山境内极其罕见的河流宽谷坝区，其中有布依族定居的河流仅格凸河和桑郎河而已。布依族的生计方式是从事定居的稻作农业，稻田种植都采用"稻—鱼—鸭"共生模式，此外还长于在半山区从事林副产品的生产。桐油、生漆、棕片是其外销的主要林副产品⑤。

麻山地区的各族居民，特别是苗族和瑶族，由于其传统生计方式与内地汉族差异太大，即使是与周边布依族居民相比也存在着巨大的差异，其经济活动中形成的产品无法与汉族社会接轨，加上地貌崎岖，交通极其困难，因而在历史上一直被朝廷视为"生界"⑥。也就是说，不仅朝廷派出的地方行政官员不能直接加以统治和

① 熊康宁．喀斯特石漠化的遥感—GIS典型研究：以贵州省为例［M］．北京：地质出版社，2002.
② ［清］爱必达．黔南识略（卷4）［M］．归化通判.
③ 刘锋．百苗图疏证［M］．北京：民族出版社，2004.
④ 柏果成等．贵州瑶族［M］．贵阳：贵州民族出版社，1990.
⑤ 王伟等．布依族［M］．北京：民族出版社，1991.
⑥ 清史稿·卷515·列传302·土司四.

管理，就是周边的各民族土司势力也难以深入其间①。其间的各民族往往是以家庭村社的形式，占据一至数个峰丛洼地，维持生计。各家族村社则处于并行延续状态，互不统辖，其间的联系只能靠姻亲关系来加以维持。

在雍正大规模实施"改土归流"时，当地居民迫于形势压力，主动向清政府表达了归顺的意愿。他们的意愿获得了清廷批准，清廷才得以开始着手在当地设置行政机构，对当地居民实施直接统治②。清廷接管这片土地后，以原有的布依族康佐长官司建置为基础，在镇宁州的属下新置归化厅③，以统辖这片新归顺的辖地。

其后，清廷很快就发现，麻山地区各民族所产出的农产品，与外界的农产品差异太大，在集市贸易中价格波动也很大，而且这样的农产品无法就地供做军粮，维持当地驻军的给养④。因而急于寻找一种替代农作物，以图摆脱税赋征收和驻军给养两大困境，结果选中了棉麻两种纤维作物，作为向麻山引种推广的对象。当时的决策考虑在于棉麻容易在国内市场流通，出售棉麻换回的银两可以支持当地苗族顺利完纳"地丁银"。上述两大困境可以一并得以解决，加之种植棉麻，技术要求并不高，产品的附加值却较高，而且运输规模又很有限，这对于山路崎岖的麻山地区而言，更容易收到惠民、利民的口碑。正是综合考虑了上述各项长处，向麻山地区推广棉麻种植才成了一项持续推进的经济发展策略。但棉花种植并不顺利⑤，而麻的引种植却取得了成功，并使这里成为云贵高原的主要麻产区之一，当地也因此而获得了"麻山"这一地名。

推广棉麻种植之前，当地苗族本来就有自己的传统衣着原料，这些衣着原料都取给于当地土产的野生植物，如构树、火草、葛藤、木棉、芭蕉等等。用此类纤维纺织的衣料，由于原料不稳定，规格不统一，因而在麻山以外的地区，无法为市场所接纳，故只能供当地消费之用。而上述各种纤维中，批量稍大者，如构树皮和木棉纤维，则只能以低价在集市抛售，汉族和布依族工匠则利用这些纤维制作纸张⑥和被褥的填料。以至于销售量虽然不低，但麻山的苗族居民却很难收到经济实惠，因而政府出面推广种植棉麻，很快得到了当地苗族的欢迎和配合，朝廷的这一惠民政策，几乎没有受到任何阻力，就得以全面推开，相关的地方官员还因此受到了朝廷的嘉奖⑦。

外来作物的引种成功，不仅是一项社会工程，而且还是一项生命工程。就社会层面而言，一种外来作物的引入，都会引发一连串的社会调适，新的农作物，必须

---

① ［清］田雯. 黔书（卷上）·苗俗.
② ［清·雍正朝］圣训·卷11·武功.
③ ［清］罗绕典. 黔南职方纪略·卷1·安顺府·归化厅.
④ 《清实录》《贵州资料辑要》［M］. 贵阳：贵州人民出版社，1964.
⑤ ［清］爱必达. 黔南识略·卷3·定番州.
⑥ 张肖梅著. 贵州经济［M］. 北京：中国国民经济出版社，1939.
⑦ 《朱批谕旨·鄂尔泰奏折》第九函，第六册，贵州省图书馆藏本.

获得明确的价值定位，才能形成生产规模。一旦形成规模又必然淘汰或者改变传统的农作物结构，而且会牵连影响到习俗、观念、技术等众多文化要素的改变，棉麻的引进就是如此。麻的种植一旦形成规模，当地苗族传统的野生衣着原料，如芭蕉、火草、葛藤就随之退出了应用的领域。棉花的引种，并不成功，而麻类纤维又不适宜做填料，这才使得木棉得以继续生产和运用。但最大的改变还在于麻类的种植规模扩大后，不仅改变了当地苗族的衣着原料，还淘汰了他们析取各种野生纤维传统的技术和技能，最后还使麻类产品拥有量的多少，成了当地苗族夸耀富裕的依据和获得社会声望的资本。从生物生命的层次看，任何一种外来作物要在新的自然和生态背景中成活，并顺利地繁衍后代，都得渡过一段艰难的生物适应期。与此同时，被引种作物的生物属性与引入地区土著物种能否兼容，也是一个重大的生命难题，规模种植后又会诱发什么样的生态隐患，同样具有很大的风险性，棉麻的引种正是如此。

麻山地区，在春秋两季都要遭逢连天的阴雨天气，或者浓雾天气。而这一季节恰好是棉花的吐絮季节。过于潮湿的阴冷天气，会使棉花无法吐絮，而霉烂在棉桃中①。对待这一生物适应上的难题，当地苗族居民不得不将即将成熟的棉桃摘下来用柴火熏烤，才能获取棉花纤维，以至于生产成本抬高，种植棉花几乎无利可图。这正是在麻山推广种植棉花而不能成功的生物性制约因素。麻的情况则不同，由于麻类可以无性繁殖，结不结籽对于麻类的推广种植影响不大。麻类的纤维又取自韧皮，连天的阴雨对产品形成也不构成伤害，这才使得麻类的推广种植要顺利得多。可以说麻山成为重要的产麻区，社会的支持与配合只发挥了一半的作用，成功的关键主要得益于麻类的特异生物属性。

麻类作物进入麻山，虽然自身渡过了生物适应难关，但麻山地区自然与生态系统，在接纳麻类作物的同时，却种下了灾变的隐患。原因也出在麻类的生物属性上。麻类是宿根性的多年生植物，地下根十分发达，因而麻类要正常生长必须依托于土层深厚，排水良好的麻园。偏巧的是麻山地质地貌特征正在于石多土少，整个山脊和陡坡面表土极端稀缺，只有在峰丛洼地底部，经多年积累后土层稍感丰厚，要在麻山开辟麻园，地址别无选择，只能是峰丛洼地底部。然而在自然状况下，峰丛洼地底部的地漏斗和岩缝，往往被土石或植物残株堵塞，加上泽生植物生长繁盛，特别是耐阴耐湿的苔藓植物生长极为繁盛，此类植物的植株，特别是发达的根系，会将下通伏流和溶洞的岩缝和地漏斗陆续堵塞严实，从而在这里形成溶蚀湖，或者是季节性的洪泛湿地。在别无选择的前提下，当地苗族在峰丛洼地底部开辟麻园，虽然部分地满足了麻类种植的需要，却引发了一连串的烦难。因而对付季节性的洪泛，确保麻类不会因水淹而窒息，解决的办法只能是戳穿地漏斗向伏流和溶洞排水，其结果虽然稳定了麻类种植，但却诱发了三重生态弊端。其一是浪费了可贵

---

① 马国君. 清代至民国云贵高原的人类活动与生态环境变迁［D］. 云南大学图书馆藏本，2008.

的水资源，经长期积累后，使麻山地区日后陷入了在旱季极度缺水的困境。其二是导致了整个湿地生态系统的彻底改性，原先生物多样性水平极高的湿地生态系统，自此以后蜕变为旱地农田。当年对于苗族居民而言，专供狩猎采集的风水宝地变成了受麻类市场价格波动左右的单一作物种植园。其三是地漏斗一旦戳穿，暴雨季节在流水和重力的复合侵蚀下，当地稀缺的土壤资源，会通过地漏斗，泄入地下伏流或溶洞，这就种下了麻山地区土地石漠化灾变的隐患①。

从这个意义上讲，麻类推广种植的成功，几乎是牺牲当地稀缺的土壤资源换来的。成功与石漠化灾变之间并不存在任何障碍，所差者仅是一个随时间推移的积累过程而已。其间的得与失，对当地苗族居民而言，体现为得失相当；对行政部门而言，则利大于弊；对当地生态环境的稳定而言，则弊大于利。这三方面综合作用的结果，才使得麻类引种和推广能长期持续下去，但却留下了麻山地区缺水的严重隐患，也是麻山地区地表严重水土流失的开端，并种下日后土地大面积石漠化的隐忧。

三、高产粮食作物引种的动因及生态隐忧

当地苗族传统的谋生手段是一种多项目复合经营的生计方式，由于受当地生态结构所限，最适宜旱地农耕的区段集中分布在石山的山脊地段。原因在于这样的地段不能长出巨型乔木，只能发育出藤蔓灌丛和草本植物为主的疏树草地。对这样特有生态系统实施人工干预，投工较少，而产出却能相对稳定。因而在苗族的传统的生计中，是将这样的区段用作刀耕火种烧畲地使用，烧畲地的轮歇期则转化为牧场使用。同时在耕作和放牧的过程中，还能产出一些副产品。此外他们还要将无法实施刀耕火种坡面上的藤蔓丛林，用作狩猎采集的理想场所，因而这是一种农林牧狩猎采集复合经营的谋生手段。执行这样的谋生手段，劳动力投入并不高，但综合产出水平却能保持稳定。也正因为如此，清廷在改土归流后很长一段时间内，除了大力推广棉麻种植外，并没有考虑向麻山大规模引种粮食作物。同时当地苗族按照传统生计方式，也不缺少食物来源，因而也不会像欢迎棉麻引种那样，主动的接受外来的粮食作物。

对清廷的统治而言，当地苗族的传统生计，虽然不构成治理上的障碍，但其产品难以和国内市场接轨，却始终是一个障碍麻山地区进一步开发的制约因素。原因在于，他们产出的粮食作物种类太多，总计多达数十种。其中为外界所熟知的就包括小米、红稗、燕麦、天星米、薏仁米、荞子以及各种豆类作物。遗憾的是此类粮食品种虽然很多，但每一种粮食品种的年总产量都不高。这就严重制约了这些粮食

---

① 杨庭硕. 苗族生态知识在石漠化灾变救治中的价值 [J]. 广西民族大学学报（哲学社会科学版），2007（3）.

产品进入市场，并随之而造成另一个对苗族而言极为不利的处境，那就是这些产品的市场价格会变得极不稳定，从而进一步阻碍了流通渠道的稳定。应当看到，这样的不利因素仅发生在流通层面上，对当地苗族的日常生活而言并不存在任何障碍。因为这些粮食产品成熟期有早有迟，耐储存的周期也有长有短，加上各种农产品累加的总产量十分可观，对当地苗族的正常生活而言，完全可以做到衣食无忧。麻烦之处仅在于对这些粮食产品要采用很不相同的加工手段和储存手段。苗族居民对这种加工和储存上的烦难，早已习以为常，但对周边其他民族而言就难以接受了。要他们也像苗族居民那样熟练掌握各种粮食品种的加工和储存，显然是一种额外的负担。这对于主种作物已经极为明显的布依族和汉族来说，由于粮食储藏与加工的装备和相应的技术已经定型，显然更不可能仅仅为了接受苗族的农产品，而另起炉灶。以至于农产品与外界不相接轨，从"改土归流"开始就引起了朝廷的关注，派往麻山的驻军必须仰仗于周边的布依族土司提供军粮，而不能就地取自于苗族居民。然而由于当地的驻军人数有限，加上该地苗族社会组织规模很小，根本无法与清廷抗衡。因而"改土归流"后，当地的社会一直十分安定，清廷因此也用不着向麻山引进高产农作物。结果使得麻山地区在其后 100 余年间，粮食作物的生产并未发生明显的改观。但随着麻山地区与外界交流的扩大，粮食生产不能与外界接轨，而逐步演化成了治理这一地区的严峻问题①。

向麻山地区引进高产粮食作物，同样不是一个孤立的历史事件，更不是当地苗族的主动要求，而是全国政局巨变的派生产物。辛亥革命的爆发，不仅导致了封建王朝的解体，还体现为执行了一个多世纪的"地丁银"制度就此中断。辛亥革命后割据云贵地区的地方军阀，很快陷入了交互混战的政治漩涡。尽管银两还在国内继续流通，但这些军阀由于掌控着鸦片②和矿产③贸易两大财政来源，因而扩军备战，在货币补给上不构成压力。但军粮和军马饲料却是一个重大的制约因素，为了确保军粮供应，这些地方军阀，一方面鼓励垦殖，扩大耕地；另一方面在税收制度上竭力推行征收粮食税。这样的时局巨变，对执行固定农耕的汉族和百越系统各少数民族而言，并不构成压力。但对执行复合生计的麻山苗族而言，却构成了重大的冲击。由于当地苗族产出的粮食，不符合税收规定的粮食品种。而在一些汉族看来，这些都是属于"小杂粮"的粮食种类，当地苗族要按照各地军阀的规定，以规范粮

---

① 紫云苗族布依族自治县概况 [M]．贵州民族出版社，1985．

② [澳] 霍尔著，谢本书等译：云南地方派别（1927—1937）[C]，载云南省历史研究所编．研究集刊 [A]，1984 年第 1 集。书中说："20 世纪 30 年代时，云南鸦片种植面积与 30 年代前帝国大禁烟运动前夕的种植面积相同，在鸦片种植的高峰时期，种植面积应为 200 万亩，而不可能是 100 万亩。英文中华年鉴 [C]，转引自《西南军阀史研究丛刊》（第一辑）[A]．四川人民出版社，1982：231，谢根梅等．贵州烟毒流行回忆录 [C]，载《贵州文史资料选辑（第七辑）[A]．贵州人民出版社，1981，伍效高．征收鸦片特税的内幕 [C]，载《贵州文史资料选辑》（第十五辑）[A]，贵州人民出版社，1984．等。

③ 《云南省经济综合志》编纂委员会．云南省经济大事辑要 [M]．云南信息报印刷厂，1911—1990．

种完纳赋税，唯一的办法只能是低价出售自己的"小杂粮"，向周边的布依族高价换取稻谷，才能缴纳赋税。这样的社会变动，在无意中刺激了麻山周边地区地方势力集团的崛起，如号称"四大天王"的布依族势力集团以及号称"小罗山"的苗族势力集团，正是凭借这样的机遇得以做大，并操纵了麻山地区的对外经济联系。而麻山地区的苗族，为了改变这一不利的状况，也被迫试种水稻，或引种玉米、红苕等外来农作物，企图摆脱困境。然而由于漫长的军阀混战和国内政局的不稳定，这样的努力都无法形成规模。

向麻山大规模引种玉米和红苕，同样是当地自然与生态背景和国内政局巨变的复合产物。从主观愿望而言，麻山地区的苗族当然渴望直接引种稻米。但麻山的自然与生态背景又不可能大规模的开辟稻田。因而引进外来高产农作物，自然被限定在有限的旱地作物的品种内。按照当时的技术和农业结构背景，要解决季节性的充饥口粮，并兼做饲料，最合适的外来作物品种首推红苕，如要便于储藏和运输，又容易为外界接受，那就非玉米莫属了。然而这两个粮食品种，在麻山地区种植，投工大，而效益不稳定。因而在辛亥革命以后的二十年间，引种工作的进展极为缓慢。但到了抗战期间，情况就大不一样了。一方面西南地区成了国民政府抗战的大后方，政府当局全力以赴推动这一地区的农业生产势在必然。更重要的还在于数百万军民和近百万的军用马匹云集云贵高原[1]，除了军粮供应极为艰难外，军马饲料的需求量大得惊人，这就导致了当时的贵州省政府除了激励全面的开荒种粮外[2]，在产稻米的少数民族地区强制推行"糯改籼"，压缩糯稻种植，而扩大籼稻种植；在旱地作物区，则大力推广玉米种植，以便为军马提供饲料。麻山也就是在这样的特殊历史背景下，完成了玉米和红苕的全面引种，并替代了传统的"小杂粮"种植。

在其他地方玉米的产量较高，但在麻山却达不到预期的产量水平，行政当局强制引进玉米，对抗战胜利有益。但对当地的苗族居民而言，实利并不大。唯一的便利仅在于减少了缴税过程中的烦难。但由此导致的生态后果却极为严重。玉米是一种直立的高秆农作物，大面积种植玉米，在生长季内，不能有效覆盖地表。这对于土层深厚的平原地带不会构成威胁，但对于麻山地区则不然。由于麻山地区地表石多土少，可资利用的土壤不是暴露在地表，而是夹存在岩缝中。种植玉米也只能在这样的岩缝开口处点播。由于玉米存活后，不能对地表形成有效的庇护，这就会诱发为多重生态隐忧。其一，在遭逢暴雨袭击时，表土容易被冲刷，严重时连种上的玉米也被冲刷到洼地底部；其二，遇到连续晴天时，阳光直射岩石，又会导致地表的急剧升温，这不仅会炙烧玉米幼苗，使之生长不利，还会导致当地稀缺水资源的极大浪费；更头疼的是，扩大玉米种植往往得以牺牲山地藤蔓丛林为代价，山地藤

① 郑崇贤. 滇声［A］，贵州六百年经济史［C］. 贵阳：贵州人民出版社，1998.
② ［民国］张肖梅著. 贵州经济［M］. 贵阳：中国国民经济出版社，1939.

蔓丛林被砍伐后，留下的陡坡坡面去种植玉米。这三个方面的综合作用，表现为随着玉米种植面积的扩大，当地的原生植被则日趋萎缩，水土流失随之失控，长期积累后，才酿成了当前所看到的高度石漠化灾变。

玉米引种到麻山，其实并没有因此而打乱当地苗族的传统耕作体制，玉米、红苕、南瓜等外来作物的相继引入，仅表现为置换了当地传统的许多农作物物种，但却没有改变苗族多物种复合种植体制，甚至作为游耕类型生计特征的"随种随收，亦收亦用"，也得到了完好的传承。而其中最有利于当地生态维护的传统，正在于藤蔓作物与直立农作物在同一地块分层次种植，同样得到了完好的传承。这样的耕作体制即使到了今天还能观察到。在当地苗族的耕地中，除玉米外，还配种了多种藤蔓作物，其中有的是外来作物，如南瓜、红苕、菜豆等；有的则是土著的粮食作物，如饭豆、懒豆、大豆等；有的则是半驯化的野生植物，如荞菜和何首乌等。这种混合种植的好处在于提高了地表的覆盖度，既能减缓地表径流的速度，抑制水土流失，又能避免岩石在阳光直射下无序增温，同时，还能增加粮食和饲料的产出水平。不难看出，这种耕作体制，是仿效当地原生生态系统结构而来，是直立植物、藤蔓植物、苔藓类和蕨类植物多层次并存的和谐共生模式。因而也是当地苗族传统生计的精华所在。

然而，由于当地自然与生态系统本地特征的终极制约作用依然存在，不管做出什么样的努力，仍难以规避其间的脆弱环节。外来作物引种对当地自然生态系统的损害仍然无法修复，扰动脆弱环节引发的生态隐患还会不断地积累下去，最终会以土地大面积石漠化灾变形式暴露出来。

麻山地区地质地貌结构本地特征在于石多土少，有限的土壤不是富集在地表，而是富集在石缝中或者溶蚀坑中，也可以以次生堆积的形式在山麓富集。致使高等的维管束植物都只能在岩缝和溶蚀坑的地面开口着生，凭借有限的土壤蓄积水资源，维持其生命，尽管当地雨量丰沛，但因土壤有限，水资源的稳定补给始终是当地生态系统的关键制约因素。缓解这一自然界制约力的唯一出路仅在于，裸露的基岩和砾石表面必须长出繁茂的苔藓和蕨类植物来，靠这些低等植物去部分的替代土壤蓄养水源，才能支持高大乔木的正常生长。但苔藓类和蕨类植物的稳定存在，又必须靠藤本植物提供庇护，避免他们遭受阳光的暴晒。这样才能形成一个相互协调的依存回路。蕨类植物、苔藓植物、藤本植物、高大乔木必须相互依赖，才能共同繁荣。回路中任何一个环节的缺失都会导致整个石山坡面生态系统的崩溃，这就使得这里的生态系统在其物种构成中藤本植物生命物质的积累量要占有很大的比例，一般要超过35%。因而这里的坡面生态系统，应当正确的称为藤蔓丛林生态系统。而玉米的种植一旦进入石山坡面，就必然要与藤蔓丛林争夺岩缝开口，并因此摧毁大量的藤蔓植物，其结果会使得，即令不砍伐直立乔木，乔木自己也会因缺水而生长不良，甚至枯死。而苔藓类植物和蕨类植物，更会因直接暴露在阳光下而枯萎，以至于导致整个生态系统的连锁式崩溃。上文提到的当地苗族在玉米地中大量套种藤蔓类作物，其实是一种仿生式的生态补救措施。不过这样的补救只能延缓生态的蜕变，而不能最终截断连锁式崩溃的积累通道，因而也无法最终遏制向石漠化灾变方向的生态蜕变。

四、结论与探讨

纵观麻山地区石漠化灾变的酿成史，如下一些结论在今天仍然具有启迪价值：其一，外来作物的引种，在开始阶段即令取得成功，其可能派生的生态副作用，仍然不能掉以轻心。其二，促成外来植物引进的原动力往往不取决于引种者的本意，而是众多社会因素综合作用的产物。但导致的生态后果又会无情地落到当地居民的头上。不管引种时的动机多么良好，考虑多么周详，其历史后果往往总是体现为智者千虑，必有一失，或者说生态灾变的酿成往往具有隐含性，因而常常被当事者所忽略。其三，各民族传统生计方式是当地居民长期适应生态环境的产物，当地的生态环境演化的速度比人类社会的演化速度要慢得多，因而这样的传统生计必然具有长效性，同时也不缺乏科学性和合理性。因此引种外来作物时，永远有必要参考一下当地各族居民的传统生计中的资源利用方式，从中找经验、找借鉴，肯定有助于规避引种工作的盲目性。

外来作物引种，由于要涉及众多的自然与社会因素，任何一个方面的疏漏，都可能导致灾难性的生态后果。因此，为了生态的安全，引种外来作物必须慎之又慎，而且必须严格控制其推广规模，并随时提防其负面影响的露头，以便不断地采取各种补救措施，截断生态灾变积累的通道，最大限度地消除外来作物的负面影响，这应当是回顾麻山地区作物引种史需要吸取的历史教训。

[原载《云南师范大学学报》（哲学社会科学版）2010 年第 1 期]

侗族传统生计与水资源的储养和利用

摘要： 当下中国乃至世界都面临严重的"水荒"，悉见的应对策略不外乎大兴水利工程和严厉实施节水这两大类。本文提供的个案，则是将水资源的储养、高效利用与水质维护三大目标融为一体，并在文化的调控下做到森林与农田的兼容，农田中动、植物种与养的兼容，畜牧与农耕的兼容，去能动地扩大水资源的再生、储养和水质净化，使这片土地虽然身处分水岭区段，却能做到水资源的供给极为丰裕，并能与周边各民族共同分享水资源。这是一个在资源利用上利己和利他兼容的生动个案，可望成为我国缓解水资源匮乏对策的有益借鉴和参考。

关键词： 侗族 传统生计 水资源 储养 生态维护

一、研究缘起

半个多世纪以来，中国在综合国力迅猛提升的过程中，曾遭遇过各式各样的资源短缺，而今正面临着严重的"水荒"①。以往遭逢的资源短缺，由于涉及的技术和社会支持容易掌控，度荒的难度并不大。但"水荒"则不然。水资源是各类陆上生态系统稳态延续必须的自然资源，同时又是分布极不均衡的自然资源，更是一种需求量极大的资源。而水资源充满变数的特性却在于，它既是可再生资源，同时又是储存与再生最富于变幻的自然资源，这与水的理化属性直接相关。其中对水资源的维护与再生，影响最为直接的特性在于地球上的水资源可以以气、液、固三态并存，而且"三态"之间可以随气压和温度的变动而相互转化。然而，掌控水资源的技术手段和社会支持主要是针对地表液态水建构起来的，以至于在面临"水荒"

① 中国按年度人均水资源占有水平排序，在世界各国中排名第 121 位，是全球 13 个人均水资源最贫乏的国家之一（据中国发展门户网 2006 年数字）。中国淡水资源总量为 28000 亿立方米，占全球水资源的 6%，中国年度人均水资源占有量只有 2200 立方米，世界平均水平为 8800 立方米，中国的水资源人均占有水平仅为世界的 1/4（据国家发展和改革委员会 2005 年数字），而且分布极不均匀，这标志着我国在水资源的结构自然格局中属于极度贫水的国度。在我国的 660 个建制市中有 551 个城市常年供水不足，110 个城市严重缺水（据水利部 2006 年数字），我国 90% 的城市地表水（据环保部 2007 年数字）和 70% 以上河流湖泊（据水利部 2005 年数字）遭受不同程度污染。此外，有 2000 多万农村人口饮水困难，3 亿多农民饮用水不合格（据水利部 2006 年数字）。可见，水资源的极度匮乏已经成为我国必须面对的严峻事实。

时，会明显地感到技术和社会支持相对缺乏，目前已有的各种应对水荒的研究与对策也因此而感到苍白无力。不管是在国内还是在国外，人们在感受到水荒的同时，应对的手段仅限于大兴水利工程和厉行节约用水这两项简单的做法。类似的应对措施，虽然也有其价值，但只能视为应急的治标之策，而绝非治本之方①。

长期以来，对水资源的研究都是由气象学、水文学等自然科学去承担。然而，地球表面水资源的循环，本身是一个可以超长期稳定的常态，也是社会力量迄今为止无法加以调控的范畴。而水资源在陆上生态系统中的循环，由于要借助各类生态系统去驱动，相关的民族文化又拥有局部的调控能力，因而，民族文化可以在这一范畴内发挥积极的作用。也就是说，在这样一个范畴内，并存的各民族文化在其生计活动中，可以在很大程度内借助于相关的生态系统，推动水资源的储养和再生，从而起到缓解我国水资源匮乏的直接作用。因此，为了探寻应对"水荒"的治本之策，本文将以黄岗侗族对水资源的维护与管理为个案，揭示该民族在利用水资源的同时，如何驱动了水资源的储养和再生，希望通过翔实的田野调查，能够全面地反映该民族文化与水资源运行的各种关联性，并在综合评估各种关联性的基础上，去总结黄岗人的日常生产与生活在水资源储养方面的利弊得失，在此基础上揭示黄岗侗族文化与水资源运行的综合关系，为缓解我国水资源匮乏找到可行的文化对策。

本文之所以将黄岗村作为田野调查点，是因为该村具有如下特点：一是在黄岗村，水的运行相对独立，周边的自然与社会环境对水资源的运行不会构成明显的干扰；二是黄岗侗族的传统文化相对完整，足以反映人地关系中文化与水资源耦合运行的稳定状况；三是黄岗所处的区域，水资源可以以气、液、固三态存在，并且"三态"之间的转化较为明显，地上与地下水资源的转化也显而易见，而且这样的存在与转化在当地的民族文化中都有所反映；四是黄岗居民的传统生计对水资源的再生、储养、利用和维护存在着系统性的对应，并对上述四个环节中的相关内容能够做到有效的控制；五是该村的侗族村民在其日常的生产和生活中，价值取向和行为方式都与当地的水资源运行息息相关，而且能得到稳定的制度性支持。在没有现代技术和现代水资源管理办介入之前，黄岗村就能做到凭借文化的正常运行，高效地影响水资源的再生、储养、利用和水质维护，使得当地居民人为提高的水资源储养量不仅满足了他们的生存和发展所需，而且还能施惠下游各族居民，因而只要能够稳定甚至放大这样的传统生计和行为模式，我国的水荒就可望得到明显的缓解。

二、黄岗的自然背景与传统生计

黄岗社区地处分水岭高原台地上，境内地貌南高北低，但地表崎岖不平，四条山脉自北向南延伸，将全境切分为三大深谷。境内的三大溪流均位于深谷底部，从

① 罗康隆，杨庭硕. 传统稻作农业在稳定中国南方淡水资源中的价值 [J]. 农业考古，2008（1）：61.

东向西依次为平天河、黄岗河和岑秋河，而黄岗寨则位于黄岗河形成的山涧坝子上。境内的海拔制高点为1032m，黄岗寨所在位置海拔为765m，而三条河的汇流处海拔仅420m，所有河流在境内的落差都超过450m，而流程却不超过7km。这充分表明，所有河段都布满了急流、险滩和瀑布，地表液态水资源要受到强大的重力推动才能运行，储养和利用都具有很大的难度。

在自然状况下，当地温暖多雨，降雨量超过1300mm，年均温度15.2℃，因而能发育成茂密的亚热带和暖温带丛林生态系统，仅海拔高于850m的区段，才呈现疏树草地景观。尽管当地侗族乡民在这里连续生息了4个世纪以上，但原生植被还有大面积残存，能够为水资源的储养发挥明显的作用。但实测后表明，在侗族乡民对资源的密集利用后，水资源的储养能力不仅没有下降，反而有了明显的提高，这在我国其他地区是极为罕见的现象，因而有必要解析当地的传统生计，从中发现侗族文化在水资源再生、储养、利用和维护四个方面的积极贡献。

当代黄岗侗族的生计，与其他侗族的传统生计具有极高的同质性，都具有以"稻鱼为食"和"林木为用"的林粮兼容特征。然而黄岗的自然背景分明是一种既不利于种稻，又不利于养鱼，更不利于畜牧的丛林生态环境，这样的生态环境仅仅有利于林业经营。而实际调查的结果却表明，其生计方式恰好具有林粮兼容、稻田种养和谐兼容、农牧并举三大特征，而且这些特征，又直接或间接地影响着当地水资源的运行，并在水资源再生、储养、利用和维护四大环节中表现为高效利用与精心维护的和谐统一，因而能在看似容易缺水的山河切割区，靠人为的手段在自然储养能力的基础上，综合提升了对水资源的储养能力，致使这里的侗族居民，不仅是用水的高手，也是"造"水的能人。如果能将侗文化对水资源的这一功能加以放大，缓解水资源匮乏也将成为可能。

三、林粮兼容中的液态水运行

众所周知，水稻是一种喜欢高温、高湿和直接日照的泽生农作物，这样的生物习性在平原坝区，随地都可以得到充分的满足。而黄岗村位于高原台地上，地表起伏太大，无法建构连片的稻田，加之该地区森林茂密，零星的稻田也与茂密的森林毗邻共存，完全镶嵌在森林生态系统之中。由于受地形崎岖所限，加上这里雨季和旱季的降雨量变幅很大，导致地表截留和储集液态水极为艰难。不能有效地储集液态水，水稻种植就无法实施。

在黄岗村的传统生计中，为了有效地储集液态水，乡民人工建构起山区水域系统，而这样的人工水域系统又与当地的丛林生态系统高度兼容。这种兼容可以通过下述四个方面的相互支持得以实现：

一是黄岗侗族村寨塘、田、渠、河人工水域系统都能与天然水域联网。不管是什么样的水域，水位都能做到精确控制。最特异之处在于，所有稻田的储水深度都能够达到 0.5m，可储集量超了年蒸发量的 50%，超过了年降雨量的 26%，这样的稻田建构显然是应对液态水容易流失、降水波动幅度大而作出的适应。与此同时，这些人工水域系统，还能与山地丛林相匹配，在丛林和水域的衔接带都人为培植耐水淹的树种，能确保林田两安。

二是人工水域系统的建构有充分的制度保证，也不缺乏精确管理的习惯法细则。所有人工水域都是持续推进、长期积累的产物，大到溪流改道，小到不足半亩的稻田和鱼塘，甚至是一个流量不到 0.001m³/s 的分水坝，都是由兴建者的人名去命名的。这样的命名既是一种社会荣耀，又是定点管理的依据。每个侗族乡民，都在争取荣誉和高效管水方面自觉地孜孜以求，从而使得农田的建构成了一个可持续推行的社会行动，而这样的社会行动又能够得到侗款框架内的习惯法细则的保障，能有效地排解一切有关水资源的纠纷，又能使相对有限的水源，得到公平的分享和高效的利用。

三是当地乡民种植的水稻品种琳琅满目，我们收到的糯稻品种就多达 23 个，这些糯稻品种与水源储养关系最直接的生物品性在于，它们都是秆高、秆硬而且不怕水淹的稻种，成熟期的秆高达到 1.5m，最高的可达 2.3m，水淹深度达到 0.5m，持续半个月也不影响其正常发育，这显然是针对提高地表液态水储养而作出的育种努力。

四是这些品种都能耐阴冷，有的品种甚至可以在每天日照不到 3 小时的丛林中正常生长，绝大部分品种在当地露天撒秧，即使碰上 10℃ 的急剧降温也不会烂秧，而且在收割时，即使田中积雪结冰，都不会导致倒伏和减产，更不要说抵御霜冻了。由于这些品种可以在不利于水稻生长的森林环境稳定产出，因而这些糯稻品种的传承和应用有利于稳定和维护过渡地带的森林生态系统。更值得注意的是，这些高秆类型的糯稻品种，不仅化解了多雾多寒露的气候风险，对当地发挥保水保土的作用，还为江河下游储备了丰富的淡水资源，错开了洪峰，使江河下游各族人民也间接受益。

由于当地的林粮生产达到了有效的兼容，有效地避免了水资源的气态流失，从而保证了液态水的正常运行。在黄岗，由于稻田普遍种植高秆糯稻，其秆高通常超过 1.5m，而且插秧后稻田的郁蔽期很长，达到 110 天，甚至更长，而这样的郁蔽期正好处在一年之中气温最高的 6、7、8 三个月段，在这样的高温背景下，水面不暴露在阳光直射下，致使在一年蒸发量最大的季节内，人工水域表面覆盖上一层 1.5~2m 厚的植被，在这层植被的庇佑下，从水面向上的 1.5m 范围内，其空气的相对湿度接近于 100%，这就使得这里的液态和气态水资源转换处于动态平衡状态。尽管外界蒸发较大，固定水域因蒸发而导致的水资源流失却趋近于零①。水资源不仅会以气态方式流失，反过来气态水资源只要处理得当，同样可以转化为人类可以

---

① 罗康隆. 既是稻田，又是水库 [J]. 人与生物圈，2008 (5)：37—40.

直接利用的液态水资源。在黄岗，笔者就观察注意到，稻田周边的丛林，在秋冬的浓雾季节能够汇集雾滴，以水滴的形式提高土壤和稻田水资源储备的资源再生。

特别值得注意的是，黄岗侗族人工建构的水域系统能发挥比自然生态系统更强的地表水资源储养能力。例如，黄岗村目前实有稻田 5000 亩，这些稻田最大储水深度可达 0.5 米，储水超过 10 天也不会影响糯稻的生长。也就是说，暴雨季节 1 亩地可以储水 330 立方米，5000 亩稻田实际储水能力高达 165 万立方米，这已经是一个小型水库的库容量了。黄岗村现有林地面积 5 万亩，大部分属于次生中幼林，蓄洪潜力每亩可达 110 立方米，5 万亩林地总计蓄洪潜力高达 550 万立方米，中长期的水源储养能力可以高达 200 万立方米①。不难看出，这是一个大型水库的有效储洪总量，对减轻江河中下游的洪涝威胁发挥了不可估量的巨大作用。相反，到了枯水季节，这些储备起来的淡水资源又将极大地缓解江河下游水资源补给短缺②。由此可见，侗族传统生计的正常运行，不仅造了水而且保住了水，不仅利了己而且还利了他。此外，这种造水、补水功能还能为江河沿线的所有水电站提供丰富而有效的可利用水能资源。因而，这种传统的生计方式对缓解我国的水资源短缺，一直在默默地发挥着巨大的作用，可以为我国经济的可持续发展和社会安定作出巨大贡献。

四、种养复合与水资源的高效利用

在黄岗那样的地区，即使是在原生态系统保持得最好的时代，由于地表的落差较大，大量的液态水资源也会很快流出黄岗而无法加以利用。在当时的情况下，水资源的利用只可能有两种渠道：一是从流动着的井溪中直接取水；二是将截留下来的地下水转化为各种各样的生物产品，供人们采取利用，也就是间接地利用水资源。而黄岗侗族文化的高明之处在于，在上述基础上大幅度提高水资源的利用效益，具体做法可以从以下三个方面得以体现：一是通过人为水域的建构，将尽可能多的地表液态水储留在高海拔区位，以便滋养更多的动植物；二是在人工的控制下，使用水的渠道尽可能多样化和复杂化，随着复杂化和多样化水平的提高，通过各种生物间接用水而在总体上体现为用水效益的提高；三是强化水资源在本社区内实现半封闭循环，达到一水多用的目的。而这三方面的创新，都可以通过种、养复合去实现水资源的高效利用。

所谓种、养复合，是指在当地侗族传统生计中，农田种植、禽、畜、鱼的放养与水资源的循环融为一体。在当地不同的水资源储养环境中，农作物、半驯化野生植物的种植与管护不是孤立的存在，而是与各种家畜、家禽和鱼类的放牧与喂养相

---

① 崔海洋. 重新认识侗族传统生计方式的生态价值 ［J］. 思想战线，2007（36）：136.
② 罗康隆，杨庭硕. 传统稻作农业在稳定中国南方淡水资源中的价值 ［J］. 农业考古，2008（1）：61.

互渗透，从而形成在时空上既重合又可以分离的立体生产样式，使得当地各种水资源的储养形式都得到高密度和多层次的利用，从整体上体现为水资源的高效利用，因而应当称之为种、养复合。

在黄岗，乡民的出工总是热闹非凡，除了下地干活的人群外，每个家户都要顺道携带琳琅满目的畜、禽。在前面开道的羊和牛，拖着车的马匹，车上满载着装满鸡、鸭和仔猪的竹笼，还有装满塑料桶的鱼苗，通人性的狗则在人群中前后穿梭，照应整个部队，一路上欢声笑语，牛鸣犬吠相合。看了这样的景象，我们给这里的乡民起了一个雅号叫"海陆空三军司令"。听了这样的雅号，他们不仅不感到诧异，反而觉得很自豪，点头承认这些家畜、家禽完全在他们的掌控之中，并把我们称为"司令参谋"，我们当然乐意这个新获得的身份。

他们之所以这样出工，其实正好是复合种养必备操作。不管是耕种还是收获，牛、羊都需要带到森林和稻田之间的人工浅草带放牧，鸭要带到正在耕作或种植的稻田中觅食，鱼苗则要不断地往水田和鱼塘放养，长成的鱼或在田中捕获的非放养鱼类，还有其他有价值的水生动物，又得带回家中消费，这才使得他们几乎天天都在放鱼和收鱼。这样的复合种养过程，其实要贯穿整个大季生产作业，但在时空位置上则需要在人的调控下错置安排：大牲畜要尽可能地放养在人为草地和季节性轮歇的耕地上；鸭需要错过撒种和插秧的短暂季节；鸡需要限制在稻田周围；鱼则需要在鱼塘和稻田之间相互调剂，以确保放养密度恰到好处，密则收获，疏则加密。水稻郁蔽后，为了提高放养强度，乡民还要将这些活着的"准家庭成员"和自己一道留宿在田间窝棚中，以至于在水稻郁蔽后的6、7、8三个月内，几乎不添加任何饲料，畜群都可以快速肥育。

从任何一块稻田看，其生产路线都可能划分为三到五个层次，上面是水稻，水面是鸭子，水中是鱼，也就是说至少是一水三用。这样一来，同一水资源的利用效益，也就意味着翻了一倍。此外，除了鱼、鸭之外，稻田中还能产出多种水生植物，可以天天获取以满足猪的青绿饲料所需，其中一部分还是供人食用的蔬菜。在稻田中还可以获取多种野生的软体类、鱼类和两栖类动物，这是他们农忙季节的动物蛋白来源。因而对水资源的利用强度还得重新评估加以调高。更特异的是他们种植的好几个糯稻品种，比如鹅血红等，生物属性十分特异，即使糯谷完全成熟收获后，也不会枯黄而保持青绿状态，这是他们的牛、羊、马在冬季也能长膘的鲜绿饲料来源，同一水面的利用价值为此还得到提升。

不仅稻田如此，鱼塘和其他水域也是如此。鱼塘中除了放养草鱼外，作为猪饲料的水葫芦、满江红和作为鸭子饲料的浮萍也能同时产出。鹅和鸭也可以在鱼塘中实施季节性放养，因而仅注意到鱼塘在水位调节方面的功能还远远不够，因为它也是一个复合种养的生产单元，鱼塘中水资源的利用强度绝不逊色于稻田。他们的旱地也具有相似结构，这些星散在林地间的旱地，同样是多层次、多物种和复合单元。一般都要种植三个不同高低层次的农作物和野生植物，因而也是一个聚宝盆，可以综合产出各种农产品。更重要的是可以在这里成群地放养鸡，奇怪的是这里的鸡都不会损害农作物，因而乡民们认为他们的鸡很乖，很听话，但真正的原因在于，在这样的高密度种植的情况下，其间包含了大量野生动物，从软体动物到昆虫一应俱全，天性好吃的鸡在消费这些动物食品后，哪儿还顾得上偷吃庄稼，因而在这样的旱地耕作带，水资源也通过不同的渠道，在不同生物物种间不断流动交换从而使水资源获得了最大限度的利用，由于他们的人工森林与旱地的结构极为相似，森林与水资源的高效利用就不再赘述了。

在如此高强度的水资源利用的背景下，水资源利用的效益究竟如何，确实是一个值得探讨的关键问题。鉴于黄岗地区没有任何形式的来水供给，也没有从江河提水的装备，因而他们完全是凭大气降水维持正常的生产和生活，而且有丰裕的水资源节余可以确保向下游双江河供应的全年稳定。最大暴雨和最干旱季节的流出水量差不大于 3 倍，这可以从一个侧面反映用水效益的稳定，不是仰仗额外水资源补给去提高产量，而是通过就地水循环去提高水资源的利用效率。

黄岗的乡民风趣地告诉我们，他们的水稻非常能长，每天都长得很快，因而天天早上出工都要累得出汗。他们讲的是在生长旺季，所有稻田中的稻叶，清晨都要挂满露珠并不断地回落稻田中，即使连续几天不下雨，稻田水位也不会明显下降，我们的实测结果也证实了这一点。这显然不是一句玩笑话，而是对水资源液态与气态之间就地循环再生的科学事实的风趣表达。这儿的农田、牧场、旱地和森林，由于坚持的是种养复合，因而在蒸发量最大的 6、7、8、9 四个月，地表的覆盖度都达到了 100%，站在田坎上，根本看不到水面的反光。在旱地也看不到表土，而且覆盖层次往往多达三到五层，最终导致了三个方面的后果：一是植物层的上方和植物层内部，温度差异很大，稻田中的水温和水稻覆盖下的底层空气，温度差距只有 1~2℃，但水稻上方的空气却可以高出 5~7℃；二是相对湿度也拉开了很大的差距，在植物覆盖下的底层空气，相对湿度白天都在 90% 以上，晚上则提升到饱和状态，因而每天都能成露；三是稻田都镶嵌在森林中，以至于不管森林上方的风速有多大，在稻田上方的风速都属于微风级别，而处于水稻郁蔽下的底层空气则处于无风状态。没有风，水蒸气就不会被带走，而保持着就地循环状况。因而，种养结合的高密度人为复合生态系统，可以理解为水资源的止回阀，液态水资源一旦进入其中，就很少发生气态流失现象。在整个复合种养中，水资源实际上是内部自相循环，生产中对水资源的消耗主要表现为以水为原料合成了生命物质和生物能，无效的蒸发浪费几乎可以忽略不计，因而说这样的复合种养是超级的节水生产范式一点也不夸张。

五、水平降水与水质净化

时下的水利专家和水文专家由于学科体制的局限，他们对淡水资源补给的认识，就终极意义来说只承认大气垂直降水的作用，而忽略了大气的水平降水对淡水补给也有重要贡献，原因在于当代的气象测量设备只能测量雨、雪等垂直降水的数量，而不能测量雾滴、露滴等水平降水的数量，结果水利专家仅将一个地点的水资源补给理解为两大来源：其一是当地的降雨、降雪总量；其二是上游的来水量。两项相加再减去该地区的流出水量，就算当地的淡水资源的储备总量了①，至于当地浓雾、露水凝结成水滴后回落土壤中而获得的水资源量则从未加以计算。从这个意义上说，有效地获取雾滴、露滴的回灌就该堪称"人造水资源"了。在黄岗田野调查中我们从黎平县、从江县气象站获知，这里的年均降雨量是 1300 毫米。然而，在黄岗这样的山区，河水都要从谷底往北流走，单凭这 1300 毫米的降雨量是经不住流淌的。然而，在黄岗村却到处是水，除了河流外，鱼塘、稻田、泉水、井水无处不在，随处可见。据我们的粗略统计，要灌满黄岗的稻田和鱼塘，并使之终年不干涸，总需水量必须保持在 200 万立方米以上，这还不算森林、草地所需的水资源。如果没有浓雾凝结成的液态水，单凭下雨，根本无法满足鱼塘和稻田的巨额用水。

我们在调查中还发现，这里的稻田即使是开辟在接近山顶的高海拔地段，只要上方有林草，就有充足的水源供给，就可以满足水稻生长的需要。这些地段当然不会有来水，气象资料提供的降水量，减去地下渗漏和地表径流后都不可能留下明水在水田中富集起来，足证这样的稻田完全有赖水平降水，才得以形成稻田。当然要保证这样的稻田有充足的水源供养，就只能将水平降水进行就地截留。而要想做到这一点，就必须具备这样一个条件，那就是山顶上必须保持丛林密布。当太阳光照射到丛林时，能被茂密的植物通过光合作用，将热能转化为木材和牧草的生物能，致使山顶的气温不会过高，这样一来，浓雾碰到绿叶，才有条件凝结成水。也就是说，黄岗高原台地的顶上得有茂密森林的郁蔽，浓雾和露珠才不会跑掉，黄岗人和下游的居民才会有更多的水用。黄岗的山区森林和山区稻田恰好具有造水和保水两大功能。这些山区森林所处地带，都处在冷暖气流交汇的多雾带，大致从海拔 500 米到 900 米的坡面上，一年中的晨、昏浓雾天气高达 180 天到 250 天，在这样的地段从下午 5 时到次日 9 时相对湿度都高于 90%，密漫的浓雾碰到林草枝叶都会凝结为水滴回落到地面形成明水②。也正因为如此，黄岗人爱树如命，不轻易砍伐山上的一草一木，每砍一棵，就要补种两棵，只能增加，不准减少。就这个意义上来说，侗族对所处生态环境的适应，确实具有造水功能。

侗族的传统生计不仅确保水资源量的问题，而且其水质也获得了优化。今天的中国，水资源极度短缺，水体污染严重，致使看到了水资源却无法利用。中国三大淡水湖的污染治理，闹腾了十几年尚未收到明显成效就是一个明显的实证。治理失

---

① 杨庭硕，吕永锋. 人类的根基 [M]. 昆明：云南大学出版社，2004.
② 罗康隆. 既是稻田，又是水库 [J]. 人与生物圈，2008 (5)：37—40.

败的关键原因在于，治理中没有认真利用生物手段，而是强化物质和能量多渠道循环，但黄岗村的事实却恰好与此相反。

在侗族社区，所有的生产作业和生活上的物质消费，全部纳入了当地生态系统的循环网络之中，人畜粪便直接进入鱼塘，由水生动物作为一级消费，水生动物的粪便再由微生物作为二级消费，会导致富营养化的物质，再由水生被子植物消费，而被子植物的生物体又提供给人、畜消费，整个鱼塘就是一个多途径导通的循环网络，不可能产生任何形式的污染物排入江河水体。鱼塘如此，稻田也不例外。由于在稻田中生活的生物物种，除了稻、鱼、鸭三个主体外，其他生物物种多达数十种，循环回路多得不胜枚举，对水体的一切可能污染物均可以在稻田中完全被降解，实现无害化，最终使得流出黄岗村的所有液态水全部是优质水。如果全国的农村都能像侗族传统村落那样，那么中国的水资源达标绝对不成问题。而遗憾之处正在于，像侗族社区这样传统的稻作农艺，在国内的各民族中为数太少，不足以保证中国水体质量的达标，这同样是关乎我国水资源安全的重大问题。在这个意义上激励侗族传统生计的复兴和推广，也是确保我国水资源安全刻不容缓的对策措施。

当前的环境科学研究普遍存在的通病在于，将生产环节与治理环节作人为的剖分，一直沿袭先污染后治理的被动思路，结果只能是生产部门片面强调产值，同时想方设法规避环保检查，以至于不得不动用法律手段，耗费大量的人力、物力去实施监管，而监管收到的成效又极其可疑。而侗族传统的生计则与此相反。在这里，生物资源的高效利用与精心维护都是生产过程中一直处于耦合的两个侧面，一个生产环节的废物，在下一个生产环节已经转化成了资源，资源与废物辩证存在于整个生产体系中，这就收到虽不精心安排治理，却可以坐收高规格的治理成效，不仅水体污染得到了妥善的解决，固体废物的降解也得到了全面的解决。而收到这一成效的基本前提在于，在这样的传统生计中，生物物种的多样性并存水平极高，并存食物链回路极其丰富，这才使得在当地生产体制中不管什么样的污染源，都有备用的物质循环渠道去加以降解。

[本文与罗康智合作，原载《鄱阳湖学刊》2009 年第 2 期]

侗族文化与生物多样性维护

摘要：今天的侗族居民和汉族居民一样，都是以固定农田的水稻种植为生。然而，侗族所经历的历史过程与汉族迥然不同，所处生态环境与汉族地区更是相去甚远，从而在侗族传统文化中形成了自己独特的生存理念，并衍生出了具有侗族特色的生态适应方式和举措。经过长期的磨合，侗族传统文化已经有效地实现了与所处生态环境的和谐共存。致使侗族传统文化在对所处地区的生物多样性维护中，有着不可替代的价值。

关键词：侗族文化　生态环境　生物多样性　生态维护

侗族先民是古百越民族中的一支，早年生息于江河中下游的宽谷河网地带，过着饭稻羹鱼的生活。在以后的史发展进程中，侗族先民溯河而上进入半山区地带定居。与其他民族一样，侗族先民也很自然的力图维护本民族传统文化的稳态延续。但要做到这一点，就不得不付出艰辛的代价，需要将半山区的自然环境改造得与早先的河网坝区相近。侗族先民经过长期的探索，最终完成了这一艰巨的工程。通过人工手段改变河道、挖掘鱼塘，用筑坝的方式建构浅水沼泽等等，终于在半山区的狭窄河谷盆地中再造了准河网坝区的次生生态环境。他们这样做不仅维护了本民族传统文化的稳态延续，而且收到了良好的生态效果。这些人工建构的高山水域环境，一方面提高了山区生态系统多样化的水平，使本来仅分布于江河中下游的生物群落现在可以移到高海拔地带，使得山区有限的沼泽生态系统能够与高山森林生态系统毗邻存在；另一方面，这样建构的人工泽生生态系统也让许多的喜好湿地环境的物种能够向高海拔地区转移，从而有效地增加了山区生物物种的多样化水平，使得在有限的空间范围内可以密集的分布着众多的生物物种。更重要的还在于，侗族先民离开了原先的宽谷河网坝区后，先后由汉族居民经营，全部开辟成了固定农田，野生动植物在沼泽地带的栖息地随之消失。这些物种由于转移到了侗族的人工泽生环境，才得以延续其物种。其中候鸟的越冬场所最为关键，很多的涉禽目、浮禽目的候鸟若不是在侗族建构的山区湿地生态系统中，就很难延续其后代，并稳定其种群规模。事实上，山区侗寨，长期以来一直是候鸟越冬难得的栖息之地。白鹭、苍鹭、鹤类、野鸭、雁一直在这种作链珠状分布的侗寨周围越冬繁殖，可以说这些侗族村寨是无需任何投资的候鸟自然保护区。

当代侗族的分布区具有十分突出的过渡性。像阳烂、黄岗、占里、高秀这样的侗族村寨正好位于南岭山区。村寨所在的位置恰好处在五岭西段南北向的山口南带，这样一来不仅南方的暖湿气流和北方的干冷气流都要从这里穿行。众多的生物物种的迁徙也把这里作为必经的走廊。这就使得侗族社区物种的多样性水平本来就高于相邻的地区。不仅在阳烂，在湘黔桂三省的毗连边区，所有侗寨的动植物物种多样性水平都要高于周边地区。

侗族地区能长期维持这种生物多样性的高层次水平，不仅得益于自然环境，更是得力于侗族的传统生存理念。在侗族文化的传统理念中，人类只是大自然中的一分子，人类必须仰仗自然界中的其他生物为食才能得以生存。因而，人们对于生物资源的利用必须有节制，人类首先得控制自己不能使人欲无限制膨胀。阳烂人把自己的村寨比喻为一只腾飞的鹭鸶，不能过载，否则就不能腾飞，不允许人口无序增长。当然，其他侗族村寨还有别的比喻，大多数侗寨把自己的村寨比喻为一条航行在大海中的船，人多了船就会倾覆。因此，他们都会和阳烂人一样，自觉地控制人口。事实上，侗族居民早在几百年前，就已经有了十分严格的人口控制规范，并把这样的规范纳入了侗款的款约中去加以监督执行。在侗族地区调查，一个令人诧异的事实在于，几乎所有的侗寨其地名前照例都要标上家户数，如百五黄岗，千七款区、二千七款区等等。要知道，这不是意向的抽象数家，而是必须严格控制该村寨实有家户数。实地调查表明，这些村寨直到20世纪50年代以前，基本上实现了人口的严格控制。这才会出现像占里那样长期保持人口零增长的局面。侗族传统文化在计划生育上的这一超前意识，对侗族地区生物多样性的保护做出了无法替代的重大贡献。正是人地关系长期保持和谐，才使得侗族地区的生物多样性水平长盛不衰。

侗族传统文化对生物资源的利用，一贯坚持均衡消费和多样化消费的原则。侗族传统的支柱产业，并不是单一的农耕，而是执行多产业复合经营的和谐生计方式。每一个侗族社区，不仅经营农田、鱼塘，还要经营森林和大型牲畜的饲养，还要喂养各类家禽。你可以将其定义为林粮兼营，稻鱼鸭复合经营等等，但始终都未能完全概括其复合程度，因为这样的概括始终未能将大型牲畜的饲养和家禽的喂养全部概括进去。原因在于侗族传统生计方式的复合程度确实太高了。他们这样做，表面上是为了使生活物质的获取渠道更其宽阔，从而获得了抗拒自然风险的适应能力，在执行的过程中却收到了生物多样性保护的明显成效。这里仅以稻田为例，就可以窥见一斑。

侗族的传统稻田，事实上是一个天然泽生生态系统的缩版。他们种植的是以高秆糯稻为主的水稻。同时，稻田中，还养着鱼，放着鸭，还有螺、蚌、泥鳅、黄鳝等动物。野生的植物茭白、水芹菜、莲藕等植物也在此生息。据我们近年的调查，一块稻田中，并生的动植物达一百多种。值得一提的是，稻田中，除了水稻、鱼、鸭归耕种者收获以外，稻田中自然长出的所有生物资源，村寨中的所有侗族乡民都有权获取和分享。由于这些半驯化的动植物都有特定的使用价值，其中有一半以上可以作食物，另一半可以用作饲料。因而这些生物，不会像在汉族的稻田中那样，作为杂草除去，或是作为害虫清除，而是精心地维护下来，并加以利用。因而每一块侗族稻田都是生物多样性并存的乐园。人在其间的角色，仅止于均衡地获取，适度地利用，以便确保这些生物物种都能够在稻田中繁衍生息，并长期延续，从而实现人类可持续的长期利用。举例说，水稻很容易染上钻心虫、螟虫、卷叶虫等虫害，侗族乡民从来不乱施农药将害虫杀死，而是将这些害虫捕捉起来作为美味菜肴加以享用。特别是青年男女行歌坐月时，作为游戏性的夜宵去加以分享。既控制了害虫，又不让害虫绝种，因为来年还可以吃上它。他们的这一利用方式，客观上起到了生物多样性维护的实效。当然，那些人不能吃的，或者不好吃的害虫，则留给鸭子或田鱼作为饵料。这样一来，尽管在侗族的稻田中也会有害虫，但从来不至于成灾。因为除了人的控制外，害虫的天敌也在发挥着控制的效益。这样一来，不仅人工能够使用的生物多样性水平得以维持，就连害虫的天敌，不管是鸟是兽，还是虫，也可以得到物种的多样化的并行延续。因而，在侗族社区，即使是一块稻田，也是一个生物多样性并存的乐土。

不仅稻田如此，侗族的人工林带也如此。在他们的人工林中，不仅要种植经济价值很高的杉树，并精心维护其他树种并存。豆科、壳斗科、芸香科的乔木，在侗族的人工林随处可见，并且至少要占15%的比例。除了乔木外，侗族的人工林中还拥有大量的草本植物和附生植物，他们重点控制的仅止于藤蔓植物。原因是这些藤蔓植物会危害杉树的健康成长。但侗族人民并没有对藤蔓植物斩尽杀绝，而仅是将它们割断，使其不至于缠绕杉树，对杉树构成危害就算达到控制的目的，并且还允许它们在村边地头正常生长。这些生物物种的延续，在侗族社区也有充分保证。以实现对人工林资源的适度、均衡的利用。因为在侗族的传统观念看来，这些藤蔓植物也有其使用价值，也需要保证它的物种延续。

西方学者曾经提出，人类对过熟的生态系统应当加以适度干预，才能提高其生物多样性水平。这种见解十分新颖，很快得到了学术界的认同。然而，侗族社区事实上在几百年以前就已经在实行这样的控制手段了。这里仅以控制水土流失的浅草带维护为例。在所有的侗族社区，森林与耕地的过渡地段，都人为地建构了宽窄不等的浅草带，一般是在稻田上方需要预留五米到七米不等的地带，使之长期呈现为浅草地。这样建构的草带可以发挥多重的生态功效。既可以降低地表径流的速度，使流水携带的泥沙就地沉积，又有利于监控森林中的大型食草动物侵入稻田为害，还给农家的耕牛，甚至马和羊提供放牧场所，同时增加稻田周围的通光、通气程度，有利于各种动植物的正常生长。最重要的还在于，它是确保某些草地类型生物得以物种多样性并行延续的强有力手段。众所周知，雉形目和鸠形目的禽类都需要以草本植物的种子为主食。雉形目的禽类，必须在草地安家落户。因而，他们建构的这些草带，其实际的生态维护功效正在于确保草地动物和植物可以得到多样并行延续。

由于侗族生存理念的核心正在于要将他们所认识的各种生态系统都纳入人类均衡利用和多样化利用的渠道，致使他们的生态行为准则必然表现为要在有限的空间范围内保持多样化、多种生态系统的合理配置。每个侗族村寨，在其家族按照侗款规定的那个流域范围内，尽可能地保持各种生态系统的多样并存。人类定居的村寨都一定位于贴近河谷盆地底部的山麓，村寨均面向宽阔的河谷底部，在河谷底部配置了稻田、鱼塘、河网和各种引水和保水设施。农田与鱼塘周边适度地构筑了浅草带，沿山坡而上的大面积坡面则稳定保持着茂密的森林，森林上方的山脊地段，也就是家族村社之间的地理边缘，尽可能稳定地保持宽窄不等的疏树草坡。这种模版式的村寨配置，彰显了侗族村寨建寨的共性特征，以至于侗寨与侗寨之间，都有清晰可见的界沿，但这些界沿仅是为人而设，丝毫不影响生物的迁徙和流动。整个侗族社区，不仅在地理上保持着过渡带的景观，同时也为生物的迁徙提供了一条稳定的走廊。村寨之间的交往，主要靠河流相通，人类社会的活动对动物正常迁徙的影响降到的最低程度，较少地干预了动物的流动和迁徙。这才使得人类的存在，不会明显地降低作为生物过渡带的生物物种多样性水平。我们的田野工作队，在广西三江高秀、贵州黎平县黄岗、从江县的占里和小黄、湖南通道县的阳烂，所作的大范围田野调查，都亲眼目击到国家公布的多种一级、二级、三级珍稀动植物在侗族社区内频繁露脸，并保持着良好的生存样态。红豆杉、马尾树、秃杉、紫花泡桐那样的珍稀植物，在侗族社区还保留有连片的群落。更值得一提的是，这里还能找到多种珍蛙类、蛇类和鸟类的稳定栖息地。在这一地区，尽管还没有正式建立自然保护区，但作为南方珍稀生物物种基因库的生物多样性保护功能，在侗族地区一直得到了正常发挥和稳态延续。

侗族的生态适应方式，同样有利于生物多样性的保护。侗族的生态适应方式可以从他的农、林牧品种的半驯化种植和兼容性选育得以实现。在侗族社区，除了少数农牧品种来源于外地输入外，绝大多数农、林、牧品种都是从本地已有的生物物种中选育而来。所以绝大多数农、林、牧品种，即使没有人工栽培也可以在野外自然成活。森林作物中除了主种本地杉树外，还配置种植杨梅、油桐、麻栗、山苍子等经济作物。这些经济作物的品种，都具有半驯化禀赋，可以与野生种同时并存，而且保持基因交换。除了人的有意识种植外，还能自己根据自然特征，自己寻找空缺的生态位立地存活，由此而带动整个森林生态系统的物种多样化水平，而且还能保持自我调整和修复的禀赋。在侗族村寨调查，乡民会告诉你，这些对人大有益处的生物是自然长出的，人们只是进行管护而已。管护的目的是为了利用，除了管护之外无需特殊照顾，它们也活得很好。对水生动物物种也是如此，除了鲤鱼和草鱼因为用量较大，需要人工辅助繁殖外，其他水生的软体动物、两栖动物和鱼类，都是实行半驯化放养。田里的黄鳝多了，就加强捕捉，少了，则将其他稻田中的黄鳝转放到稀缺的田块中。水蜈蚣对幼年期的鲤鱼有害，他们在放养鱼苗时，发现水蜈蚓太多，就捞捕水蜈蚓食用。但田里没有水蜈蚓时，又得人工放养。也就是说，除了鲤鱼和草鱼外，其他水生动物，既可以理解为野生的，也可以理解为人工放养的，这就是他们所说的管护的含义。就其实质而言，他们是把人作为生物多样性的终极调节和制约力，只是控制其数量，并不会打乱生物的生活习性和破坏它的生存空间。这种以管护代替放牧和种植的文化适应手段，其实质是属于半驯化耕牧。人的存在可以确保已有各种生物的物种延续，长期执行这样的生计方式也不会危及任何一种生物物种在侗族社区的正常生息繁衍。而且，野生与人管护的物种并存，可以多元并存的生物物种基因复壮，人类对生物多样性的利用并不会导致这些物种独立生存能力的下降。

侗族乡民重点种养的生物物种，无一不具有可贵的兼容性，这是侗族乡民长期选育取得的成果。他们选育的糯稻品种与习见的糯稻品种迥别。这里的各种糯稻品种，不仅可以在高温高湿和强日照的空阔平原生长，还有能够在丛林中正常生长，具备耐阴、耐低温的特殊生物秉性，致使稻田能够与茂密的森林完全兼容。他们还拥有在水温低于 23 度的稻田中可以正常结实的耐低温糯稻品种，还有结实后水稻秸秆和稻叶不会枯萎的糯稻品种。这是国内罕见的农牧兼容稻种，能够在冬季草枯时，还能为牲畜提供青绿饲料。他们驯养的本地鸭，个体小、出肉率和产蛋率却都很高。这种鸭出壳时，刚好是鲤鱼的放养季节，鱼和鸭放养可以同时进行，鸭也不会伤害鲤鱼和草鱼。鸭和鱼同步长大，由于鸭的个体较小，可以穿行在整个稻田中，无遮无碍，更不会伤害稻秧，仅以浮游生物和昆虫、虾类为食。致使稻田中的三种优势生物稻、鱼、鸭都能相安无事，而且围绕稻、鱼、鸭，各自形成了一个食物链网络，维系着更多的生物物种和谐并存。

侗族传统文化对生物多样性的保护，具有三重功效。对已有的动植物物种，尽可能确保其生存条件的稳定；对人类可以利用的生物物种，仅适度放大其生存规模，并确保其规模放大不干扰其他生物物种的存在；人工的适度环境控制，仅止于在有限的空间内，也就是在每一个侗寨尽可能实现多种生态系统的浓缩并存，而绝不实施纯粹人力控制的生态改性。这才能满足已有的生物多样性水平长期稳定延续。同时，人类利用的生物物种也能保持较高的兼容能力，能够与野生动植物长期和睦相安。侗族社区生物物种多样化高水平的延续，不仅是大自然的恩赐，更是侗族文化能动适应于所处生态系统的成果总汇。

[本文与杨成合作，原载《怀化学院学报》2008 年第 6 期]

当代生物污染肆虐的文化成因探析

摘要： 20 世纪末，生物污染猖獗，已经构成了生态灾变的一个主要方面，严重地危及到了相关民族的可持续发展，并引起了学术界的高度关注。但对当代生物污染成因的探讨却见解不一。鉴于当代的生物污染肆虐并不是发生在纯粹的自然背景下，而是发生于自然与人文双重背景下。忽略多元民族文化并存的当代人文环境，显然无法澄清当代生物污染肆虐的真实原因。为此，本文引入了生物制衡和文化制衡两个概念，从文化的角度破解当代生物污染肆虐的社会原因，指出人类的当代生存方式对生物污染的肆虐起到了推波助澜的作用。治理生物污染必须立足于各民族文化，通过改变资源利用的办法才能有效地防治生物污染。

关键词： 生物污染　生物制衡　文化制衡

一、引　言

20 世纪 90 年代以来，生物污染、外来物种入侵频繁见诸生态学研究的相关论著中。有关报道指出，生物污染已经给相关地区和相关民族造成了重大的经济损失，成了人类社会可持续发展的重大障碍之一，生物污染已经成为当代生态灾变的一个重要方面。但对当代生物污染肆虐成因的探讨，学术界却其说不一。代表性的结论可以大至分为三类：一是认为生物污染肆虐是一种纯粹的自然现象，对付的办法只能是"兵来将挡，水来土掩"，针对性地采取工程技术措施；二是认为当代生物污染肆虐是现代化的伴生产物。人类要追求现代化，就必然要对此付出代价。解决的办法只能寄希望于新的科学技术发明去加以解决；三是认为生物污染猖獗是人们认识不足，行为不审慎而造成的恶果，解决的办法只能通过立法或教育的手段，提高人们的认识去加以解决。上述各种观点，在具体的生物污染问题上，都能言之成理，对治理生物污染也能发挥明显的作用，但却忽视了一个重要的环节，那就是当今社会上的任何个人都有其特定的民族文化归属，不同民族的个人其生态行为及生态后果，都会呈现规律性的差异，生物污染在不同民族文化背景下会呈现不同的差异。因而，探析当代生物污染猖獗的成因，有必要引入民族文化这一要素，才能全面地澄清当代生物污染的成灾机制，并找到更经济有效的防治对策。

在纯粹的自然背景下，不同地区的生态系统在长期的历史沉淀中都会形成稳定的生物制衡格局，能有效地抵御外来物种的入侵，因而发生生物污染的情况极为罕见。与此相应，并存各民族间靠各民族建构的不同文化去维系人类社会的运行，并存文化之间也构成了另一种形态的制衡，那就是文化制衡。在文化制衡机制的作用下，不同民族的资源利用方式互有区别，因而引发生物污染的途径和方式也会各不相同。生物制衡与文化制衡，从人类社会诞生以来就一直长期稳定并存，并在一定程度内对生物制衡构成冲击和干扰，同时给生物污染的途径和方式赋予了一系列新的内容。这种状况一直延伸到当代，并派生出了一系列新的特点和状况，共同导致了当代生物污染的猖獗。为此，我们认为，在探讨当代生物污染肆虐的原因时，绝不应当忽略民族文化这一要素。正是当代民族文化制衡的新特点，给人类社会种下了生物污染肆虐的祸根。要有效地改变这一局势，也必须从民族文化制衡格局这一原因入手。

二、生态系统的四道防线

人们能观察到的生态系统，不仅是客观的存在，同时也是长期历史积淀的产物。在一个特定的生态系统中，包容进什么样的生物物种，各物种的种群规模有多大，都会以生物体对外界物质能量的截获和信息的利用为转移。各生物物种通过长期地磨合结成相互依存、相互制约的复杂关系，这就是生物制衡。生物制衡格局的稳态延续，也就确保了该生态系统的稳定存在。一切能稳定存在的生态系统都可以通过四道防线有效地遏制外来生物物种的入侵，所谓生物污染也就会变得极为罕见。

生态系统的第一道防线是空间和时间的阻隔。靠生物遗传机制稳定下来的不同生物物种，其空间移动与生命周期的延续都是一个稳定的常数。生物体在通常情况下很难逾越大自然已有的阻隔，即使空间移位最强的候鸟，它的迁徙路线也是稳定的，不会毫无规律的在地球上漫游。至于其他动物，个体能够逾越的自然障碍就更其有限了。相比之下，植物的传播在绝大多数情况下，自己不能做主，物种的传播往往得借助自然力或动物携带，因而逾越自然障碍的能力更其有限。这样一来，处于特定区位的不同生态系统，外来物种进入的可能性本身就很小。因而这些生态系统在自然状况下，能较好地免受外来物种的入侵。

生态系统的第二道防线，是生物制衡格局的稳态延续。每个生态系统的生物制衡格局一旦达成稳态延续，该生态系统中的各生物物种之间，都会围绕着物质与能量的截获和信息的利用在该地区形成一个均衡的格局。经过长期的历史沉淀后，能利用的空间、物质、能量和信息都会趋于饱和，也就是所有生态位都被挤占一空。在这样的情况下，任何外来物种要找到立足的生存空间就会极其艰难。即使勉强存活下来，其生命延续和繁衍也会受到其他生物物种的制约，不可能扩大其种群。因而，各生态系统生物制衡格局的定型，能有效地抵御外来物种的入侵。例外的情

83

况，仅出现在并存生态系统之间的过渡地带。在这样的过渡地带，由于受自然本底特征的制约，相邻各生态系统的生物构成物种虽说可以勉强在这样的过渡带存活，但生命力和繁殖力都要受到限制。因而会留下有限的可供利用的生存空间。在自然状况下，外来物种要获得存活，往往只能着生在这样的过渡带上，并且还必须经过漫长的适应过程，才能勉强的存活，要扩大成灾变，需要的适应时间也就更加漫长。由于这样的过渡地带范围小，而且自然背景不稳定，顺利存活和扩大种群的难度也很大，因而即使勉强存活也不会发展为严重的生物污染。可见，在纯自然状况下，第二道防线比第一道防线更具能动性，能够能动地清除偶然进入的外来物种。

生态系统的第三道防线，是不同生物靠自然选择而磨塑出来的适应能力。在自然状况下，每一个生物物种经过长期的自然选择后，都会高度特化，针对性的适应于某一个特定的自然背景。每个物种进入一个新的自然环境后，其适应能力都会明显地下降。因而，外来物种即令在并存生态系统的过渡带勉强存活下来，由于所面对的自然环境和它的原生地不同，以至于其生命力和繁殖能力都会明显地下降。如果它要获得在新地区的适应能力，又得经过漫长的自然选择的磨塑。这道防线的存在，致使偶然存活的外来物种，也不容易顺利地扩大其种群，从而起到了防治生物污染的作用。

生态系统的第四道防线，来源于各生物物种特有的免疫能力。任何一个生物物种要顺利存活，都必须抵御各种微生物的入侵，并在遗传机制的长期作用下形成自己的免疫能力，去应对微生物的入侵。生物体获得免疫能力是一个长期积累的过程，对没有接触过的微生物就不可能获得有效的免疫力。这样一来，偶然进入一个新生态系统的外来物种，一般都难以渡过当地特有微生物感染的难关。致使该生态系统固有的生物物种会表现出更强的生命力，而外来物种则会经常染病。缺乏免疫力这就在客观上发挥着抑制外来物种入侵的作用。

正是凭借上述四道防线，在纯粹的自然生态环境下，外来物种入侵的实例并不多见，引发为生物污染的可能性更其鲜少。但介入了人类社会存在这一要素后，情况就大不一样了。一方面，人类能在一定限度内能动地改变自然面貌，当然也改变了生态系统的结构。另一方面，人类的活动能力比任何生物物种都强，这会给生物物种的传播创造更多的机会。再一方面，人类还可以通过医药手段，使外来物种逃过微生物的攻击。最后，人类还能够为外来物种建构一个有限的人文环境，避免外来物种因不适应而灭绝。人类在这四个方面的能动性，都会在不同文化的规约下，以不同的方式表现出来。表现形式虽不同，但结果却一致，都会在有意、无意中推动生物污染的肆虐。

三、当代文化与生物制衡的失灵

进入 20 世纪后，随着廉价石化能源的开发利用和科学技术的迅猛发展，跨文化和跨地区的人流和物流随之加快，流动的规模也飞速上涨。频繁的物流不仅可以把外来物种直接带到了世界各地，还会在无意中夹带进外来生物物种。规模巨大的人流也会在无意中将外来物种带到世界各地。这样一来，生态系统防止外来物种入侵的第一道防线，在人类社会中被摧毁。今天世界各地生物污染的肆虐显然不是纯粹的自然现象，而是当代民族文化推波助澜的直接产物。水浮莲、紫茎泽兰、德国蟑螂近年在中国肆虐，从终极意义上讲，都是中外物流、人流飞速扩大的派生结果。恰好是当代文化的运行方式帮助外来物种突破空间的阻隔和时限的制约，使这些外来物种在中国大地上生息繁衍，泛滥成灾。

和生物制衡一样，文化制衡也要受到空间和时间阻隔的限制。在历史上，世界上并存的各民族都习惯于集中消费当地所产的生物制品，对外来物种虽然充满了好奇，但要引种却需要克服时间和空间的障碍。因而外来物种流入的数量和规模都极为有限，加上技术装备的不足，外来物种要迅速地扩大种群规模也极为困难。这就有利于文化制衡格局的稳定。而文化制衡格局的稳定又反过来维护了生态系统第一道防线的持续生效。然而，在当代社会，由于能源的价廉和技术装备的先进，在突破文化制衡格局的同时，也侵蚀了生物制衡的自我调节能力。在有意、无意当中帮助外来物种突破时空的限制，传播到世界各地，对于生物污染的肆虐起到了推波助澜的作用。

任何一种民族文化都不是直接利用纯自然的生态系统，而是要凭借自己特有的民族文化去对客观的自然生态系统进行有计划的加工和改造，从而形成了兼具自然和文化特色的特殊生态系统，这就是各民族的民族生境。民族生境的存在完全是服务于相关民族利用的需要，因而它必然打乱自然生态系统的制衡格局，使并存物种间的依存制约关系松弛。这就在无意中为外来物种的着生，打开了方便之门。另一方面，在民族生境中人类还可以根据本民族文化的需要，有效地控制和改造空间布局，从而留下较多的空缺生态位。上述两种作用的共同后果就会使得任何一个民族的生境，都会像并存生态系统之间的过渡带那样，成为外来物种的理想着生地。随着一个民族的发展和民族生境的扩大，在自然环境中，范围极其有限的过渡带会变得越来越宽阔，于是就成了外来物种顺利渡过适应难关的温床。这样一来，生物制衡这道防线也在无意中被民族文化所摧毁。

随着科学装备的健全和完善，当今世界各民族控制和改造自然的能力都得到了迅猛的提高。这就意味着，各民族对所处自然生态系统的改造更其深化，而改造的结果就直接体现为空缺生态位的扩大。在现代化的都市中，高大建筑之间的空地往往会成为生物入侵的理想着生点。现代居室条件的改善，会使室内成为外来昆虫越冬的避风港。现代的塑料大棚种植，虽说可以提高农产品的产量，但同样可以使外来物种免受生物制衡的规约，而得到种群的迅速扩大。总之，现代技术装备在推动各民族经济、社会发展的同时，却在无意中摧毁了生物制衡这道防治生物污染的防线，使原先在自然状况下不能构成生物污染的外来物种，也能在当代社会条件下泛滥成灾。

　　民族生境总是特定民族文化规约下的产物，因而各民族的生境都有其特异性，这就导致在历史上各民族的资源利用模式各不相同。以至于并存各民族间对生物资源的消费能够长期保持均衡状态，不容易出现资源的单向倾斜消费。当代社会则不同，随着各民族视野的扩大，助长了人类好奇心和虚荣心的膨胀，追求时尚被导入了民族生境的建构中，这会打乱原有的文化制衡格局。当今世界上，不管是哪个民族都在追求时尚，都在有意无意地引进外来生物物种，同时还夹带进有害的伴生生物物种，从而导致各民族所处的自然生态系统生物制衡的失灵。这种有意识地摧毁生物制衡格局更其有害。中国为了追求时尚，在引进啤酒酿造的同时，出于经济的考虑，又连带着要引种大麦和啤酒花。这种有意识地引进外来物种，由于是生活在民族生境之中，而不是生活在纯粹的自然生态系统中，摆脱了生物制衡的控制，因而在人类的羽翼下发展成有害的生物污染。近年来，我国在引进国外鲜果的同时，也在无意中夹带进了国外的果蔬病菌和害虫，不仅损害了引进品种的质量，还连带着损害了我国原有品种的质量。从这一意义上说，当代民族文化中正在泛滥的时尚追求和对异种文化的好奇，已经严重地摧残了原有的生物制衡格局，为生物污染的肆虐大开了方便之门。

　　各民族文化能使人类获得超越于任何生物物种的能动性和创造力，这样的能动性和创造力不仅使人类追求舒适的愿望得以满足，同时也在无意中帮助有害的外来生物物种渡过适应能力下降的难关。很多外来物种，并不适应于中国的自然地理环境。比如，从澳洲引进的桉树，引种的初衷是作为重要的经济作物加以推广。但澳洲的多种桉树并不适应于我国西南地区的气候环境，一次中等强度的寒潮就可以将连片的桉树冻死。也就是说，按照自然规律，桉树绝不会对中国的西南山区构成生物污染。然而，事情却恰好相反，我国的科技工作者从温室培育、抗寒能力培育、树种搭配各种技术手段都用尽了，最终才使桉树在我国的云南、广西，贵州连片成林。但结果却富于讽刺意味。桉树一旦成林，由于它的需水量超过了我国西南山区的极限，这就直接造成了我国原有的生物物种被桉树林吞食，严重的地带甚至乡民的饮用井水和泉水都为之枯竭。构成了我国西南山区严重的生物污染灾变。最后不得不全民动员砍伐桉树。并连根挖出树根。在这个实例中，桉树并不具备在我国顺利成长的适应能力，恰好是人类自己帮助桉树提高了适应能力，从而摧毁了生态系统的第三道防线。除了桉树外，西双版纳和广西南部连片种植的橡胶林也正在酿成新一轮的生物污染灾变。

　　文化制衡的作用之一，就是要规约不同民族的生态行为，而稳定的生态行为对生物制衡的冲击也就得到了相对的稳定，外来生物物种的可乘之机也因此而得到了有效控制。但随着经济全球化的到来，受到了市场价格波动的驱使，各民族传统的生物资源利用模式也会受到严重干扰。为了追求短期的经济效益，很多民族都会很自然地竞相引进外来物种，并且投入巨大的科研力量，帮助这些物种提高其在新环境的适应能力。从经济学的角度看，总会表现的有利可图，但从长远的生态效益看却是在给经济的发展挖掘陷阱。近年来，欧洲蒲公英在日本泛滥成灾，而这种蒲公英在自然状况下，原先并不能在日本顺利的成活。日本人是出于好奇，开始是作为观赏植物引种，后来又作为蔬菜使用。但却没有预料到，这种蒲公英一旦渡过了适应性下降的难关后竟成了吞食日本本土蒲公英的魔王。它的花粉可以抑制日本蒲公英的授粉，使日本本土的蒲公英不能顺利的繁衍后代，终于酿成了真正意义上的生物污染。如果不是人为的干预，欧洲蒲公英显然不会在日本泛滥成灾。传统文化制衡格局的松弛，在这个实例中正是一个关键性的导因。追求时尚新奇，对传统文化的侵蚀不仅是一个观念性的扭曲，更是生物污染灾变的开路先锋。

现代科技手段有效地维护了人类自身的健康，但这种技术在文化畸变的背景下，也会滥用于外来的生物物种。这就会使得生态系统防范外来物种入侵的第四道防线彻底崩溃。

人类为了追求居室环境的舒适，为了农作物的高产可以使用化学农药清除有害的昆虫，从短期效益看十分理想。但这些化学毒物并不长眼睛，在杀死各种有害昆虫的同时，也将这些害虫的天敌一并杀死。这就使外来物种的进入可以免受天敌的制约。人类发明的医药除了给人医病外，也会用于给外来物种治病。这些医药在控制有害微生物泛滥的同时，也会使外来物种获得一个保护伞，可以免受微生物的侵袭，以至于没有稳定免疫力的外来物种也会在世界各地种群失控，酿成严重的生物污染灾变。中国近年来不少严重的生物污染灾变都一再表明，这些外来物种在中国很少遇到病虫害的威胁。而这正是我们在滥用医药成果的同时，始料未及的后果。一个不该忽略的严重问题在于，由于我国的农田大多超量使用化肥和农药，以至于弄得在农田中，除了庄稼之外寸草难生。从短期的经济效益看似乎很有利，但在农田中却出现了极大的空缺生态位，在这样的空缺生态位中，微生物也不能成活，严重的损害了微生物对外来物种的控制力。这将会给外来杂草、害虫入侵中国农田铺平了道路。中国西南三省紫茎泽兰的泛滥，在一定程度上与农药和化肥滥用存在着关联性。

从表面上看，生物污染肆虐是生态系统四道防线失灵导致的直接后果，但深层意义而言，则是民族文化制衡格局在当代振荡的伴生产物。当代生物污染的肆虐绝不是纯粹的自然现象，因而也不能用单纯的技术手段去加以对付，只有从当代文化制衡格局振荡入手，才能找到有效控制生物污染灾变的文化对策。

四、防治生物污染的文化对策

面对生物污染的肆虐，不同学科的专家纷纷推出了各式各样的对策。工程技术人员推出的对策，大多趋向于利用单一的工程技术手段，针对性地清除已经成灾的外来物种。鉴于上文的分析，我们不难发现，在自然界，生态系统抑制外来生物物种入侵是凭借四重防线构成了一套立体的防护网络，因而能有效地抑制生物污染。而技术手段防治生物污染，由于手段过于单一，因而很难挡住无孔不入的外来物种入侵。更其严重的还在于，过分单一的对策在清除污染物种的同时，还在无意中损害了当地自然生态系统的自然防线，反而会给新一轮的外来物种入侵大开方便之门。以至于防治生物污染成了一个没完没了的拉锯战，旧的生物污染得到抑制，新的生物污染又接踵而来。

社会科学工作者则过分地倚重经济、法律和教育手段，遗憾的是，经济、法律和教育手段可以规约人的行为或提高人的认识，这对于有意识行为诱发的生物污染当然能发挥明显的抑制作用。但问题在于，人类的经济、法律和教育制约不了生物物种，因而人类活动无意识导致的外来物种入侵，上述各种社会手段几乎是无能为力。边境上的执法检查再严格，绝对控制不了人员和货物夹带进来的外来物种。因为，外来物种入侵的渠道隐蔽的一般性的执法检查手段都无从察觉。何况进行这样的执法检查，其执法成本极为高昂。即令发现了线索，要用人为手段阻断外来物种的入侵渠道都得耗费高昂的代价。这乃是我国的执法日趋完备，但外来物种的入侵却禁而不绝的原因之所在。

通过上文的分析不难看出，生态系统之间的过渡带往往是生物入侵的脆弱环节。与此同时，文化分布的交错地带也会成为外来物种入侵的滩头阵地。如果这两种交错带相互重合，就会成为生物污染的策源地。因为在这样的地带，生物制衡不能有效地发挥防治作用，文化制衡也会脱控。如果能够将这样的敏感地带纳入文化运行的轨道，一方面，激活当地固有生物制衡机制，使这样的地带形成稳定的生物群落，靠生态系统自身的制约力去为人类控制生物污染。另一方面，将文化的制衡延伸到这样的交错地带去。通过利用方式的改变，使入侵的外来物种无法泛滥成灾。整个防治对策，都围绕着激活文化制衡格局，通过扶植生物制衡机制去实现对外来物种入侵的立体网络式防范。这就是我们所主张的文化防治对策。

文化对策的核心正在于对民族文化实施诱导重构，从而引导资源利用方式的改变，以此激活生物制衡机制，凭借生物制衡的固有防治能力替人类消除生物污染灾变。这种对策的优势在于，不需要动用特殊的技术手段，也不需追加防治成本，就可以持续地发挥防治生物污染的功效。紫茎泽兰污染在我国西南三省已经成灾，为了清除紫茎泽兰已经动用了大量的人力物力，但收效甚微。贵州省镇宁县南部的六马山区，是优质六马桐油的生产基地。当地布依族林农为获得桐油的高产和稳产，习惯于在桐树林中精心地清除一切杂草，特别是在桐籽收获前的最后一次除草，耕作极为精细。但这一传统的操作，恰好给紫茎泽兰的漫延创造了可乘之机。季节性的林间生态位空缺，会使得这片桐油基地陷入紫茎泽兰漫延的困境。如果稍微改变一下耕作方式，在林间引入当地生命力旺盛、有一定经济价值而植株较高的草本植物，避免在林间形成季节性的空缺生态位，新形成的次生生物群落自身就可以抑制紫茎泽兰的漫延，引入的物种还能够产生一定的经济收入。这样的文化对策比起劳神费力去清除紫茎泽兰，不仅有效得多，而且省时省力得多。

类似的做法在云南也有一些少数民族正在试用。在云南，当地各族居民鉴于紫茎泽兰在农田中的泛滥，并没像传统的做法那样去人工清除紫茎泽兰，而是将旱地改成了牧场，或者完全轮休，凭借当地丰富的本地生物资源形成严密的次生植被去抑制紫茎泽兰的漫延。他们能这样做，是因为当地的彝族、白族都有农牧兼营的生态传统。只要能及时地发现这一有利的文化因素，并及时地加以利用，对付紫茎泽兰的漫延不仅成本低廉，而且还可能推动产业的转型。文化的诱导重构在这种情况下，完全可以发挥意想不到的生物污染防治作用。

水浮莲对我国三大淡水湖的水体污染，也是久治不愈的生物污染顽症。时至今日，普遍采用的办法仍然是采用人工的办法，直接清除水浮莲。生物学家企图引进专门吞食水浮莲的蚂蚁，去对付水浮莲泛滥，但却可能诱发新一轮的生物入侵，潜在风险极大。如果采用文化对策，最好是将水浮莲纳入可供利用的渠道，将污染物转化为资源，在利用中靠文化运行的力量去控制水浮莲的漫延。举例说，将水浮莲加工成饲料，在当代中国并没有技术难度。生产成本高，完全可以通过环境投资的方式加以补贴。只要一经纳入可利用资源的渠道，水浮莲就不可能泛滥成灾。因为人在这个过程中，可以担当起天敌的角色，在文化的规约下，对污染生物构成可持续的制约力。也可以换另一种方法，直接将水浮莲作为沼气生产的原料使用，从沼气发酵的废液中回收肥料施用于农田，这样做不仅可以回收能源、肥料，还可以有效地控制水浮莲和其他水生杂草的泛滥。

在上述实例中，生物污染的策源地都处于自然生态系统和民族文化直接利用系统之间的交错带。对付生物污染的文化对策，就是得把好这样的交错带，不能容许在这样的交错带出现文化控制和生态位的空缺。这两项空缺的存在，意味着生态系统四道防线的缺失。文化对策的目标就是要在这些空缺位置，通过文化运行的力量培育新的具有本地特色的生物群落，靠生物自身的防治力对外来物种的入侵实施立体防范，或者通过文化的力量将人类的活动纳入当地的生物循环中，使人类的正常生活可以充当污染生物的天敌，在利用的过程中清除生物污染。

生物污染的文化对策，是一个综合性的防治理念。它反对使用单一的手段，不管是技术的，还是社会的去对付泛滥成灾的生物污染，主张靠文化的正常运行，靠资源利用方式的转型去激活和修复所处生态系统的自我防卫机制。最大限度地借助自然力，去控制外来物种的入侵。对已经成灾的生物污染，则希望通过利用方式的转变，将污染物种转化为可以利用的生物资源，从而实现成本最低化的生物污染防治，同时尽可能降低防治生物污染所伴生的副作用。特别是滥用化学药剂，滥用广普抗菌素所导致的副作用。由于生物污染的文化对策目前还仅是一个新的理念，不完备之处在所难免，付诸实践应用的操作程序也有待进一步规范。但只要研究的取向转移到这方面来，通过不同学科学人的努力，生态人类学提出的文化防治对策，最终肯定可以在未来的生物污染防治中发挥不可替代的作用。

[本文与杨成合作，原载《吉首大学学报》（社会科学版）2007 年第 2 期》]

苗族生态知识在石漠化灾变救治中的价值

摘要： 苗族麻山支系长期生息在喀斯特山区，因此积累了高效利用与精心维护喀斯特生态系统的经验和技能。20世纪中期，随着周边社会环境的巨变，麻山地区石漠化灾变日趋扩大，虽经多方救治，成效甚微。但全面剖析当前苗族的生计方式后发现，发掘和利用苗族传统的地方性知识和技能，在石漠化灾变救治中具有不可替代的特殊价值。据此，可望找到根治石漠化灾变的可行方法。

关键词： 石漠化　生态知识　灾变救治

一、生态背景与民族文化

关于"麻山"一名始见于清代典籍，当时所指范围包括今天贵州省的紫云、望谟、惠水、长顺、罗甸五县毗连地带。东起蒙江，西至水塘克嵯一线，南起桑郎河北岸，北达板当至营盘一线，总面积近5000平方公里[1]，其间除自北向南贯穿全境的格必河外，完全没有地表径流。这一地区属于高度发育的喀斯特山区，地表密布峰丛洼地，地下伏流溶洞众多，被地质学家称为典型的"生态脆弱区"。[2] 目前这一地区60%的地表呈现为不同程度的石质荒漠化。在石漠化严重的地带，地表裸露的基岩和砾石超过了总面积的75%以上，介于中度至强度石漠化之间[3]，只能长出稀疏的灌丛和荒草，既无法耕种，也无法放牧[4]。石漠化灾变已经成了当地居民正常生活的严重障碍。为了确保居民的正常生活，当地政府不得不组织居民集体外迁，这项救灾行动，被称为"易地扶贫"。[5]

麻山地区在中国的西南部，并非唯一的石漠化灾变区，类似的灾变还涉及贵

---

① 贵州省民族研究所，贵州省民族研究学会. 苏太恒序［J］. 2000. 贵州民族调查（卷十一）. 麻山调查专辑.

② 刘燕华，李秀彬. 脆弱生态环境与可持续发展［M］. 北京：商务印书馆，2001.

③ 熊康宁，等. 喀斯特石漠化的遥感—GIS典型研究——以贵州省为例［M］. 北京：地质出版社，2002

④ 唐合亮. 黔南布依族苗族自治州生态环境状况调查［J］. 贵州省民族研究所，贵州省民族研究学会. 贵州民族调查（卷十八）. 2000.

⑤ 韩荣培. 黔南州六个贫困县1995年扶贫开发情况调查［A］. 贵州省民族研究所，贵州省民族研究学会. 贵州民族调查（卷十四）［C］. 2000.

州、云南、湖南、广西四省（区）的广大区域，潜在的石漠化地带累计面积接近5.1万平方公里[①]。严重的石漠化地带除贵州麻山外，还有广西的都安、巴马、隆林等处。因此若能在麻山地区探索出救治石漠化灾变的可行方案，不仅麻山地区受惠无穷，而且对上述省区的人民生活和经济的可持续发展也将做出难以估量的贡献，对世界上类似地区的生态维护也能提供有价值的借鉴和参考。

麻山地区地表覆盖着100米至300米不等的中生代石灰岩。云贵古陆形成后，又经历过多次的地震和岩浆入侵，致使原先水平分布的石灰岩层满布垂直裂缝，地表也随之而变得崎岖嵯峨。其后在新生代的漫长岁月中，由于这一地区常年温暖多雨，对石灰岩的溶蚀作用十分强烈，流水沿着石灰岩垂直裂缝向下溶蚀，逐步形成了地下伏流和溶洞网，成了地表水土流失的通道和贮存场所。加之石灰岩的成土速度十分缓慢，风化1厘米厚的石灰岩才能形成0.2毫米厚的土层，且需要上百年的时间[②]。更由于石灰岩形成的土壤粒度极细，稍经重力和水流作用就会快速移位。因此这样的地区成土艰难，流失极易，必须经过数百万年积累形成的土层，才能支持出茂密的森林生长。一旦地表植被遭到破坏，强降雨造成的淋蚀作用和重力的侵蚀作用叠加，会将来之不易的表土通过垂直裂缝下泻到地下溶洞，致使地表基岩和砾石裸露，这就酿成了石漠化灾变。这是一种不可逆的严重灾变，足以导致数百年间地表寸草不生，长期呈现为荒漠景观[③]。历史上的麻山地区并非如此，这里曾是众多民族的理想家园。13世纪以前，这里是中央王朝和南诏大理地方政权控制的边缘地带，外界对这里了解不多，未留下系统记载。但《桂海虞衡志》和《岭外代答》等书曾多次提及彝族地方势力穿越麻山地区，将大批马匹贩运到宜山卖给南宋作为军马[④]。这表明当时的麻山可供大批马匹牧放。13世纪以后，随着元朝统一中国，麻山地区各地方势力相继被元廷封为各级土司[⑤]。这些土司都需要向元廷缴纳贡赋，并组织士兵应朝廷征召参战，也表明这一地区具备一定的经济实力，土地石漠化状况并不严重。明清两代，沿袭元代旧制，在麻山地区设置土司管理地方事务[⑥]。由于当时政府施行激励农桑的政策，到清代时这里一度成为南方重要的麻产地。"麻山"也正因此而得名。直到清末，由于政治腐败，地方势力脱控，酿成了常年的军阀混战。征战各方经常火焚森林，务使对方无藏身之地。从此，开始了麻山地区人为破坏植被的祸端，麻山地区大规模的生态恶化由此而起。

麻山地区生息着众多的民族，各民族对生态资源的利用互有区别。居住时间最

① 谢家雍. 西南石漠化与生态重建［M］. 贵阳：贵州民族出版社，2001.
② 刘燕华，李秀彬. 脆弱生态环境与可持续发展［M］. 北京：商务印书馆，2001.
③ 刘燕华，李秀彬. 脆弱生态环境与可持续发展［M］. 北京：商务印书馆，2001.
④ ［宋］周去非著，屠友祥校注. 岭外代答·宜州兼广西兵马都监［A］. 岭外代答西南夷［C］. 上海：上海远东出版社，1996.
⑤ 元史·卷六十三·志第十五·地理六［M］. 北京：中华书局，1976，1983.
⑥ 明史·卷四十六·志第二十二·地理七［M］. 北京：中华书局，1974，1984.

长的是苗族和仡佬族，早年他们依靠在喀斯特山区特有的疏林灌草地段实施刀耕火种为生，居住地常按烧畬地的远近作有规律的迁徙。在耕作之余，还辅以狩猎和采集。他们利用的生态资源主要集中在较高的山脊地段。当地的布依族和壮族则主要集中在当地较少的河滩盆地中，依靠水稻种植和丛林采集为生。在正常情况下，苗族、仡佬族和布依族、壮族之间隔着山地丛林遥遥相望，仅在特殊的季节通过贸易互通有无，因而极少发生生态资源占有和利用上的冲突。彝族的传统居住区并不在麻山，在彝族土司势力强大时这里曾被占为冬牧场，不过彝族从未在此定居。这种季节性放牧不会对当地生态资源造成负面影响，反而是给当地苗族和布依族带来了各种商机，使他们在农牧产品交换中获利。在历史上，上述五个民族间的文化制衡格局长期稳态延续。由于各民族利用生态资源的对象各不相同，利用办法又适合当地的生态结构特点，因而在高效利用的同时并未引发生态灾变。

麻山的地质结构具有特殊性，保土保水能力低，植被一旦遭受人为破坏，极易酿成不可逆的石漠化灾变。酿成石漠化灾变绝不单是自然因素，更重要的原因还在于人为的干扰。但人为因素对生态造成破坏，也并不是当地居民传统文化的本意。从根本上说，当地各族的传统文化都能很好地适应当地的生态环境，人为的生态破坏总是发生于政治动荡、民族冲突的特殊时期①。

二、石漠化灾变的酿成及其现状

麻山地区的生态系统脆弱性来源于地质和地理结构的本底特征。未经人力扰动前，这里也可以支持生命力旺盛的亚热带季风丛林的稳态延续。如果对生态系统的利用，不触动其本底特征的脆弱环节，即使高效密集的资源利用，也不一定会酿成生态灾变，当地生态系统的脆弱性也不会就此暴露。相反的，如果触动了当地生态系统的脆弱环节，那么即使是轻度的和有限的利用，也会酿成生态灾变，造成大面积的土地石漠化。目前当地的严重灾变皆因后者而起。

麻山地区处于喀斯特岩溶地貌发育的中期，其具体特征为地下伏流和溶洞纵横交错，而且通过无数的垂直裂缝与地表相通。地表则布满了大大小小的溶蚀洼地，洼地间有陡峭的环形石山相隔。在每个洼地最低处都有地漏斗与地下溶洞相通。这样的地漏斗成了洼地水土资源下泻流失的主要通道②。在自然状况下，由于地漏斗开口很小，很容易被下泻的石块和树干杂物堵塞，从而在洼地底部形成大小不等的溶蚀湖和浅水沼泽地③。溶蚀湖一旦形成，水土资源就会富集于洼地底部，恶性水土流失就会得到有效控制。相反的，如果人为地凿通地漏斗，那么不管如何控制，

① 蔡运龙．自然资源学原理［M］．北京：科学出版社，2000.
② 刘燕华，李秀彬．脆弱生态环境与可持续发展［M］．北京：商务印书馆，2001.
③ 刘燕华，李秀彬．脆弱生态环境与可持续发展［M］．北京：商务印书馆，2001.

恶性水土流失都在所难免。这是当地自然生态系统中的第一个脆弱环节。

洼地周围的环形石山不仅陡峭，布满了刀砍状垂直裂纹，而且基岩与表土的结合极不牢固①。在淋蚀作用下，表土充分溶胀后会在基岩和表土之间形成一个摩擦力极小的滑动层。受重力的驱使，表土很容易大面积下滑。这是当地灾害性滑坡频繁发生的本底成因。在自然状况下，有限的土层中长出的乔木会将其根系深深扎进岩缝之中，因而能有效地抑制大面积滑坡。如果人为砍伐高大乔木，并导致其根系枯死，那么在强降雨情况下，光是表土的自重就会引发大面积的滑坡。② 这也是当地陡坡地段土层很难加厚的客观原因，因此陡坡地段高大乔木的存废，就成了水土保持的关键环节。这是当地生态系统的第二个脆弱环节。

因洼地间有陡峭的环形石山阻隔，各洼地都是一个封闭的生态系统，生物物种间的传播受到了一定的阻碍③，特别是植物和水生动物的传播更为困难。在这种情况下，如果一个洼地发生石漠化灾变，其后果将具有双重性。从有利的一面看，它不会波及其他洼地；从不利的一面看，植物种子和一些动物很难进入受灾洼地，致使受灾洼地会长期呈现石漠化景观，难以顺利恢复。这是该地区生态系统的第三个脆弱环节。

值得一提的是，在对付这一脆弱环节时，人类的活动有着特殊的意义。因为人类活动会有意识地将不同的植物种子和动物物种带入到已经石漠化的洼地，克服了在自然状况下地理环境的阻碍，因而能大大加快已经石漠化土地的生态恢复。

石灰质基岩在成陆的过程中，都会经历一个浅海阶段。浅海阶段富积起来的表层土石堆积，在成陆后，自然成了石灰岩表层土壤的基础来源。这样的成土过程具有不可逆性。成陆后，这层来之不易的土壤一旦流失，就很难从基岩的风化中获得补充。石灰质基岩的溶蚀作用虽然剧烈，但成土量极低，很难弥补因水土流失而造成的损失。在喀斯特山区，原生土壤一旦流失后要重新形成新的土层，在自然状况下需要耗费漫长的岁月。这乃是喀斯特山区一旦出现石漠化，将会长期延续荒漠景观的成因所在。成土机制的不可逆性，是喀斯特山区生态系统的第四个脆弱环节。为了应对这一脆弱环节，在类似地区必须惜土如金，维护土壤资源就等于维护了当地的生态安全。当然也需要探寻加快石灰岩成土速度的方法，才能有效地救治石漠化灾变。

石灰岩在成陆后，必然经历多次的地质运动，致使石灰岩除了原有的水平层理结构外，还会产生不计其数的纵向裂纹，溶蚀作用沿着纵向和横向向下延伸的结果，会在石灰岩层内部形成众多深浅宽窄不一的溶蚀坑洞。在水土运行的过程中，这些溶蚀坑洞会被泥土填塞，造成了石灰岩地区除了表土外，还会呈现岩石包土、

---

① 刘燕华，李秀彬．脆弱生态环境与可持续发展［M］．北京：商务印书馆，2001.
② 刘燕华，李秀彬．脆弱生态环境与可持续发展［M］．北京：商务印书馆，2001.
③ 刘燕华，李秀彬．脆弱生态环境与可持续发展［M］．北京：商务印书馆，2001.

土中夹石的复杂结构。这样的土石结构当然不能用习见的犁或锄耕作。这不仅是因为犁或锄无法翻耕夹在岩石中的土壤，更重要的还在于，犁锄耕作中不可避免的机械冲击会松动这种复杂的土石结构，甚至打通连接地下溶洞的通道，使残存的土壤泻入地下溶洞，造成更严重的水土流失。土石结构不能承受机械冲击，这是当地生态系统的第五个脆弱环节。为了维护当地生态系统的稳态延续，在这个地方的资源利用方式绝对不能套用平原地区的耕作办法，必须探寻"不动土"的农牧生产办法。否则不仅是农牧生产难以稳定，还可能诱发石漠化灾变。

麻山腹地有史可考的古老居民是苗族和瑶族。当地苗族属于苗族黔中南支系麻山亚支系，通用苗语麻山次方言①。瑶族属于布努支系，通用苗语支布努方言②。13世纪以前的汉文典籍偶有提到他们的存在，将他们混称为"生徭"，记载了他们以刀耕火种和狩猎采集为生。《桂海虞衡志》和《岭外代答》都明确提到各级地方政府均未直接统辖过他们，通常是依靠壮族地方势力，与他们发生联系。③ 有幸的是，上述残缺的记载在今天的田野调查和考古探测中可以找到佐证。元朝统一全国后，也曾通过麻山周边的布依族土司招抚过他们。《元史》中称他们为"桑州生苗"④．从这一名称中可以看出，直到13世纪前，他们一直未被纳入中央政府的直接管辖。元末明初的典籍对他们的记载仍然十分零散，仅是在提及麻山地区东北方的金筑安抚司、东面的八番长官司、西面的康佐长官司和南面的泗城土司时，偶尔提到这些土司治下有"苗蛮"或"徭人"⑤。首次对这里的苗族作专条系统介绍，开始于明人田汝成的《炎徼纪闻》。该书称他们为"克孟牯羊苗"，记载他们居住在悬崖上的岩洞中，进出依靠梯子上下。还有记载说他们用"铁镈拨土"，耕作时不中耕除草⑥。由于这段记载行文过于粗疏，以至于长期以来一直没有弄清他们进行农事活动的实情。直到《百苗图》问世后，由于有了附图说明，才知道所谓"铁镈"是一种类似"耒"、"耜"的农具⑦。这些记载深化了我们对当地苗族游耕作业的认识和理解。结合当前的田野调查和考古发掘，进而使我们有可能发现，当地苗族文化对所处特殊生态环境的适应。

清雍正年间，朝廷发动大规模的"改土归流"运动。在这场政治巨变中，残存的土司势力受到进一步的削弱，同时不少长期形同"化外"的所谓"生界"也正式纳入了国家的直接统治。此前的麻山地区就属于所谓的"生界"之一。清代典籍

---

① 刘锋．百苗图疏证 [M]．北京：民族出版社，2004.

② 柏果成等．贵州瑶族 [M]．贵阳：贵州民族出版社，1990.

③ [宋] 范成大著，胡起望，覃光广校注．桂海虞衡志辑佚校注·瑶 [M]．成都：四川民族出版社，1986.

④ 元史·二十五史（合订本）第9册 [M]．上海：上海古籍出版社，1986.

⑤ 杨庭硕．人群代码的历时过程·苗族族名支系名递变总表 [M]．贵阳：贵州人民出版社，1998.

⑥ [明] 田汝成．炎徼纪闻卷四蛮夷 [M]．借月山房汇钞本．

⑦ 杨庭硕，潘成之．百苗图抄本汇编 [M]．贵阳：贵州人民出版社，2004.

声称当地苗族是自愿归属朝廷。这片新开辟的土地随即划归安顺府统辖，并为此新增了"归化厅"以管理他们。① 其后清廷实行了一系列奖励发展经济的措施，鼓励当地苗族、布依族普遍种植棉、麻等经济作物，以便换取当时通用的货币——银两，确保这批新归附的苗族居民有能力缴纳"地丁银"。这一举措在正史中被渲染为照顾"边民"、发展生产的明智之举。然而当时的当事双方均未意识到，这一举措会成为诱发土地石漠化的导因之一。

原先当地苗族是将麻山地区的土地资源分成三种类型去加以利用。其一是，峰丛洼地间的石山山脊地段土层薄，地势高，地下水位低，无法支撑高大乔木的生长，只能发育出疏林草坡，这里是他们用来作刀耕火种的场所，投入少而收益大。一年一度的纵火焚山，有助于植被的更新，并能加快石灰岩的成土速度。在当时的技术条件下，不失为一种可持续的资源利用方式。其二是，峰丛洼地的陡坡地段经过长期的水土积淀后，可以发育出茂密的森林，形成一个物种丰富的野生生物资源库藏，当地苗族绝不会触动这一森林带，而是将其作为狩猎采集的场所。其三是，在自然状况下，峰丛洼地的底部会形成溶蚀湖和浅水沼泽，当地苗族将这样的溶蚀湖作为旱季水源，并狩猎各种候鸟。不难看出，这样一套传统的资源利用模式巧妙地避开当地生态系统的五大脆弱环节，因而在高效利用的同时，很少诱发不可逆的生态灾变。这是一种直到今天仍具有借鉴意义的传统生态智慧。

当地苗族的传统生产方式也能产出一些其他民族需求的产品，如构树皮、蜂蜜、生漆、桐油和各种野生动植物产品。改土归流前，这些产品都要通过周边布依族和彝族土司转卖到内地。改土归流后，才有汉族客商集中收购。从短期效应看，汉族客商和当地苗族都能获得很大利益。但从长远看，却形成了竭泽而渔的祸端。麻山地区地域有限，而内地对相关产品的需求量极大，因此原先有节制利用的森林资源，出现了被过度利用的迹象，造成陡坡林带逐步被蚕食的局面。

推广种植棉麻的后果，也非始料所及。推广棉麻的初衷确实用心良苦。遗憾之处在于对当地特殊的生态环境缺乏正确的理解。高度发育的峰丛洼地山区，根本找不到连片而稳定的土地资源。棉麻种植需要土层丰厚，排水良好，土壤肥沃的连片土地。而这一地区能够勉强满足棉麻种植的土地资源，仅限于溶蚀洼地的底部。要推广棉麻种植，唯一的办法是凿通地漏斗排干溶蚀湖，在原先的湖底上种植棉麻。这种做法从短期看十分有利，但若把眼光放远，就会发现这正是当地土地石漠化的导因之一。地漏斗一经凿穿，在重力和流水驱动下，当地宝贵的土壤资源就会通过地漏斗迅速地泻入地下溶洞。严重时，溶蚀盆地底部的土壤会流失殆尽，在旱季时

---

① ［清］爱必达著，杜文铎等点校. 黔南识略卷四之归化通判［A］. 黔南识略黔南职方纪略［C］. 贵阳：贵州人民出版社，1992.

连饮用水也找不到①。当然，这是一个缓慢的发展过程，今天麻山地区土地石漠化正是两百年来恶性积累的总结果。

改土归流后，当地苗族的生计还发生了另一种巨变。由于土特产品的自我消费和市场出售间的差价甚大，出售土特产品换取粮食十分合算。因此，在陡坡地段毁林开荒有利可图。早年苗族的食品结构与其他游耕民族一样，取食的动植物种类多达数百种，同时每种食物的产量都不高，能长期贮存的食物数量十分有限。他们得根据季节的变化，不断改变取食的对象，从而确保食物供应的充裕和平稳。在方便贮存的粮食品种引入之后，情况则不同了。生计方式改变的一个明显标志是居住场所的下移。当地苗族从原先居住的半山岩洞迁出，陆续定居到溶蚀盆地底部。推动这一变化的原因有多重。一方面，经济价值很高的新辟麻园需要就近照看。另一方面，地漏斗凿通后，地下水位下降，定居溶蚀盆地底部便于旱季取水。更重要的原因在于，随着其他民族成员进入麻山地区越来越频繁，形成了一系列的不安定因素，密集定居也是出于安全的考虑。这一过程持续了一百多年。居住区巨变的后果，同样是始料未及的。

密集定居盆地底部的前提之一是，能够通过出售大量的棉麻产品，换取耐贮存的粮食，保证密集人口的粮食供应。而一旦密集定居，原先分散取食的游耕生计模式就会受到抑制，逐步养成必须依赖耐贮存粮食为生的习惯。由于批量出售的产品主要依赖于麻，市场麻类价格的波动会对他们的生计构成致命的冲击。为了确保生计的稳定，他们不得不从依赖进口粮食，转向开始种植粮食以自给。但溶蚀盆地底部的土地资源极为有限，粮麻争地也就成了土地资源利用上的主要矛盾。缓解这一矛盾的唯一出路，只能是向山林开刀，陆续毁林开荒。这也是一个缓慢积累的过程，开始并没有出现明显的负面效应，但随着毁林面积的不断扩大，陡坡地段失去了植被的荫庇，水土流失也就愈演愈烈。加上农田的建构和反复耕作，松动了基岩和土层结构，更扩大了地表和地下溶洞间的通道，水土流失更为加剧。长期积累后，陡坡地段必然呈现出大面积的石漠化。与此同时，原先经济效益较高的狩猎和采集产品，也因森林被毁而无法继续获得，人们的生活随即陷入贫困。为了维持基本温饱，只能更大规模地毁林开荒。麻山地区苗族居民就此陷入了生计怪圈，越垦越贫，越贫越垦，越垦生态环境越恶化。

麻山地区土地石漠化的历史过程，从表面上看同某些政策的实施有关联，但土地石漠化并不是政治变动的直接后果。我们可以看到，政策的制订和执行者的初衷并无恶意，而是执行的后果超出了原先的设想。之所以产生这样的后果，其根本原因在于民族文化引进上的失误。以不适应当地生态环境的汉族稻作文化作为政策执行的蓝本，试图在喀斯特峰丛洼地上建构连片的固定农田。这样的农田建构，在无

---

① 唐合亮. 黔南布依族苗族自治州生态环境状况调查［A］. 贵州省民族研究所，贵州省民族研究学会. 贵州民族调查（之卷十八）［C］. 2000.

意中恰好冲击了当地生态系统的五大脆弱环节，致使大面积石漠化灾变与麻山地区结下不解之缘。

目前，国内有不少学者将当地土地石漠化的成因，归咎于清末民初军阀混战中的人为毁林，或者是 20 世纪五六十年代的开荒毁林。在弄清了当地土地石漠化的发育过程后，就不难发现上述两个因素只是加快了石漠化的进程，而不是土地资源利用失当的导因。当地土地石漠化其实是错误地引入外来文化要素，改变适应当地生态环境的传统生计方式，导致了当地苗族生态智慧和技能的缺失，经长期积累后形成的恶果。

三、生态建设的困境和出路

中国西南喀斯特山区的大面积土地石漠化，早就引起了人民政府的高度关注。二十多年来，政府一直在采取各种积极措施，力图遏制土地石漠化的势头，对已经石漠化的土地则推行各种生态恢复措施。然而这些措施的成效并不理想，生态恢复的工作往往是事倍功半，而新露头的土地石漠化还在与日俱增。为此，我们不得不全面审视当前执行的各种生态建设措施，总结其中的利弊得失，进而找到摆脱困境的出路。

从技术层面上讲，如下三种对策很有代表性。

第一项对策是，人们一提到生态恢复，上至各级行政领导，下迄普通群众，包括不少技术工程人员，公认的主张就是植树种草，退耕还林。[①] 这样的主张对于水土资源稳定，植被破坏未久的地区无疑是行之有效的好办法，但在麻山地区却行不通。一则，这里的水土流失具有不可逆性，当地原生的土壤一旦流失殆尽，基岩裸露，植树种草就失去了着生的基础，即使不惜工本，勉强种树种草也很难成活，即令成活也难长大，只能在石缝间留下长不大的"老头树"。二则，已经石漠化的荒坡，由于失去了植被荫庇，水土资源还会日复一日地流失下去。灌草和乔木的生长如果赶不上抑制水土流失的速度，种上的草木还会连同土壤一道被水冲走。三则，对高度石漠化的地段而言，事实上已无耕地可退，当地人们早就放弃了这些土地，人们目前尚在利用的地段恰恰是石漠化尚不严重的地带。在这些地段草木可以勉强存活，但如果退耕，人们将失去基本的生活来源。即使动用法律手段，也无法真正退耕还林。为今之计，仅仅依靠植树种草的政策显然不具备可操作性。在技术层面上，真正需要解决的难题是，如何在高度石漠化的地段确保植树种草成功。这显然需要特殊的技术和技能，而不是一般性的种植办法。这样的特殊技术和技能只能在当地苗族传统文化中才能找到。

---

① 谢家雍. 西南石漠化与生态重建［M］. 贵阳：贵州民族出版社，2001. 梁永枢. 黔西南州生态建设及石漠化治理情况调查［A］. 贵州省民族研究所，贵州省民族研究学会. 贵州民族调查（卷十八）［C］. 2000.

第二项对策是，就地取材，以乱石砌埂，从石缝中掏土营建固定梯土。① 这种做法在其他山区肯定行之有效，但在麻山地区却会派生出意想不到的恶果。一则，这里山势过于陡峭，山体岩壁光滑，暴雨季节下泻的洪水会形成巨大的冲力，可以轻而易举冲垮乱石埂。二则，取石掏土都会破坏当地的山体结构，在无意中凿穿连接地下溶洞的缝隙，形成新的水土流失通道。新修的梯土也无法阻止土壤资源的流失。尤其是用炸药开采石料的后果更加严重，松动的山体更容易崩塌。三则，大面积从岩缝中掏土铺垫梯土，形成的梯土面积有限，却会导致更大面积的石漠化程度加剧。孤立于石漠化地带的耕地无法与周边环境保持物质能量的交换，土壤失去活力，如果没有化肥投入就无法维持土壤肥力。同时长出的作物也容易受到害虫的侵害。四则，这样修筑的梯土就本质而言，可以说是一些大型"花盆"，保水能力低下，而当地每年都要遭受严重的伏旱，因此作物收成无法得到保证。加上这样建构梯土，其工作量大而收效微，很难大面积推广②。致使当地的石漠化灾变救治长期徘徊不前。

第三项对策是，针对麻山地区季节性干旱的现实③，动用工程技术措施在全境探寻水源，耗费巨资兴建提水工程，甚至开展河流改道工程。然而当地有开发价值的水源，要么深藏在地表深处，要么距离居民聚居区太远，经费投入极大，在经济上无力支撑。而且河流改道和开凿灌溉渠，还会遇到漏水等技术难题。经过多次试行后，除了能缓解旱季饮用水外，当地珍稀的水资源很难在生产中发挥实际的效应。真正有效的对策反倒是，发掘利用当地苗族修筑"小水窑"的办法。④

上述三项技术对策，在其他地区一般都能行之有效，但在麻山地区却冲击了当地生态系统的各个脆弱环节，因而不仅救治不了当地的土地石漠化，反而会加剧当地石漠化的程度。可见，一般性的技术措施在这里不能发挥作用，盲目引入所谓"先进技术"措施往往适得其反。

从社会层面上讲，要对付麻山地区石漠化，就不得不考虑对当地苗族群众的生计进行安排，必须不断提高当地苗族群众的基本生活质量，为此就得追加灾变救治经费。于是不少人主张最好将当地居民全部迁出麻山地区，到条件较好的地方定居，从而让已经石漠化的麻山地区逐步恢复原有植被。⑤ 从理论上讲，这种做法最

---

① 翁家烈．贵州民族地区脱贫之路绪论［A］．贵州省民族研究所，贵州省民族研究学会．贵州民族调查（卷十四）［C］．贵州民族地区脱贫之路调查专辑，2000．

② 袁继光．麻山怎样摆脱贫困［A］．贵州省民族研究所，贵州省民族研究学会．贵州民族调查（卷十一）［C］．2000．

③ 唐合亮．黔南布依族苗族自治州生态环境状况调查［A］．贵州省民族研究所，贵州省民族研究学会．贵州民族调查（卷十八）［C］．2000．

④ 杨庭硕，吕永锋．人类的根基［M］．昆明：云南大学出版社，2004．

⑤ 韩荣培．黔南州六个贫困县1995年扶贫开发情况调查［A］．贵州省民族研究所，贵州省民族研究学会．贵州民族调查（之卷十四）［C］．2000．谢家雍．西南石漠化与生态重建［M］．贵阳：贵州民族出版社，2001．

终是可行的，但恢复的进程极为缓慢，① 至少需要百年以上的时间。② 然而要确保一个多世纪内无人重新进入麻山地区，从行政管理上看几乎没有可行性。此外，要将这么多的人口有计划搬迁，经济负荷也极为沉重。而且在迁入地，新旧居民间还会诱发出新的社会矛盾，执行起来会困难重重。何况在中国的西南地区，闲置的土地资源极其有限，要安置数十万的麻山居民谈何容易。有鉴于此，"易地扶贫"的主张在断断续续地执行了十多年之后，真正迁出麻山地区的居民还不到总人数的10%。与此同时，留在当地的居民，其人口的自然增长很快填补了迁出的人口。以社会手段救治麻山地区的石漠化灾变，同样陷入了困境。

从政策法律层面看，已执行过的救治方案同样难以成功。鉴于当地苗族至今尚有部分沿袭刀耕火种生计方式，日常生活中又要消耗大量木材作燃料。在参考相关专家的建议后，当地政府出台了多种政策法令，比如明令禁止一切形式的刀耕火种，禁止在山上采伐树木作燃料等。作为政策执行的补充，有的政策还配套规定提供免费的化肥、农药和良种，补偿当地苗族停止刀耕火种带来的损失。还有的政策规定低价出售煤作为替代燃料，以便让当地苗族停止薪柴砍伐。从政策制定的角度看，上述政策的出台可谓是用心良苦，但问题在于它们没有考虑到当地生态系统的本底特征，也未注意到政策执行中的具体困难。因此上述政策最终不免成为一纸空文，无法执行到底。一方面，化肥、农药和良种要真正发挥效用必须在水土资源结构相对稳定的环境之中，麻山地区恰好并不具备这一前提。即使使用优质的化肥、良种也无法收到预期成效。最糟的结果是化肥良种的投资成本，反而高于所能产出的粮食价值，经济上基本无利可图。政府一旦停止这些资料的供应，相关政策的执行将立刻瘫痪。另一方面，在土地高度石漠化的地区，一半以上的生命体密集于耕作带内，化肥和农药的负面效应表现得既集中又严重，农药应用往往会造成生物多样性的大面积受损，而使用化肥会在两三年内造成耕作带土壤的板结。这两种副作用会进一步加剧对农药和化肥的依赖。目前相关县市的化肥农药投入一半以上在麻山地区，但其农产品的产值却不到全县的10%。同时麻山地区对于化肥和农药的需求还在逐年增长。相关政策的执行，反而成了财政支出的"黑洞"。

此外，上述法令在执行中还存在操作上的困难。这里地广人稀，交通很不方便，要想有效监控是否真正停止了刀耕火种，单凭行政人员的管理根本无法做到。而当地苗族出于生计的考虑，不得不逃避政府的检查，变换不同的方式继续进行刀耕火种。事实上，各种用心良苦的政策和法令在执行的二十多年间，始终未能发挥其预期的作用。土地石漠化的范围一直在继续扩大，抑制土地石漠化的各项政策措施同样陷入了困境。

要摆脱困境，为麻山地区石漠化灾变救治找到一条出路，关键在于总结以往救

---

① 刘燕华，李秀彬. 脆弱生态环境与可持续发展［M］. 北京：商务印书馆，2001.

② 谢家雍. 西南石漠化与生态重建［M］. 贵阳：贵州民族出版社，2001.

治对策的共性偏颇。在纠正这些偏颇的前提下，探索新的救治思路。以往的救治对策表面上各不相同，但实质只有一个：那就是套用汉族发达地区的农牧生产模式和思维办法，去规划技术引进、社会改革和政策执行。这种做法已经早就受到了严峻的质疑，它忽略了文化的差异，与近年来倡导的文化环保论相背离。① 而麻山地区的生态结构具有独特性，汉族发达地区行之有效的技术措施，在这里不具备起码的适应能力。汉族地区的社会组织形式和相应的价值观念与麻山地区的苗族群众的实情不同，致使各种救治对策都得依靠外力推动才能勉强执行。麻山地区的苗族群众则成了被动接受的旁观者，他们本身的生态智慧和技能在无意中被边缘化。因此，探寻新的救治出路，就是要最大限度地发掘和利用当地苗族群众的传统生态智慧和技能，激活他们潜在的主观能动作用，让他们用自己的办法，按照他们自己对生态环境的理解，去开发利用当地的生物资源和无机资源。凭借利用方式的改变，避开当地生态结构的五大脆弱环节，从而在有序利用的过程中推动当地的生态恢复。这是一种依靠文化运作而实施的灾变救治新方案。

四、苗族传统生态技能的发掘和利用

苗族是当地的世居民族，在其世代生息繁衍的过程中，已经对当地的自然和生态环境做了长期的观察和知识积累；为了生存的需要，他们必须将这些知识与其谋生的手段有机地结合起来，以便应对自然因素的各种波动，化解各种风险，② 确保生存的延续与稳定。这种将知识与行为融为一体的经验积累过程，可以使他们对环境的理解达到相当精细的程度。由于当地生态结构的特殊性，使得他们早就接触到了局部的土地石漠化，并凭借他们的智慧和技能改造和利用过这些石漠化的土地。上述三个方面的经验与技能积累，构成了苗族传统文化中的生态智慧和技能。不言而喻的事实是，这样的生态智慧和技能只适用于当地，局外人则鲜于知晓，在其他地区又无用武之地，因而是真正意义上的"地方性"知识。

苗族的地方性知识直接植根于传统文化之中，地方性知识的建构和解读与传统文化相互粘连。这就使得在套用外界熟知的知识体系去观察苗族的日常生活时，很难发现这些地方性知识的存在。即令在田野调查中发现了他们的生活差异，注意到他们的特殊技能，也很难解读差异的成因及技能的适用范围。再加上地方性知识与苗族个人行为间相互粘连，要从他们个人的生态行为中将有价值的智慧和技能分离出来，同样得经历一个艰苦的研究过程。这一切意味着，当地苗族确实拥有无可替代的生态智慧和技能，但要发现并加以有目的的利用，则必须通过跨学科分析和研究。因此，界定地方性生态智慧和技能的过程，不是一个简单的观察过程，而是一

———————————

① 洪大用. 社会变迁与环境问题 [M]. 北京：首都师范大学出版社，2001.

② [美] 查尔斯·哈珀著，肖晨阳，等译. 环境与社会 [M]. 天津：天津人民出版社，1998.

个发掘的过程，一个立足于再认识的重新利用过程。

发现这些地方性知识和技能，也不意味着立即就能推广使用。原因在于这些依靠经验积累起来的认知成果早已融入了苗族的日常生活之中，体现在他们社会行为之中。失去了传统文化营建的社会生活背景，这样的地方性知识既无法孤立存在，也无从体现其存在的意义。只有将我们感知到的地方性知识和技能还原到苗族传统文化之中，这样的生态智慧和技能才能显示出其意义与价值。从这个意义上说，利用这些生态智慧和技能的过程，既是一个保护和发扬传统文化的过程，也是一个知识和技能推广与社会运行相磨合的实践过程。因此，发掘和利用只能是一个辩证统一、相互推进的生态建设行动。

麻山地区石漠化灾变救治的关键在于，必须通过人为干预的手段，尽快使原有的植被得到恢复。然而恢复植被的难点在于，在已经石漠化的土地上，很难找到植株立地存活的位置。以往的植树造林正是在这一点上，由于没有找到合理的解决办法而功亏一篑。我们在田野调查中发现，苗族群众在房前屋后种植的各种果树以及在荒山上种草种粮，都能顺利成活且长势良好。遗憾的是，他们自己也说不清取得成功的原因。与他们相处日久之后，他们用一系列形象的比喻向我们作解。比如，他们认为草木与人一样，必须与自己的亲人、朋友和睦相处，并结成家族村社，才能顺利成长。因而种树种草不能看到有土壤就下种定苗，而是要看那里原先存活着怎样的草木，以便为即将下种和定植的苗木找到可以结伴生存的"伙伴"。光凭这样的解释仍然不得要领，但如果归纳他们对苗木立地条件的选择后，可以发现他们的所想与所为惊人合拍。比如，他们种植构树和槐树时，一定要找到石缝中已经长着何首乌、葛藤一类块根植物的位置，才认定在这一石缝中定植苗木较为合适。种植毛栗、核桃等树木时，一定要选择长有旺盛茅草的岩缝才下种。此类苗木立地点选择的经验在当地可以归纳出上百条来，验证结果也表明这些经验十分有效。定植后的树木可以快速成活，而且能长成参天大树。进一步的分析表明，他们的这些经验往往指示着在狭窄的岩缝下方隐藏着体积庞大的溶蚀坑或者是巨大的岩缝，其间填满了泥土，足以支撑十多米高的乔木正常生长。抽样实测的结果表明，这些溶蚀坑的容积在 5～20 立方米，正是高大乔木的最佳立地位置。借用现代科技术语，完全可以将他们的经验归纳为凭借指示植物去寻找苗木的最佳立地位置。

另一种寻找最佳立地位置的办法是，凭借岩缝的走向及纹路的交叉点去判断立地位置。他们认为顺着山势直下的岩缝会走"气"，种下的树木得不到养分肯定活不了；和山体平行的岩缝虽然不会走"气"，但也不能聚"气"，这样的岩缝也不能种树。只有竖缝与横缝的交叉点上又能聚"气"，又不会走"气"，种树才能成活并长成大树。他们进一步解释说，苗族建立村寨也是同一个道理，都是把村寨建立在两条河的交汇处，或者是山脉的交汇点，村寨才能兴旺。抛开他们的解释，对他们选定树木的立地位置进行抽样实测发现，这样的位置有两种特点：（1）基岩破碎，碎岩间填满了泥土，而且地下水位较高，足以支撑高大乔木的生长；（2）地下是一个体积较大的溶蚀坑，填满了土壤，同样能支撑乔木生长。总之，他们对自己经验的解释根本无法纳入现代科学的理念中进行逻辑分析，但执行这些经验的结果却经得起严格意义上的科学验证。

他们定植乔木也有一套奇特的技术思路，他们一般不是先建苗圃育苗，然后移苗定植，而是一步到位，用种子或正在发芽的种子直接定位种植。经过观察发现，他们也不是靠人力去选种，而是借助于鸟兽为自己选种。鸟兽越冬时总会将各种可食的草木种子储存在岩缝或荒草丛中。凭借自己的经验，他们可以很容易发现这样的鸟兽"粮仓"。来年春暖时，鸟兽吃剩的种子会及时地自然萌芽，收集这样的种子植树成活率高、成本低，所植树木也更容易适应当地生态环境。按这样的办法定植苗木的操作十分简便，既不用开挖树穴，也不用整地，只需按上面提到的方法选定立地位置后，用木棍在土中戳一个小洞，放入种子后盖上泥土即可。

另一项采种的办法适用于浆果或肉果类植物。这些果实被鸟兽吞食后，种子在鸟兽体内不会被消化，而是随着粪便排出。当地苗族收集此类粪便后直接将其塞入选定的岩缝之中，同样可以种活树木。用这种办法定植树木更省工省时。

对这一套植树的经验，他们也有自己的解释。他们认为，鸟兽与植物的关系同人与人的关系一样，可以结成亲和关系，因而经鸟兽搬弄过的种子就有了灵性，既容易成活，也容易长大。虽然他们的解释不合所谓现代科学的逻辑，但考虑到经过鸟兽选择的种子肯定是无虫无病的种子，加上鸟兽的消化液可以部分腐蚀种壳而激活种子的萌发能力，我们认定他们定植苗木的经验与科学原理并不矛盾。至于不愿建立园圃，他们同样有自己的说法。他们觉得苗木在苗圃中已经跟其他植物形成了和谐的关系，取苗定植会打破这种关系，因而苗木定植后会因为失去亲密伙伴而无法顺利成长。正是基于这种考虑，他们常常拒绝政府无偿提供的苗木；或者在取苗时，用粉笔在树干上标记每株苗木的方位、树梢的朝向等，定植时按照标定的方位种植，并将原先相邻的树苗也定植在相邻的位置。追踪调查的结果表明，他们的这套操作完全有效。没有按照这种操作办法种植的树苗成活率低，即使长大其木质纤维也会呈螺旋状扭曲。如果不建苗圃直接用种子育林，上述繁琐的操作可以完全省去，育林成本可以降低。若能将上述地方性知识加以有效利用，即使没有巨额的财政投资，麻山地区的生态恢复同样可以顺利开展，并收到预期成效。

在麻山地区开展生态建设必须面对的严峻社会矛盾是，如何尽力保障当地苗族群众的生活不受影响，急需解决的主要问题是如何缓解当地土地资源的极度短缺。目前麻山地区，在严重石漠化的山坡几乎寸草不生，根本无法利用。苗族群众只能靠密集使用溶蚀盆地底部的有限耕地为生，溶蚀盆地的环形山，山脊只要在岩缝中残存有泥土，就可以通过刀耕火种种植少量小米、荞子或薏苡等，或者在这样的地段放养牛羊。任何形式的生态建设只要涉及正在使用的土地，都会直接影响当地居民的粮食供应，而扩大耕地面积在现有的技术条件下又几乎没有可能。当前可以动用的土地资源仅仅是那些高度石漠化的陡峭坡地，但目前所谓的现代科学技术措施和种植养殖项目都很难利用这些石漠化坡地。借助文献记载和当地苗族的口头传说，我们获知当地在土地尚未石漠化之前，麻山地区外销的产品除了麻类外，还包括构树皮、桐油、生漆、白蜡、柞蚕丝以及其他野生动植物产品。这些产品大都出自目前已经高度石漠化的陡坡地段。随着石漠化程度的加剧，这些具有较高价值的传统产品日趋萎缩。目前仅有个别的村寨或家庭仍在生产此类产品，并成为麻山地区的富裕村寨或家户。我们只要配合上文提到的生态恢复办法，在石漠化陡坡种植连片的蜜源林、栗木林、构树林等，此类传统产品完全可以恢复生产，麻山苗族群众也可以依靠这些传统产品脱贫致富，粮食的短缺也能通过市场得到调剂。也就做到了生态建设和经济发展相互兼容。

当地苗族群众乐于从事传统产品的生产，正是他们卓越生态智慧的集中表现。这些传统产品在生产的过程中无需频繁地翻动土壤，树木一经种活，数十年均能受益。这就避开了当地生态系统的脆弱环节，免除了水土流失的后顾之忧。此外，他们还掌握了一整套促进林木再生的特殊技能。林木老化后，只需在距离地面五寸的地方将林木砍掉，同时用火轻燎树墩，或用石灰水涂抹树墩，这些树墩在来年就能萌发新枝，只需两年的时间就能郁闭。这种技术可以适用于构树、栗树、槐树等树种的再生成林。而且由于这种技术操作可以确保树墩的生命力不受损伤，树墩的根系仍保留着固土作用，因而即使在砍伐时节遇到暴雨也不会造成水土流失。

进一步的调查发现，当地苗族居民对植物资源的利用具有多重性。这里仅以构树的综合利用为例。构树的浆果是猪的肥育饲料，猪粪则是构树的育种肥料。构树树叶可以喂猪、喂牛、喂羊等等，必要时还可以喂养柞蚕。构树皮作为优质的造纸原料是当地重要的外销产品，也可以析离纤维用于纺纱织布。剥下树皮后的枝干可以作为柴薪燃料。成材的构树又是当地首选的建筑用材。在当地苗族居民看来，构树一身都是宝。加上构树很容易在岩缝中成活，因而在石漠化灾变救治中，构树可以作为很好的先锋物种使用。除构树外，当地类似的先锋树种还有椿树、马桑、桴树、槐树、麻栗树等。这些树种同构树一样，具备多种使用价值，并能够在贫瘠的石缝中长大成材。

麻山地区生态治理的核心内容是抑制水土流失，加快成土速度。当地水土流失的主要去向和通道，是溶蚀盆地中的地漏斗。在历史上，地漏斗因自然或人为力量的堵塞，而在盆地底部形成溶蚀湖或沼泽。溶蚀湖一旦形成，水土资源的下泻就会得到最大限度的抑制。在今天的技术条件下要堵塞这些地漏斗并不存在任何大的困难。但在采取这一举措之前需要解决三个问题：（1）找到地漏斗的准确位置，弄清周边的基岩结构；（2）弄清暴雨时节临时径流的水路流向以及流水冲力的各种物理参数；（3）弄清溶蚀洼地底部岩缝的位置和走向，作为规划溶蚀湖面积和容积的地质参数。目前的调查情况表明，当地苗族对上述三项内容都拥有丰富的知识和经验积累，可以确保地漏斗的围堵获得成功。

兴建这样的人造溶蚀湖可以在生态建设上发挥如下五大功能：（1）有效截留水

土资源，使石漠化坡地土层逐年稳定加厚；（2）在洪水季节可以减轻江河下游的洪水威胁，免除江河下游河道的阻塞；（3）储存的水资源可以在干旱季节满足山区苗族群众的生产和生活用水；（4）这样的溶蚀湖可以成为水产品生产基地，浅水带还可以开辟成稻田，从而改变这一地区长期只能种植玉米的局面。当然，作这样的使用需要克服溶蚀洼地物种传播难这一弱点；（5）溶蚀湖的恢复为当地生态系统物种构成的多样性创造了条件，比如可以为候鸟提供栖息地、为鸟兽提供水源等等，而生物物种的多元化又可以支持新的产业得以形成。

针对当地成土难、流失易的特点，当地苗族群众也有整套的技术和技能。这些技术技能可以区别为"开源"和"节流"两种模式。所谓"节流"，就是在陡坡地段培育灌草混合的水平带，依靠浅草降低降水流速，依靠灌木巩固浅草带，依靠乔木的枝叶缓冲大气降水，减轻降水对地表土层的冲击。这样的灌草混合带沿等高线建构起来后，只需 3~8 米的宽度，就能很好地发挥生物坝功能，确保陡坡地段的泥沙不会被冲入溶蚀盆地底部。随着土层的加厚，这样的生物坝会自然扩展，逐步覆盖已经石漠化的土地，从而形成新的可耕土层。值得一提的是，这种生物坝只需一次投工，就会持续发挥效益，堪称目前石漠化荒山治理中最省工省料的办法。对于加快成土速度，他们同时兼用两套办法，即火焚和种植苔藓双管齐下。在溶蚀洼地的环形山脊顶部，沿用传统的生产办法，有规律地轮歇施行刀耕火种。在焚烧作物残株和杂草的同时，烈火的高温会将基岩表层烧成石灰，经雨水淋蚀后，石灰及夹杂其间的二氧化硅就会形成新的土壤基质。一次刀耕火种大致可以使石缝中加厚 0.2 毫米的土层。目前有人反对刀耕火种，认为它会加快水土流失，但在麻山地区应该是个例外。一则，在这样的山脊地带，除了石缝外只有基岩，事实上几乎无土可流。二则，只要在山腰地段有水平生物坝，火焚后新成的土粒就能被有效拦截，加快石漠化荒山的土层覆盖速度。三则，这样的操作在耕作地段可以收获一定的粮食，休耕时又能放养牲畜，从而改善当地群众的生活。总之，在这样的地区不能完全禁止刀耕火种，而是应该有针对性地加以鼓励。

石灰岩在偏酸性环境中溶蚀速度会加快，也就是成土的速度会加快。当地苗族群众凭经验获知多种植物具有加快石灰岩溶蚀的特点，如苔藓、蕨类植物、垂盆草等等。有计划地在岩缝或灌草丛中引种此类植物，一旦成活之后不仅能将岩石包裹，增强对大气降水的截留能力，还能在岩石表面形成薄薄的土层。与此同时，这些植物有的可以作蔬菜，有的可以作饲料，具有一定的经济价值，在加快成土速度的同时，并不会影响人们的经济收益。

事实证明，在苗族文化中确实存在着丰富的生态智慧和技能，这些地方性生态知识在麻山地区的生态建设中具有不可替代的价值。然而要发掘和利用这些地方性知识，必须经历一个发现、探讨以及不同观念相互磨合的过程。这就需要我们的行政干部和科技工作者与当地群众一道共同努力。其间，当事各方的耐心、宽容和相互尊重是能否取得成功的关键。因此，提出发掘和利用地方性知识，推动生态建设，仅是一个良好的开端，以后需要走的路还很漫长。在这种时候，倾听来自苗族群众的反馈，我们大家都会受益匪浅。

五、前景及存在的问题

在麻山与当地苗族群众相处日久后，他们对我们信任到了几乎无话不说的地步。于是，我们也毫无避忌地向他们提出了一个略带刺激性的问题：既然你们自己种树，能种一棵活一棵，长大一棵，为什么几年前政府出钱出人，派遣技术人员指导你们种树，反而种不活了呢？对待这一问题，由于大家各有避忌，不同的人，如村干部、苗族鬼师、寨老、能人，其答案也各不相同。但综合他们的答案后仍然可以归纳出如下一些要点：

"前些年，政府推行退耕还林，对我们很关心，组织我们进城培训，看到城市里街道又宽又直，两旁种植的树木都是一种树，而且整整齐齐，房子也是一栋与另一栋相差不多。技术员培训我们时，要求我们拉绳种树，要开树穴，施底肥，发给我们的树苗也只有一种，我们并不认识。只是觉得政府派来的人肯定有法术，能将我们这里的荒山改变得如同城市一般，树木可以笔直成行。唯一难办的是这里的石头太多，无法挖穴种树，派来指导的技术人员也没有办法，只好睁只眼闭只眼，含糊其辞地要我们尽量种成一行。我们尽了自己所能，按行栽种，实在无法挖坑的地方，则到其他地方背土过来勉强种下。就是在种的时候，我们也知道这些树活不了，但心里还是希望政府的办法可能有法力，让树成活。结果这些办法失效了，应了我们苗家的一句古话：'别家的鬼师请不动本家的鬼。'"

这样的说法足以让当事各方有所触动。这些淳朴的苗族居民，对于政府和科学技术充满了信任和期望，但自身的想法和看法则被有意无意地忽视了，从而导致了一系列大家都不愿意看到的后果。另一方面，他们早就看到自己和外界之间的文化差异和环境差异，也懂得要因地因事制宜，仅仅因为政策的执行人过于自信，忽视了文化与环境的双重差异，才造成了今天的问题。

只要我们平心静气地品味他们对以往各种失败的理解，正视文化与生态环境的差异，坚信这些淳朴的苗族群众，放手让他们按照自己的认识和理解去工作，而政府只要作为一个监督者和检查者就足够了。如果真要帮助他们，可以向他们提供一些科技信息，让他们自主选用；为他们沟通市场，帮助他们化解市场风险等等。那么，无需巨额的投资，也无需兴建大型工程，麻山的生态建设肯定也能做好。如果能想通这一点，那么本文讨论的内容既是一项经验，也是一个催人反省的教训。

[原载《广西民族大学学报》（哲学社会科学版）2007 年第 3 期]

生态治理的文化思考

——以洞庭湖治理为例

摘要： 洞庭湖是我国最主要的淡水湖之一，它的治理直接关系着长江中游平原经济的可持续发展。然而长期以来，学术界仅将洞庭湖治理视为一个纯粹的工程技术问题。本文以民族学的独特视角为切入点，论证了洞庭湖治理中的社会文化属性，进而指出根治洞庭湖乃是一项重大的社会工程，若不从民族文化的角度剖析洞庭湖灾变的成因，洞庭湖的社会文化治理就无从谈起。为此，从民族学的一个新兴分支学科——生态民族学出发，提出了使用文化制衡与文化要素嫁接手段诱导湖区文化重构，去建构根治洞庭湖的社会文化新模式。

关键词： 洞庭湖　文化制衡　文化要素嫁接　文化重构

一、导　言

洞庭湖的现状是长期以来自然与社会互动作用的综合结果。当代洞庭湖水域的福与祸是多重原因导致的总体现。治理洞庭湖水域必然包容着互为依存的两个侧面：其一是水利工程，它主要是防范和消除自然因素所诱发的灾变；其二是系统社会工程，它的职责在于有效地组织人力、物力，消减洞庭湖水域灾变，通过社会运作的手段化解自然灾害，确保这一内地水域资源获得最大限度的开发利用，支撑环湖地带社会经济的可持续发展。本文的使命在于凭借生态民族学的手段，系统探讨洞庭湖灾变的民族文化原因，力图总结出一套彻底消除洞庭湖水患的文化对策方略。

洞庭湖水域的自然成因前人已作过系统研究，先后提出过若干种很不相同的假设，其中影响最大而又偏离事实的观点是"古云梦泽残留说"，即认为当代湘鄂两省结合部星罗棋布的众多内陆淡水湖是古代云梦泽干涸后留下来的部分。至于古云梦泽的消失，则是人类排干的结果。进而认为古云梦泽一直延续到了中国历史上的汉唐时代。但当代地理学家通过钻探并未发现地质史上有一个跨江分布的统一大湖。"古云梦泽"说仅是在史料记载不充分的基础上曲解前人记载虚构出来的推断。①

"大云梦泽"既然仅是虚构的假设,那么江汉平原上七大八小的上千个淡水湖就各有自己的成因了,这其中当然也包括洞庭湖在内。近年来随着地理科学的发展,洞庭湖的成因已基本廓清。原来直到中国历史上的汉唐以前,在今天的洞庭湖区还并存着若干个大大小小的壅塞湖。唐代时由于长江南岸崩堤,大量的江水涌入洞庭湖区,才使得原先分散的小湖泊合并为烟波浩渺的"八百里洞庭"。从此,洞庭湖长期是我国境内的第一大淡水湖,这种格局一直延续到了清代中叶,其后由于大量移民在环湖地带围湖造田,加上江水倒灌的泥沙填高湖底,湖面开始急剧萎缩,但直到建国前夕,洞庭湖依然是我国境内最大的淡水湖。只是到了 20 世纪后期,洞庭湖才萎缩成仅有 2691 平方公里水面的国内第二大淡水湖。②

明白洞庭湖成因及其近代历史过程后,如下三个事实与洞庭湖治理直接相关:其一,由于它不是一个古代统一大湖的残存部分,因而湖区及水域湖盆并不连片,而且底部并不平缓,起伏较大。其二,洞庭湖水面的盈缩与长江洪水入湖直接相关,而长江洪水的入湖又取决于长江江底的高低变化和荆江段主水道的曲直,因而长江含沙量的上升及江底的填高意味着洞庭湖水域终究要扩大。其三,洞庭湖水面的盈缩还与洞庭湖上游四大支流的含沙量相关联,泥沙大量入湖必然加快水面的萎缩和湖底抬升,湖水变浅。事实上,上述三项作用不仅规约着洞庭湖的面貌,而且影响着今天的洞庭湖治理,还将影响未来的洞庭湖发展趋势。

立足于当前及近期内的发展趋势,影响洞庭湖水面盈缩的自然因素排除因地壳沉降、地震等无法预测的自然作用外,最直接的制约因素将是如下几种。

1. 长江的含沙量在长期内不可能出现明显的下降,这是因为即使长江上游全面实施退耕还林,要等到封林后全面发挥水土保持效益得有一段漫长的岁月。此外,在前些年水土严重流失时期,大量的泥沙甚至巨石已经进入上游河道。即使有大小水库拦截,这些已经进入上游河道的泥沙最终还得经过荆江河道。这样一来,无论采用什么样的水利工程,均无法在短期内改变荆江段河底被抬高的趋势。在这样的趋势下,洞庭湖湖区大大低于荆江段洪水水面,在不启动荆江分洪区的前提下,发生在唐代的"溃江灌洞庭"灾变重演的可能性就不能绝对排除。

2. 水土流失不仅是长江上游的事,洞庭湖的四大支流流域区也存在着较大范围的水土流失。基于同样的原因,上游泥沙入洞庭在短期内同样不可能大幅度降低。洞庭湖底抬高的趋势仍然要持续相当长的时间,为了确保湖区堤防安全和湖水入江顺畅,堤防必然需要持续加高,这就意味着湖区堤防的安全还将面临逐年加剧的挑战。

3. 三峡水库即将竣工,水库蓄水后一段时期内荆江段含沙量可能会大幅度下

① 蔡述明,石泉. 古云梦泽研究[M]. 武汉:湖北教育出版社,1996.
② 金相灿等. 中国湖泊环境(第二册)[M]. 北京:海洋出版社,1995.

降。在水力的作用下，荆江段很可能在短期内被洪水淘深，但携带的泥沙不可避免地要在城陵矶以下河段淤积，使得洞庭湖入江水流在洪水期要受到长江洪水的顶托，致使洞庭湖汛洪期排水不畅，洞庭湖的洪水期从而大大延长，这对于洪期安全极为不利。

洞庭湖区的上述自然背景和近期演化趋势是不以人们意志为转移的自然运行态势。它们是洞庭湖治理的客观外部环境，不管是利是弊我们都得在照实承认的基础上趋利避害。洞庭湖治理的实质就是通过工程技术和社会手段坐实对上述自然背景的兴利除弊。因而从工程技术手段而言，其目标在于有效地控制湖区堤防系统，确保湖区安全，有效控制江湖间水流和泥沙的运行，达成江湖之间的水沙进出平衡，维护湖区水陆配置的稳定。

从社会工程角度看，由于洞庭湖水域的自然背景和目前能够采取的工程技术措施，其背后都隐含着若干不能绝对排除的灾变因素，因而仅有工程技术措施不足以解决洞庭湖治理的全部问题。洞庭湖区社会工程治理正是在这样的背景下可以发挥巨大作用。社会工程治理是指通过人文手段保障湖区安全，化解自然灾害，提高湖区自然资源使用效益，将整个洞庭湖流域建设成安全、富庶并足以应对自然灾变的滨水家园。社会工程治理承担着多重的洞庭湖治理使命，首先，它需要承担配合水利工程建设和管理的社会职责；其次，它又承担湖区开发的组织规划使命。随着水利工程建设的实施必然形成湖区自然资源重新配置的新格局，需要进行开发利用模式调整，才能确保不因水利工程建设而导致湖区经济建设受到影响。再次，湖区自然灾害终究无法绝对排除，社会工程治理还需要承担起防灾、抗灾、救灾的社会使命。最后，洞庭湖治理说到底仅仅是全国水域治理中的一个有机组成部分，如何协调洞庭湖治理与其他地区水域治理的关系也需要通过社会工程去求得解决。

不言而喻，洞庭湖区的社会工程治理内涵极其丰富，牵涉众多的社会科学，并需要跨学科的综合分析，寻求对策并组织实施，才能完成上述各项重大使命。考虑到这是一项重大的社会工程，完成此项社会工程理当由一门牵头的学科去实现跨学科的整合。为此，本文所谈的洞庭湖社会工程治理选定生态民族学为牵头学科，并在吸纳和整合其他社会科学研究成果的基础上，提出了既适应我国国情，又符合客观世界环境的洞庭湖治理构想。这一构想的精髓在于启动文化制衡机制，通过诱导文化重构的手段完成洞庭湖的社会工程治理。

应当郑重声明的是，洞庭湖社会工程治理，并不是技术工程治理的对立物，而是洞庭湖治理中的两个相辅相成的侧面之一。鉴于当前洞庭湖治理中最突出的社会问题是退耕还湖问题，因而，本文以退耕还湖及其派生的社会问题为探讨对象，目的在于从中找出利用社会手段完成退耕还湖的最佳模式。本文针对退耕还湖问题依次探讨相互关联的四大问题，即围湖造田的民族文化原因、洞庭湖治理的社会方法思路、如何实施洞庭湖的社会方法治理、洞庭湖社会方法治理与全国江河治理的关系。希望通过这一讨论提供一套既有别于前人，又有别于单纯工程技术治理的全新洞庭湖社会治理方案来。

二、围湖造田的文化逻辑

在长江流域实施大规模的围湖造田，中国历史上曾经发生过若干次。但如下两次影响至为深远：其一是 8 至 12 世纪之间对钱塘江、长江环抱的太湖流域区围湖建构固定的圩田；其二是从元代开始一直延续至今对洞庭湖区实施大规模的围湖造田。前者建构起了汉民族现代经济支柱，一千多年来，这一地带一直是中国的经济中心，全国一半以上的财政收入就取自于这一地段。3 万平方公里左右的土地稳定地按一种资源利用模式繁荣运行了 12 个世纪，在当今众多的民族中堪称首屈一指，史称"苏湖熟，天下足"，真可谓至高的褒誉了。[①]

对洞庭湖区的围湖造田则是对太湖流域围湖造田的异地翻版。据近人研究，这一轮围湖造田主要是靠移民去推动，移民的主要来源地正是已经开辟成熟了的太湖流域。因而，技术技能、资源利用方式、预期达到的目标都与太湖流域建造圩田别无二致，只是开始实施的时间整整推迟了六百年，地域上则从长江下游移到了长江中游。以常理论，太湖流域的围湖造田由于技术、技能已经完善，洞庭湖流域可围垦的范围又比太湖流域广阔得多，加之又有历朝政府的支持和推动，其成效理当远远超过前者，然而结果却出人意料之外。尽管也有人盛赞过"湖广熟，天下足"，[②]但那只不过是套用前代民谚作比喻式的借用而已。因为湖广地区无论是在过去六百年还是在今天，虽说也有了长足的发展，但其在全国经济生活中所占的比重却始终没有超过太湖流域，而且其经济地位波动性甚大。可以说，洞庭湖流域的围湖造田并不是一次成功地征服自然活动，它的成效比之于太湖流域围垦大大逊色。

这就提出了一个尖锐的问题，为何同一个民族沿用同一的资源开发模式对付同一条河的平原河网地带成效却有如此明显的反差？要解答这个问题绝不是一件轻而易举的事。症结在于以往的研究通常都是从汉文化出发，又以汉文化为归宿，很少将这一文化异地移植的转化过程拿去与其他民族在类似情况下的作法进行比较，致使无法从中发现开发模式移植中的制约因素的存在，更无法从中看出同一种文化运作中客观存在着的最佳环境、可适用环境以及不适应环境之间的区别。

今天，洞庭湖治理已经成了长江中游重大的水利工程难题。与此同时，长江北岸的江汉平原治理也碰到了同样的难题。要解决这些难题单靠水利工程技术是远远不够的，我们得进一步追究产生这些难题的社会文化原因。为此，需要冷静分析太湖流域与长江中游平原到底存在着什么样的差异，使得在太湖流域行之有效的做法到了长江中游却处处显得力不从心。客观地说，这两地的差异若经细究，事实上非

---

① 翦伯赞. 中国史纲要（第 3 册）［M］. 北京：人民出版社，1979.

② 张国雄. "湖广熟，天下足"的经济地理特征［J］. 湖北大学学报（哲社版），1993（4）.

指一端，它是自然与社会因素交织而成的系统性差别。为了使我们的讨论更具针对性，我们最好先看导致围湖造田在长江中游效益下降的四个主要因素，然后再从同一文化空间展拓的一般规律去解释为何明知效益下降却在不知不觉中沿用不合时宜的资源利用模式，而导致全面效益下降的文化逻辑原因。

长江中游平原和太湖流域虽说一江贯通，但两地的自然背景仍然存在着明显的差异，致使用同一种自然资源利用模式去开发两地所获的实效大不一样。长江下游的太湖流域是全凭长江和钱塘江冲积而成的低海拔平原，因而在太湖流域地表的相对高度差异甚小，地表起伏十分平缓。在这里只需要修筑低堤就可以有效地阻挡湖水和江水倒灌农田，同时可以围成十分广阔的稻田来。长江中游则不然，这里是由于地壳下陷积水而成的多湖泊地带，由于各地地壳下陷的幅度不一，致使在很小的范围内，地表的高程差异大大地超过了太湖流域。以洞庭湖为例，其湖底高低不一，湖区的东、南、西三面都有丘陵环抱，而且在丘陵与水域之间，还有过渡性的缓丘。在这样的自然背景下，同样是围一米高的堤防，能围成的稻田面积就会比太湖流域少得多。换句话说，要围出同样面积的稻田，在洞庭湖区其工程造价要远远高于太湖流域。① 这乃是太湖流域在技术力量和技术水平较低的 8 世纪能建构起连片圩田区的自然原因；同时也是包括洞庭湖在内的长江中游平原尽管开始规模围湖的时间迟至 13 世纪，技术能力和技术水平都有了较大的提高，同时又有太湖流域成功围湖的经验可资借鉴，但围湖的进度却比太湖流域缓慢得多的原因。

从 13 世纪起到道光初年，时间过去了 500 年，但洞庭湖区围湖建构起来的稳定堤垸并不具备规模效应。据道光《洞庭湖志》记载，巴陵县堤 5 处，华容县堤 3 处、垸 27 处，安乡县垸 15 处，石首县堤 1 处，武陵县堤 4 处，芦洲县堤 10 处，龙阳县堤 13 处，沅江县堤 1 处，益阳县堤 2 处、垸 11 处，湘阴县堤 2 处、垸 34 处、围 29 处。② 上述各堤垸总计数量与洞庭湖水域比较起来并不算大。各堤垸的工程规模最长者不过三千多丈，最短者才数百丈，规模之小由此可见一斑。正因为规模小，在围垦数百年后直到 20 世纪中期洞庭湖水面面积仍高居全国之首，围垦难度大大超过太湖流域。至于建国后能实施大规模围垦则另有原因，一则是近代的工程技术水准有了巨大的提高；二则是因为建国后可以大规模集中人力、物力实施深水围垦，围湖造田才得以迅速推进。然而，围湖造田虽然速度加快，但工程的难度并未减轻。与太湖流域相比，围垦同样面积的稻田，投资量一直大大地超过太湖流域，因而即使深水围湖成功，但从投资的角度看仍然是不合算的。

不仅洞庭湖区围湖造田成本高，而且风险极大，这是由如下三个方面的原因造成的：一方面，太湖流域河湖水系水位的季节变化和年份变化都不大，但洞庭湖区则不然，不仅在一年中洪水季节和枯水季节的差异很大，而且不同年份之间的高低

---

① 蔡述明，石泉. 古云梦泽研究 [M]. 武汉：湖北教育出版社，1996.
② 綦世基原本沈筠堂总纂. [道光] 洞庭湖志卷四. 堤垸 [C]. 吉首大学图书馆藏复印本.

水位差异也很大。这样一来，为图防洪保险，洞庭湖区围湖造田必须加高、加厚堤防，但仍然无法确保堤垸的安全。洞庭湖区洪涝灾害的频率高于太湖流域，受灾损失大于太湖流域正因此而来。另一方面，洞庭湖区水情变化的不可测因素比太湖流域多得多，太湖流域周围地貌起伏甚小，突发洪水的频率小得多，洞庭湖区则不然，洞庭湖接纳的水源要比太湖复杂得多。北面有长江四口（即松滋、藕池、太平、调弦四口，调弦口现已堵塞，仅存三口），在洪水季节往洞庭湖注水；南面有湘、资、沅、澧四水往洞庭湖注水。由于往洞庭湖注水的长江荆江河段，水道曲折，流速较快，这必然对围湖造田的堤防构成较大的冲力。沅江、澧水又是从高原台地直接入洞庭湖，汛期洪水水流速度都很大，若遇长江四口来水，与南面四水相顶托，水流速度更要加快，对堤垸的冲力都必将成倍地增加。这也是洞庭湖区防洪压力增大的又一重要原因。加之洞庭湖的来水含沙量大，大量在洞庭湖水域淤积，造成湖内水域排洪不畅，这也是造成洞庭湖区围湖造田安全性降低的另一原因。

洞庭湖围湖造田比之于太湖流域围湖造田极不安全。近年来，水利工作者对1996年洞庭湖特大洪涝灾害的分析最能揭示洞庭湖围湖造田的这一重大隐患。1996年洞庭湖区洪涝成灾，水利专家明确地指出，这次洪涝灾害的成因除自然原因外，特别强调了围湖造田是造成和加剧洪水成灾的重要原因："作为吞吐长江、四水的洞庭湖，却因泥沙淤积和围垦等原因，近几十年湖盆平均壅高13.2m，外湖面积净减1659km²，容积相应减少 $119 \times 108m^3$，湖泊天然调蓄功能因此而减少20.1％。"这是导致"湖区1996年洪水规模不及历史，洪水位超历史（8天零3小时）且成灾时间长，涝灾面积大的症结所在"。这表明"湖区筑堤围垸，在发挥抗御洪水泛滥作用的同时也孕育着洪溃的致灾因子"，而"垸内因围垦造田使内湖面积减少 $10.27 \times 104hm^2$"，更是大大地降低了抗御洪水的能力。[①] 由此看来，在洞庭湖的围湖造田从某种意义上讲简直是在给本地区乃至全长江下游制造洪涝灾难，相比之下，太湖的圩田建造则大不一样。由于圩田建设排干的是浅水沼泽，建成圩田后，对洪水的吸纳不至于造成太大的差异，加上太湖流域江河流速不大，洪水区的涨幅及波动值不大，自然也就不会像在洞庭湖区那样酿成大范围的洪涝灾祸。

洞庭湖区的围湖不仅种下了洪涝灾祸的隐患，而且建造起的低洼地稻田也是一大批质量低下的内涝田，其质量低下的程度在近年来的科学研究中可以得到较为全面的反映："洞庭湖区有近200多万亩低洼地，长期处于'稻谷加稻草'的经营状态。70年代末80年代初，这里的农民为脱贫致富，进行了综合利用的种种探索。因地下水害问题得不到根本解决，众多的综合利用方式都不能令人满意"。[②] 上述提到洞庭湖区内涝地面积约合1600平方公里，考虑到洞庭湖围湖造田的高峰区是建国后的头三十年，在这一期间，洞庭湖的水域面积由6000平方公里降到2691平

---

① 李景保. 洞庭湖区1996年特大洪涝灾害的特点与成因分析［J］. 地理学报，1998（2）.

② 张正湘等. 低洼稻田区发展苎麻生产新途径［J］. 湖南经济，1995（4）.

方公里。也就是说在这个高峰期内因湖面水域被围田压缩而失去的面积中，有近一半的面积建构起来的就是此类利用价值极低的内涝田。

开辟湖区稻田的初衷原是想建构旱涝保收的稳产高产田，岂料由于洞庭湖湖盆并不像太湖流域那样平缓，围湖造田必须修筑高堤，致使外湖湖面和稻田间高程差很大，而且长年持续高位反差，致使稻田的积水根本不能往堤外排，相反地，湖水还可通过地下反浸到稻田来。于是，不动用额外的机械排涝，此类低产田根本无法改变成高产稻田。此外，洞庭湖区周围丘陵环抱，地下水自然侵入低洼地，也加剧了内涝。由此看来，辛辛苦苦围出的湖底稻田由于受到自然环境的制约，它们根本不像太湖流域那样能形成一大批高产稳产稻田。

低于湖面的内涝田长期以来不仅不能建成理想的鱼米之乡，反而成了制约湖区经济发展的拖累，以至于不少农业专家不得不考虑对这类低产田实行补救。比如说，内涝田的稻秧僵苗和翻秋就成了湖南、湖北两省中农业科学研究的重点课题。但提出的对策全是些治标而不治本的应对方法。① 这类成果虽然能暂时缓解内涝田给农业生产带来的某些方面缺陷，但却不能根本改变内涝田先天不足造成的系统性缺陷。另一些农业科研成果则是用人为制造内涝田高程差异的办法去抑制内涝田给农业生产带来的不利影响，方法的要点是将内涝太深的地带干脆放弃改作鱼塘，人为挖泥掏深这些地段，挖出的泥土则培到较高地带，人为地制造出低洼区的高地，以此改变内涝田的积水排干问题。类似的研究成果从总体上看是将珠江流域行之有效的基塘农业移植到了长江中游平原上。② 单就适应内涝环境而言，这种做法确有较大的实效，以至于在一段时间内这一做法成了湖南、湖北两省治理内涝田的统一科研取向，有的将这种治理办法称作"立体种养模式"，③ 又有的将它称作"水旱轮作和水稻垄作"。④ 然而必须清醒地认识到，类似的成效仅是局部地改善内涝田的缺陷：一则按照此类研究成果往往只能建构成分散的治理区段，与这些内涝田需要统一排涝，统一维修水利工程不相兼容；二则按照这样的治理模式必然增加农业生产的经营成本；三则这样的治理并未彻底消除内涝隐患，无法抵御堤外水位在不同年份的幅度波动。因而按照这一研究取向所收到的成果远远无法消除内涝田的环境系统缺陷，不能视为彻底的内涝田治理方法。

洞庭湖区的围湖造田，对生态环境的不利影响也有甚于太湖流域建造圩田。太湖流域在建造圩田以前本身就是一个连片的低湿沼泽地段，其原有生态背景较为单一，一般为湿地生态系统或稳定水域生态系统。大规模建造圩田后，湿地生态系统

---

① 陈孝正. 湘北湖区早稻翻秋原因的探讨. 湖南农业科学，1981. 周广治等. 洞庭湖区早稻僵苗原因的研究初报 [J]. 湖南农业科学，1982.

② 黄淑娉. 广东与香港的区域文化研究 [A]. 人类学与西南民族 [C]. 昆明：云南大学出版社，1998.

③ 梁佩谦. 我国涝洼耕地资源开发利用 [J]. 经济地理，1994 (1).

④ 彭佩钦. 长江中游四湖地区低湖田综合治理探讨 [J]. 国土与自然资源研究，1992 (3).

并未彻底改变，在大多数情况下，较少触动水域生态系统。洞庭湖区则大不一样，这里的原有生态系统，既有丘陵、陆生群落系统，又有季节性湿地生态群落，还有固定的浅水生态群落，也有深水生物群落。在围湖造田的过程中，出于建造连片稻田的需要，不得不忽略各种生态群落的差异，致使建成的连片稻田破坏了原有各生态系统之间的依存制衡关系，人为迫使整个湖区水域与稻田的截然两分，原先多重生态背景下的生物多样性分布带成了物种单一化的人为次生环境。这样一来，原先众多的水产资源受到了致命的打击。据统计，"洞庭湖区1936年鱼类捕捉量曾高达4.5万吨。半个世纪来，捕捞量基本呈现直线下降趋势。70年代平均捕捉量仅为最高年捕捞量的1/2，1982年鲜鱼捕捉量仅1.1万吨，比1936年下降75%，比1950年下降58.7%"。[①] 凭借上述统计，很自然会产生这样一种错觉，以为水产锐减仅仅是因为洞庭湖水域被压缩而导致的结果。

实际原因要复杂得多。一则半个世纪以来洞庭湖水域压缩虽近半，但水产资源的耗减却超过了75%，若再加上30年代捕捞到的是经济价值高的优质水产，而90年代捕捞的大多为低质杂鱼，水产资源损失绝不仅仅止于锐减75%。若按30年代的水产标准，到90年代洞庭湖的水产资源几乎可以说是消耗殆尽。二则除水产捕捞外，其他湖区生物资源也几乎消耗殆尽，这样的损失单凭围湖造田所获得的粮食无法抵偿。为此，我们不得不从较深层次探讨水产资源衰竭的原因。

其实，这是一个生物多样性格局被破坏后的灾变性后果。原来水产资源的觅食、繁殖、回游不仅需要固定的水域，而且季节性水陆交替生物群落同样至关重要。浅水沼泽也是提供水产饵料的基地，陆生植物群落也能对水产资源的饵料提供发挥间接作用。而围湖造田造就的水域与稻田正面对立完全改变了生物多样性并存制衡的基础。众多有经济价值的水产由于失去了繁殖场所、回游路线受阻、饵料基础丧失等诸多原因而大量锐减，这是任何简单的科学技术手段都无法挽回的极大损失。因而维护洞庭湖区的生物多样性和洞庭湖水产资源的稳定、高质与围湖造田之间是一组带根本性的对立。面对洞庭湖水产资源的锐减，当前科研人员提出的对策大多集中在渔政管理上，比如建议用行政命令封禁破坏性渔具，实行禁渔区和禁渔期，强行关闭污染水体的企业、毁废阻挡鱼类洄游的堤坝等。[②] 应当看到，类似的建议虽然可以收到局部性成效，但绝不是根本性的解决办法，因为类似的拯救方案都无法恢复洞庭湖区生物多样性并存的格局。水产资源稳产丰产的根基不从根本上恢复，一切管理措施只能维护在低水平稳定徘徊的范围内。

通过洞庭湖区与太湖流域区围湖造田的对比分析，我们应当看到洞庭湖区的围湖造田所派生的一系列问题，不管是技术方面的还是社会方面的，都不是相互独立的简单问题，而是相互依存相互关联的制约因素群，把这个因素群中的任何一个要

① 李放军等. 救救洞庭湖水产资源 [J]. 湖南经济, 1991 (7).

② 涂福命. 洞庭湖水产资源现状与保护利用的意见 [J]. 湖南农业科学, 1981 (3).

素独立出来进行针对性的研究，并提出相应对策，均无法从根本上实现洞庭湖流域资源的整合利用，也无法有效抵御湖区洪涝灾害。为此我们有必要将洞庭湖区当前的利用方式作为一个社会总成去对待，把洞庭湖治理作为一个系统社会工程去研究，解决此类问题最有效的途径莫过于凭借生态民族学研究手段对洞庭湖区的围湖造田展开文化运作逻辑的探讨。

凭借太湖流域和洞庭湖区围湖造田的比较，我们不难看出如下两个带根本性的特征：其一，洞庭湖区的围湖造田尽管在空间上发生了长距离的位移，时间上又推迟了几百年，但在围湖造田的具体作法上基本是照搬太湖流域的固有传统，既说不上因地制宜，亦说不上改造升级，甚至文化的非适应性得到充分暴露后仍然沿用老办法硬撑下去。比如在蒙受突发性洪涝灾害的冲击或低产田难以改造的情况下，当事人从不会考虑节制围湖造田，而是在具体的非适应现象面前实施头痛医头、脚痛医脚。对待这种文化的翻版照搬，最贴切的比喻莫过于称它为汉文化的异地"克隆"。

其二，正因为过分倚重太湖流域已有的成熟经验，致使当事人很少考虑借鉴、引进、消化异种文化的长处去对付因文化移植不适应而派生的具体问题。洞庭湖区的西部和西南部紧邻众多的少数民族，这些地带的各少数民族本来有诸多值得借鉴的资源利用方式或减灾、防灾的手段，但这些文化事实对洞庭湖区的当事人即使看到知道了，也往往置若罔闻。举例说，沅江流域和澧水流域的侗族和土家族，居住的是干栏式建筑，[①] 在滨湖季节性浅水泛滥区，就具有减灾、抗灾的实效。然而，由于受到了文化惯性延续的迷惑，湖区居民宁肯不惜工本不计安全性能，盲目地一味堆土修筑"太平台"，以便在洪涝威胁时逃命了事；又如，侗族在森林与农田间预留草地的作法，对缓和流水冲刷稳定稻田十分有效，但湖区的当事人却一味要造就农田与水域正面冲突的格局，使农田正面暴露在洪水压力之下；又如苗族与土家族的半游动性耕牧混成作业，本来很适用于非稳定的季节性水淹沙洲地带，但洞庭湖区的当事人或将此类不稳定的沙洲地段弃而不用或者将它强行开作固定稻田。由此可见，这不是一种个别性的短视，而是一种系统性的文化偏见带来的普遍性的文化运作适应度下降。

我们指出，洞庭湖区围湖造田的失误是一种文化"克隆"派生出来的系统性缺陷，绝不是贬低科技工作者所作出的重大贡献，更不是否认汉文化的博大精深，因为这是古往今来一切民族在遇到同样情况时都会不自觉作出的负反馈，类似作法遵循的是同种文化空间展拓时的一般性规律。在洞庭湖区的深水围垦，单就汉文化的自身价值取向而言，很难注意到传统的资源利用模式在空间展拓时会碰到适应度急剧下降的风险。当然更难预见这种"克隆"式的移植会酿成潜在和长期的弊端。

对这样的文化逻辑可以通过下述两个方面得到明晰的表述：一、一种高度定型

---

① 刘芝凤. 中国侗族民俗与稻作文化［M］. 北京：人民出版社，1999.

并且有效的文化在其分布区内扩散时，总是遵循维护文化整体性和相对稳定性的原则，即使遇到运作环境不相适应甚至运作中出现明显阻滞的情况下，通常不会从该种文化自身的适应能力去寻找原因，而是从派生的问题中针对性地寻求解决。二、一种文化在空间展拓中若没有受到重大冲击，一般不会主动地借鉴、吸收异种文化行之有效的资源利用办法，更不会冒推动文化改造重构的风险，而更多地趋向于按惯性延续原有传统。上述两个特征是文化自然延续中带普遍性的规律，要突破这两项规律的羁绊，主动地借用其他民族行之有效的资源利用办法，就必须实施人为的试探性介绍与推广并辅以相关的文化诱导手段，才能确保借用的异民族文化要素得以成活，从而实现资源利用方式的文化重构。可以将这种借用异民族文化要素提高资源利用能力的办法称之为"文化要素嫁接"。下文讨论的洞庭湖根治社会工程就是从文化要素嫁接手段入手而形成的治理构想。

这两条文化逻辑，不仅适用于汉文化，而且适用于其他一切民族的文化。既然洞庭湖围湖造田是上述文化逻辑导致的失误，那么若想退耕还湖获得成功，就得从上述文化逻辑的羁绊中挣脱出来，主动地放眼看一看其他民族如何正确有效利用类似的生存环境，从中找到借鉴经验、技术与技能以丰富我们治理洞庭湖的方法和手段。那么，对围湖造田危害的认识就能得到深化，从而坚定我们退耕还湖的决心。看到别的民族利用类似生境另有良策，退耕还湖的信心也就自然得到增强。我们把退耕还湖定位为治理洞庭湖的根，也就容易为广大群众所接受。有这样的思想基础之后，才能真正做到文化要素的有效嫁接，根治洞庭湖的指导思路才能得以确立。

有幸的是，国务院做出了明确的决定，凡海拔低于 27 米的低洼农田一律实施退耕还湖。我们提出的根治洞庭湖决策定位——大面积退耕还湖，就此获得了中央机关的认可和支持。

然而，单有退耕还湖的政策还远远不能解决洞庭湖的全部问题。因为在落实这一政策过程中必然派生出一系列尖锐复杂的社会问题。比如退耕后形成的湖面该谁利用？如何利用？退耕区居民如何安置？湖区经济发展应走什么样的道路？退耕还湖应退到什么样的程度？需要什么样的配套水利工程建设？等等。当然，更其艰难的是在今后的科学研究中应当启动什么样的科研取向，才能有效地配合和推动退耕还湖和未来的湖区经济发展。探讨上述各项具体问题，得取决于洞庭湖治理的终极目标。为此，我们得先行讨论适合于现代意识和中国国情的跨世纪洞庭湖治理目标。

三、文化重构与洞庭湖新生

立足于长江的地质地貌、水文及流域区气候特点，长江在相当长时间内河床会相当稳定，不会发育成黄河那样的地上河。[①] 作为长江伴生湖泊的洞庭湖，它必然随着长江的变迁而演化。长江河道既然能长期稳定，那么作为伴生湖的洞庭湖，其水面储水量、水深虽然也会发生不断的变迁，甚至大范围的湖泊移位，但作为长江分流储洪调节水量的洞庭湖必将长期存在下去。[②] 面对这一相对稳定的自然背景，洞庭湖的前途与命运事实上主要掌握在人们的手中。人们如何利用湖区的自然资源，如何改造洞庭湖自然面貌，直接关系到洞庭湖的价值及洞庭湖的未来。

通过上文的讨论，我们已经清楚地看到洞庭湖湖面的盈缩，湖区生物多样性格局的优劣、湖区资源的经济价值，主要是人们活动的结果。因此，治理洞庭湖关键正在于调整人们对洞庭湖资源的利用方式，使之与长江流域的水文演化及湖区自然环境相协调，鉴于当前洞庭湖所面临的种种困扰和挑战，绝大部分与围湖造田直接或间接相关，退耕还湖必然成了治理洞庭湖势在必行的长期决策。然而，围湖造田又是汉文化空间展拓惯性延续传统利用方式的直接后果。那么，解决退耕还湖这一社会难题的关键自然集中到了汉文化重构这个核心问题上。以下拟从文化重构的视角围绕退耕还湖的几个相关问题分别展开探讨。

一提到退耕还湖，当事人最关注的焦点莫过于退到什么样的程度。因为，当事人所在地是否属于退耕还湖区与自己的近期切身利益直接相关。然而，应当退到什么样的程度，绝不能以当事人的眼前经济利益为转移，而必须服从全流域乃至全国利益的需要。面对我国淡水资源的极度匮乏，洞庭湖及相关湖泊的防洪储水能力越大，对我国未来的发展越有利。从这个意义上说，退耕还湖的面积自然是越大越好，如果能恢复"八百里洞庭"的固有面貌，那再理想不过了。从维护湖区生态多样性着眼，恒定深水域、长年湿地、季节性湿地、平旷陆地、缓丘等生态环境，应尽可能顺应自然规律配置，保存千姿百态的各类型生物群落。为此，退耕还湖还得包括退出必不可少的长年湿地和季节湿地以及过渡性的平原林草地带。由此看来，应当实施退耕的还不仅仅是洞庭湖水面，还应当适度地扩大。至于最大能扩大到多大的范围，则取决于长江中游河湖系统的稳定配置。

在长江流域河湖体系不发生重大变故的前提下，洞庭湖自然水面直接受制于松滋、太平、藕池三个入水口，三个入水口的海拔高度与城陵矶出口的高程差，而洞庭湖水面的调控范围取决于上游四水和长江三口的总入水量和城陵矶出水量的比值。若按上述自然条件规划，洞庭湖水面全面退耕还湖后，大致应与清道光年间洞庭湖水面相近。但由于原洞庭湖西北角已急剧垫高，退耕还湖后的水面可能会东移南压，这样一来，有待退耕还湖的面积将高达近4000多平方公里，直接牵涉到近千万湖区居民。不用说，这已经不是纯粹的水利技术工程，而是一项必需大规模移民的庞大社会工程。很多水利工程专家其实是面对着庞大的移民压力而一筹莫展，

① 王运辉. 对长江是否会变成第二条黄河的分析 [J]. 武汉水利电力大学学报，1999（2）.
② 张步天. 有关洞庭湖区域研究的几个问题 [J]. 地域研究与开发，1993（2）.

最后只能退而求其次，在长期围湖造田造成的已有事实基础上，进行修修补补。所谓"舍南保北"就是在这一背景下提出的防洪决策，但这一决策实施的后果却叫人大失所望。"舍南"并未真正地保住了北，反而落得个"本是舍卒保车，奈何将帅难弃"，甚至水利工程规划中明确划定的分洪区和蓄洪区也因为惧怕承担近期经济损失和移民压力而不敢启用。如果长江治理不敢于面对必须移民这一事实，那么事实上北不能不保，南也不该舍弃，仅在近期的直接经济利益上权衡取舍确实不足取。

另一种做法是，在承认人口压力客观存在的前提下，通过消除上游灾害患根的办法去根治长江中游水患。① 这一办法的核心是恢复上游植被，杜绝长江水位的暴涨暴落并消除长江底部淤积，扩大泄洪能力去免除水患。此类水利工程方案有三大疑点：一、恢复上游植被得有待漫长的时日，已经进入上游河道的泥沙最终还得向下游倾泻，即使这一方案从今天起就得到稳步实施，也绝不可能在近期发挥明显效益；二、长江中游各湖、河的治理，必须以我国水资源供求为转移。既然我国淡水资源普遍短缺，单一排洪只能是在万不得已的情况下采取的应急举措。因而，治理洞庭湖绝不能仅仅考虑防范水患；三、人口压力当然是客观存在的事实，但减缓人口压力的对策却应当有多种选择，回避不行，姑息也不行，把它视为不可逾越的障碍更不对。于是上述三个疑点合到一起，长江中游符合治理的核心又回到了原点，还是一个湖区移民安置问题。若有能力或办法安置好湖区的近千万居民，一旦兑现全面退耕还湖，水患治理的近期与远期、局部和整体利益都可以得到兼顾。

由于长江中游牵涉到好几个省区，因而真要实施退耕还湖时，地方保护这个社会问题又会自然凸现出来。长期"舍南保北"的结果已经使荆江两岸变得南高北低，从洞庭湖区眼下的经济实力考虑，自然会提出"南北水陆互换"的防洪思路，而江北低洼区的当事人若从眼下的经济实力考虑，当然难以接受自己率先退耕的工程措施，折中的提法当然就只能是"南北兼顾"。② 若从全流域乃至全国整体利益考虑，需要退耕的范围就不光是洞庭湖区，自然也就不存在兼顾问题了。不过，在这段争执中最值得关注的还是它的实质：不管江南也好，江北也罢，之所以如此惧怕退耕还湖落到自己的头上，完全是汉文化价值观诱导出来的习惯性思维办法。按照这样的思维办法，总是误以为一旦退耕还湖，现有的成果和实利就会全部付诸东流。而这一点正好是退耕还湖久议不决、决而不行的关键之所在。为此，必须顺势探讨如何实施退耕还湖这一敏感问题。

一提到退耕还湖，当事人的最大忧虑莫过于损失由谁承担，这种忧虑一旦放大必然会变成相关各级行政部门的得失利弊分歧。当前我国政府代表着全国人民的共识果断地提出了退耕还湖决策，承担退耕还湖损失算是有了着落。但问题还远远没

---

① 彭镇华. 长江流域水患的思考和对策 [J]. 应用生态学报，1999（2）.

② 陈传康. 洞庭湖区的整治和开发的战略探讨 [J]. 自然资源，1988（4）.

有解决，因为担忧退耕还湖的直接经济损失是一种表象，支配这一表象的关键仍然是汉文化的自然资源观。这种把稻田的价值凌驾于固定水面价值之上的习惯性思路，才是当事人接受退耕还湖决策的真正障碍。若不消除这种障碍，即使有决策、有补贴，仍然无法实施退耕还湖。而消除这一障碍，显然不能单凭汉文化而必须借鉴和导入其他民族开发水面自然资源的成功经验和已有成果，务使当事人理智地认识到，即使退耕还湖自己也能生活得很好，也能找到发展的新路子。

洞庭湖区本来就号称"鱼米之乡"，退耕还湖后所形成的稳定与非稳定水域由于生物多样性得以恢复，这必将极大地促进湖区各种水产业的蓬勃发展。更高的目标不用说，单是恢复20世纪30年代的水产规模水平，其经济实效已经相当可观了。若再辅以相应的科学技术手段，经济效益还可以像推广杂交水稻那样成倍地增长。不过，种惯了湖区稻田的当事人，从情感上一时难以接受在湖上去当渔民，但这并不是什么解决不了的思想障碍，凭借世界上其他水上民族已有的资源利用办法，退耕还湖的当事人还可以选择当漂浮种植农民。我国台湾日月潭湖区的邵族人——高山族的一支，在过去就曾利用盘根错节的芦苇根团作为浮体，覆上浅土在上面种植水稻和其他作物，不管日月潭水位如何涨落，所种的庄稼都不会受灾。[①]以此为例，即使洞庭湖全面退耕还湖，也不会与维护该地区粮食总产量发生矛盾。借用邵族人已有的文化要素嫁接到洞庭湖区水域利用上，使之成为当地汉文化的有机组成部分，正是上文提到的文化要素嫁接的应用实例。

需要声明的是，我们仅是借用邵族人的资源利用经验，并不是要湖区人民依样画葫芦照搬邵族人的做法。随着科学技术的飞速发展，无土栽培早已渡过了实验阶段进入了实用期，借用邵族人的做法说到底事实上无非是推广先进的无土栽培技术罢了。再加上材料科学的突飞猛进，规模性生产供漂浮农业使用的永久性浮体已经不成问题，用这样的浮体替代芦苇团作漂浮种植的载体同样不成问题。此外，牢固的抗水材料在当前的科学技术水平上也不是难题。只需在退耕还湖的过程中预先埋下防水材料制成的桩或柱，用以固定水面漂浮种植的载体，也不存在任何技术难点。这样一来，不仅洞庭湖水域的利用来了个花样翻新，眼睛只盯住浅水稻田的汉文化传统思路也得到了极大的丰富和发展，邵族人的漂浮种植也会在这里推上现代化水平。我们坚信沿着文化要素嫁接这一思路走下去，围绕退耕还湖的各种纷争都能得到次第化解。

另一个可供嫁接的文化要素来自于西欧的荷兰。荷兰人从传统的围海造田而今过渡到了在海上建设现代化的漂浮都会。荷兰是一个低海拔的国家，现有国土面积的四分之一都低于海平面。这些国土全是靠堤防从海底掏出来的，他们的这种做法和我们在洞庭湖区的围湖造田真可说是别无二致。荷兰人早期的围海造田和我们一样是围来种植传统作物和饲养传统牲畜，一般是用来种植小麦和喂养奶牛。随着围

---

① 李亦园. 田野图像［M］. 济南：山东画报出版社，1999.

海作业向深海挺进，形成的低洼土地脱盐越来越困难，所需排水动力越来越大，种植传统农作物和饲养传统牲畜的成本随之提高，而单位面积的产量随之下降。在这样的挑战面前，荷兰人果断地抛弃了传统产业，在文化重构的推动下改业种植花卉，从而发展成为世界最大的花卉出口国。和我国洞庭湖区的低洼稻田相比，我们所差的仅在于没有及时地诱导文化重构，而是对低洼田作修修补补的整治。明白了这一点后，我们的思路自然随之开阔。即使不按漂浮法发展种植业，同样可以改业种植沉水类的作物。只要找到此类有经济价值的作物，我们就能像荷兰人那样因改业而获得新的发展机遇。考虑到围海造田终究有一个限度，加上现代材料科学的突飞猛进发展，跨世纪之交时他们停止了围海造田，而是使用新型轻体材料规模性生产可以拆装的漂浮性建筑，这样的建筑可以在近海拼装成大型集镇、街区、购物商场、住宅、公共场所，一应俱全。更妙的是这样的漂浮集镇还可以用驳船拖着在近海游弋，这种作法简直是法国科幻作家凡尔纳笔下的"机器岛"。若论我国当前的技术水准，完全有能力在退耕还湖的湖面上建构这样的漂浮集镇，不管是供居民定居，还是作旅游宾馆，甚至建工厂都无不可。只要思路一变，退耕还湖居民就地水面安置完全可以做到。当然，从陆上移到了水上，生活方式不得不作相应的改变。换句话说，除了技术条件外，同时还得积极诱导文化重构，使当事人从观念到习俗，从技术到生产作业都来个系统性的改组，这样才能真正地配合好退耕还湖的全面落实。

退耕还湖不仅要构成大片的新水域，还会造就连片的长年湿地和季节性湿地。这样的退耕还湖地带同样无法简单延续浅水稻田农作，若不凭借异民族资源利用方式实施文化要素嫁接，这样的地段同样无法落实退耕还湖。我国百越族系的滨水民族如布依族、壮族、傣族等，此外还有属于氐羌族系的土家族都沿袭居住古老的干栏式住房，这种住房的原生形态正好是长年湖沼环境模塑出来的居处习俗。干栏式住房以其高架而无墙壁的底层和附设宽阔游廊的楼式住屋为其特点，高架无壁的底层水淹时不影响正常的生活，居民可以凭借船只出入，水退后可以凭梯上下，乃是滨湖湿地上具有防洪功能又适应湿热环境的理想住房模式。若将这样的住房模式引进到退耕还湖后形成的浅水地带，完全可以解决建构固定村寨与退耕还湖的矛盾，不搬迁村寨即可完成退耕还湖，想必浅水区居民绝不至于想不通，也可免除要高地居民划拨土地另建新村的困扰，同时还根绝了日后发生磨擦的隐患。当然，要兑现退耕还湖不离原住地，也有很多工作要做。因为按照这一模式退耕还湖，意味着当地居民得改变传统生活方式，或者说他们得来一个文化重构，进出得以船代步，笨重的家具得改成轻便的家具，原先在陆地上操作的活计得改在住房附设的游廊上操作，如此等等，不一而足。为了真正地完成文化重构，他们得向那些少数民族学习，得放弃自己汉文化本位偏见，思想斗争是少不了的，但这也是值得的。因为他们从此以后可以摆脱洪水季节不敢在家安睡的困扰，同时也免除了为抗洪出力、破财、误时的精神和体力负担。

实施居住习俗嫁接同样不是机械照搬，而是要与现代科技结合起来，在借入文化要素的同时，大胆创新。举例说，不再需要延续上述少数民族长期沿袭的木架构房，完全可以用退耕还湖时预埋的抗水混凝土杆作新式"干栏"住房的底层支架，地板与墙体也可以采用轻体塑料构件拼装，以便在高水位时可以随水浮起，使居民生活不受洪水干扰。甚至还可以在各住房之间用轻体浮桥连接起来，形成有街道连接的集镇。总之，有现代科技作支撑，有异民族的适用传统为借鉴，退耕还湖居民就地安置完全可以办到。

对浅水区的资源利用同样可以通过异种文化要素嫁接而得到圆满解决。长年湿地水面种植芦苇、莲藕一类水生植物，洞庭湖区的汉族居民并不陌生。但在世界范围内，浅水农作物品种还多得很，如在孟加拉民族中种植的深水型水稻就值得引进，这种水稻可以随着洪水的上涨而迅速拔节，露出水面，并在水面结实，即使洪水不退，照样可以划船收割水稻。引进这样的稻种再配合新型的干栏式住屋，完全可以确保浅水区居民退耕还湖而经济利益不受任何损失。这种漂浮性水稻，在东南亚、南亚各滨水民族中早有种植传统，周达观所著《真腊风土记》对此早有记载。[①] 而今，这种特殊水稻品系的种植已经遍及南亚、东南亚的滨水各民族中，成为这些民族的主导产品。我们只需要调整农业科研取向，以该品系的水稻为亲本，利用现代基因育种技术，培育出适应洞庭湖区种植的浮稻已经不是当代的育种难题了。因而实施浮生水稻种植嫁接不存在技术难题，关键在于必须实施文化的诱导重构。

对季节性湿地，洞庭湖与鄱阳湖本来就有丰富的适应性牧草资源，这就是两大淡水湖已有的苔草群落。苔草是一种优质牧草，洪水来临前可以茂盛生长，形成牧场。洪水来临时，可以进入休眠状态，成为鱼虾的觅食、繁殖场所，深秋水退后又会再度生长，形成牧场，供畜牧使用。[②] 由于苔草形成的是季节性牧场，而且牧场启用的时间受水情波动制约，利用这样的牧草资源组建大型牧场并不合算，解决的办法仍然得从我国的少数民族中找借鉴。

我国西南部的彝族、苗族和纳西族生息在高原台地和深山河谷交错的地带，他们的生产传统是一种农田与牧地季节休闲互换的游动耕牧方式。[③] 夏天上山在高原台地上放牧，冬季来临前在牧场上种完越冬作物后，将牲畜赶到河谷放牧，直到春暖又将牲畜逐渐地驱赶上山，同时在冬牧地种上大季作物，到越冬作物成熟时先抢收小麦，收割完毕后再开放作牧场。同样的道理，河谷地带的冬牧场也需收割完大季后才开放为冬牧场。有关这一耕作制度的优越性和在退耕还林还草、维护生态环境中的价值不是本文讨论的问题。值得注意的是，这一传统经营方式最能有效地利

---

① 周达观. 真腊风土记. 四库全书 史部地理类，第 594 册.
② 窦鸿身. 长江中下游三大湖泊滩地资源的基本特征及其开发利用 [J]. 自然资源学报，1991（1）.
③ 杨庭硕，李天元. 混成耕牧制在彝族地名中的反映 [J]. 吉首大学学报，2001（3）.

用季节湿地上的苔草资源，是一种值得借鉴和引用的资源利用方式。

长年湿地和季节湿地的充分开发利用，同样得依仗现代科学技术支撑，因为我们绝不能把发展浅水农业和水产业以及利用季节性湿地作牧场的视野完全停留在我们熟知的农、牧、渔传统产业上。事实上，退耕还湖后的洞庭湖不仅生物群落种类多，物种构成多，可利用的对象也会随之而多样化。世界上其他地区的各民族在滨水环境驯化培养出来的各种农牧渔品种都值得引进，而这样的引进离开了现代科学的支撑同样是做不到的，只有在科学技术直接渗入新品种的引进和驯化后，才能实现退耕还湖后的洞庭湖不断能有新产品问世。只有做到这一步，湖区居民才能最终消除汉文化惯性延续的困扰，真正在退耕还湖的过程中完成文化重构，在不断地创新中实现自身的价值。只有这样，退耕还湖政策才算得上真正地稳定下来，绝不至于再走向回头路。

退耕还湖绝不是目的而仅是手段，是为了求得更大发展的环境适应手段。因而，我们最后还得讨论退耕还湖后的发展问题，讨论这一问题，当代民族学倡导各民族发展途径多元化思想很有借鉴价值。因为退耕还湖后形成的是一种与退耕还湖前不一样的生存环境，要走的发展道路肯定不能沿袭以往的想法和做法，而必须另辟蹊径，这就需要配合退耕还湖作好如下三方面的调整。

其一，是要调整科学研究取向。上文提到过的低洼稻田改造、各种防洪减灾对策、各种拯救水产资源的对策随着退耕还湖的完成都将变得无用武之地。同时，随着文化重构的到位，一系列新的课题必将推到科研人员的面前。举例说，漂浮耕作得培育新的高产稳产品种，得形成耕作、收获、储存操作规范，还得有新的病虫害防治办法。进而还需要有农业产品的深加工办法，如此等等都得展开系统研究，而且研究的取向与过去也将完全不同。举例说，陆地种植的稻田除草和翻犁都需要强劳力投入，改为漂浮种植后，用犁翻地也就成了历史陈迹，除草也因为杂草一旦离开了浮体就不能存活而变得非常简单，但施肥却大不一样。往田里施肥，任何一个普通农民都会娴熟操作，但实行漂浮农业如何施肥却要等专家去研究。对住房的建筑施工同样得开展新一轮的科研活动，因为不管是构建漂浮住房还是新型"干栏"式住屋，打地基已经失去了意义。但如何在湖泊中锚定，要大费周折，不展开系统研究肯定做不到。此外，清洁饮用水的补给也会成为新问题，因为一旦住进了漂浮式住房或"干栏"式住房，陆上井泉就无法提供饮用水了，自来水管道也无法架设。若无在就地取湖水净化上展开研究，饮用水补给同样会制约水上集镇生活的现代化。总而言之，改变研究取向，展开新一轮的科研实属必不可少。

其二，管理体制也得重新建构。以文化重构方式完成退耕还湖意味着湖区居民的生活方式将发生系统性转型，其影响之深远，几乎涉及方方面面。举例说，土地的承包经营就会随之而带来若干管理上的麻烦；城镇漂浮后，户籍如何管理必然成为从未曾遇到过的新问题；众多的水上种植、水产捕捞、特种养殖业如何确认权责关系也将遇到一系列新问题。若管理跟不上同样会制约湖区经济发展，也难于维护社会安定。

其三，市场接轨需要出台配套政策。在我国实现体制转型的背景下，要面对经济全球化这一客观事实，对退耕还湖居民的新生存方式同样得协助解决市场接轨问题，最突出的是资源价值市场化问题。上文已经讨论过退耕还湖的目标之一是为我国经济发展储存更多的淡水资源。为了做到这一点，湖区居民让出了已有的家园做出了牺牲，理当享受报偿。然而在我国的资源利用法规中，对淡水资源的启用还没有市场价格，因而报偿就无从兑现。为此，加紧相关立法刻不容缓。再如，土地占用使用税费目前已有相应的市场计价标准，但水面的占用和使用却是空白。为了管好退耕还湖后湖面的使用和占用，同样得确立能纳入市场渠道的条规。

只要上述三个方面得到合理解决，我们坚信凭借文化重构这一手段，必然为洞庭湖区提供新一轮的发展机遇，构建起一套适应水上环境、兼备维护生物多样性的发展模式，迎来洞庭湖区的新生。

[原载《怀化学院学报》2007 年第 1 期]

生态维护之文化剖析

摘要：本文以乌江中上游、清水江流域、麻山石漠化山区三个地区的民族田野调查资料为基础，证明生态失衡并非相关民族文化正常运作的结果，而是族际关系失衡或相关文化转型而诱发的灾变。进而指出生态维护的内容分为泛化生态维护和具体生态维护两个方面，二者内容和对策理当有别。因而，维护人类赖以生存的自然生态，不能单凭政治、经济、法律手段，只有依靠多元文化并存建构起来的稳定文化制衡格局，或凭借文化要素嫁接建构起来的族内文化要素制衡，才能获得维护生态环境正常运作的持续动力。

关键词：生态维护　文化制衡　文化要素嫁接

一、生态维护是一个文化概念

维护人类赖以生存的生态环境，近年来已经成为新闻媒体传播的热门话题，给新闻媒体的信息接受者造成了一种印象，似乎生态维护对全人类而言，不容许有理解上的差异。然而事实上，不同地区不同民族、不同个人对于生态维护的理解，从来就没有一致过。举例说，沙漠扩大化，有的民族忧心忡忡，另一些民族则处之泰然，因为这些民族早就生活在沙漠之中，沙漠对于他们既不陌生也不可怕。对此，我们只能这样说，生态维护是一个人类的总体目标，它在由众多的具体目标综合而成，特定民族对于生态维护的理解就是立足于这些具体目标之上。生态维护的全球目标，则是并存各民族对生态环境追求的总和。因而，就终极意义而言，维护人类赖以生存的生态环境，得从每一个具体的民族做起，得依据并存各民族文化的正常运作需要为转移。超越现有并存文化之外的生态维护，并无实际意义可言。

地球上孕育出生命系统，进而发展成一定的生态结构。生态结构又随着时间的推移不断发展更新，甚至是毁灭重建。在地球史的几十亿年中，已经经历过多次了。但在这漫长的岁月里还没有人类和人类社会，也没有文化和民族。生态结构的演化，对某些生物物种来说可能是灾难，对某些物种来说则可能是福音。所有的生物物种只是凭借自然规律，找到适合自己的生态位繁衍下去，它们从来不理会维护不维护。当然由于它们没有文化，它们不会形成"概念"这种"无用品"，生态维护概念自然无从产生，也没有它的容身之地。

人类来到这个地球上已经几百万年了。几百万年间，人类几乎散布到了世界的每个角落。人类能够做到这一步，靠的不是生物本能，而是他的专有品——文化。生存于不同生态系统中的人群，针对性地建构起了专有的文化，并凭借这种专有的可持续的文化与周围的生态系统稳妥地进行物质能量与信息的交流，确保了该群体的可持续生存与繁衍。这样的人群到后来被称作民族。民族不同，专有的文化则不同，所利用的生态体系也不同。有幸的是，人类创造了千姿百态的文化，才使得人类可以利用各种各样不同的生态系统从中得以繁衍和发展，也才使得人类可以散布到世界的几乎每一个角落。

人类有文献可考的历史已经过去了数千年，在这段不短的岁月里，不同的民族总是按照自己的文化，利用不同的生态背景。但长期以来一直没有形成泛化的生态维护理念。事实上，20世纪以前的文献记载，根本找不到生态维护这个词语，但这并不妨碍不同的民族一直在维护自己所依托的那个特定生态环境。这种维护有两层含义，其一是，确保本民族的使用权；其二是，按照本民族文化的需要改造这个生态背景，从而形成对本民族文化更有利的次生人为生态环境。这样的人为生态环境由于打上了文化的烙印，而赋予了社会性，并非纯自然的生态系统，为此，我们将这种经由特定文化改造后的人为生态系统称之为该民族的生境。换句话说，长期以来，各民族需要和维护的生态环境，并非纯自然环境，而是各民族自己所需要的人为生境。这种维护从来就是文化的派生物，它绝不是超越具体文化的全人类共性理念。

从第一种维护出发，如果其他民族侵犯了该民族生境的使用权，受侵犯的民族肯定要奋起抗争，于是民族间的战争就在所难免了。我国北方各游牧民族与中原的汉族，在历史上曾经发生过一系列的战争。而战争的结果，不是游牧民族的牧场越过长城向中原展拓，就是中原的汉族农田越过长城向蒙古草原延伸。然而，长城以南的农田不可能全部变为牧场，长城以北的牧场也不可能完全变成农田，而是长期处于平衡与失衡交错出现的状况。双方沿长城达成平衡时，相安无事，长城南北的生态环境基本良性运行。失衡时，不是沙漠扩大化就是农田沙化，生态灾变也就随之而至了。

从第二种维护出发，我们必须看到，不同文化建构的生境不同，因而维护的目标也不同。农业民族需要的是农田、灌溉系统、村寨、道路，游牧民族需要的是牧场、路标、水源、盐池，各有取舍，各有趋避。在这样的生境下，已有的生命形态，也容许不同程度的伴生。农业民族不喜欢野生的大型食草动物，因为它们会毁坏庄稼。而这对于游牧民族来说却正中下怀，因为它们是弯弓射猎的对象。这样一来自然生态背景当然会受到一定程度的干扰，好在这种干扰在并存各民族间取向不同，相互抵消的结果绝不至于酿成区域性的生态灾变。古代的区域性生态维护就是靠这种质朴的制衡关系达成的，历史证明它是有效的。

20世纪提到的生态维护，充满了很多恐怖的字眼。比如，两极的冰川要融化，海平面要上升十几米，淹没人类最辉煌的文明杰作；随着热带雨林的消失，地球生命体系的氧气会不够用；随着众多物种的消失，人类将生息在单调、苍白的环境中。但平心而论，此类恐怖只属于特定的民族，不属于全人类。全球沙漠扩大三倍，对当事的农业民族来说，确实是灭顶之灾。但贝都因人和柏柏尔人却也许不以为然，因为这样反而使其放骆驼的范围更宽了。海平面上升十几米，对荷兰人而言确实是糟透了，因为国土将不复存在，但对青藏高原的藏民来说却是无关痛痒。在这样的事实面前，我们如何要求世界不同的民族，以同样的尺度，付同样的代价，按同样的方式去承担生态维护的使命呢？不妨说得刻薄一些，时下喊得最响的生态维护，并不是全人类的呼声，仅只是某几个强势民族垄断了话语权，根据他们切身利益的需要，要求别人和他们一样付代价，替他们维护他们自己破坏了的生态环境，这并不公道。

明白了生态维护是文化概念，并不是生态民族学的终极目标。因为它深知，即令新闻媒体所渲染的那些生态灾变都光临地球，人类也不会像恐龙那样灭绝，改变的只是并存各民族成员人数的比例和各民族分布地的广窄。就全人类而言，文明还可持续，前景还可以辉煌。当然，这样的过程，各民族可能将会付出大小不同的代价。使这种总代价付得少一点，民族分担均衡一些，才是生态民族学研究的使命。

二、泛化生态维护的终极目标是稳定

就生态民族学而言，追求泛化的生态维护，意味着要探寻这样一种评估指标体系，这样的指标：（1）具有可长期延续性；（2）对当今世界上长期并存的民族，具有等质性；（3）在各民族间还必须具有可接受性。是否存在这样的指标，世人表示怀疑。生态民族学则深信不疑，因为它在某些民族间曾多次出现过，只是没有持续下来。而持续不下来的原因，并不是这种指标本身不具有持续性，而是因为并存民族间由于文化差异的客观存在，在双方都无意识的情况下，出现了信息隔膜。各自都看不到对方所为所想，当然也看不到对方的优劣利弊。因而仅凭短期可以到手的功利形式，破坏了生态背景利用方式的均衡，于是当事各方都灾难临头。

今天的乌江流域是全国水土流失的重灾区，但在历史上，这里却是生态环境良好的各民族家园。在彝语中乌江被称为"青色的大河"①，原因是这里不存在严重的水土流失。当时的彝族按照其传统执行的是"混成耕牧制"（有文献将其称为"游走式交叉放牧"。②其主要特点是：（1）牧场与农场轮休交替使用，实行按季节的垂直放牧，冬下夏上。牧场（兼农田）之间的过渡地带，是茂密的河谷森林，除

---

① 李天元. 贵州彝语地名与生态环境［J］. 民族语文，2002（1）.
② 威宁彝族回族苗族自治县民族事务委员会. 威宁彝族回族苗族自治县民族志［M］. 贵阳：贵州民族出版社，1997：26.

了起到抑制水土流失的作用外，这里还是牲畜避寒避风的庇护所以及狩猎采集的场所。（2）不管是畜群还是种植的作物，都高度混成。畜群可以包容牛、羊、马、猪、鸡等多种家畜和家禽，为的是让不同的家畜和家禽觅食不同的对象，收到综合利用自然资源的实效。农田中播种的作物也种类繁多，麦类、荞子、薯以及各种豆类和蔬菜，实施混合播种和分片混种，意在提高农耕时地表的覆盖率。（3）农作物收割时，将大量的秆篙直接留在地里，供作改牧场时的牲畜饲料。而牲畜的粪便直接返回土地，提高土壤肥力，实现物质和能量的自然循环。应当看到，这样的生计方式对于地段崎岖，小气候构成复杂，植被物种构成丰富的黔西北地带具有很高的适应能力①。

在当地除彝族外，世居民族还有苗族、仡佬族和布依族等。苗族和仡佬族早年是实施旱地刀耕火种，兼营狩猎采集。由于彝族是当地的主体民族，这两个民族的生计活动，只能在彝族废弃了的牧场上实施，或依附于彝族土司，替彝族土司从事耕牧作业。而布依族则受其传统生计方式的限制，主要在河谷盆地和有水的台地从事定居稻田农作，但他们在身份上同样依附于彝族土司。早年的这种文化并存格局和生计格局，对当地的生态维护曾起过较大的作用。但这种关系的达成依赖的是长期的磨合，而它的持续则是彝族地方势力强行控制的结果。当事各民族间，对对方的所作所为及其生态后果，并无确切的了解，因而这不是一种建立在自觉基础上的文化制衡，而仅是一种被动的制衡，因而也是一种经不起扰动的平衡。

明代在这一地区设置卫所后，迁入的汉族屯军主要定居于卫所周围的河谷盆地和有水的台地上，从事定居稻田农作。但他们的生产方式发生了很大的变异，收割水稻仅割取稻穗，把稻秆留在田里，目的是让彝族越冬的畜群有充足的饲料。不难看出，这批少量迁入的汉族屯军，与早年的布依族一样，占据的是同样的生态环境区位，从事的是相近的生计方式。因而，固有的质朴文化制衡关系并未受到重大扰动。②

重大扰动发生在改土归流后。明末清初时，出于弹压被罢废彝族土司势力的需要，朝廷将没收的土司领地奖励给有功将士，或者出卖给汉族地主，③使他们也定居下来。但他们对土地的经营方式是套用汉族地区的做法，建构固定的农田和村寨，致使传统的混成耕牧制实施范围开始萎缩。由于这一地带的生态环境特征不同于平原地带，主种作物的生产区内，地表荫蔽度不大，容易受到淋蚀，土地翻挖后，流失的可能性加剧，作物收割后土壤失去屏蔽，也会加大水土流失的可能。随着固定农田的扩大和混成耕牧制实施范围的缩小，终至于酿成了今天的水土流失的灾变。

---

① 杨庭硕，李天元. 混成耕牧制在彝语地名中的反映［J］. 吉首大学学报，2001（3）.

② 潘盛之. 一种多民族经济互补结构的残留［J］. 贵州社会科学，1995（4）.

③ 张廷玉等. 明史［M］. 朱燮元传. 北京：中华书局，1974：6446—6447.

回顾乌江上游生态环境剧变的全过程，我们理应注意这样一事实：同一生态背景下的各民族完全可以通过长期的自然磨合，达成某种意义上的文化制衡。在这样的平衡状态下，各民族分别从自己的传统出发，利用好自认为最佳的那部分生态资源。由于利用取向不同，尽管各自都会造成一些生态隐患，但当事各方在生态资源利用中，相互抵消的结果，尚不至于酿成生态灾变。因而，这样达成的文化制衡关系是可长时期延续的。更由于在这种状况下，当事的各民族都是按照各自的传统形式，只要不越过平衡度，当事各民族基本上也可接受。从这个例子出发，追求泛化的生态维护指标，看来不是面壁虚造，通过努力是完全可以找到的。

上述例子中达成的文化制衡，显然不具有等质性。一则，早年延续的这种文化制衡，彝族地方势力的强权起着重要作用，当事的各民族地位远非平等。二则，当事各民族并不完全了解对方，更没有真正的理解对方，因为在上述例子中，彝族的耕牧地退化后，他们并不知道如何处理，而将它抛弃掉。苗族和仡佬族则是将别人丢弃的东西，用自己的传统把它利用起来。生态系统的初步复位后，他们并不据为己有，而是重新寻找新的可用地段，并没有轻易插手混成耕牧生计。对此，是否可作这样的归纳，靠长期磨合达成的文化制衡中，当事各民族由于存在传统文化的差异，其间存在着文化间的一层信息隔膜，使当事各方只能机械地沿袭旧有的操作，而没有清醒地意识到这样做的生态实效。

乌江流域后来发生的生态灾变，尽管与短期的政治、经济、军事扰动有关，但我们认为更本质的也是民族间的信息隔膜的存在，使当事的各民族难于预测未来的生态恶化隐患。因为在改土归流后，汉族式定居农田扩展的过程中，不仅汉族移民这么做，连彝族、苗族、仡佬族等民族居民也争相效仿过。看来，文化制衡的解体，并不是其中哪一个民族的责任，而是一种对文化制衡价值的不理解，受短期功利需要诱发出来的文化取向失范。这种失范破坏了旧有的平衡，却尚未达成新的平衡，这乃是乌江流域生态失调的关键原因所在。

20世纪后50年，乌江流域的生态灾变被推到了极端。大跃进、以粮为纲、政治动荡、联产承包责任制相继更替。在全过程中，向森林要木材、排干水域营建稻田、发展畜牧业、植树造林、兴修水利等等发展对策，几乎三五年就要变一次。我们并不认为，这是简单的决策失误，因为这些对策，在当地的各世居民族中，都能找到传统文化的根基。但执行这些政策时，似乎没有一个明显的控制度。发展农业时，把森林搁置一边；植树造林时，又把畜牧业搁在一边。就是没有考虑到让当事的各民族各尽其长，各安其分，达到共同繁荣，同时维护好当地的生态环境。

到了跨世纪之交，人们有理由追问，眼前的这种状况，有没有可能达成新一轮的文化制衡格局，从而改变当地生态环境恶化的厄运？近年来当地可乐河上发生的一系列变化，可以为这一问题作答。大跃进时代，可乐河上的居民，费尽移山心力，将可乐河改道，腾出河滩地改为稻田，从来没有吃到过大米的可乐河居民吃到了自己种的大米，不能不说是一件大喜事。然而，20年后，可乐河上段建成的稻田，已经砾石化。当地一位村干部想把砾石化的河滩地承包后改建牧场尽管还存在诸多技术难点，但看来当地居民是不会重建稻田了。可乐河下段的居民开出的稻田，虽然暂时没有砾石化，但他们中的部分人已不种水稻了，而是把水排干，改种旱地作物，以便农闲时兼作牧场。这个事例涉及的范围虽小，但却可视为新一轮的文化制衡已经开始启动。由于信息隔膜的关系，这种启动同样带有很大的盲从性。当事的各民族并不是在认识到并存各民族传统文化的优劣短长后，主动作出这种选择，因而还说不上达成等质的文化制衡。生态民族学在解决这一问题上能发挥的作用，正是力图沟通当事各民族的认识和理解，突破客观存在的信息隔膜，使当事各民族在观念上相互沟通，从中找到各种资源利用方式的最佳组合和搭配，对生态维护获得等质共识，从而加速新一轮的调适过程，靠有意识的文化制衡，扭转乌江流域生态灾变的厄运。

要使新一轮的文化制衡在各民族间具有等质性，关键是要突破信息隔膜，使当事各方对对方的生计都有深入的了解和透彻的认识。但要做到这一点，至今仍困难重重，近期我们在清水江流域的调查，对此获得了新鲜的实证。锦屏县的三江镇卦治村和菜园村，两百年来，一直是苗、瑶、侗等民族所生产的原木外销集散地之一。① 前来采办原木的客商，按例不能越过这两个村子，到上游直接购买原木。因而这两个村子在全国的原木贸易中小有名气。也正是因为如此，新中国成立以来各式各样的林业体制改革以及林业试验计划都以这两个村子作试点，致使这两个村子的林地成了历次林业改革和林场试验的博物馆。在这里国营林场、乡镇林场、合股林场一应俱全。50 年代林学家指导下建成的试验林场，60 年代人民公社集体兴办的试验林场，70 年代社队自办的集体林场，80、90 年代专家指导的和私人营建的林场，在这里毗邻分布，各占一方。按情理推测，这里各式各样的林场经过半个多世纪的磨合，应该完全化一了。但调查结果却与此大相径庭。当地的各族林农，执行一套传统的育林方式，其要点是：一、清理林地，不挖掉老树墩，但要经过火焚，烧掉枯枝烂叶，留下的老树墩是为了让它再生萌发出新杉树苗来。二、定植树苗时不挖深坑，仅将表土堆成堆，在表土堆上定植杉树苗。并在定植杉树苗的上方用木板设成土障，以提高水土保持能力。定植时要种植 15% 的其他非杉树的常绿或落叶树。三、在杉树林封林前的头三年内，林间要套种非藤蔓性的旱地农作物。对杉树中耕时要实行"亮耕"，杉树苗根部两尺见方内不容许放置枯枝落叶和中耕时清除的杂草，而且中耕时，基本上不施肥。四、间伐中施行伐大留小。五、主伐时不修林间公路，而是用"架箱"的办法拖运木材。

这套传统做法与毗邻林学家指导下的国营林场，几乎每一点做法都相反。但林农自办林场的出材量平均高出试验林场的一到二成，而育林成本却只及试验林场的

---

① 黔东南苗族侗族自治州地方志编纂委员会. 黔东南苗族侗族自治州志［M］. 北京：中国林业出版社，1990：414.

五分之一。林地的水土流失模量也比试验林场低60%，成效十分显著，经济效益和生态维护效益明显高于试验林场。

查阅相关的科学书籍，并访问了林农和实际勘测后，我们发现这一套传统办法，在清水江两岸的特定生态环境中具有极强的生态适应能力。他们的成功原理完全可以在现代科技中获得合理的解释。但林学家却对他们的做法漫不经心，甚至说他们落后，不科学，而宁可用仅适用于半干旱平原地区的育林理论来进行林业经营。这个实例，其潜在含义值得深挖，但在这里我们仅想用这个实例来说明突破族际间的信息隔膜究竟有多难。

也和乌江上游一样，上世纪的60年代，这里也发生了生态环境灾变。在以粮为纲的政策下，毁林开荒吞噬了一半的育林地，严重的水土流失一度扩大。个别地区如锦屏县亮江上游的油茶林被毁后，森林植被至今还没有恢复。有幸的是这一灾变的过程历时甚短，当地各族林农传统的育林办法没有被遗忘。70年代末，实行家庭联产承包责任制后，各族林农完全按自己的传统方式育林。时下，清水江干流两岸的森林植被覆盖率已超过60%，生态环境明显好转，这次成功只能归功于各族林农的传统育林技艺和生态价值取向。[1]

据此，似乎可以这样表述生态民族学所追求的评估指标，即"各安其分"。需要补充的仅是，这只是就文化而言，而不是其他。让现存的各民族各自"甘其食，美其服"，但却不是让他们"老死不相往来"，而是要打通信息隔膜，让大家建立起深层次的全方位认识和理解。从这样的评估指标出发，泛化的生态维护的实质，正是将这样的指标推广开去，达成现存民族的一致共识。让现存各民族分别从自己的文化出发，利用和维护好他们建构的生境，全球性的整体生态平衡也就可持续地延伸下去了。

有鉴于此，泛化生态维护的终极目标，简单说来，就是在现存的传统利用格局下，靠跨文化的信息流稳定下来，并进而谋求不破坏稳定格局的新一轮发展。为了使这个表述更具体化，我们不妨进一步说，生态民族学的研究目的，既不容许沙漠扩大化，使畜牧民族的牛羊无草吃、无水喝，也不指望撒哈拉沙漠普降甘霖，好让稻作民族可以在上面种植水稻，而让沙漠游牧民族的非洲骆驼由于无用武之地而在地球上消失。原因在于，生态民族学家能清醒地意识到，靠文化维系起来的社会力量比之于自然力毕竟有限。地球表面的生态环境永远得千姿百态地并存下去，既有沙漠，又得有湿润原野；既有森林，又得有草原。立足于全人类的可持续发展，人类得有自知之明，不能逆天而行，只能顺天时而用，把大自然赐予人类的各式各样生态环境都利用好和维护好，这就是人类的大福分了。

生态民族学能领悟这个终极目标，但不能单独亲手兑现这个目标。障碍在于，跨文化的同质信息流至今还建构不起来，文化间的信息隔膜依然如故。世人完全有

---

① 单洪根. 绿色的探讨［M］. 贵阳：贵州民族出版社，1992：18—21.

理由责难生态民族学，你们只会说，却不会做。生态民族学的回答也不含糊，我们靠具体的文化而生存，我们不可能拔着头发把自己提出具体文化之外。

不了解实情的人还会这样提问，谁说跨文化的信息流没有建立起来，现代的互联网和新闻媒体不是能把每个信息传遍全球每个民族吗？为了说清其间的道理，可以举这样一些例子。

贵州省的紫云、望漠、长顺、罗甸四县毗邻地带的麻山地区，目前是我国高度石漠化的重灾区。地表总面积70%以上为裸露岩石，寸草不生，当地的苗族居民只能在岩石缝中掏土种玉米度日。这一地带早年生态环境同样十分优良，森林覆盖率超过80%。早在元代典籍中就提到当地的苗族，将他们称作"桑州生苗"，[①] 明代中期以后，又将他们改称为"康佐苗"和"克孟牯羊苗"，[②] 当时的典籍说他们靠"刀耕火种"为生，直到雍正改流前，麻山附近一直被视为"生界"，与地方政府不存在直接隶属关系。雍正大改流时，腹地的苗族居民全数归降了清廷，[③] 基层行政建制才开始设置。改土归流后，当地苗族居民学会了种麻，引种了玉米，一度因大批出售原麻而闻名，"麻山"一名因此而取。从改土归流到今天，麻山地区的苗族与外界的联系，一直不存在重大障碍。麻类和马匹的贸易，也曾为当地赢得过财富。明末清初之际，这里因为小有财富而成为周围军阀势力争斗的角逐场。战乱中为了清除行军障碍，无限制的使用火焚，当地的原始森林开始萎缩。而原始森林的最终消失，也与上世纪50年代的大跃进相关联。但直到50、60年代之交，全国最困难的时代，这里的苗族却依然丰衣足食，成了周围羡慕的地带。但随着石漠化的加剧，60年代以后，这里开始进入贫困时期。

80年代以后，这里是重点的扶贫区，各式各样的信息随着不同的扶贫政策，传入了麻山深处。他们拥有了最好的玉米良种，有了大量供应的化肥，也有了各式各样的人畜饮水工程，还有了电视转播设备。但如下一些情况仍然叫扶贫者大感意外。一、这里是紫云县化肥供应最充足的地带，但却是玉米产出最少的地带。二、这里是水利投资最多的地带，但却是人畜饮水最没有保障的地带。三、这里是新闻信息最容易获得的地带，但却是对外反馈最迟缓的地带。四、这里是各种新技术投入最多的地带，但却是收益最少的地带。似乎外界的新事物在这里遇到了隔膜，不能按预先的希望生效。目前，这里的苗族人民依然凭借"刀耕火种"和粗糙的传统农业糊口。

当地的苗族希望找到富裕之路，希望恢复良性生态环境，但就是不能从众多的致富信息中，筛选出合用的来。他们靠肩挑背驮开过梯田，修过梯土，引种过各式各样的良种，也在水利专家的指导下，掀起过找水运动，但成效都不大。我们相

---

① 二十五史［M］. 第9册. 元史. 上海：上海古籍出版社，1986：7282.

② 李汉林. 百苗图校释［M］. 贵阳：贵州民族出版社，2001：54.

③ 二十五史［M］. 第12册. 清史稿·那尔泰传. 上海：上海古籍出版社，1986：9935.

信，对这样的高石漠化地带，现代科技是应当帮得上忙的。但要做到这一点需要三个条件：一是苗族群众需要真正了解他们所处地带的特点。二是要准确把握那些在当地可用的现代科技的具体适用范围和方法，并能够有效的消化吸收。三是要将他们的传统技艺与现代科技接轨。只要这三项工作做好后，才能突破客观存在的信息隔膜。而完成这一工作，生态民族学可作出应有的贡献。

为了多提供一点启示，结束这段讨论之前，我们想引用李政道教授的一段有关微观世界宇称不守恒的谈话。李教授解释说，一度碰撞的两个粒子，不可能再以同一方式碰撞，因为它们之间没有信息沟通。同样的道理，若各民族间未能突破客观存在的信息隔膜，尽管他们都在按自己的方式搞生态维护，但生态失衡还会不断地发生。上文提到了各个实例中，生态失衡的原因正在于此。因而，建构高级的文化制衡格局，生态民族学认为关键是要完善等质的跨文化信息交流体系。

泛化的生态维护也是如此，目标有了，起点也有了，就是没有跨文化的同质信息流，并存的各民族文化还没有找到利用这些信息流的办法。于是从起点出发，折腾来折腾去，就是到达不了目的地。不明白实情的世人，不免要责怪行政领导说，你们一时要种草，一时要种树，一时要防洪，一时要伐木，你们到底要干什么？然而，任何一个行政领导同责怪者一样，根本没有预料到，喊种草时，河西走廊的农民会说我们又不吃草，干吗要种草？当号召全民动员死守长江大堤时，西方的水利专家看了会说，你们干吗不找块低洼地，把水放进去不就得了吗？天下事本来就是如此，所处文化不同，对信息作出的反馈当然不同。

生态民族学时下难以建构跨文化的同质信息流，当然令人沮丧。但泛化的生态维护并非全无指望，因为，我们可以退而求其次，在既定的两种文化或两种文化间，凭着这些文化运作所造成的生态后果，让他们达成双边或多边的妥协，让每一种参与协议的文化都在它最有效、最能承担起生态维护责任的范围内运作，区域性的生态维护就会被建构起来并持续下去。这样达成的文化间生态利用与维护平衡，可称之为"局部文化制衡"。生态民族学认为，这是近期可达成的有限生态维护方案。

三、跨文化生态维护的可行方案是局部文化制衡

一提到文化制衡，人们总不免把它与历史上曾经有过的族际关系平衡混同起来。在这里必须郑重申明，这两者不是一回事。历史上曾经有过的族际关系平衡，通常是凭借政治、经济、法律，甚至是军事手段，结成的暂时平衡，这样的平衡很难具备可持续性，一旦相关的政治、经济、法律等发生变化，平衡随即解体。然而生态维护是一项超长期的人类共同使命，需要的恰好是可持续生效的社会力量去推动。因而，历史上曾经有过的类似族际关系平衡不足以长期维持，只能发挥暂时作用，或者充当生态维护转换期的缓冲。

要正确认识文化制衡，首先是弄清文化的本质。关于文化概念的争论，在民族学界已经历了一个多世纪，但至今仍然觉得言犹未尽。由于本文任务所限，仅强调如下两点就够了。其一是，文化的内在结构是一个立体复式网络回路系统，这样的系统已表现为政治、经济、法律、军事等方面的具体内容，复杂得不可比拟。因而靠这些手段达成的族际关系，往往仅是触及相关民族文化的一个有限子系统，甚至是一个有限的点或面。即令达成了族际关系平衡，相关文化间的信息隔膜依然如故，致使达成平衡的各民族间下一步会发生什么变化，基本上无法预测。也正因为如此，历史上诸多曾经达成过的平衡，往往不是立足于文化，而是将相关文化强行简化，把立体的复式网络回路系统作为"黑箱"处理。仅仅把相关文化的某些表征要素人为线性化或强行线性化，以便相关民族对垒时，双方的表达可以勉强互通。这乃是长期以来，人们误以为民族间的交际不存在信息隔膜的原因。

为了解释清楚文化内在结构的这种复杂性，提醒大家注意一下我国浩瀚的《二十五史》很有必要。翻检《二十五史》，人们很容易找到我国各民族与中央王朝达成的各种关系，政治、经济、法律的都有，相互平衡的和激烈冲突的同时并存着。若不加以细究的话，会觉得极端乏味，因为这些记载中，充满了极其有限的土特产缴纳和中央王朝的有限物品回赐。即使是像和亲和激烈征战那样的大事，你也很难看出其中隐含着难于猜透的复杂文化内涵。然而问题正好在这里，充当朝贡礼品的土特产，在相关文化中如何定位？如何被生产出来？朝贡者出于什么样的动机？按什么样的文化礼仪前来朝贡？在浩瀚的《二十五史》中，你是查不到的。同样的道理，中央王朝的回赐在相关民族文化内造成了什么反响？引发了哪些牵连后果？你在《二十五史》中同样是查不到的。你能够查到的仅是某项政策的成败，或是边将的经验教训。然而，这一切远远不足以反映相关文化互动的全部复杂内容。

其二，必须正视，文化并不是僵死的社会条规拼合，它具有很大的灵活性，能够主动调适于改变了的生存环境，找到生态环境中的可利用对象，学会新的利用办法。一旦新学到的利用办法行之有效，文化还能自我复制，文化的这种自组织能力与生命现象极其相似，在能有效利用的生存环境下不断成长壮大，直到布满整个有效利用的生存环境为止。因而，把文化比喻为"准生命体系"并不过分。当然，学习和适应也和生命体系一样，是漫长的过程。更是一个需要付出艰巨代价的过程。当代众多令人惊恐的生态恶化现象，对人类而言并不完全是致命的。其中至少有很大一部分是学习与适应中必须经历的过程。讨论利用局部文化制衡机制，完善生态维护体系，看不到或忽视文化的这种能动作用，肯定要犯极大的错误。

立足于上述两个方面的文化本质特征，去理解文化制衡，我们有理由相信，即使不施加外来文化的影响，并存文化之间是可以自然达成质朴制衡格局的，正像自然界中不同的生物群落占据不同的生态位并行延续那样。然而，这同样是一个漫长的并需要付出艰巨代价的过程。面对全球生态环境的急剧恶化，生态民族学的重大使命之一，正在于缩短这种距离，加速全球生态环境的复位。这种加速生态环境复位的办法，可简称为"文化诱导制衡"。

文化诱导制衡的依据在于，生态民族学认为，历史上自然达成的质朴文化制衡，是相关文化仅仅了解有限周围环境，并针对其反馈，在长期的磨合中达成的文化分布面平衡。由于应付的生态环境范围不广，对生态环境的自然波动幅度把握欠深，因而达成的文化制衡格局应付突变的潜力不足，而当代社会却是一个经济全球化、高度信息化的时代，当代并存的各种文化，凭着民族学研究的资料积累和信息的快速传播，只要能找到突破信息隔膜的有效办法，就有可能为相关文化的调适，提供更丰富准确的大范围的生态背景资料以及其他文化对付类似问题的成功经验。相关文化的调适就做得更主动，更有效，文化调适的过渡期就可大大缩短。不难看出，文化诱导制衡的基石正在于全面地把握文化的复杂性，并承认文化具有准生命禀赋。只要为文化提供学习条件，就有可能诱导他学得更好，在适应的过程中达成局部文化制衡，肩负起有效利用并妥善维护区域生态环境的双重使命。

文化诱导制衡的基本操作大致如下：首先，界定需要治理的生态区，将该区域内并存的多种民族文化，一并纳入资料搜集的框架，全面梳理这些文化迄今为止利用生态资源和维护生态环境的现存资料及可以追忆的资料。以此框定并存各民族各自最能有效利用和维护的自然生态系统，在此基础上建构各民族间相互信守的生态利用与保护意象界缘。其次，凭借生态学研究的结果，确认该地区不同生态位具体的生态复位目标，并将这样的目标与上一级确认的界缘，一并纳入相关民族的关系契约中，作为以后制衡格局达成的远景追求目标。上述两项工作意在为相关文化的主动调适提供尽可能稳定的自然背景和人为背景，避免在未来的调适中出现取向的紊乱，延误调适终点兑现的时间。再次是，向相关各族村民提供尽可能多的选择方案。这样的选择方案包括现代科技的生物资源利用办法、生态维护办法以及世界各民族利用与维护类似生态环境的传统做法，鼓励个人和家户合作、选择试用。在这个选择过程中，最为关键的工作任务是，同村民一道从他们传统的立场认识现代科技、解释现代科技的结论，将这些结论转化为他们自己的认识。同时，用现代科技的立场和观点向他们解释和评估他们的传统资源利用方式。对介绍给他们的其他民族利用类似生态环境的传统做法，也采用相同的操作办法。必须指出，这是时下我们认为突破信息隔膜的最佳可行办法。最后是，在各族村民选择试行的过程中，和他们一道进行总结，并激励推广，最终使相关民族用好、管好自己理想的生态位。

完成文化诱导制衡的操作，需要排除如下一些习惯性的观念和做法。一、工作的对象当然是各民族个人，但应当清醒地意识到，个人仅是文化的载体，整个工作的实质是激励文化的主动调适，作个人的工作并不是目的。因而不应当把个人与其所属文化剥离开来，让个人脱离其文化传统去活动。二、必须明确政治、经济、法律等手段在整个过程中的作用。基于文化诱导制衡是立足于文化的能动性去展开工作，而不是干扰文化的运作或代替文化运作，因而上述各种手段的全部价值仅仅在于为文化的能动性发挥建构一个高度稳定的外部环境，使相关文化的调适不至于发生取向上的紊乱。必须指出，以往众多生态复位规划失败的原因，不少是轻易动用政治、经济、法律的手段干预，希图急功近利的结果，而不是文化调适失败的结果。三、必须处理好现代科技与传统生产方式的辩证关系。从终极上讲，现代科技可以为全人类所共享，这毋庸置疑，但这并不意味着，现代科技已经完善到可以全部替代传统生产技能的地步。现存的各民族传统生计方式并没有失效，但它需要现代科技的武装，完成升级换代，实行自我创新。在这个互动过程中，现代科技也可赢得进一步发展。因而，以任何形式将自认为先进的现代科技强加于人，并不留给足够的消化吸收时间，是危险的事情，它只会扰乱相关文化的调适取向，无助于局部文化制衡格局的达成。四、评估指标需要综合化。应当看到，市场经济效益与生物维护效益，族际关系安定效益，精神文明效益，是不能相互替代的分类尺度上的度量指标，缺一不可。因而，在文化诱导制衡的过程中，偏重任何一项指标都有害无益，必须均衡推进。这自然会派生出一个新的问题，假设在诱导的过程中某个当事民族短期内生态维护效益较好，市场经济效益则很差，这该怎么办？对此，生态民族学也无能为力，只有依赖我国优越的社会主义制度，建构可再生资源有偿利用的法律机制，向分享生态维护实惠的对象，按资源价值收取报偿，补贴资源维护者。① 应当看到，这也是替文化诱导制衡提供稳定的人文外部环境的有机组合部分。

四、单一文化区生态复位的可行方案是文化要素嫁接

在我国，汉族及其某几个少数民族的现有稳定分布区内，个别地区严重的生态失衡已经露头。在这样的地区，没有并存的异种文化可以与之制衡，靠文化制衡实现生态复位，不存在可资依托的人文环境，只能靠相关文化的歧变法实现生态复位的救治目标。由于任何一种文化都具备了惯性延续的特点，自发地产生文化歧变不仅费时，且极其艰难。因而需要使用导入异种文化要素的办法，诱使歧变的产生，缩短歧变所需时间，确保歧变定位准确。这样的生态救治方案称为文化要素嫁接。

迄今为止，救治大面积生态失调对策，具有三大特点：其一是，这种对策基本上是立足于纯技术措施制定出来的，较少考虑人文因素，当然更不会从文化的角度去做出规划。而文化要素嫁接的首要特点，就在于从文化出发，靠文化的正常运作，利用异种文化要素的特长，实施文化歧变诱导，去实现生态复位。其二，众多的生态复位方案，过分倚重政治、经济、法律等手段，同时忽略了此类手段的可持续能力。文化要素嫁接高度关注持续能力，在确保可持续能力的前提下考虑近期实效。因为，动用法律手段制裁污染的肇事者，虽则容易奏效，但不能保证不冒出新的污染者来，更无法避免有人会钻法律的空子，逃避法律的制裁，致使法律制裁长期以来只能被动应付，不能主动出击。文化要素嫁接，意在建构一种可持续运作的

① 余谋昌. 生态文化论［M］. 石家庄：河北教育出版社，2001：474.

文化力量，去逐步促成生态复位。其三，现行的生态复位方案，过分偏重单一指标的实现，忽略了生态复位是一项综合任务。即使单项的指标实现了，又会牵连诱发出其他生态问题来。文化要素嫁接则是将生态复位作一揽子考虑，靠文化运作去完成全方位的生态复位使命。需要声明的是，生态民族学绝不反对动用政治、经济、法律等手段去治理环境，而是反对过分依赖此类手段。因为，这样的手段只能治标而不能治本，它的最大价值仅在于营建生态复位的良好人文环境，不能视为生态复位的唯一手段。

面对我国三个大湖（太湖、巢湖、滇池）的富营养化污染，目前已提出了各式各样的救治方案。有的已在行政部门付诸实施。比如，说服教育环湖居民停止使用含磷洗涤剂，已经在太湖、巢湖流域各城镇全面推开，也得到了当地居民的通力合作。与此同时，还有计划地限制流域区的化肥使用，这都收到了一定的效果。但这个方案仅治标而不治本的致命弱点仍不容忽视，因为除了排放含磷洗衣粉造成的污染外，城镇居民排放粪便造成的污染也不容忽视。但我们却不能不容许排放粪便，也不能立即兴办大型的环保企业集中统一处理流域排放的粪便。还有，控制化肥使用，涉及面太宽太广。真正全部管好，需要做的事情不胜其烦，不可能在短期内生效。更其麻烦的是已经入湖的富营养物质，靠行政命令根本无法解决，一般性的技术措施也不能把它清除。只能等待长时间的上游淡水补给把它逐步淡化，在湖水逐步淡化之前，这些入湖的富营养物质还会滋生各式各样的水生杂草，随着季节的更替就地腐烂，继续恶化水质。要实现太湖和巢湖的水质迅速达标，靠行政命令看来很难实现。

另有人呼吁，兴建大型的环保工程，集中现代技术，收集入湖污水统一处理，达标后再往湖内排放。然而，兴建如此庞大的环保工程，我国暂时还投资不起，而且此类环保工程的巨额运转费用从何而来，在现行的经济建构中还没有着落，有限的环保罚款和环保费用支撑不起这笔巨额的运转费。而且这样的工程还牵涉到诸多不容忽视的人文要素。比如，排污量大的企业，会为了降低成本，规避检查，违规排放；又比如，提高环保收费，会涉及湖区每个居民的切身利益，说服教育工作难做。正因为存在诸多困难，兑现类似建议并不容易。

还有人针对湖水富营养化，风信子蔓延，阻塞水上航道，正积极研究引入专以风信子为食物的外国蚁种，希望通过生物办法，清除风信子的危害，这样的科研尝试当然可嘉，也能解决一些燃眉之急。但是，不要忘记，蚂蚁排放的粪便还得回到湖中去，腐烂后同样会降低湖水水质。此外，还需要注意到，清除风信子后，只要湖水自然富营养化，其他水草还会蔓延，从而使得引入的食草昆虫的研究工作不得不无休止的做下去，弄不好引入的外国物种还会诱发新的生物物种污染。

文化要素嫁接的对策要领是这样：借助西北欧各民族生态节约畜牧业的成功经验，与当地汉民族固有的资源利用方式相结合，建构可以滚动发展的富营养物质转移模式，清除已经人源的富营养物质。荷兰等国家围海造田形成的畜牧基地，实施的是节约畜牧业。牲畜屠宰后的下水经脱水后粉碎制作精饲料，牧畜粪便全部发酵生产沼气，提供牧场能源。发酵后的废水替代化肥培植牧草，从整体上建构起一套人为控制的物质与能量循环，在循环中获取能量物质。既不污染环境，又不过分依赖化石能源。应当看到，这种节约畜牧业确有其长处，但也有其不容回避的缺陷。以牧畜机体（不管是下水或骨血）作饲料，风险太大，闹得沸沸扬扬的"疯牛病"就与此有关。饲料产商集约加工饲料，对提高效益、降低成本固然十分有效，但牧场主难于实施饲料质量监控。前两年曝光的荷兰饲料中，化学有机物污染饲料，导致该国不得不批量宰杀牲畜，蒙受了很大的经济损失，就是一例。然则，这两项缺陷，在我国以家庭为单元的环湖地带很容易避免。

原来，我国河网稻田区的汉文化，客观存在着四大优势。一、在汉文化的饮食中，牲畜下水是加工美食的原料，而不是废物。汉族能够将一只鸭子加工成若干菜式的佳肴，并非虚言。二、滨湖地带的汉文化，家畜家禽可饲养的种类相当多，水域作业种类也十分丰富，不愁筛选不出最能富集营养物质的种养品种结构。三、滨湖区的汉文化一直是蚕桑稻渔组合格局，桑园和稻田天然具备了吸纳有机肥粪的潜力，使用得法可以最大限度地净化入湖水质。四、河网区汉文化，在太湖和巢湖已经定型，并稳定延续了千年以上，具有很高的可持续能力，导入新的文化要素不至于导致对汉文化的扰动。

凭借上述分析，实施文化要素嫁接的操作程序应当是：就太湖而言，以太湖流域的滨水定居稻作汉文化为"砧木"，以荷兰生态节约畜牧业为"接穗"，以富营养化太湖水长出的风信子及其他水草作为支撑"接穗"成长的物质基础，完成生态畜牧业的引进、消化和吸收。可供选择的操作方案有三种，一是以风信子等疯长的水生植物为基础饲料，规模饲养鸭、鹅等凫禽。二是利用太湖地区已有的"湖羊"饲养为生长点，扩大饲养规模，对风信子等水生植物实行加工，以满足规模饲养"湖羊"的需要。三是对风信子等水生植物实行脱水处理，加工成牧畜饲料运销外地。就地饲养产出的畜禽粪便混合新鲜水草供发酵生产沼气的原料，回收沼气作能源。发酵后的废水运往农田和桑园中，部分替代化肥使用。这一嫁接方案只要沼气发酵设备供应不成问题，其他环节当地农民都是可凭传统文化解决。这种嫁接方法的长处可以从五个方面体现出来。

1. 可以建构起一套全新的生态农业模式，更新传统的粗放经营方式。

2. 除个别环节外，绝大部分技术技能植根于当地传统文化，推广难度不大。

3. 在生产环节中可自然地将太湖中的富营养物质浓缩提走，逐步降低太湖水的富营养物质，提高太湖水的水质，彻底解决太湖的污染问题，为太湖水产业的复兴铺平道路，同时又无需另行投入污染治理费用。

4. 沼气发酵废水还田，压缩了化肥容量，从而有效地防范了太湖水的再污染。

5. 除水草和畜禽粪便外，其他生活废物也可就近纳入沼气发酵原料，从而有效解决居民生活废物的脱污处理。

我们坚信，按这一文化要素嫁接方案，仅需有限的投入，完全可在湖区农户中滚动推广，无需任何规模性现代环保企业，就可实现太湖水体的全面综合治理。

文化要素嫁接中，需要借入的文化要素，如果适应范围太特殊，直接嫁接很难发挥实效。这就需要辅以一些特殊的现代科技手段，才能确保嫁接的成活和具有实际的推广价值。

内蒙古高原上的腾格里沙漠在早年生态环境较好时，曾是牧草丰茂的大草原。进入20世纪后，随着牧场强行农田化，地表植被遭到严重破坏，诱发为沙漠扩大化。而今扩大了的腾格里沙漠已成了我国北方沙尘暴主要的扬沙来源之一。

面对沙尘暴的肆虐和草原的萎缩，当代的科学家和工程技术人员，也曾针对性地提出了一些对策。有的主张营建三北防护林；有的主张彻底改变游牧经营方式，实行定居放牧；有的主张开发地下水资源，遏制沙漠扩大。此外，还有许多纯技术性的固沙措施。其中，营建三北防护林可视为最关键、最有效的对策。然而致命的困难在于，这一地带地下水位太低，地表的蒸发量数倍于降雨量，营建防护林不仅难度大，而且成活率和效率都不高。加之营建初期的防护林需要人管护，在极度缺水情况下，养护人员很难在沙漠中立足，致使干旱地带的防护林建设很难推进。

在蒙古草原上，对生态环境的利用，效率最高的是蒙古游牧文化，但蒙古文化中并不具备彻底改造沙漠的禀赋。该种文化的长处，在于能最大限度地有效利用零星的水草资源。若零星的耐旱草类都无法长出，蒙古文化也将束手无策。为了确保蒙古文化能透入腾格里沙漠，显然需要嫁接一些能在极度干旱地带获取零星水源的文化要素。具备这一能力的文化要素，在民族志资料中数量不少。撒哈拉沙漠上的柏柏尔人，可以利用沙漠早晚温差极大，夜间可以冷到零点下的气候特征，在低凹的沙丘间铺上牛皮，牛皮上堆砌可透风的石块堆，将夜间凝结到石块表面的露滴汇集到牛皮低凹处。第二天早上，移开石块便可获得半升到一升半的饮用水。类似的做法在西南非的布须曼人中也在使用，只不过他们收集到的是雾滴。

我国甘肃南部黄河南岸台地上的东乡族、保安、回族，则利用类似原理定居种植耐旱作物。他们的方法是将黄河河滩上的鹅卵石不辞辛劳地用人挑马驮搬运到干旱的黄河台地上，[①] 平铺到可以耕作的地面上，厚度在10—25厘米之间。耕作时，当然不能翻耕，只能翻开鹅卵石，直接点植。禾苗出土后，又再用石块遮蔽根部。当地传统文化的这一巧妙操作，长处有四：一、遮蔽了土表，防止旱风肆虐掀起表土，起到了为庄稼固根的作用。二、盖住表土，避免了阳光直射，有效减缓了蒸发量，确保土中水分最大限度地为植物所利用。三、在降雨量与蒸发量比差高达1∶5的状况下，由于地表蒸发得到有效降低，免除了地表盐碱化之忧。四、这些石块与上述两例的原理相同，是可以从干旱的大气中榨取水分的有效手段。三个民族的这一特有生计方式，早就引起了有关部门的兴趣和关注，然而遗憾的是要大面积推

---

① 刘锋. 民族调查通论［M］. 贵阳：贵州民族出版社，1996：288—289.

广，根本无法找到如此多的鹅卵石，以至于在推广这一做法时，不得不改用人造的水泥，并将这一方法改称为"铺沙抗旱"。

要将这一文化要素嫁接到蒙古文化上，要解决的第一大难题，仍然是如何找到如此数量庞大的鹅卵石或代替品。这也是这一生计方式长期未引起学术界关注的重要原因。但到了20世纪后半期，"三废"污染成了公害时，情况有了改变。正当发达地区大量的固体废物无从处理时，我们想到了可否将文化要素的嫁接与固体废物的处理结合起来，搞一个"变废为宝"的一揽子计划。其操作要点如下：

一、将废弃的金属易拉罐在腾格里沙漠上，就地填满沙土，若条件许可，可在沙土中调入粘接剂。简单封固后，有规律地弃在沙丘迎风坡的底部，在易拉罐堆中播种沙生植物种子。日积月累之后，逐步修盖沙丘迎风坡，护住沙生植物定根生长，达到固沙目的。

二、以废弃的热熔型塑料为粘接剂，以沙摸上的沙土为骨料，加工成具有鹅卵石功效的表面光滑的代替品。仿照上项担任发挥固沙作用。此外，还可以仿效柏柏尔人的做法，使用塑料膜为隔水层，在塑料膜上堆积此类鹅卵石代替品，使它能够有效储藏降雨和不断凝结的露水，为穿越沙漠的人畜提供饮水。

三、从文化要素嫁接的角度，可采用激励机制，促成嫁接成活。比如，采用免费提供易拉罐饮用水的办法，激励蒙古牧民用完水之后，就地制作鹅卵石代替品，并按规定堆放，播种沙生植物。在自然运作中完成文化要素的嫁接，可以收到投资少，收效大的理想成果。

四、环保企业可以立足于自身特点，参与这一项目活动。比如，改变易拉罐的形状，使之更能发挥功效；又比如，在处理固体废物时着重研究将固体废物制作成成效更高的鹅卵石代替品，并探讨更有效的堆放办法，让蒙古牧民看到实效后，形成滚动推广的可持续社会动力。

五、这一方案也需要维护，维护的难点在于此类堆弃物容易被沙埋掉，失去效用。必要时需要人畜力量，完成翻动作业。然而在这一问题上，有待研究的问题很多，但只要研究取向不变，完全可以通过技术手段自然实现堆弃物的翻动，避免沙埋。

某些大型的生态工程，由于牵涉面广，需要嫁接的文化要素非止一端，这就需要多种文化要素的组合嫁接，才能奏效。洞庭湖的大面积退耕还湖就是一例。洞庭湖区实行大面积退耕还湖，最大的障碍是移民问题，其次是水域管理问题。由于当代汉文化的导向作用，南方滨湖区必然是人口密集的定居稻作区。洞庭湖区的退耕还湖关键是移民的去向，如果能做到退耕而不移民，问题就迎刃而解了。但这就意味着，要将陆上居民转变为半水上居民。按照当代汉文化的正常运作，最佳的利用对象主要是浅水湿地，深水水域除了发展水产外，利用效能不高。因而文化要素嫁接的目标在于提高水域，特别是深水水域的利用效率。此外，季节性洪泛区的利用也不容忽视。长期以来，我国的行政管理体制都是把定居居民当作管理的主体，水上流动居民、游牧居民和刀耕火种居民的管理一直存在着诸多漏洞，因而退耕还湖而不移民就会呈现管理上的漏洞。三方面情况的交叉，使得大面积退耕还湖需要嫁接的文化要素不可能单一化。

由于受篇幅所限，此处不能按文化要素逐一讨论，只能提供一个可以嫁接的文化要素清单，并简略地做综合性利弊分析，仅供参考。

鉴于多年围湖造田的结果，洞庭湖水域的水位高度平均高于滨湖的农田和村庄。若按国务院规定，海拔 27 米以下均须退耕还湖，所涉及的农耕面积将广达 3000 多平方公里。退耕后，将会形成大面积的深水区和浅水区以及季节性的洪泛区，从而形成差异很大的多种生态位。这些生态位都会面临水位不稳定的挑战，常规的稻田农作难于实施，退耕后居民生计将成为严重的问题，国家补贴无济于事。这就需要产业的转型，为此而进行的文化要素嫁接，如下一些项目可供参考。除当地居民已有水产养殖基础外，孟加拉人的深水稻种植，可供嫁接选用，主要适用于水位变动较大的浅水区。台湾高山族曹人和金区湖上的柬埔寨人行之有效的芦苇根扎筏的飘浮种植可适用于深水区。季节性水淹区可自然生长苔草，水退后可形成季节性牧场。我国彝族、土家族传统的季节性垂直放牧经营方式可资选用。

有关居民生活方式的文化要素嫁接，如下一些项目具有较大的嫁接价值：我国百越各民族的干栏式住屋可适用于水位变动地带的村庄建设；我国苗族西部支系的季节轮换村寨制，也可试行。深水区的村庄建构，近年来荷兰人兴起的海上漂浮集镇可资选用。至于生活的"三废"的处理可效仿上文提到的太湖环境整治方案，用快速蔓延的水生草类发酵沼气，提供能源。发酵后的废水，沿水路上溯运返归高地农田替代化肥。上述各项文化要素嫁接定型后，可转营水上旅游。

上述嫁接绝不能简单地照搬，需要辅以诸多现代科技手段。比如干栏式住屋的支撑柱，就需要考虑使用混凝土立柱；飘浮集镇的建设，肯定要选用现代的高效能浮体材料；深水水稻的种植和推广，要考虑科技育种问题；水上漂浮种植又必须使用现代科技，预防疾病蔓延。

这一套一揽子计划，从现代科学技术的角度看，并不存在不可逾越的困难。但从人文的角度看，却困难重重。首先，滨湖居民由于高度习惯了汉文化，从感情上难于接受这样的方案；其次，生活习惯的改变会派生诸多社会问题；最后，嫁接成活后，水域居民与陆地居民的关系不好协调，特别是资源维护报酬难于操作兑现。然而，不管存在多大的困难，在退耕还湖没有其他良策的情况下，这样的方案毕竟值得一试。

生态民族学是一门新兴的学科，其理论架构与方法尚有诸多不完善之处。因而，本文的讨论及有关建议，敬请同仁批评指正，共同推动这门学科的完善与成长。

[原载《贵州民族研究》2003 年第 1 期]

用好水土资源需要发扬和借鉴各民族传统文化

摘要：水土资源是一种复合的自然资源，水土资源各构成要素在地球表面的分布很不均匀，致使世界上不管哪个国家、哪个民族，在其活动范围内，水土资源的构成都各有利弊，互有得失。静态地评估水土资源优劣并不能客观地反映一个国家、一个民族的水土资源实情。用好水土资源的关键是针对客观存在的水土资源现实兴利除弊，而真正做到兴利除弊就需要发扬各民族传统文化中因地制宜的水土资源利用智慧和技能，借鉴其他民族成功的治水治土经验，最大限度地发挥自己所掌握的水土资源的利用价值，才是获得可持续发展的根本大计。轻视自己的传统文化，不愿意学习与借鉴其他民族利用水土资源的智慧和技能，是当前水土流失治理中亟待克服的弊端。

关键词：传统文化　生存智慧　生存技能　水土资源

一、引　言

水土资源是一种多因素复合的系统性自然资源，其中除了水资源和土壤资源外，所处的地理区位、地质背景、大气环境以及上述各种因素的匹配关系，都会直接或间接地影响到水土资源的利用价值。上述各项因素在地球表面的分布极不均衡，致使地球表面的水土资源结构千差万别。在不同的地区互有区别，各有优势，其利用方法与利用价值也自然各不相同。可以毫不过分地说，世界上不管哪个国家、哪个民族都不会有十全十美的水土资源，也不会有完全没有价值的水土资源。由于任何国家或民族已有的水土资源都是大自然赋予的结果，人力无法简单改变，因而因自己的水土资源丰富而暴殄，或因自己的水土资源不佳而沮丧全都无济于事，关键是要设法提高已有水土资源的利用价值，维护好已有的水土资源，防范并治理好各式各样的水土流失灾变，才是获得可持续发展的正确道路。

提到水土资源维护，不少人总是寄希望于巨额的资金投入、宏大的工程或者动用高科技手段，但我们认为现代科技和大型工程对用好水土资源固然重要，但它们毕竟只是工具和手段，必须通过人的因素才会更好地发挥其效益。而人类又各有其民族文化的归属，各民族面对各不相同的水土资源背景，在世世代代的经验积累和生产生活实践中，对自己所拥有的水土资源了解自然最深，利用得最好，形成独具特色的生存技能和生存智慧。这样的智慧和技能包含在各民族的传统文化之中，是人类用好各不相同的水土资源的珍贵精神财富。因此要用好我国的水土资源，就得发扬各民族传统文化中的生存智慧和技能，借鉴、引进、消化和吸收其他民族的生存智慧与技能，才能实现我国水土资源的永续利用，支撑经济的可持续发展。

那种因我国水土资源存在诸多不利因素而悲观失望、怨天尤人的想法，是一种缺乏自尊与自信的表现。那种鄙视各民族传统文化，片面强调高额资金投入，等待高新技术创造奇迹的观点，也具有很大的片面性。只有对我国各民族传统文化中利用水土资源的智慧和技能充分地认识和理解，并对其进行有效地发掘和利用，我国水土资源利用的不利因素才能得到彻底的克服，资金的投入才能生效，现代科学的引进也才能获得必不可少的针对性和实用性。为此，用好我国水土资源绝不是单纯的技术问题，还是一个不容回避的认识问题。只有对我国各民族水土资源利用的智慧和技能获得了正确的认识和理解，才能真正地用好我国的水土资源。

二、正确认识各民族传统文化在水土资源利用上的珍贵价值

我国的水土资源确实存在诸多不尽如人意的缺陷。在我国 960 万平方公里的土地上，已存在的荒漠化土地面积 111.7 万平方公里，占国土面积的 11.6%。其中，风力作用下的荒漠化面积占 33.2%，水蚀作用下的占 33.8%，物理及化学作用下的占 33%。另外，我国还分别有易受风力、水力作用和盐渍化影响的潜在荒漠化土地 53.5 万平方公里、87.5 万平方公里和 17.3 万平方公里，共计 270 万平方公里，占国土面积的 28.1%。而我国人均耕地面积只有 1.32 亩，大大低于世界人均 5.5 亩的水平；我国年人均水资源占有量为 2700 立方米，仅及世界人均占有量的 1/4。

面对这些不利因素，有人一味与其他国家和地区攀比，认为我国水土资源样样不如人。然而人力虽无法改变水资源构成，但却可以把已有的水土资源用巧用好，变不利为有利，同样可以获得可持续的发展能力。为这些不利因素而沮丧没有道理。事实上，我国各民族已在不利的水土资源情况下做出了惊人成效，而这些成效的依托正是我国各民族的传统文化，特别是各民族传统文化中的生存智慧和技能。看不到、用不好这样的智慧和技能，才是水土资源利用的最大悲哀。肯定我国劳动人民的智慧和技能，对我国的水土资源做出正确的评价在学术界不乏其人。

黄万里先生就是这样一位难能可贵的学者，他的论文《增进我国水资源利用的途径》一反水资源研究者的常规看法，明确指出我国的水资源并不缺乏而是相对丰富。相对于和我国在地理上处于相近纬度的西欧和北美，我国的年均降雨量都高得多，以至于我国的长江和珠江两大流域能够种植连片的水稻，并以此养活了十多亿的庞大人口。即使在相对干旱的华北平原，我国劳动人民也能巧妙地利用小麦、玉米的隔年换茬有效地避开频繁发生的春旱或春夏连旱，获得了单位面积产量超过西欧、北美同纬度地区的较高农耕水平。他认为中国劳动人民在利用水土资源上是成

功的，该文如下一段结语耐人寻味：

我国农作物在各地区都是依照当地的农业气候，即无霜期内气温分布、降水量分布的具体条件安排的。这种安排总是使农业用水比平均气候提供的条件要高一些，遇丰水年可收获多些，足够抵消枯水年的歉收，以尽量发挥自然界提供的气温、日照和降水的条件。惟其如此，我国才可能支持诺大的人口。尽管还有许多客水资源未曾充分利用，在华北、东北、西北充分加以利用后，它们有限的水资源总量是可能估计清楚的。这些年水量分别除以当地的人口，所得每人每年享有的水量可以反映各地水资源的贫乏程度；但是必须同时指明各地相应的无霜期、气温、日照等条件，才能作有意义的比较。至于华南、东南、西南水资源可以得到充分的供给后还有余，把自然年水量除以当地人口，所得人均年水量并不能因它少于其他国家而表示我国水资源贫乏；因为我们已经充分利用了水资源还有余，他们地广人稀，故而河水中剩余的水很多，人均年水量很大。相反地，这恰恰说明了我国人民的勤劳和智慧。

从我们的理解出发，对黄先生的结论需要略加补充。一则，黄先生所举的实例主要是指我国的汉族人民而言，并未包括我国其他少数民族，而我国其他一些少数民族还有其他值得称道的水土资源利用经验和技能。二则，黄先生所说的核心问题主要是水资源利用问题，然而从他所举的例子看来，还包括了对土地资源和其他自然资源的正确认识和合理利用。应当说，这是成套的生存智慧和生存技能。三则，这样的生存智慧和生存技能是以汉文化为载体而整合起来的。它与汉民族的宇宙观、自然观和价值观密切相关，因而不仅仅是一个简单的对自然资源适应问题。除此之外，我们在黄先生的论文中看到的是对汉民族文化价值的认可和赞誉。而这一点，正是当前的众多水土资源维护和灾变救治工作者最为缺乏的基本认识。事实上，很多人在从事水土资源维护和灾变救治时，无意中失落了中华民族文化的价值。而立足于中国的水土资源利用而言，中国人自己的文化价值是无可替代的至宝。不总结并发扬我们自己的治水治土的经验和智慧，不管是哪个国家搬来的先进玩意，都无法在当地发挥其原生地固有的实效。

除了汉民族外，我国还有 55 个少数民族，每一个民族都在他们的生存地域内，在世代积累中探索、总结出了众多到今天仍不失其价值的水土资源利用经验和智慧。在此仅罗列三项至今尚在使用之中的保水保土的生态智慧与技能略加说明，以揭示各民族传统文化的特殊价值。

三、我国少数民族利用水土资源的成功经验和成熟技能

我国黄河的兰州河段及南部主要支流洮河和大夏河一带，生息着四个信奉伊斯

兰教的民族即回族、东乡族、保安族、撒拉族，连同当地的世居汉人，在极其干旱的黄土高原上创造了覆砂抗旱的农耕技术。其基本做法是，在耙平的旱地上铺上一层 12 厘米的细河沙，沙粒直径在 1 毫米左右。细沙上再盖直径在 1—7 厘米的大小不等的鹅卵石，铺垫厚度达 5—10 厘米。从表面上看，这样建构起来的砂田既不能用畜力翻耕，又不便于施肥，播种时劳动强度大，因此似乎有些愚蠢，但种植的效果却使很多旱地农业专家为之叹服。其实质功效有如下六个方面。其一，在卵石之间或沙粒之间形成了稳定的空气隔热层，在当地昼夜温差高达 11 度乃至 20 多度的情况下，夜间降温时土地热量不容易散失，致使在每年的早春其土壤温度比不用砂石覆盖的土地要高出 3—5 度，使玉米的播种时间可以提早半个月，收获期可以提前 20 天，有效地避开了霜害。其二，因为覆砂后地温较高，冬季的积雪可以及时融化，提高了春季的土壤墒情。下雨时，雨水可以顺着卵石渗入土中，提高了对雨水的截留能力。即使是仅下不足 5 毫米的微雨，也会因为有卵石的隔绝而不被蒸发掉，使天然降水最大限度地被农作物利用，减少水资源的无效浪费。因而，这是一种干旱地带有效提高雨水使用效益的好办法。其三，覆盖卵石还具有抗风蚀的功效。黄土高原上颗粒细小的土层很容易被风吹走，严重时甚至将作物的根暴露出来。有了卵石的庇护，作物绝无遭受强风袭击的危险。其四，卵石覆盖还能有效地抑制杂草的生长。对农作物有害的杂草由于很难靠自己的力量长出沙土层，因而杂草生长受到了很大的抑制。杂草即使萌发后穿过厚厚的砂石层，草茎也极为瘦弱，很容易被清除掉。其五，这一地区的年蒸发量高于年降雨量的 3～5 倍，若无卵石覆盖，人工灌溉后土地极容易盐碱化。有了卵石层的庇护，地表的直接蒸发被降到了最低限度，因而凡是砂田均能有效防止盐碱化的发生。其六，这样的卵石吸热升温快，降温也快。白天可以抵抗烈日，避免作物的根部受过分日照而损伤；夜间表层鹅卵石又能很快地降温至与周围的空气相同。在一年中，有 1/3 的天数由于昼夜温差剧烈都能在卵石的表层形成露珠滴落到地下，不花任何劳动而实现了天然灌溉。这些既巧妙又实惠、适应于当地生态环境的耕作办法，至今仍发挥着极大的效益。当地砂田玉米每亩的产量要比非砂田高出 2～3 成，普通玉米可收 700 斤，杂交玉米可收近千斤，同时大大节约了灌溉用水。遗憾的是，在当前的水土资源利用中，这样的智慧与技能并没有得到发掘和推广，更没有借助现代的科学技术使之实现创新。当地汉族和这些少数民族的文化价值在实际的水土资源利用中其实是被遗忘而失落了。事实上，这种砂田投资成本比以色列最先进的电脑滴灌技术还要低，而且不需要耗费其他能源，管理和操作也极其简易，同时比以色列电脑滴灌技术更能抑制盐碱化，更能提高土壤资源的活性，因而其价值绝不逊色于以色列的灌溉技术。

贵州西南部的石灰岩山区目前正面临土地石漠化的威胁，但当地的各民族却有一套行之有效的做法，能够在裸露石崖的夹缝中种上具有一定价值的经济作物，使之成为石漠化地带生态恢复的先锋植物群落。麻山腹地的苗族群众选用的树种是构树和藤本岩豆，而北盘江流域的布依族群众则选用马桑树和椿树。构树是一种桑科植物，其树皮纤维不仅长而且坚韧，早年苗族群众用这些纤维来制作衣物。清代后由于棉花和麻的推广种植，构皮的衣料价值逐渐被替代。但构皮纤维由于可以作为优质的造纸原料而成为当地苗族重要的外销土特产品。更重要的还在于，构树的叶和果实是重要的猪饲料，剥下皮后的枝条又可充作燃料，普遍种植在当地具有较高的经济价值。当地苗族饲养的猪都采用放牧方式，猪采食构树复果后，由于其种子具有坚硬的外壳不会被消化，而随猪粪一道排出，在土边地角和草坡上分散开去，来年这些猪粪堆就成了构树种子的培养基。春雨过后，从其中就会长出一丛丛的构树苗来。只需要将这些构树苗就地拾取，用棍棒沿着有土的石缝戳一个浅洞，将构树苗连同猪粪一同塞入洞中，稍加压紧，就能长出构树来。三年后，就可以采集构树叶喂猪；五年以后便可以修剪枝条，剥取树皮。但当地群众无论构树皮的售价再高，都绝对不会砍断构树的主干；无论燃料多么缺乏，都不会动岩缝中的构树根。因为他们深知这种连片种植的构树不仅具有经济价值，而且还是一个微型水库。一方面，在构树枝条的荫庇下，那些裸露的石灰岩上会慢慢地长出青苔，在岩缝中还能长出浓密的蕨类植物来。一旦构树的浓阴荫庇时间超过三年，这样的苔藓层在下雨时可以像海绵一样吸收超过自身重量 5～10 倍的雨水。哪怕无雨期超过两个月，从青苔中释放的雨水还能顺着石缝在山脚汇成小水塘。当地群众的旱季生活用水就是靠这样的小水塘维持。北盘江两岸的布依族选用马桑树作为石漠化救治的先锋树种也有异曲同工之妙。马桑树由于不能充作燃料，很少遭到人为破坏，而马桑树叶可以饲养野蚕，在当地具有一定的经济价值。更可贵的是马桑树扎根很深，而树冠藤蔓迁延，对裸露的岩石具有很好的庇护能力，岩石上容易长出苔藓层来。布依族对马桑树的育苗也借助了生物办法繁殖。马桑树结的浆果是众多鸟类取食的对象，而马桑树种子也像构树种子那样，不会被消化而随鸟粪排出，鸟粪一旦落到潮湿的土里就能萌发成苗。只需将这样的育苗插入有土的石缝中，就能轻而易举地定植成活。若鸟粪落在光滑的岩石上，只要刮取塞到石缝中，同样能长出马桑树来。

上述两个民族在石漠化岩山上恢复植被的做法，不仅成本低、成活率高以及成活后郁闭快，而且在获取其经济价值时不需要改变土石结构，更不会损坏岩石上的苔藓层，是一套行之有效的石漠化植被恢复技能。然而遗憾的是，这种技能至今没有得到足够的认识。时下在当地实施的石漠化救治办法是开山取石，堆砌石埂，从石缝中掏土修建梯田。修建一亩这样的梯田需投入人工一千个以上，但留下的隐患却令人担忧。其一，这样造成的梯田会打乱地表的土石结构，特别是掏土建梯田会将岩石的纵向裂纹掏空。这样的裂纹下接地下溶洞，一旦下雨，雨水会沿着裂缝完全泄入地下溶洞，即使修成梯田也会十年九旱。其二，这样的梯田一经修成，周围石山上将会寸草不生，石漠化并不能因此得到救治。残存的害兽、害鸟和害虫没有受食物链的相互牵制，会成群结队地危害农作物，即使长成了作物，也不能保证收到家。其三，这样建构的梯田全部是一些体积庞大的花盆而已，长出的农作物不容易与外界环境顺利地实现物质、能量的循环，土壤会越来越贫瘠，若不年年投入大量的化肥，根本不能连续耕作。最后，这样做的后果将导致多种经营的完全丧失，日益突出的燃料危机和水源枯竭将导致当地群众难以稳定定居。这些不切实际的石漠化山区整治办法一旦强行实施下去必将贻害无穷，当地民族传统文化的失落不仅是水土流失灾变救治的悲剧，也是当地的生态悲剧。在自然规律的作用下，地球表面永远会有相对干旱的地带存在，生活在干旱地带的民族如果没有相应的适应干旱环境的能力，其稳态的延续就将无从谈起。而这种能力往往在相关的民族文化中以特殊智慧与技能的方式表现出来，发掘、整理和利用这样的智慧与技能在今天的干旱地带仍然具有不容忽视的价值和作用。

我国宁夏回族自治区南部山区的回族居民在干旱生存环境定居时间已经超过了500年，相应地建构起了一套能利用有限水源的生存智慧。当地年平均降雨量均低于600毫米，最低的才200多毫米，而且降雨十分集中，能产生地表径流的大雨和暴雨都发生在秋季，在其余的月份里则几乎无明显的降雨。在这样的山区，残余的地表径流几乎不存在，在枯水季节获取天然的水源得离开住地步行数十里甚至上百里才能找到饮用水。为了在干旱季节仍能保证足够的人畜饮水和灌溉用水，当地的回族居民利用短暂的暴雨季节，将临时出现的地表径流引入预先挖掘的地下水窖之中储备起来，供一年之用。这种表面上看起来十分简陋的生存办法，在当地却行之有效。因为它无需复杂的设备，也无需任何尖端的技术，而是就地取材，获取雨水。在没有现代建材设备的情况下，他们的水窖挖成了酒瓮型。为了避免宝贵的雨水渗漏而损失，水窖的下层都用黄土高原底层的红色土拌上草梗涂抹，储藏进去的雨水能保持较好的水质。

比回族的这种做法更为复杂精细的实例，是至今尚存的北京北海公园内的团城，它是明清两代皇家园林的组成部分。团城内的地面高于周围地表7米以上，周围又被严严实实的城墙所包围，就实质而言，它简直是一个人造的大花盆。可是在这个大花盆内古木参天，花草繁盛。而且这些团城内的草木平常并无需精心的关照，也能生长的十分茂盛。北京的降雨量只有600毫米，每年还有春旱甚至春夏连旱，在通常情况下，高出地表7米以上的人工花坛植物肯定不能够正常生长。然而，团城建筑结构的精妙之处正在它与回族水窖的用意相似，充分地收集、储备了天然的季节性降雨。团城内除人工建筑外，整个地表都用倒梯台型的地砖铺就，地砖下方的垫土是泥土、石沙和石灰充分混合后拌入断草梗混合而成。这种铺垫方式可以确保暴雨时节的降雨能够迅速透过砖缝和垫土渗入泥土中储备起来，而不是白白排掉。此外，团城下方3~5米处还有一个复杂的水网，由一系列涵洞纵横交错地密布在团城底部。这些涵洞也是用砖砌成，可以与周围的土壤实现水分的互渗。每一条涵洞在相隔一段距离后，都建有竖井与地面相通，竖井口都盖上了类似于阴沟口的透水盖板。需要注意的是，这套复杂的水网系统并不是阴沟，而是一套储水装置，暴雨时节地砖缝来不及下泄的地表径流可以通过竖井口灌入地下水网中储备起来，可以很好地避免水分过多集中时窒息植物的根部，导致植物的死亡。而在干旱季节，地下水网中的水又会透过砖缝渗透到周围的土壤中，滋养地表生长植物。确切地说，整个团城近似一个利用天然降雨的全自动灌溉系统。团城中那株树龄超过 500 年的古柏，就是依靠这一套系统而成为北京的名树。

类似的精巧设计还广泛地应用于天坛、社稷坛的人行道以及很多重要的王宫腹地。此类古建筑群中的树木可以长得比野生环境下的植物更其茂密，又不需要额外的人工灌溉，完全得利于这种精巧的设计。相比之下，北京城的现代建筑却是清一色的用混凝土铺地，一方面道路设施隔绝了土壤和空气，庭院中的植物根部不能有效地呼吸而正常生长；另一方面，天然降雨全部流过水泥路面进入下水道白白的排掉。以至于到了旱季，整个北京城的现代园林如果不实施人工灌溉，几乎有一半的树木要枯萎掉。这不仅费工费钱，而且要消耗整个北京城已经不敷使用的淡水资源。相比之下，传统做法的价值就显得更其难能可贵了。

在今天的宁夏回族自治区，传统的水窖由于提黄工程的兴建正逐步被淘汰。同心县、固原县等地凡是提黄工程能够到达的地带，已有的水窖都被废弃。但认真思考后，目前的这种做法并不足取。尽管提黄工程可以提供充足的饮用水，但是对于黄河中上游干旱地带而言，水资源始终是经济社会发展的关键制约因素，节约用水应当是一个长远的任务。更何况提黄引水需要花费电力，还需要建构极其复杂的现代设备，在经济上并不划算。而且，这样提黄灌溉还会诱发次生的土地盐碱化。更何况在黄河下游经常断水的今天，中上游减少提水量正是为我国的水资源利用平衡做出积极的贡献。因此，对宁夏的回族山区而言，正确的做法只能是，使用正确的现代技术和材料，借鉴北京团城的聚水的设计原理，对传统的水窖进行技术创新，把每一滴天然降水都用好，才是最稳妥的水资源利用办法。干旱地带各民族的节水技能价值的失落同样是我国当前水土资源利用中的一个重大损失。

上述三个实例，充分表明我国各民族传统文化中利用水土资源的智慧与技能具有无可替代的利用和借鉴价值，比之于现代的水利工程并不逊色，发扬和借鉴此类传统文化的智慧与技能，完全可以弥补我国水土资源的缺陷，并能获得超越世界水平的水土资源利用价值，从而实现我国水土资源的永续利用。如果与现代高新技术接轨，这些传统技术和技能不仅在全国范围内可资借鉴和推广，还可望我国水土资源利用方式上的现代化创新。

四、发扬和借鉴传统文化

我国的水土资源构成极其复杂，我国各民族在长期的生产生活实践中，积累起了多样化利用水土资源的渠道和方法，也找出了一系列防治水土的有效对策，总结出许多有效治理水土流失灾变的经验。这些各民族的文化精华若得不到充分的认识和利用，将会使我们今天的水土流失治理工作陷入盲人瞎马的境地。上述三个实例对于我国丰富的民族文化宝库而言，不过是九鼎一脔而已。但它们充分表明，忽视了民族文化的价值，即使再大的工程设施，再先进的技术，都无法与我国错综复杂的水土资源组成结构相兼容。正确的做法只能是，在充分认识和发掘各民族传统文化的价值后，针对性地引进现代技术，只有在绝对必要时才动用工程手段，我们的水土流失治理工作才能事半功倍。本文的目的正在于，力图挖掘、发扬和创新各民族的传统文化财富，以此为依据提出一条正确的水土流失治理思路。完成这一任务需要从三个方面入手。其一，总结各民族传统文化中有效利用所处地区水土资源的智慧和技能，以便提供一整套多样化的水土资源利用的办法，从而和我国错综复杂的水土资源结构相匹配。黄先生的文章提到的实例提供了两种办法，一是丰水区的稻作办法，二是相对缺水区的旱地换茬轮作。然而光有这两种办法是远远不够的，在我国丰水区的长江流域也有相对干旱的季节和干旱带。而半干旱的华北平原也有相对湿润的丰水带。在这种情况下，借鉴其他民族的做法就显得至关重要了。举例说，金沙江、安宁河河谷就处于季风气候带，季节性气候干燥十分严重，不仅耕地经常受害，人畜饮水也会出现季节性困难。那么，上文第三个实例提到的办法应该是最节约、最稳妥的适应办法。同样道理，在我国干旱的河套地区植树种草成活率极低，人工种树种草成本太高。那么第二个实例中的生物育苗办法就可能派上用场。只有对水土资源的利用掌握尽可能多样化的办法，我国的水土资源才可能得到更加充分的利用，人畜超载对水土资源的压力才能在一定限度内得到缓解，为我们赢得可贵的水土流失治理时间。

其二，我国水土流失原因错综复杂，因而控制水土流失的办法也必须多样化，有幸的是，我国各民族已经为我们准备了各式各样的水土流失控制办法。借鉴这些做法，肯定可以收到他山之石，可以攻玉的奇效。举例说，第一个实例中提到的砂田从表面上看是一种节水抗旱农耕模式，但如果移植到更其干旱的黄土高原沟壑地带，却可以改造成一种抑制土壤流失的有效办法。在开始露头的侵蚀沟源头铺设固体块状堆积物，在暴雨季节可以有效地减缓地面径流的速度，有效地抑制流水切割。而在干旱季节，由于这些堆砌物能有效地抑制地表蒸发，确保在这些堆积物的缝隙中长出牧草，甚至灌木丛来。一旦植物群落定根，固体堆积物可以顺侵蚀沟下移，形成新的植物群落。这种办法若能与固体废物的处理结合起来，并赋予现代技术的成型办法，使这样的堆砌物效能得以提高，将不失为一种抑制黄土高原侵蚀沟扩大的可行方式。同样的道理，在黄先生的文章中提到的换茬轮作在半干旱的农田中推广，并在作物中套种牧草，有效地提高土壤的庇护率，那么半干旱地区的风蚀、沙漠化问题就可以得到抑制。据国外提供的资料表明，地表的覆盖率在水侵蚀地段超过40%，在风蚀地段超过60%，水土流失将得到有效控制。上述的做法要达到这样的指标难度并不大。只要选择好换茬的作物品种和牧草品种，不到10年，就能在沙漠化的防治中发挥积极的作用。

其三，水土流失灾变是一个复杂的物质与能量的运动过程，其造成的后果也具有多重性，对灾变留下的后遗症进行治理也不能简单化。因为灾变后的水土资源结构已经发生了变化，按照单一的办法去整治这些后遗症，肯定无法收到明显的成效，因而水土灾变的救治也需要办法的多样化，我国各民族的传统文化中也已经为我们储备了医治水土灾变创伤的多样化对策和措施。借鉴、改进这样的办法和措施，就能使我们的灾变救治工作做得更好。上文提到的麻山地区苗族和布依族治理石漠化的办法就是一个很好的例证。在这个例子中，他们不仅考虑到了救治过程中的经济收益，同时考虑到了治理办法的尽可能省力省钱，又考虑到了石灰岩纵向裂纹的堵塞以及有利岩石表面长出青苔和岩缝中长出蕨类植物，以增加水资源的截留能力。一个简单的办法中兼顾了多重的治理需要和治理目标。这样的思路借鉴到我国北方沙漠化的治理，首先能够保证获得一种多角度的治理思路；其次还可以启迪受沙漠威胁的人们如何利用现有条件增加地表覆盖，减缓蒸发，提高水的使用效益。举例说，在干旱地带不可能迅速地长成绿色植被，但作物秆蒿肯定是有的，牲畜的粪便也肯定是有的，这些废物如果能采取有效的办法固定在地表上，再加上现代科技的辅助、黏结使之成型，而不会被风轻易吹出，那么土壤抗风蚀的能力肯定能得到一定程度的提高。有幸的是，用秆蒿覆盖减缓风蚀和水蚀的办法在国外已经有了报道，足见这一思路具有其科学道理。再如用生物的办法播种野生植物，在荒漠化的草原上也有借鉴价值。只要能像砂田那样把含有野草种子的牲畜粪便庇护起来，其中的野生植物种子，即使再干旱，只要能截留天然降水，同样能发芽生根，在荒漠上形成植物群落。总之，借鉴各民族的水土资源利用的智慧与技能，并辅以现代的科学技术，肯定可以收到比单一的工程技术措施更好的救治成效。

民族文化价值传统的失落，总是在很多人不经意的情况下发生的，但这种忽视却可能扰乱我们控制水土流失的思路，使我们在引进现代科学技术时失去了针对性。在开展具体的工程技术措施时，又难以切中当地的实际需要。有鉴于当前的水土流失治理不尽如人意，关注民族传统文化的价值就显得正当其时。

五、小　结

对任何一个国家和民族而言，水土资源的结构与特性是既定的事实，其中必定是利弊得失参半。用好水土资源是摆在每一个国家和民族面前的共同课题，而用好水土资源的关键正在于发扬与借鉴各民族的传统文化。将各民族的生存智慧与生存技能和现代科技结合起来，实现水土资源利用的现代化创新，才能实现水土资源的永续利用，也才能真正克服水土资源的固有缺陷，最大限度地发挥水土资源利用价值。各民族利用水土资源的智慧与技能极其丰富，本文所言不过举例而已，更多的智慧与技能还希望民族学、生物学、农学、地理学的专家协同努力去完成各民族传统文化的全面发扬和借鉴，使我国水土资源利用的水平能跻身世界先进之列。

[原载《贵州民族研究》2003 年第 2 期]

地方性知识的扭曲、缺失和复原

摘要：民族文化具有能动适应于环境的禀赋，这是学术界早就公认的结论。但前人基本上是就文化的生态适应而展开研究。而我们所面临的事实是：世界各地生态危机频发，文化对生态的适应失去效用。文化的适应存在双重性，它既要适应所处生态环境，还要适应所处的社会背景。前人对文化的社会适应缺乏关注，正是无法解释目前生态危机频发的原因。本文以我国西南地区的苗族、侗族和彝族在近500年间的文化变迁为例，通过文化政治分析，去揭示这三个民族的地方性知识如何在中央王朝的统一政策作用下发生变形、扭曲和缺失，力图弄清文化的社会适应原则，希望从中找到复原和利用这些地方性知识的最佳对策。

关键词：地方性知识　生态适应　社会适应

一、研究假设

民族文化的结构极其复杂，并具有适应于所处环境的禀赋。早年学术界对文化的生态适应研究较为深入，很多结论至今仍不失其指导意义。但目前人类社会所面对的事实是：生态危机在世界各地频繁露头，这就对生态人类学的研究构成了严峻的挑战。人们不禁要问，既然文化对所处生态环境具有适应能力，那么为什么还会有生态危机出现？要回答这一疑问，笔者认为，前人的研究在不同程度上仅关注于民族文化的生态适应，而忽略了民族文化的社会性适应。以中国西南地区的苗族、侗族和彝族为例，他们的传统文化原先曾高度适应于自身所处的生态环境，建立了各具特色的生态智慧和技术技能体系。近500年来，中央王朝为了巩固西南边防而采取了一套稳定的文化政治策略，强化对这些民族的直接统治。各民族为了适应这一文化政治变动，不自觉中导致了各民族地方性知识的变形、扭曲和缺失，表现为所处生态环境的不断恶化。从中可以看出，民族文化的社会性适应复杂多样，地方性知识的蜕变和生态环境的恶化，从表面上看似乎与民族间的文化政治互动没有关联，但如果将这种变动纳入文化的社会性适应去加以分析，就不难看出其间存在着十分密切的联系。这些民族地方性知识的扭曲和变形，正是族际互动过程中民族文化进行社会性适应所导致的后果。

将民族文化理解为具有自组织能力的复杂体系，在人类学研究中由来已久。适应是一切自组织复杂体系共有的本能。因而，文化的适应同样早就引起了学者的关注，早期的摩尔根和莫斯，其后的斯图尔德、萨林斯，晚近的拉巴埠、格尔兹都对文化的适应做过有创见的论述。但他们的论述大都是着重于文化对所处生态环境的适应，较少论及文化对所处社会环境的适应，特别是对多元民族并存复杂社会适应一直缺乏系统的研究。然而，任何一种民族文化都不可能单独应对所处的生态环境，它还必须应对所处的复杂社会环境，因而文化的社会适应应当是文化适应中不可或缺的有机组成部分。

应当指出的是，前人较少论及民族文化的社会性适应，并不是他们的认识与理解有缺陷所导致的结果，而是因为他们没有找到合适的研究对象去支持这一领域的探讨。他们的研究对象往往缺乏系统的文献记载，加上社会背景的变化速度要比生态环境的演化速度要快得多，其所处的社会背景肯定与其所处的历史背景又很不相同，以至于在田野中所观察到的文化事实到底是适应何种社会背景的结果，也就无从加以分析与论证了。

有幸的是，中国的各民族可以为这一研究空缺提供具体生动的研究对象，其不可替代的价值有三：一、中国有丰富可凭的系统文本记载，足以支撑这一课题的研究；二、中国历代政府所执行的民族政策具有很强的稳定性与连续性，以至于各少数民族文化对这一政策所作出的反馈，其因果关系较为明晰，容易加以界定；三、中国各少数民族对汉族地区的作用与结果，无论从少数民族还是从汉族方面都可以在文献查阅与田野调查中获得可凭的证据，只要把中央王朝对周边民族的作用理解为汉文化对各少数民族文化的作用，那么中国将是探明民族文化社会适应的最佳场所之一。本文正是基于这种理解，将我国西南地区近500年的历史过程作为探讨民族文化社会适应的对象，希望揭示作为汉文化代表的中央王朝采取一套连续、稳定的民族政策作用于西南各民族时，在不同的民族中会产生什么样的不同后果，以便在此基础上探讨民族文化社会适应的某些特点，丰富和完善民族文化适应的内涵。

为了使研究的对象与结论更具体与明晰，本文仅以各民族生态知识与技能的传承完整程度为分析重点。有关这方面的研究，格尔兹、拉巴埠已经做过了很多基础性的铺垫，这里仅是将他们的思路与方法延伸到中国的西南各民族中。为了揭示文化社会适应能力的复杂性，斯图尔德将文化的内在结构理解为多层次的夹心蛋糕是一个很有建设性的观念，这里也将借用这一模型去解释同一种社会政策在不同的民族中可以导致不同的后果。萨林斯将文化的流变理解为特殊进化与一般进化的复合，对本文的探讨发挥了重大的启迪作用，我们可以发现萨林斯所说的一般进化往往是族际互动导致的结果，其主要内涵体现为文化的社会适应，而萨林斯所说的特殊进化则是民族文化为适应自然环境而导致的演变，其主要内容主要表现为文化的生态适应。当然，文化的社会适应和生态适应两者间也可能相互渗透。凭借这一理解，文化适应的复杂性可以得到较为生动的说明。

通过本文的探讨，我们可以清晰地看到，在同一种政策的作用下不同民族间会产生很不相同的后果，造成这种差异的原因在于各民族传统文化的固有特征，民族间文化的差异会导致同一种政策不会均衡地作用于特定民族文化的各个层面，而是有选择地作用于其中某一层面，结果就会使得这些民族的传统生态智慧与技能，有的传承完好、有的残缺、有的部分保存、有的严重扭曲等等。据此可知民族文化的社会适应机制极其复杂，适应的办法和后果往往与原先的预料不相吻合，如果顺着这一研究思路，可望进一步揭示民族文化社会适应的具体调适过程。

二、民族文化的社会适应背景

中国西南地区生息着 30 多个民族，由于这些民族分别适应于范围不大的区域生态环境，长期以来很难聚结成较大的军事同盟与中央王朝抗衡。同时，由于他们的生计方式与中原汉族差异甚大，其物质产品不容易为中原汉族所利用，因而中央王朝对他们既难以直接统治，又无力影响其原有生计方式。这就导致了 13 世纪以前的中央王朝对他们的统治基本停留在名义上，仅仅要求各族头人定期向中央王朝朝贡。这一政策的主要目的就是稳定边疆，确保中原汉族地区免受战火威胁。

13 世纪中期，兴起于北方草原上的蒙古汗国，凭借精锐骑兵机动灵活的优势，穿越青藏高原东部的崇山峻岭，偷袭云南获得成功，实现对南宋政权的弧形包围，并最终将其并吞，实现了全国的统一。这在中国历史上是一次空前的大变动，之后继起的汉族政权不得不调整对西南各族的统治政策。

14 世纪中叶，明朝重新统一全国。吸取南宋王朝灭亡的教训，沿袭了元代开创的土司制度，强化对西南各族的统治。虽然允许各民族头人世袭统治其领地与人民，但他们的职权、职务和统治办法都受到了中央王朝的控制。各民族头人还得上缴一定的赋税，听候中央王朝的调遣。一旦时机成熟，中央王朝就会借机将某些土司罢免，将其辖地变成中央直辖的省、府、州、县。这一过程先后持续了 500 余年，直到中华人民共和国成立，残存的各族小土司才最终被彻底罢废。

正是这一套持续稳定的边疆统治办法对西南各民族文化构成了一个稳定的外在作用力，西南各民族文化对此都作出了各不相同的社会性适应。适应的结果就是造成了相关民族文化的演化。由于文化所包括的内容极其复杂，因而我们不可能对民族文化的演化内容作全面的探讨。本文仅针对各民族文化中的地方性生态知识发生的变形、扭曲进行探讨。从中我们不难看出，同一民族政策在其实施过程中，由于各民族的传统文化存在差异，其社会性适应也各不相同；对同一民族文化施加影响时的作用点不同，地方性生态知识的传承完好程度也会不同。需要指出的是，各民族文化发生扭曲缺失以及由此派生的生态灾变并不是中央王朝施政的初衷，而是各民族文化在社会调适过程中造成的后果。这就揭示了民族文化社会性适应的难以预测和复杂性。同时，这也从另一个角度说明，中国西南的各民族近 500 年来的文化变迁是探讨民族文化社会适应的理想对象。

三、地方性生态知识的流变

中国西南部地区的自然地理结构和生态系统复杂多样，与此相应的是这里生息着30多个民族，他们以各不相同的方式分别利用这些自然资源。通过世代的经验积累，他们对所处的自然生态环境具有深刻的认识和理解，并建构了一套能够高效利用和有效维护生态资源的技术和技能。这些构成了各民族所特有的地方性知识系统。

近500年来，随着中央王朝对西南地区控制力的加强以及随之而来的汉族移民不断迁入定居，导致了这一地区的文化格局发生了巨变。在政治力量的干预下，各少数民族的地方性知识都受到了不同程度的冲击。传统的生产技术和技能发生严重变形甚至失传，无法按原样继续执行。随着利用方式的改变，特别是采用了不适合当地生态环境的汉族资源利用方式，造成了这些地区的资源利用方式与所处生态环境相背离，导致生产效率大幅下降，生态环境随之恶化甚至发生灾变。

进入20世纪后，这里的生态恶化已经酿成了严重的灾变，相关地区各族群众的生活也陷入贫困。对此，中国政府采取了积极对策，着手治理日趋严重的生态问题，并竭尽全力帮助当地居民摆脱贫困。但解决问题的关键在于，需要找到合理的生态资源利用方式，这就需要仰仗当地各民族群众的地方性知识。为此，必须将在历史上发生严重扭曲甚至缺失的地方性知识进行复原，并与现代科学技术相结合，才能从中归纳出既能高效利用生态资源，又能维护生态环境的可持续发展之路。这里，仅以侗族、苗族和彝族的地方性知识扭曲、缺失和复原为例，希望以此说明各民族地方性知识的不可替代性，以及如何帮助这些民族复原其传统的地方性知识，使其更好地为他们的发展服务。

在古代，侗族先民生息在沅江和都柳江流域的下游，以游耕的方式种植水稻，并辅以渔猎为生。随着中央王朝势力的深入，侗族先民被迫溯江而上，进入中上游的山区生活。在这片新的栖息地，90%的土地是低山丘陵，能够开辟为河滩稻田的土地不到5%。侗族居民为了适应这一环境巨变，不得不高度密集利用河谷滩地的土地资源。他们通过使河流改道的办法，在河滩地密集地建构了稻田、池塘和灌溉网，以此多层次利用有限的土地资源，以稻米及鱼类满足食物供给。山地丘陵则用于生产原木，并通过天然河道漂运到汉族地区换取现金。在此基础上形成并完善了林木生产技术，这一技术体系达到了很高的水平。每公顷林地的年积材量可以高达30—50立方米，种下的树苗8年即可成材。与此同时，他们在林地实行林粮兼作。无论是间伐，还是主伐，山地的植被覆盖率常年超过75%，可以有效抑制水土流失的发生。因而这是一种可持续运作的资源利用方式。

当前面临的问题是，由于土地使用权承包到家户，土地资源的人为切割使得林业生产必须的"长周期、全封闭、综合利用以及土地大面积使用"四个前提条件无法满足。因此，传统的利用方式受到了干扰，不仅综合产出能力降低，而且水土流失也开始加剧。有幸的是，政治权力主要影响的是侗族的生存环境，侗族地方性知识系统所受到的扰动十分有限。侗族居民对于相关的技术技能仍然能熟练掌握。只要为其创造适合林业生产的社会政治背景，并辅以适用的现代科学技术，他们完全可以找到可持续运作的资源利用方式和有效的管理模式。

在古代，苗族先民生息在喀斯特山区的疏林灌草地带。这样的地带一般位于山顶或土层极薄的陡坡地段，他们依靠游耕和狩猎采集为生。为了使用这种特殊的生态环境，他们建构了一套能通过地表植物物种和植物的生长态势判断土层厚薄的技术。凭借这一技术技能，他们能在高度石漠化的山地上找到苗木的最佳立地位置，使种下的苗木快速成活和荫蔽成林，以便再次实施刀耕火种。

他们所生产的粮食品种多而单种作物的产量少，加上他们所生产的粮食不符合政府规定的纳税用粮规格，因而古代的封建王朝对他们抱有歧视和偏见。在政治权力的驱动下，这种歧视和偏见也在社会中扩散开去，挫伤了他们的自尊和自信，这对于他们的地方性知识传承造成了很不利的影响，不少苗族居民放弃了传统的资源利用办法，仿效汉族大面积毁林建构连片的梯土或梯田。然而，喀斯特山区地表土层很薄，地下溶洞伏流众多，大面积开垦梯土很容易打穿地表和地下溶洞间的缝隙，诱发严重的水土流失。这一过程在经历了 200 多年后，到了 20 世纪中期，不少苗族的栖息地严重石漠化。在最严重的地段，岩石和砾石的裸露率超过70%。这样的生态灾变加剧了当地苗族居民的贫困。当前，只有少部分苗族居民还较为完整地掌握传统地方性知识，他们成了当地生态恢复的宝贵人才。

中国政府目前正大力推行生态恢复和建设，具有这种地方性知识的苗族居民可以使用最简单的工具，花费最低的成本，在三年内使已经高度石漠化的山地恢复为可以利用的连片疏林草地，条件稍好的地段甚至能发育成茂密的森林。遗憾的是，这样的人为数不多，需要通过大力宣传和推广苗族的传统生态知识，才能加快生态建设的步伐。在这个实例中，由于政治权力主要作用于苗族的观念形态，因此他们的地方性知识严重受损。要全面复原其地方性知识，还需要做大量艰苦的工作。

在历史上，生息在青藏高原和云贵高原连接地带的彝族是一个农牧兼营的民族。他们的农田和牧场均实行轮歇交替使用，在同一地段实施混合耕作。他们的畜群也实行多畜种混群放牧。由于他们的生息地山高谷深，因而放牧要随季节变化上下转场。夏天在山顶放牧，河谷种植作物，冬天则转移到河谷滩地放牧，山顶种植越冬作物。这一套地方性知识和技能能确保当地长出的各种草本植物或灌木均能得到有效而均衡的利用，并在任何时候都能保证地表的植被覆盖率不低于80%。这里的流水侵蚀和重力侵蚀十分严重，但凭借这一套知识体系的运作，可以做到高效产出和生态稳定两全其美。

随着中央权力的深入，彝族的地方势力被消灭，依靠武力保证土地连片占有并与其配套使用的条件不复存在。传统社会政治组织无法发挥原有的社会功能，牧场和农田交替使用的生计方式也无法继续执行。同时受到了汉族的影响，彝族居民不断扩大农田而压缩畜群规模，在 20 世纪初达到了顶点。不过，由于政治权力主要作用于彝族的社会组织层面，因而彝族的传统地方性知识虽然受到冲击，但却没有完全缺失。一旦所需的社会背景得到改善，地方性知识体系很容易全面恢复。当前，中国政府积极推行生态建设，彝族居民很快地扩大了自己的畜群，并在农田中混种牧草。水土流失因此得到一定程度的控制，彝族居民的生活水平也有了明显改善。

2004 年，中国政府明确地提出了科学发展观，倡导社会经济和生态的协调发展。这十分有利于各少数民族地方性知识体系的复原和运作。

事实证明，中国的西南地区自然背景与生态背景复杂多样，只有凭借多样并存的生态知识，去分别利用不同的生态资源，才能确保资源利用与生态维护的协调，可持续的发展才会成为可能。生态环境蜕变的原因并不单是利用过度的问题，更多的是利用方式上的失误。只要各民族的地方性知识受到人们的肯定而得到推广运用，加上现代科学技术的支持，中国西南地区的生态问题完全可以得到全面解决。

四、结论与讨论

斯图尔德高度看重生态背景对民族文化建构的作用，因而他将与所处生态环境相关的文化要素合称为"文化内核"，它们构成了文化的最基础层面。为了保证文化的稳定运行，在文化内核之上各民族文化都会形成社会组织层面。之后还会建构一个更高的层面——精神生活层面。于是，民族文化建构成一个多层次的蛋糕。考虑到文化内部的极端复杂性，结合本文重点探讨地方性知识的需要，我们将他的文化结构模型作了一些修改。具体说，就是在社会组织和精神生活层面之间插入科学技术技能这一层面，两种结构模型如图所示。本文探讨的要点正在于通过观察各民族文化的科学技术层面演化，去分析外力作用下文化的社会适应机制。

精神生活层面
社会组织层面
文化内核（基础层面）

斯图尔德的文化结构模型

精神生活层面
科学技术组织层面
社会组织层面
文化内核（基础层面）

本文作者拟构的文化结构模型

500 年来，中央王朝对西南地区的经营，并没有对各民族文化的各个层面施加均衡的影响。对侗族而言，主要是对其文化基础层面施加了影响；对彝族主要是对他们的社会组织层面施加影响；对苗族则主要作用于该民族的精神生活层面。结果，三个民族的地方性生态知识表现为三种很不相同的情况。侗族的地方性知识不仅高度适应于稻田耕作，而且在山地林业生产中也获得了新的适应能力。彝族固有的传统社会组织解体后，所传习的地方性知识体系虽然有些残缺但还基本完整。苗族则不然，其地方性知识体系遭到毁灭性破坏，大部分地方性生态知识缺失，而且仅存的部分也发生了扭曲，失去了系统性和完整性。据此，可以作出这样的总结：外来力量或外部社会环境对文化各层面所施加影响的位置越高，相关民族文化的传承受到的破坏越大。

至于外来的同一作用力为何会作用于不同的文化层面，则与相关民族的固有文化特点相关联。众所周知，从 10 世纪以后，汉文化已经高度适应于稻田耕作，稻米生产成为国家的立国之本。而侗族也是以稻田耕作为主要生计方式，中央王朝对侗族地区的作用就表现为向侗族地区移民、屯垦，征收稻米作为赋税。同时，为了利用侗族地区的森林资源而鼓励其进行林木生产以满足汉族地区需要。因此中央王朝统治政策的作用点就集中于侗族文化的基础层面。这是两个民族固有文化特点综合作用的结果。

彝族的传统生计方式是农牧兼营，牧场和农田的领有和稳定使用需要依靠武力去达成和维持。中央王朝不仅需要彝族提供军马，也要借用他们的武装力量。因而在最初是支持他们扩张势力，实现对周边民族的统治。但在彝族地方势力难以驾驭时，又不得不对其实施武力镇压，将其领地纳入中央直辖的行政编制之中。这就是我国历史上改土归流的实质所在。因此，中央王朝的改土归流主要作用于彝族的社会组织层面。由于在文化结构中，社会组织层面处于科学技术层面之下，因而尽管由此诱发了频繁的政治冲突，但彝族的生态知识和技能蒙受的冲击并不大。

苗族传统实施流动的刀耕火种，生产的粮食产品种类多，单类产量少，因而社会组织规模也很小。无论是他们的物质资源还是人力资源，对于中央封建王朝的价值都不大，因而中央王朝将其视为"化外之民"，将大部分苗族地区视为"生界"，暂不纳入行政统治。对于纳入统治范畴的苗族居民，也一般施行减税或免税，仅在需要时征发其徭役。长期以来对苗族地区的搁置政策，并没有形成有利于苗族文化传承的环境。相反，这种搁置背后所隐含的贬低和歧视，在长期影响之后，造成了苗族对于本民族文化传统的困惑，从而造成苗族地方性生态知识的严重扭曲和缺失。这里的歧视和贬低直接作用于苗族文化结构最上层的，即精神生活层面，因而在精神层面一旦受损，位于下层的科学技术层面当然要受到巨大的冲击。

本文讨论的重点虽然是地方性生态知识的传承，但其结论却具有更大的普适性。比如，这一结论提醒我们，采用同样的手段去保护各民族的传统文化，在不同民族中肯定会收到不同的效果；同一性质的经济活动移植到不同民族文化之中，产生的经济成效也会各不相同；在不同民族地区推广统一的生态维护措施，也不能指望都会形成良好的效果。理解了文化互动后果的复杂性，并深入探讨文化的社会性适应的复杂和多变，对人类社会的协调肯定可以发挥巨大作用。希望学术界更多地关注这一领域的研究，使我们对文化适应的认识获得更加深入的了解。

[原载《吉首大学学报》（社会科学版）2005 年第 2 期]

论文化辐合趋同效应的弊端及化解对策

——兼谈维护民族传统文化的理论支持

摘要：族际文化互动并存两大取向：离异与趋同。离异导致文化之间的差距扩大，进而孕育出新的文化样式与类型，维护了文化多样性。趋同则相反，缩小文化差距，导致文化的涵化与融合。19 世纪的文化人类学偏重于对前一种取向的探索，不加区别地将其定义为"进化"，在此基础上论证文化多元并存的成因。20 世纪初鲍亚士开始认真探究后一种取向，并将其定义为"文化辐合"，从而将文化多样性成因的研究推进到一个新阶段。文化趋同会造成人类对地球资源利用的单向倾斜，从而诱发各式各样的资源危机；文化离异则能导致资源利用的多样化，有利于提高人类社会发展的可持续能力。20 世纪末，生态危机迫在眉睫，文化人类学不得不认真分析两种取向在生态维护上的利弊得失，以便从中找到优化利用地球资源的可持续模式。探讨民族传统文化的传承、保护、创新与调适，正确认识族际文化辐合趋同对生态安全的负面作用，并找出化解对策，就显得刻不容缓了。

关键词：族际文化互动　辐合趋同　生态安全

引　言

各民族传统文化的传承、保护、创新和调适，成为当代文化人类学研究的重大课题，但统观跨世纪之交这一领域的研究却不尽如人意。不少文化人类学者在研究中总不免带入了较多的感情因素，他们对自己的研究对象，特别是那些弱势民族的传统文化，怀着极大的同情心和过分的关爱。以至于在研究成果中理想化的成分太重，而理论的支持力度不够。出现这样的情况当然无可厚非，但对这种趋势的存在却不能听之任之。按照这样的趋势发展，最终难以圆满完成研究任务。为此，文化人类学亟待开辟新的研究思路，拓展研究的视野，从一个新的高度为多元文化的并存延续提供理论支持，才能最终解决弱势民族传统文化的传承与保护问题，各民族的传统文化也才能获得创新与调适的空间和时间。

人类及其建构的社会是地球生命体系长期发展进化的产物，而人类及其社会又始终寄生于地球生命体系之中。正是地球生命体系的无比丰富性支撑了千姿百态的各民族传统文化的延续。因而，多元文化并存延续的合理性绝不是人类情感主观取舍的产物，而是植根于地球生命体系必然派生的结果。由于问题的复杂性，全面讨论人类种群与地球生命体系的关系不可能在短期内获得解决。为了使问题的讨论更为集中，本文仅就人类种群的食物及其能源支撑系统去解释各民族传统文化并行延续的必然性和合理性。不管是现代科学技术的发展，还是经济的全球化，都没有改变人类及其社会对地球生命体系的依赖，地球生命体系依然会对未来的人类社会发挥无法替代的重大影响。而地球生命体系的无比复杂性，要求人类社会以多元的资源利用方式和途径，去获得食物和能源，这就导致民族文化的多元并存既不取决于人类自身的情感取舍，也不取决于科学技术的发展，更不取决于人类社会的经济实力。它是人类社会与地球生命体系并行稳态延续的最佳方式。多元文化并存的合理性是地球生命体系的特点所赋予的，不是人类主观要求的。多元文化并存合理性的理论依据来源于人类种群自身的生物本能，人类社会任何形式的发展最终都无法改变多元文化并存这一客观事实。

人类文化的发生、发展和演替在很大程度上是以地球生命体系的发展演替为蓝本建构起来的。地球生命体系中物种的进化同时存在着离异和趋同两种取向，人类文化的演进同样并行着这两种取向。以至于人类文化的总体构成中，不同种类的民族文化总是处于新陈代谢之中。而新陈代谢的过程又必然保持了多元民族文化的并存。为了使问题的讨论线索分明，我们将首先讨论文化演替的取向，进而讨论近现代民族文化演替的主流取向及其派生的负面效应，然后在此基础上讨论化解这些负面效应的可行办法。

一、族际互动的两种取向

人类社会是民族文化多元并存建构的实体，并存的各民族文化间总是处于相互依存、相互制约的互动关系网络之内。某一种民族文化在其发展延续的过程中，既有发生、壮大，也有衰败乃至灭绝。但具体民族文化的生命历程与人类社会整体并不处于同一层面，因而其命运也不会最终影响到人类社会的多元文化并存。这样的复杂体系延续方式就实质而言与地球生命体系的稳态延续基本一致。在地球生命体系的延续历史上，具体的生物物种总是生生灭灭，在其生命存在的期间，都得依赖其他生物物种存活，也会牵制其他物种的发展与壮大。物种与物种间同样处在相互依存、相互制约的互动网络中。在地球生命体系的历史上，灭绝的生物物种不计其数，新生的生物物种同样不计其数。但在物种的生生灭灭之中，地球生命体系始终保持了多元物种并存的总体格局。为了正确地揭示文化与文化、物种与物种间的这一并存形式，显然不能用自然科学惯用的"平衡"一词去加以概括，而应当正确地使用"制衡"一词，才能正确揭示其存在特点。民族文化多元并存延续的关系乃是一种依靠互动制衡原则维系起来的稳态互动关联。这样的延续方式也与地球生命体系的运行方式一致。区别仅在于，地球生命体系中的物种构成极其庞大，而人类社会中民族文化种类则相对较少。因而可以说，人类社会的存在方式是以地球生命体系的存在方式为蓝本的。

与地球生命体系中的物种生生灭灭一样，人类社会中的民族文化也处在不断的生生灭灭之中。若从某一种民族文化的生命过程去观察，它也会像生物物种那样经历两种取向相反的演替过程。其一，物种或文化走向离异，分化出新的物种或新的文化来，从而使地球生命体系和人类文化的构成更趋多样化。其二，生物物种和文化的演替走向趋同，直接表现为一些旧的生物物种在地球上消失，一些民族文化融入另一些民族文化之中，从而导致地球生命体系中物种构成数量减少，或人类社会中的民族文化构成数量减少。其间的区别仅在于，地球生命体系中物种的减少是以该物种个体生命的终结为代价，而文化数量的减少，该文化所维系的个体生命并未终结，只是其所荷载的文化发生了实质性的改变。

生物物种与民族文化在演替取向上还有另一个区别，那就是生物物种的特性主要是由先天决定的，并依靠基因遗传的方式得以延续。文化的演替则主要取决于人类后天的习得，可以在个体的生命历程中发生明显的变异。因此，文化演替的速度肯定会比生物物种的演替更快，就保持稳态延续而言，比之于生物物种具有较大的脆弱性，这也是人类社会具体文化规约下的人群容易对地球生命体系构成冲击的重要原因。而冲击的负面作用往往是以扰乱地球生命体系的稳态延续为表征，人类历史上很多明显的生态灾变都与此相关。

民族文化的演替还有一个重要的特点，那就是并存文化间无论趋同还是离异，都不会像生物物种的演替一样表现为整个系统的改观，而通常表现为整个系统中局部的明显变异，而系统的其余部分发生相应变异的幅度则不明显，或者变异幅度不大。这样一来，民族文化的变异尽管出现了与环境的不相适应，但由于整个系统内的相互代偿能力较强，以至于整个系统的生存能力不会明显地下降，因而会将这些并无适应能力的变异依靠社会力量保存下来，在无意识中积累扩大。这样所积累的不适应因素很容易对地球生命体系构成更大的冲击。人类历史上不少生态灾变的突发性，其原因正在于此。

离异与趋同虽说是民族文化演替的两大基本方式，但由于资料来源和认识方法上的局限，人们并不是一开始就注意到了两者的关联性和重要性。19 世纪的文化人类学前辈由于受到了生物进化论和历史语言学的双重影响，大多高度关注在历史过程中文化演替的离异，文化演替被描述为一种不断分化的演替过程。这样的认识有助于说明人类文化为何会多元并存，但却难以解释并存文化间如何相互影响。20 世纪初，鲍亚士开始注意到了并存文化还会走向与此相反的演替过程，即原先不相同的民族文化逐步变得相近或相似。他将这样的过程称为"辐合"。但他提出的这一概念仅是对文化表征作观察所得出的，并未涉及辐合过程中文化系统内的整体性调适，也未进一步明确这一演替的归宿是什么。立足于分析人类生态行为后果的需要，我们显然需要对鲍亚士的提法做一个小小的补充，将这一概念改称为"辐合趋同"，用以表明并存文化间的互动导致相关民族文化中某一层面的某些文化要素会相互趋同，从外表上看变得十分相似，甚至完全相同。当然，这一概念并不表明相关文化已经相互融合，因为民族文化间的界限依然清晰可辨，趋同的仅是文化的局部而不是整体。

我们做出这样的补充正是立足于当代的现实需要。进入 20 世纪以后，由于工业类型文化的发展壮大，文化的辐合趋同成了人类历史上文化演替的主流取向。其影响范围不断扩大，表现出的负面影响也日趋严峻。其中，单是生态安全所出现的问题就已经叫人触目惊心了。致使到了 20 世纪末，维护生态安全成了全球的共识，但维护生态安全的对策却是收效甚微。事实上，现在人类所面对的生态问题乃是文化辐合趋同演替所产生的负面效应的集中表现。解决人类社会所面对的生态问题，需要从抑制这一负面效应入手，而抑制对策则要通过制衡机制，启动文化演替的另一取向，即离异取向，用以确保人类社会文化构成的多样性，才能恢复人类社会的稳态延续。按照这一思路，需要完成三项任务：一是确保已有民族传统文化获得新的活力，二是要发掘人类历史上有活力的文化精髓，三是要激活文化的离异演替取向。这三项努力的立足点都在于正确认识辐合趋同的负面效应。

二、辐合趋同加大了资源压力

由于地球生命体系的无比庞大，迄今为止的人类各民族都不是在全面认识地球生命体系的基础上，而仅是在认识自身所处的有限自然生态系统之后，着手建构了自身文化。这就意味着一切民族文化无一不具有明显的区域性，它们仅分别适应于所处的自然生态系统，而无法同时适应于其他的自然生态系统。试图将一种民族文化强加于其他民族，注定会导致对生物资源利用效益的下降。尽管历史上不断出现类似的自然资源利用悲剧，但因为地球生命体系的自我修复能力极为强大，历史上的生态灾变，并未因此引发为不可挽回的灾难，一般都可以通过地球生命体系自身运行获得弥合。但需要注意，生态灾变得以消除的文化演替背景，必须是离异与趋同两种取向并存、相互制约。在今天则不同，辐合趋同不仅在数量上，而且在规模上远远凌驾于并存文化的离异演替之上，这正是当前生态危机有甚于人类历史上任何时代的原因。

由于地球生命体系的复杂性，其所提供的生物资源也十分丰富复杂，这就为人类的利用提供了无数的可能。然而，人类社会对于生物资源的利用却相对单一，众多可能的利用方式尽管可行却未被人类所接纳。其原因正在于，人类社会为了维护自身的凝聚力而不得不采用相对单一的资源利用方式，以提高特定社会内的文化同一性。由于这是人类社会获得高速发展，并能有效控驭自然的根本性要求，因而要人类放弃这一利用方式是无法实现的。幸运的是，人类社会并存的各民族文化在生物资源的利用上可以呈现很大的区别，这使得人类社会对地球生命体系内生物资源的利用并没有走向极端，不同的民族分别集中使用不同的生物资源，这就极大地分散了人类社会在生物资源利用上对地球生命体系构成的压力。换句话说，民族文化的多元并存乃是减轻人类社会对地球生命体系资源压力的有效途径。相反地，民族文化多元并存受到损害后，就会导致人类社会对地球生命体系内生物资源利用的失衡，最终诱发出相应的生态危机来。

经济全球化显然并不意味着文化的全球化，但它却是并存文化辐合趋同的重要表现之一，由此而造成的生态后果不容低估。随着全球化经济进程的加快，各民族传统文化在资源利用上必然会出现无意识趋同，对于生物资源的利用必然呈现单向倾斜，构成人类食物来源的生物物种会越来越少，而需求量则飞速发展。这样的后果与地球生命体系中生物物种相互制衡、均衡产出的原则完全背道而驰。随着时间的推进，人类社会对地球生命体系的压力与日俱增，生态安全更加难以保障。20世纪的100年里，农田规模的扩大，化肥农药使用量激增，已经给相关地区的自然生态系统构成严重威胁。然而，各民族并未清醒地认识到这种威胁的存在，因为这一发展趋势被隐含于文化的辐合趋同演替之中。世人已经熟悉了这一文化演替取向，但并没有意识到隐藏在其中的生态后果，以至于不到生态危机的爆发，人们对此总是缺乏警觉。只有揭示文化辐合趋同演替在生态资源利用上的不合理后果，才能唤起世人对这一后果的警觉。

文化辐合趋同演替的另一个后果是使生产单位食物的能耗提高。现代意义上的集约农业、集约畜牧业表面上节约了人力，提高了单位面积产量，但这些成效的获得无一不是以巨额的能量投入为代价。这样的集约，其实质在于为农牧业生产提供尽可能多的人为环节，而建构和维持这样的人为环节全靠额外的能量投入加以支撑。虽然目前还有足够的能源可供支配，可以使这样的集约农牧业得以维持，并获取高额的利润，但是能源的供给总是有限的，这样的集约农牧业并不能成为人类可持续发展的道路。有鉴于此，目前学术界提出了生态农牧业的理念，也就是说尽可能按自然状况实现农牧业生产，尽可能减少人为条件对生产的干预。然而要做到这一点，真正的困难并不在技术层面，而在于人们观念的改变。在文化辐合趋同占文化演替主流的背景下，各民族事实上被迫接受集约农牧业，同时放弃传统的生态农牧业。如果不从认识辐合趋同演替的负面效应入手，任何民族都不可能轻易放弃短期的经济效益，真正意义上的生态农牧业同样难以为继。由于地球生命体系中生物产品的形成是依赖生物物种间的相互制衡实现的，因而生物产品的种类必然极其丰富，而任何一种产品的数量均相对较低。这就意味着真正意义上的生态农牧业很难批量化，也很难按机械化操作。这些特点与经济全球化很难兼容，唯一的出路只能是通过社会整合的力量将已经分散形成的产品批量化、规格化。这一做法的可行性在历史上已经得到了证明。但困难在于，现代化的市场是以个人为规范执行的载体，而要实现产品的批量化和规范化，其主体必然是社会群体。很显然，以社会力量的方式切入市场，实现与市场的接轨，在当前文化辐合趋同占主流的背景下，会遭到重重阻力。

总之，经济全球化反映出的实质是文化辐合趋同演替趋势的日益明显。它直接导致了人类食物来源的单一化和单位食物生产的能耗增加。这些都会严重损害地球生命体系的稳态延续，从而埋下生态危机的隐患，而消除这些负面效应的唯一出路就是维护并存文化的多样性。只有在这个意义上讨论传统文化的维护与创新，才能最终化解人类社会所面临的生态危机。

三、辐合趋同损害了生物多样性

人类利用生物资源食品有一个根本特点，那就是对相应的生物物种无一不按社会规范作出了价值定位，生产、管理和消费食品也按这一价值定位去具体实施。人类社会不可能改变这一做法，因为一旦改变就意味着文化无从建构，社会无法运转。然而，这样的价值定位仅仅属于人类，与地球生命体系无关。因而，在具体的定位上必然会与地球生命体系形成明显的偏离。这就意味着人类社会的存在不可能不对地球生命体系构成冲击，只有将这种冲击控制在可以允许的范围内，才能确保生态安全。为了使问题的讨论更为具体，这里仅以生物多样性为例，略加说明。

众所周知，生物多样性是地球生命体系稳态延续的基本前提。但人类社会的活动由于受到价值定位的影响，总会对某些物种过分偏爱，而对另一些物种漠然视之，甚至对某些物种厌恶有加，因而在地球生命体系中并存的物种，在人类社会中总会受到各不相同的待遇。这种不公正性既表现为人类社会控制下的生物群落在物种数量上比自然生态系统中要少得多，又表现为不同物种受到的待遇也互有区别，而且无视其原生特性，还表现为相互间的关系得按照人类的意志加以调控。这些现象无一不体现了人类社会对地球生命体系的偏离。这样的偏离积累扩大后，最终都会影响到地球生命体系的生物多样性。近 200 年来，众多物种的灭绝大多与人类社会的活动有关。有的是因为农田的扩大化，摧毁了某些生物栖息的生态背景，有的是因为人类社会排放的"三废"污染了环境，也有的仅仅是因为人类的厌恶，或者猎奇而被无节制地捕杀。然而这些悲剧的出现都与文化的辐合趋同相关联，并不是人类社会存在的必然结果。

在历史上，民族文化的多元并存构成了一个多种价值定位并存的人类社会。由于不同的民族对生物物种的价值定位各不相同，因而在利用生物资源上，人类社会内部本身处于相互制衡状态。举例说，既有食蛇的民族，也有敬蛇的民族，相互抵消的结果，地球上不同的蛇类总能找到存活延续的空间和生存方式。但如果文化的趋同，使得人们都厌恶蛇，那么地球上的蛇只有濒临灭绝了。厌恶是如此，人类过分的珍爱也会导致生物物种的灭绝。一些生物正是因为它的珍稀，才使得自己成为人类捕猎和豢养的对象，最终招致灭绝。就这个意义上说，无论怎样的价值定位，都足以破坏生物物种的正常延续。维护生物多样性的唯一出路，只能是人类对生物物种的价值定位多样化，从而造成各民族的生态行为各不相同，使其后果相互抵消，也就是要求民族文化的多元并存。

不同文化对生物物种的价值定位，完全屈从于相关民族文化稳态运行的需要，而这样的需要又具有多重性，因而不同民族文化对生物物种的价值定位并不具有通约性。比较不同民族文化对生物物种的价值定位，其间也无规律可言。不同民族的主食并不一定取自当地最占优势的生物物种，如在亚马逊丛林中，小麦存活极其困难，但当地巴西人以小麦为主食。各民族的主食也不一定是当地产出量最高的生物物种，某些苋科植物的一棵植株可以产出数十万粒种子，其产出量高于小麦、玉米等作物百倍以上，但世界上很少有哪个民族以其为主食。其原因在于这些植物的种子会自然脱离，不易于集中收割。各民族的主食也不一定取决于相关物种的适应能力，人类社会可以为一些生物物种制造一个人为的生长环境。于是，极度干旱地区的民族有可能以稻米为主食，而炎热潮湿地区的民族却偏爱马铃薯。造成这些复杂状况的原因很多，要全面弄清其间的关系并不是本文关心的主题，但由此而导致的后果却不容低估。这些做法都可能因此增加食物生产的能耗，同时挤占其他生物物种的生态位，在无意中导致某些物种的衰败甚至灭绝，引发自然生态系统的危机。巴西雨林的开发正在使这种威胁日益迫近，我国西南山区的毁林开荒也会导致同样的后果。目前愈演愈烈的农田化进程和作物种植、牲畜饲养的单一化，恰好是全球范围内文化辐合趋同演替的自然结果。要消除这些威胁，更好地维护生物多样性，就应当使人类的食品结构尽可能多样化，尽可能从更多的生物物种中获取食物来源。而做到这一点的根本保证，也只能是民族文化的多元并存。

在文化辐合趋同演替的背景下，人类生产食品的办法也会日趋单一化。目前，在全球范围内，最为通行的作物保护措施就是化学农药的使用。但任何化学农药都会不加区别地消灭一切除作物和家养动物以外的生物物种，这对生物多样性的破坏是不言而喻的。然而，随着文化的辐合趋同，人类无法找到一种化学农药的更好替代品，以至于生物多样性的保护成了一纸空文。化肥的滥用成了另一个重要威胁。人类在使用化肥时关注的仅是作物本身，对使用化肥的负面效应即使了解，也往往不加理会。化肥的使用对于土壤微生物的存活是一个重大威胁，而这又会导致其他众多生物的生存压力。加上过量化肥对水体的污染，还会威胁到水生动植物的生存。然而，在文化辐合趋同的背景下，这些对生物多样性的明显威胁却无法得到缓解与消除。在这一背景下，工业文明的食物生产模式被不加区别地大范围推广，这同样会使生物多样性的维护更加艰难。

为了维护生物的多样性，人类社会应当拥有尽可能多的食物来源渠道和食物生产办法，以便分散不同生物物种的生存压力。要使食物生产的多样化成为可能，同样需要民族文化的多元并存。因此，文化的辐合趋同本身就是对生物多样性的损害。如果没有认识到这一负面效应，维护生物多样性永远只能是一个理想，而无法落到实处。

四、辐合趋同危及生态安全

文化辐合趋同导致生态系统结构的单一化，为了生产食品的需要，同时为了节约食品生产的能量投入，任何一个民族都不是纯粹地从自然生态系统，而是从自身建构的次生生态系统中获取食物。这种人为建构的次生生态系统就是民族生境。各民族生境的生态结构无一例外地比所处自然生态系统要简单得多，构成物种少，食物链单一，物种间的相互替代能力降低。民族生境是一种简化了的生态系统，这也是人类社会对地球生命体系的一种偏离形式。不言而喻，这样构成的人为生态系统其存活能力远远低于自然生态系统。对这种脆弱性的补救要求人类社会必须投入额外的时间、精力和能量去加以维护。如果民族生境的总和在规模上不大，这种脆弱性就不至于危及整个地球生命体系的安全，人类社会的可持续发展也可以得到保障。因此，这就注定了人类社会的民族生境规模不能无限扩大。然而在文化辐合趋同演替的过程中，人类社会所积累的社会力量和技术装备已经到了可以局部改变生态系统面貌的程度，从而将人类社会赖以生存的地球生命体系置于一种高风险的背景之中。控制民族生境的规模总量，同样有赖于多元文化的并存。在不同的民族文化下，最佳的生境构成背景具有特定的内涵，因而民族生境的扩大要受到诸多的限制。这样一来，民族生境规模的扩大会处于一种相互制衡的状态，不可能无限制膨胀。但在文化辐合趋同演替的推动下，各民族生境建构的不利因素在一定程度上可以得到清除，规模的扩大不再取决于自然背景，而是取决于人们的主观意志。就这个意义上说，当代地球生命体系所面对的风险也是文化辐合趋同演替所诱导出来的产物。

在多元文化并存的情况下，各民族的生境尽管都比所处的自然生态系统单一，因而显得更加脆弱，但不同民族生境其单一化的具体内容又有区别。以水稻为主食的民族将旱地或水域改成稻田，从而建构了以水稻为主种作物的简单生态系统；以小麦为主食的民族则将草原、森林、沼泽一律改成旱地，形成以小麦为主种作物的简单生态系统。尽管两者都改变了生态系统的多样性，但其中所改变的内容并不相同。这样一来，不同民族的生境对所处自然生态系统的偏离也互有区别，客观上同样造就了不同的生态结构。尽管这样也会降低生态系统的抗风险能力，然而其降低幅度还不至于无限扩大。在文化辐合趋同演替的背景下，随着食品构成的单一化，各民族的食品生产也会趋同，并进而导致民族生境的人为生态系统构成趋向同一化。其结果必然导致这些人为生态系统抗风险能力的急剧下降，并冲击相关的自然生态系统，使其变得无力抵抗风险。

应当看到，人为生态系统抗风险能力的降低是一个严重的生态安全隐患，历史上教训很多。举例说，我国历史上频繁爆发的蝗灾就与排干沼泽和毁掉森林改成农田直接关联。湿地生态系统和森林生态系统的消失都造成了蝗虫天敌（各种鸟类种群）规模的下降，蝗虫的繁衍失去了天敌的制约，才得以无限膨胀。而扩大的农田又为蝗虫提供了丰富的食物资源，更助长了蝗灾的爆发。今天的文化辐合趋同演替的规模比历史上任何时期都要大得多，涉及的范围也更加深广，所造成的风险也更加突出。目前，全球范围内对付作物的虫害和病害主要依赖化学农药。这样的对策仅是缓解而并不是消除风险，危害农作物的昆虫与病菌迟早会出现抗药性。加上任何化学农药都有副作用，甚至会危害人类自身。不从根本上化解风险，而以农药维持农业生产的做法总有山穷水尽的一天。

地球生命体系的稳态延续得力于其自身结构的复杂性以及构成生物物种间功能的可替代性。人为改变生态系统结构的复杂性，使其单一化，都是其稳态延续的大敌。人类社会既然不可避免地要使自然生态系统的构成简单化，那么确保生态安全的出路就只能是保持尽可能多种的民族文化并存延续，以便使生态系统简单化的规模和范围在并存文化的制衡中得到有效制约，从而使人为生态系统获得足够的安全。可以说，多元文化的并存，其价值正在于使得各民族间互为生态屏障，而文化的辐合趋同则是人类"自毁长城"。可见，维护生态安全得从维护各民族传统文化入手，不能让文化的辐合趋同演替无节制地发展下去，而要激活文化演替的另一个取向，诱导民族文化朝离异取向演替，尽可能保持民族文化的多样性。需要指出的是，这一思路适用于世界上的任何一个民族。

五、化解风险的可行思路

文化的辐合趋同演替仅是相关文化在某一层面、某些内容的相互接近，并不意味着文化融合，更不意味着文化同化。因而，这样的演替并没有真正地窒息乃至消除任何一种民族文化，但具体到人类食品的生产和消费而言，文化的辐合趋同演替却会直接窒息很多民族文化中的生态智慧与生态技能，使人类社会对地球生命体系的偏离扩大，进而引发生态安全隐患。立足于全人类生态安全的需要，我们迫切需要发掘与创新各民族的生态智慧与技能。要实现这一目标，必须与文化辐合趋同的负面效应作斗争。

其一，各民族传统文化本身就具有取食不同生物物种的文化特质。文化的辐合趋同演替主要是通过市场渠道抑制了各民族传统中的这一文化特质，但却没有完全改变这一特质。因而，对于那些人口规模不大的民族或者是非工业类型的民族而言，倡导双轨制经营模式具有积极的生态维护价值。其具体内容是：在其食物生产中可以采取双轨经营，既为外部市场提供批量化、规格化的食物商品，又同时生产专为满足本民族需要的产品。这样做的好处在于，人类社会总体的食物种类会更加丰富，从而分散人类食物生产对地球生命体系中生物资源的压力。

其二，鉴于生态系统的公益价值无法界定为明确的个人产权，加之受益对象不具有专属性，因而其市场价值难以认定。而当前的文化辐合趋同演替又直接受制于经济全球化这一趋势，这样一来，生态维护自然失去了价值定位基础。这正是生物多样性维护长期停留在协议文本上，而难以得到实现的根本原因。有幸的是，各民族的生物物种价值定位依然存在于其传统文化之中，只要认可并保障各民族价值定位的延续，不同的生物物种总可以在相关的民族中得到具体和有效的保护。但这就得承认，各民族在其分布区内，有权按照他们的传统处置不同的生物物种。这种认可如果以生态维护指标的形式与民族区域自治结合起来，完全能够获得可靠的社会力量，实现生物物种多样性维护。

其三，民族生境中生态结构的风险性要比在自然生态系统中大得多，但任何一个民族在历史过程中，总能积累起化解风险的生态智慧与技能。文化的辐合趋同不能摧毁这种智慧与技能，但却可能窒息这样的智慧与技能。出于追求短期经济效益的需要，不少民族的传统生态智慧与技能会被搁置起来。解决的办法只能是鼓励各民族生产特有的传统食品，依靠产品的特异性获取相应的市场价值。而不能在生产规模和数量上与其他民族作无序的竞争。随着特有产品的生产得到延续，相应的智慧与技能也就会被激活，重新发挥生态维护的功能。这样，各民族生境建构就会相互拉开距离，使得各自所引发的生态风险相互抵消，从而在总体上维护人类社会的生态安全。

其四，化学农药和化肥是工业类型文化食品生产中的特征性手段。但这两项手段都存在着重大的生态安全隐患。化解的办法是必须建构生态农业和生态畜牧业，但生态农业和畜牧业不会凭空出现，必须产生于各民族的传统文化之中。为了激活各民族食品生产中的生态智慧与技能，最直接的手段只能是执行严格的市场准入制度，严格控制化学农药和化肥的使用量。对于化学残留物超标的食品严禁流入市场，这样才能为生态农牧业的发展确保一个稳定的生存空间。各民族在这样的市场诱导下，会自觉地启用传统的生态智慧与技能，实现食品生产的绿色化和生态化。换言之，严格控制食品销售的市场准入标准，既能推动生态农业的发展，又能维护各民族传统文化多元并存。

各民族传统文化的维护和多元文化的并存是影响到人类社会前途与命运的重大问题。没有文化的多元并存，人类的食品供应就不可能安全，地球生命体系对人类社会的承载能力也不可能拓展。人类社会的可持续发展单就生态安全而言，只能建立在多元民族文化并存的基础之上，维护文化的多元并存其实也是在维护人类社会整体的可持续发展。对生态问题的研究愈加深入，维护传统文化的价值也就愈加突出。可见，维护民族传统文化，保证民族文化多元并存必须是人类社会长期的使命，而不仅仅是一个权宜之计。

[本文与吕永锋合作，原载《民族艺术研究》2003 年第 5 期]

论地方性知识的生态价值

摘要：地方性知识是指各民族的民间传统知识，其使用范围要受到地域的限制。通常的科学研究虽然也会接触到地方性知识，但是很少将其作为主要的研究内容。文化人类学及其当代分支学科——生态人类学则不然，它不仅高度关注各民族的各种地方性知识，而且致力于发掘、整理和利用地方性知识去开展生态维护。这样的研究取向容易引起世人的误解与责难，也因此造成了地方性知识保护与利用的困难。为此，文章列举我国各民族中一些有代表性的地方性知识事例，说明它们在生态维护中的特殊价值，借以重申生态人类学关注地方性知识的深层考虑。

关键词：生态人类学　地方性知识　普同性知识　生态维护　生态价值

生态人类学高度关注地方性知识，是因为地方性知识[①]在维护人类生态安全上，可以发挥极其重要的作用。一提到生态维护，人们总是习惯于单纯动用技术、法律、经济或行政的手段，去完成既定的维护目标。然而类似的手段只能在特定的时段内，解决某些局部的生态维护问题，这远不是从根本上解决问题的办法。原因在于人类的生态安全是一个全局性超长期的复杂问题，人类日常生产与生活中的一切活动都与人类的生态安全直接或间接相关联[②]。维护人类的生态安全当然需要各种工程维护措施，但更需要的却不是单一的对策，而是协调一致的可持续社会行动。协调的社会行动又只能建构在并存的各种社会行为之上[③]。为此，生态人类学的研究任务正在于，搜集整理不同人们群体的社会行为资料，辨析梳理不同人们群体的社会行为特点，分析归纳各种社会行为造成的不同生态事实，探索总结不同生态事实的各种生态后果，并以这些研究为基础，进而探索人类社会存在的生态意义与生态运行规律，从中找出人类社会在地球生命体系中可持续发展的最佳方式，以便更好地维护人类赖以生存的生态系统。

人类的社会行为始终受到各种知识系统的规约和引导，除了普同性知识外，各民族各地区的地方性知识，一直在潜移默化中规约和引导着不同人们群体的社会行

---

① ［美］克利福德·吉尔兹. 地方性知识 ［M］，王海龙，等译. 北京：中央编译出版社，2000.

② 刘国诚，等. 生物圈与人类社会 ［M］. 北京：人民出版社，1992.

③ 蔡运龙. 自然资源学原理 ［M］. 北京：科学出版社，2000.

为。把握了一种地方性知识，也就获得了预测和引导特定人群社会行为的能力，凭借这种能力自然不难运作该社区的社会行动。接下来要做的事情，是将社会行动引入有利于生态维护的轨道上去。生态人类学主张凭借地方性知识去推动生态维护，其理论依据是地方性知识必然是特定民族文化的有机组成部分，民族文化固有的综合性和可自主运行性，地方性知识自然也会具有同样的秉性①。于是地方性知识规约下的社会行动，同样会具有至关重要的自主运行和综合作用禀赋。这就使得有利于生态维护的社会行动一经正确启动，即使没有外力支持，也能自行运作，综合发挥多种作用，不断地收到生态维护效益。

鉴于生态系统的高度复杂性②，生态维护的办法自然也需要多样化，并具有必要的灵活性，才能确保生态维护成为全方位的并相互协调的人类社会行动。为了使维护办法尽可能多样化，这就必须发掘和利用各种地方性知识，使我们拥有尽可能多的生态维护经验与技能，并如实地了解这些经验与技能的利弊得失。只有这样，我们才有可能建构起全方位的生态维护体制。有了这样的体制，即使遇到生态维护失误，或碰到不测的生态变故时，我们也才有可能灵活地选用不同的对策，加以有针对性的补救。为此，生态人类学正在努力探明各种地方性知识及其存在与延续的前提和范围，辨析不同的地方性知识作用于不同的生态系统时，会造成哪些不同后果，以便对不同的地方性知识作出准确的使用价值评估。只有奠定了这样的认识基础后，我们才能进一步弄清各种社会行为聚合为社会行动的机制，协调一致的生态维护体制也才可能建成。与此同时，各种地方性知识与普同性的技术、法律、经济或行政手段的结合也才能做好。因此，只有珍视各种地方性知识，最大限度地发掘与利用并存的各种地方性知识，人类社会才可能获得真正的生态安全。

不言而喻，生态人类学全面发掘和利用地方性知识，大力推动地方性知识与普同性知识有效结合的研究任务，是一项超长期的艰巨使命，这应当是生态人类学研究的长远目标。在短期内，生态人类学还做不到这一步，但是却可以就特定地区的某些地方性知识，进行系统发掘和利用，并在促成与普同性知识结合的前提下，使这些地方性知识获得在一定范围内推广的可能，使其发挥更大的生态维护效益。这是生态人类学近期内可以实现的研究目标。总之，不管在近期还是在远期，地方性知识在生态维护上肯定可以发挥独特的作用。其独特性归纳起来包括如下三个方面的内容。

首先，地方性知识具有不可替代性。一切地方性知识都是特定民族文化的表露形态，相关民族文化在世代调适与积累中发育起来的生态智慧与生态技能，都完整地包容在各地区的地方性知识之中。地方性知识必然与所在地区的生态系统互为依存，互为补充，又相互渗透。相比之下，普同性知识则不可能具备如此强的针对

---

① ［美］C·格尔兹. 文化的解释［M］. 韩莉译. 南京：译林出版社，1999.
② 蔡晓明. 生态系统生态学［M］. 北京：科学出版社，2000.

性。若能凭借生态人类学的理论与方法，系统发掘和利用相关地区的地方性知识，肯定可以找到对付生态环境恶化的最佳办法。如果忽视或者在无意中丢失任何一种地方性知识，都意味着损失一大笔不可替代的生态智慧与技能①。

其次，发掘和利用一种地方性知识，去维护所处地区的生态环境，是所有维护办法中成本最低廉的手段。地方性知识并非孤立地存在，而是与当地社会的生产和生活有机地结合在一起。当事的个人在其日常活动中，几乎是在下意识的状况中贯彻了地方性知识的行为准则，地方性知识中的生态智慧与技能在付诸应用的过程中，不必借助任何外力推动，就能持续地发挥作用②。由于不必仰仗外来的投资，而是靠文化的自主运行去实现目标，因此这是一种最节约的生态维护方式。

最后，地方性知识具有严格的使用范围，这就可以最大限度地避免维护方法的误用。地方性知识之间总是处于相互制衡格局之中，这样的制衡格局又必然是并存多元文化交互依存、交互制约的派生结果。地方性知识的制衡格局可以确保人类社会对地球生命体系的冲击均衡化，从而大大降低人类社会对生态系统的干扰。在这样的制衡状况下，维护方法一旦被错用，就会受到其他民族文化牵制，及时得到纠正。同时，利用地方性知识去维护生态安全，既不会损害文化的多元并存，也不会损害任何一个民族的利益。因此它是副作用最小的稳妥维护办法，也是不容易被用错的维护办法③。

生态人类学得到学术界承认前，人们习惯于认为，生态维护是一项极其复杂的系统工程，离开了现代高新科学技术的指导万难生效。按照这样的维护思路，各民族的地方性知识自然被贬低为无补于事的雕虫小技，甚至被看成愚昧落后的历史垃圾。可是我国半个世纪的环境救治经历，却对我们的救治办法不断地提出质疑。反省半个世纪的努力，我们不得不承认，不少环境救治工程采用的恰好是当时最先进的科学技术，有的还是高价从国外请专家指导施工完成的。然而即使是这样的工程，也大多没有达到预期的治理目标。半个世纪后的今天，不少工程技术人员也不得不承认，我国多年来防治沙漠化的努力，仅仅是"局部好转，全局恶化"。耗费巨资兴建的大中型水利工程，竟然由于水土流失而损失了一半的有效库容。类似的失误不是科学技术的过错，而是生态维护的思路有失偏颇，没有看到地方性知识的不可替代价值。其实就在这些工程兴建的相关地区，早已并存着发掘利用并不困难的各民族地方性知识。遗憾的是，当事人一直没有意识到应该提供一个机会，让这些地方性知识发挥作用，以便提高生态维护的成效。

生息在我国西南水土流失敏感地带的侗族、水族、苗族、土家族，其传统的治

① 古川. 民族生态：从金沙江到红河 ［M］. 昆明：云南教育出版社，2003.
② 尹绍亭. 人与森林：生态人类学视野中的刀耕火种 ［M］. 昆明：云南教育出版社，2000.
③ 杨庭硕，吕永锋. 人类的根基：生态人类学视野中的水土资源 ［M］. 昆明：云南大学出版社，2004.

水治土办法是，在陡坡地段预留一到三米宽的水平浅草带。靠这样的浅草带去降低山坡径流的速度，截留顺坡下泄的水土，实现了重力侵蚀严重山区的水土流失综合治理。除了防止水土流失外，这种办法还有四重好处：一，可以形成小片牧场，放养家畜家禽。二，可以构成防火带，保护森林、农田和村庄免受火灾的威胁。三，由于这样的浅草带会自然生长，因此无需额外投资维护，一经形成就可以持续生效下去。四，这样的浅草带还丰富了生态构成的内容，形成了多样化的生态景观，可以支持更多种类的生物生长繁殖，有利于生物多样性的维护①。其成效持续而稳妥，并不比任何高精尖工程逊色。

不幸的是，多年来的生态维护工作，一直没有认真地发掘和利用类似的地方性知识，致使维护工程投工大而收效差，个别特殊地段还可能导致灾难性悲剧。2003年7月，湖南省永顺县永茂镇发生了一次严重的山体滑坡，不仅村庄被泥石流掩埋，焦柳铁路也因此中断了一个多月。事后人们都认定这是一次纯粹的自然灾害，其发生具有不可抗拒性，就是不愿深究其发生的人文社会原因。然而类似的特定地段在我国西南地区还很多，若不从中吸取教训，同样的假性自然灾变还会频繁地发生。

永顺县发生山体滑坡的地段，是新生代强烈地质活动形成的重力侵蚀敏感地带，风化后的砂岩和页岩与石灰岩碎片混合成松散的泥石层顺坡堆积。这样的松散泥石堆积一怕上方重压，二怕下方地下水水位升高。前者会加大重力侵蚀的强度，诱发大面积的山体滑坡；后者则会在基岩与泥石层之间形成滑动带，使泥石层山体更容易成片滑落。当地土家族对付类似特殊地带的传统做法包括四个要点：一，将这样的松散泥石层用作刀耕火种的烧畲地，或用作牧场，以便降低地表植被的自重，防止重力侵蚀强度加大，同时避免植被的根系将泥石层的表面连成一体，导致成片的山体大滑坡。二，对山谷底部的河流绝不壅塞，而是就地取材用鹅卵石构筑低矮的半坝，引导流水绕过泥石层下缘，既避免流水切割泥石层，又巧妙地利用了流水的回流作用，将洪水季节携带的泥沙淤积在泥石层的下缘，以此提高泥石层的稳度。三，在泥石层的上方绝对禁止建立村庄及其他比较重的固定建筑，以免加大泥石层的自重，诱发山体滑坡。四，对那些已经松散的泥石区段，则不加维护，任其有限地自然滑落，甚至用人力促成其滑落，既做到有控制地减轻山体自重，又避免了泥石的突然滑落而造成灾害性后果。应该看到，这四项办法是对付大面积山体滑坡的最佳模式，是地方性知识独特价值的集中体现。若能延续上述做法，悲剧本来可以减少或避免。然而，近50年来发生的事情，却背离了这些地方性知识的生态维护原则。

泥石层的上方，牧场陆续改作了固定农田，休闲烧畲地也陆续改成了固定农田，为了方便就地耕种，村民们开始在这里建筑临时住所，随着农田的落实到户，

---

① 杨庭硕. 侗族生态智慧与技能漫谈［J］. 大自然杂志，2004（1）.

放牧不得不全面禁止。与此同时，由于这里土层深厚，气候温和湿润，不能开作农田的地段以及弃耕后的农田和牧场，在得天独厚的自然背景下，迅速发育成繁茂树林。但是这里地势太高，生活水源不足，干旱季节难于久住。不就地居住耕种，投工太大，成本太高，做固定农田使用并不合算。国内粮食供应一旦宽松，村民们就陆续放弃这些边缘的耕地。一经放弃，不久就自然成林。到了全国退耕还林时，耕地全部放弃，人工种植树苗。几年后，整个泥石层顶部发育成了茂密的森林。乔木强大的根系把泥石层顶部3—5米深的松散泥石连成一个整体，随着乔木的生长，顶部整体自重与日俱增，泥石层头重脚轻的局面就此形成。在重力和风力的联合作用下，笨重的顶部还以整体的形式，不断地震动下方松散的泥石层，整个泥石层与基岩的结合开始全面松动，造成山体滑坡的隐患。

由于这里的透水层太厚，基岩又向河床倾斜，位于泥石层下缘的村庄周围没有理想的打井位置。为了解决旱季用水的困难，村民们又在河床上修了个水库。饮水问题虽然得到解决，但却埋下了成灾的伏线。一方面水库提高了地下水的水位，使泥石层下部更加松软，并在基岩与泥石层之间形成一个滑动层。在重力的作用下，泥石层的下部开始沿着倾斜的基岩缓慢地下移，整个泥石层的基础随之动摇。再一方面，水库修成后河水的流向发生了改变，不再绕过泥石层的下部边缘，而是直冲泥石层的根基，逐步切割了泥石层的基础。近年来兴建的公路、铁路又切割开泥石层，于是大面积的山体滑坡就在所难免了。总之，这是一次掩盖在自然灾害背后的人为灾变。人们在不经意中贬低了地方性知识的价值，忘记了土家族世代积累的生态智慧与技能，才遭到了大自然的无情报复。灾变中虽然殃及无辜，但却不能全部归咎于大自然的无情。

利用地方性知识维护生态安全，在发挥效益的同时到底需要多大的投入，学术界一直没有人认真作过统计。其间的原因很复杂，一则，地方性知识总是与特定民族文化融为一体，作用于生态维护的具体投入由于无法剥离，也就难于加以统计。二则，这样进行的生态维护是一个无间断的持续过程，其间的投入与产出也具有连续性，致使统计取样的时段与范围用常规的办法难于界定，规范的数据也就无从获得。三则，这样的投入游离在有意识的政治、经济行动之外，因而从有意识行动的角度出发，很难注意到它的存在，也就无法加以统计了。四则，主持有意识的政治、经济、社会活动的人为了突出自己的成绩，不情愿看到这种客观投入的存在，致使在常规的统计中看不到地方性知识的生态维护投入。所幸的是，如下两个实例由于情况的特殊，地方性知识的投入可以得到突出的展现。在这两个实例中，常规的生态维护与地方性知识的生态维护起步时两种投入并存，其后常规的维护方法久不生效，或是工程量太大，由于难以实施而主动退出，任凭地方性知识去独立运作，致使地方性知识的生态维护投入变得可以直接估算。结果地方性知识的办法取得了全面的成功，两者投入的鲜明反差才得以体现出来。

贵州省毕节地区金沙县平坝乡是一个苗族山寨，由于对土地资源长期的不合理使用，导致了土地的石漠化。全乡 70% 以上的土地都是裸露的基岩，或是覆盖着碎石，乡民们只能在石缝中种植玉米和洋芋勉强糊口。同全国其他地方一样，自从 20 世纪 50 年代原生植被遭到破坏之后，这里也曾多次植树造林，造林办法也是按照同一的模式，但因土地的高度石漠化，种下的树苗只有极少数成活，而且这些侥幸成活的树苗总难以长大，经过二三十年，这些残存的树依然只有 1 米多高，被人戏称为"老头树"。20 世纪 80 年代后期，毕节地区为了贯彻实施"天保"工程和"长防"工程，特意邀请林业专家对该乡的林地做了评估。专家认定的结论相同，该乡现有林地是一片残林，必须实施全面更新，才能恢复达标的森林。他们要求将林地全面挖翻清理，移开碎石修筑保坎并填土建成梯土后，再行定植树苗。按照这样的规划，种植一棵树的代价需要数百元。贵州省省、地、县三级均无法筹集这笔巨额资金，也没有人敢于承包林地更新工程。这一残林更新工程也就一拖再拖地被搁置下来。

该乡乡民杨明生时任该乡党委副书记，主动要求更新残林建设家乡，他的条件仅是要乡政府为自己作保，批准他借贷一笔资金，暂时解决造林人员的生活困难。有关部门在一筹莫展的情况下，自然顺水推舟让他带职造林。但是事情并不顺利，造林工程一开始，杨明生就与林业专家因意见不合而发生了争执。因为杨明生的造林办法对于林业专家来说，简直是闻所未闻，由于大家都没有把握，因而害怕他造不成林还不了贷款。于是大家出于好心，多次出面劝阻，甚至不同意让他继续干下去。但杨明生却胸有成竹，依然硬着头皮干到底。

而今，杨明生所承包的残林更新任务已经全面完成，他确实在岩缝中种出了参天大树[①]。其造林办法的特异之处如下：一，既不清理林地，也不挖翻土壤，而是在已有残林中相机移栽野生的草本和藤本植物，作为以后苗木定植的基础。二，既不建苗圃，也不购买苗木，而是从周边已有树林中，选择林下的各种合适的幼树苗进行移栽。三，移栽时完全不清理定植点的原有植被，而是在灌草丛中直接开穴定植，树苗移栽后完全隐藏于灌草丛中。四，对原先无灌草的石漠化地段，则不惜工本移开碎石，或是人工填塞土壤，先撒播草种，或移栽灌木。待草类长大后，再定植合适的苗木。五，随着树木的生长，待树冠超过灌草丛后，才及时相机清理灌草丛，割去喜欢阳光的植物，留下耐阴的植物。而且仅仅割去植物的上半部，留下半米的残段，目的是让它们继续发挥截留水土的作用。六，割下的灌草和落叶不焚烧，与泥土混合后，填入低洼的石坑中，作为日后定植新的苗木基础。正是这套植树育林办法，遭到了专家的质疑，他们规劝杨明生不要白费力气，最后造林不成无法还清贷款。杨明生事后告诉我们：树与人一样，没有伙伴活不了也长不大。杂草灌丛就是树的伙伴，把它们清除之后，孤零零的树苗就肯定长不好。

杨明生取得成功之后，有关他的事迹报道频繁出现在各级报刊中，但撰文的记

---

① 王庆. 林海飞歌 [N]. 贵州日报，2004—03—18.

者却很少正面提到他取得成功的真正原因。人们很少提到，他运用了自己了如指掌的地方性知识，更少有人指出苗族的传统生态技能在其中发挥了作用。而这些传统知识正集中体现于上述六项植树造林办法之中。苗族的生态技能是什么，杨明生可以总结如下：一，利用植物的残株落叶截留水土，富集可供林木生长的土壤，同时为日后定植的树苗提供庇护。二，从已有树林中移栽树苗，则解决了当地适用树种的汰选难题。三，还有一个不容忽视的要领是，他的造林并不是一次性完成，而是分多次进行，凭借自然力不断优选出可以成材的植株来。四，整个造林过程并不局限于原先拟定的规划，而是顺应自然，与具体的自然背景相契合。因此，当地苗族的传统生态智慧就集中体现为对自然生态背景的认知和尊重，为树木找寻和营建适合其生长的最佳条件，而不是简单要求自然顺从人类的意愿。

这一成功实例中，苗族乡民到底付出了多大的人力物力投入，显然无法明确计算。我们只知道，杨明生当年仅贷款 20 多万元就完成了造林任务。但若按专家的残林更新规划，那么杨明生完成的这片林地更新所需的投资总计得耗费数百万元以上。两相比较，苗族居民按传统知识所完成的造林任务资金投入量还不到专家规划的十分之一。而且，杨明生所借贷款主要是用于日常生活开支，而很少用于原先造林规划中必须包含的苗木购置、林地整理和技术指导等费用。由于两者资金投入的统计办法完全不同，要准确计算杨明生的造林办法到底省下多少费用并不可能。但这一实例本身却可以明确告诉我们，用传统办法造林在这一特殊地段所需资金投入远远低于任何一种其他造林办法。

甘肃省黄河南岸的秦王川目前正在规划新建大型的提黄灌溉工程，计划将这一片地区改造成粮田区。需要提到的是，当地的各族居民在秦王川地区依靠砂田进行种植。营建一亩砂田需要 500—800 吨的砂石，因而砂石的搬运量较为可观，但砂田一旦营建之后可以持续耕作数十年。因此平均下来，人们每年在砂石搬运上的劳动力投入并不算大。而兴建提黄工程情况则大不一样，除了工程投资之外，每年提水所耗费的电费平均到每亩必然高于砂田的兴建费用。若再加上购买水资源的费用，其实际的投入费用更是大大高于砂田办法①。此外，在这一地区实施漫水灌溉方法种植会引发盐碱化等许多生态恶果。两相比较，当地居民采用传统办法实施的砂田种植办法同样比兴修工程的办法来得划算。因此在我国西北地区保持和推广这一传统办法依然是有利可图的举措。

发掘利用地方性知识进行生态利用和维护，其最大长处还在于它不容易导致维护办法的误用。任何地方性知识都是针对特有自然地理环境和生态资源，建立和完善起来的专属性认知与应用体系，离开了这些特定的自然环境条件，地方性知识就会失去原有的效用。因而生搬硬套地方性知识注定会很快曝露其缺陷，并较早引起当事人的警觉，从而得到及时的矫正，错用地方性知识的事例也就很少发生了。我

① 吕永锋. 砂田的启迪［J］. 大自然杂志，2004（3）.

国云南哀牢山区哈尼族的高山梯田水稻种植办法，只适用于面向海洋的高海拔迎风坡地段，离开了这些地区，就根本无法建构类似的高山梯田。其他地区的各族居民当然也就不会照搬哈尼族的做法了①。再如，我国彝族对猪也采用野放的方式喂养，并利用猪食性广的特点，去控制牧场中某些恶性杂草的蔓延，这种做法仅适用于温暖潮湿的缓坡谷底。而这些地段主要分布于滇黔桂三省区毗连地区，因此也不会为其他民族所误用。相比之下，普同性知识指导下的生态利用和维护，却经常发生被误用的情况。

一个值得反复重申的教训是，在已经石漠化的地段强行开辟梯田并不是正确的做法。从农田种植的常规上看，在山区开辟梯田是一种普遍认同的做法，也是有利于水土保持的对策。由于受到普同性知识的引导，不仅在我国，而且在国外，山区种植大多仰仗梯田。但是应当清醒地看到，客观存在着诸多例外情况。比如，在温暖潮湿的喀斯特山区，如果地表已经高度石漠化，那么修筑梯田肯定会贻害无穷②。其原因在于：一，在这样的地段基岩间缝隙极多，施工兴建梯田时一旦松动了基岩，土壤和水源会更容易地顺着这些缝隙下渗，进入地下溶洞和地下伏流，从而导致更为严重的水土流失。二，在石多土少的情况下，修梯田主要的工程内容是石方建筑，还需要大规模地长途找土运土进行铺填，修筑的梯田才能勉强种植。兴建一亩梯田的代价十分高昂，而效益又不明显，在现有技术条件下根本没有推广的价值。三，这样营建的梯田由于需要从石缝中掏土铺填，将会导致周边地区生态环境的进一步恶化，残存在石缝中的泥土被掏去后保水保土能力进一步丧失，周边的地段将真正成为不毛之地。而所建构的梯田却类似于一些大型花盆，它与周围环境的物质能量交流被人为切断，因而无法保证这些梯田的稳产。四，由于梯田周边地带的生物多样性严重受损，这些孤立的梯田将会成为各种病虫害滋生的温床，若不仰仗农药和化肥，农作物就无法正常生长。这又会进一步加剧农田及周围地区生态环境的恶化。

我国滇黔桂边区就是这样的地带。如果按照当地苗族、布依族的传统做法，则可以保证对生态环境的利用和维护到位。他们利用已经石漠化土地资源的要点是：首先，不轻易触动已有的残存植被，而是在残存植被中见缝插针地种植有一定经济价值的木本植物，如槐树、构树、马桑、桐油树、山苍子、椿树、漆树等等。此类野生或半野生的植物在取得经济收益时，只是收取植株的有用部分，如叶、果、花、枝、汁等等，无须连年种植和清除残株，也就不必连年翻土，自然不会扰动脆弱的表土，从而控制了继续石漠化的势头。其次，保持这些木本植物和野生杂草灌丛的自然存在，不强行改变其物种构成。这样做既能加速植被的扩大与恢复，支持多种动植物的生长繁殖，又能拦截从高处自然下泄的水土，使已经石漠化的土地逐

---

① 王浩华. 梯田文化论［M］. 昆明：云南教育出版社，1999.
② 谢家雍. 西南石漠化与生态重建［M］. 贵阳：贵州民族出版社，2001.

步增厚扩宽表土，稳步恢复土地的生产能力，持续稳妥地获得石漠化救治成效。最后，农田用地仅仅限于低洼的溶蚀盆地，靠人工塞住地漏斗的办法，构筑小片的农田，种植农作物，满足粮食供应。一般不盲目扩大农田，十分必要时才动用草坡种粮食，种一年后立即休耕，使之自然恢复。按照这两个民族的办法，不仅可以防止石漠化，而且能救治已经石漠化的土地资源。以此为例，我国目前很多生态失控地带，其中至少有一部分是误用普同性生态维护办法而导致的恶果。面对当前实际需要，地方性知识特有的不易误用性就更加显得难能可贵了。

地方性知识不易被误用还有一个关键的原因，那就是地方性知识与相关民族文化结合十分牢固，由于不同文化之间存在互斥作用，各民族一般不会轻易地采用其他民族的办法去利用生态资源。我国甘肃和宁夏的毗邻地带，野生苦杏林对于生态的维护具有重要价值。这一地区的汉族居民早就注意到，猪会自动采食落地的苦杏果。由于杏核十分坚固，因而在猪的消化道里不会被消化，而是随猪粪排出体外。来年，这些杏核中的杏仁会在猪粪中发育成苗，移栽这些杏苗就能扩大苦杏林面积。当地居民一直都采取这种办法操作，早年对维护当地的生态环境发挥了很大的作用。然而20世纪60到90年代，当地汉族居民的做法却相反，为了获得短期经济利益，他们从猪粪中拣出苦杏仁核，然后剥出杏仁出售，供作药材和食品。这样一来，原先可以稳步扩大的苦杏林，在30年间却日趋萎缩，给当地肆虐的风沙敞开了大门。但是地方性知识的误用仅在当地汉族中流行。当地的回族居民因宗教信仰关系，将猪视为不洁之物，他们绝不会接受这种办法，去利用生物资源。于是汉族地方性知识的跨文化误用，在回族中也就很难发生了。

同样的情况在我国南方的侗族与汉族间也可以看到。我国湖南、贵州两省的毗连地带杂居着汉族与侗族。这里的汉族居民和其他地区的汉族居民一样，当前已经普遍使用各种化学杀虫剂去对付水稻害虫，使用化学除草剂，去消灭水田中的杂草，并大量施用化学肥料。目前类似做法已经造成了严重的环境污染，浅水湿地生物群落的生物多样性也蒙受了重大的损害。然而在侗族居民的水田里却不会这样，原因在于侗族对于稻田害虫的价值定位不同，他们凭借地方性知识建构起来的治理办法也不同。侗族是将好几种水稻害虫作为食品食用，他们在收集害虫供作菜肴的同时，控制了虫害的蔓延①。此外侗族的水田里还要放养鱼虾，田中的许多动植物也是他们的取食对象，因此侗族的稻田不会轻易使用化学药剂和化学肥料，他们的水田生态环境当然也不会像汉族地区那样受到损害。在类似的情况下，民族文化间的制衡机制发挥了作用，使得各民族的地方性知识获得了免疫力，有效地控制了生态受损范围的扩大。因此，发掘利用地方性知识，推动生态维护，在通常状况下是最为稳妥的做法，一般不会导致明显的副作用。

发掘利用地方性知识去维护生态环境，不会损及任何一种其他民族的文化，也

---

① 杨庭硕. 侗族生态智慧与技能漫谈［J］. 大自然杂志，2004（1）.

不会打乱文化多元并存的格局。多元文化相互制衡的结果，最终会引导人类均衡地利用地球上的各种生态资源。既减轻了人类社会对于地球生命体系的压力，又能确保任何一种生物物种都既有人加以利用，也有人不加以利用而保护起来，从而形成利用和维护的相互兼容。在这样的多元文化背景下，无需对自然生态系统加以特意的维护，也能坐收生态维护的实效。

正是考虑到地方性知识的上述特性以及地方性知识与特定民族文化的依存关系，生态人类学高度重视地方性知识的发掘利用，并将其作为根本性的研究任务去展开工作。同时坚信，如果能全面地发掘和利用各民族的地方性知识，人类就能扭转当前生态环境恶化的趋势，确保自身的可持续发展。

［原载《吉首大学学报》（社会科学版）2004 年第 3 期］

历史民族学篇

"土流并治"：土司制度推行中的常态

摘要： 土司制度是元、明、清三代在我国西南地区普遍推行的行政管理制度。其基本内涵是用当地的各少数民族首领，充任各级、各类土官，如土司、土职、土弁等。在土司制度执行的过程中，朝廷又多次执行"改土归流"，以至于此前有的学者将土官与流官视为截然两分的行政机构，甚至将土司视为游离于朝廷之外的"化外"首邦。然而，仔细排比元、明、清三代史志的相关资料后却不难发现，即令是在执行土司制度的地区，朝廷任命的流官始终在土司衙门中任职。土司被"改土归流"后，其后裔还可以在当地充任各级土职，与流官一道治理当地各少数民族，有的土司甚至还能以土司的身份因功受奖，未经科举考试而直接充任高级流官。这些事实的客观存在足以表明，土司与流官之间并不存在不可逾越的鸿沟，他们都是朝廷职官制度中的两个有机构成部分。其间不仅可以并存，还可以互换，而且还能够相互制衡、互为补充，因而"土流并治"理当是土司制度推行中的常态。

关键词： 土司制度 土官 流官 土流并治

引 言

"土流并治"又称"土流参用"或"土流兼用"。这是元、明、清三代广泛推行于我国西南地区的一整套行政管辖制度，其中的"土"是指各级、各类土官。大致而言，土官包括土司、土职和土弁三大类，三类的官阶、官品又各有不同。土司的最高级别为从三品，最低级别直到从九品；土职的级别最高可达正四品，最低则到从九品；而土弁则无官品和官阶，但仍然有级别和分工上的差异。"流"则是指与内地一致的官员。在内地，不入流的管理人员习惯通称为"吏"，其性质和职掌与土弁相类似。"土"与"流"的基本区别在于，土官是当地人在当地任职，而且一般都允许世袭，允许终身任职；流官则无固定的任所，原则上不能够在本地任职，而且每次任职都有法定的任期。将他们分别称为土官和流官，其间并不存在歧视性的色彩，仅仅是提示他们的任职性质有别而已。"土"是意指在本地任职，而"流"则是指异地任职。"土流并用"的实质仅止于在当时的我国西南地区不管是哪一级行政机构中，往往既任用了土官，同时又任用了流官，而土流之间人选的数量和级别又按照法规和习惯去核定其编制。因此，将这种制度性的安排通称为"土流并治"。

一段时间以来,由于受到阶级斗争史论的影响,部分学人习惯于就土司论土司,去探讨土司制度的历史,而不是将土司制度置于全国职官体系的大系统中,去认识和揭示该制度的实质和功能,以至于在无意中曲解了史志中的相关记载。他们将"土"与"流"视为截然不同的两种制度,甚至强行认定土司、土官落后,而流官则代表先进,代表着国家的统一。进而还宣称一旦实施了"改土归流",土司制度即告终结,土司制度也就无研究的必要了。然而,树欲静而风不止。近年来,西方部分学者将中国的土司制度与西方殖民活动做简单类比,以此曲解中国历史。对这样的挑战,中国学人有责任做出理直气壮的回应。有幸的是,近年来,一些有识之士将"土流并治"这一关键问题提到了研究的日程。受到这一启发,笔者乐于在此做深入的剖析,以就正于海内外贤达。

一、"土流并治"是朝廷行政管理的制度性安排

《明史》"志第五十二·职官五"收载了如下一些内容:

公侯伯　　驸马都尉　　附仪宾　　五军都督府　　京营　　京卫

锦衣卫　　附旗手等卫　　南京守备　　南京五军都督府

南京卫　　王府护卫　　附仪卫司　　总兵官　　留守司

都司　　附行都司　　各卫　　各所　　宣慰司　　宣抚司

安抚司　　招讨司　　长官司　　附蛮夷长官司　　军民府　　附土州土县。[1](p1855)

所收职官的共性在于,他们的任职身份都属于朝廷亲贵,都是由朝廷直接掌控的职官。他们的任职都关系到国家的核心要政,因而都得经由皇帝亲自任命,亲自掌控,而且替皇帝掌管着朝廷的用兵大权,而六部所辖的各级官吏对他们只有监控权,没有直接统辖权。不消说,这里所说的各级、各类职官是朝廷行政机构中的核心部分之一,其地位比六部所辖各级、各类官吏更接近于皇帝。他们都拥有直接对皇帝负责的专奏权。值得一提的是,各级土司,包括宣慰司、宣抚司、安抚司、招讨司,甚至是级别很低的长官司和蛮夷长官司等,在这儿是与朝廷的亲贵等列,而军民府及属下的各级土州、土县的各级土职,也是与朝廷亲贵和五军都督府并列。这就充分表明,在正史的编撰者看来,土司和土职等土官在身份上也是贵族,也是皇帝直辖的职官,而绝不是等而下之的附属官员,更不是"化外"酋邦或外国。"土流并治"在身份上对整个职官体制而言,不仅是合法的,而且是合理的,土官的身份甚至比流官更接近皇帝本人。单凭这一编撰格式就足以佐证"土流并治"绝非例外之举,而是一种制度性安排。

该卷之末以土官为题,对各级、各类土官、土职和土弁做了翔实而精准的

记载：

> 土官，宣慰使司，宣慰使一人，从三品，同知一人，正四品，副使一人，从四品，佥事一人，正五品。经历司，经历一人，从七品，都事一人，正八品。
>
> 宣抚司，宣抚使一人，从四品，同知一人，正五品，副使一人，从五品，佥事一人，正六品。经历司，经历一人，从八品，知事一人，正九品，照磨一人，从九品。
>
> 安抚司，安抚使一人，从五品，同知一人，正六品，副使一人，从六品，佥事一人，正七品，其属，吏目一人，从九品。
>
> 招讨司，招讨使一人，从五品，副招讨一人，正六品。其属，吏目一人，从九品。
>
> 长官司，长官一人，正六品，副长官一人，从七品。其属，吏目一人，未入流。
>
> 蛮夷长官司，长官、副长官各一人，品同上。又有蛮夷官、苗民官及千夫长、副千夫长等官。
>
> 军民府、土州、土县，设官如府州县。
>
> 洪武七年，西南诸蛮夷朝贡，多因元官授之，稍与约束，定征徭差发之法。渐为宣慰司者十一，为招讨司者一，为宣抚司者十，为安抚司者十九，为长官司者百七十有三。其府州县正贰属官，或土或流，大率宣慰司经历皆流官，府州县佐贰多流官。皆因其俗，使之附辑诸蛮，谨守疆土，修职贡，供征调，无相携贰。有相仇者，疏上听命于天子。又有番夷都指挥使司三，卫指挥使司三百八十五，宣慰司三，招讨司六，万户府四，千户所四十一，站七，地面七，寨一，详见《兵志·卫所》中，并以附寨番夷官其地。[1] (p1875—1876)

对上述记载有三点需要澄清：其一是文中"土官"这一标题事实上包含了土司、土职和土弁以及相应的少数民族地区统帅土兵的各级土军军官，具体情况将在下文中逐一注明。其关键在于，不能够将土司与土官两个互有区别的概念混为一谈，土司仅是土官的一个部分而已。其二是文中对各级土司、土职、土军军官的统计时限截止于明末，也就是说统计的对象乃是清廷接管时的实数。在明初，接管这些土司和土职时，其数量比上述统计结果还要大，比如思州和思南两个宣慰司，在明永乐年间已经被罢废，四川所属的播州宣慰司已经在明万历年间被罢废，所以没有计算在上述统计范围内。再如广西田州的土知州在明嘉靖年间已经经过了改制，其辖境和职权都与明初不同。因此，在使用上述统计数字时，必须考虑到时空场域的差异。其三是文中提到的"又有番夷都指挥使司三"及其以下的一段文字，其所记载对象是统帅少数民族土军的各级军官，他们在归属上托管于兵部，而直辖于五军都督府。他们的防区又有相当一部分不在西南地区，而且他们也不是规范的行政管理体制，而是军队建制，因而不在本文深入探讨的范围之内。不过，它的建制规范在性质上与土官有一定的关联性，所以《明史》将其附列在此，其具体内容则分载于《明史·兵志》中。至于文中所言的"并以附寨番夷官其地"，则是指这些土军军官还在一定程度上代理了行政管辖权。不过，这些代理的行政管辖权也是由当地的少数民族头领充任土职，去完成其行政功能。在性质上与土职有相似之处，可以展开对比研究。当然，这一部分内容由于情况复杂，并超出了本文探讨的范围，本文恕不做深入探究。

通观上文的记载，不难发现"土流并治"确属一项制度性的安排。文中所提到的各级、各类土官不仅全部处在朝廷职官范围之内，而且还是朝廷亲自任命、皇帝直接管辖的特殊职官。他们和他们所管辖的地区显然不是"化外"酋邦，而是朝廷的直辖领地。他们与流官的区别仅是任职资格不同罢了，因而"土流并治"不仅意味着土官和流官可以并存，还意味着土官和流官之间可以相互转型，可以相互兼任，其制度内涵比并存还要丰富和健全得多。上述引文尚可细分为五个部分：

"土官……又有蛮夷官、苗民官及千夫长、副千夫长等官"一段文字为第一部分。该部分意在概述各级土司的官衔、官品及其属僚编制。文中凡正面提及官品者均是指土司，其编制也在朝廷正式任命的编制范围内。提到经历司者，则是朝廷委派到土司衙门任职的流官及其流官属僚，仅个别情况也可以任命土司家族成员充任经历司各级官员。文中凡正面提及未入流者以及未正面提及官品者则既可以是土弁，也可以是外来的小吏。单从这一编制格局即可看出，在土司衙门内，土流并存、土流兼用、土流参用本身就具有严格的法律规定。整个土司衙门的行政建制就体现为土、流职官并存共治。土司有了这样的制度保证，他们绝对不可能游离于朝廷之外，而是随时处在朝廷的掌控之中。

对于土司的职权尚需做进一步的说明，但凡被委任为土司者，其性质相当于内地级别不同的诸侯，他们有属于自己的封地、部民，即所谓的"世有其土，世长其民"。换句话说，他们的职权是政治、经济、军事、宗教等全面掌管，一旦被皇帝委任后，就可以在当地终身任职。其行政待遇也相当于内地的诸侯。也因为其职权如此，因而每一家土司都可以在自己的领地内，自行设置各级下属行政机构，并有权委任下属各级行政长官。这些土司的自署职官完全受命于土司，只需上奏朝廷备案，而无需朝廷批准，因而这些自署职官一律没有列入官方档案，只有地方志才有所涉及。比如明代的贵州宣慰司其属下就有十三则溪、四十八部，其长官在《明史》中往往泛称为"土目"，但事实上其内部还有自己的级别和职掌，也就是后人田雯在《黔书》中所追记的"九扯九纵"。再如明代的金筑安抚司，其下就设有十二支，每一支的头领也由该土司委任的自署职官管辖。这样的自署职官对朝廷而言，由于没有明确的官品、官位，也没有明确的编制，因而都属于土弁。

总而言之，土司之下还有自成体系的下属官吏，尽管没有载入官方文书，但同样是不可或缺的本地官吏，得靠他们去辅佐土司才能行使国家交付的行政管辖权。

"军民府、土州、土县，设官如府州县"为第二部分。这一部分是交代各级土职的官衔、官品、职权和编制，仅仅因为行文过于简略很容易被今天的读者所忽略。其实，在这句话中概述了极其丰富的内涵。一方面明确记载在中国西南地区所设置的军民府、土州、土府，其所委官吏有一半以上就属于土职，因而对这样的府在称谓上与内地的府、州、县需要明确的加以区别，将他们称为军民府、土州、土县等。凡属由土职充任的官员也需要加上一个"土"字，如土知府、土同知、土知州、土知县等，原因在于他们是另一类有别于土司的土官。另一方面，这些军民府、土州和土县，其官员的官衔、官品、职权和编制在形式上与内地的府、州、县相同。不同之处在于，不管是哪一级、哪一个部分的官员都可以由土职或流官充任。这些土职的官衔、官品和职权也与官衔名称相同的流官相同，区别仅在于他们是本地人在当地任职，而且无需经过科举考试，凭借其贵族身份和能力就可以直接获得朝廷的委任。相应的流官则是由六部分别委任，而且任期和任所都不固定，可以随时调任。凡属于土职的则完全不可能调任他地。再一方面，除了有编制、有官品的土职外，在军民府、土州和土府任职的下属流官或土职，其下都有权招募各级土弁协助自己办公。通常情况下所招募的土弁当地人居多，外来者较少。这些土弁的任职期和职权的范围不由朝廷掌控，而是由在军民府土府、土州任职的流官出面招募任用。

综合上述三个方面可以看出，军民府、土州和土县，其任职格局同样是土流并存、土流共管，其具体的职官品级、职权和编制在主体方面必须尊重朝廷的制度规范，其附属部分则当地的最高土职和调任的流官可以酌情处理，只需向朝廷备案即可。仅仅因为正史编修时受到篇幅的限制，上述细节无法做过细的交代罢了，有关情况需要参照西南地区的地方史志，才能获知其详。

"洪武七年……为长官司者百七十有三"为第三部分。这一部分中主要是概述土官制度的由来及其在明代的流变。从这一记载可以看出，明代的土官是直接承袭元代而来，而且通常是按照元代已有的行政格局，以元官授之。然而，在管理法规上，明代又作了符合时宜的创新，即"稍与约束，定征徭差发之法"。也就是说，在对土官的管理法规上更趋于完备和健全。最后则是明确交代到明末时，经过一系列的"改土归流"后，所剩各级土司的统计数。需要注意之处在于，这份统计数字没有把军民府、土州和土县的土职统计在内，原因在于这一部分内容在《明史·地理志》中另有交代，故而此处从略。今天的读者在理解时，需要查阅《明史·地理志》和《明史·兵志》才能够获得完整的理解。

"其府州县正贰属官……疏上听命于天子"为第四部分。这部分意在交代"土流并治"的基本原则。鉴于内在的情况极为复杂，因而在正文中不得不用"大帅"一类的概括用语。这就意味着其间的细节还得具体查阅西南各省的"土司传"和"地理志"。不过，尽管是一个大概，但"土流并治"的实情已经明白如画了。其中，如下五个方面的内容最具代表性。

　　一是军民府、土州、土县的最高行政长官和他的助手，既可以由土职充任，也可以由流官充任，也就是文中所说的"或土或流"。具体到各土府、土州、土县，到底由土职还是流官充任，则要视各地的具体情况为转移。有的府是土职任最高长官，那么他的副手肯定是由流官当任，但也可以按一定的比例参用一定数量的土职。如果最高行政长官是流官，那么他的助手大体上是由土职充任，但也可以参用少数流官。

　　二是从宣慰司起到最低的蛮夷长官司止的各级土司，其最高行政长官理所当然的是土司，但是在他下属的各经历司的经历及其属员则大多数是由流官充任。也就是说，在土司制度框架内，按照相关的组织法规定，必须有朝廷正式委任的流官对土司的施政实施监控，只不过这些流官的级别比相应的土司级别要低得多，但他的职权却足以掌控土司，确保土司的职权不至于偏离朝廷的相关法规。

　　三是各军民府、土州、土县不管上级官员为"土"还是为"流"，但其属下未入流的小吏通常也得由流官充任。当然，《明史》正文中将这样的下属小吏称为流官有欠准确，因为实质上他们是"吏"，而不是正式的"官"，但却不妨碍后人的正确理解，因为此处已经明确揭示了"土流并治"的具体实情。直到下级的小吏，也是流官与土职参用或并用。

　　四是原文又总体交代了各级土官的职权及施政的原则，也就是"皆因其俗，使之附辑诸蛮，谨守疆土，修职贡，供征调，无相携贰"。文中最值得注意的是"皆因其俗"四字。这是各级土官的施政原则。其含义是说他们在施政的过程中拥有变通执法的特权，而变通的幅度则要视所统辖的各民族传统习惯而定，因而这四个字的原则同样具有极其丰富的法律内涵，并不是漫无边际的随意变通。如果偏离了所辖当地各民族的习惯，同样会遭到朝廷的稽查，而最难理解之处在于"无相携贰"这一针对土官的法律界限。但凡土司、土职等各级、各类土官，他们的官衔、官品、职权和编制都是纳入了国家职官体系的组织法规中，他们都受命于朝廷。这将意味着他们之间不允许在法规之外相互统辖，职权也不能相互凌驾，他们的辖地也不允许改变，他们所辖的居民也各有归属，不允许相互招诱。这些丰富的内涵也是土司制度的具体法规，违反这些法规者，不管是土司，还是土职都得受到朝廷不同程度的惩处。总之，这些土官在朝廷的组织法规中都得依法办事，朝廷绝不允许他们脱控。

　　五是特意强调土司和土司之间、土司与土职之间、土职与土职之间的纷争，不由六部裁断，而直接由皇帝做出最终的裁决。这一规章特意强调各级土官对皇帝的直接统属关系。具体体现为，他们可以直接上奏朝廷，请皇帝裁断土官之间的是非曲直。

　　"又有番夷都指挥使司三……卫指挥使司三百八十五，宣慰司三，招讨司六，万户府四，千户所四十一，站七，地面七，寨一，并以附寨番夷官其地"为第五部分。在该部分中着意交代了属于军籍的土官。在明代，由于全国推行了军、民分籍定制，因而土官自然也有军、民之分，而此段文字交代的就是统帅土军的各级土军官。他们虽然也属于土官，但在统辖关系上，则是只属于五军都督府，其给养和军备则归兵部代管，因而他们的任职方式和资格与土司、土职和土弁又略有区别。其防区也不限于西南各省。原则上这些土军官都是世袭的职业军人，但他们属下的文职人员由于防区也在少数民族地区，因而同样要实行"土流并治"，而且其非军籍部分的居民原则上是由当地的少数民族头人代管，各级土军官在名分上则具有代管权和监察权。

总之，凭借《明史·职官志》的上述记载，不难看出"土流并治"是一项内容极其丰富、配置极为周详、精准的制度性设置，它是少数民族地区行政管理法规的核心内容，而绝不是偶然性的策略。这样的组织法规上承元代，在明代时趋于完备，进入清代后又得到了相应的延续。直到清代灭亡，随着全国范围内对贵族身份的废止，土官作为职官体系的有机组成部分才最终结束其历史使命。

上文的记载对整个土司制度而言，仅是一个原则性的总法规。具体到西南各省而言，在执行"土流并治"中又可以稍有差异。比如在西南各省的行政机构中，流官和土官的比例该如何配置，两者的级别该做何种安排则要看各省的省情而异。云南省由于所辖少数民族种类众多，各少数民族语言、习俗差异太大，外来流官难以直接实施管理，因而在该省的行政配置中，土司、土职所占的比例就显然比流官多一些，土司的级别也比相应的流官要高一些。对此，《明史》"列传二百一·云南土司"有如下记载："盖滇省所属，多蛮夷杂处，即正印为流官，亦必以土司佐之。而土司瞑目淆杂，难以缕析，故系之府州，以扩其所辖。"[2](p883)

四川的土司领地由于距离内地较远，在行政管理上因而也就放得更宽，基本上是由土司自行管理其领地，但朝廷仍然在其中掌控着这些土司，必要时则通过法制的手段，或驻军或"改土归流"，最终回到"土流并治"的规范。对此，《明史》"列传一百九十九·四川土司"有如下的记载，"夷性犷悍，嗜利好杀，争相竞尚，焚烧劫掠，习以为恒。去省鸶鸶远，莫能控制，附近边民，咸被其毒。皆由规模草创，未尝设立文武为之钤辖，听其自相雄长。虽受天朝爵号，实自王其地。以故终明之世，常烦挞伐。唯建昌、松、茂等处设立卫所，播州改遵义、平越二府以后，稍安戢云。"[1](p8001)四川行省所辖土官的上述特殊情况，导源于所辖地区的居民大多为彝族，而当时的彝族社会又是沿袭着家支制度，其社会发展阶段相当于我们所称的奴隶制社会，以至于各家支之间的纷争杀掠成为一种社会常态，朝廷的法规很难落到实处，就是流官和军队也难以派驻其间。然而，这并不妨碍朝廷的直接掌控也直接深入到彝族地区。具体表现为这儿委任的各级土司和土职同样是受命于朝廷，他们也是以朝廷任命的贵族身份代表朝廷统辖其部民，他们之间的纷争同样得疏上听命于天子。从"土流并治"的理想目标出发，虽然还有一定的距离，但"土流并治"的原则却是朝廷一贯到底的施政目标。随着时间的推移，"土流并治"在这些彝族地区也得到了不同程度的贯彻。进入清代以后，通过雍正大规模"改土归流"，"土流并治"的贯彻反而比明朝更为彻底。

"土流并治"不仅具有植根于原则性的法规，在具体的执行中也体现为土官与流官的相互监控、相互制衡，共同完成朝廷委任的管理之责。土官如何接受流官的监控理当做深入的揭示。

二、土司与土职的任职始终处在流官的监控和朝廷的直辖之下

当前不少探讨"改土归流"的学术论文都习惯于认定土司代表着落后的领主经济，而流官则代表着当时较为先进的地主经济，实施"改土归流"就意味着"先进"战胜了"落后"，边疆社会也就因此而获得了发展。这样的认识和理解当然有其历史根源，不过那不是本文所探讨的问题。本文需要澄清之处仅在于，土司制度下的各级土司，从该土司设置的那天起，他就一直处在朝廷的直接监控之下，土司一直是朝廷的命官而绝不是"化外"酋邦，更不是脱控的外国。土司治理下的各族居民，其经济生活方式当互有区别，但这并不意味着相应的土司可以无视朝廷的任命各行其是，仅维护自己的利益而置国家和朝廷于不顾。土司制度下的各级土司对朝廷的认同，是他们获得荣耀并长享荣华富贵的第一要义；而他治理下的各族居民则同样是朝廷的"赤子"，从来就没有置外于朝廷的念头。

《明史》"列传第二百四·贵州土司"载："明太祖既克陈友谅，兵威远振，思南宣慰、思州宣抚率先归附，即令以故官世守之，时至正二十五年也。……田仁智等岁修职贡，最恭顺，乃以卫指挥金事顾成筑城以守，赋税听自输纳，未置郡县。……仁智入朝，帝谕之曰：'天下守土之臣，皆朝廷命使，人民皆朝廷赤子。汝归善抚之，使各安其生，则汝可长享富贵。夫礼莫大于敬上，德莫盛于爱下，能敬能爱，人臣之道也。'"[2](p894—895)明太祖这一训诫的实质在于，从三个方面确认了朝廷与土司的关系。其一，土司是朝廷任命的亲贵，他们享有内地相似的贵族身份，可以世袭统治他们的领地。明太祖在这一训诫中，事实上是将田仁智作为自己的亲信、心腹去加以训导。说土司游离于朝廷之外，摇摆于中国和外国之间，显然是无视明太祖上述训诫的实质。其二，明太祖明确指出，土司治下的老百姓也是朝廷的赤子，因而要求土司要关爱自己治下的各族居民。这就意味着朝廷是通过土司去对西南边疆各族居民实施间接统治，土司与他治理下的各族居民都是天子的臣民，因而明太祖才有理由要求田仁智"敬上爱下"才能够长享富贵。其三，明太祖在这篇训诫中所要表达的中心思想在于，要以儒家的纲常伦理治理天下，同时也要求土司遵循朝廷的伦理规范，以儒家纲常去治理民族地区。尽管明太祖的这一训诫带有一定的理想化成分，但却可以从中传达出朝廷对土司制度实质的把握。也就是将各级土司和土职视为是朝廷的亲贵和世袭命官，而不是把他们当成"化外生番"。也正因为如此，土司与流官才可以平行并存、相互制衡。

除了朝廷对土司的任命具有终极裁决权外，在实际的行政管理中，元、明、清

三朝在委任土司的同时，还要在土司衙门中委派流官以之监控，并确保土司与朝廷的有效交流和沟通，从而使得土司管理区也成为朝廷疆域不可分割的有机组成部分。上文已经提及各级土司衙门中，朝廷无一例外地都委派有流官经历，经历的级别虽然有高有低，但是他们都有一个共同职能，那就是要确保土司与朝廷之间的沟通和互信，使得土司和他们治理下的各族居民都成为朝廷可以实施有效统治的对象。与此同时，对军民府、土州、土县由于是"土流参用"，这些行政机构与朝廷的关系也就更其密切，地方行政事务的处理更能体现"土"、"流"并存、共治的制度设计精神。尽管上述记载出自《明史》，但具体到元、明、清三代而言，在这一制度性的原则上却并无二致。

《明实录》"太祖洪武实录"卷 71 载，洪武五年贵州宣慰司投降明廷时，在编的高级官员郑彦文、叔禹党、宋蒙古歹、霭翠等。经查阅后得知，霭翠是彝族土司，为其后水西安氏土司在明代的首任宣慰使。宋蒙古歹则是明代宋家人的首领，他是贵州宣慰同知宋氏家族在明代的首任同知，而郑彦文则是元廷派到贵州宣慰司实施有效监控的流官。[3](p5) 与明代不同的是，派到土司区实施监管的流官级别很高，而且通常是由社会地位很高的蒙古人或色目人官员充当。个别情况下，也可以委派契丹人或女真人充当，文中的郑彦文就属于这种个别情况。按照其姓氏可能是属于原先大理政权属下的贵族，其身份与契丹人和女真人相当。这位郑彦文的级别乃是贵州宣慰司最高长官，这一点从《明实录》的人名排列顺序就可以看得出来。

类似的实例在明代的私家著述中也有反应。明刘继先所撰永顺宣慰司《历代稽勋录》（藏吉首大学历史与文化学院）载，元末时，溪州彭氏首领彭胜祖于元成宗元贞二年即任，至元仁宗延祐七年改安抚使，而彭胜祖之子彭万潜接任安抚司后，于元顺帝至正八年改成宣抚司，并于明洪武二年，命其子彭天宝曰："吾闻真主定位南方，汝宜亟奉图籍归服。于是公从治命往焉……彭天宝于洪武二年即任为宣抚使，洪武六年改升宣慰使司，辖三州六洞。"然而，《明史》对这一过程的记载则稍有差异："元时，彭万潜自改为永顺等处居民安抚司。洪武五年，永顺宣抚使顺德汪伦、堂厓安抚使月直遣人上其所受伪夏印，诏赐文绮袭衣。遂置永顺等处军民宣慰使司，隶湖广都指挥使司。领州三，曰南渭，曰施溶，曰上谿；长官司六，曰腊惹洞，曰麦著黄洞，曰驴迟洞，曰施溶洞，曰白崖洞，曰田家洞。"[1](p7991)对比上述两条资料不难看出，所记载的内容为同一件事，但过程却互有区别。其中，最值得一提的是，彭氏土司彭胜祖的儿子彭天宝，事实上在洪武二年就背着明玉珍政权私下归顺了明太祖，而《明史》却记载说，是到了"洪武五年，永顺宣慰使顺德汪伦、堂厓安抚使月直遣人上其所受伪夏印（降明）"。表面上看，这两项记载互不兼容，其中必有一误。但如果结合当时发生的重大背景变数则不难发现，两者的记载都忠实于史实。即洪武四年，明太祖派廖永忠入川灭夏，而当时的永顺地区为元代时四川行省的辖地，也就是明玉珍大夏政权的辖地，永顺所统帅的土兵又极为骁勇善战。如果永顺地方势力没有倒向明廷，廖永忠贸然入川必然会受到巨大的障碍。由此可见，《历代稽勋录》所载洪武二年彭天宝投降明廷不误，只有当彭天宝归顺后，明太祖才会果断的派遣廖永忠入川。正因为彭天宝这一次降明，没有跟大夏政权公开决裂，而是背着明玉珍派来监视他的流官，偷偷投降明廷。而他当时所担任的永顺宣抚使又是明玉珍所委，所以彭天宝无法将元代和明玉珍所授予的印信上缴明廷，只能将他所掌管的三州六洞图籍上交明廷，以表示投降的诚意。但从明廷的角度看来，他的这一次归顺只能算是表明了诚意，不能算是正式投降，故在《明史》中不可能有公开的记载。到了洪武五年，四川大局已定。明玉珍派往永顺监视彭氏土司的顺德汪伦等流官见大势已去，才最终出面投降明廷，上缴印信。由于顺德汪伦的这一次投降是按照法定的规章执行，所以被收载于《明史》当中，而这位顺德汪伦的存在正好佐证，元代时对永顺土司一直派有流官加以直接监控。也就是说，在元代时，任命流官到土司衙门任职监控土司是一项制度性的安排。当然，也因为彭天宝早就投降了明太祖，而且配合了廖永忠的灭夏之战，因而才得到了明太祖的嘉奖，从元代的安抚司和彭氏家族自封的宣抚司直接提升为永顺等处军民宣慰司。两项记载虽然互有差别，但流官在土司衙门的任职并实施监控却可以得到进一步的确证。

到了明代，制度化的管理更其完善，各级土司无论级别高低，其办事机构中始终委派有流官，仅仅因为所委派的流官级别较低，在正史中很难查阅得到他们存在的依据，但来自土司衙门内部的资料却可以佐证这些朝廷委派流官的客观存在以及他们在土司衙门中的特殊地位。我们在湘西永顺县老司城故永顺宣慰司衙门遗址做田野调查时，有幸在该地的祖师殿中发现了明代铸造的铁钟。该钟的铭文（藏吉首大学历史与文化学院）记载了如下的内容：

> 右泊合司舍把众信人等即日上午圣造。言念俊等，百年光景，如白驹易过，四重深恩未报，没齿难忘，食夕拳拳，心怀切切。由是同登处喜，舍资财铸造洪钟一口，入于本司马浦圣殿，永克供养。上愿：皇风清穆，圣寿长更。祁：官长安荣，封疆永固。不父众信，均使康宁，俗美岁丰，民安物阜。谨意。
>
> 道日增辉。大运嘉靖十年岁次辛卯三月初五日庚寅良吉造。炷匠饶衡等。
>
> 法轮常转。恩官前致仕宣慰使司彭世麒、恩官致仕宣慰使彭明辅、现任宣慰使彭宗舜、官舍彭明伦、彭明义、彭明德、经历司信官徐林。
>
> 皇图永固。大明国湖广永顺等处军民宣慰使司吴着大村工地居奉神喜舍。信士彭士俊，把总向晟、张虎、彭九龄、向永寿、汪斌，管家严谨、彭远、彭志高，头目田鹍、田九口、田大用、上同。

通过这个铭文可以看出，朝廷委派到该土司任职的经历徐林，在该土司从事重大的宗教活动时，名字被列入显赫的地位。这不仅证实了流官在土司衙门中的客观存在，而且还进而表明这样的流官受到了土司的礼仪和尊重。如果不是一项制度性的安排，在铸造铁钟这样的小事上就不可能得到与制度安排相吻合的印证。据此可知，流官在土司衙门中的任职，土司与朝廷派来的流官一道共治，显然是一项朝廷掌控下的制度性安排。

三、土司身兼流官并非个别例外

既然土司制度是元、明、清三代职官体系中的有机组成部分，按制度性安排，所有土司、土州、土府和土县一律安插有流官与土司共治。反过来，当需要的时候任命土司担任流官理应与这样的制度安排不相矛盾。查阅明代的典籍后果然找到了相应的证据，足以佐证土司在必要的时候可以直接出任流官，甚至是高级官员。土司立大功所受到的奖励和封赏与流官一样，而且封赏的级别还可以超过该土司已有的土司级别。流官告缺时，土司还可以代理流官的职务行使职权。

永顺土司在明代时备受朝廷重用，因而仅就《明史·湖广土司传》所载，如下几任彭氏土司就曾因功被直接委任为流官，最高职务被任命为湖广都指挥使，官阶正二品和云南左布政使，官阶从二品。现将曾被委任为流官的彭氏各土司罗列如下：

> 成化三年，兵部尚书程信请调永顺兵征都掌蛮。十二年以征苗功，命宣慰彭显英进散官一阶，仍赐敕奖劳。十年，致仕宣慰彭世麒献大木三十。次者二百，亲督运至京，子明辅所进如之。赐敕褒谕，赏进奏人钞千贯。十三年，世麒献大楠木四百七十，子明辅亦进大木备营建。诏世麒升都指挥使，赏蟒衣三袭，仍致仕；明辅授正三品散官，赏飞鱼服三袭，赐敕奖励，仍令镇巡官宴劳之。……四十年，以献大木功再论赏，加明辅都指挥使，赐蟒衣，其子掌宣慰司事，右参政彭翼南为右布政使，赐飞鱼服，仍赐敕奖励。……十四年，永顺复献大木，诏明辅、翼南二品服。万历二十五年，东事棘，调永顺兵万人赴援。宣慰彭元锦请自备衣粮听调，既而支吾，有要挟之迹，命罢之。三十八年，赐元锦都指挥衔，给蟒衣一袭，妻汪氏封夫人。……四十八年，进元锦都督佥事。[2](p874—875)

单就永顺土司在明代的任职而言，即可看出土司出任流官并非孤证，而是一项制度性的惯例。至于土司本人是否就任流官以及就任流官时是否还担任土司，而《明史》的记载则语焉不详。查阅永顺宣慰司《历代稽功勋录》后发现，这些被委任为流官的土司有上文提到的彭世麒、彭明辅、彭翼南等。在其任土司的生涯中，几乎是年年出征。在出征的过程中，又是带领自己的土兵出征。就实情而言，其领地内的行政事务在大多数情况下，都是伪托其自署职官代理。以此推知，他们出任流官并不会妨害继续担任土司，而且他们被调出征其承担的使命也与卫所屯军的军官无异。就实质而言，他们履行的已经是朝廷官军的职责，已经是实质上的流官了。朝廷因功委任他们为流官，只不过是正名而已。总之，土司出任流官同样是一项制度性的安排，否则的话，永顺彭氏土司在明代就不可能有四个土司出任三品以上的流官了，更不会有土司接受朝廷赏赐的二品官官服了。应当看到土司出任流官具有普遍性，除了永顺土司外，明四川行省所辖的播州宣慰司杨氏也曾有人正式出任四川按察使。《明史》对此事的记载虽然强调这是朝廷不得已而做出让步的结果，但此前若没有相应的故事，这样的处置办法也不可能成为事实。再如贵州宣慰司安氏，在明万历年间也曾有人出任贵州布政司参政。这更足以佐证土司出任流官在全国具有一定程度的普遍性。至于在流官不到任的情况下，下级土司代理各级行政机构的职权则更是一件十分普遍的"土流并用"格局，如贵州所辖的黎平府由于所处区位过于偏远，该府的知府长期告缺，日常的行政事务均由下级土司署理。这等做法在云南和四川的西部更其普遍。总之，土官因特殊原因出任流官，或者署理流官的职权理当是"土流并治"的一种具体表现形式。

四、"改土归流"的实质乃是依法管理土司和土职

"改土归流"一名乃是入清后才普遍采用的专用术语。查阅此前的历史典籍后发现，在处置"改土归流"事件时，当时的官私文书一般不称为"改土归流"，而是直接称作"改土为流"、"为流"、"改流"、"设流"等。粗看起来，似乎当时的提法和今天的总结其内涵都差不多，但若加以深究其实则不然。其理由在于，土司、土职既然是朝廷官制中的有机组成部分，从土司机构转变为流官机构，仅仅是机构建制的转型而已，因而"改土"二字并不意味着罢废土司制度。此处的"改"字含义仅止于"变更"、"换用"之意，即每一次具体"改土归流"实践，仅仅是针对特定土司而言，而不涉及制度层面上的内容。这乃是明代和清初典籍称为"改土为流"、"为流"、"设流"的原因所在。当时，如果将"改"、"土"二字联用时，必须是针对某一家土司而言，而不能够通用于全国的行政体制说明。如金筑安抚司自愿申请"改土为流"。《明史》收载的贵州巡抚胡桂芳的奏章原文就直接写作："金筑安抚土舍金大章乞改土为流，设官建治，钦定州名，铸给印信，改州判为流官。授大章土知州，予四品服色，不需管事。子孙承袭，隶州于贵阳府。遂改金筑安抚司为广顺州。"[2](p898) 在这篇奏章中，不称"改土归流"，而是称为"改土为流"。称为"为"意指在法律框架内的机构转型，而"归"则是指此前无所有，今则有之。然而，上文早已明确指出过，在土司的行政机构中，朝廷一直设置得有流官。也就是说朝廷掌控的流官体制早就拥有了对土司机构的控驭权和知情权，因而在此前不能理解为"流官无权"，直到"改土为流"后才收回职权，因而在当时的官私文书中绝少直接称为"改土归流"，因为"改土为流"的提法更能准确地表明机构转型这一实质。

细读胡桂芳的奏章还有三个事情值得深入剖析。其一，胡桂芳称"设官建治，

钦定州名，铸给印信"。设官在当时的其他官方文书中，也可以称为"设流"，其含义都是指此前没有这一行政管理职务，而到了这一次才重新设置的新官职。如果用今天的术语来翻译，应当是中央批准增加一个职官编制。至于"建治"这是指重新建立办事衙门，正因为是新建，因而才需要"钦定州名，铸给印信"。通观这十二个字的表述均不涉及否定土司制度的含义，因而也无"归"可言。其二，该篇奏章中还明确提到"改州判为流官，授大章土知州，予四品服色，不需管事"。在该行文中还提到"州判"这一官名，其职能是一个州的最高司法官员。由于该土司此前所辖居民大多为苗族和布依族，涉及民事诉讼时得用多种语言加以审理，因而在此前的奏章中，曾经建议过在"改土归流"的同时，将原来的金筑土司委任为该州的土州判，以便处置相关的民事诉讼。然而，胡桂芳的此次上奏则是认为这种按制度沿袭的土官委任办法不利于以后的行政管理，因而建议不设土州判，而直接委任流官州判，但这一行政机构改动。对自愿申请"改土归流"的金大章而言，于法、于情、于理都说不过去，因而才例外对金大章施恩，也就是任命他为世袭土知州，享受四品官待遇，只是不能够插手该州的行政事务。因此，就胡桂芳的这一建议而言，同样是依照惯例办事，并没有对这个末代土司实施夺权之意，而只是把事权转交给流官而已。末代土司金大章依法享有的所有权利，朝廷反而是从优给予，这正是称为"为流"而不称"归流"的原因所在。其三，在胡桂芳的奏章中，对金大章的官衔，不称其为"安抚使"，而是称其为"土舍"。这正好表明金大章在此前的身份并没有正式就任安抚使，而仅是安抚使的候选人。由他提出"改土为流"，其背后似乎隐含着承袭资格在家族内部有争议的特殊事实，因而乞请"改土为流"同样是事出有因，有法可依。朝廷不是罢免在任的安抚使，因而不属于依法惩处，而是对依法继承有争议的土司候选人实施行政机构的转型。

总而言之，上述三个方面的剖析都足以证明，在明代的官方文书中并不习惯称为"改土归流"，而是称为"改土为流"。通用这一术语的用意正在于表明，实施这样的政治行动，目的仅是行政机构的转型，而不是废止某一行政机构，即土司和土官机构，更不是对该机构的制度安排加以废止。此处金大章的待遇就是一个明证。"改土为流"之后，他还担任土知州，还享受四品官员的待遇。他原有的办事机构还存在，不同之处仅在于不允许他插手广顺州的行政事务而已，但他的身份依然是广顺州的世袭土知州，仍然是以贵族的身份出任世袭土职。

又如福禄永从长官司在正统年间因长官无后，而停止世袭，朝廷随即将该土司的领地改置为永从县归黎平府统辖。明代典籍对这一事件的记载小有差异。《黔记》载，"永从县，故福禄长官司。正统六年改土设流，无城。"[4](p152)《明史·贵州地理志》亦载，"永从府南。本元福禄永从长官司。洪武中改置福禄永从蛮夷长官司，后废。永乐元年正月复置，属贵州卫。十二年三月来属。正统六年九月改为县。南有福禄江，有彩江流合焉。又有永从溪。"[5](p176)两书对此处事件的记载，一称"改土设流"，一称"改土为县"，但所要表达的内容却无实质性的差异。"改土设流"

设的就是永从县，而"改为县"则是"改土为县"的省写，而"改土为县"恰好与《明史·贵州土司》所载金竹安抚司"改土为流"恰好为同一行文格式。类似的例证在《明史·广西土司二》王守仁对土司处置的奏章就有如下一段文字，"况田州外悍交阯，内屏各郡，深山绝谷，瑶、僚盘踞。使尽诛其人，异日虽欲改土为流，谁为编户？非惟自撤其藩篱，而拓土开疆以资邻敌，非计之得也。"[2](p905)凭借这一记载也足以证明，实施"改土为流"都是立足于国家边疆安定的需要，同时也是按照既有的土司制度的已有法规，实施有效管理的政治活动，所"改"者仅是机构转型而已。无论"改"与"不改"，"土流并治"的格局始终得到了完整的继承。

此外，在明代典籍中很少使用"改土归流"一词，而是称为"改土设流"、"改土为流"或"改流"。其用意非常明显，就是要强调实施"改土归流"仅是一种行政体制的转型，并非实施了"改土归流"后，行政管辖权才归流官管理，因为此前不管是土司属下，还是土府、州、县属下都肯定有流官在其机构当中办事，流官已经掌握了当地的事权。因此，称"归"并不准确。单从这一用例即可看出，"改土归流"并不是罢废土司，也不是新接管一个行政机构或新接管一片领土，而仅仅是启用了另一套行政机构。更值得注意的是，这一套另起的行政机构同样沿袭着"土流并治"的已有组织法，也就是土司制度本身在"改土归流"后，其"土流并治"的原则还继续得到了执行。有鉴于此，不管是称为"改土归流"，还是称为"改土设流"其实质都相同，仅仅意味着依法惩处不法土司，依法实施行政机构转轨。不管转轨前，还是转轨后都坚持"土流并治"的基本法规。既然如此，把"改土归流"理解为一场"革命"，理解为一套社会经济体制的巨变，显然与上述各项史实相互抵牾，而难以自圆其说。

在历次的"改土归流"中，某些"改土归流"的过程尽管规模很大，甚至动员了方圆几省出兵参战。单就表象看，朝廷似乎是对土司深恶痛绝，因而大张挞伐。然而，在仔细阅读当时的官私文书记载后，同样可以发现在大肆用兵的背后仍然是依法办事，惩处的对象仅涉及犯罪土司本人及按照法律必须连坐的亲属，而不是针对整个土司宗族而加以惩处。值得一提的是，实施这样的"改土归流"后，不在连坐范围内的土司宗族成员，甚至是有悔过的土司本人都可以在其后新设置的府、州、县内充任级别高低不等的土职，从土知府到土知县，从土主簿到土吏目，从土守备到土百户不一而足。这将意味着土司家族的后裔们在当地还拥有世袭任职的贵族特权，因为只有承认这种世袭才能确保"土流并治"法规得以延续。

思州、思南罢废之后，田氏土司的后裔一直拥有出任土知府、土同知的特权。[6](p2444)播州杨氏土司被罢废后，其后裔一直世袭充任遵义府的土知府，直到清代康熙年间才裁废这一职位。同时，这一次裁废是因为该土知府在平定"三藩之乱"的过程中立场不稳才做出的惩处措施。龙泉坪长官司、贵竹长官司或因不称职，或因居民结构有改变而"改土为流"，设置了龙泉县或贵竹县，但末代土司本人乃至后裔却有权世袭充任这两个县的土县丞。在地方的政治影响依然很大，足证

"改土归流"仅是行政体制的转型，这样的转型并不影响"土流并治"法规的延续。

作为一种制度，不管经历过多少次的"改土归流"，它依然是有效的，而且也是国家的法规所承认了的。否则的话，土司、土职就不可能写入正史的"职官志"中。经过仔细的统计我们发现，在《明史》中从来没有"改土归流"这一提法。在清代时，正式称为"改土归流"者也仅止于雍正朝鄂尔泰所组织的政治行动而已。对其他地区的类似政治行动却仍然沿用明代的提法，称为"改土为流"（详情参见文末附表）。这就足以证明，称为"改土归流"乃是具有特殊含义的提法，"改土为流"才是规范的提法。雍正皇帝和鄂尔泰之所以要改称为"改土归流"，其用意是为了表明朝廷的立场与漠西蒙古和硕特部和准格尔部争夺对土司区的管辖权，因为是从政敌手中接管土司管辖权，所以才特意改称为"归流"，后世学人疏忽了这一差异，这才将"改土归流"的使用范围做了不适当的延伸。对此，今天理当正本清源了。

五、"土"与"流"相互制衡、互为补充

从今天西南地区的社会文化现实着眼，一般人很难理解，更难以接受为何要"土流并治"，甚至会说，我们现在用同一套行政机构不是把西南地区管理得井井有条吗？做这样的理解当然事出有因，但这样的理解却与历史唯物主义相左。这是因为在元、明、清三代确立土司制度的当时，其社会文化背景与今天截然不同。当时不要说西南地区的数十个少数民族九成以上的人都不懂得汉语，而且即令是各少数民族之间也语言不通、习俗各别、生计各异。要将他们都纳入中华民族大家庭中，肯定得经历一个漫长的相互适应过程。即令是朝廷以法规的方式推广儒学教育，也不是一代两代人能够做好的事情。在这样的背景下，如果不让各民族首领充任土司和土职，这些少数民族居民就很难纳入多民族国家的统一管辖之下。确立土司和土职还不能最终解决问题，因为朝廷科举考试录取的官员在内地成长起来的行政办事人员，也就是历史上所称的"吏"同样只懂得汉语，只懂得儒家经典。让他们直接去治理少数民族，他们同样会勉为其难。更有甚者，西南民族地区是如此之辽阔，如果全部用流官治理，即令这些流官都称职，都勇于学习少数民族的语言，但仍然绕不开行政开支无限膨胀的危险。这是土司制度确立之时，作为一个多民族国家的朝廷必须面对的客观实情，而这样的社会文化客观事实，乃是土司制度不得不执行、不得不法规化的客观要求。有鉴于此，元、明、清三代使用并推行的土司制度就必须坚持"土流并治"。没有"土"就无法管辖好少数民族，而没有"流"则不能维护国家的统一，只有"土流并治"才能够做到两全其美。可见，"土流并治"并不是随意制定，或者是历史遗留下来的行政格局，而是精心设计的符合当地实情的行政管理制度。既然有这样的法律保证，那么"土"与"流"之间的相互依存、

相互制衡，共同维护国家的统一，那就很自然的既是制度规定的要求，又是"土流并治"期望达到的施政目标。

最能体现"土"、"流"相互依存、相互制衡格局的事实，莫过于上文所引《明史·职官志》中对土官行政机构设置的说明。其要点可以补充说明如下：中上层土司一律称"使"，如宣慰使、宣抚使、安抚使、招讨使等。称为"使"意在强调他们是直接受制于天子和朝廷，代表朝廷对其属下的各少数民族实施有效统治的职官。换用今天的术语来说，他们都是朝廷亲委的直辖官员。其身份与各省的都指挥使、承宣布政使、提刑按察使具有内在的可比性。他们都拥有直接向皇帝上奏权，因而土官与流官之间双方可以做到相互监察、相互制衡。与此同时，各土司衙门中所委派的流官都称为"经历"，但级别有高有低。这些"经历"是由省一级所委任的，是由省一级直接监控的，他们长期生活在土司衙门内，土司的一举一动他们都了如指掌，而且可以以最快的速度传达给省一级的高官。这就对土司构成了行政上的监控，省级的地方官可以根据他的表现随时上报给朝廷。土司的好与坏、良与善始终不会逃过朝廷的耳目。那种以为土司可以为所欲为的观点，显然没有注意到这种"土"与"流"之间相互监督的制度设计。可是，土府、土州和土县虽然最高行政长官是土职或土司，但这些行政机构的下属，也就是"佐贰"同样是省政府委任的流官。他们的存在不仅是把国家统一的行政管理法规推广到这些土府、土州、土县，更重要的是对他们名分上的顶头上司土知府、土知州、土知县实施监督，监控的结果也可以通过省级最高行政长官上报给朝廷，使得土知府、土知州、土知县同样处于国家严密监控之下。当然，土司制度下，"土流并治"这一行政格局的设计绝不意味着对土司和土职加以歧视，相反倒是对他们贵族身份做出了法理认证，因而土司同样可以对流官，甚至是高级流官行使监察、弹劾、控告之权。

历史上，这方面的最有名故事莫过于奢香夫人。奢香以女土司的身份控告了贵州都指挥使马烨，并得到了明太祖的亲自受理，不仅为奢香平冤枉，而且还厚赏了奢香夫人。奢香夫人则对朝廷感恩而开辟了贵州的几条关键驿道。[7]对整个事件的过程，目前学术界虽然存在着诸多的争议，但以土司身份指控并且告倒了高级流官，则是争议各方公认的历史事实。我们看重的正是这个事实，而不在乎事件过程中细枝末节的差异，因为土司能够弹劾流官，正好体现了土司制度设计的合理和有效。"土"与"流"的相互依存、相互制衡也才因此成为西南地区长治久安的基本依赖。

六、小 结

研究历史问题最忌讳感情用事，最忌讳凭个人的好恶去曲解史实。然而，由于半个多世纪以来，在阶级斗争论的左右下，人们的思维方式在不知不觉中也干扰了我们史学工作者的治史理性。土司和土职统辖下的各少数民族居民既然不处于主流地位，就很自然地会将他们理解为落后、封闭和愚昧，并从这样的情绪出发，去理解土司制度和"改土为流"。整个研究工作在不知不觉当中就戴上了有色眼镜。把"改土为流"理解为革命，把"改土为流"理解为朝廷新接管了一片土地和人民，甚至把土司理解为是一种过渡，朝廷是被迫接受土司的贵族身份等。其实都因先行认定"土司落后"而起，却没有注意到土司制度下的土司和土职，从他们任职的那一天起就已经是朝廷命官了，而且是朝廷承认的贵族，他们绝不是"外人"。土司区绝不是外国，更不是"化外"酋邦，而是朝廷有效掌控的中国领土。认识到这一点，在今天更具有特殊意义。随着中国的日趋强大，世界各国的反华势力无一不忌恨中国的统一和繁荣。这样的用心如果表现在历史研究上就会自然地把西南地区的土司、土职和土司、土职辖区曲解为"独立王国"，或者是"化外"酋邦，甚至是外国。面对这样的伪科学挑战，我们只能从事实出发，澄清围绕着土司制度所蒸腾出来的各种曲解和误判，维护中华民族的稳定团结、维护我国领土的完整才可能获得确凿可靠的历史依据。这乃是新时代历史研究无法规避的历史重任，但愿能就此与同仁们共勉。

附表：

朝代＼提法	改土为流	改流	设流	为流	改土归流	归流
明代	3	6	7	4	无	无
清代	无	6	4	无	5	1

说明：

①称"改土为流"有3例，均出自《明史》"卷三百一十二"、"卷三百一十六"和"卷三百一十八"。

②称"改流"有12例，《明史》和《清史稿》各占六例。分别为：《明史》"卷三百一十一"（2例）、"卷三百一十二"、"卷三百一十四"、"卷三百一十七"和"卷三百一十八"。《清史稿》"列传二百九十九"、"列传三百"、"列传三百一"、"列传三百二"、"列传三百三"和"列传三百十二"。

③称"设流"有11例，《明史》占7例，分别为："卷三百一十一"、"卷三百一十三"、"卷三百一十四"、"卷三百一十六"、"卷三百一十七"、"卷三百一十八"和"卷三百一十九"。《清史稿》占4例，分别为："列传二百九十九"、"列传三百"、"列传三百一"和"列传三百三"。

④称"为流"有4例，全部出自《明史》，分别为"卷三百一十一"、"卷三百一十三"、"三百一十七"和"卷三百一十八"。

⑤称"改土归流"有5例，全部出自《清史稿》，分别为："列传二百九十九"、"列传三百一"、"列传三百二"、"列传三百四"和"列传三百十二"。

⑥称"归流"有1例，出自《清史稿》，即"列传三百"。

参考文献：

［1］［清］张廷玉等．明史［M］．北京：中华书局，1974.

［2］［清］张廷玉等．二十五史·明史［M］．上海：上海古籍出版社、上海书店，1986.

［3］贵州民族研究所编．明实录·贵州资料辑录［M］．贵州人民出版社，1983.

［4］［明］郭子章．黔记［M］．北京图书馆古籍珍本丛刊（43），史部·地理类．北京：书目文献出版社．

［5］［清］张廷玉编，罗康智、王继红编著，杨庭硕审定．明史·贵州地理志考释［M］．贵阳：贵州人民出版社，2008.

［6］［清］顾炎武．肇域志（四）［M］．上海：上海古籍出版社，2004.

［7］沙子芬．奢香夫人和龙场九驿［N］，载《中国邮政报》12 月 31 日 7 版．

［本文与李银艳合作，原载《贵州民族研究》2012 年第 3 期］

"改土归流"：土司家族政治命运的转型

摘要：长期以来，学界习惯于把"改土归流"作为土司制度的"落幕戏"加以研究，但若细心查核"改土归流"后的当地史料，却总能发现被罢废土司的后裔们可以长期在当地担任各种行政要职，对当地的社会生活产生深远影响。可见，对土司制度而言，实行"改土归流"仅仅意味着用人制度的转型，因而及时和适度地实施"改土归流"，恰好是整个封建王朝官僚体制有效和灵活运转的标志。

关键词：土司制度　改土归流　政治命运　用人制度

长期以来，人们习惯于认定"改土归流"是一场天翻地覆的政治革命，功业卓著①。也有人认为土司是领主经济的代表，通过"改土归流"将土司们打倒后，社会也因此从领主经济步入了当时"先进"的地主经济②。还有人认为"改土归流"打破了土司制度下民族与地区间的壁垒，增强了各民族人民之间的经济、文化交流，对国家的统一发展意义重大③。正是出于这种习惯性的认识，人们还会很自然地认定被剥夺了政治特权的土司后裔们必然会成为"丧家之犬"，甚至沦落到衣食无着的悲惨处境。"改土归流"既然是一场政治革命，那么这些土司后裔们不管归宿如何，只能听任命运的安排。

近年来，出于研究的需要，笔者查阅了一些地方史志，也拜访过一些末代土司的子孙们，结果发现事实与上述理解相左。土司后裔们在"改土归流"的风暴过后，他们并没有成为"丧家之犬"，而是在当地依然发挥着不容忽视的政治与经济作用，还保持着崇高的威望和社会影响力，有的还继续身居要职。而更叫人难以置信的是，他们中的不少人依然过着贵族式的生活，甚至享有名副其实的贵族尊号。他们自己也认为具有贵族血统，是当地的名门望族。想象与历史事实的差异，迫使我们不得不认真思考："改土归流"的实质到底是什么？

土司制度是中国封建王朝官僚体制中的一个有机组成部分，它可以与流官制度、土官制度、恩荫制度相并行，共同担负起选拔和任用行政官员的职责。当然，

---

① 李世愉. 试论清雍正朝改土归流的原因和目的 [J]. 北京大学学报，1984（3）.

② 史继忠. 略论土司制度的演变 [J]. 贵州文史丛刊，1986（4）.

③ 翁独健. 中国民族关系史纲要 [M]. 北京：中国社会科学出版社，2001：638.

通过不同手段选拔出来的官员，其权力、责任和待遇理当互有区别，但其间并不存在不可逾越的鸿沟。在上述各类型行政官员的选任制度之间，往往可以相互转换，其权责义务也可以相互制衡。因此，"改土归流"的实质仅仅是整个官僚体制中，各有机组成部分之间的"转型"而已。转型的结果主要表现为流官制度通行范围的扩大，但却不是土司制度的消亡，更不是土司及其后裔个人权势的消亡，而是土司家族以及个人政治权势的转型。总之，"改土归流"其实是按既定的体制设计，有序地实施用人方式的转轨。不管是否执行转轨，或者是在转轨前和转轨后，其间任何一方都无"先进"与"落后"可言，即"改土归流"仅仅是官僚体制内部的自我调整。

一、"改土归流"后必须面对的施政难题

"改土归流"后，土司后裔依然可以在当地继续任要职，而任职的方式却发生了转型。在"改土归流"之前，土司的任职立足于血缘关系，按照单线、单人和嫡长子优先的原则，以既定的法律程序为依据，由朝廷直接委任而出任各级、各类土司。当然，也可以由朝廷委托某一级地方行政官员以朝廷的名义去委任这样的世袭土司。其实质是将封建王朝中央皇权承袭的模板套用到少数民族地区，应用于地方首领的选拔任用而已。与皇权承袭的差异仅在于，整个土司承袭过程都是在皇权的直接监控下，以朝廷委任的方式按照既定程序去落实整个土司承袭的规范。

与皇权承袭形式相同，土司任职在制度上也都由单人、单线世袭充任。"改土归流"后，由于世有其土、世长其民的地方行政特权被废除，土司的后裔们自然不能够再按照单人、单线世袭了，但是作为民族地区的一个特殊阶层，他们在当地政治生活中的影响并不会就此彻底消失。一方面，这些土司后裔们所在的家族对他们做了精心的教育和磨炼，他们的政治才干在当地有目共睹，短期内无可替代。另一方面，按照土司制度的规定，他们都接受过良好的儒学教育[1]，精通汉语，熟悉朝廷的行政礼仪和办事方式，因而他们很自然地会成为朝廷联系当地少数民族社会的桥梁。更因为土司家族在漫长的历史岁月中，与全国各地，也包括各级、各类土司都发生过密切的政治、经济和军事上的交往，每个土司后裔都有雄厚的社会资本和经济实力，在当地的社会生活中发生影响[2]，对他们而言并不是一件难事。只不过单人、单线世袭被废止后，他们在当地行政机构的任职改为选贤任能制。在众多的土司后裔中，谁的能力卓著，德行超群，知识丰富，谁就拥有更多的机会在当地任职，而且任职不限于单人、单线，而变成了多人、多线同时任职。也就是说，"改

---

① 如：洪武二十五年十一月，设置贵州宣慰司儒学，并设有教授一员，训导四员。详情参见贵州省民族研究所.《明实录》贵州资料辑录［Z］，贵州人民出版社，1983：85 等.
② 朱批谕旨"雍正五年闰三月二十日黄焜折"，四库全书本。

土归流"后，土司后裔在当地的任职规模不是缩小了，而是扩大了；他们的集体影响力扩大了，而不是缩小了。与此同时，行使权力所要承担的风险却反而降低了，在当地任要职反而更安全了。就土司直系子孙而言，失多于得。"改土归流"对土司家族而言，其施政目标并不是要摧毁土司家族的政治基础，而仅是改变了他们的世袭方式，仅仅是一种世袭制度按规范实施转型而已。说"改土归流"是一场革命，显然是低估了中央王朝对少数民族地区的行政管理能力和掌控能力。

"改土归流"需要处置的关键既然不是土司家族，那么它需要认真对待的难题显然另有内容。原来实行土司制度的地区都是边远的少数民族聚居区，这样的少数民族聚居区在自然与生态背景上还有其特异性，那就是同质性的自然与生态结构规模很小，而自然与生态结构的类型和样式却千差万别。不同类型的自然与生态系统又往往是像"马赛克"那样相互嵌合在一起①，以至于实行土司制度的地区范围极广，几乎遍及了整个中国的西部。然而，具体到一家土司而言，所能够管辖的范围却又十分狭窄。一家土司所能管辖的土地和人民大者不过数县之地，小者还不到一个乡。在一些极为边远的地区，个别土司的辖地虽然很大，但真正掌控的居民却极少，一般仅数万之众而已。值得注意的是，这样的自然与生态结构是任何政权和社会力量都难以改变的客观事实。建立在这样的自然与生态结构上的各民族地方势力，必然具有"微型化"的特点。同样因为其间的自然与生态结构差异太大，各家土司所代表的社会发展水平及其内部的行政结构不仅互有区别，而且连他们所处的社会发展阶段都截然不同。有的处在原始社会末期，有的处在奴隶社会时期，有的则是处在封建社会时期②，而有的土司区已经掌控了强大的商业资本，其经济发展水平并不逊色于内地汉族发达地区，只不过规模偏小而已③。此前的一些学者将土司势力认定为是领主经济的代表，真不知从何谈起。更为甚者，一些学者将土司制度定义为是一种封建的政治制度，是元、明、清三朝对于农奴制的西南少数民族地区所采取的一种特殊统治方式④。给予土司制度这样的历史定位，更值得商榷。

元、明、清三朝的史实表明，土司制度本身也经历过一定程度的发展。元代开创土司制度时，由于当时各民族间政治待遇并不平等，全国各民族居民的政治身份被区分为高低不同的四等⑤，因而元代委任的土司，其民族政治待遇同样不平等。

---

① 在这些地区，不仅有河网湿地、森林、高山草甸、高山草场、疏树草地、高寒草原等，在西南地区，甚至一个小小的山头从头到脚便分布有 10 来个大大小小不同的生态系统类型。可参见蔡晓明. 生态系统生态学［M］. 科学出版社，2000：241—288.

② 李根蟠，卢勋. 中国南方少数民族原始农业形态［M］. 北京：农业出版社，1987：3—4.

③ 早在先秦时代便有中原人士移民到此，并认为这儿潜藏着巨大的商机，而在汉代这一地区则孕育出了富豪。详情可参见司马迁.《史记》卷一二九"货殖列传". 中华书局，1974：32 页；班固.《汉书》卷五七"司马相如列传". 中华书局，1974：3530.

④ 李世宇. 从土司地区的经济结构看土司制度的建立［J］. 贵州大学学报，1985（1）.

⑤ 吕思勉. 中国通史［M］. 新世界出版社，2008：331 页；樊树志. 国史十六讲（修订版）［M］. 中华书局，2009：186—187. 等等这些史学专著，都有对元朝的政治统治特点的精深论说。

大土司都是由蒙古人和色目人充任①，中级土司则是由女真人、契丹人或者北方的汉人充任，而各地的中小土司则是由当地的少数民族充任，其间也不乏个别土司家族是南宋的官员之后。明代以后的土司才主要是由当地的少数民族首领充任，而个别长期定居在少数民族地区的汉族后裔也可以充任土司。然而，不管土司家族的来源如何，土司制度一旦确立，中央王朝就可以假手土司，对当地各民族实施规范的统治。尽管这样的统治具有一定的间接性，但朝廷与当地少数民族的关系，毕竟得到了制度化的调节。朝廷还不断地鼓励土司家族接受汉文化，允许少数民族居民了解内地，并在土司地区遍设社学②。同时，也鼓励汉族居民稳妥、有序地进入土司地区。因此，我们必须承认，即使不实施"改土归流"，朝廷对土司地区仍始终保持着制度化的统治，各族居民间的交流、文化的相互渗透始终都能按制度展开。当然，这样的民族文化联系具有官方主导特色，也具有一定的间接性，但土司制度从来就没有隔断过朝廷与少数民族居民的联系，反倒是稳妥地推进了这种联系③。此前学术界认定："改土归流"后才打破了民族间相互隔绝的状况，显然有违史实，反倒是土司制度的执行强化了民族间的联系。"改土归流"则是在上述基础上，扩大了少数民族与内地的联系而已，只不过是其间的联系从"官办"为主过渡到了以"民间"直接交流为主而已。其实，"改土归流"仅是标志着民族间交往方式的转型，而绝不意味着少数民族与内地的联系要到"改土归流"后才正式开始。

仅就上述各种情况而言，执行土司制度的地区显然不是"化外"酋邦，反倒是王朝领土不可分割的有机组成部分。土司制度也绝对不是在官僚体制之外另搞一套，姑息和纵容少数民族地区的首领为所欲为，而是一种因俗设置的职官体制，是王朝职官体制中不可分割的有机组成部分。不过，执行土司制度必定有它的特殊性。为了对付自然与生态环境的多样并存和"微型化"政治格局，土司按照制度统治当地的居民，显然也得因俗而治，显然得在王朝法制之外实行诸多的变通条例，以至于"改土归流"后，朝廷需要认真对付的绝不是那些被罢废的土司后裔，反倒是由间接统治改变为直接统治之后，必然得面对的一系列施政难题。在这些难题中，最具代表性的有如下三个方面：

首先，土司统治的居民绝大多数都是少数民族，土司统治区大都设置在少数民族密集分布区。少数民族的语言各不相同，而朝廷选拔流官的标准则是"四书五经"等儒家经典，中选的人才所接受的是汉语文以及儒家的政治历史教育。可是，要在少数民族地区任职，精通当地少数民族的语言却是最起码的执政前提。按科举制度培养出来的官员既然不懂少数民族的语言，但又必须把他们派到"改土归流"后新建的省、府、州、县任职，那么化解这一施政难题的办法就只能是聘用职业翻

---

① ［明］宋濂等．元史［M］．卷三十九"本纪第三十九·顺帝二"．北京：中华书局，1974：839.

② ［清］张廷玉等．明史［M］．卷一百七十七"列传第六十五"．北京：中华书局，1974：4699.

③ 王阳明去周游各地讲学、永顺土司帮助朝廷攻打倭寇都是十分有力的证据。

译。当然，这样的职业翻译人员也不烦远求，那些被罢废土司的后裔及其家族成员们，由于祖上的积累每一个人都是合格的翻译人选，也是流官们的得力助手，更是流官们执政中必不可少的耳目。因此，单就化解民族语言壁垒而言，"改土归流"后土司后裔们继续在当地担任要职，恰好是一个别无选择的客观需要。

其次，中国各少数民族的传统生计方式千姿百态、多样并存，但朝廷为了便于统一管理，税赋和徭役的征收与征发都必须实施同一套制度，只能用规定的粮食品种、货币品种，或者应召服役的方式，去兑现"编户齐民"对国家必须承担的义务，只允许在极其个别的情况下可以稍加变通①。"改土归流"之前，各级土司对朝廷的应尽义务都是以朝贡、应征参战等方式去完成，朝廷还对他们实施额外优惠②，因而各民族生计方式的差异可以凭借这样的处置办法加以化解。"改土归流"后情况就不同了，只要省、府、州、县一旦设置，原则上都得按国家统一的税收徭役制度实施，也必须遵照国家统一的法律和法令去处置各类民事和刑事纠纷。在这样的背景下，民族文化的差异，特别是生计方式的差异就会成为能否顺利施政必须化解的关键难题。化解的办法同样无需远求，被罢废的土司后裔，其所在的家族由于长期与王朝共过事，各土司家族之间又有严密的社会关系网，而且这些家族的生活方式和生计来源与内地较为接近，同时，又在当地的各民族社区中有根深蒂固的社会基础，通过他们去完成产品和人员的交换与结算，对他们来说是一件轻而易举的事情，但却化解了外来流官施政中的关键性难题，甚至在处理民事和刑事案件时，没有土司后裔的协助，那么连审理案件和解释法律都无从做起。总之，面对生计方式和社会生活的差异，"改土归流"后如果不大量启用土司后裔任当地各级、各类土官职务，那么即使派来了流官也根本无法管理好这些新设的省、府、州、县。

再次，设置过土司的地区，在"改土归流"前，汉族文人、官员都很少涉足其间，对当地的自然环境和人文背景，要么所知甚少，要么讹误太多。没有熟悉情况的人充当"活地图"、"活字典"，朝廷派来的流官即令水平再高、再勤奋、再忠诚也无法在这些新设的省、府、州、县顺利执政。这也是土司后裔在"改土归流"后，还必然在当地继续任要职的根本原因。即民族文化的差异，会使得朝廷即使实施了"改土归流"也离不开这些土司后裔的忠诚和支持。否则，即使建了很多省、府、州、县，委派了最有能力的官员也无济于事。

在历史进程中，发动"改土归流"和执行土司制度其实是互为表里、交替推进的两套政治措施。所有的"改土归流"行动都是有限的、适度的和分段执行的，没有哪一次"改土归流"是在全国范围内以废除土司制度为目标。换句话说，从确立土司制度的元代开始，一直到中华人民共和国建立前夕，土司制度一直在执行之

---

① ［清］张廷玉等. 明史［M］. 卷七十八"食货二·赋役". 上海古籍出版社，1990：7982—7984.
② 贵州省民族研究所.《明实录》贵州资料辑录［Z］. 贵阳：贵州人民出版社，1983：37—71.

中，而"改土归流"则执行过多次。每次执行的对象、范围和土司等级又各不相同。明永乐十一年罢废思州和思南两宣慰司，并以没收他们的领地作为基础，正式设置了贵州省①。可是，被史学界高度关注的这一次"改土归流"，被罢废的仅是两个宣慰司而已，这两个宣慰司统辖之下的安抚司、长官司多达二十多个，他们一个也没有被罢废，而是与大明王朝相始终。

雍正"改土归流"也是为学界所称道的大规模"改土归流"行动，但这次"改土归流"，被罢废的也仅仅是川、滇、黔毗连地带的土司而已。其余地区的土司并没有触动，而且就是被罢废的土司，下级的土目也没有被触动，在新开辟的苗疆甚至还得为之设置大量的土弁。单就这两件大事而言，"改土归流"行动显然不是土司制度的对立物，而是土司制度本身就必然附带着的整顿和管理措施之一。这才会表现为从土司制度的设置起就有了"改土归流"行动的出现，而土司制度结束了，"改土归流"的行动也才最终退出了历史舞台。朝廷执行"改土归流"时，需要对待的绝不是土司制度存废的问题，反倒是"改土归流"后，如何管辖好这些新设的省、府、州、县的难题。化解难题的办法，又都是按照选贤任能原则，任用好被罢废土司的后裔们。

二、从单线世袭到选能世袭

正因为朝廷对少数民族地区的直接统治离不开土司后裔，这才使得朝廷不得不在流官制度和土司制度之外，另外建构一套土官制度作为两者的补充形式。在少数民族地区，通过招募、举荐、选拔等方式，任命当地人在当地任行政要职，而且还允许他们连续任职。这种未经科举考试，也不是经过保举推荐，却允许在当地任职的用人制度就是土官制度。于是，在少数民族地区一旦实施了"改土归流"，那么因此而新设置的省、府、州、县，其中就必然要设置大量的土官职位，去分管各级、各类的政务。同时，这些土官的来源则不言而喻，几乎都是来自此前刚被罢免土司的家族成员，甚至是被罢土司本人及其直系后裔直接充任土官②。只不过，这些土官不是按照单线、单人世袭其职，而是在众多土司后裔中，通过选贤任能而获得职位。值得一提的是，"改土归流"后新设置的各级行政建制中，所包含的土官职位几乎与相应的王朝相始终，甚至会跨王朝继续任职。换句话说，"改土归流"中被罢废的仅是"土司"这一职位，"改土归流"后又必然要任命土司家族成员担任各级、各类土官。"改土归流"后设置的省、府、州、县，除了名称和管理体制有所改变外，就具体到任职官员而言，只不过是主要职位由流官担任，或流官实施

---

① ［清］张廷玉等. 明史［M］. 卷六"成祖二"；卷十六"地理一"，北京：中华书局，1974：90、881.

② ［清］顾炎武. 肇域志（四）［M］. 上海古籍出版社，2004：2436.

监督罢了，大量的行政事务仍然得靠各级土官去完成。

思州、思南、镇远、铜仁、石阡和黎平等六个府在"改土归流"前，其辖地都是原湖广行省所统领的思州和思南两宣慰司的领地①。"改土归流"后虽说设置了府，但除了知府是流官外，大部分职位仍然由思州、思南田氏土司的后裔继续充任。如果他们中没有合适人选，还得假手残存的小土司去承办公务②。田氏家族在思州、思南的"准世袭"任职，几乎与明王朝相始终。清初时，顾炎武编辑的《肇域志》仍然明确记载思州府土知府田氏一直在任。③ 在《明史》中又多次提到这里的田氏土知府的政治活动，朝廷每遇烦难时，都得责令这位田氏土知府去办理，而且都比流官处理得好④。

"米鲁事件"是明代中期震惊全国的民族地区大动乱，动乱的肇事者其实并不是土司，而是土官的小妾⑤。普安土司在元代已经设置⑥，明初时沿袭授职，三传之后朝廷一方面感到普安的位置太关键，地当通往云南的关隘所在；另一方面这个普安陇氏土司势力太大，太不听话，不改掉他就很难掌控云南。然而，真正实施"改土归流"时，又几经周折，最后到了永乐初年，政权急剧更迭时明王朝才痛下决心实施"改土归流"⑦。在这次"改土归流"中，朝廷痛斥普安土司的罪责后，罢废了该土司，并在他的领地上设置了普安州⑧。对土司的后裔给了一个"准世袭"的稳定土官职位——"普安州土推官"。这是一个专管刑事审理的官员，其级别仅比知州略低。尔后，该土司的后裔就一直"准世袭"这一职位，一直连任到明弘治年间。当时任土推官一职的土司后裔叫隆畅，其妾是云南沾益州土知州安民的女儿名米鲁。这个女人企图接任土推官一职，不仅亲手毒杀了隆畅，夺取了职位，还贿赂当时的地方军政大员，为她的袭职说好话，最终才酿成了震惊全国的大动乱⑨。其后事件虽然平息，米鲁受到了惩处，但这个土推官职位还是继续得到"准世袭"，并沿袭至清代⑩。清代晚期，陈鼎写《滇黔土司婚礼记》仍然提到龙、凤、余、禄四大家族，其中的龙姓正是指隆畅的后裔。也就是说，在"改土归流"后长

① ［明］王士性．广志绎［M］，吕景琳点校．北京：中华书局，1981：131.

② ［清］张廷玉等．明史·卷三百一十六"列传第二百四·贵州土司"［M］．中华书局：1974：8194—8195.

③ ［清］顾炎武．肇域志（四）［M］．上海古籍出版社，2004：2444.

④ ［清］张廷玉等．明史·卷三百一十六"列传第二百四·贵州土司"［M］．中华书局，1974：8178.

⑤ ［清］张廷玉等．明史·卷三百一十六"列传第二百四·贵州土司"［M］．中华书局，1974：8194—8195.

⑥ ［明］曹学佺．贵州名胜志·卷一"贵宁道所属"［M］．贵州图书馆藏本.

⑦ ［清］张廷玉等．明史·卷七十八"食货二·赋役"［M］．上海古籍出版社，1990：7904.

⑧ ［明］谢东山．贵州通志·卷一"地图建置沿革"［M］．云南大学借云南省图书馆传抄天一阁藏明嘉靖三十四年（一五五五）刻本重抄，1965年.

⑨ 贵州省民族研究所．《明实录》贵州资料辑录［Z］．贵阳：贵州人民出版社，1983：579—580.

⑩ 黔南识略·卷四·"郎岱同知"［M］．贵阳：贵州人民出版社，1992：56—57.

达四五百年的历史过程中，这家土司的后裔一直在承袭普安州的土推官，从未中断过。需要补充之处仅在于，土推官是隆氏后裔们可以在当地担任的最高职务。推官之下通事、经历、照磨、吏目、营长这些等而下之的职位，大多仍然是由土司后裔们去充任，只不过他们的任职不完全靠出身，还要靠自己的知识、能力、德行来获得招募和任命而已。同时，在得到职务后，还有一定的任期，不能一辈子当到底罢了。因此，这样的世袭不能简单地理解为一般意义下的单线、单人世袭，而只能称为"准世袭"或者"选能世袭"。

让土司后裔担任土官不是一项权宜之计，而是一项规范的制度性设置，因而"改土归流"后，土司后裔往往可以凭借法定程序获准担任级别不同的土官职位。多少后裔可以同时分别充任哪几项土官职务，不是主管官员说了算，通常还要上报朝廷，就连任土县丞、土百户这样的小官，也需要朝廷批准，甚至是皇帝亲自恩准，有的还需要皇帝亲自下诏书。如金筑安抚司"改土归流"后，就其领地设置广顺州①。末代土司金大章②及其子孙们都得到了优待，而且是由万历皇帝亲自下诏书申明这一优待③。要点包括：一是该土司在现有官阶的基础上连升五级，从六品土司一次提拔为正四品土知州，并因此而享受四品官的全部待遇。二是这个职位还获准永远世袭。三是该家族可以长期在该州居住，私人财产全部归个人保有，并且把该州一个"里"，即"首善里"的全部税收用作该土官家族的生活费，永远自己经管使用。四是该土官不允许直接干涉该州的政务，但若遇特殊情况时，该州的官员可以要求该土官协助。金氏家族不仅在整个明朝一直保有这一土官职位，而且延续任职到了清康熙年间。

另一个实例是，明万历年间平定播州土司杨应龙叛乱时，石阡府下属龙泉坪长官司长官安民位被杨应龙叛军俘虏并杀害。念其拒不投降叛军，而且为朝廷殉节，因而虽然明廷下令将该土司罢废，就其领地设置为龙泉县，但是同时又宣布安民位的儿子世袭该县的土县丞，两个侄儿也获准世袭土百户④。并一直持续到清代。

总之，"改土归流"并不意味着相关土司家族政治生命的终结，仅仅只是意味着任职方式的改变。不再承袭土司，但却可以继续任土官，而且这种任职资格具有"准世袭"性，因而同样又与流官任职迥别。大致而言如下五点最具特色：一是土官都是本地人在当地任要职。二是土官的任职资格中，血缘承袭占有很重要的成分。三是土官任职无需经过科举考试，也不必经过地方官选拔推荐程序，只要有能力就可以随时应召任职。四是土官任职的年限比流官灵活，可以连任，可以超长期任职，只要称职可以一直担任到退休为止。五是在流官缺位时，他们往往可以代理

① ［清］张廷玉等. 明史·卷三百一十六"列传第二百四·贵州土司"［M］. 中华书局，1974：1089.
② 贵州省民族研究所.《明实录》贵州资料辑录［Z］. 贵阳：贵州人民出版社，1983：1980.
③ ［清］张廷玉等. 明史·卷三百一十六"列传第二百四·贵州土司"［M］. 中华书局，1974：8179.
④ ［明］曹学佺. 贵州名胜志·卷四·"石阡府"［M］. 油印刻本，贵州图书馆藏.

流官行事，也就是说在这样的民族地区的行政机构中，流官的职位可以告缺，但土官职位绝对不可告缺。贵州省的黎平府由于过于边远，在整个明代经常没有流官到任，长期由下属各级土官和土司代理行政职务。仅凭这五个特点就可以看出，被罢废后的土司及其后裔们，其罢免后的政治前途其实并不暗淡，在任职的机会、任职的广泛性、考核的宽松等方面，甚至超过"改土归流"前，而家族内部为任职而引发的内讧也因此反而减少了。

三、对"改土归流"实质的再认识

"改土归流"作为一项自上而下的政治运动，要弄清它的实质，关键得弄清它改掉了什么，又保留了什么；哪些内容可以改，而哪些内容根本无法改。如果对这些问题的认识没有落到实处就对"改土归流"的实质匆忙下结论，显然不是一种负责任的治学态度。要弄清"改土归流"的实质需要先行弄清两个方面的实情：一是土司制度的实质；二是要弄清"改土归流"到底改了什么，是如何改的。

对于土司制度的实质，上文已经做了概念上的说明，并以土司后裔世袭方式的转型证实了这一认识的可靠。然而，今天需要面对的社会事实却在于，在西方话语霸权的左右下，在对中国边疆民族史、区域史的研究中，存在着一种"内殖民"的研究观点。土司地区就是中央王朝的有效统治区，设置土司和"改土归流"都是真正意义上的"内政"，在我国土司设置区，历代王朝设置过的土司数以千计①，这些各级、各类土司无一不是由中央王朝直接任命的，而且这些土司在正常状况下，无一不忠于职守，把自己定位为中央王朝的下属。例外的情况当然也有，但这些例外同样不代表土司区是"化外"酋邦。中央王朝也从来没有将皇权强加于少数民族头上，而是一直允许各少数民族高度自治②。这种高度自治也并非像一些学者认为的那样，由于土司土官制度本身固有的相对独立性，因而与封建中央集权统治是相矛盾的③。同时，也未必像另一些学人认为的那样，土司的问题，从根本上说就是土司制度的严重缺欠，与国家统一、中央集权不相容④。事实上，土司、土官的权力始终是朝廷赋予的，个别土司对中央政权提出挑战，但这是个人问题，不能代表

---

① 龚荫. 中国土司制度·"序言"[M]. 云南人民出版社，1992：2. 在书中，他整理出了中国的土司有2569家。

② 此处所说的高度自治与独立的政权截然不同。自治是一种权力，而且是由更上一级的行政机构所赋予的权力，独立国家的施政权力则不是由其他机构所赋予的，而是他自己制造出来的。因此，高度自治仅仅意味着自治权力较大，而不能理解为是另外一个政权。之所以要强调这一点，原因在于此前的某些学者混淆了两者之间的界限。他们总是把土司辖区曲解为"化外"酋邦，就是不敢正视中国的所有土司都是经过王朝的培训和认可，才得以继任地方政治首领这一毋庸置疑的历史事实。

③ 张晓松. 论元明清时期的西南少数民族土司土官制度与改土归流[J]. 中国边疆史地研究，2005（2）.

④ 吴丽华等. 雍正"改土归流"辩[J]. 云南师范大学学报（哲学社会科学版），2011（1）.

整个土司制度。要知道流官制度中同样会出现奸臣，如果有奸臣就借以否定流官制度，这是任何一个负责任的史学家都不可能接受的偏见。既然如此，那么个别土司有不轨行为，为何偏要将它放大到制度层面上去呢？这只能说明某些学者在对流官制度和土司制度进行评估时，采取的是双重的评价标准，而不是一种公正的治学立场。

就土司和土官的制度层面而言，只要土司，或者土官按照朝廷的法制和法规行事，朝廷也不会对他们轻易地实施"改土归流"，"改土归流"仅是对付不法土司的行政措施而已。土司虽有个别称王的少数例证，但那是在特殊情况下特殊人才有的事情，并不是土司制度下的普遍事实。至于说到似乎"侵略"到了少数民族地区，清末的如下几个实例更具说服力。

老挝本是明、清两代云南行省属下的宣慰司①，其宣慰使也就是后来的老挝国王，每一任国王一直都是通过朝廷依法任命的。例外的情况仅发生在清末②。法国殖民当局以《中法新约》为口实，强占了越南国之后，派武装力量渗透到老挝宣慰使的领地，裹挟老挝国王违心承认接受法国的保护。整个过程不是中国"侵略"了老挝，而是法国当局侵略了中国的神圣领土。老挝宣慰司作为中国领土有机组成部分的历史源远流长，比法国的大革命还要早几百年。仅仅是因为中国当时政治腐败、民不聊生，没有足够的实力和法国殖民当局理论而已。

同样是《中法新约》派生的历史后果，中国和越南的边界也不是中国和越南当事双方和平协商的结果，而是法国殖民当局凭武力制造的"国际事实"。③ 其中，云南境内的一个小土司，也就是纳楼土司④在同治年间中、越划界时，该土司领地的一部分就被划到了越南境内，而该土司却一直在履行着对这片土地的管辖权，这片土地一直是以中国的"飞地"而存在，并成了中、越划界的遗留问题延续了下来，需要通过外交渠道去加以澄清。在这个过程当中，越南当局以殖民地宗主国制造的历史后果为由，制造有利于自己的国际舆论。

至于说土司制度是中央王朝在少数民族地区从事"内殖民"活动，那更是无稽之谈。正是在委任土司的同时，中央王朝对每一家土司都派了流官。当然，"改土归流"前所派的流官要比土司的官阶和级别低得多。举例说，对从三品的宣慰使司

---

① 《明史》原文如下："老挝军民宣慰使司永乐二年四月置。东南有三关，与安南界。西北距布政司六十八程。"详情参见清张廷玉等. 明史·卷四十六"志第二十二·地理七"［M］. 中华书局，1974：177. 《清史稿》原文如下："滇边西南界以澜沧江，江外为车里、缅甸、老挝诸土司。"详情参见赵尔巽等. 清史稿·卷五百十二"列传二百九十九·土司一"［M］. 中华书局，1974：14203.

② 方国瑜. 中国西南历史地理考释（下册）［M］. 北京：中华书局，1987：774—775.

③ 有关这一史实的记载，详情可参见赵尔巽等. 清史稿·卷一百五十五"志一百三十·邦交三·法兰西"［M］. 中华书局，1974：4566.

④ 《明史》原文记载如下："纳楼茶甸长官司府西南。本纳楼千户所，洪武十五年置，属和泥府。十七年四月改置。"详情参见清张廷玉等. 明史·卷四十六"志第二十二·地理七"［M］. 中华书局，1974：1177. 亦可参见［明］刘文征. 滇志［M］，古永继点校，王云、尤中审定. 云南教育出版社，1991：56.

所派的流官一般都是正六品。中央王朝一方面承认土司可以在民族地区实施变通施政，但这样的变通又始终处在朝廷掌控之内，按既定的法规实施有效的统治。这样派去的流官是中央的全权代表，他们得和土司协同治理土司领地。土司制度无论如何延续，延续了多长，它都是一种双方共同认可、共同遵守施政法规的有效统治。这与西方列强侵占殖民地，将土著居民赶走，靠大量的移民去建构海外领地截然不同；与西方列强强制殖民地人民接受西方的宗教、语言和价值观等也不同。中央王朝对土司地区实施的是真正意义上的自治，要求接受汉文化的仅是土司家族成员而已，对普通民众则从未做过这样的要求。要求土司家族成员学习汉语，其原因仅在于他们是"官"，因而要按照"官"的规则去行事，才能换取相应的土司承袭资格。对土司管辖下的各少数民族则坚持"修其教不易其俗，齐其政不易其宜"① 的统治原则。如果不是执行这样的制度，中国西南地区境内少数民族的几十种语言，近两百多种方言以及一些内地早已消失的古代习俗等为何又能够延续到 20 世纪中期呢？② 因此，就这一意义而言，说中国政府在少数民族地区实施"内殖民"活动同样是无稽之谈，是对中国民族史的无知。

对某些土司实施"改土归流"从来不意味着将当地少数民族头领，甚至是土司家族作为敌人去对待，而仅是改变他们的政治命运，改变他们的政治权益，废除他们的某些政治特权而已，之后不少土司后裔不仅可以当土官，还可以通过科举当流官。"改土归流"后设置的省、府、州、县虽说改置"流官"，但真正的流官仅仅是最高行政长官而已，大量的行政事务还得由土司后裔去完成，或者是由保留下来的小土司去实施。"改土归流"前后的差别仅止于行政格局发生了变化，流官在当地的行政地位得到提升而已。这与西方的殖民统治具有本质的不同，因为即使是在"改土归流"后，多元文化的并存还得到了充分的保证。

土司制度的实质得到澄清后，那么"改土归流"的实质也就容易理解了。诚如上文所说，对土司后裔而言，"改土归流"改掉的仅是他们的世袭方式，仅是此前他们所拥有的特权，或者仅是对有不法行为的土司本人按照法律程序做了必要惩处而已，而不是对土司家族斩草除根。"改土归流"之后，少数民族的传统文化、生计方式照样得到延续，整个过程并不是以大规模的移民为前提。不管"改土归流"前，还是"改土归流"后，汉族移民进入土司地区从来就没有中断过，改变的仅是移民的方式，也就是从"官办"过渡到了"民办"而已。因此，"改土归流"与革命无关，与民族间的交往无关。整个"改土归流"仅仅体现为从一种行政管理体制，过渡到另一种事先设计好的管理体制而已。

任何意义上的革命都必然要打倒事前已经认定了的敌人。然而，"改土归流"

---

① ［清］阮元校刻．十三经注疏·附校勘记（上）·卷第十二"礼记正义·王制"［M］．北京：中华书局，1980：1338.

② 方铁．边疆民族史探究［M］．北京：中国文史出版社，2005：334.

既不是以终结土司制度为目的，也不是以消灭土司家族为目的，而是以处置个别不法土司为施政目标。比如，"贵州抚臣奏土司安国亨将叛，命阮文中代为巡抚"就是一个明证。[①] 在这个事件中，被控告的土司本人还拥有申辩权和上诉权。朝廷在接到上诉后还是像处置流官上诉事件那样，另外派人审理案件，而并不像某些人所理解的那样，只要接到了对土司的指控，就轻易地实施"改土归流"。据此可知，"改土归流"本身也是始终按照制度办事，与处置流官是同一种制度下的两个侧面。因此，整个"改土归流"的过程仅仅体现为，它是一种依法执行的行政惩处手段。至于某些"改土归流"需要动用武力，那是因为土司掌握有兵权，不得不动用军队。"改土归流"在实质上与罢废汉族地区的贵族、亲王，或诸侯等没有实质性的区别。即令是对不法土司，惩处的严厉程度也从来没有超过对内地贵族处置的严厉程度，因而"改土归流"改掉的仅仅是不法土司家族的特权。这样的事情不仅是在土司地区，就是在内地也经常发生。如果把"改土归流"视为一场革命，那么将会导致对"革命"一词的滥用。发生在大明王朝内地的"靖难之役"、"夺门之变"、"宸濠之乱"那就都得称之为"革命"了。这显然不妥，因为"改土归流"是在朝廷的掌控之下依法而办的。事实上，土司的官衔和官阶是和流官一道记录在正史的"职官志"之中的[②]，因而他们的实质是朝廷任命的"官"，而不是朝廷的"敌"。将"改土归流"视为革命将意味着对正史的记载也加以否定。此乃治史之大忌也！

说"改土归流"标志着少数民族地区社会的大变革，甚至将其具体化，说少数民族地区从领主经济过渡到了地主经济[③]，这更是一种想当然而得出的臆断！社会制度的变革是一个漫长的历史积累过程，任何一种社会制度的改变都不可能通过一次政治运动在一两年内完成。即使到了今天，无论科学如何发展，行政管理再有效都做不到这一点。否则的话，新中国成立后的民主改革和民族地区的社会经济发展就用不着花费半个多世纪的时间了，而且就是到了今天，民族地区的一些社会事实还保留着传统的诸多内容。还要延续多久，谁也说不清楚，更不要说在几百年前实施的"改土归流"了。每次"改土归流"后，都要委任土司后裔继续任土官，还要保留众多的中下级的土司继续存在，对立功的土司还要给予嘉奖。其原因正在于当地少数民族的社会制度[④]、经济类型[⑤]、生活习惯、道德伦理观等，是任何一项自上而下的政治运动在短期内都无法改变的文化事实。把社会制度的改变理解得像

---

① ［清］张廷玉等. 明史·卷一百七十七"列传第六十五"［M］. 北京：中华书局，1974：5640.

② ［明］宋濂等. 元史·卷九十一"志第四十一上"［M］. 中华书局，1974：2308 - 2310 ［清］) 张廷玉. 明史·卷七十六"志第五十二·职官五"［M］. 中华书局，1974：1875 - 1876. 赵尔巽. 清史稿·卷一百十七"志九十二·职官四"［M］. 中华书局，1974：3409 - 3419.

③ 李恩军. 评清朝"改土归流"民族政策［J］. 满族研究，1990（2）.

④ 在诸多的研究成果中，大多认定土司地区存在着原始社会、奴隶制社会、封建社会等不同的社会形态。详情可参见黄忠彩. 少数民族地区农业经济发展探讨［J］. 民族研究，1990（2）：37.

⑤ 关于土司区各民族的经济类型样式，可参考杨庭硕等. 民族·文化与生境·"中国各民族所处经济类型一览表"［M］. 贵州人民出版社，1992：95.

是换衣服那样容易，纯属在书斋中的臆断！何况在土司制度普遍施行的我国西南地区，各民族的社会制度千差万别，把他们全部理解为领主经济不仅与历史事实相左，甚至与当代民族地区的社会现实也不相兼容。因此，改变社会制度根本不是"改土归流"的使命，也是"改土归流"无法完成的使命。"改土归流"的实质仅仅体现为行政管理体制的改变：从土司的体制变成了流官体制加土官体制。其他社会内容发生的变化，那是"改土归流"多年以后才逐步出现的，这样的渐变与"改土归流"本身也只是一种间接的关系。

说"改土归流"开创了少数民族与内地的联系，这是一种把形式的改变凌驾于实质改变之上的提法，因为土司制度的执行从来没有隔断少数民族地区与内地的联系，反而是将这样的联系纳入了官方管理的渠道。土司们在内地都有自己的办事处，土司与朝廷高官权贵们的交往也从来没有中断过。由于应征参战的需要，少数民族进入内地，在"改土归流"前就从来不是什么新鲜事①。至于汉族客商进入土司区经商、贸易，在"改土归流"前早就成了尽人皆知的事实。汉族文人进入土司地区更不是新鲜事。王阳明、徐霞客拜访土司地区留下的名著，早就为史家称道了，怎么到了分析民族交往时，反倒给忘记了呢？因此，"改土归流"改掉的仅是土司掌控民族交往这一特权，代之而起的是民间更为广泛的交往，因而"改土归流"绝不能曲解为是民族交往的开始，因为它改变的仅是交往的方式，而不是民族间交往的从无到有。

不管是从土司制度的本身，还是从"改土归流"之后土司家族的境遇改变去探讨"改土归流"的实质，都无法得出"改土归流"是一场革命的可信结论来，也无法证明"改土归流"真的改变了少数民族的社会制度，或者开创了民族间的交往。因此，"改土归流"的实质只能理解为：它是一项自上而下的行政措施，改变的仅是官僚体制和土司家族的贵族特权。"改土归流"既没有否定土司制度，也没有将土司家族作为敌人去对待。就实质而言，"改土归流"和惩处朝廷中的不法权贵，在性质上没有根本性的差别。

四、余　论

土司制度无疑是中国行政体制中的一项了不起的创造，它与西方列强的殖民活动根本不存在任何意义上的相似性。这是因为中华文明本身就是以天下为怀，将"修身、齐家、治国、平天下"作为施政的立足点，因而才可能发展出土司制度来，而土司制度乃是中国历史的必然。确立土司制度的政策目标仅止于"修教"、"齐

---

① 王明珂也认为："由于大量汉人军民的移入以及本地人群因此与汉文化之长期接触，许多西南人群宣称或假借华夏祖源，也践行华夏之文化习俗。因此，在明清时期，许多西南地方汉与非汉区分都是相当模糊的。"参见王明珂．华夏边缘［M］．社会科学文献出版社，2006：214.

政"，短期的经济利益、领土的扩张都不是确立土司制度的初衷，安邦定国才是实施土司制度的真正内核。因此，朝廷在"改土归流"前优待土司、信赖这些土司成了安边的长策。即使必须实施"改土归流"，打击的对象也仅止于不法土司个人。不管是延续土司制度，还是实施"改土归流"都是安边的施政需要，都是在行使行政职权。在探讨"改土归流"的实质时，如果忽略了中华文化的传统，将土司制度和"改土归流"与西方的殖民活动硬扯到一起，都是一种莫大的失误。单就历史进程而言，土司制度的发端要比西方的殖民活动早，而且土司制度的前身还有超长期执行过的"羁縻制度"开其先河。这更是与西方的殖民活动风马牛不相及的历史事实。遗憾的是，今天我们无法抗拒西方话语霸权的渗透，一些人也没有勇气正视中华文化的悠久传统，这才导致了对土司制度和"改土归流"的诸多误解。随着中国综合国力的提升，学界开始重新关注土司制度的实质。土司制度虽然主要是在西南地区执行，但透过土司制度演替的历史看到的却是中华文明，因为土司制度本身就是中华文明的一项伟大创造。对土司制度正本清源正当其时。

[本文与杨曾辉合作，原载《中央民族大学学报》（哲学社会科学版）2011 年第 6 期]

试论土司制度终结的标志[①]

摘要： 土司制度在元明清三朝曾普遍推行于我国大西南各民族地区，为多民族国家稳定、边疆安全、各民族和睦做出过积极贡献。但土司到底终结何时，在学术界一直存在着争议，不同的学人曾经提出过多种见解，推动并深化了对这一课题的认识。本文在前人研究的基础上，立足于国家行政体制的整体性和民族文化的整体性，通过对土司制度实质的剖析，认定辛亥革命才是土司制度终结的标志。

关键词： 土司制度　终结　辛亥革命

土司制度创建于元朝，在其后的明清二代也得到了稳定的延续，该制度主要推行于我国西南少数民族地区。土司制度的特点在于，利用各民族首领代表朝廷，对各族居民实施有效的管理和统辖。朝廷则对这些首领委以级别各异、职能不同的世袭管辖权，并为此制定了成套的法规，对这些民族首领实施直接掌控。由于土司制度能够较好地贯彻"修其教，不易其俗，齐其政，不易其宜"的多民族国家治国理念，对维护我国西南边疆的长治久安做出了积极贡献，致使该制度成了王朝职官体制中的一个有机组成部分[②]。因此，土司制度的研究一直得到史学和民族学学人的共同关注[③]。然而，土司制度究竟在什么时候正式结束其历史使命，学界至今仍然存在着诸多争议[④]。

不少学者立足于少数土司不仅在民国时代，甚至在 1949 年后还有残存，因而将土司制度的终结确认在 20 世纪 50 年代。也有一些学人认为，清雍正在西南地区实施大规模"改土归流"后，能够干扰国家边政的大土司几乎不存在了，因而认定土司制度的终结应当以雍正大规模"改土归流"为标志。当然，还有一些学人立足

---

① 笔者另有《土司制度终结于辛亥辨》一文，载《中国社会科学报》第 220 期，2011 年 10 月 13 日。

② 张廷玉等 . 明史·卷七十六·职官五 [M] . 北京：中华书局，1974：1876.

③ 如余贻泽 . 中国土司制度 [M] . 重庆：正中书局，1944. 江应樑 . 明代云南境内的土官与土司 [M] 昆明：云南人民出版社，1958. 吴永章 . 中国土司制度渊源与发展史 [M] . 成都：四川民族出版社，1988. 李世愉 . 清代土司制度考论 [M] . 北京：中国社会科学出版社，1998. 成臻铭 . 清代土司制度研究 [M] . 北京：中国社会科学出版社，2008。

④ 如贾宵锋 . 藏区土司制度研究 [M] . 西宁：青海人民出版社，2010. 王文成 . 云南边疆土司制度的终结述论 [J] . 云南学术探索，1994（3）. 杨庭硕 . 土司制度终结于辛亥辨 [N] . 中国社会科学报，2011—10—13.

于清末赵尔丰在康区的"改土归流",最终实现了西南地区行政机构的划一,因而建议将土司制度的终结定位于清末。上述观点虽然都持之有据,言之成理,但作为一种制度的终结恐怕不能以部分土司的延续与演化为转移,也不能以某些级别土司的存废去界定相关制度的终结。作为一项长期执行的区域性职官制度,其终结的标志应当立足于国家层面,才能做出符合逻辑的判断。因而上述诸观点,虽有重大参考价值,但不足视为定论。为此,本文将从如下四个方面的史实出发,认定辛亥革命才是土司制度终结的标志。

首先,土司制度既然是中央王朝立足于边疆少数民族地区统治的实际需要而建构起来的区域性行政管理制度,那么确认土司制度的终结就必须立足于整个王朝政权体制的整体观去下结论,才具有起码的概括力和说服力。鉴于辛亥革命是从根本上推翻了中央王朝的整个政治制度,将王朝政体改制为共和政体,那么作为中央王朝有机组成部分的土司制度,在"皮之不存,毛将焉附"的背景下,宣告其终结应当是一件顺理成章的事情。也就是说,辛亥革命的爆发以及由此而导致的政权体制的彻底更替,同时理应宣告了土司制度的终结。2011年是辛亥革命爆发100周年纪念,同时也是土司制度退出历史舞台的100周年纪念。

在土司制度延续的时段内,元明清三朝在我国西南地区先后设置了数以千计的各级各类土司[①],尽管这些土司所在地区的社会发展水平各异,所属的民族也各不相同。但这些土司无一不是按照中央王朝的模板去规制和设置的。这些土司不仅"世有其地,世掌其民",而且和中央王朝一样对他所统辖的地区,都是将政治、军事、文化等实施全权管理。但在其领土之外,则直接隶属于朝廷。从行政结构上看,他们几乎都是朝廷行政结构微缩"克隆",但却又归朝廷全权掌控,而且这样的格局在中国多民族国家的传统行政体制上,早有源远流长的先例。两汉时代的郡国并立,此后历朝对朝廷亲贵和边疆少数民族的分封,在行政规制上,尽管互有差异,但却开创了土司制度行政结构的先河。就这一意义上说,土司制度建构起来的行政实体——各级土司,本身就是中央王朝不可分离的有机组成和原生形态。辛亥革命既然摧毁了封建王朝政体,作为原生部分的土司,乃至土司的制度保障,也就随之而土崩瓦解了,即令此后仍然有部分土司得以残存若干年,但却是一种没有制度保证的存在,这样的残存不能视为土司制度仍在延续,因而以辛亥革命作为土司制度终结的标志是符合逻辑的。

其次,土司制度明确认定当地世袭首领的贵族身份和统治特权,并以这样的特权为依据去委任各级各类土司,而这样的制度性设置则是以中央王朝的王权世袭为蓝本,去加以延伸和推行,并为此建构相应的土司世袭规范和承袭法规。可是,辛亥革命后,国家层面上的基本大法否定了国家层面上的王权世袭,宣布公民身份一律平等,当然也就意味着从根本上否定了土司制度的合法性。从法理的整体观着

---

① 龚荫. 中国土司制度 [M]. 昆明:云南民族出版社,1992:113—114.

眼，辛亥革命后所确立的国家根本立法，就实质而言已经否定了土司制度延续的立法基础，因而将辛亥革命作为土司制度的终结也就毋庸置疑了。

应当看到元代创设土司制度之际，就是以西南地区各民族世袭首领这一历史积淀为基础去健全和完善土司制度的，元明清三代所委任的土司无一不是土司制度开创以前早已存在的世袭首领。但他们的贵族身份是当地历史发展的结果，而土司制度的实质仅在于，将这些大小世袭首领的世袭贵族身份和特权，纳入了王朝的直接掌控之下，以朝廷的名义承认他们贵族身份的合法性和合理性，这就意味着整个土司区由此而纳入了王朝的直接统治之下。享有贵族身份，并世袭任职的家族和具体成员，虽然在历史上一脉相承，但在贵族身份上，土司制度创设之前或创设之后却迥然不同，土司制度创设之后，这些地方首领的贵族身份已经成了王朝政体的附属，也正因为客观存在着的法理基础，朝廷才有权对土司实施奖惩、升黜、存废等行政执法措施。总而言之，是否享有朝廷依法认定的贵族身份，乃是土司制度得以延续的基本前提。

辛亥革命后无论是颁布的《临时约法》，还是以后制定的民国宪法都把公民确立为国家的人格基础，这就宣告任何意义上贵族身份的终结。辛亥革命建立的政体是共和政体，既然是共和政体，那么就得按照共和整体的基本法规，下至普通行政官员，上至总统，原则上都得通过公民选举，贵族的存在与任职在辛亥革命后已经失去了法理依据，这就否定了土司制度存在和延续的基本前提，也就否定了土司制度本身。因而从法理的逻辑上看，辛亥革命也理所当然的是土司制度终结的标志。

作为一项彻底的行政体制变革，在实际操作中当然会有诸多的遗留问题，民国建立之初，对清廷王室就附加有优待条例。但需要澄清的正在于既然是优待，那就属于法外施恩了，这就意味着从法理层面看，清廷宗室的贵族身份已经被废除了，仅仅是出于特殊的需要，才享受有控制、有限度的优待。学术界既然承认辛亥革命彻底摧毁了王权政治，那么王朝政体的覆灭以及贵族身份的废置同样也就宣告了各级土司贵族身份的终结以及土司任职合法性的无效，当然也就客观地标志着土司制度的终结了。也是出于同样的原因，在辛亥革命后，西南地区各省军政府及其后的省政府也仿照清王室享受优待的先例，也分别给一些土司提供了各种优待，为此同样需要明确澄清，这样的优待并不是承认他们贵族身份的合法性，反而是从法理的角度否定了他们的贵族身份。仅仅是出于正视历史积淀的需要，或者是出于对某些土司才干和能力的器重，才允许他们享有一定程度的优待而已。因而这些被优待的土司，仅是残存而已，他们的残存绝不能成为土司制度仍在延续的口实。

再次，土司制度处于正常延续状态时，各级各类土司本身就是国家认可的世袭贵族统辖的行政机构。《元史》"地理志"、《明史》和《清史稿》"地理志"以及《明史》和《清史稿》的"土司列传"都是将土司、土司行政机构、土司领地作为合法的行政单元，载入史册。而且是与流官统管的省、府、州、县并存。而上述三朝的行政文告，又一直声明对西南地区实行的是土流兼治，或者土流共管，更值得注意的是在这段漫长的历史岁月中，不管实施了多少次改土归流，也不管改土归流改设了多少府、州、县，一方面在这样的府、州、县之下，必然都代辖了众多的中下级土司，而且很多新设的府、州、县，照例要委任土司后裔，充任级别不同的土职。如土知府、土知州、土知县、土县丞、土守备、土百户等等，这就充分表明各级各类土司是以合法的身份作为行政机构的实体而存在。因而任何一次改土归流，即令其规模很大，视为土司制度的终结，都是说不通的。改土归流的对象仅是特定的土司，而非制度本身。改土归流的实质乃是朝廷实施行政执法，依法惩处个别不法土司而已，从来不意味着否定土司制度本身。即以雍正改土归流为例，主持西南改土归流的官员，在他们的奏章中就明确建议云南省红河以西"宜土不宜流"[①]，也就是说，他们在实施改土归流的同时，其实也是一直在维护土司制度的延续，也是这些官员同样明确上奏，在新开辟的苗疆要增设土弁[②]，在四川西部不能沿引云贵改土归流的故事，实施改土归流[③]，这更进一步表明，主持雍正大规模改土归流的官员们不仅在认识上，而且在实际的施政上，仅仅是罢废了某些土司而已，在制度层面上，却始终维护着该制度的延续。

辛亥革命则不同，由于新建的国家政体是共和政体，国家之下的各级行政机构制度化趋同，成了其后的国家重大行政措施之一。为此再也不将土司机构、土司领地作为正常的行政机构去对待了，而是有计划、有步骤地实施行政机构改革，将土司领地按照统一的行政规范设置为府、州、县。短期内难以设置到位者，则是建立了相应的"设置局"。与此同时，所有的土司名号，土司机构和土司领地都不再保留了，而是按照地方行政建制，改制为区、乡和保甲，尽管有个别土司后裔，凭借着其家族的历史积淀，得以在行政机构任职。但他们所任的职位，与其他官员完全一样，既没有世袭权，也没有行政特权，职务的名称和职守都与普通官员一样。更值得注意的是在民国期间实施的"土地征实"措施后，西南地区残存土司们的领地，全部纳入了国家税收的对象，这一举措在不少地区都引发了社会骚乱[④]。但执行的后果，却彻底动摇了土司制度存在的物质基础。总之，从行政机构的合法性视角看，辛亥革命以后，在行政建制上已经彻底否定了土司作为一种行政建制而存在，在实践上摧毁了土司存在的物质根基，因此从行政管理的角度看，辛亥革命也应当是当之无愧的土司制度终结的标志。

最后，按照土司制度的惯例，各级土司制度的设置、任命和承袭，其权限总归于朝廷，因而土司的存在乃是王朝政体的派生实体，各地土司的任命、奖惩、设置虽然互有区别，但在具体的执法过程中，土司制度都是以一个整体面目出现。辛亥

---

① 魏源. 圣武记［M］. 北京：中华书局，1980：285.

② 中国第一历史档案馆等合编. 清代前期苗民起义档案史料［M］（上）. 北京：光明日报出版社，1987：32、240.

③ 方显. 平苗纪略［M］. 清同治武昌刻本：35.

④ 四川省档案馆编. 近代康区档案资料汇编［C］. 成都：四川大学出版社，1990：366、379.

革命以后却不同，由于历届中央政府，从立法的角度看，都没有明文认可土司制度的法理地位。如何处置残存的土司，在国家层面上，也就无章可循、无法可依了，其实际执行的结果则表现为西南各省军政府及其以后的省政府对境内残存土司的处置，基本上是各行其是的状态，事前无法向中央请示，事后甚至可以不汇报备案，往往是爆发事端后，中央才不得不出面扫尾。也就是说，从行政执法的角度看，辛亥革命之后，对残存土司的处置，已经不是一个执法的制度整体了，而是一种随意性的应付。就这一意义上说，残存土司虽然不少，但是作为一种合法的行政制度，土司制度已经不复存在了。

综上所述，将辛亥革命视为土司制度终结的标志，既能切中土司制度的实质，又符合辛亥革命后的行政法律和法规，也与西南地区的行政实践相吻合。基于上述4个方面的理由，我们认为，围绕土司制度终结的争论是不可避免的认识和深化过程，但立足于国家立法的整体性、决策的整体性、制度的整体性和民族文化的整体性着眼，土司制度的终结只能与封建王朝的终结相一致。辛亥革命在宣布王朝统治终结的同时，也连带着宣布了土司制度的终结。至于以后的土司领地、土司名号和土司个人的存在，那仅是土司制度的残留而已，绝不能把一种制度的残留混同于该制度的正常延续，因为辛亥革命后的残存土司，在性质、合法性和有效性上已经不能与正常的土司制度延续相提并论了。

作为一种行之有效的行政制度，它必然是一个完整的体系，在该体系中，必然存在着自我完善、自我调整的空间，这就使得在该制度之下的行政实体，即使发生了局部的改变，甚至是大幅度的调整，都不能视为制度的终结，只能视为该制度的发展、演化而已，从国家决策的整体上看，确立土司制度和废除土司制度都应当有正当规范的程序。从国家行政建制的整体上看，它同样是一个完善的体系，行政官员的委任，机构的设置，权限的划定，都得依法办事。不同的行政机构之间，不同的任职资格之间，不同的执掌之间，都必须相互依存，相互制约，而不能对立起来。土司制度也是如此，按照该制度的规律，土官与流官、土司与流官在王朝政体中，一直处于相互兼容，相互依存状态之中。土司的任职资格是靠其贵族身份；世俗民众获得行政职位，则是通过科举和推荐，形式虽然不同，但他们的任职资格都是王朝政体所认可的。就这一意义而言，土流兼用正好是土司区行政建制的实质所在。抛开整个国家政体去谈论土司制度的存废，显然违背了国家政体的整体性。

土司制度与其他并行的行政机构相较，其特异性在于，它是针对我国西南地区民族众多、自然与生态背景错综复杂，自然形成的地方社会建制都具有微型化的趋势这一特点而建构起来的区域性行政体制，它的最佳适应区只能是中国的大西南，具体到每一个土司而言，往往是针对特定的自然与生态背景、特定的民族文化而设置的①。这样的文化实体具有很强的稳定延续能力，因而各级各类土司一旦获得成

---

① 马国君. 论康乾时期西南边政的决策调整 [J]. 贵州民族研究，2010（1）.

功的设置，事实上都可以长期稳定地延续下去，凭借其地方习惯法和伦理道德观，替中央王朝对当地实施有效管理，就这一意义而言，每一个土司在文化和地缘上，也具有无可争议的整体性。但这样的整体性，在全国划一的行政机构中，是难以得到体现的，而土司制度却能确保有关民族文化的延续和生效，这正是土司制度能够长期延续并持续生效的社会历史背景和自然生态背景。离开了这种文化的整体观，将意味着动摇了土司制度合理性和必要性的根基，土司所承担的文化维护职能，得另建机构去替他完成。而辛亥革命后，我国行政机构的变革，正是按照后一种情况去发展。因而在西南地区为了照顾民族文化差异而采取的施政对策，显然不在土司制度的框架之内了，它只能是残存形态的土司罢了。只要我们能立足上述三大整体性去审视土司制度的演替，那么土司制度终结标志的其他观点也就不难澄清了。

仅仅凭借有一定数量土司继续残存，就断言土司制度仍在延续，这显然是一个以片代全的提法，作为一项制度，它就必须有自己的普适性对象和范围，有具体的人、具体的法律界限以及整套的法律和法规。而且这些内容，都得植根于国家根本大法中。因而无论残存的土司还有多少，他们在制度层面上都不具备完整性，即令有土司处于残存状态，土司制度其实早已完成其历史使命了。这在人类的历史进程中，本来是一个极为普遍的事实，任何一种制度，一旦其整体性丧失，也就必然退出了历史舞台。但退出历史舞台的仅仅是该制度本身，该制度曾经存在，并生效，而产生的后果和实体，其消亡肯定不会与该制度同步，明白这一点后，将土司制度的终结断言之至1949年，显然是不合适的。

改土归流在元明清三代的历史上，曾经多次执行过。但土司制度的终结，从逻辑上讲，不能有几次，可见无论将任何一次改土归流，即使是规模最大的一次改土归流，作为土司制度的终结都是不合适的。就实质而言，改土归流总是针对特定土司而采取的执法措施，只不过执法的等级立足于土司制度，属于最严厉的惩处。既然如此，改土归流的性质仅仅是执法而已，而不是对法规本身进行修改。土司制度的终结是法规层面的重大问题，而绝对不能以执法层面的具体事实相提并论。也就是说，改土归流的实质恰好是立足于土司制度去依法办事，去惩处那些个别非法的土司，其结果恰好是维护了土司制度的延续，而不是否定土司制度本身，具体的执法实践也表明，任何一次改土归流都是局部的、个别的。有时甚至是仅仅罢免一两家大土司，而大土司之下的各级中小土司基本未加触动，他们同样可以在土司制度的框架内继续当他的土司，管理其地方，同样为朝廷尽职。将雍正大规模改土归流视为土司制度终结的标志，就逻辑意义上而言，其失误在于偷换了概念，将个别土司的存废等同于土司制度本身。

至于将赵尔丰的川西"改土归流"作为土司制度的终结，除了偷换概念之外，在表述上也存在重大偏颇。我们讲一种制度终结的标志，需要确定一个明确时间点，不能含混地表述为一个过程。赵尔丰的川西改土归流持续了多年，而且这一过程到辛亥革命后，事实上并未完成。以赵尔丰的川西改土归流为标志，将土司制度的终结认定为清末，在表述上没有明确的时间转折点，故也难以成立。

　　土司制度终结的标志是一项具有重大学术意义的研究课题，笔者才疏学浅，无力于做出准确周详的论断，但土司制度终结的标志事关重大，因而不得不直抒己见，聊充引玉之砖，以求证于学界同仁而已。

　　　　　　　[原载《云南师范大学学报（哲学社会科学版）2012 年第 3 期]

《百苗图》对乾隆《贵州通志·苗蛮志》的批判与匡正（上）

摘要：乾隆《贵州通志·苗蛮志》①与《百苗图》两书写作的时间相近，所处社会背景相同，叙述的对象都是今贵州境内的各民族传统文化，所述内容也十分接近。不同者在于，前者是官方著述，采取的是官方立场，评议标准具有鲜明的官本位色彩，参与编修者一般未经实地查勘，大多靠摘编前人著述或凭当事人的转述材料成文，因而疏漏错讹在所难免。后者则是陈浩凭借本人的实地经历，参阅前人著述编成的文图并茂的民族志专著。由于位卑言轻，陈浩对"乾志"的疏漏错讹和立场观点的不满，虽然多有批判和匡正，但言词委婉，手法隐讳，以至于后世研究者若不加细究，不免误以为《百苗图》仅靠摘编"乾志"成文，因而史料价值不大。本文在逐字对校两书相关记载的基础上，结合《百苗图》的附图，发现陈浩对"乾志"的批判极为严厉，所作的匡正也具有极高的史料价值。因而要了解当时贵州各民族的实情，理应看重《百苗图》，不能偏信"乾志"的记载。

关键词：百苗图　贵州通志·苗蛮志　批判

一、对两书史料价值的评估

贵州省地质地理结构复杂，生态系统多样，生存其间的各民族自古以来就以文化多元并存而著称。清代以前的各个不同历史时期，由于条件所限，汉族文人只能部分地认识了解当地的各民族，并将所了解的情况编入史籍；很少有人能在了解贵州各民族全貌后，作出系统周详的说明。仅凭这样的记载去复原贵州各民族的早期历史，难免会以偏概全，但这是汉文典籍的实情所使然。

清雍正年间发起的大规模改土归流运动，首次全面地触动了贵州每一个世居民族，改变了贵州各民族的政治格局。使得汉族文人第一次有可能直接、全面地了解当地各世居民族。[1](P12)就这个意义上说，雍正改土归流后所编撰的贵州民族史志具有划时代的意义。在清乾隆至道光年间修撰的各贵州民族史志中，最有价值者首推"乾志"和《百苗图》。但两书作者的经历和地位各不相同，其写作目的和资料来

---

① 为了行文的方便，乾隆《贵州通志·苗蛮志》在下文一律简称"乾志"。

218

源也互有区别。值得注意的是，"乾志"编撰时间虽然较早，影响也较大，但所提供的资料多有可疑，编排体例也是多有混误。《百苗图》的成书虽然深受"乾志"的影响，甚至可以说成是对"乾志"的系统改写和增补，但却能对"乾志"采取批判的立场，对其疏漏错讹也做了有力的批判和匡正。并对每个条目补附彩图，印证和补充文字记载上的不足。[2]因而就总体而言，《百苗图》的史料价值比"乾志"更大。

"乾志"的主修官鄂尔泰和张广泗，均是雍正改土归流的直接执行者，书成于乾隆六年。[3](P序言)"乾志"中对贵州各民族的记载理应视为雍正大改流后新获资料的总汇，其系统性和周详性比之于前代类似典籍都要更胜一筹。然而由于此书系官方著述，对待少数民族的立场观点基本上取决于各民族在改土归流中的表现，具有浓厚的官方色彩。对各民族的评议也有欠公正，个别地方甚至不惜篡改事实去妄加斥责。

《百苗图》原名为《八十二种苗图并说》，成书时间为嘉庆五年。书成后，由于其史料价值和审美价值甚大，立即为当时贵州提刑按察司收藏①。辛亥革命时，原本毁于战火，今日各方所藏均为不同时代的各种传抄本。至于《百苗图》原书的文字记录部分，经李宗昉《黔记》的转引早已为人熟知。但由于《黔记》在转引中对《百苗图》原文已作了润色，致使原作的批判和匡正色彩有所减弱②。

本文在收集到 13 部《百苗图》传世本的基础上，经过精心校勘，基本恢复了原作的本来面目，使《百苗图》原作对"乾志"的批判和匡正色彩得以系统地体现出来。

《百苗图》作者陈浩，江阴人，嘉庆初年任八寨厅理苗同知。在仔细考订《百苗图》原文后，发现他粗通苗语，并亲身考察了黔中和黔东南众多民族地区。该书可以视为在相当田野调查基础上写成的历史民族志专著。[4]与鄂尔泰和张广泗相比，陈浩可以说是权轻位卑，在当时特定的官僚体系下，以这样的身份敢于向官书挑战实属难能可贵。不过在具体做法上，由于陈浩也不得不为自己及其著作考虑，因而这种批判不免显得委婉和隐讳，所作的匡正也是适可而止。这也正是后世学者难以看出陈浩本意的原因之所在。综观陈浩对"乾志"所作的批判和匡正，主要手法包括：删除或改写一些不实之辞；通过图文的不相印证间接地提出质疑；通过增补必要解释间接地提出自己的看法；通过体例编排纠正"乾志"对族属判断的失误；通过增补条目以提示"乾志"记述的疏漏。通过这些巧妙的处理使得自己的批判和匡正在文字表达上，容易为当时的官方所接受，从而使《百苗图》得以传世。同时，也正因为如此，使得今天的读者要真正把握陈浩本意变得十分艰难。为了便于今天的读者正确认识和理解陈浩的本意，本文拟就族属识别、文化立场、文化事实和资

---

① 李宗昉.《丛书集成初编》第 3185 种，黔记.

② 李宗昉.《丛书集成初编》第 3185 种，黔记.

料增补四个方面对《百苗图》进行发微显幽，展示陈浩对"乾志"的委婉批判与隐讳匡正。

二、对族属识别的匡正

"乾志"主要是依靠摘编前人著述和改土归流的军情报告编撰而成。在编撰过程中，对到手资料间的冲突和抵牾，来不及做仔细的去伪存真工作，而且也未作实地调查核实，以至于在该书现存条目中，有的是将几个民族混入一条，有的则是将同一个人们群体分成数条记载，不少人们群体记载的内容重出。[3]相比之下，《百苗图》则是将它所认定的同一个人们群体作为一个条目记载，从编撰体例上看首尾一贯，匡正了"乾志"编撰体例上的混乱。[5](P305—318)现将"乾志"所列条目名称和《百苗图》所列条目名称表列如下。

（一）"乾志"编排条目顺序表

1. 仲家；2. 宋家；3. 蔡家；4. 龙家；5. 花苗；6. 白苗；7. 青苗；8. 红苗；9. 黑苗；10. 九股苗；11. 东苗；12. 西苗；13. 克孟牯羊苗；14. 夭苗；15. 平伐苗；16. 紫姜苗；17. 阳洞罗汉苗；18. 仡佬；19. 剪头仡佬；20. 打牙仡佬；21. 锅圈仡佬；22. 披袍仡佬；23. 木老；24. 仡兜；25. 佯黄苗；26. 八番；27. 六额子；28. 僰人；29. 峒人；30. 蛮人；31. 土人；32. 倮猡；33. 白倮猡；34. 猺人；35. 侬苗；36. 水佯伶侗猺僮。[3]

（二）《百苗图》编排条目顺序表

1. 倮猡；2. 罗鬼女官；3. 白倮猡；（以上为彝族）4. 宋家苗；5. 蔡家苗；（以上为汉移民）6. 卡尤仲家；7. 补笼仲家；8. 青仲家；（以上为布依族）9. 曾竹龙家；10. 狗耳龙家；11. 马镫龙家；12. 大头龙家；（以上为龙家）13. 花苗；14. 红苗；15. 白苗；16. 青苗；17. 黑苗；（以上为苗族支系）18. 剪发仡佬；19. 东苗；20. 西苗；21. 夭苗；22. 侬苗；（以上为苗族小群体）23. 打牙仡佬；24. 猪屎仡佬；25. 红仡佬；26. 花仡佬；27. 水仡佬；28. 锅圈仡佬；29. 土人；30. 披袍仡佬；（以上为仡佬族）31. 木佬苗；32. 仡僮苗；33. 僰人；34. 蛮人；35. 峒人；36. 猺人；37. 杨保苗；38. 佯黄苗；39. 九股苗；（以上为其他人们群体）40. 八番；41. 紫姜苗；42. 谷蔺苗；43. 阳洞罗汉苗；（以上为对"乾志"有批判的条目）44. 克孟牯羊苗；45. 洞苗；46. 箐苗；47. 伶家苗；（以上为分解前人及"乾志"所形成的新条目）48. 侗家苗；49. 水家苗；50. 六额子；51. 白额子；52. 冉家蛮；53. 九名九姓苗；54. 爷头苗；（以上为对"乾志"增补的新条目）55. 洞崽苗；56. 八寨黑苗；57. 清江黑苗；58. 楼居黑苗；59. 黑山苗；（以上为对"乾志"订正的新条目）60. 黑生苗；61. 高坡苗；62. 平伐苗；63. 黑仲家；64.

清江仲家；65. 里民子；（以上为修改"乾志"用例的新条目）66. 白儿子；67. 白龙家；68. 白仲家；69. 土仡佬；70. 鸦雀苗；71. 葫芦苗；72. 洪州苗；73. 西溪苗；74. 车寨苗；75. 生苗；76. 黑脚苗；77. 黑楼苗；78. 短裙苗；79. 尖顶苗；80. 郎慈苗；81. 罗汉苗；82. 六洞夷人（以上为《百苗图》增补新内容的条目）。①

需要指出的是，无论是"乾志"还是《百苗图》，它们所理解的民族单元与我们今天的理解都很不一致。"乾志"和《百苗图》所列条目中，有的记载一个单一民族，有的记载某个民族支系，有的则记载一个较民族支系更小的人们群体。问题在于，如果在同一著作中将不同民族合载于一条，或是将同一民族支系分成几条记载，则显然是族属认定上的失误，这样的失误在"乾志"中十分普遍。对此，《百苗图》对这些失误都做了有益的匡正。当然，《百苗图》的族属识别仍然存在着诸多的问题，但基本上做到了一个条目只描写一个人们群体。

由于《百苗图》对"乾志"族属识别上的失误的批判和匡正涉及面广，内容复杂，本文因篇幅所限，在此仅举几个实例略加评说，以见一斑。

"乾志""花苗"条载："花苗在贵阳、大定、遵义所属。皆无姓氏。"[3]但此条末尾却有如下一段文字："惟在镇远、黎平有张、陆、姚、李、朱、潘、杨、吴等姓。不务本业，结连白苗丑类，成群以杀掠为生。自剿抚后，始皆归化。"[3]此条开头文字，只字未提镇远、黎平两地，且明确记载"皆无姓氏"。但在末尾却又说"有张、陆、姚、李、朱、潘、杨、吴等姓"。这种自相矛盾的记载，足见编者并未作过仔细的族属识别工作。针对这一失误，《百苗图》删去末尾文字，将其相关内容置于"黑山苗"、"黑生苗"、"车寨苗"、"黑脚苗"、"六洞夷人"等条目之中。[2]（P416—423，P424—431，P542—551，P560—567，P606—613）此外，"乾志"在本条中又提到"白苗"一名，但在该书"白苗"条中，却又未提及"白苗"分布于镇远、黎平，足见该书在修撰时失察。通过今天的田野调查证实，末尾文字所记载的文化事项应该属于现在的部分侗族和部分苗族以及一些汉族移民。《百苗图》的批判和匡正虽然并不彻底，但已意识到这一内容并不属于"花苗"，在当时实属难能可贵。

"乾志""仡佬"条载："仡佬其种不一，所在多有。男女以幅布围腰，旁无襞积，谓之桶裙。花布曰花仡佬，红布曰红仡佬，各有族类，不通婚姻。"[3]根据这一记载，加上该书下文有"披袍仡佬"、"锅圈仡佬"、"打牙仡佬"等条目，[3]致使这里所说的"其种不一"指的是"花仡佬"、"红仡佬"呢，还是指代下文的几个条目，读者无从得知。《百苗图》删除了"仡佬"这一条目，并将"花仡佬"、"红仡佬"单列条目记载，从而避免了理解上的歧义，保持了编排体例上的一致。[5]（P33—35，P212—214）

"乾志""水佯伶侗徭僮"条载："水、佯、伶、侗、徭、僮六种，杂居荔波县。雍正十年，自粤西改辖于黔之都匀府。其俗衣服虽有各别，语言嗜好不甚相

---

① 李宗昉《丛书集成初编》第 3185 种，黔记.

远。"[3] 此条内容与其他各条迥别，将不同族属的人们群体置于一条记载，是自乱其例。此外，文中记载说"其俗衣服虽有各别，语言嗜好不甚相远"，但具体的区别何在，读者无从知晓。《百苗图》针对这一失误，将"傜"并入"傜人"条，"佯"并入"佯黄"条；而将"水"（即今水族）单列"水家苗"，"伶"单列"伶家苗"，"侗"单列"侗家苗"，"僮"（即今壮族）单列仡"僮"条。[4](P145—146,P147—149,P150—154,P244—246,P236—240,P241—243) 这种做法不仅保持了编排体例上的统一，也消除了读者理解上的混误。

仔细揣摩"乾志"的条目编排，不难看出其间深受雍正大改流期间政治意图的影响。雍正大改流时，在贵州的首次大战役是"长寨之战"，[1](P10429) 征伐的对象即今布依族。战后，又着意增强了贵阳、安顺一线的军事力量。接着，以重兵攻取都柳江沿岸。最后，才集中优势兵力平息了清水江和丹江交汇处的"九股苗"反叛。这一用兵过程自然反映到了"乾志"的条目编排之中。书中将"仲家"列为首条，黔中地区的各族罗列于次，之后才是黑苗。而且条目内容的轻重安排也尽力突出了"仲家"、"黑苗"和"九股苗"，并对他们大加斥责，以便为改土归流运动作辩解。这一编排办法不仅与前代典籍迥别，而且从中无法看到各人们群体之间的亲疏层次关系。如文中的最后三条都是相关的人们群体同雍正大改流中的省际辖地划拨相关联，他们是随着广西改隶贵州而进入贵州的。由于进入贵州的时间较晚，因而排于各条目之后。这样的考虑与其他各条目的秩序编排标准不一，并不是深思熟虑后的规范编排。

《百苗图》原本的编排经李宗昉《黔记》转抄而早已为人们所熟知。尽管陈浩并未写作编排凡例以说明自己的条目编排意图及依据，但仔细揣摩条目编排的秩序之后，不难看出该书是精心编排的结果。全书条目共分三个大组，各大组之下又细分为若干单元。书中第一条到第三十八条为第一大组，所收录的人们群体其称谓早见于清初以前的典籍。《百苗图》在这一大组条目中主要是转述经过验证的前人记载，条目的先后次序则是以类相属。如，第一至第三条记载的是彝族，因而在书中构成一个小单元；第四和第五条为第二个单元，记载的是长期依附于彝族土司的两个汉族移民群体；第六到第八条记载布依族；第九到第十二条记载古代曾附属于彝族土司的、社会身份低下的四个人们群体，该书沿袭前人惯例，将他们合称为龙家；第十三到第十七条介绍苗族的五大支系；第十八到第二十二条在作者看来应归入苗族，但情况有待深入研究的五个人们群体。陈浩的这一归类个别有误，如其中的侬苗，应该指布依族；第二十三到第三十条记载的群体在作者看来都属于仡佬族，这一理解也小有失误，有待进一步分析研究；第三十一条到三十八属于前人已曾记述，但无法归入上述各单元的人们群体。

第三十九条到第六十四条构成了《百苗图》的第二大组，该大组收入了二十六个条目，都是针对"乾志"记载的偏颇加以批评、匡正和增补了新内容的条目。其中，第三十九到第四十二条构成一个单元，这四条记载的人们群体名称已见于"乾志"，但各条所载内容均与"乾志"相应条目有出入。通过文图的配合，作者委婉地对"乾志"的记载做了批评和匡正。第四十三条到第四十六条所载人们群体名称在前代典籍都已被提及，"乾志"对此也做了转引，但在转引中其名称所指与前代存在区别，陈浩为了维护编排体例的统一，保证一个名称指代一个人们群体，因此在这里按照自己的理解对此做了订正。从第四十七到第五十二条中，"乾志"已提到了这些人们群体，但出现了将不同群体合编的情况，陈浩则将其分解为一个群体一个条目。如"九名九姓苗"在"乾志"中被合编于"紫苗"条中，陈浩将其单列专条记述；"六额子"、"白额子"两条在"乾志"中合二为一，陈浩则分列两条记载。第五十四到第六十条各条目所用名称在"乾志"中除"爷头"、"洞崽"外，其余未曾提及，陈浩认为他们是"黑苗"中各有特色的人们小群体，有必要单列条目记载，因此在"乾志"的基础上另列多条分别加以记载。第六十一到第六十四条所载的人们群体其族名所指与"乾志"所指不同，因此陈浩将其作为需要进一步认识的存疑条目列于最后。如，"高坡苗"在"乾志"中被认定是属于"黑苗"的一种，而陈浩则认为他是与"箐苗"相近的一个小群体；"乾志"中所载"平伐苗"习俗，从字面上看容易与仡佬族、布依族相混，《百苗图》则认为他们应当是与"白苗"相近的苗族群体。至于"黑仲家"、"清江仲家"在"乾志"都被归入"黑苗"，陈浩认为他们并不属于"黑苗"而将其改称为"仲家"。事实上，这两个条目所载群体确实是侗族而非苗族。

第六十五到第八十二条共计十八条构成《百苗图》的第三大组。《百苗图》"里民子"条之末有如下一段文字："以往诸苗，通志未载，皆近日相传，名色种类难分，采风者核续之十八种（《百苗图校释》中作十六种，今查看原抄本后订正为十八种）。"[5](P265) 文中所称"采风者"即陈浩本人。凭借这一记载可知，从"里民子"开始的十八个条目都是"乾志"未曾提及的人们群体，是陈浩在民间传说基础上根据亲身体验后予以记载的内容。因此这十八个条目无疑是对"乾志"的重大增补，有关情况留待后文详细讨论。

出于自我保护的需要，陈浩对其著作中的条目编排，未作凡例说明自己的编排意图和依据，务使自己对"乾志"的批判和匡正隐而不显。这给后世的读者造成了认识和理解上的困难。一些研究者也误以为陈浩是在随意编排条目甚至自乱其例，由此引发的各种争议显然有必要加以澄清，才能更好地领悟陈浩对族属识别的成果，以及对各条目编排秩序的精心安排。目前最大的争议有三：其一是剪发仡佬的民族归属问题；其二是平伐苗的民族归属问题；其三是黑仲家、清江仲家是否为陈浩杜撰。

"剪发仡佬"在《百苗图》中编在第十八条，位于苗族各条目之间。不言而喻，按照陈浩的理解，他们应该是苗族而非仡佬族。光看称谓，近代研究者不免怀疑，既称"仡佬"，为何不与仡佬族诸条编排在一起。有人认为这是陈浩的误编，或者是后世传抄者的误抄所致，因而主张将该条编入仡佬族各条目之间。然而，仔细核查"乾志"对"青苗"的记载,这样的疑问可以得到澄清。"乾志""青苗"条云:"男子剪脑后发,娶乃留之。"[3]又"乾志""剪头仡佬"条载:"男女蓄发寸许。"[3]足证"乾志"所称的"青苗"和"剪头仡佬"都有剪发习俗,光凭是否剪发去区分苗族和仡佬族,在特定的地域肯定会发生误解。再看《百苗图》对"剪发仡佬"的记载:"男女皆蓄顶发为髻,勤耕力作。"[5](P223)排除剪发样式的地域性差异不计,不难看出这里所说的剪发仡佬,除剪发外,其他习俗与青苗相近。其后《安顺府志》、《百苗图咏》进一步指出,这个群体分布在今天的安顺和镇宁两县的毗连地带,他们的苗语自称"蒙藏依",意为居住在田坝中穿布依装的苗族①。20世纪40年代,吴泽霖先生将他们称为"镇宁花苗",确认他们是苗族,而非仡佬族②。20世纪50年代的语言普查进一步证实,他们使用的是苗语贵阳次方言,和当地所称"青苗"所使用的语言仅是少数音位发音有别而已。凭借当代掌握的调查资料反观陈浩的条目编排,我们认为他将"剪发仡佬"编于苗族各条目之间是正确的。

"平伐苗"一名在典籍中由来已久,《元史》中称为"平伐苗蛮",明代中期新增"东苗"、"西苗"二名,部分取代了"平伐苗蛮"的指代范围。但"平伐司苗"一名仍见于明人著述,如《炎徼纪闻》、嘉靖《贵州通志》、郭子章《黔记》等。与此相应,对"平伐苗"的习俗记载开始变化,主要是指代当地常穿草衣、嗜食犬肉的苗族。各书还将一些属于仡佬族的习俗,一同归载于"平伐苗"的条目之下。关于"平伐苗"的族属由此变得模糊。入清后,对"平伐苗"的认识并无新的进展,试看《黔书》的记载:"小平伐司苗在贵定县,男子披草衣、短裙,妇人长裙、绾髻,祭鬼杀犬,死则瘗以木槽。"③再看"乾志"对《黔书》的摘抄:"平伐苗在贵定小平伐司,男子披草衣、短裙,妇女穿长桶裙,婚姻及享宾,皆屠狗,祭鬼亦用狗。人死,亲戚亦相吊祭,葬则瘗以木槽。性喜斗,出入必执长枪,近皆驯服。"[3]"乾志"的这段摘编在某些细节较《黔书》为优,比如"妇女穿长桶裙"而非"长裙"。读者就此可以更容易理解妇女所穿为仡佬族装束。但问题在于,这段描述的末尾,对这个群体做了诸多诋毁。这些是前代典籍从来没有的内容,而是一种出于政治需要强加的不实之词。鉴于前人记载以及"平伐苗"习俗的特殊性,陈浩对此也十分审慎,将这一条目编入《百苗图》第二大组最末一个单元,即属于存疑的条目。《百苗图》该条的文字记载如下:"在贵定县之新添营。男子披草衣,着短裙,出入带弓弩、镖枪。妇人短衣桶群,以长簪绾发为髻。婚姻祭享均用犬,以为特敬。"[5](P5)在这段文字中,陈浩删去了"乾志"中"性喜斗"之类的诋毁,并以附图说明他们是一个狩猎的群体。"披草衣"是为了伪装,而随身携带的弓弩、

---

① 贵州民族研究所藏抄绘本《百苗图咏》"剪发仡佬"。

② 吴泽霖《苗胞影荟》,(贵阳)大夏大学社会研究部民国二十九年(1940年)摄制。

③ 田雯《黔书》"平伐司苗"条,《丛书集成初编》第3182—3种。

镖枪等则是猎具。

鉴于仡佬族多是农牧兼营，较少从事狩猎。《百苗图》通过这一附图意在说明自己的看法，他们应是苗族。文字中还提到用长簪缩髻而没有提及他们剪发，这样的发式也与平伐一带的苗族相近。这是陈浩揭示的另一个疑点。另外，文末增加"以为特敬"几字，考虑到嗜食犬肉是百越各民族的习俗特征，无需加以特别说明。因此，此处的含义可能是用来说明，"嗜食犬肉"是"平伐苗"习俗中的特殊例外，从而表达作者对此的疑虑。由于其间线索繁杂，陈浩也没有明确下结论，但他的上述做法和提示对今天仍有重大的参考价值。根据现代田野调查资料得知，在原小平伐司辖境内确实没有仡佬族而只有苗族，而且这些苗族的古习与《百苗图》"平伐苗"条记载相吻合，因此陈浩的怀疑很有道理，根据他的记载，前代典籍记载上的纷扰可以得到合理的解释。在陈浩看来，"黑仲家"与"清江仲家"的民族归属也十分可疑，因而也将这两条放在第二大组的末尾进行记载。不过，将本属侗族的人们群体称作"仲家"，不仅前代典籍没有先例可循，后世也无人认同。作为一个负责的学者，陈浩如此安排自有其特殊的原因和理解。我们认为这与当时的社会背景和陈浩的个人素养有关。

陈浩久居苗乡，又粗通黔东南支系苗语，当时的"新疆六厅"不管是侗族和苗族都不懂汉语。因而在调查这部分侗族时，肯定是凭借苗语作中介。既然以苗语作中介语，那么接触到这部分侗族时，他们不通苗语，一对话便可得知。由于"乾志"没有注意到他们是侗族，陈浩自然不会想到将他们的语言与天柱一带的侗族相比较，而只能凭自己的感觉去作判断。这乃是陈浩单凭印象判断，误以为他们说的是布依语的一大原因。

考察了黔东南苗语方言后，我们注意到在这一苗语方言中，往往将侗族与布依族合称为"德姑德亚"。这是苗语中习见的一个定型四字格词组。此类词组并举的两件事物，一般都是同一类的事物。因而在实际的使用中往往作偏意复词使用，即称侗族时可以用这个四字格。这时指布依族用的"德亚"一词仅是陪衬，没有实意；若称呼布依族时，也可以用这个四字格。在这样的情况下，词意的虚实恰好对调。"德亚"表示实意，指布依族，而指代侗族的"德姑"仅是陪衬。

换句话说，这个四字格到底指的是布依族还是侗族，得视说话时的对象为转移。但陈浩在接触到这一部分侗族时，情况十分特殊。因为他事前根本不知道这里有侗族，更不知道他的谈话对象就是侗族，而陪同他进行调查的苗语翻译，对这一部分侗族的称呼又是上述的这个四字格。在这种情况下，陈浩会错意，将他们误称为"仲家"（布依族）就在所难免。[6]（P56—57）

弄清了陈浩将侗族误称为"仲家"的原因后，我们不能深责陈浩，因为这是时代和学术背景、个人素养等各种因素影响下的疏忽，即使今天训练有素的学者也难免会犯类似的错误。相反地，我们理应钦佩他敢于匡正"乾志"记载舛误的勇气，至少他帮助我们认识到"乾志"所称的"黑苗"并非全是苗族，其中还包括不少侗族。

总之，陈浩的《百苗图》其条目编排是经过深思熟虑、精心安排的结果，在编撰中贯穿了他对各个人们群体族属识别及亲疏关系认识的成果。这些成果对"乾志"的舛误和疏漏既有批评，又有匡正和增补，只要我们识破这种批评和匡正的外表掩饰，就可以从中发现陈浩对于族属亲疏分类的真知灼见。

参考文献

[1] 清史稿．贵州土司传 [A]．二十五史 [M]．上海：上海古籍出版社，上海书店，1986．

[2] 杨庭硕，潘盛之．百苗图抄本汇编 [M]．贵阳：贵州人民出版社，2004．

[3] 贵州通志．序 [M]．贵州图书馆藏木刻本（乾隆）．

[4] 刘锋．百苗图疏证 [M]．北京：民族出版社，2004．

[5] 李汉林．百苗图校释．附录三 [M]．贵阳：贵州民族出版社，2001．

[6] 杜薇．百苗图汇考 [M]．贵阳：贵州民族出版社，2002．

[原载《吉首大学学报》（社会科学版）2006 第 4 期]

《百苗图》对乾隆《贵州通志·苗蛮志》的批判与匡正（下）

摘要：乾隆《贵州通志·苗蛮志》①与《百苗图》两书写作的时间相近，所处社会背景相同，叙述的对象都是今贵州境内的各民族传统文化，所述内容也十分接近。不同者在于，前者是官方著述，采取的是官方立场，评议标准具有鲜明的官本位色彩，参与编修者一般未经实地查勘，大多靠摘编前人著述或凭当事人的转述材料成文，因而疏漏错讹在所难免。后者则是陈浩凭借本人的实地经历，参阅前人著述编成的文图并茂的民族志专著。由于位卑言轻，陈浩对"乾志"的疏漏错讹和立场观点的不满，虽然多有批判和匡正，但言词委婉，手法隐讳，以至于后世研究者若不加细究，不免误以为《百苗图》仅靠摘编"乾志"成文，因而史料价值不大。本文在逐字对校两书相关记载的基础上，结合《百苗图》的附图，发现陈浩对"乾志"的批判极为严厉，所作的匡正也具有极高的史料价值。因而要了解当时贵州各民族的实情，理应看重《百苗图》，不能偏信"乾志"的记载。

关键词：百苗图　贵州通志·苗蛮志　批判

三、对"乾志"文化事实误记的批评与匡正

《百苗图》是一部私人著述，作者当然不至于会与官书正面抗争，指斥"乾志"的过失与疏漏，但是透过《百苗图》的文字叙述，对比它与"乾志"行文的微殊，并揣摩附图之本意，仍然可以发现陈浩对"乾志"的严厉批评与匡正。只不过这样的批评与匡正十分委婉，甚至隐晦罢了。至于对"乾志"的增补，自然是《百苗图》作者通过实地调查而获得的真知灼见了。

《百苗图》对"乾志"的批评集中表现在文化立场上。"乾志"出于渲染雍正改土归流成果的政治需要，在介绍各民族习俗时极力诋毁各少数民族凶顽、愚蠢、不知礼仪。其中对布依族和清水江苗族这两个改土归流的重点打击对象，更是不遗余力地痛加贬斥。《百苗图》作者不满这类不实的指控，有的删去不实的贬词，有的则改写文字，有的则增补可凭信的内容，有的则以附图作辅助，表明这些少数民族并非凶

---

① 为了行文方便，乾隆《贵州通志·苗蛮志》在下文一律简称为"乾志"。

顽。批评的手法虽说过于隐晦，但是字里行间仍透露出鲜明的正直立场来。

　　试看"乾志"对仲家（布依族）的原文记载："每畜蛊毒，夜飞饮于河，有金光一道，谓之金蚕蛊。每以杀人，否则反噬其主，故虽至戚亦必毒之，以蛊怒。又敛毒药以染箭镞，只血濡缕立死。出入必负强弩，带利刃。睚眦之仇必报，以椎埋伐冢，绑掠无辜人口，谓之捉白放黑，为嫁祸之媒。或聚众动掠，或御人于涂。明时累费征剿，兵至则散，兵去复聚。"（贵州图书馆藏木刻本乾隆《贵州通志·苗蛮志》"仲家"条）

　　这段文字出自鄂尔泰发动"长寨之战"前上奏雍正皇帝的奏折，其用意是为出兵长寨找借口。[1](P9935)但文中所叙内容纯属捏造，如"捉白放黑"一段内容，前人已有提及。但并非指广顺、定番二州的布依族，而是指清水江下游的侗族。在此，鄂尔泰纯粹是张冠李戴。再如"兵至则散，兵去复聚"，本是明人所言，原意是指明万历年间，广西泗城土司内讧，一部分布依族在阿牙、阿包的带领下因故聚众流窜至金筑、定番一带。[2](P1072)这与雍正时长寨的布依族并无关系，纯粹是为了师出有名，而将已成历史的旧事重提。至于说布依族掠卖人口更是无稽之谈。布依族按家族结寨而居，社会内部又不存在役奴习俗，对外部了解又不多。如果掠取人口，内部不能吸收，发卖外地又无眼线和去向，因此当地即使出现人口掠卖事件，只能是外来汉族商贩所为，绝非布依族社会的传统。这类捏造的罪名只要在当地调查，即可不攻自破。

　　《百苗图》的作者正是看出了"乾志"此处的破绽，因此除在该书"补笼仲家"条保留"性剽悍，出入带利刃、标枪。虽睚眦之仇必报"[3](P135)的记载之外，其余不实之词一概删去。但同时，《百苗图》作者也不得不在此段文字之后，追加了"近经禁诫，渐循礼法"[3](P135)八字，以此掩人耳目，避免正面指斥官书之嫌。《百苗图》该条上文讲的是布依族的个性，此八字讲的是循（汉族）礼法，明眼人一看便知上下文内容不相合拍，以期提醒读者从中领悟出自己对"乾志"相关记载的不满。《百苗图》批评"乾志"手法的隐晦，由此也可见一斑。鉴于"乾志"是将布依族三个支系一并介绍，各支系间习俗的细微差异无从得知。《百苗图》则分支系介绍，因而能做到脉络分明。特别是增补了一些各支系习俗的标志性特征，更能体现其间之差异。如，该书"卡尤仲家"条对布依族妇女服饰的记载："穿青衣，妇女以花帕掌首，衣短而下圆，度身而裁。严寒盛夏无增减。勾云细折长裙，合角中以颜色布相间。"[3](P151)这里精当地描写了布依族卡尤支系的衣饰特征：穿紧身上衣，穿细折长裙或蜡染布长裙。若辅以附图，上述文字表达欠缺之处，也能为之一目了然。[4](P34—39)此外，该条还对布依族"不落夫家"婚俗作了准确介绍。正是通过此类巧妙的图文处理，《百苗图》既对"乾志"作了批评，又大大丰富了外界对布依族习俗的了解。

　　雍正改土归流中，另一个大军攻伐的对象是位于丹江与清水江交汇处的"九股苗"。征剿"九股苗"的战争，官府内部早有分歧。先是方显出面，通过与苗族头人协商，按苗族"议榔"传统，官府与"九股苗"达成协议，苗族一方同意清军进驻九股地区安营，建城池，设塘汛。眼看和平归流即告成功，此时张广泗正在都柳江一带用兵，由于苗族的顽强抵抗，战争长时间相持不下。张广泗风闻方显成功后，竟然兴兵北上，破坏了方显与苗族达成的协议。致使已经归顺的九股苗降而复叛，清兵与九股苗的拉锯战一直持续到乾隆初年才勉强结束（贵州图书馆藏武昌木刻本方显《平苗纪略》）。清廷为此损兵折将，苗族方面亦横遭杀戮，从此结下了苗族时降时叛的隐患。这场两败俱伤的悲剧全因张广泗骄横邀功而起，又因鄂尔泰纵容而扩大。雍正皇帝对鄂、张二人也颇有不满，只是考虑到战事紧迫，不便深责封疆大吏而暂作姑息。基于战争背景复杂，鄂、张二人主修"乾志"时，自然将"九股苗"妖魔化，以便为自己开脱罪责，掩盖自己的劣迹。试看"乾志"原文："九股苗在兴隆卫凯里司，与偏桥之黑苗同类。武侯南征戮之殆尽，仅存九人，遂为九股。散处蔓延，地广而族伙。其衣服、饮食、丧祭概与八寨、丹江等同，而性尤剽悍。头顶铁盔，后无遮肩，前有护面两块即铸于盔，极重。身披铁铠，上如背，止及乳，下用铁链周身，形如圈笼缀于上。坐则缩，而立则伸，约重三十斤。下以铁片缠腿。健者结束尚能左执木牌，右执标杆，口衔利刀，捷走如飞。大钅仓约重十余斤，铅子重八九钱不等。发至百步外，着人立糜洞。又有牛尾枪，几与内地子母炮埒。强弓名曰偏架，长六七尺，三人共张，矢无不贯。前明播州之乱，为杨应龙羽翼，虽调兵十数万诛灭杨应龙，而九股未剿，伏莽劫掠，时出为害。由地旷而险猝难制伏。雍正十年，钩连蠢动，合楚粤黔三省兵，剿抚兼施，收缴兵甲，建城安汛焉。"（贵州图书馆藏木刻本乾隆《贵州通志·苗蛮志》"九股苗"条）

这段文字包括两大主题，一是极力诋毁"九股苗"凶顽，屡经征剿而秉性不改。二是夸大"九股苗"兵器的精良，以便为征剿"九股苗"寻找口实。然而单是这段文字就已经露出了破绽。文中称诸葛武侯南征，将其杀戮殆尽，仅剩九人，遂繁衍成九股，而同文中又强调九股苗与偏桥地区的黑苗为同类，与八寨、丹江等地的黑苗同俗。既然杀戮殆尽，仅剩九人，同类又从何而来。至于说九股苗武器精良，对清军构成威胁，同样不能自圆其说。单就文中所介绍的九股苗兵器，均十分笨重，作战时若不排列成规整的战斗队形，根本无法使用于实战。何况在九股地区，山高林密、道路崎岖，如此笨重的兵器最多只能在守寨或伏击中起些作用，无法用以与清军对阵。[5](P129—135)

再说当时的苗族地区全是家族村寨，尚未形成统一的行政机构，要按野战作战队形操练根本做不到。可见文中对"九股苗"兵器精良的夸饰，对不了解战争实情的读者，也许能起到欺骗的作用。但有实战经验的人一望便知，这样的兵器根本无法与清军抗衡。

《百苗图》的作者针对"乾志"的欺骗性，作出了委婉但却有力的反驳。一方面，在大体摘编"乾志"文句的基础上，对个别字句作了画龙点睛的修改，如将"性尤剽悍"一句改为"性强悍而喜猎"，[3](P63)意在表明九股苗的强悍并不是针对清军，而是针对猛兽培养出的个性，从而反驳了"乾志"诬称九股苗生性凶顽的斥责。又如"乾志"说"头顶铁盔，后无遮肩，前有护面两块，即铸于盔，极重"，这段文字意在强调这些九股苗的武士在战斗中，舍命冲锋而不顾背后，以此渲染九股苗对清军构成威胁。《百苗图》将此段文字则改作"头人出入，常戴铁盔，前有护面，后有遮肩。"[3](P63)这就写成了一般性的头盔了，从而抵消了"乾志"夸大不实的渲染。再如"乾志"对九股苗弩机所作的如下描述："强弓名曰偏架，长六七尺，三人共张，矢无不贯。"《百苗图》则改写作"携带强弓硬弩，矢发则无不贯"[3](P63)"携带"二字意在表明，这并非专为战争而制作的强弓硬弩。此外，《百苗图》还删去了"乾志"中苗族制枪的记载。另一方面，《百苗图》通过附图，隐晦地反驳了"乾志"的不实指控。附图中描绘的九股苗勇士，一人执盾牌、穿铠甲，手握环首刀，以自身引诱猛虎出山；另一人握枪保护，其余三人则在后方张开偏架准备射虎。[4](P258—263)此图与文句中修改的"喜猎"二字相呼应，意在表明九股苗的重甲、偏架和长枪仅是对付猛兽的利器，而非与清军对阵的兵器，从而委婉地批驳和匡正了"乾志"对九股苗的斥责与诋毁。

《百苗图》中除上述两例外，还有多处反驳了"乾志"的不实记载及其对少数民族的诬蔑。限于篇幅，恕不一一，读者不妨借鉴上述两例，举一反三地理解《百苗图》对"乾志"的匡正与批判。

"乾志"对贵州各民族文化事项的记载有两大来源，一是摘编前人著述，二是根据改土归流中的见闻敷衍成篇。由于摘编时未能全面掌握前人记载的实质，又未经过实地考察的验证，因而不免会曲解前人记载，未能全面揭示各民族文化事实也就在所难免。《百苗图》针对这一疏漏尽可能地作出订正。同样地，这种订正和增补也十分隐晦，有的是对个别字句作改写或增补，有的则是以附图的方式加以揭示，有的则是将关键内容另辟条目记载。这里仅以对苗族和瑶族婚俗的订正、增补为例，予以说明。

有关苗族、瑶族传统婚俗的记载，始见于宋人朱辅的《溪蛮丛笑》，其书"抟亲"条载"山瑶婚娶，聘物以铜与盐。至端午约于山上，相携而归，名抟亲"。又该书"出面"条载："抟亲之后年，生子。引妻携酒归见如家。名出面。"凭借上述两条记载，可见宋时苗族和瑶族的婚礼由四个前后衔接的环节构成。

一、青年男女在集体的歌舞场上相识相恋，即可相约归夫家，结为夫妇。

二、双方到男方家族村寨建立家庭，开始独立生活。

三、婚后生下头胎子女，标志着双方的结合有了正式的保障。

四、夫妻双方带礼品和新生的婴儿，前往女方家族正式举办婚礼，以此获得男女双方家族的认可。

不难看出，这样的传统婚俗与汉族婚俗其程序恰好相反，不是先结婚后成家生子，是先成家，后生子，再举办婚礼。

朱辅所载反映的是宋代的情况。到清代，贵州的苗族和瑶族是否沿袭这一传统，这只能依靠贵州方面的记载。如清初田雯的《黔书》就是一例。《黔书》"花苗"条载："每岁孟春，合男女于野，谓之跳月。预择平壤为月场。及期，男女皆更服饰米庄。男编竹为芦笙，吹之而前，女振铃继于后以为节。并肩舞蹈，回翔婉转，终日不倦。暮，则挚所私归，谑浪笑歌，比晓乃散。聘资以女之妍媸为盈缩。必生子然后归夫家。"（《丛书集成初编》第3182—3种）这一记载对青年男女自由择配和成家这两个环节，作了明确的说明。但对青年男女是在男方家族还是在女方家族生子，以及正式婚礼是在男方家族举行还是在女方家族举行，则语焉不详。光凭字面记载，很容易将苗族的婚俗混同于侗族、布依族的"不落夫家"婚俗。由此首开了外界曲解苗族婚俗的先河。

"乾志""花苗"条对《黔书》相关内容作了如下摘编："每岁孟春，合男女于野，谓之跳月。择平坦地为月场。鲜衣艳米庄，男吹芦笙，女振响铃，旋跃歌舞，谑浪终日。暮，所私而归，比晓乃散。聘资视女之妍媸为盈缩。"（贵州图书馆藏木刻本乾隆《贵州通志·苗蛮志》"花苗"条）此处将青年男女相恋后的成家完婚过程无端删去，语意残缺，致使读者无从知晓苗族婚俗的真实程序。为了订正《黔书》与"乾志"的误记，《百苗图》在"花苗"条相关记载之后作了如下改写："暮，则约所爱者而归，遂私焉。亦用媒妁，聘资以女妍媸为盈缩。必男至女家成亲，越宿而归。"[3](P15)从表面上看，改动的字句并不多，但反复斟酌后，不难看出文中所称的"暮，则约所爱者而归"，按汉族的思维习惯显然是归夫家，下文的"遂私焉"理当解释为自主成家。对有关聘资的记载，《百苗图》未作改动，应当是当时贵州苗族的实情。但所载内容与《溪蛮丛笑》有别，可以理解为习俗流变的结果。通过上述订正，苗族婚俗中的自主成家这一环节得到了完整表述。

对苗族传统婚俗的婚礼环节，《百苗图》针对"乾志"作了如下增补："必男至女家成亲，越宿而归。"通过这一记载，苗族"出面"婚俗尚在延续中得到了明确说明。所缺者仅在于，正式婚礼必在头胎子女出生后才能举行。但这一空缺并非《百苗图》作者的疏漏，而是不愿意在字面上与"乾志"拉开太大的差距。为了弥补这一缺漏环节，《百苗图》在"青苗"条的附图上作了间接补充。《百苗图》与"乾志"对"青苗"的文字记载差异甚微，但所作附图则与文字记载相去甚远。图中描绘一对青年夫妇背负初生的幼子，携带礼品，由一位一半穿男装一半穿女装的老妇人带领，兴高采烈地行进在路上。[4](P98—101)此图描绘内容正是青年男女生子后返归女方家族完婚的情形。通过不同条目图文的对照，我们可以得知苗族传统婚俗在当时仍在延续的实情。

关于苗族的传统婚俗，还见于"乾志"和《百苗图》的"克孟牯羊苗"条，两书记载的原文如下："乾志"云："男女俪笙而偶，生子免乳，而归其聘财。"《百苗图》云："男女吹笙而偶，生子免乳后，始归财礼。"[3](P54)《百苗图》将而改作始，从而使苗族传统婚礼各个环节的先后次序一目了然。有关"克孟牯羊苗"婚礼的记载最早见于明人田汝成的《炎徼纪闻》，"乾志"仅是加以抄录而已。《百苗图》则是针对读者理解上的难点作了个别的增删，从而使苗族的传统婚俗更加明白易晓。此外，《百苗图》另增了"西溪苗"一条，系统介绍了黔东南地区苗族的传统婚俗，该条记载如下："在天柱县，女子裙不过膝，以青布缠腿。未婚男子携笙，女子携木槠，相聚戏谑。所欢者约饮于旷野，歌舞苟合，随而奔之。生子后方过聘，聘礼以牛。"[23](P88)这一记载清晰地交代了苗族传统婚俗的四大环节，不仅表明黔东南的苗族在清代时仍沿袭传统婚俗，而且通过增补此条，将上述三条所载的婚俗内容串联了起来，从而匡正了"乾志"在摘编前人典籍时的疏漏。

除苗族外，《百苗图》还对瑶族沿袭的传统婚俗作了增补。"乾志"对随荔波县划入贵州的六个人群：水（水族）、佯（指佯黄，毛南族）、伶（《百苗图》称伶家苗，瑶族）、侗（《百苗图》称侗家苗，瑶族）、瑶（瑶族）、僮（《百苗图》称亿僮）作了如下概括："其俗衣服虽有各别，语音、嗜好不甚相远。"这一概括严重偏离了事实。《百苗图》遂将六个人群分作六个条目记载，以纠正"乾志"的误记。其中对"伶家苗"的记载如下："在荔波县。于十月晦日祭鬼，以为大节。男女均以蓝花帕蒙首，未婚者其帕稍长。每仲冬，未婚男女相聚歌舞。所欢者约而奔之。生子后方归母家，名曰回亲。始用媒而过聘焉。若未生子，终不归宁。"[3](P127)凭借这一增补，《百苗图》再次揭示苗族和瑶族的传统婚俗在清代中叶一直处于延续之中。"乾志"摘编的疏漏由此得到了系统的匡正。[5](P212—246)

除婚俗外，贵州各民族的分布、衣着、丧葬、经济生活、居住和饮食习惯等，《百苗图》都对"乾志"作了委婉而隐晦的批评和订正。只要认真对比两书记载的异同便不难发现，《百苗图》所提供的资料更加准确周详，在研究清代贵州各民族文化时，《百苗图》的价值绝不逊色于"乾志"。当然，《百苗图》由于是私人著述，个人所见仍不免疏漏和失察，但这不是本文探讨的对象。

四、对"乾志"缺漏的增补

《百苗图》第六十五条至第八十二条，共计十八条，所载内容前人未作过系统记载，是陈浩发现并收录的民族文化新资料。相关的人们群体长期被忽略的原因十分复杂。有的原先是土司治下的部民，改土归流前汉族文人无法直接接触到他们，因而未能发现他们的存在；有的出于政治上自我保护的需要，将自己混同于政治地位相对安全稳定的民族，汉族文人未深入了解不易发现他们是以前未知的群体；有的则是地方官出于行政管理上的方便，明知他们与周边民族不同，也不愿意正视他们的存在，以免引发管理上的麻烦，因而在史志上被掩盖起来。"乾志"编修之际，政局初定，自然不会在此枝节问题上逐一查证。而《百苗图》作者则能从事实出发，在认真查证后以专条增补，使后人能够较深入地了解当时贵州的各民族实情。

《百苗图》所称的"土亿佬"，即操苗语滇东北次方言的苗族，改土归流前是乌撒土司属下的底层部民。改土归流后，依旧靠给彝族土目佣工为生，一直未获得里甲编户的平民待遇，以至长期被汉族文人忽视，此前少见于史志记载。

《百苗图》所称的"鸦雀苗"，即操苗语川黔滇次方言的苗族，改土归流前是水西土司属下的底层部民。改土归流后，又隶属于各级土目而未编入里甲。"乾志"作者仅凭他们的衣服主要尚白，而将他们误指为"白苗"，说他们生息在黔西州。《百苗图》"白苗"条表面上摘抄了"乾志""白苗"条文句，但却另增"鸦雀苗"条，隐晦地揭示所谓黔西州的"白苗"实为"鸦雀苗"，而不是真正的"白苗"。《百苗图》"鸦雀苗"条还增补了不少有关这个苗族群体的生活习俗内容，进一步表明他们是以往未经系统记载的苗族群体。从此条行文看，《百苗图》的作者并未到黔西州对他们作直接调查，而是仅仅接触到了摆脱土目控制而移居贵阳的少数鸦雀苗居民，并据此作了记载。

《百苗图》"郎慈苗"条的情况与上两条相似，该书的"郎慈苗"系指布依族中原归乌撒土司管辖的下层部民。将该书本条的记载与早期文献对壮族、布依族的记载相比较，发现其习俗十分接近，但与清代所记布依族习俗有别。足证他们在明代以前便与其他布依族隔绝而归乌撒土司统辖，才导致古代习俗一直沿袭到清代中叶。《百苗图》本条记载填补了"乾志"记载之疏漏，也深化了外界对布依族习俗的了解。

《百苗图》"白龙家"条记载了一个专事取漆为生的人们群体。"乾志""龙家"条在述及"狗耳龙家"时，有如下一则补充说明："在大定者，人死三年取其尸刷之，凡三次。在平远者，殓而焚之，以七月七日祭其先茔。"这一记载与狗耳龙家葬习相左，不实行"崖洞葬"，而是实行"洗骨葬"或"火葬"。"洗骨葬"为黔西北苗族旧习，"乾志""六额子"条已有记载，而"火葬"则是彝族旧习。足见"乾志"此处将平远、大定的"龙家"称为"狗耳龙家"有误。《百苗图》否定他们是狗耳龙家，而将其合称作白龙家。从《百苗图》此条的文字与附图看，他们衣着尚白，以采漆为生，可见他们原先应是水西土司的下层部民，与穿"斑衣"的"狗耳龙家"完全无关。[4](P478—485)陈浩以此揭示了"乾志"之误，将他们确认为一个前人未知的职业群体，即他们应是从事同一职业、社会地位相同的白彝和苗族的合称。[6](P346—350)

改土归流后，必然得面对编定里甲、核实土地及人户、划定行政归属等一系列繁杂工作，且得在短期内迅速完成。由于受时间、人力的限制，难以将其做到完备健全。一旦纳入行政管理之后，原先被忽视的民族差异便会立刻暴露出来。地方当局担心引发混乱，自然有意拖延，掩盖实情而不予上报。改土归流的执行者鄂尔泰等更不愿自揭其短，致使他们编修"乾志"时竭力回避事实，对这些新暴露的民族问题不予记载。《百苗图》既是私家著述，当然毋须回避，可以直言不讳地记录所了解之实情。也正因为如此，《百苗图》对此类问题的匡正与增补，对今天了解当时贵州民族关系实情具有无可代替的特殊价值。与此相关之条目有"葫芦苗"、"里民子"、"白儿子"、"尖顶苗"等共四条。

《百苗图》所称的"葫芦苗"，并非世居当地的苗族，而是明末"平播之战"

后，从遵义地区迁入麻山的另一支苗族。他们操苗语川黔滇次方言，与《遵义府志》所称"红头苗"、"青头苗"为同一支系。他们与麻山原有苗族不同，麻山地区原有的苗族是《百苗图》中所称的"克孟牯羊苗"。改土归流前麻山地区尚未设置行政管理机构，属于当时所谓的"生界"，葫芦苗又是以难民身份迁入麻山地区，因此他们的迁入未引起当时行政当局的注意。改土归流时，麻山地区苗族迫于军事压力，"自愿归降"清廷。[7] 其后新、旧两支苗族生存方式上的差异，才引起了官府的注意。葫芦苗在当地并无自己的生息地，为生活所迫常常袭击周边布依族和汉族地区，掠夺粮食和财物。这些活动在行政机构设置后，给地方官造成了众多管理上的麻烦，但具实上报又会被上司视为无能，因此实际情况长期被掩盖，致使"乾志"中也只字未提及他们的存在。陈浩发现这一新情况后才首次作了记载。这就为以后了解麻山地区复杂的民族关系提供了最早的准确资料。

"里民子"的情况有所不同，《百苗图》所称之"里民子"原是明代汉族军民的后裔，其先辈因不堪明廷严刑峻法的高压而逃脱户籍，潜入水西安氏土司领地接受土司荫庇，从而在水西辖境内定居下来。其中的佼佼者还成了安氏的得力属官，如明末"奢安之乱"中打败明军的陈其愚就是一例。清初对水西土司强行改土归流。吴三桂为分化"安氏"势力，对这部分明代汉族移民在政治上不予追究，将他们一体编入了户籍里甲，"里民"也因此而得名。雍正朝再次改土归流后，随着国内形势的改观，原先掩盖下来的问题重新以不同方式暴露出来。由于前后两次改土归流执行的政策在宽严上有差异。清初设置"新疆四府"时，对"里民子"多有优待，赋役很轻，政治不加歧视；而雍正改流后，准许大批汉人以民间移民方式定居原水西辖境，于是"里民子"与新到汉族移民之间的矛盾开始暴露出来。"里民子"自称穿青，而将后到汉族移民称作"穿蓝"。从此，"穿青"与"穿蓝"围绕赋税与政治待遇的争执一直在当地延续下来。"乾志"作者出于巩固改土归流成果，避免事态复杂化的考虑，掩盖了"里民子"、由来的实情，未将"里民子"载入该书。幸赖《百苗图》记载了"里民子"，并确认他们的"岁节"与汉人同。我们今天探讨"穿青"与"穿蓝"之争，才有一些可凭的线索。

由于政治待遇纠纷，"白儿子"也成了地方行政当局不容回避的社会问题。改土归流后，虽然鼓励汉族移民到原土司领地定居，但是定居当地仍有种种条件，如须购得土地，或申报有手艺可以自养，并有能力纳税等。规避入籍限制的便捷途径是接受当地少数民族招赘。[5](P247—265) 虽然一般汉人认为这样做并不光彩，但是却十分实惠。一则不费钱财可以很快定居，二则政治上也可享受减税待遇，三则可以得到少数民族的保护。不过这样一来，其子孙的政治地位成了新问题。他们若留在少数民族家中，官府当然将其视为"夷"；若要重作汉人，则又得履行相应的入籍条件。结果造成不少人游离在"夷"、"汉"之间，长期没有确定的民族身份和相应的政治待遇。这一社会问题，自清初改土归流起便发生了，只是地方当局一直回避不予正视。"乾志"也是因循旧例，未予记载。幸赖《百苗图》完整记载了事实原委，我们今天才有可能了解当时的真相，并进而可以弄清其后诸多政治风波的历史成因。

"尖顶苗"的情况略有不同，他们是苗族，与《百苗图》中提到的"青苗"语言、习俗相同，属于同一支系。但在水西土司称霸贵州的明代，他们的社会身份与其他青苗不同，是水西"水外六目"治下的部众，因此在头上梳作尖顶结，以便与其他青苗相别。水外六目领地在明廷平定"奢安之乱"后改置为"卫所"。入清后，又废"卫所"而改置为息烽、修文等县。明廷接管水外六目时，彝族居民大部分撤离水外六目，留下的田庄由明廷没收，用于奖励有功人员就地落户定居。散居田庄之外牧场上的"尖顶苗"未随彝族西迁，与留下来的白彝一道经明廷批准就地安置，并因此获得了足够耕种的土地。由于在政治待遇上等同于留下来的白彝，致使他们的民族归属长期被掩盖下来，以至"乾志"对他们只字未提。随着雍正改土归流的完成，息烽、修文等地残存的白彝也陆续西迁，"尖顶苗"的特殊身份随之暴露出来，由此也引发了新的社会矛盾。由于这批"尖顶苗"从明末起便一直占有较多的土地，因而成了新到汉族移民巧取豪夺耕地的受害者。官府面对这一新的社会问题，出于行政管理上的方便，往往偏袒汉族移民，"尖顶苗"问题就此引起了社会纠纷。《百苗图》作者在了解这一情况时，将其列为专条记载，但出于不与官府正面对抗的考虑，隐晦了社会问题的原委。尽管这样，多亏《百苗图》留下了这一线索，否则其后发生在息烽、修文等地的土地争执就难以探讨其本源了。

《百苗图》增补的这十八条中还有另一种情况，相关的人们群体出于政治、经济等原因造成的利害关系，为了求得更安全的政治身份和经济利益，往往隐瞒自己的真实族属，谎称为相邻的、政治地位安全、赋税较轻的其他民族。《百苗图》中属于此类的条目包括白仲家、西溪苗、黑楼苗、六洞夷人等四条。

"白仲家"在以往的典籍中均被视为壮族，随荔波县划入贵州后又被称为"仲家"（即布依族）。但凭借《百苗图》对他们婚俗和所用"木鼓"的记载，[4](P488—489) 发现他们与布依族存在区别，才知道他们是另有来源的人们群体，应当与广西的"人"一样，其文化渊源出自南亚族类。由于他们人少势单，在布依族和壮族的聚居区难以自立，因而对官府称自己为布依族，以便获得居民身份的安定。《百苗图》对他们记载，为我们今天探讨贵州境内这些弱小的民族群体提供了可凭的线索。

"西溪苗"是天柱境内的苗族，在雍正改土归流期间随天柱县一并划归贵州。他们的语言、习俗和《百苗图》所称的"黑苗"相同。在未划归贵州前，由于长期与侗族杂居，且势单力薄，与本民族的聚居区隔绝，因而对外谎称为"侗人"。划归贵州后，周边民族关系发生了剧变，他们又不愿意承认自己是"黑苗"，以免受到歧视。于是，他们的民族归属成了悬而未决的问题。"乾志"对此亦未予记载。《百苗图》作者查实这一情况后，将其确认为苗族，并作了专条记载。这一记载的价值在于，为其后解决有关本条所载群体的族属问题，提供了一个可凭的线索。长期以来，湖南、贵州两省交界区的部分苗族对外谎称自己为侗族，从而造成了民族识别之困难。这一情况一直延续到 20 世纪后期。《百苗图》此条的记载可以视为对这一情况的有力说明，这对解决相关民族的族属识别纠纷具有重要参考价值。

"黑楼苗"本是侗族，但生息地位于"新疆六厅"。按照改土归流后的税收政策，对"新疆六厅"境内的少数民族暂不丈量土地，仅交土布充当地丁银，而非"新疆六厅"的侗族则需按常规交纳地丁银。这部分侗族因而称自己是黑苗以求减少赋税。陈浩了解这一情况后，对他们作了专条记载，记载和附图中所绘的都是侗族中习见鼓楼和侗款，意在以此表明他们是侗族而非苗族。

"六洞夷人"也是侗族，生息地位于黎平与古州之间，当时的设置为永从县。这部分侗族自称"夷人"的原因在于，原黎平府所辖各土司为将自己区别于一般的侗族居民，自称"土人"，而官府则仍然把他们视为"蛮夷"。"六洞夷人"自称夷人，意在表明自己是清初已经接受改土归流的土司后裔，不属于原"生界"内的黑苗，这在改土归流时可以获得政治上的安全，并享受相关的优惠。"乾志"由于将他们视为未参加反叛的土司部民，因而未作专门记载。

作为主持改土归流的封疆大吏，鄂尔泰和张广泗自然不愿过多地纠缠改土归流之前的政治纷争，因而对改土归流前的政治问题能回避的尽量回避，无法回避的则抄录前人的典籍。在他们主编的"乾志"中记载了两个侗族群体，即《百苗图》中所称的"洪州苗"和"车寨苗"。对于前者，仅抄录《黔书》"侗人"条入"乾志"，后者则只字不提。试对比"乾志"与《百苗图》关于"洪州苗"的记载，就不难看出"乾志"在修志上的用心。"乾志""侗人"条云："在洪州者，地沃多稼，而惰于耕，惟喜剽劫，每持刀弩，潜伏陂塘，踉跄篁薄中，飘忽杀越，不可踪迹。又招致四方亡命，窝分掳获。故黎平之盗，以洪州为多。"而《百苗图》"洪州苗"条则云："在黎平境内。男子与汉人同，勤俭勤作。女子善纺织棉、葛二布。其葛布颇精细，多售于市，故有洪州葛布之名。"[3](P183)事实的原委是，明清之际，洪州地区先后经历南明王朝的割据，清廷剿灭南明后又遭遇吴三桂叛乱及后来的"平定三藩"，不少汉族游勇散落洪州，为生存而不得不专事抢劫。他们的行为本与当地侗族无关，可是清初《黔书》、康熙《贵州通志》均明确记载了"洪州多盗"，鄂尔泰等自然不愿否定前人成说，因而在"乾志"中仅机械抄录前人著述而不愿深究实情。陈浩不便正面指责"乾志"记载不实，只好另列"洪州苗"专条，着意介绍当地侗族善纺织和勤俭耕作的善良本性，以此为洪州侗族正名。

"车寨苗"在"乾志"中缺载，情况与"洪州苗"相似。《百苗图》"车寨苗"条有如下记载："此系马三保之兵，流落六百名于此。招赘苗女为室，故诸苗称为六百户生苗也。"[3](P185)马三保为吴三桂手下勇将，正是出于避免与吴三桂事件牵连，"乾志"才故意回避这一群体的存在。《百苗图》在此条中，不仅介绍了流落侗乡的汉族兵勇接受招赘得以苟全，还指出这个群体在习俗上已经侗化。该条还就便介绍了侗族的"行歌坐月"习俗，这对探讨侗族习俗也是一份珍贵的历史资料。

"罗汉苗"这一群体的出现甚晚，"乾志"缺载理所当然。这个群体与"乾嘉"

之交的白莲教事件有关。白莲教被镇压后，部分成员流落侗乡，因而带进了对弥勒佛的信仰。关于白莲教失败后成员的去向，其他典籍均未提及，幸而《百苗图》是私家著述，因而能秉笔直书，才为我们记录下了这段难得史料。

"生苗"、"黑脚苗"、"短裙苗"三个称谓曾见于明人典籍，但在清初文献"乾志"中，对这些称谓或者缺载，或将相关称谓另指其他群体，以至于和前代典籍的称谓相互混淆。《百苗图》在启用这三个称谓时，另外介绍了黔东南苗族中三种标志性的风俗习惯。"生苗"条着意介绍当地苗族喜欢吃半熟的肉食；"短裙苗"条介绍当地山区苗族喜欢穿超短裙，靠采集紫草出售为生；"黑脚苗"条则介绍了当地苗族用螺蛳作占卜法器的特殊信仰。这三个条目所指代的对象虽不构成特定的人们群体，但三条所介绍的苗族地方习俗，却具有重要的资料价值。

不管属于上述五种情况的哪一种，《百苗图》新增的这十八条及其附图，都起到了丰富和匡正"乾志"相关记载的作用，对研究清代中期的贵州各民族，具有其他书籍不能替代的价值，是《百苗图》中十分难得的有机组成部分，应当重视它们的特殊价值，深入发掘其资料信息，绝不能因为这些条目的指代对象有的名称与指代对象不相对应，有的不构成特定人们群体，而低估它们的意义。

五、小　结

《百苗图》成书的背景与"乾志"相同，尽管《百苗图》不少文字记载曾取材于"乾志"，但却能对"乾志"有所批评、匡正和增补。在当时的特定社会背景下，能对官书作批评和匡正本身就难能可贵，更不用说还对"乾志"作了有益的增补。由此看来，在研究贵州民族文化时，"乾志"和《百苗图》绝不能偏废。在某些方面，《百苗图》提供的民族文化信息比"乾志"更其准确可靠。一些特殊的习俗细节若无《百苗图》保存，将无从流传到今天。因此，《百苗图》绝对不逊色于"乾志"，这是在利用清代民族史志时应当具备的基本认识。

参考文献：

[1] 清史稿·贵州土司传 [A]. 二十五史 [M]. 上海：上海古籍出版社，上海书店，1986.

[2] 贵州民族研究所. 明实录·贵州资料辑录 [M]. 贵阳：贵州人民出版社，1983.

[3] 李汉林. 百苗图校释 [M]. 贵阳：贵州民族出版社，2001.

[4] 杨庭硕，潘盛之. 百苗图抄本汇编 [M]. 贵阳：贵州人民出版社，2004.

[5] 杜薇. 百苗图汇考 [M]. 贵阳：贵州民族出版社，2002.

[6] 刘锋. 百苗图疏证 [M]. 北京：民族出版社，2004.

[7] 清史稿·鄂尔泰传 [A]. 二十五史 [C]. 上海：上海古籍出版社，上海书店，1986.

[原载《吉首大学学报》（社会科学版）2006 年第 5 期]

《百苗图》贵州现存抄本述评

一、引 言

《百苗图》原本是陈浩所作《八十二种苗图并说》，撰成于清嘉庆初年，全书共分 82 个条目，系统介绍了当时已经认知的贵州各民族或各民族支系或地方群体，力图全面展示贵州的民族构成。每个条目下均有简短的说明文字并附彩绘图一幅，图文相辅相成，集中介绍了各民族或群体的社会文化特点，是二百年前最为系统的历史族志资料总汇。

该书编成后社会反响很大，从地方官员到文人学士，无不竞相查阅、征引，一时蔚然成风。可是，由于当时的印刷技术不高，批量翻印发行彩绘附图极其困难，致使该书直到民国初年一直未批量发行过，只能以临摹手抄本传世，时间一长，流传下来的版本不免优劣各别，各版本错讹谬误者俯拾即是，就连所附附图也变得面目全非。据近年来的粗略统计得知，世界范围内该书的转抄本多达百余种，公私收藏者除国内外，英国、法国、美国、日本各重要博物馆图书馆都收藏有该书的传抄本。鉴于这些传抄本抄绘的质量差异很大，想利用这一珍贵文献者往往无所适从。我们决定通过现存抄本的校刊注释，力求恢复一个最能反映原作面目的善本。为此，我们经过四年多的努力，收集到贵州省境内现存传抄本 9 个，初步奠定了研究的基础。本文即依据这九个版本写成。

从贵州现存的百苗图传抄本看，没有一个传本可以确认为陈浩的原本，或陈浩原本的副本。因为它们都经过了不同程度的改写改绘，掺进了抄写者和绘画者的主观意识，故在陈浩原本未找到之前，只能凭借这九个版本去复原一个最接近陈浩原本的善本。这一复原工作已基本结束，并即将出版，故无需赘述。本文仅就这些现存抄本的资料价值作一个简略的说明和评估，以便使用这一珍贵资料的人能有一个基本的认识，最大限度地避免以讹传讹和张冠李戴。

从总体上看，这九个抄本各有短长，传抄的时间也早迟不一，要全面把握其价值，确有一定的困难。为此，我们只好从我们的理解出发，对这九个传抄本分别加以介绍并稍加评论，以便读者征引这些资料时参考。

这九个抄本有一定的参考价值，其附文基本上都导源于陈浩的原著，但在传抄中不同时代的作者又掺进了自己的理解和新发现的内容，附图所绘者也大都取材于陈浩原本，并掺进了自己的调查所得和自己的理解。它们虽然不会符合于陈浩原文，但作为反映民族文化变迁的资料，其价值仍不容低估，其附图虽与陈浩原著有差距，但所绘内容同样具有较大的参考价值。各版本的具体情况，兹分述如下。

二、各抄本的传抄年代

我们收集到的九个传抄本，抄绘年代相距达一个多世纪，抄绘的地点也互有区别。但因这些抄本，除个别外，均未注明抄绘的时间地点和抄绘者的人名。因而，要准确考订抄绘年代，具有很大的难度。本文只能凭借各抄绘本中无意中残留下来的蛛丝马迹，即抄绘者对原作的改写改绘，去间接地推知各版本的抄绘时间。我们收集到的九个版本，其收藏情况如下：

一、刘雍个人所藏甲种本（简称刘甲本）；为单幅画页，每条一幅，右文左图，套封上题作"七十二苗全图"，该抄本无目录，也无时间、地点题记，图文中也无收藏印章。但该书每一帧图条均为宣纸抄绘，并用织花绢装裱。套封为云纹锦缎封面，装裱档次较高，足以判断，这是一个精心抄绘的传本，又画幅装裱的衬纸中残留有乾隆、嘉庆等字样的纸张制作年款，可以间接佐证这个传本的抄成下限不会迟于道光以后。

二、贵州博物馆收藏甲种本，简称博甲本，这个传抄本也无目录和传抄年款，但全书经过统一装裱，分上下两卷，每卷为一折叠横条幅，每卷四十幅条，共计收载了八十个条目及其附图。因而，尽管该书没有目录，但各条目编排的先后次序却一清二楚；书名题作"黔苗图说"，说解文字直接书写在画幅空白处，上卷的内封中有"桐城姚氏藏书"篆文印章一方，每帧画幅的附文文尾又分别加盖抄绘者的私人印章，足证这个抄本是多人合作抄绘。据贵州省博物馆专家考订，该书画幅精美，有浓郁的乾嘉遗风，足见其抄成的下限也不会迟于清道光年间。

三、刘雍所藏乙种本，简称"刘乙本"，该书藏名为"苗蛮图说四十幅"，这也是一个套装散页画幅本，每页右文左图，行文格式与刘甲本同，但附文接近于博甲本，而与刘甲本相去较远，附图所绘内容与刘甲本、博甲本无传承关系，而且与其他百苗图抄本的附图相同，全书也无目录和传抄者私人题记年款，考虑到李宗昉《黔记》中已有陈浩原作附文的改写资料，而刘甲本的附文又十分接近于《黔记》，刘乙本附文不取准于公开发行的《黔记》而接近博甲本，足证这一抄本的抄成时间必然迟于博甲本。应当是清代晚期的画工画成图后，再由熟悉博甲本的文人代抄附文而成。

四、"百苗图咏"本，该书现藏贵州省民族研究所，全书分四册装订，每册都有木版封面，第一卷内封题有篆文"光绪庚寅年兴义府署"。此外，每卷卷首还准确书写作者、绘画者、注释者、书写者的人名字号和籍贯。可以说，这是贵州现存百苗图各抄本中具有准确抄录年代和抄录者及抄绘地点的唯一抄本。该书的编排完全打乱了陈浩原本的体例，是按照对每个条目的文人题吟诗体为线索去编排全书的各个条目，该书每个条目均包括说明附文、文人附诗、注释、附图四个部分，全书共计100个条目，比陈浩原本增设了18个条目，而且保存完好，是贵州现存公私藏本中唯一的足本。该书的附文与上述三个本子都不相同，而接近李宗昉《黔记》，但又有所增删，所绘附图画工欠精，内容也与前三个版本迥别，其中有不少明显的虚构成分，足证这个版本的作者、传抄者、绘图者肯定没有见过上述三个抄本或三个抄本的再抄本。

　　五、贵州省博物馆藏乙种本，简称"博乙本"，该本总装为一册，书中虽未注明目录，但各条目的编排次序却明白如画，书名题作"贵州少数民族图"，该书的行文格式为前图后文，绘图为套色木刻彩印，印版雕刻十分粗疏，所绘内容均为各民族个人肖像画，与上述四个版本为生活情景写生画很不相同。值得注意的是，该书所画的各民族肖像绝大部分取自刘甲本或类似抄本。基本上是选取刘甲本中的某一人物为蓝本画出。但临摹时多有失误，甚至出现了张冠李戴的情况。比如，将刘甲本中的洞苗条附图中的两个人物，一个编为洞苗附图，另一个则编为洞家苗附图。这不仅表明这个木刻本的抄临者水平不高，还表明他们所依据的蓝本并非刘甲本及类似抄本的足本，而是凭借类似抄本的残卷拼凑成册。但值得注意的是，该书的附文与刘甲本极为相似，据此可知，刘甲本及其类似抄本在此前可能另有单纯文字抄本传世。考虑到这是一个批量发行的传本，而且质量不高，它不应当是文人珍藏的传本，而只能是书坊炮制的普及本。凭借该书的纸张质地和残损情况推测，该书不是用手工制作的纸张印刷，据此推定，这个传本应当是民国年间的传本。

　　六、贵州省图书馆藏本，简称省图本，该本系用宣纸手绘手抄而成，总装为一册，书名题作百苗图，全书也无目录和传抄人姓名及抄录年款，该本的附图及附文均取材于博乙本，但临摹得较为精良，据贵州省图书馆前任副馆长沈子尹先生介绍，这个本子是从大夏大学图书馆转来，它应当是吴泽霖教授主持大夏大学教务及民族学工作时出资抄录的资料，其抄录年代应当与吴泽霖先生任教于大夏大学期间相符（1938年—1942年）。

　　七、贵州师范大学图书馆藏本《百苗图》，简称师大本，这个抄本的性质与省图本极为接近，它应当是省图本的副本，很可能是同时抄绘成的传本。

　　八、台湾"中央研究院"依据台湾傅斯年图书馆藏本影印公开发行的《苗蛮图册》，简称台甲本。该本总装为一册，书后还有芮逸夫先生长序，并编有目录，书后还有附录，正文共八十二帧，每帧一图，说解文字直接书写于绘画的空白处，其文图款式与博甲本同，所绘的生活情景图也与博甲本相近，但绘画中多处细节有明显的面壁虚构痕迹，举例说，将木板桥改绘石拱桥，但所绘石拱桥又非石块砌成，而是乱石堆成，考虑到"百苗图"原本成书之际，贵州境内石拱桥极少，各少数民族聚居区更是如此。把木板桥改作石拱桥不符合实情，把石块砌拱改为乱石堆拱更违反科学原理，足见该本的传抄者是一个从未到过贵州的内地画手。是以博甲本及类似版本为蓝本，出于谋利而作。该本附文极为简略，并有不少错删错改的情况，甚至有的改动完全违背了原意。在各版本中，该本的附文最不足取。考虑到这个版本是傅斯年在北京收购而来，其抄成时间绝不会早于20世纪初，而且，北京与桐城相距千里，它凭借的蓝本也绝不可能是博甲本原件，而只能是博甲本的再抄本。

九、台湾"中央研究院"新版《番苗画册》，简称台乙本，该本也是从傅斯年图书馆而来，书前有芮逸夫长序和目录，书末有附录，全书共计十六条，右图左文，每条文末附有七言绝句一首，芮逸夫先生在序中怀疑这是一个为谋利而作的伪本，其说十分有理，据此可以判断该本很可能是20世纪20年代书坊画手有意作伪的赝品。

此外，上述九个版本中还有如下一些线索对推测各抄本年代有参考价值。其一是，刘甲本所绘附图众多的细节都与说解原文相吻合，而且所绘生活场景实感性强，画中人物携带的工具、武器和生活用具、房舍建筑都十分古朴，未掺入晚清时才有的东西，因而它很可能是从陈浩原作中临摹而来。尽管该抄本现存条目比陈浩原作少了十二条，但因为它最接近陈浩原作，堪称是目前现有抄本中的善本，其传抄时间应当在嘉庆道光之交，与其他抄本比较，当属最早的传抄本，而且是在贵州本地抄绘的传本。其二，博甲本现存八十条幅，仅脱漏清江黑苗和蔡家苗两条，考虑到桐城姚氏为乾嘉学派首领，由姚氏出面请人改绘改抄，绝不至于将一个残本装订成册，因而该抄本的现存状况应当是由特殊原因而造成的。鉴于桐城在1853年的太平天国起义中屡遭兵燹之苦，因而有理由推定，该抄本着手转抄时间可能较早，是姚氏要求自己的门生故吏为其代抄代绘，然后再不断地汇集到桐城进行装订，这从各条目所盖印章甚多可得到明证。后因遭太平天国变故等原因，导致该书缺漏两条，全书装订成册的时间应当在1864年后，也就是说，该书可能是道光中叶时期开始抄录，到装订成册时，前后经历了四十年。其三，刘乙本的文字取材于博甲本，而所绘附图又迥别于刘甲本和博甲本，可知刘乙本的抄绘者也许只见过博甲本的文字抄件，而未见过博甲本的真迹，所绘附图纯粹是根据个人所见各民族生活情景重新作画，因而它的抄绘时间应晚于1864年后相当一段时间，估计是1881年—1890年间的抄本。其四，至于博乙本、师大本、省图本则是凭借刘甲本的再抄本残卷敷衍而成。综上所述，这九个抄本的相对抄成年代次序应为：1. 刘甲本，2. 博甲本，3. 刘乙本，4. 图咏本，5. 台甲本，6. 台乙本，7. 博乙本，8. 师大本，9. 省图本。其中，刘乙本的文字说明最有价值，博甲本的绘图最为精美；刘甲本、博甲本的绘图最为接近陈浩原作；刘乙本的绘图可以代表清末发生重大变化后的清末各族社会文化状况；台甲本则不甚可靠，图咏本能提供某些有价值的参考；博乙、师大、省图三本在文字校勘中有一定的参考价值，附图无可取之处；而台乙本则是十足的伪本，在百苗图研究中完全无用，但其附图艺术价值较高，供鉴赏用也有可取之处。

三、各抄本优劣比较

综观上述九个传本,可以毫不犹豫地断言,没有任何一个是陈浩原作的真本。但在陈浩原作未曾找到的情况下,上述九个抄本综合起来仍然可以部分恢复陈浩原本的本来面目,因而这九个版本的资料价值仍然不容低估。

从复原陈浩原作的角度看,刘甲本的价值最大,一则它的说解经过与乾隆《贵州通志》、李宗昉《黔记》对照后,发现其间的差异与李宗昉在《黔记》中的说明相吻合,足见刘甲本的附文与陈浩原作最为接近,研究百苗图原文应以刘甲本文字说解为基础。校勘百苗图原文,也必须以刘甲本为工作底本。刘甲本不足之处有三,其一是,比之于陈浩原作少了十二条幅,其二是各条目编排次序无从稽考,其三是文字抄录中偶有错讹脱漏,需要凭其余各本详加校勘。此外,该本对少数民族族称用字作了明显的改动,将不少"犬"旁改成"人"旁,这向我们提示,可能是传抄者和收藏者都出身少数民族而有意为之。至于陈浩原作的编排体例,应取准于李宗昉《黔记》和台甲本。其余各本的编排均不能反映陈浩原意,但却可以揭示清末民初文人学者对贵州各民族亲疏关系的新理解。

陈浩附图原件不得而知,致使刘甲本附图成了最接近陈浩原作的临摹本。只可惜刘甲本缺漏了十二幅,所缺的十二幅只能求其次,用稍逊一等的博甲本附图补足。至于两本皆缺的蔡家苗条,就只能就台甲本补足了。至于其余各本对恢复陈浩原作附图参考价值不大。

从探讨各民族习俗演化看,刘甲本和图咏本价值较大,图咏本对原文作了较大的改动,这些改动均属于清代后期深化对贵州各族社会文化认识后的结果。将图咏本与刘甲本、博甲本对比,可以发现一个世纪间贵州各族社会文化发展的脉络。刘乙本的附图在研究贵州各族社会文化发展时十分有用,举例说,该本所绘东苗附图,就生动地绘出了对祭祀用牛精心装饰,准备登场参加斗牛的情景,这一绘画内容为目前所见版本均无,对了解这个苗族群体习俗的演化无疑是最珍贵的资料。

台甲本的附图也有较大的参考价值,比如,该抄本的八番苗条绘出了储藏谷物的高脚圆仓,洞苗条、仡僮苗条准确地绘出了纺织工具和织锦的场景,谷蔺苗条绘出了职业布贩,高坡苗条还绘出了背布入市贸易的情景,这些对研究清代后期各民族的经济生活都是难得的资料。总之,尽管这九个抄本中,仅刘甲本和博甲本足以部分代表陈浩原作面目,但其余传本并非完全无用,他们在探讨贵州各族社会文化发展时仍然具有较高的史料价值。

从艺术鉴赏的角度看,博甲本附图为典型的工笔重彩画,绘画技艺娴熟,反映的生活内涵丰富,艺术造诣高,本身就是难得的艺术精品。刘甲本、刘乙本所绘内容较为真实,临绘也较为工整,可惜艺术造诣欠精,鉴赏价值远不如博甲本。台甲本的附图纯属机械临摹，并有更改原作的嫌疑，几乎无艺术鉴赏价值可言。图咏本的绘画虽为新作，但并非针对实际所见写生，绘画技艺甚差，仅具有辅助说明文字的作用，无艺术鉴赏价值可言。

综上所述，百苗图现存各传本互有优劣，关键在于正确地利用，才能让这一历史民族志典籍发挥其应有的价值。

四、各抄本资料价值例举

由于这些抄本的抄成年代相距长达一个多世纪，各传抄者的学术素养和艺术功力又各不相同，因而各抄本的资料价值也各不相同。孤立地利用任何一个版本作为研究基础都是不够的，在使用这一珍贵历史文献时，必须将各抄本综合起来，才能得出可靠的结论。

百苗图是图文并茂的历史民族志典籍，其附图所荷载的信息量极大，这是其他纯文字历史民族志所望尘莫及的长处。征引和利用百苗图，忽视其附图作用，必然要铸就严重的失误。由于原书附图资料价值很大，全面论述其史料价值非本文所能胜任，这里仅举两例，供学人举一反三时参考。百苗图洞苗条附文中仅提到他们精于种棉织锦，只字未提到种棉与纺织的市场价值，幸赖该书台甲本的附图为我们提供了丰富的市场经济信息。附图中绘的是一个侗族农家院落，院子里一位妇女正在织锦，旁边还有一位妇女在用手捻线。关键之处在于，院场的入口处有两位妇女，一位肩扛弹棉花用的弹弓，正在向人问路，一位老者手提水罐，为汲水回家光景，正在指点上文提到的扛弹弓者何家需要雇用弹花匠，茅屋内一位男子半探身与提水罐的老者相应答，表明自己家里需要雇用弹花匠。该图活脱脱一幅家庭织锦作坊情景照。从图中有妇女扛弹花弓上门应雇看，当时的侗族地区弹棉已经高度市场化和专业化，这不仅标志着侗族地区种植草棉已经十分普及，而且表明雇工上门已具有较大的市场规模。联系到图中所绘的织锦还可以推知，所织的锦已经不是专供家庭自我消费，而是为出售而生产。并进而可看出，这种家庭作坊已经有了初步的职业分工，弹花、捻条、纺纱、浆纱、织锦各有专人，这同样是生产作坊化的有力佐证。再看图中妇女所使用的工具，也反映了较高的水平，比如图中所用的织机是附有提花装置的卧式织锦机。这样的织锦机可以织出三到五种不同颜色的花纹，其产品已经不再是简单的御寒蔽体的初级衣料，而是具有一定艺术价值的工艺品了。因而这样的产品在当时的消费对象，只能是那些十分富有的豪门顾客，而不是一般的劳苦大众。若将上述信息整合起来，它反映的市场经济内容远远超出了文字说明的范围，对今天研究清代侗族地区的纺织业，具有不容替代的直观资料价值。

再看该书博甲本宋家苗条附图，图中所绘的是宋家苗接亲的情景。图中左方绘的是新郎背着新娘，撑着伞迎亲回家，陪新郎迎亲的男子背负嫁妆同行。并不时地回头观看，防范遭到新娘家亲戚的追打。图的右方绘的是新娘家的院落，院落门口两位妇女正提着棍棒作象征性的追打状，该条目的附文虽然提到宋家苗有打亲的婚习，但行文过于简略，无从全面反映这一婚习的全貌，凭借该本附图，我们可以获得如下四个方面带关键性的信息：其一，迎亲队伍从女方家出门时，新郎要背负新娘，这种做法今天在彝族、土家族等氏羌族系民族中还能见到，这表明所谓宋家苗深受彝族影响；其二，图中绘出了迎亲者从女方家背负嫁妆返回男家，这一情况又与同时代的汉族婚俗相近，从另一侧面揭示了宋家苗这个汉移民集团的汉族文化传承；其三，图中防范被追打的迎亲队也好，追打迎亲队的女方亲属也罢，态度神情都很从容。充分表明打亲这一风习为一种仪式，并不像彝族、土家族那样剑拔弩张，假戏真做，表明宋家苗这个人群接受彝族和土家族婚习已经作了消化改造。其四，新娘出门前往男方家时要撑伞，这种婚俗礼仪在彝族中没有，但贵州境内的苗族、布依族、侗族、土家族都有这一礼仪，这表明所谓宋家苗不仅部分地传承了汉族婚习，主要借入了彝族婚习，还广泛吸收了其他民族的婚习礼仪。由此可见，早年的贵州省汉族移民在与各少数民族朝夕相处的情况下，习俗的互动必然诱发为习俗的演化与发展以维护各少数民族的协调与和睦。因而，研究各民族习俗演化的历史，这些附图自然成了最珍贵的第一手资料。

再看百苗图对研究前人民族构成观的资料价值，明清两代的贵州地方志均收录了有关少数民族的资料，遗憾的是，这些地方志往往是纯粹的资料条目罗列。从中很难看出各条目之间的内在联系，更无从发现各条目所代表的人群之间有什么内在的亲疏关系。只有百苗图才第一次将当时认识的各民族群体按一个统一的系统排列，从而使各条目所代表的人群之间，谁比谁接近，谁比谁疏远，变得明晰可识。虽说，百苗图的这一编排体系在李宗昉《黔记》中也得到了反映，但是百苗图各传本之间的编排差异，却为我们提供了一个发展的眼光，使今天的读者能够看到，不同时代的传抄者如何理解各民族间的亲疏关系。这一套发展演化的信息，李宗昉《黔记》根本无从替代。

百苗图原本的条目编排虽未凡例说明，但实际编排的结果却告诉我们，它是遵循如下两条原则进行编排：其一，是按这些条目名称在汉文典籍中出现的次序进行编排，全书中1—38条为清初前已见诸汉文典籍的民族称谓。39—62条为百苗图成书前已见于汉文典籍的民族称谓，63—82条为陈浩新调查获知的民族群体称谓或名称虽见于前代但内容迥别于前代的民族称谓。按照这一原则，该书收载的82个条目，其沿革变迁被表述得一清二楚。其二，原本是将作者认为属于同一民族的条目紧密地排在一起，务使读者从中可以看出各条目所指代人群间的亲疏远近关系。举例说，该书的前20条目分别为：1. 罗罗；2. 罗鬼女官；3. 白倮倮；4. 宋家；5. 蔡家；6. 卡尤仲家；7. 普笼仲家；8. 青仲家；9. 曾竹龙家；10. 狗耳龙家；11. 马蹬龙家；12. 大头龙家；13. 花苗；14. 红苗；15. 白苗；16. 青苗；17. 黑苗；18. 剪头仡佬；19. 东苗；20. 西苗。作者如此编排有他的道理，1—3条指的是彝族，4—5条指一度依附于彝族土司的两个汉族集团；6—8条，则是讲布依族，但需注意该书的青仲家条是误指了侗族；9—12条，则是指早年归普安陇氏土司统管，后又转归彝族土司统管的一个多民族群体；13—17条，则是纪录原作者所理解的五个苗族支系；至于将剪头仡佬、东苗、西苗排在一起，那是因为在原作者看来，这三个群体是上述五个苗族支系的附类。不消说，原作者的这些理解与我们今天的理解差异很大，但是，它毕竟给了我们一个贵州民族构成的亲疏谱系。凭借它的存在，我们去理顺文献记载中各种民族称谓的沿革变迁就有线索可寻了。因而，百苗图的这一编排体例简直可以说是贯通古今民族文献族称沿革变迁的指南。其史料价值是其他民族志专著无从替代的。

百苗图各抄本的抄绘者随着时间的推移和认识的深化，又对百苗图原有的编排作了相应的改动，举例说，博甲本将剪头仡佬条后移至其他仡佬条目附近，将土人和蛮人两个土家族条目编排在一起，其用意在于订正原作的偏颇，从今天的角度看，将土人和蛮人两条紧密排列在一起很有道理，因为它们指的都是土家族，至于将剪头仡佬与其他仡佬条目排在一起则是博甲本的作者误解了原作者的意图。关于这一点，百苗图咏本为我们提供了一个难得的线索，据图咏本载，剪头仡佬分布在革利一带，而今镇宁县的革利一直居住着川黔滇支系苗族的一个地方群体，于是，我们才恍然大悟，百苗图的原作者其实是将剪头仡佬视为苗族的一个附类，而没有把它视为真正意义上的仡佬族。从今天的民族识别成果来看，百苗图原作者的认识是对的，博甲本作者在此处是妄改。

百苗图的最晚三个抄本，博乙本、师大本、省图本又对原有编排作了局部改动。举例说，将原本的第七十九条尖顶苗前移到第九条，替换了原书的曾竹龙家条，这一改动初看起来全无道理。但经过田野调查，我们注意到这一改动有其特殊的历史原因，一则，在经历了一个世纪后，前人所称的曾竹龙家这个长期归附于彝族土司的汉移民集团随着汉族居民大量定居贵州而发生了文化的回归，重新认同于汉族而不再被视为少数民族，致使曾竹龙家这个条目的指称对象在20世纪中期找不到实体了。这三个版本删去这一条目名称事出有因。另一方面，早年所称的曾竹龙家内，除了主体的移民外，还有少数苗数，这部分苗族在装束上深受彝族的影响，梳尖顶髻，在衣着上则与曾竹龙家中的其他汉移民相一致。百苗图原本成书之际，曾竹龙家中的汉移民文化回归的历程已经开始，它们与原先被误指为曾竹龙家中的苗族拉开了距离，这乃是百苗图原本作者另立"尖顶苗"条目记载的历史原因。原书作者将尖顶苗排在第79号，意在表明这是他首次认识到的群体。而博乙本等三个传本的抄录者也正是注意到所谓尖顶苗原先也被称作"曾竹龙家"过，因而作出了上述编排改动，明白了这一点后，我们不得不承认，不管是原书的作者还是后三个抄本作者在编排上的安排都事出有因。只有将他们的编排整合起来，我们才能还原历史的本来面目。即使前人有失误也事出有因。弄清其间的缘由后，前人对贵州各民族的认识水平才能得到真实的复原。从这个意义上讲，尽管有李宗昉《黔记》的存在，但却根本代替不了百苗图各传本的史料价值。

此外，百苗图各传本在研究贵州各民族服饰的演化上，民族关系的变迁上，还有很多值得挖掘的历史信息正等待着今天的学人去进一步认识和利用。从这个意义上讲，百苗图及其各传本确实是当之无愧的贵州历史民族志总汇，是一份珍贵的历史典籍，需要今天的学人对之进行全面深入的研究。

五、小　结

很多研究者仅立足于百苗图的附文已摘编入李宗昉《黔记》中就断言百苗图各传本史料价值不大，然而，这一认识和理解欠妥，通过对百苗图各传本的反复比较，我们认为百苗图的史料价值为其他任何类似典籍所不如。为了全面把握前人对贵州民族构成的认识，只能寄希望于对百苗图及其各传本的深入研究。如果这篇短文能唤起学人对该书的关注，我们将感到莫大的欣慰。

[原载《贵州民族研究》2001 年第 4 期]

植物与文化：人类历史的又一种解读[①]

摘要： 马林诺夫斯基认为，文化的功能正在于能够满足人类社会的需要，而人类社会要得以维持，必须确保其成员有充分的食物保障，而且食物的来源主要得仰仗于植物。这将意味着人类社会一旦形成，就会与植物结下不解之缘。以人类社会的演化为研究对象的历史科学，如果无视植物与文化的制衡互动关系，那么社会演进的动力及作用机制就无从得到合理的解释。遗憾的是，保存至今的文本史料主要关注人类的活动，特别是精英阶层的活动，既不关注建构相关社会所依托的文化，更不会特意记载与相关文化结下不解之缘的植物。这正是对文本史料的解读难以深入和切中要害的关键所在。但如果借助年鉴学派所倡导的社会要素的演进具有非等速性这一原则，确认与特定社会和文化密切关联的植物，其物种的延续具有无可比拟的长时段性，那么只需从文本史料中提取与相关植物直接或间接联系的历史信息和文化信息，即令传承至今的文本史料没有正面提及植物与文化，其社会演化的动因和机制也可以得到复原，历史科学的研究也可以因此而做到另辟蹊径，取得意外的收获。

关键词： 植物　民族文化　史料解读

一、植物关乎人类历史的进程

当代植物分类学家确认，世界上生息着 50 多万种高等植物。民族学家则断言，在人类历史上，不同的民族曾经成功地驯化和运用过上万种植物。可是，在当今的国际粮食市场上，大规模流通的粮食作物却不到 10 种。这显然是一个令人既惊讶，又充满了不可思议的怪现象。围绕这一难题的解答，至今聚讼纷纭、莫衷一是。有人主张，只有这几种农作物才符合现代社会生活的需要，也是人类能够靠得住的食物，可以长久依赖的食物。也有人认为，人口的爆炸迫使人类不得不利用现代的生物技术，集中依赖这几种有限的植物维持生存，否则就无法养活数十亿的人口。还有的人认为，现代社会替代传统社会是一个不能逆转的历史进程，只有这几种植物最适合工业化的现代农业栽培和种植。上述人群之间，不同认识和理解差异的并

---

① 本文是作者于 2011 年 11 月在中山大学历史人类学讲座系列第 68 讲上的主讲内容，由李银艳根据录音整理成文。在刊发前，作者已做了审读，特此说明。

存，只要考虑到人类历史进程的复杂性，就会感到不足为怪，但历史进程本身应当有它的规律。之所以感到历史的进程复杂得难以捉摸，恰好证明人类没有把握历史发展进程的机制和规律。有幸的是，当代民族学的研究由于同时关注到文化的功能，又关注到文化与所处生态环境的关系，进而还注意到了文化的进化与历史演进的联动关系，从民族文化的视角去解读植物与人类历史进程的关系开始变得可能。

人类社会的存在和得以延续的根基在于它能够养活自己的成员，而养活这些成员最关键的是要提供足够的食物，满足食物需求正是民族学家理解文化功能的核心内容。食物从哪儿来，主要是靠植物替我们去生产，而文化的功能正体现为它能够有效地组织社会成员去推动植物的规模性、连续性栽培和收割，从而为相关社会提供源源不断的食物来源，而文化的进化最终都会落实到对植物的驯化、种植与利用，而对植物驯化、种植和利用的变迁也因此而必然推动相关社会的历史发展。有鉴于此，从植物与文化的视角出发，渴望成为解读人类历史过程的一把钥匙。

这把钥匙的不可替代作用与传统历史文本写作的方式存在着一对一的匹配关系。长期以来，前人编纂历史的目的都是总结治国平天下的经验与教训，以至于前人会理所当然地认为人是地球上的万物之灵，因而对经验和教训的总结也很自然地会聚焦于人与人之间的关系和精英人物的贡献，而较少关注支撑历史演进的文化这个根基，更会对支撑文化的植物这个根基的根基不屑一顾。结果，能够传到今天的史料文本记录人与人之间的关系和记录精英人物活动的内容汗牛充栋，而规约社会进程的文化则无人提及。特定文化驯化、栽培和利用植物的具体过程则无人问津。我们现在所能够看到的文本史料是一种残缺的史料，看不到历史演进根基的史料。历史演化的规律复杂得让人难以捉摸，其实仅是一种假象。关键在于，我们对现存文本史料的解读较少触及历史演进的根基，因而历史才显得如此的复杂。如果反过来，我们能够从植物与文化入手，去解读现存的历史文本，发掘其间能够揭示根基与表现关系的信息，掌握历史的规律必将成为可能。

年鉴学派的前辈们由于能够不同程度地认识和了解民族学分析思路和结论，他们也才注意到无论任何一种人类社会，其构成要素在历史演进的过程中，其延续的时间有长有短，而波及的空间也有广有窄。只要将这样的构成要素区分为长时段、中时段和短时段，那么史料文本记载的残缺、扭曲、关系错乱等都能够因此而得以理顺。将他们的理解稍加延伸，我们就不得不承认靠地质史上的自然选择汰选出来的当代现存植物，其物种包括他们的生物属性必然具有超长期稳定延续的潜力。只要它们进入人类及其文化的圈子里，那么它们就肯定是长时段的社会历史要素。换言之即为，今天我们吃的大米，其生物属性与我们祖先数千年前吃的大米的生物属性并无二致。历史文本中，对大米生物属性有关的社会文化事实，不管其间的关系多么远，即令史料文本未加记载，或者是记载有误，立足于今天对大米属性的认识，今天的历史研究都可以补缺，都可以匡正，并连带可以澄清与此相关的各种历史文化事实的真相。民族文化则显然属于中时段的历史要素。凭借文本史料对民族文化不同时段的事实的零星提示，借助民族学的文化整合分析方法，我们也能够对文本记载的残缺和偏颇做出令人信服的推测和复原。有鉴于此，只要将民族学、生态学作为两套工具去参与历史科学的研究，那么我们就可以极大地丰富史学研究的内涵，给历史研究另辟蹊径。利用现存的文本史料，揭示其背后隐含的历史演化规律和具体的历史过程。这里仅以几种与中国历史的发展紧密关联的植物为例，对文本史料、民族文化田野调查和特定植物生物属性的科学认识，将三者有效结合，那么很多历史上悬而未解的历史难题，都可以得到逐一破解。当然，本文仅仅是一种尝试，不过这种尝试只要能够持之以恒，历史的解读自然就可以翻开新的一页。

二、从葛藤到玉米的悲、喜剧

葛藤是一大类豆科藤蔓植物的总称。这种植物的生物特异性在于，它可以在我国170万平方公里以上的荒山区广泛种植，而不与其他粮食作物争地。种植的投入少，但单位面积产量却并不低，而且不需要仓储，也不需要保鲜，可以随时随地取用。同时，它还是一种具有综合利用价值的植物。地下的块根富含淀粉，可以作为粮食食用，也可以作饲料使用。藤蔓的韧皮富含纤维，是优质的纺织材料。叶子可以作为饲料，而花儿则是优良的蜜源植物，整株植物还是理想的观赏植物。在历史上，它曾经是我国好几个民族的主粮。在汉族的历史典籍中，早就对它有所记载。《诗经》中提到过葛制品的使用，而《吕氏春秋》则提到过以葛为姓氏的人群。可是，这种植物对中国历史进程所发挥的作用，史料记载却十分残缺和凌乱，因为在前人看来，葛类植物的种植和利用无关治国平天下的宏伟目标，以至于葛的真实历史价值长期隐而不显，直到清代的乾嘉之际，由于一次特殊的战争，葛在历史上的特殊作用才有幸被推到了历史的前台。同时，它是以一个配角的身份，被或隐或现地提及而已。

清代的乾嘉之际，在湘鄂川黔四省边区爆发了震惊全国的苗民大起义。就在同一时期，全国还爆发了其他十多起大规模的起义，而朝廷对付其他的起义都是通过擒贼先擒王的手段，轻而易举地将动乱平息，唯独对湘鄂川黔四省边区的苗民起义却多年征战，收效甚微。其原因在于传统的平叛手段总是希望通过经济封锁的办法使叛乱者在后勤补给不支的情况下，不战自溃。这一有效的手段在对付苗民起义时，却无法收到预期的成效。尔后，几经波折，军事长官才注意到这儿的苗民其食品构成大大出乎他们的意料之外。他们可以仰仗满山遍野半驯化的葛根和蕨根为食，不要说是围上几个月了，就算是围上几年他们也不会饿死。据此，清军调整了战术手段，不再实施大范围的封锁，而是化整为零，十几个或几十个士兵组成一个小组，各组之间相互策应，深入苗疆腹地，只要见到苗民露脸就一面追赶一面放枪，迫使苗民躲回山洞之中，无法挖掘葛根和蕨根充饥。结果，不到两个月，再辅以离间手段，原先看似无可奈何的苗民很快就俯首就缚。苗民间各集团的争斗随之而加剧，起义也就很快被平息。清人严如熠从不同的角度对这一战争获胜的关键做了他力所能及的揭示。然而，由于严如熤本人的立场观点是站在清廷的立场出谋献策，而不是从植物与文化的视角总结这一次生态战争的成败关键，因而他的《苗防备览》长期被后人所误读，误以为是苗民社会发展落后，被清廷所征服是无从规避的历史命运，而没有看清这是一场跨文化的生态之战。

苗疆平定后，清廷当然不会容忍苗民继续以葛根和蕨根为主食，因为这样的粮食产品无法在无比广阔的内地市场流通，被征服的苗民也就无法为朝廷提供税赋。这将意味着苗民还将继续成为朝廷的"化外"之民。可行的对策只能是施以"德政"支持苗疆的社会生产发展，这样的话，就既可以施惠于民，朝廷的教化也能够轻而易举地深入苗疆腹地。具体的做法也很简单，那就是由地方官出面，在苗区推广玉米、烟叶、马铃薯、红薯等外来作物的种植。这些作物对苗民而言，不仅新奇美味，而且可以在整个内地市场广泛流通，从中可以获取现金收入。加之，社会的安定又加快了这一技术更新的推进，以至于到了道光中期陆续编修的凤凰、永绥、乾城等地方志都明确地记载，玉米已经成了无可争议的主粮，当地各民族的主粮一半以上仰仗于玉米，现金收入则主要仰仗于烟叶。也就是说，整个农作物的结构几乎翻了个底朝天。葛藤和蕨根当地苗民虽然还在继续食用，但原先生长葛藤和蕨根的最好耕地现在已经改种了政府所推广的外来农作物。这些农作物在种植时，都是把葛和蕨类植物作为"杂草"去加以清除，只需持续种植玉米10年以上，那么就不可能再自然而然地长出葛和蕨类植物来了。更可怕之处还在于，随着玉米种植面积的不断扩大，葛和蕨类植物的生长带急剧萎缩，只有到了灾荒年景，人们才会想到用葛和蕨类来度荒。这一转型，对朝廷而言是正中下怀，对苗民而言也只有感恩戴德之份。然而，始料不及的悲剧却在于生态环境快速恶化。

玉米等外来作物都是高秆直立作物，它们的原生地是中美洲季节性干旱的回归带，而苗疆腹地虽说距离回归带不远，但却极度潮湿，暴雨频率极高。再加上地质、地貌结构的高山与深谷相间，坡陡、土薄，在大面积种植玉米等高秆作物后，还要频繁除草。一方面降低底层大气的湿度，另一方面还要借此控制虫害的蔓延。玉米的产量虽然有了保障，但却给重力和地表径流的复合侵蚀大开方便之门。在道光以后的数十年时间里，山区的水土流失愈演愈烈，旱灾的爆发频度也逐年加大，种植玉米的效益越来越低。可是，到了这个时候，随着苗民生活习惯的改变和国内市场的拖动，已经无法放弃玉米的种植了。于是，为了给玉米保产，就得不断地与水土流失做抗争，抗争付出的代价与玉米的生产几乎持平。这样一来，推广玉米种植的所有经济成效也就丧失殆尽。原先的喜剧，而今却转换为了悲剧。不过，这一悲剧的受害者是苗民，而清廷则可以置身事外。

如果不澄清这一历史递变的实质关键所在，今天要想推动上述苗区的经济发展和生态建设肯定会显得无路可走，因为就短期的意愿而言，当地苗民也习惯于种植玉米，他们也开始恐惧，葛藤虽然对控制水土流失有再多的好处，但却当不了饭吃。这样的积习如果不做历史的回顾，肯定无法加以逆转，眼前的扶贫和生态建设也就不可能找到出路，但如果从植物与文化的视角入手，那么成败却只在一念之转。时下，当地苗民在现代化的进程中，早就习惯于进城打工，他们的现金收入早就不仰仗于玉米了。他们的食物结构也已经和都市人逐步趋同，都是以大米为主食，种植玉米主要是喂养牲口之用。然而，在植物资源无比丰富的苗疆腹地，绝无离开了玉米就无法喂养牲口的道理。其中，历史上长期食用的葛藤本身就是最好的饲料，而且是可以复合喂养牛、羊、猪、鸡等的高产饲料。我们的扶贫当局只需以历史为鉴，帮助他们在观念上转过弯，形式上做一个创新性的回归，只需要扩大葛藤的种植面积，畜牧业、农业等都可以获得新生，生态建设、水土流失的根治也可以以逸待劳。加之，葛藤还可以支撑特种的纺织业、食品工业，甚至是能源产业。要做到生态效益、社会效益和经济效益三者兼备，并不是一件难事，而且无需再做深层次的论证去说服持有异议者，因为当地200多年来的历史就是最好的验证。

三、玉米和马铃薯的引进驱动了彝族大迁徙

对近300年来彝族社会的巨变，有两位学者分别做出了两项相互衔接的研究结论。先是方国瑜在编撰《彝族简史》时，明确地指出在近300年来，生息在凉山地区的大量彝族居民陆续迁出了大小凉山地区，向西展拓定居。凭借他们强大的武装力量，迫使原先生息在安宁河及其以西地带的不少民族，如傈僳族、怒族、纳西族等民族也缓慢地向西迁徙，抵达滇西的横断山区，重新定居了下来。同时，他还明确指出这次规模巨大的民族迁徙与彝族社会的巨变有关联。其后，秦和平则进一步指出玉米和马铃薯在清初引进凉山地区后，由于这两种作物需要定居种植，加上这两种作物的生长季较长，定居的时间还不能够太短，这就使得彝族居民的定居时间相对延长。与此同时，财富的积累得以加快并进而导致农业劳动力的紧缺，最终使得此前已有的储养奴隶的社会惯例得以放大，俘虏汉族等其他民族当"娃子"，推动了彝族社会的巨变。奴隶储养的规模迅速膨大，彝族社会也变得军事实力日趋增长。向西展拓生息地也就在所难免了。可是，这两种外来作物为何会发生这么大的社会推动力，它与这两种作物的生物属性之间存在着什么样的关联性，却有待进一步的探究。

在此之前的彝族和其他氐羌系统的民族相似，他们都是靠农牧兼营的生计方式生产食品，并围绕这一生计方式及其所处环境的需要去建构自己的文化。这样建构起来的民族文化可以维持数千年之久，其中必然隐含着可以确保社会可持续发展的特殊原因，而这样的特殊原因为何会在玉米和马铃薯的冲击下失效，则是解读这一段历史过程的关键。查阅相关的史料后很容易注意到，彝族的传统粮食作物是至今他们仍然在食用的当地特色农作物燕麦、荞子和圆根。早年的彝族选种这三种农作物为主粮，除了这三种作物对当地的自然与生态环境具有极高的适应能力外，更关键的还在于，这三种农作物可以和游动放牧实现高效的结合。一方面，燕麦和荞子的生长季极短，从播种到收割只需要经历大致60天左右的时间，也就是将畜群驱

赶到高海拔地带放牧的时段刚好可以完成从种植到收割的整个农事工作。至于圆根，由于它是一种越冬农作物，只需要将种子播撒在羊粪堆上，不再进行任何的田间投入就可以安心等待来年的收割，也就是来年牲畜回到高海拔区段时，再去慢慢地收割。因此，三种农作物都可以做到农、牧两不误。值得指出的是，在我国的其他地区，农业和畜牧业往往是冤家对头，大片的牧场只要有一部分开辟成农田，那么牲畜偷食农作物、农田隔断了牲畜的放牧路线就会不断地引发冲突。可是，在彝族地区，由于农、牧的搭配照顾到了上述三种农作物的属性，同时又照顾到了畜群是往返于高海拔到低海拔之间的垂直放牧，因而农、牧两业才得以相安无事。这样的作物种植方式，既可以评价为不同凡响的创新，也可以理解为是特定自然与生态环境对彝族文化的模塑。然而，最为关键的是，文化与植物的这种制衡关系具有很强的可持续延伸能力，可以规避当地不断爆发的各种自然灾害，而农业和畜牧业产品始终可以保持稳定，农、牧业生态系统也可以自然更新，而不会表现出蜕变。随着玉米和马铃薯的引进，无论这两种外来作物产量再高，对当地的生态环境也具有一定的适应能力，但它们肯定会打乱彝族原有的生计方式。

马铃薯的食用部分是地下的块茎，但在彝族分布区海拔偏高，地温必然偏低，在 3000 米以上的高海拔区段，地底下还存在着永久冻土层。要确保马铃薯能够在当地正常生长，并且获得高产和稳产，那么就必须与气温偏低展开抗争。实际的调查表明，在凉山州，马铃薯产量最高的盐源县，一亩地的马铃薯种薯用量高达 2000斤，而其产量却也高得诱人，亩产可以达到 13000 斤左右。即令是按照 4 斤马铃薯折算成 1 斤大米，其亩产量也远高于超级杂交稻的实验产量。不过，更大的劳动力投入也令人吃惊。每产 1 斤马铃薯，需要投入 2~3 斤干厩肥。干厩肥是经过暴晒脱水后的厩肥。如果按照体积计算，产出 1 个体积的马铃薯需要使用 6 倍体积的干厩肥，而且得将干厩肥垫在地上，将马铃薯的薯块种植在干厩肥上，而不能将其种植在土壤中。也就是说，马铃薯的种植，不但是整块种植，而且得包在干厩肥之中。这样一来，厩肥的搬运量就更大了，而由此计算出来的劳动力投入显然比种植水稻要高得多。这将意味着在高产马铃薯的诱惑下，要大规模种植马铃薯并确保其稳产和高产，必须投入大量的劳动力。这一需求直接干扰了农牧兼营的农事节令。要种植好马铃薯必然要影响到牲畜的游动放牧，彝族的传统文化又是将牲畜看得比粮食更重，简直是将牲畜作为财富的象征去对待，因而这一来自外来植物的冲击，会使得彝族居民在传统与现实之间难以做到两全其美。要将牲畜作为财富的象征就得拒绝马铃薯，而要追求马铃薯的高产就得放弃对牲畜的钟爱。后来的解决办法，从文化与植物的关系而言，确实是做到了两全其美。当然，从族际关系而言，却有欠公平，那就是必须俘虏大量的农业劳动力，替彝族从事他们认为是低贱的农耕劳作。奴隶拥有量的膨胀，就此埋下了种子。

玉米也是如此。玉米种植需要不少于 120 天的无霜期，而且需要气候相对干爽，还必须有微风才有助于玉米完成授粉。偏巧，彝族的生息地不是每一个地方都适合玉米的种植，玉米只能够呈现为带状，在河谷坡面大规模种植。海拔再高一点，玉米就不能够顺利结实，而再低一点，河谷风导致的季节性干旱又会影响到玉米的正常生长。这样一来，玉米的种植带一旦规模化，就必然阻断彝族进行垂直放牧的通道。这就注定了玉米在彝族地区，在规模种植的状况下，必须设置围栏，以免遭逢农、牧难以兼顾的困境。然而，更难以绕开的纷扰却来自于玉米的生长期太长，而且生长期又全部处在一年中气温最高的夏季。这对垂直放牧的影响更大。

单从产量高、秆蒿可以做饲料着眼，引进玉米经济上十分划算，理当十分受欢迎。可是，对于彝族的传统文化而言，却远远不是这么简单。由于玉米的生长期太长，必然会干扰游牧的经营，在一个地方的定居时间就不得不延长，这对于牲畜的抓膘和饲草资源的均衡消费极为不利。玉米的种植地又是从牧场改造而来，偏巧彝族的生息地恰好位于面向海洋的青藏高原东南缘，大气湿度极高，生物多样性水平也因之而较高。这不比在内陆干旱地带种植玉米。要确保玉米高产，除草必然成为劳动力最大的投入生产项目。这样的劳动力投入更会干扰对畜群的照看，而玉米的收割也会派生出劳动力配置的艰难。在如此潮湿的地带种植玉米，如何避免玉米因发霉出芽成了玉米收割中的难题。为此，玉米的收割不仅要及时，而且还要进行不断地晾晒。这样一来，要想种植好玉米，劳动力会变得极为缺乏，因而玉米种植规模一旦扩大，劳动力的需求就会驱动彝族社会大量抓人当"娃子"。这一作用的后果跟马铃薯的引进一样，几乎是在无意中刺激了奴隶拥有量的飞速增长。一方面，增强了彝族社区的武装实力，增加了彝族社区的财富。另一方面，也激化了社会矛盾，甚至引发与汉族地区的对立。

另一个不容忽视的影响则是玉米和马铃薯的引入刺激了彝族传统阶层的大分化。彝族传统社会原有的黑彝、白彝、安家娃子、锅庄娃子，在此前通过畜群的规模放牧，黑彝可以将地位较低的其他三个阶层牢牢地控制在自己的手中，但玉米和马铃薯引种过后，地位较低的阶层只要拥有一片土地就可以自立谋生，摆脱黑彝控制的倾向就会越来越强。近年来，对凉山州西部各县的调查表明，在这些地区与藏族、纳西族杂居的彝族，大部分都不是黑彝阶层。他们定居到木里、盐源等地时，都是与当地的藏族结盟，甚至是得到了当地藏族的荫庇才得以顺利定居。可是，他们自己在不久以后，又可以拥有不少的奴隶。这种情况直到民主改革后才宣告终结，而这一历史过程恰好可以印证玉米和马铃薯的引进确实起到了冲击传统社会结构的作用。

两种外来作物的引进，引发了彝族社会历史的重大变故。在其他民族中，虽然也有不少实例，但像彝族迁徙那样引发牵连式的社会大变动却不多见，因为这场社会变迁并不仅仅局限于彝族。它事实上牵动了周边好几个民族的族际关系都发生了巨变，而且很多巨变在历史文本中是以另外的面目出现，很少提及与彝族社会变动的关系。有鉴于此，剖析这两种外来作物与彝族文化的制衡互动，确实可以发挥重新认识历史文本的作用。作物引进据此绝对不可以简单地理解为农业生产的技术"微调"。在近300年的彝族历史中，农业技术的"微调"事实上引发了一场历史文化的巨变，环境景观、生产组织、生活习俗、社会结构、科学技术乃至价值观和伦理观等，都发生了不容忽视的大调整。玉米和马铃薯作为植物物种而言虽然微不足道，但它们的后续影响却关乎整个地区的历史进程。这就是历史文本解读中的以小喻大。

四、桄榔木历史地位的沧桑

到了今天，葛藤不再是苗族等相关民族的主食了，燕麦粉也成了彝族老人才能够享用的奢侈营养品，但是这两种植物曾经辉煌的历史却在今天的民族文化中留下了挥之不去的痕迹。为了调节口味，乡民们偶尔还会挖掘葛根食用，而在彝族地区则会用加工燕麦面的工艺去加工玉米。历史的记忆在文化中总是留下可资识别的痕迹，成为已经被遗忘历史的见证。前些年，我们在贵州的麻山地区做田野调查，惊讶地发现当地的苗族对玉米的加工并行着三套不同的工艺：一是将玉米磨碎，多次反复蒸煮，做成玉米饭。这儿所采用的工艺与汉族煮米饭相似。二是将玉米磨成很细的粉末，混入糯米浆蒸成饼食用。这套工艺与很多民族做糍粑极为相似。三是用磨得极细的玉米粉在锅中直接加热，然后陆续少量加入水，使玉米粉充分膨胀熟透，接着再把它团成玉米团，用植物叶子包裹起来，像粽子那样做干粮用。这第三种工艺加工程序最多，也最费时费事，而从玉米自身的生物属性而言，做这样的加工实际意义并不大。像磨成这样细了的玉米粉直接和水后，无论是蒸还是烤都可以充分熟透。在调查后期，我们进而还注意到他们用这第三种办法去加工很多我们还不熟悉的植物如天星米、葛根、蕨根等。上述植物有一个共同的特征，那就是它们的粒度非常小，加工成细粉非常简单，而采用这样的工艺去加工上述三种植物最符合它的生物属性。于是，我们先是推测当地的居民在古代曾经以天星米、葛根或蕨根作主粮，而这种加工办法仅是一个历史的记忆。可是，在调查结束后，我们与湘西地区加工葛根食品工艺做对比后发现，两者之间还存在着差异，因为在麻山的加工工艺中，并没有包含将淀粉提纯的技术操作环节。这就迫使我们不得不想到，这第三种加工办法肯定还有早已遗忘了的加工对象。在查阅宋代以前南方地区特有的植物后，我们猛然发现这第三种加工办法其实很有可能是用来加工桄榔粉的，桄榔木退出食品圈后，才转而用该套工艺去加工其他新启用的植物。

桄榔木见诸汉文典籍的记载为时甚早。《后汉书·南蛮西南夷列传》中就有如下记载："牂柯地多雨潦，俗好巫鬼禁忌，寡畜生，又无蚕桑，故其郡最贫。句町县有桄桹木，可以为面，百姓资之。"这一记载最重要的价值在于，它明确指出南方的一些少数民族曾经用桄榔木做过主粮。可是，在继续查阅其后的典籍后还发现这种植物虽然被几十种历史典籍同时提到，而且是以较大的篇幅进行记载，但作为食品运用的记载却随着时间的推移而逐步的递减，到了宋人所著的《桂海虞衡志》和《岭外代答》则仅仅是记载这种植物的外形和它特意的生物属性，对其作用则仅仅提及它是一种很好的观赏植物，大多种植在庙宇、祠堂等地作为配置风景之用。

桄榔木遭遇的这一历史轨迹，虽然延续的时间很长，但过程与葛藤在苗疆受到的遭遇却如出一辙。退出食品圈的根本原因都是因为这种植物制成的食品无法长期保鲜和储备，更难以长途运输，特别是无法与内地的消费习惯相接轨，因而任何一个中央王朝都不可能将这种植物的产品作为税收的对象，朝廷必然需要置换掉这样的作物，完全是出于国家施政的需要，而不是这种植物的产量低或它的食用价值低，更不是它没有生态价值。

有关如何食用桄榔木，汉文典籍的记载虽然欠系统，且十分残缺，但只要细心研读历史上遗留下来的资料，还是可以发现很多有价值的信息。比如，一株桄榔木能够产出的食物比之于习见的任何一种农作物批量都要大，一株树龄达到 10 年的桄榔木只要没有开花，从它那庞大的树干中，能够提取的淀粉就高达数百斤，因而收割一株桄榔木，一个村寨的乡民几乎等于过一次隆重的节日。砍的时候要集中全寨子人力，而砍伐下来后大家又可以共同分享十来天。魏晋南北朝时代直到唐代的历史典籍中，无论是《异物志》、《南方草木状》、《临海异物志》、《广志》等都曾提到这种过节式的收割情景。这就使我们不得不想到，《后汉书》说这些地区最为贫困的真实含义。文中所提到的"最贫"并不等于经常饿肚子，而是说这些新设置的郡县无法按照中原的习惯征收赋税，因而财政收入小得可怜。以这些资料提供的信息为依据，再反观桄榔木粉的生物属性，我们会感到文本史料的信息虽然不多，但是十分管用。

桄榔木树心的淀粉，由于在分子结构上支链很多，加热遇水后很容易膨胀，因而在加工时只需要将取出的桄榔粉加少许的水就很容易做成饼饵。但是如果要长期保存，就必须提纯为淀粉，并充分脱水才行。可是，这样的加工未免太费事，对燃料的消耗太大，而这正是这种粮食作物无法成为庞大帝国税收来源的原因所在。然而，要支撑一个微型化的政权却又十分合适。明白了这一点，就很容易解读为何中央王朝在岭南的广大地区不会遇到强大政权抵抗的历史原因所在。

弄清了桄榔木充当粮食作物的利弊得失后，长期以来历史上很多未解之谜就可以迎刃而解了。两汉时代，一度在桄榔木的主产区设置过边郡，但三国以后，中央政权就已经退出了这一地区，隋唐虽然实现了全国的再次统一，但对桄榔木的主产区的经营也远远不及两汉时代。最后，南诏政权了成了这一地区的实际统治者。只要对比相关正史的记载，都会发现一个似乎存在，但却不十分分明的天然界限。西南夷的北部地区很容易形成势力强大的政权，而且可以和中原王朝展开长时间的拉锯战；但西南夷的南部地区，中央王朝却难以建立直接的联系。同时，西南夷的南部和北部地区也经常发生冲突。如果将这样的差异在今天的实测地图上加以复原，那么就可以发现其间大致存在着一个模糊的界限，界限以北是农牧兼营的氐羌系统民族的生息地，而界限以南则是以桄榔木为主食的百越系统各民族的生息地。从生态背景看，前者是温带森林和高山疏树草地生态系统，而后者则是亚热带常绿阔叶丛林生态系统。两者政治地位的逆转，则与水稻在这一地区的普遍种植相关联。自从《新唐书》和《旧唐书》明确记载在南方的百越民族中已经推广"秧稻"种植起，相关时期的汉文典籍对桄榔木食用价值的记载就淡出了历史典籍，而作为观赏植物的记载却成了有关桄榔木记载的主流，足证从桄榔木到水稻的历史转换，与百越民族在中央王朝中地位的提升恰好合拍。一种植物的地位的转换，总是牵连着相关民族政治地位的变革，也牵连着整个文化结构与内涵的重构。只要遵循这一线索，看似十分残缺的历史文本，要恢复其真实的历史过程，也不一定是一件难事。

五、汉族政治中心东移南下背后的农作物更替

弄清了主种农作物演替对少数民族历史进程的影响后，反观汉族自己的历史，我们也可以发现相似的历史演进轨迹。历史文本的正面记载，虽然没有正面提及汉族历史上主种作物的演替，但只要注意到泰勒的"文化残留"理论，我们仍然可以从汉文典籍中提取足够的信息，能够支持汉族主种农作物演替的探讨，只不过需要研究者多一份关注、多一点耐心罢了。

二十四节气的编排、七十二候的配置，这是今天每一个汉族居民都不会陌生的汉文化标志，但却很少有人细究这些节气和名称背后的农作物及其相关的汉文化特质。举例说，二十四节气中的小满和芒种，如果不是从汉字的字源做探讨就很容易误解，误以为小满是雨水多了，但是请不要忘记小满之前还有谷雨和雨水两个节气名称。作为一套节气用语，在逻辑上不应当有这样的分歧，因为这种用词习惯的分歧会直接导致理解上的逻辑混乱。再说芒种这个节气的用字是谷芒的"芒"，而不是忙碌的"忙"，这同样不可思议。明明到了春种大忙季节，哪儿可以看到谷芒呢？总之，这二十四个节气的名称和今天以水稻为主种作物的现实很难合拍。七十二候也存在着同样的问题。我国南方的稻米主种区在冬天都不会出现冰冻封河的景象，但七十二候中却有"鱼负冰"的物候名称。这同样不得其解，但是如果与今天的生态学和物候学为依据，去逐一审视二十四节气和七十二候的名称内涵，我们就很容易发现，目前通行的二十四节气和七十二候是以黄河下游所处的温带湿地和森林生态系统为描述对象而制定出来的。查阅《晋书·天文志》后还可以提供这样的信息，二十四节气首见于蔡邕的著述，蔡邕的原书虽然失传，但是可以确定今本二十四节气的定型是在三国时期，而七十二候的定型则更晚。与此同时，若进而考虑到黄河下游最适合种植的作物是冬小麦，那么二十四节气中的小满和芒种，其真实的含义就可以迎刃而解了。小满的实质不是指"江河水满"，而是指"冬小麦开始壮浆"，而芒种则是指冬小麦进入了成熟期，可以开始收割了。如果进一步核对史料，从汉代到唐代的汉文典籍总会留下很多若隐若现的信息，都直接或间接地与冬小麦耕作有关。把这样的信息叠加起来，我们不得不承认在水稻支配中国历史进程之前，冬小麦也曾主导过中国数百年之久的历史进程。

可是，从冬小麦出发，仍然无法理解先秦典籍留下来的史料。一个最简单的实

例正在于作为国家象征的社稷坛，绝对不会有人将它叫做"社麦坛"或"社稻坛"，那么我们就不得不追问这个"稷"是什么东西，居然会成为国家的象征。答案其实也不难找到。只要我们细细品味《诗经》中有关农耕的记载，答案就在其中。在《诗经》中多次提到在原上进行耕作。众所周知，在今天的人看来，黄土高原台面荒凉而贫瘠，咱们的祖先为什么要在这样的地方去种植粮食，但如果考虑到稷这种粮食作物的生物属性后，就不难理解相关的史料了。其原因在于，稷、粟、黍这一组农作物的原产地正是在我国内陆的干旱地带，其原生种正好来源禾本科的牧草。这类植物不怕旱，而怕水涝，以至于到了南北朝时期，黄河下游的居民要再种植这种作物时，就得起陇，将种子播种在陇上，为的是怕土壤过分潮湿会窒息这些植物的根系。《齐民要术》"区种法"项内，对其细节提供了翔实的记载。如果将先秦和两汉的典籍中涉及农事活动的零星资料汇集起来，我们还可以进而发现汉族历史上客观存在过以稷、粟为主食的历史时期。出于称谓的简洁，我们不妨将这个汉族历史上的远古时代，称为"主稷时代"；将两汉以后直到宋代以前的时代，称之为"主麦时代"；而将宋代以后到今天的时期，称之为"主稻时代"。值得一提的是，汉族历史也像少数民族历史那样，主种作物的更替也会导致生活方式的更替，甚至是地方政权的更替，就连过的节日也会发生巨变。"寒食节"和"人日"在唐人的诗歌中，都是一个非常重要的节日，但今天已经淡出了人们的生活圈，而"端午节"和"清明节"在今天的汉族生活中却变得比唐代更为重要了。原因其实很简单，主种作物一旦改变，生产组织、生活习惯、技术要领都得做出相应的调整，最终会影响到观念的彻底改变。

众所周知，唐代以前的汉族居民在居住环境中，非常忌讳"卑湿"，居民的住房都要修筑在台阶上，务使住房高出地表。江河沿岸湿地生态系统总是被朝廷封禁起来，仅作为猎场使用。显然，这样的地区是没有人居住的。可是，到了宋代以后，居民住房开始临河而建，西湖美景，美就美在与水、河、柳相伴。这就说明宋代以后，出于开垦稻田的需要，居民为了便于耕作，临水而居势在必然。这样的选择与此前汉族所认为的，居处环境的优劣观发生了一个大大的逆转。原先的所弃之地，今天却成了争夺的宝地。

以水稻为主种作物，虽然发端于长江下游，但水稻一旦成为国家的依赖，立国的根基，那么它就必然具有很大的张力。在汉族的历史上就表现为，继"苏湖熟天下足"之后，紧接着发生的是"湖广熟而天下足"的新局面，而接下去，珠江下游的"基塘农耕"又成了引领中国农耕的稻田种植模式。这三地在稻田耕作的技术上又互有区别，同样会引发相关地区社会结构的新一轮调整，因而立足于水稻的生物属性，很多看似不可思议的历史信息最终都可以获得令人满意的解答。

六、结　语

对若干种曾经主宰过历史进程的植物做一番回顾，并不是我们的最终目的。我们需要解决的关键难题在于，为何如此众多的植物到了今天只剩下有限的几种在左右着人类的生存。这是人类自己犯傻，还是另有原因呢？这个问题不解决，我们仍然无法把握人类历史的进程。要系统的回答这一难题，当然远非易事，但提供一个不成熟的猜测却是我们希望能够尽力做到的事情。我们认为，民族文化的建构本身就是一个两难的选择。要确保食物来源的富足，同时又要减低食物供给的风险，那么最好是食用尽可能多的植物物种。远古时代的人类就是这样过日子的，但这样的选择也有它致命的弊端，食用的植物物种越多，需要配套的技术和社会制度保障就会越复杂，人与人之间组成的社会规模就会越来越小，群体与群体之间的离心倾向就会很大。食物虽然有了保障，但是要对付其他强势群体，最佳的活路莫过于逃跑。贵州苗族在反抗清廷时，就曾经立下一个格言，"我们打不赢朝廷，但是我们可以躲得赢朝廷"。后来的历史却证明，他们最终还是没有躲过朝廷。由此看来，单一的食物充沛还不能够确保一种文化能够长治久安，它还必须考虑与其他民族周旋，特别是与那些强悍的、高度组织化的民族进行周旋。于是，对食用植物的选择还得适可而止。除了考虑吃饱肚子外，还需要进而考虑做成的食品是否容易存储、运输、加工和保鲜等。然而，只要做出这样的选择，文化的演变又得走上另一条道路，主要依赖的植物就应当物种越少越好，因为这样选择后，有利于社会组织的划一，人与人之间的相互依赖程度也得到了极大提高。总而言之，可以支持起一个个庞大的政权。然而，其弊端也是十分明显。这显然是一种反生态的选择。植物物种是自然选择的结果，其生物属性必然有其适应的范围，不可能所在皆适。大规模地种植和使用某几种有限的植物，最终都会导致在不适宜的地方强制种植这些有限的植物物种。这既违反了相关植物的生物属性，又与生物多样性的维护背道而驰，还与民族文化的多样化并存相左。最终会使得人们的生活方式越来越单调，无意中种下了不胜枚举的生态隐患，自然与生态灾害的成灾和频率都会不断攀升。这确实是一个左右为难的选择，也是支配人类历史进程的不解死结。不管是哪一个民族，都得在两者之间走钢丝，而这一走钢丝的摇摆过程则构成了挥之不去、隐而不显的历史轨迹。到了今天，我们依然在这两者之间摇摆，而且派生了一系列令人啼笑皆非的社会事实。当年古代百越各民族天天都能够吃到的桃椰木，今天却成了政府需要出钱去保护的珍稀濒危物种。当年支撑了汉族先民走向中央集权的粟和稷，在我国现行的农业经济体系中，被贬称为"小杂粮"。农业经济学家们做梦也不会想到，作为"小杂粮"的稷，当年却是皇权的象征，江山的标志。诸如此类的现象，不仅是历史研究的素材，更是今天的生态建设和可持续发展必须认真思考的大事。历史研究在这一问题上，可以发挥此前想都不敢想的重大作用。

[原载《吉首大学学报》（社会科学版）2012 年第 1 期]

释"沤榔"

——对古苗瑶民族生态智慧的再认识

摘要：宋人朱辅所作《溪蛮丛笑》一书，是一部珍贵的历史民族志典籍，在民族学、民族史论著中征引率极高。然而该书有不少内容涉及古代自然科学资料，对文史工作者而言稍感陌生，致使传世各版本颇多错讹，征引者多关注社会文化事项，而忽视其他众多的资料价值。仅以该书"沤榔"条为例，结合当代生物学、食品化学研究成果，详加考辨后发现，其中包含了一些有关生态维护及野生生物资源利用的古代科技内容，反映了古代苗瑶民族的生态智慧，对当代的生态维护与资源利用仍有一定的借鉴价值。以此为例去举一反三，将有助于学术界深化对《溪蛮丛笑》一书的理解。

关键词：溪蛮丛笑　沤榔　生态智慧

一、对《溪蛮丛笑》的认识有待深入

宋人朱辅作《溪蛮丛笑》一卷，全书共计79条，收载了12世纪时湘黔边区各民族的社会文化资料，是一部珍贵的历史民族志典籍，一直为学术界所珍视，传世版本众多。然而该书中有不少内容涉及各民族古代科技资料，这些内容文史工作者常感陌生，致使校勘考订时颇多舛误；征引者仅关注社会文化事项，而常常忽视其科技资料价值，以至于各版本的错讹与曲解长期得不到匡正。

鉴于该书内容丰富，一篇短文难以揭示其全部价值，在此仅以该书"沤榔"条内容的考释为例，着重讨论古苗瑶民族成功利用野生生物资源和维护生态环境的相关技能与智慧，借以揭示该书收载文化事项之特点，以利学术界深化对该书资料价值的认识。

《溪蛮丛笑》第75条作"沤榔"。（按，该书原本既无目录，条目亦无编号，此处是根据《四库全书》影印本实际编排次序赋予的编号。）《四库全书》编修者考订校勘后，认可的原文如下：

牛榔木多浆。苗瑶岁饥阙食，则先以火窖地，掘根置窖中，压以石，叉用火沤熟（沤，渍盦也）。捣作饼饵。名沤榔①。（按："又用火沤熟"一句，多有错讹。"叉"字其余各本均作"又"，宜改正为"又"。"火"字当为"水"，其说下详。"熟"字后，各本均有"沤，渍盦也"四字夹注。）

仔细比较传世各版本后，注意到《四库全书》编修者在校勘本条时，曾发生过重大的争议，早就发现此条有明显错讹，而苦于未找到更好的善本，只好强为之解。我们查检《说郛》②、《说库》③ 等丛书所收的《溪蛮丛笑》后，各本于"熟"字，亦有四字夹注。据查，《四库全书》对《溪蛮丛笑》一书中原文已有之夹注，均一律以正文格式移植进正文之中，作正文处理。如该书的"仡佬裙"条④（P45）、"三脊茅"条⑤（P46）都是如此，唯独此条破例，保留了原有夹注格式。这显然不是粗心所至，而是斟酌后不得已的处置办法。

通览全文，并结合当代民族学田野调查资料及生物化学知识后，发现此处的文字错讹由来已久，可能是宋元时代的抄本已经严重出错。关键性的错字是"又用火沤熟"句中的"火"字，按情理，此字正确的写法应是"水"字。仅仅因为下文有"熟"字，表面上可以和"火"字相呼应，在找不到善本时，后世校勘者不敢轻易改正。此处之"火"应正作"水"，其理由有五：（1）此字若不正作"水"，下文的"沤，渍盦也"四字夹注就会失去着落。"渍盦"是指加水发酵，并不是指用"火"烹熟。（2）文中的"熟"不能与"火"相呼应，而是与下文之"饵"为表里。"饵"是半成品食物，食时必须蒸煮或烘烤，才可食用。故制作"饼饵"时，不一定非经过"火"煮熟不可。正作"水"字与上文下文均不抵牾。（3）上文有关联词"先"，此句又有关联词"又"与之呼应。而上文已有"以火窖地"，此处再加上一个"火"字，字意明显重复。正作"水"字，才能说清楚先后两种不同的加工方法。（4）按上文表述的加工方法，此处的用"火"也与加工背景相左。上文既云"握根置窖中"，又云"压以石"。窖中早已填得严严实实，试想该往何处"用火"呢？《四库全书》编修者正是注意到了这种加工背景，无法用火加热，才不得已妄改"又"字为"叉"字，引导读者仿砖瓦窑侧面加热的形式去理解"用火沤熟"四字。然而这是十足的强为之解。将"火"正作"水"一切疑难全部冰释。（5）"沤熟"一词出自湘西各民族所操非标准汉语，原意是指加水密封使其发酵，为保温计有时也需加热，但绝不用明火升温。上句已云"先以火窖地"，用意正在于给地窖升温，使之达到并保持发酵所需温度，下一步操作已无须加温，更不必"用火"了，故此处也应正作"水"，才能与"沤熟"二字含义相互衔接。

① ［宋］朱辅．溪蛮丛笑［A］．四库全书（影印文渊阁）［C］．上海：上海古籍出版社，1987.

② ［宋］朱辅．溪蛮丛笑（清顺治四年刻本）［A］．说郛第 67 册（委宛山堂刊）［C］．

③ 王文濡辑．说库（第 26 册）［M］上海：文明书局石印，1915.

④ ［宋］朱辅．溪蛮丛笑［A］．四库全书（影印文渊阁）［C］．上海：上海古籍出版社，1987.

⑤ ［宋］朱辅．溪蛮丛笑［A］．四库全书（影印文渊阁）［C］．上海：上海古籍出版社，1987.

总之，此处的"又用火沤熟"非正作"又用水沤熟"不可，否则全句无法通读。通检《溪蛮丛笑》全书，类似的关键字错讹为数不少。如，该书"出山银"条云："……出铅。以中有银，银体差黑，未经坯销。"①(P46)

其中的"以"字作何解释，均与上下文语气不相连贯。只有正作"铅"字，全句才能通读。又如该书"钩藤酒"条云：

"……两缶东西，以藤吸取，名钩藤酒。"②(P44)

此句同样不晓其意，疑"西"字之下脱了几个字。此外， "粉红水银"条③(P45)、"水秀铁"条④(P45)也有关键字错讹。而错讹的原因都与后世校勘者不熟悉古代各民族生产加工工艺相关。若不校正此类关键性字词，该书在古代科技史研究上的价值就无法获得正确的应用，对《溪蛮丛笑》一书的认识与理解也无法深化。

二、牛榔木不是桄榔木，而是树蕨

牛榔木一名仅见于《溪蛮丛笑》，加之朱辅此处行文过于简略，其他典籍又苦无旁证，更加大了考订的难度。它到底是一种什么样的植物，长期以来学术界均无定论。

《后汉书》卷一一六《南蛮西南夷传》云：

群牁……句町县有桄榔木，可以为面，百姓资之。⑤(P1050)

由于牛榔木与桄榔木仅一字之差，两者皆可以食用，致使不少人误以为此处之牛榔木可能是桄榔木之误写。但反复推敲"沤榔"的加工工艺后，发现这一猜测毫无根据。文献所载的牛榔木与桄榔木是截然不同的两种植物，其间的区别可以从如下三方面表现出来。

在植物分类学上，区别植物的异同主要看其花或孢子排列。桄榔木会开花、结实。而朱辅所载牛榔木则只字未提及开花、结实。宋人范成大《桂海虞衡志》的"志草木"卷内有"桄榔木"条，其文云：

身直如杉，又如棕榈，有节，似大竹。一干挺上，高数丈。开花数十穗，

① ［宋］朱辅. 溪蛮丛笑［A］. 四库全书（影印文渊阁）［C］. 上海：上海古籍出版社，1987.
② ［宋］朱辅. 溪蛮丛笑［A］. 四库全书（影印文渊阁）［C］. 上海：上海古籍出版社，1987.
③ ［宋］朱辅. 溪蛮丛笑［A］. 四库全书（影印文渊阁）［C］. 上海：上海古籍出版社，1987.
④ ［宋］朱辅. 溪蛮丛笑［A］. 四库全书（影印文渊阁）［C］. 上海：上海古籍出版社，1987.
⑤ 二十五史［M］. 上海：上海古籍出版社，1986.

绿色①。^(P153—154)

　　据此可知，桄榔木是一种被子植物，树干挺直而不分枝，树叶像棕榈那样丛生于顶，开穗状花。它应该是一种与棕榈有亲缘关系的棕榈科植物。应该看到，《溪蛮丛笑》一书行文虽简洁，但并不会因粗心而漏记关键内容，如该书"芏"条②^(P47)、"燕子花"条③^(P45)，均明载其花。唯独对牛榔木不载其花和果实，这显然不是疏漏，而是牛榔木根本不会开花，因而朱辅无从加以记载。可见牛榔木不是显花植物，而是一种高大的隐花植物。

　　两者的可食部分也迥然不同。桄榔木是食用树皮内的淀粉颗粒，而牛榔木则是食用地下的"根"。晋人嵇含《南方草木状》记载：

　　桄榔树似棕榈，实其皮，可作绠。得水则柔韧。胡人以此联木为舟。皮中有屑如面，多者至数斛。食之，与常面无异。木性如竹，紫黑色，有纹理。人解之，以制弈杆。出九真、交趾。④^(P34)

　　据此可知，桄榔木的可食部分是树干髓部内贮存的淀粉颗粒，剥开树皮，取出可供食用，无需再作任何特殊的加工。牛榔木则不同，挖出根后，还需要经过一系列复杂的加工，才能取得可供食用的淀粉。两者迥别，显然不是同一种植物。

　　牛榔木的树干多浆，即富含树汁。而桄榔木的树干坚硬，根本不含树汁。宋人周去非《岭外代答》卷八"桄榔"条载：

　　桄榔木似棕榈，有节如大竹，青绿耸直，高十余丈。有叶无枝，荫绿茂盛。佛庙神祠，亭亭列立，如宝林然。结子叶间，数十穗下垂，长可丈余，翠绿点缀，有如璎珞，极堪观玩。其根皆细须，坚实如铁，镟以为器，悉成孔雀尾斑。世以为珍。木身外坚内腐，南人剖去其腐，以为盛溜，力省而功倍。溪洞取其坚以为弩箭，沾血一滴，则百裂于皮里，不可撤矣。⑤^(P180)

　　由此可见，桄榔木的树干不含有树汁，而且其根十分坚韧，其树皮也十分坚实，甚至可供制箭杆。这与牛榔木多浆显然无共同之处。更值得一提的是，周去非说桄榔木"外坚内腐"，这是棕榈科植物的树干特征。周去非又将桄榔木与竹作比，竹子一类禾本科植物茎是中空结构。至于其他乔木，不管是裸子植物还是被子植

① ［宋］范成大．桂海虞衡志辑佚校注［M］，胡启望、覃光广校注．成都：四川民族出版社，1986.
② ［宋］朱辅．溪蛮丛笑［A］．四库全书（影印文渊阁）［C］．上海：上海古籍出版社，1987.
③ ［宋］朱辅．溪蛮丛笑［A］．四库全书（影印文渊阁）［C］．上海：上海古籍出版社，1987.
④ ［晋］嵇含．南方草木状·卷中·木类［M］．贵州图书馆藏明刻本．
⑤ ［宋］周去非．岭外代答［M］．上海：上海远东出版社，1996.

物，树干都有年轮。牛榔木的主杆，显然既不是中空，又不是"外坚内腐"，也不像有年轮结构。足见牛榔木不是裸子植物，也不是被子植物，而是更低等的隐花植物中的一个物种。周去非又说，桄榔木的根呈细须状，"坚实如铁"，显然绝对不可食用，而这一点正是棕榈科植物根的共性。其他显花植物类的乔木，不管是裸子植物，还是被子植物，其根多为木质，极少为肉质根。牛榔木"根"可供食，显然不是木质根，而只可能是地下茎。地下茎不是真正意义上的根。靠蔓生地下的茎进行无性繁殖，乃是蕨类植物的代表性特征。据此可以进一步推测，牛榔木应该是一种蕨类植物，与我们习见的显花植物不同，是一种隐花植物。牛榔木除了靠地下茎繁殖外，叶片上长出的孢子在适宜条件下会长出原叶体，长出两性配子，配子受精后，也能长出新植株来。因此朱辅的记载尽管太简略，但从中仍然可以证实，牛榔木不是显花植物，而极可能是隐花植物中蕨类植物的一个物种。

我国植物学家经过反复研究后证明，古代典籍所载的桄榔木确实是一种棕榈科植物，名叫"董棕"。时至今日，我国云南省的好几个民族，如独龙族、拉祜族等，都有采食董棕淀粉的习惯与技能。其采食办法也与文献记载一脉相承[1](P83)。但我国植物学家至今尚未弄清牛榔木为何种植物。不过，他们的相关研究却可以帮助我们确认牛榔木的分类归属。

植株高大的隐花类植物在地质史上的新生代为数并不多。但在中生代却是一大类优势物种，属蕨类植物，由于植株高大而被称为"树蕨"。树蕨在中生代是恐龙的取食对象，但在中生代末期，大多数树蕨与恐龙一道灭绝了。仅其中极少数几种树蕨由于特殊的机遇，种群有幸延续至今。近年来，我国植物学家在福建、四川、云南、贵州都发现了幸存的树蕨群落，人们将这种树蕨"活化石"称作"桫椤树"。[2](P225)桫椤树像其他蕨类一样不会开花，通常靠地下茎串连成"独木林"。需要特意指出的是，地上看到的一株桫椤树，从植物体结构而言，它并不是一株树，而仅是一丛叶片聚合，与显花植物的乔木并不是一回事。正因为一株"树蕨"并不是真正意义上的完整植株，因而其内部结构也与显花植物乔木的植株不同。显花植物的乔木，树干必然有髓、木质部、形成层和外皮层，树汁主要由外皮层分泌与储存。而树蕨的干，则是通体可以分泌树汁。朱辅说的"牛榔木多浆"，正好符合树蕨特有的组织结构，至于到底是树蕨中的哪一个物种，则有待进一步的考订。

三、制作"沤榔"的工艺过程剖析

由于树蕨不是显花植物，因而其营养物质，如蛋白质、碳水化合物、脂肪，在生物体内的贮存也与显花植物有别，致使提取可食物质之加工工艺也需要一些特殊

---

① 罗钰. 云南物质文化·采集渔猎卷［M］. 昆明：云南教育出版社，1996.
② 中国科学院植物研究所. 中国高等植物图鉴［R］. 北京：科学出版社，1972.

的手段和程序。令人惊讶的是，古代苗瑶民族在长期的劳动实践中，似乎朦胧地感知了这种差异，并在提取食用物质时加以了有效利用。

显花植物传宗接代主要是靠种子。种子重新萌发为新植株前都会有一个休眠期，致使这些植物在适应的历程中，发育成了将营养物质贮存于种子内的生物特性。而这种特性十分有利于包括人在内的他养生物取食和贮存食物。不管古代还是今日的世界各民族，在文化建构与适应中大都倾向于利用植物种子为食，其生态原因正在于此。隐花植物则不同，它们是靠孢子传宗接代，孢子个体小，又十分分散，集中取食极不方便，致使各民族利用隐花植物资源时，只能主要利用其营养器官。然而不管采食何种植物的营养器官，其组织中均含有较多难于利用的纤维素和果胶。对动物而言最需要取食的营养物质，总是以较少数量的形式分散于各营养器官之中。要从植物的营养器官中，特别是从坚硬的植物茎或根中，批量获取耐贮存的可食物质，不仅动物有难度，对人而言，也是一件不容易做到的事情。就这个意义而言，我国南方各民族知道从桄榔木树干中可以直接取得成批的淀粉，确实是一项了不起的发现。可惜的是，能如此简捷利用的植物物种确实太少了。人类为此不得不借助自身的聪明才智，通过特殊的手段，去利用那些表面看来几乎无法利用的植物营养器官。古代苗瑶民族有效地利用牛榔木地下茎，正是在这一意义上取得了突破性成功。

要从牛榔木的地下茎中提取耐贮存的批量食物，面临着四大困难。一、牛榔木地下茎中所含的营养物质，由于不像种子那样处于休眠状态，因而其分子量小。所谓"牛榔木多浆"就表明这一特点。这样的可食物质在水中具有溶胀性或胶体化性。简单捣碎后用水冲洗提纯，大量营养物质会随水冲走，无法达到提取目的。二、这些营养物质含量不高，又与大量不能食用的粗纤维混在一起。提取食物时如何分离掉这些杂质，自然成了另一个难题。三、任何植物为了自卫的目的，总会分泌一些有毒或有怪味物质以抵御动物摄食。提取食品自然得想办法将其降解，或分离掉此类无益有害的废物。四、从植物的营养器官中提取的食物大多呈糊状或浆状，极不便于贮存和进一步的烹调加工。为此，如何将提取的食物浓缩到利于贮存和再加工的状态也是一个难题。

有幸的是，朱辅较全面地记载了古苗瑶民族成功克服上述四大难题的工艺过程，为我们今天复原其技术要领提供了可凭的文献依据。依据朱辅的记载，这一工艺过程可细分为四个环节：安排发酵装备；焙烘牛榔木地下茎；加水自然发酵；浓缩提取的食物，以利贮存与再加工。

在没有现代化工设备及化学理论指导的情况下，要分离粗纤维和有毒成分，最稳妥的办法莫过于用生物发酵手段。但要大规模地处理牛榔木地下茎有两大难题，一是需要大型容器；二是需要长期保温，使发酵能顺利完成。古苗瑶民族的应对办法是用地窖为容器，以土层为保温材料。朱辅用"先以火窖地"五字概括了这一复杂工艺操作要领及技术特点。意思是说，先挖一个很大的地窖，然后在窖中生火焚烧。这一操作的目的有三：一是通过高温加热，使地窖表面凝固为陶质，达到防水渗的作用，同时不会与提炼出的食物相混。就实质而言是造一个巨型发酵桶。二是用高温杀灭有害细菌和其他动物，纯化发酵的环境。三是给土层加热，利用土层的巨大热含缓慢释放热量去保持和稳定下一步的发酵温度。注意朱辅文中的"窖"字在此活用为动词，含义是把火置于地窖之中。

朱辅对第二步的操作概括如下："握根置窖中，压以石。"文中的"握"字别有深意，是说将牛榔木的根捆成一握大小的束，再放入火烧过的地窖之中。这是为了在发酵完成后粗纤维容易成束地取出，使之与有用食物分离。这步操作工艺的目的是利用地窖余热对牛榔木的根先进行低温焙烘，温度在100℃以下，务使牛榔木中所含的小分子量营养物质凝固，但却不至于变质而损失营养成分，同时也不会导致脱水而有碍下一步的发酵。窖口用大石头压住，则是为了让牛榔木的根均匀受热，也是为了保温。这步操作结束后，窖内温度可降至50℃左右，下一步加水浸满时，恰好达到最佳的发酵温度25～30℃。这一步工艺操作的难点是地窖的容量需要严格控制，如果容量过大，牛榔木受热会不均匀，近窖壁处温度太高，窖心处受热又不足；而容量若太小，保温能力又会不好，发酵会不完全。

对第三步的加工，朱辅概括为"又用水沤熟"。意为加水浸泡使其自然发酵，直至发酵终结。这一步操作的目的是借助乳酸菌的作用使牛榔木地下茎变酸，从而使其中的异味去除，所含有毒物质降解而脱毒，并由于酸性升高而使得可食的营养物质凝结成块沉降在窖底，与清水分离。这一步操作表面上十分简单，但却隐含了众多不可测的致败因素。比如，加水后的温度必须正好是发酵的最佳温度；需要防范腐生菌混入窖中；其他杂质的混入也需要防范。考虑到古苗瑶民族在食盐缺乏时往往以酸代盐，因而以食用酸汤接种乳酸菌，应是一种有效控制发酵的好办法。遗憾的是，朱辅对此只字未提，今天对此只能靠推测了。

最后一步，朱辅介绍说是"捣作饼饵"。这个介绍确实太粗疏了。事实上，发酵完成后，可食的营养物质呈浆状沉淀在窖底，不能直接在窖中"捣作饼饵"。具体作法先得用手将不能食用的粗纤维捞掉，再用勺从窖中取出牛榔木发酵成的浆，最后还得通过澄清或过滤脱去清水，才能将可食营养物质浓缩成团，进而加工成食品。至于朱辅文中说需要"捣"，则是因为所得的可食物是一个复杂的混合物，故需反复捣炼使其均匀，便于下一步烹调加工。文中的"作饼饵"包括两重意思：其一是直接焙烤成饼食用；其二则是揉成团，阴干后长期保存，食用时才烹熟。这种贮以备食的食物团，即文中所说的"饵"。（按：饵原指粘米制成的半成品食物，此处是借指牛榔木制的食品。）

古代苗瑶民族加工牛榔木地下茎的工艺表面上十分简陋，但是却符合科学原理。若采用现代设备与工艺，其成效和产品质量会有很大的提高。然而古苗瑶民族的这一重大发明与创造绝不容低估，它不仅扩大了人类的食物来源，提供了独特的绿色食品；还能启迪今人，使今天的人们注意到野生生物资源具有很大的利用潜力，进而认识到生态维护仅关注农田和牧场远远不够，还需要关注野生生物资源的利用可能。

四、与农业文明有别的生态智慧

弄清了"沤梛"的加工工艺及原理后，总会感到一种难于排解的困惑。朱辅笔下短短34个字的记载，何以几个世纪以来，如此之多的研究者竟然一直未能理顺。对此，绝不能归咎于前人的治学态度和学养，而应该看到，这是因为观察角度和思维定式的偏差而造成的认识盲点和死角。汉民族是一个传统的定居农耕民族，历代研究者总是在不自觉中按汉文化的思维方式去理解非农耕文化，以至于长期无法弄清非农耕文化的生态智慧与生态技能。

任何一种民族文化都需要确保能长期作稳态延续，只不过确保的方式各不相同罢了。一般而言，农耕文化是靠粮食的贮备去实现，而刀耕火种文化则是靠广泛取食于多种家种和野生食物去达成。于是农耕文化的生态智慧主要体现为农田的固定、单位面积产量的提高以及粮食贮存规模的扩大和贮存效益的提高。而刀耕火种文化则体现为尽可能多地种植不同作物，饲养多种动物，同时广泛采猎多种野生动植物，依靠物种的多样性去以丰补歉，确保食物供给的稳定。终至于从农业文化的角度去看刀耕火种文化，总以为过于粗陋和简朴。相反地，从刀耕火种文化的角度看农业文化，则显得过于刻板和单调。然而，两者同样蕴涵着丰富的生态智慧与生态技能，并无高下之分。

宋代时古苗瑶民族尚处于刀耕火种阶段，为了民族文化的稳定延续，当然得广泛地利用各种家种和野生的植物。利用牛梛木地下茎以供食用，仅是其可利用的多种植物中的一种。但前人由于受到汉文化思维方式的干扰，往往看不到这一点。朱辅文中说"苗瑶岁饥厥食"才被迫去采食牛梛木的地下茎，就是一个有代表性误解。试问如果古苗瑶民族果真是饥不择食才去挖牛梛木充饥，那么如此复杂精当的提取工艺普通古苗瑶居民又如何能纯熟操作呢？答案只能有一个，那就是取食牛梛木是古苗瑶文化中的一个有机组成部分，是刀耕火种作业中正常的文化要素组合。将取食牛梛木视为"饥不择食"的偶然行为，显然是汉文化干扰思路后，造成的观察失真。

由于同样的原因，朱辅对提取工艺的描述也在无意中脱漏了必要细节，而后人的理解则更加偏离事实。举例说，"以火窨地"就远比字面提供的信息复杂得多。若不在挖窨时事先安排通风与排风孔道，火在窨中便无法燃旺。而且燃料灰是否需要清除以及如何清除也是不容忽视的环节。若不清除，有利于下一步的发酵，并有利于脱去苦涩味，但若清除又可纯化获取的食品，也有其好处。然而朱辅对这些细节均未加说明，今天要复原这一传统工艺，自然会感到困难重重了。再如，朱辅文中所说的"压以石"也容易引起理解上的分歧。原因在于，汉族在食品加工中从来不会遇到用坚韧如柴薪的地下茎作原料的情况，致使朱辅也未意识到需要对牛榔木根的性状作必要介绍，读者在阅读时自然会感到莫名其妙了。又如，"又用水沤熟"一句，朱辅尽管补注说"沤，渍盦也"。但是由于从未接触过用生料发酵，因此在无意中脱漏了接种乳酸菌的相关操作。后人不了解各步骤的操作意图，将文中的"水"字讹为"火"字，看来朱辅也有一定的责任。

应当看到，古汉族靠农耕类型生态智慧的引导，在食品加工上也取得了惊人的成就。如捣碎并用流水冲洗和沉淀的办法，从莲藕或芡实中提取淀粉；用发酵办法，以粮食为原料制酒、制醋和制酱；也发明了通过酸碱度的改变，将溶于水的大豆蛋白质絮凝制取豆腐。但总的说来，使用的原料种类较少，原料规格也比较接近。以至于接触到牛榔木地下茎加工时，就不免大感意外了。因为古苗瑶民族用牛榔木地下茎加工食品，几乎是将汉族习见的上述各种工艺操作叠加在一起，才能有效地将坚韧如柴的牛榔木地下茎制成可口的食物。习惯性观念造成的视角偏差，致使文献作者和后世读者难于全面把握古苗瑶民族的这一生态技能。

古苗瑶民族的生态智慧显然与古汉族分属不同的类型。由于执行的是刀耕火种，他们必然需要以多样化的生物资源为食，这样的食物来源必然批量不大，规格难于划一。他们的生态智慧表现为尽力扩大食物来源的种类，去确保食物供给的充裕与稳定。在这种生态智慧的引导下，他们认识了解的生物物种当然会极其丰富，加工食品工艺也极其复杂和有效。而缺陷则在于加工的精细程度远逊色于农耕文化。可见，古苗瑶民族的生态智慧与古汉族之间有很大的互补性和可借鉴性，轻视任何一方的生态智慧与技能都是研究工作的重大失误。

弄清"沤榔"的原料及其工艺过程，仅是开始而不是结束。因为在其生态智慧的引导下，古苗瑶民族的类似生态技能还多得很，需要借助历史人类学和生态人类学的方法去一一弄清，使之成为今天强化生态维护的借鉴与参考。前人研究历史民族志过分偏重社会历史，较少关注生态智慧与技能。而今时代不同了，生态问题的重要性已经取得了世人的共识，对历史民族志的利用自然得有所创新。而创新又得借助于跨学科的协同研究，历史人类学与生态人类学正是围绕生态问题，展开跨学科协同研究的产物。本文对"沤榔"加工工艺的复原，仅是历史人类学与生态人类学方法的尝试而已，不当之处，还请批评指正。

[原载《吉首大学学报》（社会科学版）2003 年第 1 期]

史载黔中苗族人名研究

据贵州省地方志记载，贵州中部的苗族"有族无姓"，或"有名无姓"。（见田雯《黔书》卷三，（康熙）《贵州通志》花苗条）这里所说的"有族"是指有确切的家族谱系而言；"无姓"是说黔中苗族迟至明朝末年，尚未使用汉族式的姓氏；所谓"有名"是说当时苗族使用一套与汉族完全不同的人名命名系统。如果这一记载属实，而我们又掌握了这种命名的规律，那我们就不仅能正确地区别文献中人名的族属，而且还能为识别文献中的苗族史料找到一个标记，这对于研究苗族将大有好处。为此，我们勾稽史籍，跋涉于黔中各苗寨，逐一查证了该地苗族人名与史载黔中人名的异同。发现见于明清文献中的数十个人名是苗族人名；与这些人名相关的史料是真正的黔中苗族史料。这一发现使不少苗族口头流传的材料成为有年代可考的史料，而黔中苗族出现于史的确切纪年也可由此上推至元初。现将我们在这方面的管窥之见陈述于下。

一、"的某"一类人名属于苗族

元、明两代的文献中，多次提到黔中地区有"的某"一类人名。这些人名开头的一个字都是"的"，一般仅两个字构成，多为当地的土司、少数民族头领、起义领袖等。由于黔中地区是苗、布依两族杂居之地，这类人名的族属就有识别的必要。下面我们就来探讨这个问题。

《新元史·八番传》云："大德五年，八番宣慰使言：'党兀自降至今八年不供赋役。所部娘祖、大盘、白定、白药等蛮，先结连平伐蛮叛劫先宗砦，围吴卜弄砦射苗民阿羊、金坝皆死。官军捕班夏藩家蛮，党兀遮道助其拒敌。今年正月又使板桥、郎来、重陂等砦苗烧劫百纳砦。宣慰使令上马桥、金筑府备之，且以兵讨之。党兀年七十九，老，不能出。遣其砦主的拗及子党砦的沙、勇强砦的福三人出降。又与其党幼鬼砦主陈醒、朱盖砦主楼地之弟杨八、小盘砦主奢香等共誓不叛。'"这段文字中共提到三个叫"的某"的砦主名："的拗"、"的沙"、"的福"。书中时而称他们为"蛮"，时而又称为"苗"，使我们无法确定他们的族属。

类似的人名还见于《元史》和《明实录》。如："泰定二年二月丁亥，平伐苗酋的娘率其户十万来降，土官三百六十人请朝。湖广行省请汰其众还部，令的娘等四十六人入觐，从之。"这里明确记载"的娘"是"苗酋"，其族属已经点明。关于该地的苗族，《元史》的称法很有规律，一般先说地名，其次称"苗"（或作"猫"），再加一个"蛮"字。如"平伐苗蛮"、"贵州苗蛮"、"青山苗蛮"、"紫江苗蛮"等。元代对黔中苗族的这一套称法一直使用到明初。明代有时还称"苗僚"。

《明实录》云："洪武六年三月乙卯，大平伐苗僚作乱，贵州卫发兵讨之。"（本书卷八十）又云："洪武七年正月戊子，贵州平伐、谷峡、谷浪等苗蛮攻劫的敖诸寨"，"贵州卫指挥佥事张岱等率兵讨之。"（同书卷八十七）一个月后战事结束，"张岱率兵攻谷峡，刺向关，击蛮寇，的令走之。""总旗康成等追擒的令、的若二人而还。"上引三条所牵涉的人完全一致，发生在同一地点，事情上下衔接，显然是同一回事。其对当地少数民族虽有三个不同的称法："苗僚"、"苗蛮"、"蛮"，但联系《元史》对同一地区苗族亦称为"苗蛮"，则"的令"、"的若"这二人的族属便非黔中苗族莫属了。

《新元史》中提到"党兀"与"平伐蛮"结为党羽，《明实录》中同样把"的令"、"的若"称为"蛮"，两相比较，"党兀"也应属于"蛮"，即《元史》中的"苗蛮"。"党兀"的砦主"的拗"及"的沙"、"的福"当然同样是"苗蛮"，即黔中苗族。

这些人名为什么第一个字一定为"的"呢？经过调查得知：整个黔中地区，东起黄平，西到长顺，北起乌江之滨，南至濛江两岸，苗族家族都有一个"鬼师"。几个家族共住一寨，则每个家族必有各自的鬼师，或与其他村寨的同宗共用一位鬼师。鬼师的职责之一是背熟本家族各代祖宗的名字。由于苗族没有自己的文字，祖宗名单往往用音近的汉字记录，以免年长日久记错。这样的汉语音译抄本整个苗岭山区都有。下面节录贵定仰望雷姓和贵阳高坡甲定王姓的抄本加以介绍。

贵定仰望是苗族聚居地，有金、陈、雷三个汉姓。雷姓包括有七个直系血缘的家系，其中，"脸面"系的祖宗名单是：脸面　非脸　山摆　善芳　告相　非卜　歹山　的万　猛若　山角　受约　冒播　却约　在对　虎保　在了　受虎　种歌　受歹　的及　的告　的幺　告保　懒好　摆地　的见　冒面　在意　猜莫　告义　猛柳　往柳　往个　受保　果薅　果受　保猜　约福　也坐　受却　也约　妹也　买个　满七　银发　夜成　的夜　的全　汪夜　虎夜　告者　生告　堂保　坐中　冒破　冒广　善羊　也冒　告托　冒懒　猛受　的猛……

这一系祖宗名中共有"的某"一类人名八个，他们是："的万"、"的及"、"的告"、"的幺"、"的见"、"的夜"、"的全"、"的猛"。"猛若"的"若"和洪武七年被俘的"苗蛮"领袖"的若"的名字用字相同，"约福"的"福"又与元大德五年投降的勇强砦主"的福"名字的用字相同。提供这份名单的鬼师雷作云介绍说，苗族见面打招呼时，要在人名前加上一个"的"（ti^{13}），表示对对方的尊敬和亲切。祖宗名单中叫"的某"的人，由于死时无子，不能连入父子联名的系统，只好仿生前称法，称为"的某"。

贵阳市高坡甲定寨王姓祖宗名单是：远冠　邦脸　文惹　夫受　瓜斗　他欠　往优　的谷　的愿　的练　母夫　汪坡　远夫　远瓜　汪他　戎沙……这里同样有"的某"一类人名，"戎沙"的"沙"，又与元时的"的沙"同名。这些祖先名单中人名的命名法与摘自汉文献的"苗蛮"人名命名法完全一致，也印证了文献上"的某"一类人名的族属是黔中地区的苗族。

这些文献中的人名，从表面看，无论是汉语，还是元朝的"国语"——蒙古语皆不可解释。然而这些人名在苗语中的含意却很清楚。如"的沙"的"沙"是苗语"柴刀"的叫法；"的娘"的"娘"，是"禾草"之意；"的福"的"福"，是"水瓮"的意思；"的令"的"令"读音与苗语"镰刀"一词相近。能够从苗语解释的同类人名还有如下一些："金筑安抚司衙门安抚的珠"的"珠"，是苗语"木鼓"一词的音译。（见《明实录》宣宗卷九十八）"麻响长官司的雄"之"雄"，是苗语"威武"一词的音译。（见同书太祖卷九十），"小平伐土酋的那"的"那"，可能是苗语"蛇"一词古读的音译。（见同书太祖卷一百四十六）"康佑长官司把事的比"的"比"意为山坡。（见同书宣宗卷四十五）"贵州普定军民指挥司安顺寨长的肖"的"肖"其意为"狗"。（见宣宗卷一百一十）

综上所述，元明两代汉文文献中，"的某"一类的人名全部是黔中苗族人名；与这类人名有关的史料皆为记载黔中苗族史实；土司人名叫"的某"者当为苗族土司，即金筑安抚司、小平伐长官司、麻响长官司都是苗族土司。仅仅因为明廷鼓励同化，这些土司后来才都编了汉姓，如金筑改姓"金"，小平伐改姓"庭"，并将原有祖先苗名也追加了姓，成为"金的（得）珠"、"金密定"、"庭的那"等。

二、父子联名制是黔中苗族的传统

黔中地区的苗族祖宗人名一般由两个汉字构成。两个汉字之间看不出任何修饰关系，纯属两个截然无关的字的拼合。如"摆地"、"母夫"、"受却"等等即是如此。

这些人名的苗语含义却十分清楚，而且是所有苗族鬼师都熟知的。如"受"代表苗语"线"的读音，"宋"代表苗语的"独子"，"丧"代表"七"，"研"代表"银子"，"文"代表"锅子"，"夫"代表"树子"，"惹"代表"石头"，"往"是"顽皮"的意思等。然而这些苗族人名按字面硬译为汉语，其意仍不可解。如上引高坡祖宗名单中，"文惹"硬译是"锅子·石头"，"夫受"是"树子·线"，"戎沙"是"寨子·柴刀"。构成人名的两个词到底是什么关系，仍看不出来。

经苗族鬼师解释后，我们注意到同一家族的人名中有着承接关系。比如仰望的名单中的"脸面"与"非脸"、"山摆"与"歹山"、"却约"与"受却"等，前一个人名的前一个字，与下一个人名的后一个字相同。这是按父子联名的方式构成的。人名的前一个字是本人的名字，后一个字代表其父亲的名字，由于苗语的修饰语置于中心词之后，因而便把父名置于本名之后，表示领属关系。由此乃可知上面硬译出来的几个人名的含意："文惹"—"惹"（石头）的儿子"文"（锅子），"夫受"—"受"（线）的儿子"夫"（树子），"戎沙"—"沙"（柴刀）的儿子"戎"（寨子，或译仓库）。

明白了这些人名的构成规律后，《新元史·八番传》中的下列人名：幼鬼砦主陈醒、朱盖砦主楼地、小盘砦主奢香，就可以类推了。这些人名无疑是按父子联名法构成的苗族人名，由这些人所管的寨子当然是苗寨。

同样的道理，金筑安抚司早期各安抚的名字也应属于苗族人名。"洪武八年二月戊午，升金筑长官司为安抚司，以长官密定为安抚使。"该安抚司明初的安抚"得垛"（此处"得"为"的"的异写）、"的珠"（得珠，见宣德实录卷二十五），都符合苗族人名的命名规律。至宣德四年，《明实录》在记录该司上贡事件时，在人名之前加上一个"金"字。原文是："宣德四年四月甲午，贵州金筑安抚司土官安抚金得住（珠）遣头目李宗让等来朝，贡马。"这是一次常例的贡马。土官未亲自入京，按理不是大贡，也非承袭世职，这与密定升安抚一事相比，实在是次要得多。然而密定之前却无此"金"字，足见密定在职时，该土司尚无汉姓，经半个多世纪后，为提高自己的身价，才给自己新找一个汉族的姓——金。

正因为这个姓是新找的，明廷的礼官、史官并未重视，宣德四年之后，仍有不称汉姓的实例。如"宣德八年正月甲戌，金筑安抚司衙门安抚的珠遣头目徐进通来朝贡马。"直到英宗朝，该安抚的汉姓才稳定下来。"正统四年闰二月庚寅，贵州金筑安抚司土官舍人金镛来朝，贡马及方物。"是年三月又记："故安抚金得（的）珠子镛袭职。"至此，明廷才正式承认这个汉姓。

《明实录》中提到的土司人名符合苗族命名规律的还有三例："洪武七年六月癸丑，置大华长官司，以幸也为大华长官。"再一例是："宣德三年六月庚子，贵州安顺州福余卫指挥同知把秃遣千户那该贡马及方物。"再一例是："成化五年九月丙戌，贵州宣慰司湖润寨巡检岭帅来朝贡马。""密定"、"幸也"、"岭帅"及"密定"的元时远祖"扫阁"（见两《元史》）的人名用字，全都可在今天黔中苗族的祖宗名单中找到，而且每个字代表的意思也十分稳定。仅因为苗语的方言分歧较大，故在具体读时，各地稍有差异。至于黔中苗族用汉字记苗语，可能不是苗族自己摸索出来的方法，只能是当时各土司的通事、明代礼官及四裔馆工作人员的创用，又为苗族各代鬼师所继承。

苗族土司除了金筑安抚司外，全是下级土司和土职。明廷文件中直接记录他们名字的情况本不多，加上明代中叶后土司竞相仿效汉人，改用汉人姓名，文献中直接记录下苗族土司本族名字的例子就越来越少了。不过上述数例已足证这些土司的族属了。

苗族首领中也有不少人的名字以苗语音译的形式载入汉文献中，最有名者如：

"狄把"、"暮尚"、"捕鸡"、"征咬"等。其有关记载如下："洪武二十九年五月乙丑，贵州都匀卫平浪长官司洞水等寨蛮贼狄把作乱"；永乐六年十月庚辰，贵州"谷劳、王石等寨蛮民不供赋税，连结蛮首宋阿袄为乱"，官兵斩"贼首暮尚等"八百余人；弘治二年九月戊午，"边夷扰清平、都匀"，"捕鸡皆苗僚之恃险为乱者"；"嘉靖十一年七月壬子，贵州都匀府岩埋寨苗首征咬、阿毛、阿买等恃险为乱，都匀诸苗寨仿之"等等。

上述四人的活动地域有三处：一是在今天的贵阳和龙里、贵定之间当时的水东辖地；二是在今都匀、平塘、贵定交界处的苗岭山脉南坡，当时的平浪、邦水等长官辖地；三是在今麻江境内，原清平卫之东南一带。这些地区的山区全是苗族住地，这些人名又完全符合苗族父子联名命名规律，他们无疑全是苗族首领。

三、写法特殊的苗族人名

黔中苗族由于实行父子联名制，一般人名都由两个音节构成，用汉字记录时一般是两个字为一个人名。然而也有个别人名用了三个汉字，如卓巴同、千把猪、不老丁、谷蚁丁、革子裸等等。

关于卓巴同，《明实录》宣宗宣德实录卷十四云："乖西、巴香等处山箐深险，诸蛮杂处。""昆阻比等寨蛮人卓巴同等不服输税"，又多次"为恶"，宣德二年三月庚子，"总兵官都督"肖援遣兵会同贵州宣慰司土官宣慰使宋斌军剿之，"临其寨"，"杀其从仡马等"，后又"杀卓巴同及其余党。乖西诸寨苗蛮皆震慑归顺。"事后，"总兵官都督"肖援的报告说："讨贵州苗寇卓巴同等平之。"

巴香、乖西一带在今贵阳、贵定、龙里、开阳交界之处，是操苗语西部方言罗泊河次方言苗语的苗族聚居之地。卓巴同等与水东宋氏为敌，显然不是水东同族；深居山箐，不依水结寨，显然不是布依族。加之《明实录》中直接称他们为苗蛮，这符合明初对黔中苗族的称谓习惯；而肖援奏折又直呼之为"苗寇"，也是当时称苗族的惯例。还有卓巴同的下属叫"仡马"，符合上文讨论的苗族人名为两字代表一个人名的规律，当是苗族人名，因而"卓巴同"肯定也是一个苗族人名。

《明实录》中另一个由三个音节构成的苗族人名见于苗岭深山区——今贵阳与龙里交界的高坡、摆省、中排等地。该书英宗天顺实录卷三百零二云："进剿东苗"的官兵"以谷种等处山箐，诸夷杂处，乃东苗之羽翼"为由，兵进青崖、牛皮箐、谷种和"鬼山"，克水车坝等一百四十七寨，又进兵石门山，克摆伤等三十九寨，"攻董农、竹盖及甲底，一路破下羡塘、金配、江瓮、摆省等四百三十七寨"。"贼首千把猪等势贫气衰，退据六美山、翁受河等处"。后"生擒千把猪等及从贼六百二十人"。

千把猪，《明史》、《明通鉴》或作"千把珠"，翻译异写故也。这次事件牵涉的地域十分狭窄，其中心区西起石门山，东到翁受河，北至金配（金批），南至摆省，范围包括今高坡、中排、民主、摆省、大坝、半坡、六广等地。

这一地带至清道光朝仍只有苗族居住（见《黔南识略》、《贵阳府志》等）。这里的地名全部都可用黔中一带苗语意译，如"摆伤"（摆桑）为"没有防御的洞"——当时苗族以"洞"为单位，"竹盖"（朱盖，或如格）为"鸡栖息的竹林"，"翁受"为"麻线河"，"摆省"是"庄稼好的洞"，"江瓮"是"河沙坝"。可见这里是苗族传统聚居地，在这片土地上活动的"千把猪"当然不会不是苗族。

对比一下"卓巴同"和"千把猪"两个名字，不难发现它们的第二个音节——"巴、把"，读音十分接近，如果考虑到苗语的方言分歧较大等原因，则可以将这两个字视为翻译中的异读，它们都表示苗语的同一个词［Pa^{13}］——父亲。根据父子联名制，"卓"应是本人的名字，"卓"下加"巴"，应解释为"父亲卓"的意思，至于"同"则仅是此人的父名而已。同样道理，"千"是本名，"千把"是"父亲千"之意。将首领称为"父亲"，显然是出于尊敬。这两个人名除了尊称外，其他音节全是苗族人名的习用字。"卓"在祖宗名单中作"走"或"左"，其意是"竹子"；"同"在祖宗名中作"同"或"夺"，其意为"铜"，这是一个汉语借词，由于苗族的金属工具全靠输入，十分珍贵，故常以金属为人名；"千"是"船"的意思，这个人名较少见；"猪"，"珠"同样代表"祖鼓"，苗族祭鼓得子者，每称之为"猪"，以求庇佑，故苗族中名"鼓"者甚多，至今亦然。因此这两个人名虽含有三个音节，表面上不符合父子联名的命名原则，然而其实质仍植根在这一命名原则之中。一旦去掉尊称后，就恢复其命名的本来面目，成为一个标准的苗语人名——"卓同"和"千猪"。

"不老丁"这个名字见于《元史》，该书中载"平伐蛮酋不老丁来附"。按文意这位"不老丁"当是少数民族首领。在元时平伐一带少数民族不是布依族，必是苗族。当地的布依族通用汉姓很早，比如，八番首领在宋时入朝已有汉姓、汉名。平伐紧接八番，布依族用汉姓不会太迟。故此处的"不老丁"不像是布依族人名，然而它又有三个汉字译音，和通用父子联名制的苗族人名似乎又不相同。

"谷蚁丁"出于《明史·方瑛传》，原文云："景泰五年，四川草塘苗黄龙、韦保作乱，自称平天大王，剽播州西坪、黄滩。瑛与蒋琳会川兵进剿，贼魁皆就缚。因分兵克中潮山及三百滩、乖西、谷种、乖立诸寨，执伪王谷蚁丁等斩首七千余。"这段记载共包括两次军事行动，朝廷批准的作战目标在今湄潭、福泉一带，而方瑛等借出兵之机又攻今贵阳东部及龙里西北。"谷蚁丁"是第二次行动的目标，战区范围是乖（峇）立、谷种、中潮山，位于今贵阳与龙里交界处的比孟、孟关等地，而三百滩和乖西则在龙里北部的洗马河一带。这些地区的山地全是苗族聚居地。所以，"谷蚁丁"很可能是苗族。"不老丁"和"谷蚁丁"两个人名的最后一个字相同，显然是同一族的人名。而苗族人名中已有"密定"的"定"字与此音近，目前尚在用的祖宗人名中也有这个字。这两个人名形式上有三个字，但却可复原为苗语的两个音节，它们同样符合父子联名的苗族命名原则，同样是苗族人名。"革子裸"在《明实录》宣宗卷四十三中已说明是苗族了："贵州宣慰司苗人革子裸仍逃窜深险"。所以，这个人名与"谷蚁丁"、"不老丁"相同，都是苗族人名。

上述五个人名形式上不符合苗族人名命名原则，但是仔细分析后，不难发现它们还是植根在苗族人名命名法中，或因加了尊称而有新变形，如"千把猪"和"卓巴同"。或因翻译时沿用中古时的汉苗翻译惯例，以两个汉字译一个苗语带复辅音的单词，从而造成三个字表示一个苗族人名。这些人名仅是特殊情况，不能据此说苗族人名应该用三个汉字译写。

四、黔中苗族也有称"阿某"者

《魏书·僚传》记载说，僚人名字以"阿"开头，形成"阿某"一类人名。后世学者以此为由，不加分别地将"阿某"一类人名视为百越系统各族——布依、侗、水、黎、傣、壮等族先民的命名习惯。若这类人名在黔中地区出现，由于这里是苗、布依杂居区，人们往往将它们当成布依族人名。然而下面一些事实会促使我们重新审查其正确性。

我们在苗岭主峰云雾山区调查时，发现许多明清碑刻，这些碑刻中有不少人名属于"阿某"一类。如：甲定雍正"碑记"中有"阿沙"、"阿烈"、"阿夫"、"阿得"；惠水县大坝的批弓狗场万历摩崖石刻中有"阿口"；仰望乾隆"抗贡碑"和嘉庆"定界碑"中有"雷阿虎"、"雷阿豆"。（原碑碑文见《贵阳志资料研究》1984年第3期）类似的碑记并不止这些。这些碑记由于距今较近，碑中所说的人名不少尚能考其后代，能确定与今人相距多少代。仰望"抗（茶）贡碑"和"定界碑"上的"雷阿虎"、"雷阿豆"、"雷阿理"等，其苗语本名尚能在其家族的祖宗名单中查出，如"雷阿虎"叫"虎报"，是该地一个干部的第七代祖宗。因而这些人名虽为"阿某"，却是苗族人名。

见于文献的同类人名还有如下一些：

《明实录》世宗嘉靖实录卷五百五十一云："嘉靖四十四年十月乙酉，贵州龙里卫叛苗阿利等伏诛。先是，龙山、偏彼、摆龙、罗容、腊利、笼蓬诸苗凭险拥众，劫夺龙里卫印，格伤官军。"后官军"生擒利等，余党悉解散。""阿利"肯定是苗族，文中已明说了。

《明史·贵州土司传》载，贵州水东、水西两宣慰争权，水西安氏煽动水东苗族攻打大羊肠。"阿朵等聚众二万余，署立名号，攻陷寨堡"，袭据大羊肠。又据《明实录》记载："贵州乖西苗阿朵等倡乱，聚众数千攻劫屯堡。"乖西地处罗泊河下游，是黔中苗族的另一个聚居地，当地苗族操苗语罗泊河次方言。可以肯定，明代文献说的"乖西苗"正是指的苗族，"阿朵"是明代的苗族人名无疑。

除了"阿朵"之外，乖西一带还有个叫"阿皆"的苗族首领。郭子章在《征路苗恭报捷音疏》中说："（万历）三十四年正月一日清浪参将董献策、刘效节搜剿东路余苗，至二十六日前后攻破崖头、独木、阿邦囤、龙井、巴香、都炉等箐，擒贼首阿皆等。"这里的"阿皆"根据上面的理由也应该是苗族人名。

黔中各级土司中也有苗族叫"阿某"者。《明实录》云："英宗正统四年八月，平伐长官司通事阿正来朝。"通事即翻译，由于该司主要是管辖苗族，通事当系为翻译苗语而设。同书又载："正统元年正月戊子，贵州龙里卫平伐长官司遣把总阿令来朝"；"宣德五年八月庚辰，小平伐司头目阿若来朝"；"宣德二年白纳长官司遣把事阿南贡马及方物。"小平伐长官的族属上文已肯定是苗族，其下属中的"把总"无汉姓名者，自然是苗族了。"阿令"的"令"，"阿若"之"若"，均见于"的某"一类苗族人名，如前述。白纳长官不是苗族，其首任长官名周可敬，是汉族姓名，但该司管辖苗族，《说蛮》、《洞谿纤志》都有明确记载，因而上引的"阿南"与该长官不是同一族，应是苗族。

上述人名不仅从情理上可知是苗族，而且转译为苗语复原其本来音读，又能在苗族祖宗名单中找到根据。比如："阿朵"的"朵"是苗语"斧头"的意思，"阿沙"的"沙"是苗语"柴刀"的意思，"阿利"的"利"是苗语对"老么"的叫法，"阿皆"的"皆"在苗族祖宗名单中一般写作"改"，是"肉"的意思等等。

这些人名中，"阿"字的来由则较复杂。原来苗语中有一种特殊的词类叫冠词，这类词只能用在名词之前，表示名词的类别。由于方言差异，各地苗语中冠词的多少、读音往往不同。"阿"（a^{31}）是苗语罗泊河次方言中习见的冠词，惠水次方言中这个冠词念作"仡"（Ka^{31}）。上述人名全来自自然物或工具，表示这些自然物的名词按苗语语法不能单用。故单称时，尤其该人尚活着，又不是庄重场合，不用父子联名的名字，则应加上冠词，形成"阿某"一类人名（敬称时则为"的某"）。

五、小　结

综上所述，黔中苗族通行以自然物或工具名作人名，早年无汉姓，故汉文献说苗族"有族无姓"、"有名无姓"。汉姓的有无，在明中叶以前，是区别汉族和布依族与苗族人名的标志。苗族普遍实行父子联名制。两个汉字组成人名乃是苗族人名的基本格式。这种格式的人名，若能在苗语中找到对音词，则肯定是苗族人名。

苗族还常用尊称，所以史籍中不一定全是两字一名。能还原两字一名式，或"的某"式的人名则是苗族人名。

"阿某"一类人名，在黔中有时是苗族的，不可一律看成是布依族的。要确定是否苗族人名，须从苗汉对译和苗族祖宗名单中找出线索，苗族人名"阿某"式与布依族（包括整个百越系统各族）的"阿某"式，来源不同，通行时代不同，使用范围也不同是可以区分的。

［原载《民族研究》1986 年第 4 期］

民族学理论探讨篇

从文化人类学到历史人类学

摘要： 史学是一切社会科学之母，又是我国学科体系的强项。但要使我国传统的历史学获得新生，肯定需要注入新的血液，赋予新的学术理念。历史人类学正是从这一需要出发，力图做出自己的新贡献。历史人类学绝不否定我国传统史学的功绩和贡献，而仅是希望使传统史学与时俱进，获得新生。历史人类学需要做的事，仅止于丰富和完善世人对历史的理解和认识，以利史学的研究能更好地服务于当代。为了实现这一目标，史学需要借助文化人类学的理念和方法，需要探索新的研究规范。这是一个从文化人类学到历史人类学的跃迁过程。

关键词： 文化人类学　历史人类学　时空域　文化整体观

在历史人类学看来，历史事件虽然永远不可能重复，但孕育历史事件的文化却从来不允许中断。历史事件不仅专属于古人，也影响着今天。因而，淹没在尘埃中的历史事件，今天的人照样可以真实而全面地认知和理解，也可以和古人一道分享。为了实现这一目标，史学需要借助文化人类学的理念和方法，需要探索新的研究规范。

文化人类学研究的对象、理论和方法与史学截然不同。然而，文化人类学既然要研究规约人类社会的民族文化，而文化又必然是历史积淀的总成，以至于文化人类学家研究的文化并不是天外飞来的外在社会规范，而是着生于具体民族历史过程的社会规范积累。就这一点而言，文化人类学研究的文化从来就是有历史的文化，而绝不是聪明人一次性制定的刻板条文。就实质而言，文化人类学家对历史的关注，几乎与文化人类学的诞生同步，只不过不同时代、不同学者对历史的理解各不相同罢了。

文化人类学的经典进化论者理解的历史是一个从低级到高级，从简单到复杂的渐进演化过程。需要声明的仅在于，他们理解的历史是整体的人类文化史，而不是具体民族的历史，将民族历史具体化，开创于鲍厄士时代。鲍厄士学派坚持的历史特殊论，使文化人类学向史学研究大大地靠近了一步。但鲍厄士并没有找到将各民族历史具体化的可靠办法。这不是因为他个人缺乏聪明才智，也不是文化人类学自身的缺陷和偏见，而是因为他研究的民族缺乏最基本的历史文献记载，使他无法做无米之炊。斯图尔德开创了文化生态学，力图从生态背景的差异和文化的适应两个角度，去揭示文化变迁的特殊历史过程。从而使各民族历史的特殊论在所处背景的基础上，向各民族的具体历史又前进了一步。但他同样遇到了研究对象文献史料记载匮乏的难题，以至于他的后继者内亭尽管意识了社会历史过程对文化形成的不可替代价值，但却仍然无法将各民族的社会历史过程具体化。

中国的情况与西方大不一样。中国传统的治学思想多的是历史感，少的是文化观。以至于蔡元培和刘师培将文化人类学的经典进化论从西方搬过来，去解读中国的远古文献，在当时的中国学术界引起了极大的轰动。但等到人们的情绪冷静下来后，人们立刻发现，中国各民族的历史并不服从统一的进化模型，而是每一个民族都有自己的具体历史，或者说仅属于本民族的特殊历史过程。于是围绕着文化人类学在中国的本土化和与中国史学研究的结合，又展开了新一轮的探索。杨成志将地方志资料引入了对中国各民族的文化研究，力图改变西方人类学片面强调共时态文化实证而导致的浅薄，使文化人类学的研究获得了一种历史的厚重感。但这毕竟还不是文化人类学与史学的结合，而仅仅是对文本史料的借用。戴裔煊则致力于文化圈形成过程的历史解答，他看到的仍然是文化演化的共性，而不是各民族文化演替过程的具体化。江应樑坚持文化人类学、历史学和考古学三结合的研究，并为此做出了不少有益的尝试，但却未能提出三者结合的原则和规范，因而仍然只能视为中国历史人类学的奠基，而不是中国历史人类学本身。

发端于文艺复兴时代的西方学科体系，高举实证主义的大旗，将能不能直接验证作为界定学科性质的唯一依据。从而把法国百科全书学派建构起来的一切学科划分为三大类，即自然科学、社会科学和人文学科。历史学的研究必须依托于文本史料，而文本史料所提供的资料又无法直接加以验证，因而被排斥在科学研究领域之外，归属于人文学科。随着时间的推移，实证主义思潮的影响日益深入人心，致使历史学的研究对象不能加以直接验证，成为这门学科的致命缺陷。这就使历史学的研究在西方陷入了困境。要为历史学争取到一个正宗的科学定位，就必须奠定它的直接验证基础。汤恩比倡导的比较史学，其目的正在于力争将文本史料纳入可以直接验证的规范，而这样的努力仍然不能令人满意。于是，在法国萌生了历史人类学。

历史人类学这一学科名称，是由法国的年鉴学派提出的。提出历史人类学的初衷，就是要借助文化人类学的理论与方法，使历史学的研究建立在可验证的基础之上，为历史学的研究赢得科学的正宗地位。为了实现这一目标，法国的年鉴学派至今已有了三代的学术传统，其代表人物及代表作有马克·布洛赫的《国王的幻术》（1942）、吕西安·费弗尔的《拉伯雷和16世纪的非信仰问题》（1942）、费尔南·布罗代尔的《物质主义与资本主义》、埃马纽尔·勒华拉杜里的《蒙塔尤》（1975）。这些研究传到欧美各国后，又产生了如下一些代表人物，如英国的 E. P. 汤普森，美国的克利福德·格尔兹和马歇尔·萨林斯等等。并在 20 世纪后期直接影响到我国的港台和岭南的学者，产生了一批有影响的研究成果。

从文化人类学到历史人类学的跃迁，显然是一个充满艰辛的探索历程。要将文本史料纳入直接验证的规范，始终存在着三大障碍。其一是如何验证史料的真实性？其二是跨时空域研究的理论基础是什么？其三是已经丢失的历史信息是否可以重新发掘出来？要突破这三重障碍，当然得依托于文化人类学的理论。然而文化人类学的立足点正在于强化共时态的研究，以便使研究的结论可以获得直接的验证。要将适用于共时态研究的理念转而应用于历史上的某一特定时空域，自然成了历史人类学学理建构的核心难题。年鉴学派的三代学人为此做出了艰辛的努力，从不同的角度，采用了不同的方法，在一定程度上突破了上述三重障碍，使历史人类学成为一门真正意义上的历史科学。

人类的历史肯定是一个不可重复的过程，要获知历史上某一时空域内的历史信息，就不得不借助于传世的文本史料。而传世文本史料提供的历史信息，又因为历史的不可重复性而无法加以直接验证。因而，年鉴学派的第一代学人对传世文本史料持怀疑和排斥的态度，企图借助跨学科的方法进行综合研究，去丰富和发现可以验证的历史信息。与此同时，还尽力地发掘和利用非官方的文本史料。由于这样的文本史料较少受到不同时代官方政治立场的干扰，因而可信度高于官方文本史料。在这一立论思想的指导下，否定个人在历史进程中的权威作用，而将日常的社会生活史、文化史、经济史纳入了历史研究的视野就势在必然了，他们的这些研究极大地丰富了历史研究的内涵。这一研究传统在第二代和第三代的传人中也得到了遵循，他们的后继者们从不同时代社会文化的整体观出发，形成了一些为学界普遍接受的名作。如埃马纽尔·勒华拉杜里的《蒙塔尤》和马歇尔·萨林斯的《历史之岛》。前者以宗教裁判所传唤异端嫌疑犯的口供为依据，复原了 14 世纪法国西南部一个普通村庄的游牧经济、家庭结构、妇女地位等历史面貌。后者则是以英国航海家在太平洋诸岛的航海日志为依据，还原了欧洲人在太平洋探险时代的时空域，并在这样的时空域内试图重现那个时代的族际关系过程。类似的研究由于立足于文化人类学的文化整体观，把流传下来的历史信息纳入历史特定时空域内作文化整体的分析，使不可重现的历史信息获得了间接的验证，从而使历史人类学的研究获得了间接验证的可能。

这样的研究思路对我国近年来的历史研究产生了深远的影响，非官方文本史料的应用被推上历史研究的前台。同时，研究者们也出人意料地发现，在这些非官方的史料中照样存在着挥之不去的国家权力影响。在官方史料文本浩如烟海的中国，获得这样的感悟，意味着在一定程度上纠正了历史人类学第一代学人的某些偏见。任何形式的史料文本都会打上不同时代编修者的烙印，他们绝不是凭空建构历史，而是在特定的社会背景下建构历史。史料文本中，通过间接的验证总可以证明其中既包含着可信的历史信息，也包含着编修者的理解和想想。对待不同类型的史料，只能信其可信，去其不可信，而不能单凭史料文本的类型定是非。

历史上的不同文化和社会生活与当代社会处于不同的时空域，因而其社会及文化的整体自然与当代社会截然不同。以至于属于历史上特定时空域的社会生活及其文化，显然不能用当代的文化观去加以解读。于是，即使确认了历史信息属于某一特定的历史时空域，要真正弄懂其社会及文化含义，绝对不能用现代人的观念去加以解读，而必须借助那个时代的观念才能获得正确的理解。文化人类学早就提出了文化相对主义，但这一理论仅是提供了史料解读的原则，而不能代替具体的史料解读。于是，要将文化人类学的结构—功能分析办法应用于对历史事实的解读，就必须做出如下两个方面的努力。一是要为自己的研究对象框定明确的时空域。二是要明确在选定的时空域内，到底共时并存着哪些历史信息。只有做好了这两项工作，文化人类学的结构—功能分析和文化解释方法才能在历史研究中发挥作用，并使历史研究获得间接验证的可能。为了突破这一难点，布罗代尔将社会文化作了层次的划分。将人物和事件作为第一个层次，这一层次的变化速率最快，具有突发性，因而被他称作短时段的历史。第二个层次为社会文化，如人口的消长、物价的升降、生产的增减等等，这一层次的历史其演化速率慢于人物、事件这一层次的内容，但又快于地理气候、生态环境、社会组织、思想传统的演化速率，因而被他称作中时段历史。他所谓的长时段历史，也即第三个层次的历史，包括地理气候、生态环境、社会组织、思想传统等等，这一层次的历史其演化速率最慢。在他看来，短时段的历史只是历史的表面层次，对历史进程的作用十分有限，中时段的历史对历史进程则起到了直接和重要的作用，只有长时段的历史才构成历史的深层结构，构成整个历史发展的基础，对历史进程起着决定性和根本性的作用。做出这一划分的理论依据是文化人类学泰勒时代提出的"文化残留"理论，其实质在于，揭示了文化要素的演进具有非等速性。在这一理解的基础上，那些长时段的历史内容不仅可以获得间接的验证，甚至还影响着今天的社会，因而可以进而获得直接验证的可能。

在他的名作《地中海与腓力浦二世时期的地中海世界》一书中，第一部分描写的是地中海地区 10 个国家的地理环境，包括山脉、平原、海岸、岛屿、气候、城市、交通等，力图说明地理与历史、空间与时间的辩证关系。这部分内容，其实质就是他所宣称的长时段历史，也是一直在影响着今天的那部分历史，因而，这部分历史也就获得了直接验证的可能。也正因为如此，他才更加看重对长时段历史的研究。

该书的第二部分讨论了 16 世纪地中海地区的社会和经济状况，包括人口、劳动力、货币流通、物价等等。这些内容显然属于特定时空域的产物，今天已经无法加以直接观察和验证。对此，他采用了文化人类学所提出的结构—功能分析方法，力图把 16 世纪西班牙腓力浦二世时期的地中海世界作为一个紧密联系的整体去加以分析和研究。他的这项研究工作实质上是历史人类学必须面对的一项重大研究使命，即历史信息的解读。这项解读，必须坚持文化相对主义的原则，绝不容许以今释古，只能用当时的立场和观点对社会要素之间的关联性去做出说明。就这样，他的这一研究个案，圆满地解决了时空域界定和历史信息解读的难题。

该书的第三部分主要讨论了 16 世纪地中海地区的政治、军事史，主要描述土耳其与西班牙两大帝国争霸地中海的过程。他认为这部分历史属于短时段历史，只是历史的表层，对社会生活的影响有限。即令是两大帝国争霸直接牵涉到的民族，战后改变的也仅仅只是其归属，而实际的社会生活则并不发生质的变化。这一结论，极大地改变了传统史学的习惯性看法，重大的历史事件和英雄人物为之失去了在历史研究中的独尊地位，而普通人的实际社会生活却在历史研究中突现出来。

突破文化人类学与历史学有效结合难关的不仅是布罗代尔，布罗代尔的前辈们也对史料信息的解读作了重要的铺垫。吕西安·费弗尔在《16 世纪的不信神问题：拉伯雷的宗教》这本书中，事实上是重新解读了 16 世纪的欧洲宗教史。按照传统的史学观念，在天主教处于至尊地位的时代，只能是一个极端封闭、极不科学，没有任何创造力的黑暗时代。但在该书中却注意到了传统的史学结论很明显地是在以今释古，而没有触及当时的社会事实。在费弗尔看来，宗教的权威仅是表象，在真实的社会中，不信神的现象仍然普遍存在，社会的进取、个人的创新并没有真正被窒息，而是在为以后的资本主义勃兴作社会文化的铺垫。费弗尔的这种解读，在布罗代尔的手中又有了进一步的发展。在《物质主义和资本主义》一书中，他力图证明资本主义的社会文化基础先于资产阶级革命，在欧洲各地已经普遍存在。至于资本主义的市场化运作和规范，为何最先出现于意大利的威尼斯，然后才是尼德兰革命以及日后的英国，这仅仅是由机遇决定的偶然事件，对整个资本主义制度的确立并不会发生根本性的影响。

年鉴学派的这些工作，近年来对我国产生了重大的影响。王明珂的《羌在藏汉之间》一文，凭借对广泛流传于羌族中的兄弟定居传说的解读，复原了这一传说在权力的拥有和资源分享上所发挥的社会功能，使一个看上去并无深意的民间传说获得了具有文化价值的历史解读。从而使中国无比丰富的传说、礼仪、习惯都获得了毋庸置疑的历史研究价值。

特定民族的历史其内容极其丰富，无论研究其间的哪一个时空域，官方文本能够提供的历史信息肯定极其有限。凭借有限的历史信息，显然不足以复原历史的全貌。因而，致力于发掘和利用新的历史信息，自然成了历史人类学一个极其重要的研究领域。从马克·布洛赫到埃马纽尔·勒华拉杜里，在否定官方文本史料权威性的同时，都致力于发掘来自社会下层的各种民间文本史料。但即令如此，他们仍然感到历史信息的贫乏。于是，又理所当然地倡导多学科的综合研究，凭借社会学、经济学，乃至自然科学的理论和方法，在文本史料信息之外去发现新的历史信息，同时赋予了不同学科的理论解读。布罗代尔的绝笔之作《法国史》第一卷《法国的特性》就大量地运用了法国出土的考古资料。在他看来，法国的特性在一定程度上从新石器时代开始就奠定了基础，这样的特性还一直影响到今天。在这里，他倡导的大尺度、长时段的历史研究得到了充分的贯彻，并因此为其他学科史料信息的发掘和利用奠定了学理依据。其中，通过文化人类学和考古学发掘新的历史信息占据着突出的地位。后继者中倡导口述史的解读，则是在他倡导的学理基础上作了进一步的延伸。

中国的文本史料尽管浩繁而完备，但在贯彻历史人类学的研究时，同样感到历史信息不足。发掘非官方的文本史料和非文本史料，在我国近年来的研究中依然能引发强烈的响应。刘志伟通过对珠江三角洲村寨空间布局，特别是对宗祠空间布局的解读，成功地复原了这些集镇的形成过程以及围绕其形成而相伴的经济、习俗、社会组织的变迁。这一研究堪称是不动土的考古发掘研究。赵世谕则凭借早已被人淡忘的宗族记事碑刻，去发掘这些碑刻树立时代的历史信息，成功地复原了不同地区的历史社会生活面貌。这些研究都充分证明，整体的历史虽然不可复，但历史信息却是可以重新发现的，也是可以重新解读的。发现与解读信息，与新考古学的主张不谋而合，都是在发掘中借助于新的技术和方法，提取可靠的并经得起反复验证的历史信息。

今天，历史人类学在我国正在发挥越来越大的影响。随着上述三大难题的解决，加上我国有丰富的文本史料储备，历史人类学的长足发展，在我国正当其时，正当其用。为此，我们将历史人类学本土化，不仅要用历史人类学的理论和方法重新解读官方文本史料，还要解读非官方的文本史料，甚至是口述史资料，而且还要致力于借助文化人类学、考古学和其他学科的理论和方法，不断地发掘历史信息。要在这项工作的基础上，定型一套中国式的历史人类学理论和方法规范，使发端于法国的历史人类学在中国真正实现本土化，成为中国式的历史人类学，让历史的研究成为能直接服务于当代社会的有用工具。

[原载《原生态民族文化学刊》2009 年第 4 期]

文化对自然与生态系统的适应具有层次性

既然我们都承认文化的结构具有层次性，而且文化又是逐步丰富、发展的，那么作为文化演化有机组成部分的文化适应就不可能没有层次的差异，也不可能没有既定的时空内涵。对文化适应的研究有必要深入到运行机制中去探讨，需要区分适应成效的可延续能力，即长效适应、中效适应和短效适应。

"适应"这个概念是文化人类学从生物学中借用而来的，它于上世纪初较频繁地见诸相关论述并有所反响，但是对文化适应内涵与机制的讨论则迟至二战以后才开始。纵观对文化适应的理解，不难看出，文化人类学往往是就文化演化后取得的成效去评估适应的水平，这种做法与生物学界的做法非常相似，但揭示的内容却缺乏过程的纵深感，因而对适应的认识难以深入。关键的困难在于作为文化适应的对象总是千差万别，各种需要适应的要素稳定存在的时间也有长有短，因此在评价文化适应所取得的成效时，前人往往立足于田野调查的共时面去展开分析，主要是依赖研究者的感悟去作经验性的裁断，这就使得文化适应成了一个非常空泛的术语。既然我们都承认文化的结构具有层次性，而且文化又是逐步丰富、发展的，那么作为文化演化有机组成部分的文化适应就不可能没有层次的差异，也不可能没有既定的时空内涵。结合近年来一些田野调查结果，笔者认为，文化适应层面性的差异不仅是推理的结果，还能找到生动的实例。

在剖析这些实例之前，很有必要对环境要素的变化速度作一个推理性的说明。首先，构成环境要素中的无机内容，比如海拔的高度、岩石和土壤的性质、生态系统的类型及其构成要素的变化速度应当是非常缓慢的；其次，生态系统自身，比如病虫害的发生、外来物种的引入或者原有某些物种的消失等，变化速度就要快得多；最后才是一个民族与周边其他民族的社会关系，这种变化速度应该是更快的。如果上述三种环境要素的作用都要在文化适应中有所体现，那么为实现文化适应而进行的创造所付出的代价应当大致相等，但成效却有极大的反差。举例来说，为了御寒而产生的文化适应，只要天气不变暖，它就可以长期保持下去；为了应对病虫害爆发而产生的文化适应就会很不一样，因为病虫害的爆发不一定具有必然性，保持这样的适应成果，收效就不会很明显；为了应付冲突和战争的需要而产生的适应，则不一定有保持下去的价值。这正是我们认为文化适应应当有层次差异的理论逻辑起点。

我国西北地区干旱多风是一个长期稳定存在的客观环境要素，在可考的历史时段内，其变化的幅度并不大。如果一种文化对一定的环境要素作出适应，并取得了相应的成果，那么这样的适应也应当是长期稳定沿用的。汉武帝时期推广的"代田法"是个有力的例证。"代田法"的核心是起垄种植，将作物（主要是粟和稷，这是两种十分耐旱的农作物）播在沟中，在生长的过程中，将垄上的土用于作物培根。时至今天，在东北地区的科尔沁沙地边缘仍有很多农民采用类似的耕作方法，只是垄变宽了，沟变窄了，种植的作物也换成了玉米、高粱和大豆。这样的变化，可以从干旱程度、风力强弱不同得到合理的解释。值得注意的是，在今天的黄河台地，也就是当年曾经推广过"代田法"的地方，却兴起了另一种抗旱的种植方法，那就是"沙田种植法"，具体做法是将鹅卵石铺在平整的耕地上，作为保霜抗风的覆盖层。"沙田种植法"何时取代"代田法"，目前尚无法确考，可以肯定的是，二者的适应功效是相同的。采取"代田法"时必须确保垄和沟在强风的吹拂下保持稳定，这就意味着土壤中必需含有较多的腐殖质，有较多的植物残根。今天的河套地区和黄河台地由于经过了长年的强风侵蚀，草原植被已经萎缩，土壤严重沙化，"代田法"已经不适合这里的生产环境，"沙田种植法"则取而代之。但是"代田法"并没有退出历史舞台，东北地区实行的"起垄"就是"代田法"的移植。三者在不同时空场域中相互替代、相互转换。因此，应对长期延续的环境要素作出的适应，其延续期显然要长得多，但这并不意味着它不需要改进，不需要创新。保持和创新是交错出现的，即便应对的环境没有大的变化，也会有这样的交替出现。

一般认为，玉米和南瓜是在明代后期才进入中国大陆的，进入到西南地区则是清代中期甚至更晚的事情了。据笔者近年的调查发现，贵州省紫云县麻山地区的苗族居民所种植的玉米品种是 20 世纪 50 年代培育成功的"金皇后"和"白马牙"，并且在种植时将南瓜和玉米套种在同一块地上，此外还要种植大豆等豆科植物，有时还在耕地中保留一些高大的乔木，甚至在田中种植一些供猪食用的草。这就说明，当地居民对玉米和南瓜这两种植物的适应是在很短的时间内完成的。如果从适应的成效角度看，现有的耕作制度最大的长处在于，南瓜和豆科植物的存在可以很好地荫蔽裸露的基岩，既能避免气温急剧升高伤害作物，又能有效抑制水分的无效蒸发。这就提出了一个问题，文化适应为何可以在极短的时间内完成？笔者发现，将豆科的藤蔓类作物和直立作物混合播种在同一块地中的做法，在麻山由来已久，只不过早年是用饭豆、大豆、粟和高粱混合种植。也就是说，麻山地区的文化适应在创新的背后有保持，在保持的背后也有创新性内容。这应当视为对环境要素作出中时段适应的一种普遍方式，适应的机制遵循的是最小改动原则，只改动那些非改不可的内容，能不改的则尽可能保持。

20 世纪五六十年代，贵州省黎平县双江乡黄岗村曾经明令要求将农田附近的浓密森林砍掉，以增加光照，提高粮食产量，而当地侗族群众原先种植的糯稻品种都是那些能够在丛林中正常生长的耐阴、耐水淹品种。森林被砍伐以后，这些糯稻品种就不适应当地的环境了，于是当地有关部门开始推广从其他地方引进的喜好阳光的品种。但是，黄岗村的村民却选育出了一种谷芒很短但喜好阳光的新品种——苟列株（侗语意为能够在 9 月收割的糯谷），目前这一品种已经推广到周边很多村寨。值得注意的是，他们选育这种新品种的时间很短，而且应对环境的可变性也很大，而这种可变性又始终控制在当地侗族村民手中。这就很自然地提出了一个新的问题：文化适应能够作出如此快速的反应，显然需要十分深厚的社会积淀，我们所能观察到的适应变化仅仅是深厚社会积淀的表象。要揭示文化适应的机制，还得追究达成并支配这种变化的结构功能特征。也就是说，要从结构功能的关系出发，探讨完成适应创造的文化功能及其运行的过程。只有做到这一步，才可以说对文化适应有了基本的把握，并对下一步的适应走向作出预测。

凭借上述三个实例，笔者认为，在研究文化适应时，需要区分适应成效的可延续能力，应当明确地区分长效适应、中效适应和短效适应。就长效适应而言，如果它发生了改变，就意味着原先适应的对象已经改变了，因而在发掘利用时要高度审慎；就中效适应而言，由于文化作出适应时内容的改变不会导致整个适应环境的机制发生变化，因此当发现目前种植的作物有负作用时，可以果断地引导当地居民将其替换；就短效适应而言，由于适应的主动权掌握在当地居民手中，作出这样的应对并没有考虑长期保持，因而应当允许当地居民随时准备替换，并将其纳入农业研究和农业管理的宏观调控范畴内加以灵活管理。

[原载《中国民族报》2009 年 5 月 1 日]

论人群体质与民族文化的交叉作用及其后果

摘要：在人类学的学科建构中，体质人类学和文化人类学是两门研究任务、对象、方法各不相同的学科。文化人类学致力于研究文化的建构、功能和演化，体质人类学则研究人类体质差异的时空分布及人类体质的遗传变异。这两门学科之间存在着本质上的区别，因而，研究的方法和结论不能简单地套用。然而，这两门学科的对象都是人，而人类又必然是生物性和社会性的并存，人类的这两种特性又会客观地存在于相关民族文化的建构中。人群的体质差异肯定会对民族文化的建构起作用。必然是文化建构中需要加以适应的客观对象。相反的，一种长期延续的民族文化，由于要直接规约着相关人群的社会生活，这就不可避免地又会使相关的民族成员获得某些后天的体质特征。不注意到体质与文化的交叉作用，某些文化事实将得不到合理的解释，某些共同的后天体质特征也无法得到正确的说明。这两方面的研究不仅对文化人类学有价值，对体质人类学也有价值。一方面，可以丰富这两门学科的研究内容；另一方面，在实践中又有多重的应用价值。

关键词：体质　民族文化　交叉作用

一、两门性质不同的人类学

在当代的学科体系中，人类学无疑占据着十分独特的地位，因为在人类学内，包括两个性质截然不同的次级分支学科体质人类学和文化人类学。若就体质人类学研究的对象、方法和任务而论，毋庸争辩应归属于自然科学的范畴，而文化人类学按世人的习惯又被确认为社会科学，这从长期以来的学术研究历史中可以得到证明。美国人类学家威廉·A·哈维兰编写的《文化人类学》一书中提到，文化人类学着重研究作为文化创造者的人类；而体质人类学着重研究作为生物有机体的人类，它的众多兴趣之一是人的演化①。对比出自同一本书的这两个概念可知，这两门学科就其实质而言，根本不存在相互混淆的任何可能。但这仅是一种理想化的理解，事实上，不管是人类的体质，还是人类的文化，都会作用于具体的个人，以至

---

① 威廉·A·哈维兰. 文化人类学（第十版）［M］，瞿铁鹏，张钰译. 上海：上海科学院出版社，2006：8—9.

于不管是用体质人类学方法获取资料，还是用文化人类学的方法去做出分析和探讨，两者之间都不可能做到泾渭分明。两门学科之间的相互渗透，相互干扰，乃至相互误用的情况，一直贯穿着这两门学科的研究历史，而且一直到今天还难以廓清。有鉴于此，本文将致力于从学理的角度，系统剖析两者的区别，揭示其间交叉互动的机制及其后果，以免习惯性的思维困扰人们的理性判断。

事情很清楚，不管是研究纯粹的社会现象，还是研究纯粹的自然现象，都与研究人类本身截然不同。原因很清楚，不仅是人类，就是具体到某个个人，他必然是生物属性与社会属性的整合。两种属性都会在同一个人身上明白无误地反映出来，从表面看似乎无从分辨，这就难怪不少学人，不得不花大量的笔墨去不厌其烦地加以澄清。试看朱泓对体质人类学的定义：体质人类学是一门从生物学、遗传学的角度，来研究古今人类的体质特征和类型及其起源、演变规律的学问。从这一意义上来讲，它应该隶属于自然科学范畴中的生物学门类。但是，由于我们所要研究的对象是人，而人又是同时具有自然属性和社会属性的特殊动物，所以体质人类学的研究中又必然涉及大量的人文社会科学内容。这一点在探讨人类的起源与发展、人种的形成和人种类型的演变、古代人群与环境、文化的关系以及运用体质人类学方法探讨古代居民群体的家庭结构、社会性质、劳动分工和健康状况等一系列问题时，表现得尤其明显。由此，把体质人类学定位于介于自然科学和人文社会科学之间的交叉学科位置上的提法，可能是比较恰当的[1]。在这个定义中，朱泓教授明确无误地提醒读者注意，文化对人类的体质有影响，但这样的影响如何发生，结果又如何，在朱泓教授的专著中并没有作出明确的说明。

相反的情况也同样存在，一些文化人类学的著作中也明确提到，人类的体质对文化也会发生不可忽视的影响。在庄孔韶《人类学通论》中谈到：体质人类学研究人的生物性和文化性，研究人类文化的生物学基础，关注人类如何获得现在的形态和行为[2]。至于文化如何影响到人的后天体质特征，同样语焉不详。为此，本论文的任务正在于，以世人熟知的实例，说明人类的体质特征与文化建构之间的交叉互动作用及由此而产生的各种后果，务使人们明辨这两门学科之间的区别与联系。

经过一个多世纪的研究，学术界逐步弄清了人类的体质差异与文化建构作用，尽管都要作用于具体的个人，但作用机制及其产生的后果却截然不同。要将它们严格区分开来，本身并不是一件难事。困难之处倒是在于，人们很难排除个人心理和个人情绪的干扰，以至于人为地设置一些障碍，干扰两者之间的本质区别。只要排除这些干扰，正本清源，两者之间的本质差异终究可以完全澄清。

体质人类学经过一个多世纪的努力后，已经一致确认当今世界上的人类，就体质而言，可以区分为白种人、黄种人和黑种人三大体质类型，其下还可以细分为很

① 朱泓.体质人类学序［M］.北京：高等教育出版社，2005.

② 庄孔韶.人类学通论［M］.太原：山西教育出版社，2002：75

多亚类型。但所有的现代人类都属于同一生物物种，即人科智人种。其差异仅表现为亚种层次上的差异，甚至是更小的地方性群体差异①。从生物学的角度看，其间并不存在生物物种层次上的差异，因而，他们是完全平等的。从生物学的角度区分不同人种类型的差异，是完全站不住脚的。

然而，人类又必然是高度社会化了的动物，任何个人都不可能脱离人类社会。必然都会以生物的方式生存。而人类社会又是凭借文化维系起来的一个个社会实体，而任何民族文化又都是人创造出来的人为信息系统②。民族文化与人种体质之间存在着本质差异，其差异不容许相互混淆。可是，当一种文化作用于具体个人时，该个人的体质特征对已有文化的反馈，肯定要受到其自身体质特征的影响。于是，必然表现为个人体质可以对文化的建构发挥潜在的作用，甚至影响到某些文化要素的存废以及文化要素间的结构功能关系。若要弄清这样的作用机制，从斯图尔德到托马斯哈定，对文化适应的有关学说③，可以发挥积极的作用。按照这些文化人类学的理解，文化的建构必然要适应于所处的客观环境，这样的适应虽然不具有必然性，但就其终极意义而言，至少不会彻底地违背其所处的生存环境。按照这样的理解，文化持有者的个人体质特征，理所当然地要成为文化适应中必然考虑的对象之一。于是，由不同的人种类型人群组成的民族，其民族文化的建构肯定会呈现出一定的差异。而同一体质类型人群构成的各民族，其文化的建构自然会表现出某种意义上的共性。对上述两种推测，我们都能够找到确凿的证据。

二、民族体质对文化的模塑作用

体质人类学的研究也已经注意到，在新大陆发现以前，白种人、黄种人和黑种人的空间分布相对稳定。黄种人集中分布于东亚、东南亚和美洲等地。白种人集中分布在欧洲、西亚、南亚、北非和南亚次大陆的北部等地。黑种人主要分布于旧大陆回归线以南的部分，包括撒哈拉以南的非洲地区、南亚次大陆的南部、澳大利亚以及东南亚等地的一些岛屿④。三个人种类型又各自形成了众多的民族，对比这些民族之间的文化差异，我们确实可以找到一些带规律性的共性特征。这里仅以某些公认的实例作提示性的说明。

以饮食习惯为例，黄种人所建构的民族倾向于食用口味偏咸的食品，白种人建构的民族则倾向于食用口味较淡的食品，而且特别喜欢甜食，以至于不论在古代还是今天，欧洲各民族在日常饮食中，蜂蜜和糖总是占据着突出的地位。而东亚各民

① 朱泓. 体质人类学序 [M]. 北京：高等教育出版社，2005：336
② 罗康隆. 文化适应与文化制衡 [M]. 北京：民族出版社，2007：75
③ 黄淑娉，龚佩华. 文化人类学理论方法研究 [M]. 广州：广东高等教育出版社，2004：304
④ 朱泓. 体质人类学序 [M]. 北京：高等教育出版社，2005：337—340

族在日常饮食中，大多嗜好于含盐量较高的食物①，以至于中国古代王朝，都以盐作为税收，只要控制了盐的专卖，就稳定税收。因而从汉代起，就有《盐铁论》这样的专书问世。中国的汉族居民、韩国的高丽人、日本的大和民族都喜欢吃偏咸的泡菜，日常食品的含盐量也普遍偏高。欧洲的俄罗斯人和保加利亚人，尽管也把食盐作为重要的礼品使用于礼仪之中，似乎对盐的地位看得很重，但到真正食用时，食品中含盐量极低，趋向于添加大量的糖和蜜。波兰人和法兰西人都是腌制咸肉的高手，但直接测量他们的加工品含盐量后，可以发现其含盐量都低于中国腌肉和香肠。更值得注意的是，这两个民族在食用腌肉时，都要先用清水浸泡脱盐后再食用。更夸张的是，葡萄牙厨师在处理腌制的鲑鱼时，规范的烹调操作竟然要将其一连浸泡半个月，每天更换 5 次清水，总计要更换 75 次清水，将一条腌得像一根木棒一样僵硬的鲑鱼，浸泡得一点盐分也不剩，鱼肉呈现为鲜嫩的粉红色时，才算达到了脱盐的目标，也才能烹调成美味的食品。菜谱上虽然称其为咸鲑鱼、盐鲑鱼，但事实上吃的却是几乎没有盐的鲑鱼。仅以吃盐这一项为例就不难看出，由白种人构成的民族和黄种人构成的民族，他们的饮食特点却呈现出带规律性的共性差异。近代的欧洲医学专家研究表明，长期食用含盐较高的食物，会导致心血管疾病发病比例的增加。结论一出，欧美白色人种各民族，立即蜂起响应，并蔚然成风，所有的人都拼命追求淡食。然而，有趣的是，在中国发生了戏剧性的例外。中国人的正常饮食习惯，正常用盐量平均比欧洲人高 3 倍，但中国人患心血管疾病的比例并没有明显高于欧美白种人各民族。而且在中国的正常食谱和故事传说中，食盐都被视为调味的关键佐料。类似的情况，在日本、韩国文学作品中也可以看到。我国的藏族居民，每个人每天要饮用 3—5 升含有大量食盐的酥油茶②，他们的心血管疾病也没有明显的上升。可见，在黄种人所构成的民族中，食盐在文化中的定位与白种人构成的民族截然不同，这显然不是偶然的巧合，而应当做出科学的证明。

当代体质人类学研究开始注意到，白种人体表的汗腺数量仅及黄种人的五分之一，而且汗腺毛孔较为粗大，所分泌的汗液也要比黄种人浓稠。现代医学研究证明，人类和其他普通动物一样，食用的食盐都是通过排尿和排汗加以调节，体内的含盐量始终能保持平衡。既然黄种人的汗腺数量成倍地高于白种人，这至少可以说明黄种人调节体内盐平衡的渠道比白种人多而广，多摄入一点食盐，不愁排泄不畅而导致体内盐平衡紊乱。而白种人，一旦摄入的盐较多，就必须大量喝水，频繁排尿才能勉强维持体内的盐分平衡。但频繁排尿会导致人际礼仪的失范，在文化建构中，这会成为天生的压力，因而白种人群组成的民族，其文化建构的最佳适应手段就只能是降低食盐摄入量，而主要以甜味佐料代替食盐作为调味剂。白色人种各民族普遍尚好淡食的原因由此而发生。基于同样原因，黄种人构成的民族口味偏重，

---

① 崔进. 旅游文化纵览［M］. 北京：中国旅游出版社，2002：317—331.

② 杨圣敏. 中国民族志［M］. 北京：中央民族大学出版社，2003：209

并因其体质特征的支持作用使这一文化要素得以在这些民族中普遍推广。这个实例，可以证明人种的体质特征确实会成为文化建构必须加以适应的生理因素之一。文化的适应，仅具有可能性而不具有必然性，但问题在于，文化建构如果偏离了各自的体质特征，这样的文化现象即便客观存在，文化的建构还得派生出一系列的补救手段去调整体内的盐平衡。也就是说，文化偏离了最佳的适应方式，肯定得付出额外的适应代价。比如：欧洲人到了东方，常常感到水土不服，这是其中的原因之一。

体质特征会影响文化建构还有一个影响广泛的实例。这些民族之间的审美情趣会呈现规律性的差异。一位英国女记者开玩笑说：你们中国人真邪门，总是想方设法把自己的皮肤弄白，走到大街小巷都会看到增白霜的广告，干吗把皮肤弄得这么白。对此中国妇女也可以反唇相讥：你们欧洲人更邪门，好好的白皮肤不要，非要在海滩上晒日光浴，晒得皮肤黝黑才算好。懒得晒太阳，还不如用染料染成古铜色就好了。对这样的生活小事，如果把视野稍微放宽一点，还会注意到，还不仅仅是中国人才追求白皮肤，众多东亚黄种人各民族也通常如此。缅族人妇女更奇特，由于生息地日光强烈，无论如何增白都无法生效，于是干脆染成黄色，以遮盖被晒黑的皮肤。上述带规律性审美情趣共性差异的成因也来自生理的制约因素。都是出于追求个人独有性的文化心态延伸出来的文化特征，只不过是折光反射的结果罢了。白种人各民族的妇女在天天看惯了白色面孔的背景下，会很自然地感到稍带颜色的面孔更具独特性，自然成了唯美追求的目标。而黄种人各民族的妇女则是出于相同的原因采取了相反的作法，把本来有颜色的皮肤打扮得白一些而显得其独特性，以获得美的享受。至于缅甸人的作法，则只能理解为求白不能的情况下，文化的适应则只能另做打算。

衣着习惯也会在无意之中打上民族体质特征的烙印。上文提到，白种人的汗液十分浓稠，如果衣着过于紧身，必然导致排汗不良，容易滋生微生物，诱发为狐臭。据现代医学统计，欧洲人狐臭发病率高达80%以上。于是，在更大的范围内，归纳和总结白色人的服装特点，同样可以找到一些带规律性的特征。欧洲古代贵族妇女的服装，领口开得很深，目的在于使腋窝外露，扩大透气性。所以在穿裙子时要在臀部用鲸鱼骨作内衬，务使裙子不贴身子，同样是为了便于排汗和通气。印度和巴基斯坦的白种人各民族，妇女穿的纱丽更是力求宽松，尽可能将腋窝，甚至是肚脐充分外露，以此降低微生物的滋生，减少狐臭对人际交往的干扰。在万不得已的情况下，甚至不惜滥用带浓郁香味的化妆品，以便掩盖狐臭，避免人际交往中的尴尬。与此同时，白色人种构成的各民族在生活中不得不频繁地洗澡，甚至使用浓烈的香水以掩盖狐臭，这些都成了她们日常习俗中带普遍性的文化特征。

至于中国、朝鲜、日本的古代服装则与欧洲的服装形成鲜明的对照。黄种人构成的民族，其服装特点趋向于全身较为严实地包裹，除头、手之外，身体的其他部位都不容许外露，特别是妇女，身体其他部分的外露都要被视为无礼。原因在于黄种人中，有狐臭人所占的比例不到20%，这证实中国的传统服装，在文化建构中的定位规范才可能做到这一点。当然，黄色人种各民族内部也有体质差异，这同样会影响民族服装的造型，中国和俄罗斯境内的通古斯各民族其传统服装是旗袍，而旗袍标准样式的突出特征正在于，要配有直立的衣领，将颈部严严实实地包裹起来。而中国南方各民族的服装，不管是苗族、仡佬族还是彝族，其传统服饰都没有直立高领，穿这样的民族服装，其颈部可以完全暴露。中国南北各民族之间的衣领正好形成鲜明的对照。据体质人类学测量的数据统计结果表明，我国和俄罗斯境内的通古斯各民族，在黄种人中，属长头颅长脖颈型的黄种人亚型。偏巧通古斯各民族的生息地，冬季特别严寒，而且又冷又湿，长脖颈的保暖问题，当然得在衣着样式上加以适应，配上高领的旗袍，还可以补救长脖子、长头颅带来的不利。旗袍加上高领既是对体质的适应，也是对环境的适应。我国南方的各少数民族不仅头颅短，脖子也短，加上生息地炎热、潮湿，服装不配置衣领，同样是体质特征的最佳适应。这样的适应既有利于排汗、纳凉，又无损于美观。若不从两地各民族的体质差异去加以分析，我国南北少数民族的服装差异就很难得到正确的理解。

事实证明，不同民族的体质特征，同样是文化建构中必须加以考虑的适应对象。其适应机制仅表现为一种可能性趋向，而且在文化的适应中，如果碰上了不可能针对性适应的情况下，就必须派生出补救的措施来。我国彝族的生息地，海拔高，气温和气压都偏低，穿上无领的擦尔瓦，颈部在冬天难以保暖。为此，彝族的传统服饰中，必须派生出披毡习俗来。纳西族也得派生出类似功能的披饰来①。在上述实例中，尽管文化适应的手段似乎有些曲折，但最终仍然可以看出文化对本民族体质特征的适应肯定是一种普遍存在的事实。

三、民族文化对民族体质的反作用

文化的建构不仅要受到体质特征的影响，而且文化的建构也会造成民族成员获得一些带共性的后天体质特征来。蒙古人是一个马背上的民族，刚刚会走路的小孩，就得理所当然地送上马背，随着父母游牧转场。从儿童时代起，他们的骨骼尚未完全成熟，就必须用双腿夹紧马腹，以防从马背上掉下来，经这样的习俗长期作用后，蒙古族居民在不知不觉中长成了罗圈腿，在地上行走时，只能一摇一摆地走动。以至于，光看走路的姿势，就可以判断出他们是不是真正在草原上长大的蒙古族。高丽民族在日常生活中，习惯于盘腿席地而坐，这样的坐姿会对婴幼儿留下终身的影响，直接导致股骨、胫骨、腓骨和膝盖骨的变形，这些都能在体质人类学的测量中得到高比例的确认。

文化建构中，出于审美的要求，强制改变体型也是经常发生的事。中国古代妇

---

① ［元］周达观著，夏鼐校．真腊风土记校注［M］．北京：中华书局，1981：382.

女的包小脚，西欧各民族的妇女束腰，在文化建构中，同样属于对人体具有残忍性和非人道性的内容。不过，我们不要忙着嘲弄古人缺乏理智，现代欧美各民族的减肥及穿高跟鞋，就实质而言，和束腰与包小脚一样，同样属于不人道，减肥和穿高跟鞋同样会导致后天性的体质变形。这样的风气，也会波及发展中各民族，中国各民族恐怕也难于幸免。这应当是文化人类学重视的研究新课题，值得引起人类的共同关注，别让文化的适应误入歧途。

文化对人类后天体质的重大作用，还可以从文身、割礼一类的文化习俗中得到确证。中国古代的百越民族，都有文身、凿齿的习惯，据典籍记载，兴起这样的习俗，是为潜水捕鱼，或说是避免蛟龙伤害①。不管出于何种动机，但这样的习俗，肯定会导致民族成员体质的后天改性。目前，文身的习俗在我国的傣族、独龙族、高山族和佤族中还有部分延续，至于国外延续文身习俗的民族还更多②。现代医学研究证明，文身虽然满足了审美要求，但却可能诱发皮肤癌，因而也是文化人类学应当关注的课题。后天改变民族成员体质的实例还有穿耳、穿鼻，以便佩带金银首饰。穿鼻主要流行于印度斯坦各民族，穿耳则我国各民族皆然，无一幸免。不过，这样的文化建构，对民族成员体质的副作用较少，不必过于苛求。对体质伤害不大的文化建构，还可以用西太平洋群岛各民族为例，这些民族在养育婴儿期间，用特殊器械人为地改变婴儿头型，以求美观。当然，这样的做法，对体质的副作用并不大，但改变后天体质却是不容否定的事实。

文化的建构中，用手术的手段改变民族成员后天体质的实例，除了文身外，还有犹太人对男性的割礼、非洲斑图人对女性的割礼以及高棉民族的镇毡。高棉民族的这一习俗，在元代的《真腊风土记》也有记载③。当然这样的手术对民族成员的日常生活影响不大，但手术不良也会诱发重大的负面影响。可是，像缅甸帕通人，用金属环拉长脖颈的文化建构，就不应当熟视无睹了。因为这会对妇女构成人身的伤残，其严重后果甚于汉族包小脚。

总而言之，文化的建构对民族成员体质的影响均属于后天作用，不具备遗传性，本身不属于体质人类学的常规研究范畴，但却足以干扰观察和测量数据和结论。这是体质人类学研究中需要规避的干扰因素。明白了这样的文化人类学事实后，对体质人类学的研究反而可以发挥积极的支持作用。

四、对某些新情况的讨论

人类体质与民族文化建构之间的交叉互动作用是普遍存在的事实，但两者之间

---

① 陈国强等. 百越民族史［M］. 北京：中国社会科学出版社，1988：32—70.

② 林耀华. 民族学通论［M］. 北京：中央民族大学出版社，1997：425.

③ ［元］周达观著，夏鼐校. 真腊风土记校注［M］. 北京：中华书局，1981：106.

的作用，其性质内容和机制却互有区别，体质差异仅是文化适应的对象之一，而文化造成的体质特征仅属于后天体质特征，性质、内容和表现形式与先天性体质特征不容相混。澄清上述各种差异，不仅对体质人类学的研究十分有用，对文化人类学的研究也具有重大价值。这一论题的复杂性和普遍性，本文的讨论只能算是挂一漏万的提示，但如下三种新情况却值得认真研究：其一，当前的现代化进程会将大量的有毒物质引入社会生活，而且被众多的民族所接受。比如，化学涂料所含的毒性会损害居住者的健康，汽车燃料中的添加剂会污染空气，农药的滥用会导致食品含毒的风险等等。尽管这些事实被众多的民族所接受，也成了民族文化中的必备内容，但因会对人类的健康构成危险，文化人类学和体质人类学都应当加以关注，并携手展开这一领域的研究。其二，随着民族平等和种族平等的概念越来越多地被人们所认同，并付诸实践，这一新发展对民族文化的建构具有重大的作用，但对人类体质的优化却具有副作用，因为这会导致人类的婚姻完全受社会的支配，人类生物本能在其间的作用越来越小，其最终的结果会导致人类的生物性进化完全被窒息。对这样的严峻事实，同样需要文化人类学和体质人类学共同展开研究，力图解决这一难题。其三，过分的职业分化也是当代世界各民族普遍接受的社会事实，这样的文化发展趋势对文化的运行效应提高显然具有积极作用，但长期运行的后果却给人类未来体质的改善明显具有副作用，过分专门化的职业分工，比如说现代竞技体育、艺术表演、现代形体艺术、长时间的电脑操作、在封闭环境下的手工操作等，不仅直接损害从业者的健康，还会导致不同职业的人在生活上的隔膜，增加了人与人之间的疏离感，因而诱发为各式各样的精神病者。这样的副作用，目前虽然不严重，但未来的发展却令人担忧。

总而言之，传统人类体质和文化建构的互动作用值得深入探讨，而现代条件下的互动作用，更值得深入探讨，以便将副作用防患于未然。这是文化人类学和体质人类学责无旁贷的研究使命，希望这一新领域能与学术界的同仁共鸣。

［本文与谢景连合作，原载《云南师范大学学报》（哲学社会科学版）2009 年第 3 期］

目前生态环境史研究中的陷阱和误区

摘要： 特定民族文化所处自然生态环境之间的互动制衡关系具有高度的复杂性，而历史文献对生态环境变迁的记载又难以具有准确性，因此，借助历史典籍记载从事生态史研究，客观上存在着四大陷阱和五大误区。若不借助民族文化的整体观、结构功能观和价值相对观来规避这些陷阱，揭示这些难以发现的误区，可信可凭的生态史研究就难以做好。

关键词： 生态史　民族文化　生态环境

生态环境史作为一种典型的跨学科研究，所需探讨的历史问题具有前所未有的复杂性。当我们立足于不同文化立场来分析史料，采用不同的时空与价值尺度进行裁断时，对于同一个问题可能产生迥然不同的看法。因此，我们应当保持高度警觉：历史上的实际情形可能远不像预先想象和估计的那么简单、明晰。根据笔者的观察，目前中国生态环境史研究客观上存在着若干陷阱和误区，不仅影响了学者们的研究思路，而且导致了问题判断的严重错误。

一、四个陷阱

地球表面并存的生态系统千姿百态，生息于不同生态系统中的各民族经历长期的文化适应后，无不将自己所处的生态系统视为最好的生态系统①，并将这样的价值定位纳入本民族的文化建构之中，成为民族文化的有机组成部分。对生态系统价值定位的例外，仅发生在移民社群之中。移民人口虽然在总人口中所占比例不大，但他们的言行却可能干扰学者对生态史的准确判断，因而是生态史研究中需要防范的第一个陷阱。

生息在中国大西南的各古代民族在秦汉时代的典籍中统称为"西南夷"。有关当时"西南夷"地区的自然生态环境，《史记》、《汉书》偶有提及。其中最具代表性的评语称该地为"不毛之地，亡用之民"②。与此同时，又提到该地大量输出筰

---

① 托马斯·哈定等：《文化与进化》，韩建宁、商戈令译，杭州：浙江人民出版社，1987 年，第 39 页.

② 《汉书》卷九五《西南夷两粤朝鲜传》，北京：中华书局，1962 年，第 3844 页.

马和牦牛①。若立足于上述记载，这一地带的生态背景显然不尽如人意，但这两书中的其他篇目却分明记载说，秦代之际，被迫移民到这一地区的中原居民，认定这里是发财致富好地方的却不乏其人②。而且上述两书明确提及，汉代时，这一地区孕育出了卓王孙那样的富豪③。两相比较，若当地的生态系统真的坏得不值一提，这些富豪的万贯家财又从何而来？如果说当地的生态环境适应于中原居民居住，为何又没有人主动移居该地定居？非要等到政治动乱时，受逼迫后才移民到此定居。因而，如果不坚持文化的相对观④和不同文化对生态系统评估的相对观，史料记载的表面冲突就无从破解，正确的生态史结论也就无法得出。

不同民族所处的外部环境，理当分为三大层次：一是无机环境，二是生态环境，三是社会环境。外部环境三个层次的变迁速度各不相同，无机环境的变化速度极其缓慢，其变化的时间要以十万年、百万年乃至千万年计，很多重大的变迁超出了人类史的研究范畴，当然也就超出了生态史研究的范畴，仅仅是在研究生态史时，需要注意到无机环境变迁的后续影响而已。

生态环境是指那些有生命的单元集合，也就是生态学家所称的生态系统⑤。生态系统的形成与演化也是生命现象历史演替的产物，其变化的速度虽说比无机环境要快，但对于民族文化而言，仍然是相当稳定的。演替的速度要以数百年乃至数千年计，这样的计量尺度也往往超过了特定民族的延续期，更不要说国家和王朝了。立足于特定的国家与王朝而言，轻易地断言自然属性的生态蜕变，同样会干扰学者对生态史的正确认识。

社会环境是指立足于民族文化而提出的研究范畴，民族文化及其延伸的社会形态，如社会组织、政治、法律、伦理道德、宗教、技术、技能等都是社会史研究的传统范畴。其变化速度很容易被研究者注意到，并且能够留下相应的记载，这是传统历史研究的根基所在。至于生态史的研究则理应有所不同，生态史应当主要关注特定生态系统的本底特征及其延续机制，并以此为基础，重点探讨人类及其社会存在对相关生态系统所造成的综合影响及其派生的生态后果。因此，错乱了环境演替的层次，混淆了不同尺度、不同内容的生态事实，必然会干扰生态史的研究，这是生态史研究的第二个陷阱。

目前不少学人在研究环境史时，习惯于援引全球气候周期性变动，去剖析小范围生态系统的蜕变，甚至用地壳沉陷、海陆易位去解释小范围生态环境的灾变，还以类似的变动为依据去解释人为毁损导致的快速生态蜕变。这样的作法明显错用了时空尺度，因而得出的结论，一般而言都靠不住。事实上，人类社会可靠的历史记

① 《史记》卷一一六《西南夷列传》，北京：中华书局，1982年，第2993页.
② 《史记》卷一二九《货殖列传》，第3260页.
③ 《汉书》卷五七《司马相如列传》，第3530页.
④ 罗康隆：《文化相对主义述评》，《贵州民族研究》2005年第25卷第4期，第60—66页.
⑤ 周廷儒：《古地理学》，北京：北京师范大学出版社，1982年，第165页.

载才数千年，而冰河期和间冰期延续则至少需要以万年计①。在人类可考的历史阶段发生的生态环境变迁，尽管气候波动也是一个因素，但毕竟是一个极其次要的因素。因为一个生态系统一旦形成，它本身也会具有应对环境风险的能力，大气会剧烈升温和降温，生态系统内气温尽管也会有波动，但幅度要小得多，一般的生物物种都可以借助生态系统的群体合力，熬过这样的风险。不要说小幅度的气温、降水波动，就是真的冰河期到来，也不排除某些小范围内原有的生态系统可以熬过数十万年的磨难存活下来。否则的话，我们就无法解释银杏、水杉和梭罗树为何能熬过好几个冰河期在我国一直成活到今天这样的奇迹。在这样的问题上，唯无机环境论显然不足为据，应当注意到生态环境本身也有它自身的抗风险适应能力。

地球沉陷和抬升同样不会在短期内诱发为剧烈的生态改性，反倒是人类的干预活动可以做到这一点，洞庭湖的形成和萎缩可资佐证。唐代以前，并无浩瀚的洞庭湖，进入唐代以后，才出现了烟波浩渺的洞庭湖②。当前，水退后，洞庭湖底下暴露出来的古代河道、古农田就可以清晰地证明这一过程③。有的学者将洞庭湖的成因归因于地壳下沉，但地壳下沉是一个极其缓慢的过程，数十年乃至上百年的下沉都不会超过 1 米。而洞庭湖的水深却要超过十几米，要造成这一幅度的地壳下沉需要上万年时间，而不是几十年乃至几百年的事情。因而洞庭湖形成的主因是长江上游和中游各支流的农垦导致了较为严重的水土流失，致使长江中游干流从枝江到城陵矶河段的江底被垫高④，江面造成了一个 35 米的落差，洪水季节的长江水才可能向南倾泻，淹没了南岸的低洼地带才逐渐形成了洞庭湖，进而使原来的旱地生态系统慢慢地变成了后来的水域生态系统。就实质而言，旱地生态系统和水域生态系统在洞庭湖形成之前早已并存，只不过成湖前后各自所占比例不同。因而洞庭湖的形成不能理解为地质运动的产物，也不能理解为生态系统自然改性的产物，而只能理解为人类无意识活动的产物。

民族文化所能凝聚起来的社会合力，不仅十分强大，而且具有明确的针对性和转换的灵活性，足够在一定范围内改变生态系统的某些属性，这也是民族文化能动性的集中表现。由此导致的生态改性对相关民族而言至关重要，为了社会发展，推动这样的生态改性也无可厚非，但对所处的生态系统而言却不然，它必然表现为对所处生态系统的偏离、冲击与损害。对生态系统造成的冲击与损害很容易被相关民族意识到，理所当然地也会在文化的适应中得到明显的体现。至于对所处生态的偏离则有所不同，因为它具有隐含性和可累积性，还会在族际交往中扩大和叠加⑤，

---

①　周廷儒：《古地理学》，第 165 页。

②　蓝勇编：《中国历史地理学》，北京：高等教育出版社，2002 年，第 112 页。

③　张修桂：《洞庭湖演变的历史过程》，《历史地理》（第一辑），1981 年。

④　周育林：《中国历史概论》（上），北京：人民教育出版社，1987 年，第 70—71 页；周宏伟：《长江流域森林变迁的历史考察》，《中国农史》1999 年第 4 期。

⑤　罗康隆：《文化适应与文化制衡》，北京：民族出版社，2007 年，第 57 — 67 页.

因此会成为众多生态灾变的导因。此类生态演替，不仅速度快、影响明显，对相关民族文化的正常运行损害也极大，理当成为生态史研究的核心内容。仅仅是在研究中必须兼顾原有无机环境和生态环境要素的客观影响而已。有鉴于此，忽视民族文化的能动性，忽视生态灾变的社会属性与文化属性，夸大自然因素在生态系统快速演替的作用，乃是生态史研究的第三个陷阱。

中国的大西南不少江河干流目前都存在着河谷焚风带①，这样的地带，气候又干又热，降水稀少，地表只能长出极度耐旱的禾本科植物和菊科植物，呈现为荒漠景观。但在明朝的典籍中却明确地记载，这样的河谷区森林密布、遮天盖日②。于是河谷焚风带自然成了生态史研究的焦点。有人援引近年来很有影响的温室气体排放的地表增温原理，认定是清代在这一地区大规模炼铜、炼锌等，导致大量二氧化碳的排放而形成的生态灾变。对这样的分析需要一分为二。一方面干热河谷的出现，确实与大规模砍伐森林供给冶炼金属作燃料有直接关联性；另一方面温室气体排放导致的地球升温，其原意是指全球范围的升温，而不单指干热河谷的升温。理由很清楚，二氧化碳是气体，进入大气后会继续扩散，均匀分布在大气中，绝不会密集分布在干热河谷地带。即使要增温，也是全球范围的事，而不仅仅是河谷带的事。而且这样导致的升温其演化速度极其缓慢，绝对不会在短期内导致森林生态系统的整体演替。导致干热河谷的直接导因，不是无机环境或生态系统本身，而是人类的干预。一者，朝廷对铜、锌等金属原料的需求，推动了过度的伐木③。再者，所在区域内的地方行政机构，处于增加税收的功利目的需要，纵容包庇采矿业的无序扩大。三者，改土归流后，森林权属混乱也为树木的无序砍伐铺平了道路④。最后，流入矿区的居民，绝大部分是来自中原地区的汉族居民，在他们的民族文化中，对这一地带的生态系统缺乏起码的认识和了解，这才使得无论从伦理观、信仰观上，还是从理性尺度上，都不具备规约力，这才使得他们会无所顾忌地滥采滥伐。上述四方面才是干热河谷形成的直接社会原因。此外，当地的无机环境也发挥了间接作用，由于海拔低，气温偏高，森林生态系统一旦整体被毁后，土地中水资源的无效蒸发必然加剧，这才导致森林生态系统无法自我更新⑤。从生态系统结构自身而言，这里的原生生态系统层次很多，可以对水蒸气的无效蒸发层层截留，不同层次的生物物种是在相互依存、相互制约中才得以稳态延续。高大植物砍伐后，下层的耐阴植物会被强烈的日照和气候的干燥窒息而死，并因此导致整个生态系统

---

① 刘燕华等主编：《脆弱生态环境与可持续发展》，北京：商务印书馆，2007年，第226页.

② ［明］王士性：《广志绎》卷五《西南诸省》，北京：中华书局，第107，121，122页；［明］刘文征著，古永继校点：《滇志》卷四《旅途志》，昆明：云南教育出版社，1991年，第167页.

③ 杨煌达：《清代中期（公元1726－1855年）滇东北的铜业开发与环境变迁》，《中国史研究》2004年第3期.

④ 张肖梅：《四川经济参考资料》，北京：中国国民经济出版社，1939年，第17－20页.

⑤ 刘燕华等主编：《脆弱生态环境与可持续发展》，北京：商务印书馆，2007年，第232页.

的总崩溃。而改变后的河谷生态背景，原有的生物物种不能存活，而能存活的植物在当地又没有种子，这才加剧了干热河谷的荒漠化程度。由此看来，将干热河谷的形成理解为温室气体的排放显然是站不住脚，因为这样的理解没有注意到无机环境、生态系统和人类干预下的生态改性属于不同的层次，不能混为一谈。

导致社会性生态演替的驱动力来源于综合性的社会合力，这样的合力又必然要受到相关民族文化的节制，而节制失范的场域又总是发生在民族并存的过渡地带，并与相关民族的实力消长相伴生。因此，单就某项社会原因去探讨生态蜕变的成因，肯定具有局限性。就个人行为去探讨生态灾变的成因，更是无从谈起。不少学人习惯于单就政治、军事、法律、经济的某些事件去剖析生态灾变的成因，往往会导致结论偏颇，这是生态史探讨的第四个陷阱。至于追究个人责任不仅对生态史的探讨无益，反而会造成更多的混乱，这是当前生态史研究中应当避免的习惯性看法。

处于黄河河套内的鄂尔多斯高原，在中国历史上一直是游牧民族和农耕民族反复拉锯争夺的文化交错地带，这里的生态环境也因此表现为良好和蜕变频繁交错更迭，但无论是生态环境好的时代，还是生态灾变的时代，都不能凭借某一项社会原因去作出合理的解释。

这里仅以北魏时代为例，这一时期，尽管《魏书》中明确提到土地已经局部沙化[①]，但北魏太武帝灭夏以后，这里曾出现过畜牧业高度繁荣、稳定的局面，当时这里曾拥有马匹 200 多万匹，骆驼 100 余万头，牛羊无数[②]。考虑到整个毛乌素沙地的总面积还不到 4 万平方公里，上述载畜水平经过折算后，几乎每市亩草地就可以承载一个羊单位。载畜水平已经接近了当代西方集约畜牧业的高度，载畜水平高出今天当地载畜量的十几倍，这就难怪不少史学工作者怀疑其数据记载的真实性。因为若论经济，在干旱沙地上的这种载畜水平，肯定得靠毁坏生态环境为代价，但生态环境的蜕变却查不到实证。从军事的角度看，当时正处于列国纷争，战伐无虚日，战争也没有导致生态的蜕化。若从政治的角度看，政权频繁更迭之快更是空前绝后。因而从任何一个角度看，都有理由怀疑这些数据的可靠性，但如果从文化与所处生态系统的适应性角度看，上述数据显然确凿无误。当地的年均降水量在 300—400 毫米之间[③]，每市亩每年可以获得天然降水 160 吨到 340 吨，只要水资源的无效蒸发得到有效的控制，每市亩草场可以产出草料一吨半到三吨，因而要养活一个羊单位不成问题。而控制无效蒸发的前提有三个：一是林、灌、草复合并存。二是风化壳的完整保存。三是地表表土不被人为翻动，常年有牲畜粪便均匀补给。这三个前提在多畜种复合放牧的方式下都能得到满足[④]。而北魏时代恰好是采用这样

① 《魏书》卷三五《崔浩列传》，北京：中华书局，1974 年，第 822—823 页．

② 何彤慧、王乃昂等：《历史时期中国西部开发的生态环境背景及后果——以毛乌素沙地为例》，《宁夏大学学报》（人文社会科学版）2006 年第 2 期．

③ 乌审旗志编纂委员会编：《乌审旗志》，呼和浩特：内蒙古人民出版社，2001 年，第 137 页．

④ 敖仁其：《内蒙古草原牧区现行放牧制度评价与模式选择》，《内蒙古社会科学》2007 年第 3 期．

的方式去利用草场，因而上述数据毋庸置疑。相反地，若单就政治、经济或军事原因去审读这一史料，却无法复原历史的真相。

二、五个误区

由于上述四大陷阱的存在，当代生态史的研究，客观存在着如下五个误区。

其一是自觉或不自觉地立足于某一文化的价值尺度，强行划定不同生态系统的优劣等次。如，目前有人误以为森林生态系统是最好的生态系统，而沙漠生态系统则是最差的生态系统。因此，轻率断言古代的生态系统一切皆好，因为当时全球森林满布。而现代，沙漠的面积扩大了，因而现代的生态系统一切皆坏，由此得出了今不如昔的误断。事实上，不管地球史上的任何时代，生态系统都会多样并存，特别是新生代以来，各种生态系统的并存一直是客观存在的事实。对人类社会而言，从它出现的那天起，就一直面对着各不相同的生态系统，而不同民族对生态系统的价值评估又会各不相同。对沙漠民族而言，沙漠反而是正常的良好的生态系统。同样的道理，其他生态系统也各有其主，无论是哪种生态系统的稳定存在，都是正常的自然现象，而无序的生态快速改性才是真正意义上的生态灾变。这正是生态史要研究的重点内容。

纵向比较我国历代正史对南北生态系统的评估，必然会得出一个自相矛盾的印象，隋唐及其以前的正史一直把地势低下和潮湿的地段视为不适合人居的环境，因而选择聚居地都要避卑湿，并据此推而广之地认定江南地区只适合蛮越居住①。而宋代以后却反过来了，认定江南是"鱼米之乡"，俗称"苏湖熟而天下足"，江南成了好地方，而原先黄土高原上的风水宝地反而成了次一等的居住环境。如就事实而论，中国南北的生态系统其实并没有发生明显的变化，变化的倒是汉文化本身。文化变迁以后，人们的观念也随之一反旧有，这才使得对同样的生态系统有了截然不同的评价。至于对其他民族而言，观念的差异将会更大，对生态系统的评价更会各不相同。因而，光凭从文献记载的字面涵义去复原历史上的生态实情，显然不是一件轻而易举的事情，还必须考虑到文化的相对性和文化自身的流变，如果仅就字面意义对生态系统作出裁断，肯定会失之毫厘，差之千里。

其二是将生态系统的自然改性混同于人为的生态改性，或者将生态灾变的成因含混其词地说成是自然与社会因素共同作用产生的结果。事实上，自然因素导致的生态改性十分缓慢，对民族文化的正常运行都不会造成明显的影响，这样的生态改性，应当由地质史去进行研究，而不是社会生态史研究的范畴。生态史研究应当聚焦于社会因素导致的生态快速改性与生态灾变。

湖北省历史上曾是"千湖之地"。而今全省的湖泊面积不及古代的三十分之一，

---

① 《史记》卷一二九《货殖列传》，第 3268—3270 页．

从水域生态系统大面积蜕变为平原陆生生态系统，真正快速递变的时间仅仅是一个世纪的事情。但必须注意，其成因与自然因素无关，古今降水量、江河输水量和地壳运动都未发生实质性的变化。发生递变的原因主要是社会因素，但不是单一社会因素，而是多重复合的社会因素，围湖造田有责任，上游山地伐木开垦导致泥沙淤积也有责任[1]，修筑沿江防洪大堤也是重要成因之一，对天然野生植物的清除也是不容忽视的原因之一。耕种制度的改变，从单种水稻到扩大小麦的种植同样会发挥不容低估的作用。总之，这些湖泊的消失，是人为改性的结果，不是无机和有机环境自然演替的产物，最终的稳定改性是长年积累的产物。因而，单凭一时一事不足于解释这些湖泊消失的成因。

其三是无原则地滥用"脆弱生态系统"这一概念。任何生态系统都是无机背景下生命现象演替的产物，演替的结果本身就会导致生态系统的稳态延续[2]。因而，对长期存在的生态系统而言，本身并无"脆弱"或"不脆弱"可言，生态系统的脆弱性总是因人类的利用方式而别。只有人类的利用方式冲击其脆弱环节时，脆弱性才会表现出来。而且，即使某些环节表现出脆弱性来，也并不意味着所有其他构成要素都具有脆弱性。把某些生态系统定义为"脆弱生态系统"，并以此为基础去探讨生态蜕变的过程，必然曲解生态史的真相。

我国内蒙古高原上的内陆干冷草原目前被不少学者指认为脆弱生态系统，极力主张放弃一切形式的利用，才能确保生态的安全。倡导实施生态移民治理草原的决策，显然是照搬西欧自然保护区做法的主张。但这样的主张无异于因噎废食，因为内蒙古草原并非一切要素都脆弱，而仅仅是枯草残株和地表风化壳具有脆弱性，脆弱的仅是这一环节而已。理由很简单，由于当地植物生长期只有一百天以下，其他时期都处于冰冻时期，枯草虽死而不腐，一般可以在地表直立十多年。但这样的枯草不是废物，而是草原的保护伞，既可以隔绝日照给地表降温，防止水分的无效蒸发；又可以抵御强烈的风蚀。同样因为天气寒冷，地表风化壳的形成，也需要经历一个漫长的过程，牛羊吞噬牧草后排泄的粪便经蜣螂一类的昆虫消化后，再经过微生物降解，才能形成腐殖质，腐殖质需粘上沙土后才形成风化壳。5厘米的风化壳往往需要数十年的积累才能结成，如果实行农耕，只需实行一次，数十年之功便毁于一旦；而如果执行游牧生计，风化壳则可不断加厚，得失之间本来不言自明。

内蒙古草原的最近一次生态蜕变发端于明代后期的汉族移民的屯种。入清以后，"走西口"的"雁行人"又将屯种的范围扩大，而清朝后期的放蒙政策又将规模更其发大。20世纪进一步扩大了农垦范围，最后才导致整个地表风化壳的掀翻。近年来，数百万人深入中蒙边界挖"发菜"，更是将毁损风化壳推向了高潮。因而

---

① 苏成等：《洞庭湖的形成、演变与洪涝灾害》，《水土保持研究》第8卷第2期，2001年6月。

② 蔡晓明：《生态系统生态学》，北京：科学出版社，2002年，第11—12页．《南开学报》（哲学社会科学版）2009年第2期

中国北方近年来频繁遭受沙尘暴的袭击，实际上是多年积累下来的生态灾变，绝不是一时一事失误的产物。

与这一灾变相关的各种事件、政策乃至于具体的个人，都很难对灾难的酿成负全责。因为这些事件的发生和政策的出台，个人的活动，在一个根本问题上具有可积累性和超长期延续性，根源来自于非草原文化的固有偏见。对绝大多数农耕民族而言，总是十分自然地认定，让枯草直立在地表很不雅观，是荒凉的象征。同时认定地表风化壳应该埋在地下作肥料，而不应该铺在地表而有碍观瞻。但却不知道要储备大气降水和抵御强烈的风蚀，靠的恰好是风化壳和地表的枯草，以至于只要土地到手可以利用时，就会毫不留情地挖翻。这种观念可以在政策中体现，也可在实践中体现，更重要的是通过个人行为去具体落实，最终导致脆弱环节受到冲击，整个草原生态系统就只能走上全线崩溃的困境。等到全线崩溃后，就表象下结论说，草原生态系统一切都脆弱。其失误在于，忽略了过程而只看中了结果。

其四是单就技术手段探讨生态史，同样极其有害。知识、技术和技能都是民族文化的产物，而且是针对所处生态系统建构起来的产物。任何形式的知识、技术和技能，都无先进落后之分，只有适用与否之别。更鉴于生态系统本身具有稳态延续的特征，而且其稳态延续期可以超越人类的存在期。因而，即使是远古时代的技术与技能，只要所处的生态系统不发生实质性的演替，就不会失去其应用价值。反倒是所谓的新技术，更容易导致生态改性与生态灾变。为此，生态史研究的重点在于相关的技术技能是否会冲击生态系统的脆弱环节，而不能就技术的复杂程度定优劣，并以此为依据去追究生态灾变的成因。生态史的研究必须扬弃"唯技术论"，倡导技术技能的合适论。

《汉书》较为翔实地记载了"代田法"的发明和推广过程[1]，赵过的这一发明又是以先秦时代的农艺为依据。在今天，从我国东北到河西走廊的弧形地带，还有各族乡民在实施"起陇种植"，也就是沿袭"代田法"的种植办法。进一步的考察发现，这样的农业技术，仅适用于干旱和风蚀强烈的地带，在相对湿润的我国南方则毫无意义。这表明适应于特定生态环境的耕作技术几乎拥有不可估量的生命力，可以沿用几千年而不衰，但却仅仅适应于特定的生态环境，离开了特定的生态环境不仅无益，反而有害。

麻是我国种植历史极为悠久的纤维作物。纵向比较我国历代农书，很容易注意到各书对植麻技术的介绍侧重点各不相同。《齐民要术》花了很大的篇幅，十分详细地介绍了如何用种子繁殖的技术，并特别强调需要对麻园实施灌溉。而王祯的《农书》还提到麻类可以用分株移植进行繁殖[2]，明末成书的《农政全书》则提及

---

① 《汉书》卷二四上《食货志四》，第 1138 页.
② ［明］王祯：《农书》，王毓瑚校，北京：农业出版社，1981 年，第 159 页.

可以扦插繁殖①。若不细究上述各农书作者的出生地，就无法解释对同一种作物的繁殖技术介绍，何以会如此轻重不一。因为这不是技术的发展进步问题，而是与所处生态环境的适应问题和所处社会的需求问题。我国北方春旱和伏旱严重，用种子繁殖不实施灌溉绝对不行，但在我国极为湿润的江南地带，实施灌溉不仅无益，反而有害。基于同样的理由，在北方不论是分兜或扦插都难以成活，因为北方大气过于干燥，用营养去繁殖容易脱水；而在南方，不仅成活率高，而且繁殖速度快。技术介绍的差异并不存在先进和落后之别，而是适应的区域不同。同样的道理，《齐民要术》大力推荐用种子繁殖，也不是因为当时的学者不懂得扦插也可以繁殖，因为就在这本书中也介绍了其他作物可以扦插繁殖。该书不提麻类可以扦插繁殖还应当另有原因，这是因为当时所处的社会，种麻的目的是为了自我消费和完纳国税，当时的人还不知道市场风险为何物，快速的繁殖在实际操作中意义不大。到了明末时情况就大不一样了，种植的麻大都会进入市场，而市场的价格又会涨落无常。为此，麻农就得对市场快速作出反馈，扦插繁殖才有了急切的推广价值。这正是《农政全书》需要强调扦插繁殖的社会原因。不仅麻是如此，对整个中国农业史的研究，都需要注意到技术是否适应于当地的生态系统这一关键问题。近年来，韩国生态人类学学者全金秀倡导的技术合适论，应当引起我国环境史研究者的关注。为此，在我国的农史研究中，唯技术论的观点至今尚待清除。

其五是割裂民族文化与生态灾变的联系，单就政治、经济、军事、法律的某一因素无限放大，去解读人为生态蜕变的原因，从而无法注意到生态灾变总是爆发在文化的交错带，而不是在各民族文化的稳定分布区，更不可能注意到人为生态改性主要是文化运行的产物，救治的办法也应当从文化人手。

在我国西南，喀斯特山区分布范围广，总计有 17 万平方公里，而且大部分处在珠江流域区内，当地原生的藤蔓丛生生态系统遭到人为毁损后，会蜕变为石漠化荒山，从而失去了水源储养能力，成为珠江中下游频繁遭受洪涝直接导因②。目前这里的石漠化面积达 5 万平方公里，而且每年还在以 1000 多平方公里的速度蔓延，对这种生态灾变的成因，学术界其说不一。有人认为，是这一地区各族居民生产技术落后导致的恶果。有人认为，是清末至民国年间这一地区频繁发生的战争导致了生态的不可逆蜕变。也有人认为，这是历史上当地长期饱受民族压迫而种下的祸根。当然，最容易得到认同的观点是当地生态系统脆弱而人口又超载，过垦、过牧和过樵采导致了生态的不可逆。上述各种观点都有一定根据，但必须考虑各种因素所能施加影响的时空、场域和范围。理由很简单，因为石漠化灾变目前还在恶化，

①　[明]徐光启著，石声汉校注：《农政全书校注》（中）卷三六《麻》，上海：上海古籍出版社，1979年，第996页.

②　石明奎：《珠江上游农业区域生态现状及生态安全预警系统可行性研究》，《贵州民族研究》2005年第1期.

上述几种见解所依据的理由，有的在当前已经失效了，因而失去了说服力，至于说当地生态系统天生脆弱，却不能解释为何在改土归流前生态系统并未明显恶化。说人口超载也难以成立，近15年来，这些地区几乎过半的人口进入城镇或沿海城市打工。随着退耕还林政策的实施，政府已经严格控制了土地资源的利用，但石漠化灾变并没有得到遏制，足证单一的社会因素显然无法解释一个整体性的生态蜕变。

这里以近年来发现的一些新情况略加说明，意在表明在多元文化并存情况下，人与所处生态系统的关系极其错综复杂，从直接的感性出发，很难切中事实真相。

清雍正时代实施大规模改土归流时，这一片区不少地方还属于所谓的"生界"①，当地群众纷纷归顺了朝廷，朝廷的惠民政策除了减免租赋外，关键是在这一地区推广棉麻种植，并且收到了明显的经济效益②。但近年来的实地调查却发现，在喀斯特的峰丛洼地山区，推广植麻会导致原先峰丛洼地底部天然溶蚀湖和湿地的消失，使下通伏流和溶洞的地漏斗和裂缝被打通，成为水土流失的通道，造成土壤稀缺的喀斯特山区土壤资源的快速流失。从清末以来，为了提高这一片区的粮食产量，又向这一地区引种或推广玉米，在起步时同样收到了明显的经济成效。但近期的调查表明，推广种植玉米不仅需要频繁翻耕土地，而且玉米对地表的覆盖度太低，同样会加剧水土流失，其副作用比用刀耕火种种小米还要大。而上述两种情况恰好是此前的研究者忽略了的关键环节。凭借有限的历史记载，表明当地各族居民早年的传统生计方式与当前的谋生手段截然不同，原先种植的作物都属于木本和藤本的粮食和纤维作物或丛生态的草本植物，一次种植可以多年收获，而且不需翻土也可种植，这些作物一旦成活，就可以对地表形成极高的覆盖度，再加上农耕与林业、畜牧业兼容，这才使得当地原生生态系统的脆弱环节得到了有效的规避。以这些新发现的问题为依据，不难看出，来自其他地区的作物与技术并不适应于当地特定的生态系统，因而是导致生态蜕变的重要原因。历史上曾经发生过的政治、军事、经济事件仅止于发挥推波助澜的有限作用而已。

综上所述，此前的生态史研究，要么只见生态系统不见人，要么只见单一的社会原因而看不到民族文化的作用，这就使得从研究思路上留下了暗伤，难以看到生态史研究中的陷阱与误区。若不确立民族文化在生态史研究中的关键作用，陷阱就无法规避，误区就不能排除，生态史的研究就不能走上正轨。正确的做法只能借鉴文化人类学和生态人类学的理论与方法，展开综合的跨学科的研究，才能揭示人为生态演替的真实历史，形成的结论对当今的生态建设才可能具有指导意义。

[原载《南开学报》（哲学社会科学版）2009 年第 2 期]

---

① 《元史》卷一七《世祖本纪》，北京：中华书局，1976 年，第 359 页；《清史稿》卷五一五《土司四》，北京：中华书局，1977 年，第 14271—14272 页.

② 《清高宗实录》卷三三一，台北：华文书局影印本.

文化重构犹如凤凰涅槃

——论传统文化利用的难点及化解手段

摘要：本文认为水土流失治理并非纯粹的技术工程，而是一项错综复杂的社会系统工程，即使是水土流失治理中的退耕还林，也不允许把它当作纯技术的或纯经济的举措去对待，因为当事的各民族在退耕还林还草过程中及退耕后，其生存方式必然要发生重大的转型。因而，各民族传统文化在这一过程中，既是相伴始终的社会基础，又是运作力量的源泉，还是配合工程实施的社会规范。退耕还林一旦付诸实施，相关各民族传统文化的重构势在难免，然而，文化重构既然是一种系统性的社会规范体系创新，其间就不免要遇到艰难和险阻，当事人得经历痛苦的磨难。为此，本文以我国西南山地各民族传统的混成耕牧制为例，探讨了将这种传统生计方式运用于退耕还林还草政策，将它作为过渡模式的可行性，分析了这一过渡模式的困难、险阻，提出了相应的对策，希望这一应用实例有助于揭示文化重构的艰巨性和困难性。

关键词：文化重构　过渡模式　混成耕牧制

一、一则动人心魄的神话

如何正确对待传统文化，一直是民族学界关注的焦点。主张任其自由发展，理性地接受客观现实者不少；主张人为干预，实施保护者也大有人在。至于应当如何保护，则更是仁者见仁，智者见智。面对这场旷日持久的论争，我们并不满足于凭借共时性的调查资料去作结论，而是主张回归中华学统，反观历史上已有的文化重构事实，以古鉴今，整合历时性的文化事项与共时性的文化事项，才可望对这个问题作出符合客观事实的结论来。

任何一个不带偏见的人，只要他熟知中国通史，不管他是否使用文化重构这一术语，他总会得出这样一个印象，悠悠数千年间，汉文化总是不断地受到内外冲击，又一次次地经历艰苦的磨难而获得新生。经历了每一次冲击和磨难后，汉文化都发生了这样或那样的巨大变迁，古老的习俗在消失或淡化，新的习俗在脱颖而出；前人奉为圭臬的伦理道德信条，后人都对之作了新的诠释和新的演绎；就连人们天天要说的汉语，也在一次次的文化重构中不断地吐故纳新，变得让祖宗们听不懂。从某种意义上说，一部中国通史，简直就是汉文化不断重构而又不断获得新生的过程。

对远古的历史，人们的记忆终究有些模糊。姑置而不论，单就近一个半世纪以来的艰难历程，就足以让我们品味到汉文化重构的磨难与欣慰。在众多的磨难与欣慰中，最关键的有三点，其一是，尽管一个半世纪以来的内忧外患灾难重重，但汉文化到了今天终究还是汉文化，它既没有西化，也没有东洋化，我们至今还能沿着中国式的社会主义道路走下去，那种把传统文化视为弱不禁风的温室花草的看法和提法，并不符合一个半世纪以来的中国历史事实。其二，这是一个充满艰辛、困惑和磨难的转型过程，在这个过程中，当事人承受的精神和肉体的压力，可以说得上是不堪忍受，但只要能熬过来，曙光终究在前头，那种把文化重构看成四平八稳的书斋设计规划，同样不符合一个半世纪以来中国几代人的切肤感受。其三，这是一个汉文化自我能动调适和创新的过程。一个半世纪以来，我们想学的、学过了的、学到了的东西，真可说得上是不胜枚举，我们对自己的传统抛弃了搁置下来的，一贯坚持至今的同样指不胜屈。然而，一切外来的东西在汉文化的熔炉中，都经过了加工改造、消化吸收，对我们自己的东西，同样经历了一场汰选、调适、升华的自我改造过程．而完成这一过程的主心骨是汉文化自身，而不是什么外来力量。到了今天，我们完全可以理直气壮地说，是我们自己拯救了自己。抚今追昔，我们很自然地联想到那一则远古的神话。

神鸟凤凰，每一只都可安享 500 岁的高寿，当其死期将至时，凤凰总要自衔檀木积成柴堆。然后点火自焚，在烈火中获得再次新生，从灰烬中诞生出一只只金光灿灿的新凤凰。20 世纪初，正当中国面临艰苦磨难的关头，诗人郭沫若以这个神话为蓝本，写下了《凤凰涅槃》这首新诗名篇。神话终究是神话。诗人的浪漫情怀当然也替代不了文化重构必经的磨难，但作为一个比喻，确实能让我们有所领悟。无论是文化重构的当事人，还是一个真心的帮助者，精神与肉体都绝对不可能轻松，客观需要的是大无畏的勇气、艰苦卓绝的奋斗和百折不挠的意志。有鉴于此。作为民族学研究的普通一兵，我们在面对一次次文化重构的现实时，心境极其错综复杂。对任何一个民族的传统，我们都满怀崇敬与依恋，对文化重构过程中的险阻与磨难，我们又都忧心如焚，对美好的未来我们又充满了信心和期盼，恰如李白诗云："弃我去者昨日之日不可留，乱我心者今日之日多烦忧……俱怀逸兴壮思飞，欲上青天揽明月。"

汉文化重构的经历已经如此，其他任何一种民族应对现代化的冲击完成自我文化重构，当然不会有例外。这就对我们提出一个十分严峻的问题，要想利用传统文化服务于既定的建设目标，不管是相关民族的现代化、西部大开发还是环境治理，必然充满了险阻和困难，绝无坦途可言。全面探讨文化重构理论，显然不是本文能完成的任务，但以水土流失治理为目标，利用需要退耕还林地区各民族的传统生计方式，服务于生态环境治理，我们却可以凭借自己的经历和感受、前人的研究成果和我们的调查结论，作一个提纲挈领的说明。

二、一种尚有生命力的传统生计

作为水土流失治理中的一项关键措施，退耕还林还草本身无需什么高精尖的技术，就其实质而言，无非是将原有的农田换成了草原或林地。但作为一项社会系统工程，退耕还林还草却是一项极其复杂的研究课题，原因在于，实施退耕还林还草要牵动千家万户，要涉及数以亿计的各族人民的眼前及长远利益。如果退耕还林还草地带的各族群众将这一政策决定理解为政府要他们这么办，或者是为了免除江河下游人民免受干旱洪涝之苦而要他们这么干，那么退耕还林还草地带的各族群众自然有正当的理由要求政府部门和江河下游人民为他们承担因此而蒙受的近期和长远经济损失，这就意味着退耕还林还草所需的资金投入将是一笔庞大的天文数字。如果相关地区各族群众把退耕还林还草理解为自己传统的延续，是自己分内的事情，那么退耕还林一旦启动，将会形成滚动发展的态势，投资不足的困难就可以得到极大的缓解，这乃是退耕还林还草必须研究和有效利用各民族传统文化的原因之一。

20 世纪 80 年代以来，退耕还林还草也曾在各地各民族中陆续实施过，但总的说来，收效甚微。麻烦问题在于还林还草难以稳步推进，而且为了不出现反弹，不管是还林还是还草，都需要当地群众有效利用和精心维护，如果相关地区的各族群众不是把林和草看成像自己种惯的庄稼一样，是自己生存和发展的要基，那么"一把锄头种树，十把斧头砍树"的局面终究要不断重演，毁草复耕的势头，即使动用武装警察也挡不住。要使退耕还林还草只进不退，方法只有一个，那就是让各族群众将林与草视为自己的生存要基。要改变各族群众观念的价值取向，同样得回到各民族的传统文化上来，只要在各民族的传统文化中找到了护林护草的定位架构，我们就可望将他们的传统与现实需要衔接起来，以确保退耕还林还草的稳步推进，这乃是退耕还林还草必须研究和利用民族传统文化的原因之二。

说到农田经营，特别是稻作农田经营，我国各少数民族自然远远逊色于汉民族。但若论森林及草原的有效利用和管护，汉族就得向我国众多少数民族学习。退耕还林还草的实质是，要将人为建构的农田生境改造为各类型的人为森林生境和各类型的人为草坡生境。对森林生境和草坡生境的管护与利用，不仅一般汉族群众没有成熟的经验和技能，就连科班出身的工程技术人员也长期没有把它们纳入自己的研究视野。与此相反，我国西南山区的各民族在世代积累中，已经掌握了丰富的治山治水经验和有效利用森林草坡的技术技能。若不借鉴这些相关地区各民族已有的传统经验和技能，无论我们搬用何种外国先进经验或国内发达地区的成熟技术措施，都很难做到因地制宜、因人制宜，这乃是落实退耕还林还草必须研究和利用民族传统文化的原因之三。

退耕还林还草带普遍性的问题还在于社会协调难。按照国务院的退耕还林还草政策目标，需要退耕还林还草的范围超过100万平方公里，涉及二三十个不同的民族，直接相关的各族居民人数上亿。如此规模庞大的社会工程，如何协调社会关系，确实是中外历史上空前的社会难题。为了寻找协调社会关系的借鉴，我们也得研究所在地区各族群众的传统文化，希望找到建构安定团结的社会背景的经验和方法。为了工程建设的社会背景安定，正是我们必须研究和利用各族传统文化的原因之四。

综合前人的研究成果，结合我们的田野调查资料，我们注意到流行于我国西南山区各民族中的混成耕牧制，在落实退耕还林还草政策中最具利用价值。混成耕牧制是发端于我国氐羌系统各民族，特别是彝族、纳西族和土家族中的传统生计方式。在以后的历史进程中，这一生计方式又扩散到了与上述三个民族毗邻的苗族、仡佬族、布依族、汉族和回族之中，此外，在其他十几个民族中还能够找到混成耕牧制变形延续的实例。可贵之处在于这一生计方式的分布面大致与我国需要退耕还林的区域相重合，因而，只要利用好这一传统生计方式，使之能与国内外社会背景相衔接，借助混成耕牧制推动退耕还林还草政策的落实，就可收到事半功倍的实效。

前人对混成耕牧制的研究，取向与方法各不相同，以致长期没有把它作为一种特定的生计方式去加以研究，因而在前人的论著中，对这种生计方式没有形成定型的学术用语。有的人将这种生计方式称作"农牧兼营制"，有的学者又将它称为"交叉游走放牧"，更有的学者凭借这一生计方式的现代变形，将它称作"换工式放牧"。考虑到这一生计方式的整体特征，我们认为上述各种术语均不甚妥帖，建议将这种生计方式定型称作"混成耕牧制"。

梳理汉文典籍后，我们注意到从10世纪以来的彝族地方势力向中央王朝朝贡的礼品清单，既有成批的畜牧产品，又有大量农产品和手工制品，可以为混成耕牧制延续历史的久远作旁证。从14世纪到18世纪的汉字典籍，则进一步提供了混成耕牧制分布区辽阔的直接证据，从中还可找到这一生计方式在相关众多民族中扩散的事实。18世纪成书的乾隆《东川府志》卷八"披沙夷"条，还提供了混成耕牧制操作细节的可凭资料。这种历时久远的生计方式自然拥有深厚的各民族群众基础，利用好这一传统生计方式，自然能够牵动相关的数十个民族共同为协调落实退耕还林还草政策服务。这乃是我们认定混成耕牧制在退耕还林还草政策中最有利用价值和潜力的历史与现实依据。

混成耕牧制作为一种特定的生计类型，它自然拥有一系列自身独具的特点。这些特点若以汉族的定居农耕和蒙古族的游牧为参比，可大致归纳如下。首先，在这种生计方式中，土地资源实行农牧轮休混成使用，即冬牧场夏季改作农田，夏牧场冬季改作农田。农作物秆蒿最大限度地被利用为牲畜饲料，牲畜粪便则在放牧的过程中完成对土地的施肥。进一步的调查还发现，当地的各族群众还能利用树林落叶和疏林草地实行林间放牧，可以说，这是一种农田、林、草三者兼容的土地资料利用模式。其次，农作品种与畜牧品种也高度混成。当地各族居民的畜群不仅包括人们熟知的牛、马、羊等牧放类家畜，还包括猪、鸡、鹅等非牧放类畜群。农作物品种更是多类型多品种的高度混成，同一地块上往往可以种上几种或几十种作物。在田野调查中，当地各族居民根据汉语习惯虽然将他们的耕作方式称作"间作套种"，但事实上这不是真正意义上的间作套种，因为他们的种与收要以牲畜的放牧路线和饲料提供需求为转移。有的作物只收籽实，要将作物秆留在地里，全部充作牧场饲料使用，有的作物则需要连根收割，在村寨内干储，以备牧畜饲料青黄不接时之所需，这与汉族农田中的间作套作显然不是一回事。再次，混成耕牧制是一种以畜牧为主，农耕为辅的垂直游动放牧方式，一般情况是夏季上坡，冬季进入河谷避寒，启用夏牧场前，需要抢收高原台地上的越冬作物，启用冬牧前也要抢收大季作物。最后，这种生计类型高度适应于高原台地与深切河谷相间的我国南方江河中上游地带，它既能充分利用这一地带内的丰富动植物资源，又能有效躲避区域性小气候所引发的灾变，还能最大限制地维护所处地带的生态环境良性运作。19世纪中叶以前我国长江上游良好的水土保持态势，在很大程度上得益于这一生计方式的正常运作。

混成耕牧制的上述四个特点，在很多方面与我们现今的退耕还林还草目标相关联，或者稍加变形后便可以满足退耕还林还草的需要。缓解投资压力，谋求稳步推进，寻求技术和经验借鉴，营建安定团结社会背景的需要，以混成耕牧制为蓝本建构落实退耕还林还草政策的过渡模式，自然成了本课题研究的归宿，为此而诱发的相关各族传统文化的重构，理所当然地是本课题研究的重点。

三、一个可行的过渡模式

立足于退耕还林还草的既定目标，综合考虑到混成耕牧制的固有特征及其最佳适应生境，以混成耕牧制为落实退耕还林还草的过渡模式，其可行性毋庸置疑。大致而言，如下六个方面的理由足以全面展示这一过渡模式的可资利用前景。

其一，混成耕牧制本身具备兼容农田、草地、森林的禀赋，而且能最大限度地、有控制地利用上述三种人为生境的各种野生动植物资源，进而考虑到为了减轻洪水季节江河下游的地面径流压力，在我国长江上游的高原台地上，还需恢复前些年人为排干作为农田的地表溶蚀湖，当地群众将此类溶蚀湖称为"海子"，这些海子是枯水季节人畜饮水的补给源。海子也是混成耕牧制必需的水资源库藏，因而以混成耕牧制为过渡模式，可以满足退耕还林还草不同阶段人为生境变化的需要。以此为过渡模式，可以确保同一模式贯穿全过程，而且在退耕还林还草完成后能继续为当地各族经济发展持续生效。

其二，混成耕牧制是一个历时久远、根基深厚、涉及众多民族的区域性经济生活方式，凭借其根深叶茂的群众基础，以此为过渡模式，各族群众会很自然地将它视为自己的传统的延续与升级换代，一经启动，相关各族群众的主观能动性就能得到最大限度的调动，能较快形成滚动发展态势。落实退耕还林还草政策必然面对的投资大和巩固难的这两大障碍，就会获得很大程度的缓解。

其三，混成耕牧制流行的自然生境，几乎全是高山与深谷相间的生态群落多样化、气候条件多变、生态系统脆弱的地段，地表植被一旦被破坏，必然酿成灾变性水土流失。出于经济效益和生态维护的双重考虑，这样的地带不仅在今天，而且在未来都不适宜于大型机械作业的集约农牧业发展，作为小规模、手工作业的混成耕牧制恰好能在这样的地带做到因地制宜，并能以其固有的灵活性与瞬息万变的市场波动相适应，因而以混成耕牧制为过渡模式，既不会损害当地各族经济的发展，又能兼顾当地生态环境的维护。

其四，混成耕牧制下形成的产品，品种多，批量小，这样的产品结构在"以粮为纲"的时代，在集约农牧业处于强势的 20 世纪中后期，在世界市场当然无优势可言，但到了跨世纪之交，混成耕牧制却迎来了自己的机遇。随着全人类对绿色食品的渴求，随着世界市场商品多样化需求的提高，小批量、多品种的天然农牧产品逐步打开了进入市场的直接通道，特别是旅游业的发展更为地方性小批量天然农牧产品打开了销路。可以说，面对日益迫近的经济全球化，以混成耕牧制为退耕还林还草的过渡模式，真可说得上是正当其时了。

其五，在混成耕牧制延续过程中，相关各族群众长期积累下来的经验和技能是建构水土保持工程的一笔知识财富。在田野调查中，我们亲眼目睹了当地苗族群众利用构树和刺槐固土实现已石漠化荒坡复垦的成功事例，听取了贵州省赫章县农业局的同志们关于"绿肥聚垄免耕"法的介绍，亲身经历了彝族同胞在疏林茸坡牧放家畜家禽的作业要领，从中领悟到执行混成耕牧制的各族群众在防范水土流失上确实积累了不少成功的经验，仅仅因为当今社会科学研究的取向对此缺乏关注，以致外界对这些技术技能和经验缺乏深入的认识。一旦以混成耕牧制作为过渡模式，这些鲜为人知的技术技能和经验就可望转化为生产力和生态环境维护的原动力，水土保持工程的若干技术难点就可望得到一定程度的化解。

其六，混成耕牧制是一种区域性的跨民族共享生计方式，不仅当地的各少数民族，而且汉族群众也部分延续着混成耕牧制的若干操作特点。举例说，当地汉族群众在收割水稻时，仅割取稻穗，将稻秆留在田中，开作牧场。应当说各民族的共享是一笔巨大的社会财富，它能确保利用混成耕牧制作过渡模式，并能有效地维护各民族的团结和社会安定，为退耕还林还草和水土保持工程的推进营造最佳社会背景。

一项可行的过渡模式，并不意味着它的实施不会遇到困难，混成耕牧制也当然不能例外。事实上，若以混成耕牧制为退耕还林还草的过渡模式，不仅存在着诸多困难，而且这些困难极其错综复杂，具有深层的牵连性，很难利用一两项单纯的的行政或经济手段加以排除。因为，当前我国西南各民族延续的混成耕牧制并非它的原生形态，而是变形歧化了的衍生形态，启动这一过渡模式，意味着相关各民族都得经历一场艰巨的文化重构，都得经历一场为时不短的磨难过程。忽视或看不到其间的障碍与险阻，同样无法用好这一行之有效的过渡模式。

四、一大堆亟待排除的障碍

必须清醒地意识到，混成耕牧制依据的原生形态所依托的政治体制和族际背景早已成了历史，目前所能观察到的混成耕牧制实例不过是其衍生形态而已。甚至是歧化了的文化事项残存。以混成耕牧制为过渡模式，实质上不过是利用它已有的群众基础和现存特点而已。为了确保这样的衍生形态在现代社会中能存活并正常延续，其重要条件乃是相关各民族文化经历解体、重组的磨难过程，在文化重构中接纳这一生计方式，使之成为各民族新兴文化的有机组成部分。这是一场涉及面广、牵连内容多的社会规范体系创新，其间的险阻与困难不一而足，这里仅从观念、法律、习俗、技术技能、社会教育五个方面揭示相关文化重构必须面对的各种险阻与难题，只有当我们排除这些困难与险阻时，可行的过渡模式才能成为现实的过渡方案。

混成耕牧制的原形从来就是以民族间的不平等为着生点。典型的混成耕牧制运作地域单元总是与彝族家支势力范围相对应。在古代，一片这样的地域单元往往是靠家支之间的武装械斗而达成的势力平衡。在土家族和纳西族地区也是与地方势力的实际控制范围相关联。一片这样的混成耕牧制执行地域单元，一般都需包容进高原台地、河谷坝子、过渡坡地林带以及高原海子和河谷径流兼备的自然生境格局。这就形成了混成耕牧制的原形必然以彝族、纳西族、土家族为主体的历史事实，而与上述三个民族杂居的其他民族，则必然长期处于从属地位。举例说，当时的苗族只能利用那些被彝族土目因退化而废弃了的牧场和农田实施游动性刀耕火种为生。即使是归附彝族土司土目的汉族逃军、逃户。也得听凭彝族土司土目差遣。除了按例替彝族土司土目当差外，还得及时抢收大季农作，保留秸秆，腾空农田，满足彝族冬牧之需，其他各民族在混成耕牧制原生形态下遭遇也与此相仿佛。

彝族土司土目虽然陆续退出了历史舞台，但历史上曾经出现过的族际关系格局却可能在相关各族群众观念中得到惯性延续，这样的惯性延续必然与今天的民族平等原则相背离。这样一来，以混成耕牧制的衍生形态为退耕还林还草的过渡模式，必然面对一个重大的思想障碍，那就是土地资源的占有、使用、经营、权责，失去了伦理道德依托。因为，若按照各民族一律平等的伦理准则，那么任何一个民族都不可能拥有独立完成高原台地、河谷坝子、过渡林带和水域的连片配置，而只能采用协商合作或股份经营的方式，实现混成耕牧制地域单元内各种土地资源的连片成套配置。应当看到，从观念上的民族不平等过渡到真正意义上的民族平等，这是一场影响深远的伦理民族观变革，要求当事的各民族都得经历一场思想上的磨炼。

　　除了民族观外，自然观、价值观也会遇到类似的问题。相关各民族传统上所理解的自然资源见者有分，或者凭实力争高下夺取使用权，这在今天来说，肯定是格格不入的过时的观念。而凭借法律手段保护合法权益，又必须成为当事各民族深入人心的现代伦理道德理念。同样的道理，听天由命的苟且生存观念也必须排除掉，否则，应对市场挑战和接受先进科学技术都无从谈起，退耕还林还草中所必需的社会制衡机制就无从形成，过渡模式就难以生效。

　　目前我国农用土地的使用权是通过联产承包责任制而获得，对天然林、天然草场和水域则无明确的使用权属规定，而且在我国土地使用法规中，产权与使用权、经营权之间并不完全重合。这样一来，混成耕牧制的土地使用和占有方式在很多场合下越出了我国现行土地使用法规的范畴。上文已经提到，混成耕牧制下不同类型的土地需要连片配套经营。同一地块在不同季节既可能是牧地，也可能是农田，农田和牧场的转化完全以农作物是否收割为转移，甚至可以在林地中进行放牧。这样一些特有的土地使用办法，在我国的现行法规中均无明确的规定。这种生产体制与相关法规不相重合的现象，恰好是前些年相关地区频繁发生毁林开荒、毁草开荒恶性事件的原因。同样的道理，这种不相重合性在退耕还林还草过程中，还可能潜伏下众多土地使用权属纠纷的隐患。为了消除此类隐患，当然可以凭借联产承包责任制允许退耕者继续拥有退耕林地、草地的使用权，然而这样一来，又会导致土地资源使用权按家户为单位分割。这样的分割与混成耕牧制的经营原则相冲突，因为它不能连片，又不能在各户间进行调节，加之在政企分离的行政管理规范下，农田、草场、森林、水域的管理，行政部门无法直接插手，更难以对各农户的土地使用状况实行直接监管，若推行混成耕牧制作退耕还林的过渡模式，土地管理法规就会暴露出众多的死角。因而在退耕还林还草过程中，不管是靠合作制还是股份制，完成土地资源的连片配套经营，都会遇到法律依据不足的困难。威宁、赫章等县前些年封山育林禁牧措施的失败，表面上是群众觉悟不高导致的结果，实质上恰好是混成耕牧制的衍生形态在这一地带普遍延续的必然结果，失败的真正原因是相关法规与各民族现行的资源利用方式脱节。综上所述，我们不得不承认，要启用混成耕牧制作过渡模式，必须健全相关法规，必须建立与之配套的管理规范，否则，不仅行政部门无法管，当地群众也会无所适从。

　　由于混成耕牧制是相关各民族文化的有机组成部分，因而混成耕牧制的延续、阻滞、扩大缩小，都必然牵涉到相关各族习俗、技术技能、社会教育的调适性演化。比如，混成耕牧制在执行中必然具有一定程度的流动性，这样的生活习俗显然会成为建构现代产业经营体制的障碍；再如，混成耕牧制的社会教育必然包含有尊重耕种者季节使用权的内容，甚至可以按习惯法对违反者进行索赔，但此类社会教育内容往往越出了学校教学内容的范围，严重时会导致当事人在双重标准下的手足无措。更麻烦的是，混成耕牧制作为一种定型的生计方式，它所需要的技术技能和知识积累与集约农牧业存在着很大的距离，要启动混成耕牧制作过渡模式，意味着需要调整我们的科研取向。当事各族居民要认真清理自己的知识结构，确认哪些内容在退耕还林过程中有价值，哪些没有价值，哪些技术技能需要引进和消化吸收，哪些"先进"的技术技能在当地是无效的，完全没有必要引进，等等。总之，启用混成耕牧制作过渡模式的同时必然牵连发生一系列文化的碰撞和冲突。当事各民族必将面对文化重构的磨难，在磨难中求得创新。

文化重构是相关各民族自己的事情，重构的成败内因起着决定性的作用，但外因的价值也不容低估，它至少可在如下三个方面加速和促成文化重构的完成。第一，外部环境可以为文化重构提供一个稳定的调适方向和目标，避免文化重构走弯路。事实上，新中国成立后的前30年出现的若干政策导向上的波动，对混成耕牧制的延续产生过众多不利的影响，已酿成了所在地区水土流失灾变。目前混成耕牧制在不同地区已发生了明显的歧化与衍生，这不仅使相关文化重构复杂化，而且给当事人造成了众多的思想压力。有鉴于此，一旦确定以混成耕牧制作为退耕还林还草的过渡模式，政策就必须有连续性，不能轻易更改，否则将会导致一系列不利的社会问题。第二，文化重构当然需要借鉴异种文化，但这种借鉴必须取决于当事各民族的能动选择和消化吸收，局外人越俎代庖往往有害无益。为此，支持相关各民族的文化重构，以顺应现代社会的需求，帮忙要帮到点子上，那就是为他们提供尽可能丰富的异种文化素材，供他们借鉴和引进，而绝不能凭借先行认定的价值观，将异种文化素材硬塞给他们。第三，文化重构也需要行政手段、法律手段和经济手段的配合。诚如上文所言，可以通过健全法制的手段为混成耕牧制的合法运作提供依据，当然也可以通过经济手段产出市场对路的产品，还可以通过行政手段监管退耕还林还草的实效，并通过奖惩办法扩大或优化退耕成效。但考虑到文化重构将是一个漫长的过程，不管采用何种支持手段，都必须保证该做法的延续性和稳定性，绝不能强迫命令。为了确保上述三个方面的支持措施更加有利于推动相关各族的文化重构，显然要有一套启动过渡模式的操作程序。

五、一套参考性的操作程序

综合上述四个方面的讨论，为了减缓相关各民族文化重构必然经历的困难与险阻，启动混成耕牧制作过渡模式，最好也应当施行"软着陆"，即不公开号召驱动各族群众机械恢复混成耕牧制，而是用一种既符合我国现行法规，又能与退耕还林还草政策相契合的方式，诱导混成耕牧制自然成长，并逐步发挥退耕还林还草效益。这种"软着陆"的转型方式可以称之为"条带退耕法"。条带退耕法的操作，以5年为期。

第一年，按统一的规划，沿等高线让相关各农户在自己的承包地上退出一个1～2米宽的林带，林带中沿等高线种植1～2行有一定经济价值的当地速生树种，树下由各农户播种绿肥或牧草，并按联产承包责任制实行谁种谁收，以此形成一条条抑制水土流失的绿色生物坝。林带间距视坡度控制在 50～100 米，其间允许农户继续按联产承包责任制耕种 1～2 年，以等待林带封林。对退耕者视退耕面积作针对性补贴，同时，利用国家下发的其余退耕还林补贴，资助相关农户发展舍养家畜，为下一步还草发展畜牧奠定基础。对各农户继续耕种的地块，鼓励他们在农作物间隙播种牧草，扩大载畜能力，诱使农户壮大畜群。同时鼓励他们实行点种免犁，或堆垄免耕条播种植，既能抑制水土流失，又能刺激相关农户在不自觉中兑现"软着陆"退耕。

第二年，根据各农户畜群壮大的实际情况，鼓励相关农户沿林带上下扩大牧草种植范围，压缩农作范围。其中，头等重要的措施是，诱导农户之间搭成饲料和粮食的计价合作互换，既可以用粮食换工，以粮食换牧草，也可以牧草换工，为下一步通过合作制连片使用林带间地和林带打下坚实的社会基础。为了维护好退耕林带，需要建立严厉的奖惩机制，凡损害林带或挖翻牧草的人，不仅停发补贴，还要实行严格的经济处罚，务使已退耕的林带有人监察，管护人权责分明，形成退耕还林只进无退的延续态势。当年冬季可以在协商合作的基础上，将林带间地向各农户家禽开放，为下一步连片还草的利用奠定基础。

第三年，视林带乔木的封林情况和各农户畜群壮大的实际情况，在各家户协商合作的基础上，有选择地对某些林带间地段实行全面退耕还草，靠引进优质牧草的办法形成连片的人工草场，并兑现相关地块的补贴政策。对非全面退耕地段继续执行扩大牧草范围、压缩农作范围的措施。对在这期间内自然长出的幼树和灌木，一律给予保护，以期壮大林带的封林范围。

第四年，对前面退耕的地段按协商合作办法进行统一规划，确定日后是作永久性牧场使用，还是作为经果林与牧草地兼用，成功的关键取决于相关农户在使用办法上的一致认同和效益的合理分配。若林带已完全封林，则可以对各农户的畜群实行有控制的开放。作为日后固定牧场的试运行期，对其他林带间地段，则仿照上一年的做法，在条件成熟时全面实施退耕还草。

第五年，林带完全封林后，全面退耕的林带间地段过半，则可扩大协商合作规模，对整个区段作出全面的土地使用规划。将需要固定的农田、草场、林地以习惯法的方式稳定下来，并进而确定农田、林地、森林互换的规章。这时，可以对已经固定的草场全面开放，供各农户放牧混成畜群，并按习惯法确定关闭和开放的时间。对需要更新的草场则可实行有控制的刀耕火种，尽量避免表土的翻犁或者采用堆垄调播的方式更新草场。对非种植季节的农田也照章对畜群进行开放。经果林和用材林则实行常年固定，但林间空地严禁挖翻，只允许种植牧草。

上述各年度的操作均需要遵循不与承包者权益相冲突的原则，一直持续到承包期终结为止。以后的承包办法则全面按照混成耕牧制的需要实行集体合作承包。

尽管我们提供了这样一种"软着陆"的退耕手段，但并不能因此消除文化重构所必然经历的磨难与险阻。当事的各族群众在这个过程中必然要付出沉重的代价，不管是精神上的还是经济上的都有。但为了落实退耕还林政策，经历这样的阵痛既是必然的，又是必须的。只要全国各族人民对这些"火凤凰"抱以尊敬和理解，并给予支持和切实的帮助，那么中国的全局水土流失治理肯定能达到预期的目标，河清有日，指日可待。

[本文刘锋合作，原载《西南边疆民族研究》，2001 年]

教学改革应立足于民族学学科特点

与其他学科相比，民族学具有三方面的突出特点。首先，它是一门超具体的综合性人文科学。它的价值及与其他学科的关系，和自然科学中的数学、社会科学中的哲学相近，它的研究范围不仅涉及社会科学中的各具体学科，还可能涉及各种自然科学。其次，它的实验对象总是以异文化下的非同质社会为主，实验过程必然会兼及两种以上的异质文化和社会。再次，它的理论构架必须具有多角度、多层次的兼容性，它不像其他学科那样，一旦明确了现象的因果或相关性，即算解决了问题，它还需要进一步界定各种相关及因果关系与具体文化范围的对应性，或者说特定相关关系成立的时空域必须纳入它的分析对象。

鉴于第一个特点，民族学本科教育理应完成三大使命。一、基本知识及基础理论教育必须具有高度的综合性与兼容性。民族学是一门学派纷繁、理论架构互歧的学科，这是学科性质制约下的必然客观事实。为此，本学科的基础理论教育不可像其他学科那样，可以偏重某一学派，必须综合性地向学生介绍各学派理论要点，并求得相互兼容和融会贯通。二、教学内容应比其他学科更其宽泛，但又必须以民族学理论为指导，去驾驭民族学所旁及的其他学科知识，加工消化后提供给学生。中央民族大学民族学系在这一方面已经作出了成功的范例，值得推广。三、本科教育的培训重点，理应突出思维方法的树立，务使学生具备多角度、多层次正确认识异质文化的能力。而不应当把具体知识记忆放到培训学生的首位。

根据第二个特点，学生的实践与实习理应与其他学科有别，必须确保学生有更多的机会接触和深入异文化区生活。此外，在外语教学语种选修上不应沿袭偏重英语之模式，其他外语、民族语教学应有一定比重。根据第三个特点，教学方法理应避免引导学生机械记忆，而应以引导学生广鉴博收，兼收并蓄，灵活应用，善于归纳提炼为主。为此，教学设施及阅读资料的建设应力避学派偏执，力避党同伐异，应立足于本学科发展的总体过程，全面地综合性地去作好教学设施的建设工作，以满足拓展学生视野的学科教育需要。还必须注重教材建设和田野调查。

我国在六七十年代，曾一度中断民族学的教学与研究，致使在该学科中呈现了一个很大的人才断层，引发了一系列理解上的混乱。人才断层的余波至今仍在延续，短期内很难得到弥合。今天来谈论民族学本科教材的建设，必然会面临一大堆特殊的难题。为化解这些难题，如下三方面的任务理应引起教材编撰者高度重视。

必须先行界定民族学的基本理论框架。在中断民族学教学与研究期间，不少原有的民族学专业人员，改作历史学、经济学、哲学等其他学科的研究工作。恢复民族学的教学与研究后，这些人又纷纷重新开始民族学的教学和研究，并把这些与民族学教学基本要求不尽相符的看法传给了新一代人，陈陈相因的结果致使民族学本科教育中，必须包括哪些基本理论，必须包括哪些基本资料，至今仍是久议不决的悬案。若不先行界定该学科的基本理论及知识框架，就难编好适用的教材。

应解决好中外民族学理论的接轨问题。就在我国中断民族学教学与研究期间，国外的民族学已经有了很大的发展，新出台了众多的理论，获取了大量全新的资料，研究方法也有若干新的发展。这些新的情况目前虽然已经开始着手引进与翻译，但消化吸收尚有一段不短的历程，至于使之中国化、地方化与民族化需要作的工作更少。若不能对国外发展状况作一个通盘的检讨与归纳，若对我国的学科发展近况没有一个客观的总结，就难于实现中外学界之沟通。同样无法编出合用的民族学本科教材来。

必须尽快建立和健全教材建设的协调机构。由于上述两项任务至今完成不好，目前各校在教材建设上几乎处于各行其是的状况。一方面同一种教材编写上大量作重复劳动，另一面却有一些急需的教材始终无人填补空白，比如世界民族志、民族经典名著选读，特别是非英语的名著原文选读至今无人着手过具体梳理工作。若无一个组织平衡，使大家分工合作共同致力于教材建设的协调机构，去肩负组织规划、公正评议、向出版社和教委推荐、建议各院校选用教材的任务，上述弊端就难以得到有效避免。

民族学田野调查是一项科研活动，又是一项社会活动。然而在田野作业的实践中，两者并非平分秋色，绝不能均等对待。学生参与必须的社会活动，目的仅止于为科研活动作好铺垫，而不是田野调查的中心任务。指导学生作田野调查的工作重点在于：严格要求学生遵循科学研究的操作程序，引导学生有效地控制资料搜集背景，启发学生通过两种乃至数种异质文化的反复参比，去完整地把握被调查文化的特征，同时还得在执行田野调查伦理准则方面，为学生作出表率。

进入田野调查作业现场后，学生置身于完全陌生的异质文化氛围之中，在生活中随时承受着文化震撼的巨大压力，心理上和体力上都会感到疲惫和不适，处在这种状况下，学生的思维方法最容易受到民族本位偏见的左右，忽视田野调查的基本规范；获取资料时，又容易忽视背景材料的核准与甄别；梳理复核到手资料时，又容易受情绪的驱使，而急于求成匆忙下结论。面对着学生必然要经历的非正常工作状态，指导教师不仅要始终如一地贯彻科研工作规程，而且还得耐心细致地作学生的思想工作，通过督察、引导、启发和安慰鼓励，去稳定学生情绪和科研探索热情，以确保整个现场作业的完成。

由于田野调查中科研活动与不可避免的社会活动交织在一起，因而指导学生作田野调查所遇到的困难，自然有别于指导学生作其他科研工作。大致而言，如下三方面应该引起高度重视。一、从事任何一种科学研究都必须纯化研究背景，有效地控制资料获取条件。民族学田野调查也不例外，然而在这里研究者与被研究者共同置身于研究场合之中，研究背景的控制完全依赖调查设计和规划去实现，因此指导教师若无清醒头脑，对现场可能出现的异常问题无充分的准备，很难指导学生作好调查设计和将调查规划执行到底。二、田野调查只能在不同文化的参比中去发现资料，去认识被调查文化的特点。及时了解学生获取了什么资料固然要紧，了解学生如何发现和认识资料则更重要，指导工作深入学生的思想，这正是难处之所在。三、在大多数情况下，学生的民族出身各别，个人文化经历各异，他们对同一被调查文化的反应自然千差万别。指导教师不可能按统一模式施教，必须有针对地分别指导。这是困难的又一方面。

[原载《云南民族学院学报》（哲学社会科学版）1997 年第 3 期]

当代民族学文化发展模型构拟

一、构拟文化发展模型的必要性

当代民族学探讨的主要对象之一是民族文化及其发展机制。当代有影响的民族学专家，仍像半世纪前一样，各按自己的理解去定义文化及文化的发展，去表述文化的演化机制。这样做的结果，不仅一般的读者，就连民族学专业人员，也深感难于把握文化进化的原理。

当代较有影响的民族学理论之一，是新进化论，或称多元进化论。按照这一理论，文化是通过一般进化和特殊进化两种方式，经历了两者复合作用的双重进化过程，逐步丰富和逐步完善起来的社会生活规范体系[1]。通过这一理论，使文化的进程得到了比较深刻的剖析，但却无法在理性上把握其严谨的实质。这种状况必然有碍于这一理论的推广和普及。

当代民族学的又一基础理论是结构—功能主义。这一理论将文化视为具有复杂内部结构和不断运动着的完整体系，构成这一体系的基本单位就是文化因子，每个文化因子都处于这种文化结构的特定位置，担负着完成特定社会功能的使命[2]。从某些意义上讲，这一理论接触到了事物内在矛盾推动事物发展进化的唯物辩证思想的一些原理。但是这种理论的提出者们却固执地反对文化进化观，而仅仅将文化视为符合人类实用的生存工具，从而给文化进化观蒙上了一层不应有的阴影。因此，如何形象地表述文化在其内部结构成分的运动中引发文化自身的进化，使结构—功能主义的合理部分与多元进化论的合理部分相互结合起来，制成能够揭示两者的内在联系的直观图象，自然成为当代民族理论完善与理论普及的重要课题。

从20世纪初起，文化相对主义就引起了人们的关注和争议。在近一个世纪的时间中，这一理论曾经几起几落，拥护者不少，反对者更多[3]。多元进化论形成之后，人们不再满足于定性地接受文化价值的相对观念，更进而要求对这一观念作出

---

① ［美］托马斯·哈定等:《文化与进化》，第11—36页，韩建军等译。
② 马林诺夫斯基:《文化论》，第11—15页，费孝通等译。
③ ［苏］C. A 托卡列夫:《外国民族学史》，第268—270页，300—303页，汤方正译。

理论的说明；观念上承认文化相对性与文化间确实具有相对性为什么如此难于统一，同样亟待得到理论上的阐明。这就要求将文化相对主义与多元进化论作某种方式上的结合，从文化进化的角度深化文化相对主义的原理。从普及的需要出发，也要求用图像的手段，形象地揭示文化相对论与多元进化论之间的内在联系，以进一步把握文化相对主义提出的客观依据。

当前，民族学正处于对既有理论加速融会而使之相互沟通的关键时期，并处于使既有理论付诸实际应用和普及推广的紧迫时期。对此，若能提出一套包容前述理论的文化进化的模型，用图像来表述三种理论的内在联系，不仅有利于民族学既有理论间的相互沟通，而且有利于民族学理论的付诸实施与推广普及。

本文拟针对这一需要而提出远非成熟的构想，切望对此项研究小有补益，并期待民族学界不吝斧凿而使之不断完善。

二、构拟文化进化模型的回顾

从进化论引入民族学之时起，民族学的先贤们无不为文化的复杂性感到惊异，无不为表述文化进化这一复杂的演化过程而费尽心血。为了把握这一复杂内容而且使人们易于接受，他们中的不少人都从事过文化进程模型的构拟工作，完成过各式各样的文化（或文化组成单元：家庭、宗教、语言）进化模型。美国的亨利·摩尔根对人类社会中技术进化的历程构拟，就是这方面的杰出代表作之一①。其构拟如下表：

亨利·摩尔根构拟人类技术进化历程表

文明社会 ↑	起于文字发明和文献记载的出现
野蛮社会晚期 ↑	起于冶铁技术的发明，止于拼音文字的发明
野蛮社会中期 ↑	起于农、畜业的发明，止于冶铁技术的发明
野蛮社会早期 ↑	起于制陶，东半球止于畜牧发明，西半球止于种植玉米
（高级）蒙昧社会晚期 ↑	起于弓箭使用，止于制陶发明
（中级）蒙昧社会晚期 ↑	起于用火，止于弓箭发明
（低级）蒙昧社会晚期 ↑	起于有声语言发明，止于用火发明和以鱼类为食物

---

① ［美］亨利·摩尔根：《古代社会》，第9—11页。

从上表中，人们可以形象地体会出经典进化论的核心思想：人类本质的一致性，导致了人类所创造的文化发展的单向性，文化的单向性所造成的文化演进历程，只能是一个单线增强、增长的积累过程，从简单到复杂、从低级到高级。按照亨利·摩尔根构拟的这种模型，人们还看不出异种文化之间是否存在着质的差别，同时也看不出文化内部是否存在着有系统的关系。这种构拟往往给人们造成不应有的假象，似乎文化间仅仅表现为积累程度高低不同，似乎文化内部仅仅是一团随意拼合的进化积累成果。显然，这是不符合客观事实的。特别值得注意的是，在这种进化模型中，文化似乎不存在适应性问题，全人类似乎只有一条进化途径。然而，适应性恰好是生物进化论的理论核心成分之一。文化进化为什么没有适应性问题呢？对此如果不作理论上的说明，自然使人们深感缺憾的严重。

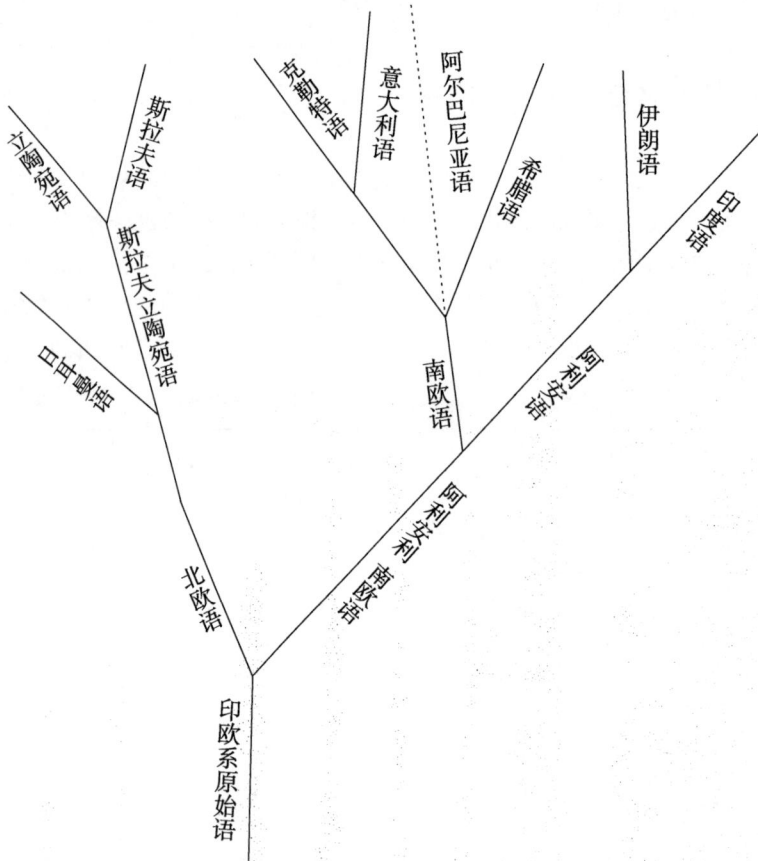

图1 印欧语系进化模型

生物进化论在影响民族学研究的同时，也渗入语言学的研究领域。比较语言学派的大师们借用进化论去说明语言的不断进化、不断分化的历程，并根据这一演化历程，着手解释当今世界上各种语言千差万别，而亲疏谱系又非常严谨的形成及其原因。语言是民族文化的重要构成部分，而且是稳定性较好的构成部分之一。因而，民族学的大师们自然而然地会想到将比较语言学家构拟的语言谱系树，借用来表达人类文化的进化历程。所以，他们把人类文化的进化理解得像语言谱系一样，认为人类文化的进化是一个不断向上发展、不断分化的连续演化过程。图 1 是比较语言学家波尔等人笔下的欧语系进化模型①；图 2 是民族学家维克托·巴努借用后，改化而成的印欧各民族分化、发展示意图。

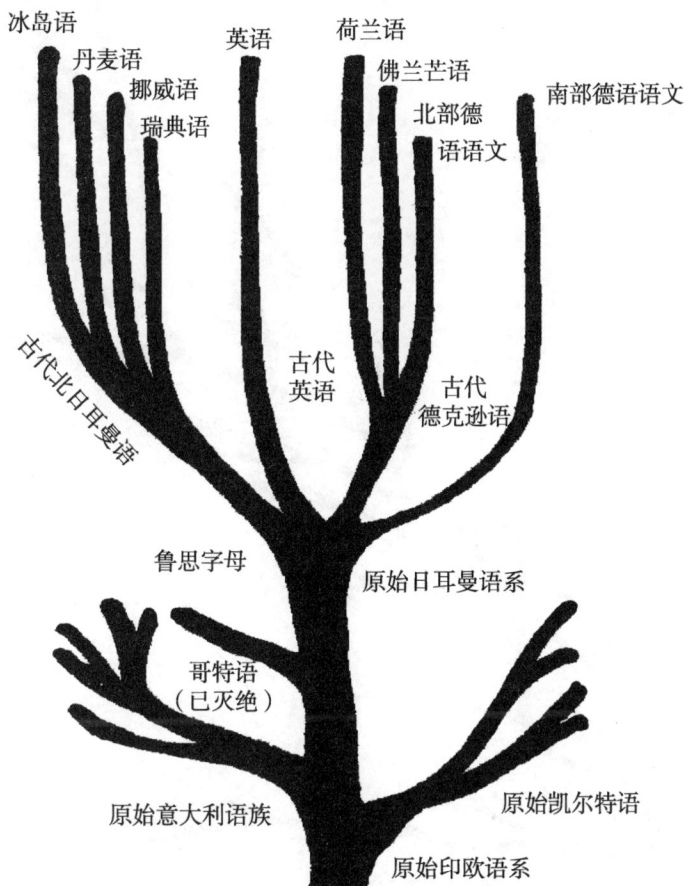

图 2 印欧各民族分化发展示意图

从这两幅模型图中，不难看出生物谱系树对它们的影响。类似的进化模型可以向人们直观地表述进化论的精髓命题：从简单到复杂、从低级到高级地向上发展，也形象地向人们解释世界上的民族千差万别的原因。

---

① 参见走向未来丛书，《人的创世纪》，第 30 页，张猛等编著。

但是，类似的模型仍然无法表达文化发展中异种文化相互结合的辐合过程①，也无法显示适应性在进化过程中的地位与作用；而且，也没有把进化的历程与时间的进程联系起来。为了解决上述问题，萨赫林斯创制了攀缘植物状的文化进化模型，如图 3A。

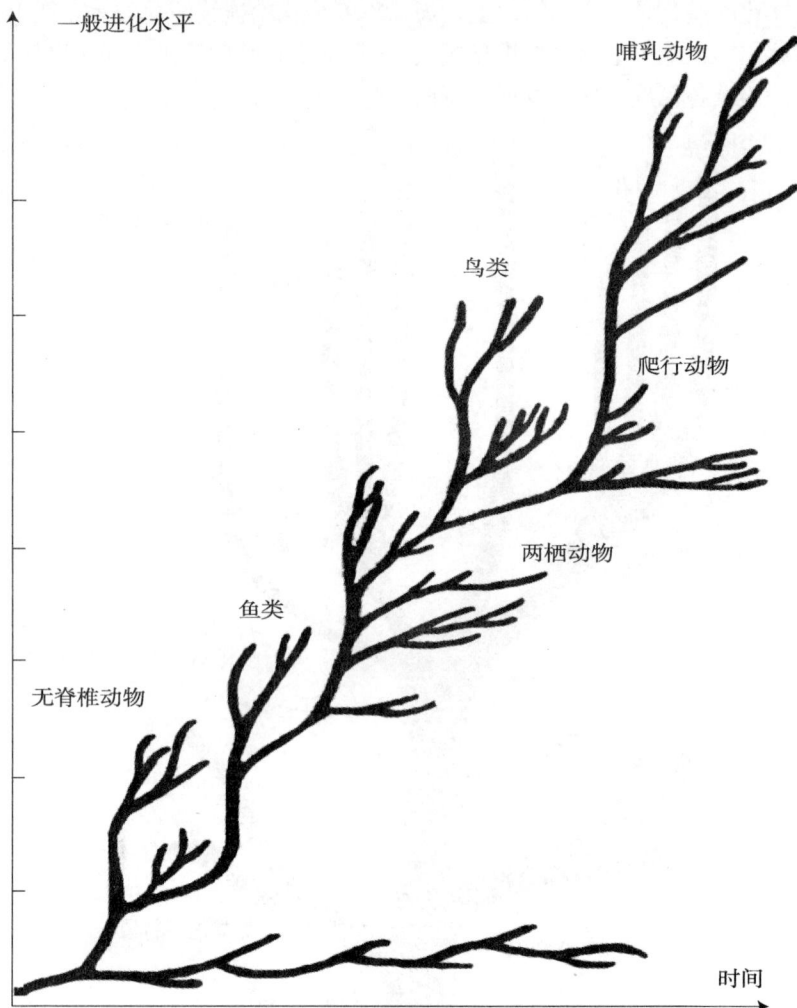

图 3A　攀缘植物状的文化进化模型

在这一模型中，横坐标轴用于表示时间的历程，纵坐标轴用于进化所达到的不同阶段。同一阶段的分枝，则表示在不同的生活环境下，因适应性发展变化而造成的特殊进化过程。这种模型与树状模型之间的重要区别，还在于进化历程并无明显

① 参见走向未来丛书，《语言学与现代科学》，第 39 页，陈明远编著。

的主干，这是多元进化论的新见解的图形化。这一模型比较明晰地表述了多元进化论的文化进化理论，确有令人耳目一新的功效。对文化进化理论的进一步深入研究，对文化进化理论知识的推广和普及，都起到了重大的作用。

当然，萨赫林斯的工作仍然存在着重大的缺陷。因为，它无法反映处于不同进化阶段的动物，如两栖类、爬行类、鸟类和哺乳类如何随着时间的推移而分别延续到今天，从而造成不同进化阶段的动物同时并存于世界的格局。如果用类似的模型去解释人类文化的进化，同样无法说明，处于不同阶段的、类型各别的文化如何至今犹然并存于世界的原因。这一模型的另一不足之处是，它无法显示文化进化中的突变过程，无法让人们看到文化从一个阶段跃迁到另一个更高阶段的质变过程。这显然是受了前人渐变积累进化模型的羁绊，尚未完全摆脱单线进化模型构拟的窠臼。此外，文化的生存环境及其与特殊进化之间的关系仍未得到必要的表现和图形揭示，而特殊进化的度量指标——适应度亦无法得到应有的反映。

有鉴于此，在继承前人成就的基础上，构拟新的文化进化模型，就显然成了当代民族学研究的迫切题课了。

三、当代文化进化模型构拟的要求

随着民族文化研究工作的深化，人们对文化进化的认识日益具体和深入。当代民族学进化的理论，实际上是多元进化论、文化相对论和结构—功能主义在某种意义上的综合产物。如果要拟构比较准确的文化进化模型，就必须将这几方面的理论的基本内容综合反映出来，并以明晰的图像显示出模型来。很显然，这是一项非常艰巨的任务。迄今为止，比较理想的文化进化模型还没有产生。但是，能够形象地综合反映某些文化进化要素的模型还是可以构拟的。为了明确当代文化进化模型构拟的任务，全面评估模型构拟之优劣，首先，必须对当代文化进化模型构拟的要素加以深入的探讨；然后，在此基础之上，构拟出文化进化的新模型。

多元进化论提出后，单线的进化历程变成了双向的复合进化历程。构拟文化进化模型的第一位的任务，就是要在一个图形中，同时表现出这两种进化——特殊的进化与一般的进化的不同特点。但是，这两种复合作用于具体文化的并存进化途径，各有其自身的特点，以至于难以使度量指标和计量尺度得以划一而纳入一个坐标系中。这一困难必须克服。

当代文化进化模型构拟的第二项任务是，如何引入时间因素。文化进化的历程是在特定时间中完成的。构拟文化进化模型，显然应当将时间延续的长短反映出，并且应该把它量化出来，从而才能反映出一种文化是在什么样的时代背景下发生，先后又延续了多久等等。结合前一项任务，显然应该在一个模型中，表现出一般进化新阶段出现的时间，同时还要表现出特殊进化造成的文化分化所发生的时间，而且还应该反映异种文化辐合的产生时间；此外，还应该反映出具体一种文化跃迁入更高阶段的时间以及稳定延续的时段等等。而要将如此众多的内容收入一个图形，并要求明晰易懂，确实需要克服诸多困难。

特殊进化是在自然的和社会的不同的生存生境的诱导下产生的不断适应或相对稳定延续的进化过程。构拟文化进化模型显然必须引入生存环境这一变量。目前在研究特殊进化的工作中，仅仅能够做到对生存环境的粗略性的分类，亦即表述生存环境差异的变量，而建立在分类尺度上。与之相应的时间却是等比尺度上的变量，而一般进化的阶段又是等级尺度上的变量。构拟文化进化模型要将不同尺量的变量纳入同一图形中，而这正是我们在构拟新的模型中的第三项任务。

特殊进化的适应度，是一个用比例数字表示的计量指标，它又是一个几种反映适应状况测量项目的平均值，其最大值为1，也就是这一文化与它所处生存生境的完全适应；最小值为0，也就是这一文化与它所处生存生境完全不相适应。在引入生存生境后，如何表示适应度不同而导致文化的分化，就成为构拟新的模型的第四项任务。

为了使当代文化进化模型的构拟任务更加明晰与简洁，现将上述四项任务归纳于下表中。

项目\变量特征	测量尺度类别	取值范围	单位	方向
时间	等比尺度	$0 \to \infty$	年	由古至今
一般进化阶段	等级尺度	$1 \to 5$	阶段	自上而下
生存环境	分类尺度	根据需要确定	类别	无方向
特殊进化适应度	等级尺度	$0 \to 1$	适应等级	0趋近于1

构拟文化进化模型之艰巨性，正在于把握这些性质各别的变量并将它们统一于一个图形之中，而且要求各变量均能在图上得到反映，同时又能将各变量之间的相互关系确切反映。

四、文化进化的新模型

受到萨赫林斯攀缘植物形状表示法的启示，我们构拟了一个多元进化的附壁式模型（见图3B）。

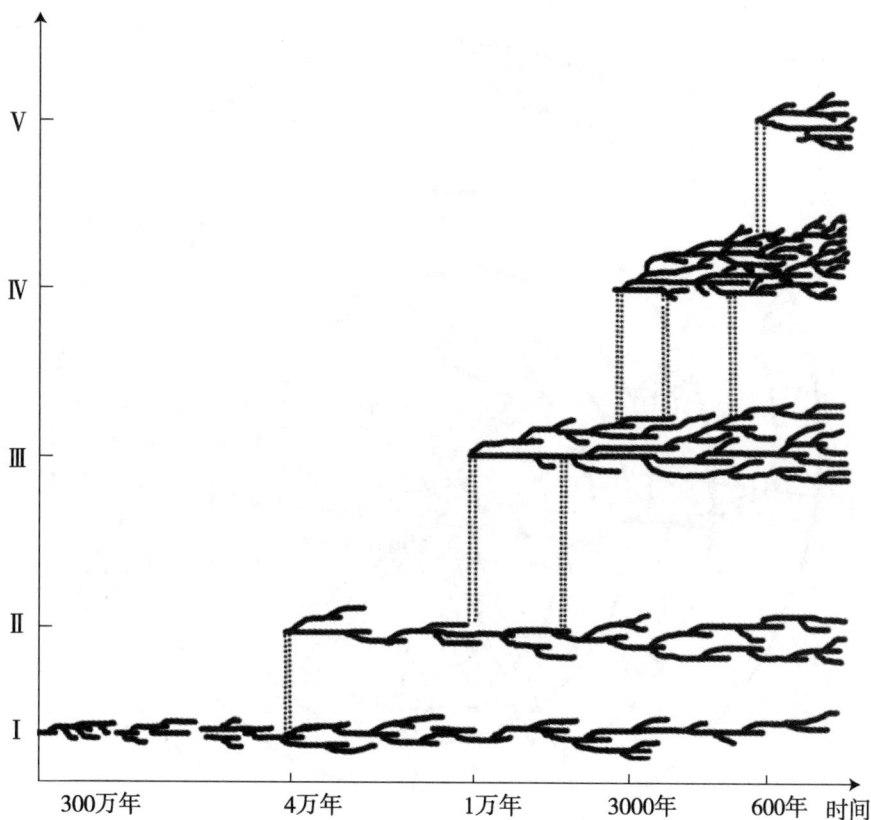

图3B 多元进化的附壁式模型

在这一图形中，我们将双重进化纳入一个时间与一般进化阶段的直角坐标系中，用纵轴表示人类文化的一般进化所经历的五个发展阶段，用横轴表示时间的进程，用坐标的原点表示人类文化的共同起点。图中的实线表示人类文化在生存生境差异的诱导下不断地分化，创造出千姿百态的文化样式，并有部分样式一直沿继至今，有的则在历史进程中逐渐消失。用双线表示某些文化在特殊的时刻和特殊背景下发生量变，从而在一般进化中投入高一级阶段的跃迁过程。整个图形像攀缘植物攀附于墙壁，所以称之为附壁式模型。

这一模型的缺点在于没有引入生存生境这一要素。也无从表示异种文化在特殊进化中造成的适应性增长。因此，仅有这样的模型还不足概括人类文化进化的全部历程，所以有必要辅以另一种一新的进化模型——圆面进化模型。（见图4）

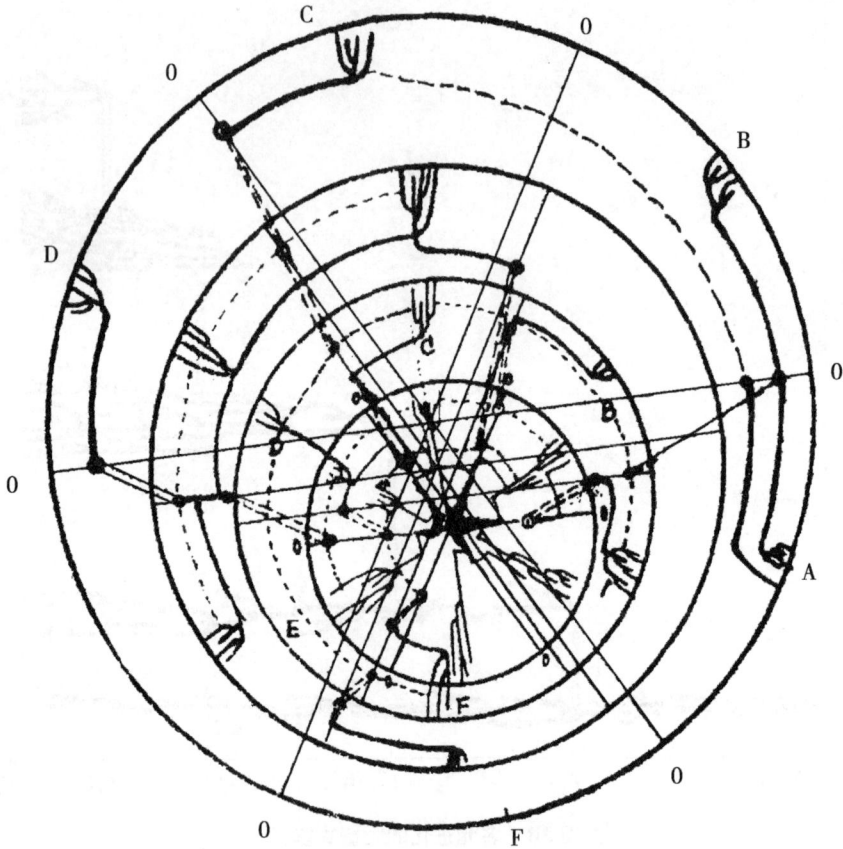

图 4 中国各民族文化发展圆柱模型示意图

在这一进化模型中，我们将一个圆面划分为若干个不同的扇形，每一扇形表示人类所处的一种生存生境（以人类所处的自然生境为例）。于是，就将生存生境这一分类尺度的变量纳入了进化模型。圆面中的半径表示时间进程，距圆心越远，表示人类文化延续的时离越久，离现代就越近。每一扇形的圆心角的角平分线表示特殊进化适应度的最大值 1（即完全适应），两个扇形的交接线为特殊进化的最小值 0（即完全不适应）。用实线表示特殊进化的进程，用"XX"符号表示这一文化在这一时刻从所处的阶段中发生了跃迁，进入到一般进化的高一级发展阶段。

圆面模型的缺陷在于没有表现出文化进程中的一般进化，而只能反映一般进化同一阶段上的文化特殊进化过程。因而对于人类文化进化的总历程来说，不同的一般进化阶段只能分别地构拟出相应的圆面进化模型。我们依次给出采集—狩猎、斯威顿耕作、牧畜、农业（从我国历史实际出发，工业类型暂未列）四个阶段的相应模型。（见图 5）

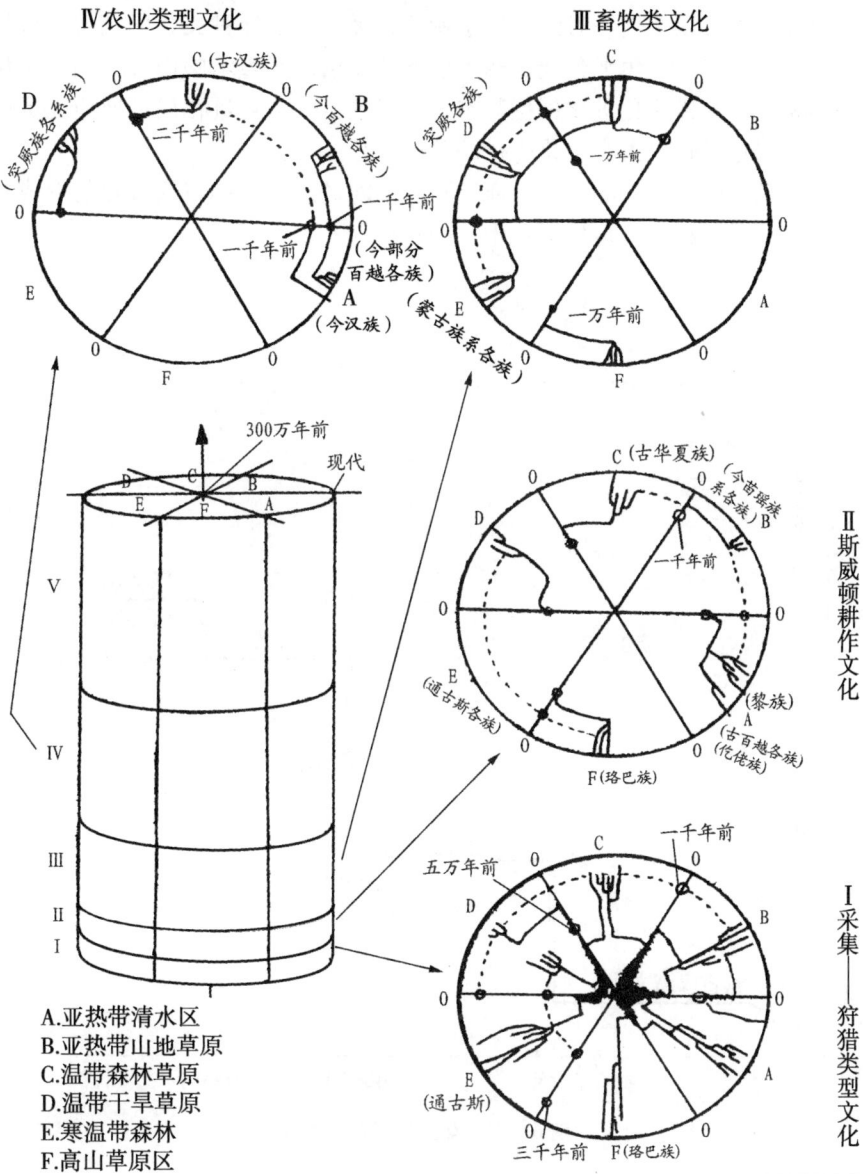

图 5　人类文化历程四阶段模型

　　为了表示人类文化的总历程，要求我们将上面的四个圆面模型按一般进化阶段发生的时间顺序重叠起来，于是就得出一个圆柱状的总模型，我们称之为圆柱状模型，图 5 左下角圆柱即为这一模型的斜俯视图。

　　在这一模型中，圆柱的中轴线表示人类文化的起点，圆柱的半径表示文化进化的时间推移，圆柱的最外侧面表示人类文化发展到了今天。图中的实线表示特殊化历程，双线表示文化在这一时间发生了跃迁，虚线表示异种文化的结合。圆柱体中的不同的扇形、扇形的角平分线、两个扇形的交接线所表示的内容与圆面模型所表达的内容相应。这样文化进化模型基本上完成了当代文化进化模型所应完成的四项任务，而概略地反映出人类文化进化的总体历程。

为了辅助说明本模型的作用，便于建立空间概念，我们将汉文化的形成和发展历程，从上述模型移入直角坐标系中。（见图6）

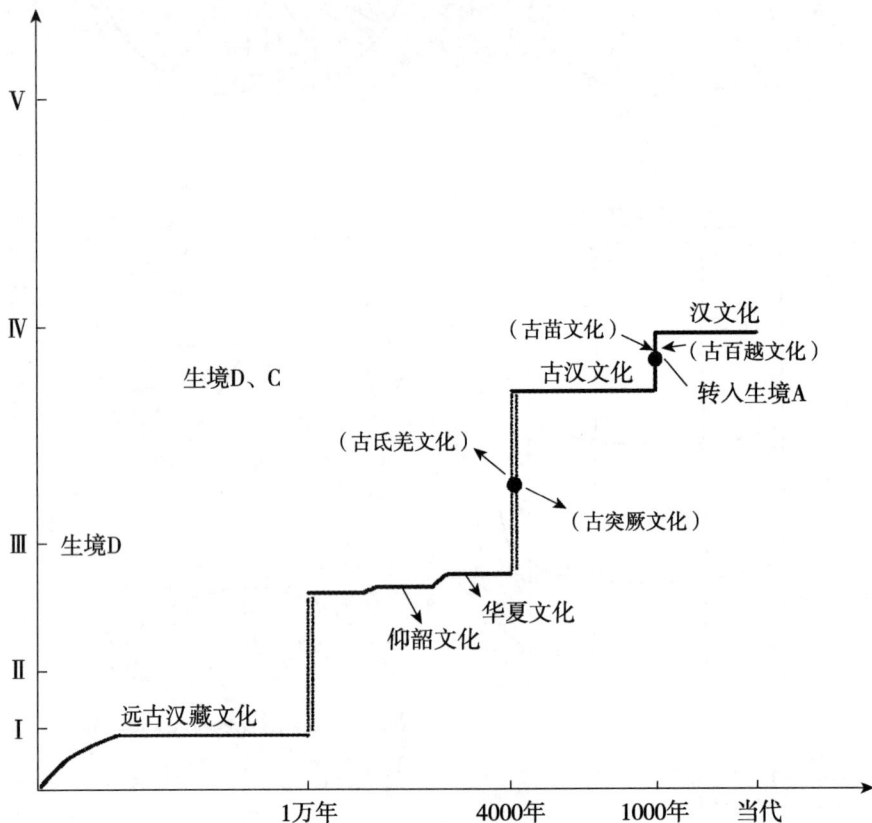

图6 汉文化发展历程示意图

五、本模型尚须进一步完善的几个问题

圆柱状模型虽然完成了当代民族文化进化模型构拟的四项任务，从图中准确地反映出一般进化与特殊进化复合发展的历程。每一种现存文化都被安排于特定的位置，足以反映各民族文化之间难以简单地进行对比的客观现实，形象地反映了文化相对性产生的原因，文化在生境的诱导下不断适应，以及适应被破坏的复杂过程，

从实质上揭示了文化内在具有一定结构。并且表示出这种结构处于动态中的发展的平衡，表示出结构功能主义与当代进化论并不冲突这一客观事实。

然而，圆柱状进化模型也存在着一些尚待进一步完善之处。首先是对生存环境的表述上，还未表示出生存生境的复杂性。比如图中仅仅涉及自然生境的大致归类，而未将各民族所处的社会生境包含进去，而且在自然生境方面，也仅注意到气候、植被、地貌等少数特征，对自然环境的复杂性反映得还不充分。

其次，按照多元进化论，一般进化的阶段的划分，是依据人均控驭能量的水平来确定的。在圆柱模型中，虽然通过圆柱体高度的不同表现处于一般进化发展不同阶段文化在控驭能量水平上的逐级递增，但是，这样的分段与各文化实际的人均控驭能量水平尚未建立起定量的函数关系，这显然是不够的。

最后，这一模型也未表达出处于一般进化中发展阶段较高的文化，凭借代偿力（关于代偿力应专文讨论）占用其他的空间，造成跨生境分布，并且挤掉较低的发展阶段文化的实际情况。

上述问题均须在进一步的研究中加以解决，均望民族学界卓识之士予以诲助。

［本文与罗康隆合作，原载《贵州民族学院学报》（社会科学版）1992 年第 1 期］

民族志篇

苗族生活方式的变迁：贵州杉坪的例子

第一节　调查对象简介

在我国的民族大家庭中，苗族是一个支系纷繁的少数民族。我国境内的 800 余万苗族（若连同境内外苗族总人口共计 1000 余万），分属 5 个大系，64 个支系。

面对支系纷繁、生境（自然与人文，下同不再说明）跨度大这一客观事实，要想从中汰选出一个能代表全苗族生活方式变迁的村寨，作为个案调查的对象，实在是一件非常艰难的任务。为此，我们只好遵循如下三条原则去确定个案调查的对象：一、前人已作过较多研究的苗族支系所属的村寨；二、文献记录比较系统和翔实可靠地区的村寨；三、距离中心城市较近，受到现代文明冲击较多的苗族聚居区，同时传统文化又保存较完整的村寨。综合比较的结果，我们选择了贵阳市花溪区高坡苗族乡的杉坪村，作为个案调查苗族生活方式变迁的对象，因为它基本同时满足了上述三个原则规定的要求。

杉坪寨的居民属于苗族南系的一个支系，通用苗语西部方言惠水次方言东北土语。该支系的分布区位于苗岭中段山脊上，地处长江与珠江两大水系的分水岭。从行政归隶看，分布区跨越了贵阳、龙里、贵定、惠水、平塘等一市四县。行政归隶虽然不同，但整个分布区却是连成一片的苗族聚居带，总面积约 900 余平方公里，杉坪寨位于分布区的西北部。

与支系称谓相吻合，他们所处的自然生境确实是一片山地丛林。海拔最低处为 1000 米，最高处为 1700 余米。丛林为针叶与阔叶混交林，山谷中多杉树，山坡上多松树，阔叶树以山毛榉科乔木为主。1500 米以上的山脊地段则是以松树为主的疏林草坡。与山下的贵阳市近郊相比，这里的冬季（指气候冬季）要长出一个半月，而夏季短一个月。大季作物的栽种平均要推迟半个月至 20 天。过去这里出产的杉木，以木质致密、不易腐朽而闻名远近，但因气候寒冷，土壤贫瘠，每公顷年积材量不超过 1 立方米。此外，过去这里盛产茶叶，明代宫廷贡茶之一"东苗茶"即产自该支苗族。

除汉族外，与他们接触最多的异民族是布依族，他们称布依族为"夜"，布依族称他们为"尤"。他们分布区的东、西、北三面河谷盆地，都是布依族村寨。杉坪村所属的高坡乡有几个布依族村寨，合称绕扰。村名是苗语音译，意思是角落。而居民是18世纪后从山下迁入的新户。明代时，彝族势力曾深入此地，水西土司在高坡建过私庄，汉文献中记载有罗鬼寨这一寨名。他们还与杨黄人（目前已认为毛南族）有过密切交往，至今他们分布区内还有杨黄寨一类寨名。

由于这里距中心城市和交通干线都较近，又是一个保持苗族文化较完整的聚居区，因此很早就引起了国内外学者的注意。调查研究过该支系苗族的知名学者就有好几位。1905年，鸟居龙藏首次对国外报道过他们。20世纪三四十年代，吴泽霖[①]、鲍克兰、罗荣宗[②]等民族学家都作过专题研究。语言学家张琨、王辅世都研究过该支系的土语。

元代以前，该支系苗族区属于"生界"，不仅中央王朝未曾与当地苗族发生过联系，周围的各民族地方势力也未深入其地。元朝统一全国后，新添宋氏土司获准，替朝廷招谕他们。元泰定二年（1325年），该支系苗族首领的娘应招，并亲赴大都朝贡[③]。从此中央王朝开始对他们施行代理统治。明代初年，朝廷为扫清置卫开驿的后顾之忧，曾对他们大肆用兵[④]。事平后，令水东下属的大平伐长官，对他们实行招抚，继续实行代理统治。景泰、天顺之际，当地苗族首领干把珠，趁明廷内乱之机，起义反明。明廷于天顺三年（1459年）组织五卫六上司兵力，在石门山与苗族激战[⑤]。苗族战败后，干把珠被害，六百余苗寨遭焚毁[⑥]。战后，明廷瓜分苗地，授予参战的有功土司，其中水东、金筑两土司得地较多，八番、大小平伐其次。至此开始对该支系苗族的间接统治。

间接统治期间，当地苗族与土司的冲突接连不断，比较大的争斗在明代有五次，明弘治十三年（1506年），水东土司受命镇压苗族。水东宋氏所刻纪功碑——"永镇边夷"[⑦]，至今尚存（位于今高坡乡石门村）。明嘉靖四十五年（1565年），龙里长官司配合明军洗劫蜡利等寨。苗族首领阿利遇害[⑧]。明万历二十五年，当地苗族与土司所部布依族争夺苗族批弓斗牛场，贵阳府判决词刻石至今尚存（位于今惠水县半坡）。明天启年间（1621—1627），当地苗族受水东、水西土司裹胁反明，明年火焚苗寨百余[⑨]。明崇祯四年（1632年），新起的布依族地方势力青岩土守备班民，在明廷支持下，攻破了高坡。从此成为一个新的统治苗区的小土司——青岩

---

① 见《吴泽霖纪念文集》第185页，湖北科学技术出版社1988年6月第1版。

② 罗荣宗：《苗族之丧葬》，见《益世报》重庆《边疆研究周刊》38期，1941年8月23日。

③ 《元史·泰定纪》，中华书局标点本第654页。

④ 《明实录·贵州资料辑录》第9页，贵州人民出版社1983年。

⑤ 《明史·白圭传》，中华书局标点本第4595页。

⑥ 同上《方瑛传》第4488页。

⑦ 有关贵阳市高坡乡石刻史料，参见《贵阳志资料研究》第3期与第7期。以下恕不一一注出。

⑧ 《明实录·贵州资料辑录》第827页，贵州人民出版社1983年。

⑨ 《明史·王三善传》第6456页，中华书局标点本。

土弁。记载这一事件时首次提到了蒋台——杉坪村古名①。

入清以后，鉴于大土司罢废，并为了配合罢卫改县，清廷纵使各小土司瓜分苗族区。苗族反抗土司的斗争，被清廷利用为罢废土司的口实，并因此将有关苗寨改为政府直接统治区，从而陆续开拓对该支苗族的直接统治。比较大的事件有五次。清雍正七年（1729年），裁中曹副长官刘氏，将今高坡乡云顶等十余苗寨纳入贵阳府直辖②。雍正九年（1731年），大平伐司西排土弁对苗族横征暴敛，致使苗族弃寨逃散。清贵定县政府被迫出面招抚苗族，惩治西排土弁。记录事件始末的《碑记》至今尚存高坡乡掌几村，乾隆五十五年（1790年），发生了苗族反对贡茶征收的事件③。记录事件始末的碑刻，至今尚存贵定县仰望乡。道光十年（1830年），甲定等寨苗民上诉土司赋敛太重。经贵阳府裁定，改向政府交纳一个牛头的价值充年赋，可惜这块"牛头碑"在"文革"期间被毁坏。咸丰年间，杉坪寨苗民控告青岩土弁苛赋伤农，导致该土弁罢废。此事件记事碑至今尚存杉坪寨，仅年款残缺。这两次事件都使相应的苗寨改由政府直接统治。

进入民国后，地方军阀政府开始全面接管土司领地，所借的名义是划拨飞地，统一行政管理。该项措施于1914年完成，至此该支苗族区全面改为直接统治。当时为此而立的碑刻，在高坡乡目前尚存四块。不过残剩的土司势力并未彻底清除，而是改任为民国的区、乡、保、甲官吏。比如：治理高坡乡西北各苗寨的中曹正长官谢氏，就一直到解放才被镇压。全面改为直接统治给该支苗族带来了两个方面的冲击。坏的一面是，当时的国民政府强制推行民族同化政策。杨森执政时，推行他的所谓两论——大同论和进化论，强令苗族改装，公开场合不准许讲苗语。好的一面是，苗族人民直接参与了国内政治斗争。红军二万五千里长征时，经过了高坡、水塘、杉坪、批林等苗寨，长期封闭自守的苗族第一次知道了共产党和革命道理。白色恐怖时，贵州地下党负责人之一徐建生，以教师身份为掩护，在高坡活动达两年。抗战期间，高坡和杉坪都设有小学，并用以向苗族人民宣传抗日救国的道理。该支苗族也因此有了第一代教师和学生。在罗常培和吴泽霖的倡导下，举办了"青岩方言讲习所"，培养各民族基层抗日干部。该讲习所按学员母语分班，分别以各自母语教学。杉坪寨罗国清等三人进了白苗班学习。这是该支苗族的土语首次进入正规教育课堂。民族学家罗荣宗经罗国清邀请访问了杉坪村，之后鲍克兰又访问了杉坪。杉坪寨因之而首次见诸民族学田野调查专著。

新中国成立后，该支苗族和所有苗族一样，得到党和人民政府的关怀和大力扶助。早在50年代，高坡就设立为苗族乡，实现了民族自治。培养了一批乡、区级干部，实现了干部队伍的民族化，培养了第一批大学生，使他们拥有了自己的教

---

① 道光《贵阳府志·土司》青岩土弁条，贵州省图书馆藏木刻本。

② 《清史稿》地理志，见上海古籍出版社影印《二十五史》本，第9117页。

③ 石开忠：《试论仰望碑刻的史料价值》，见《贵州文物》，1986年第1期。

育、卫生、技术队伍。贵阳市的民族扶助经费每年约有三分之一向高坡乡倾斜。包括江泽民主席在内的众多党和国家领导人，视察过高坡和杉坪寨。不少农业专家和经济学专家都在高坡和杉坪作过研究。目前这里已开辟为民族旅游点，接待过好几个国家的游客。

尽管杉坪寨无论从哪一个方面都满足了我们选点的三个原则，但是我们仍然不能说，杉坪寨的情况可以代表苗族生活方式的变迁。原因有三：首先是苗族生活方式变迁的进程参差不齐，有的快于杉坪寨，有的又慢于杉坪寨。其次是苗族各支系面对的自然生境千姿百态，致使相互调适于现代生活的取向大不一样。最后是各支系面对的民族背景不同，借入文化因子的源流各别，消化改造的方式结果自然不同。然而如果换一个角度，从苗族生活方式变迁的纵向历程去观察，那么杉坪寨却有极大的典型性。这里的生活方式变迁和其他各支系苗族一样，都是从同一性很高的苗族传统文化出发，在接触到发达的汉族定居稻作文化后，诱发了第一次生活方式变迁。当汉族受到现代冲击而文化重构后，其变革的余波诱发了苗族的第二次生活方式变迁。我们选择杉坪寨作为调查对象的立足点正在于此。至于杉坪寨的情况在多大程度、在哪些方面可以代表其他各地的苗族生活方式变迁，则留给读者及关心苗族发展的有识之士去判断。

第二节　从远古到近代的生活方式

该支苗族生活方式的变迁，在可考的范围内，共经历了两次。第一次发生在清嘉庆道光年间，第二次则从 20 世纪 40 年代起，至今仍在继续。第一次的变迁内容是从斯威顿耕作（即前人所称的刀耕火种或锄耕农业。以下不再注明）转型为传统农业。必须指出，表面上看这两次转型都体现为生业项目新旧交替，然而其变迁的内容远比生业项目广得多，也深远得多，举凡生活方式的各方面都连带着发生了程度不同，内容各异的改观。若要更恰当地称谓其变迁的实质，应称之为文化的重构。文化重构的目标是使文化调适得更加适应新的生活方式，重构的途径是选择性地借入文化因子，经过消化吸收再纳入文化总体系中，并经历一段新旧文化因子的运行磨合，最终形成有别于往昔的新型文化结构来。整个变迁过程表现为新旧文化因子的有机配制和动态运作改建，而不仅是简单的文化因子进出。

经过文化重构后，生活方式已经大大改观，致使常规的民族调查很难直接恢复和窥见先前的面貌。要探索已经消失的往昔生活方式，除了上节介绍的认知模式外，还有两类资料可以帮上忙，一是汉文文献资料，二是当地的文化遗物、遗迹资料。当然仅仅把这三类资料简单拼合焊接在一起，仍然无济于事。必须使它们有机结合起来，互为补充，才能达到预期的目标。这种三结合研究方法成功的关键在于正确把握三类资料的长处和短处。古代文化遗物具有无可挑剔的真实性，但却是死去了的僵化遗存，它自身不具备诠释价值，必须借助文化中发展演化慢的子系统才能得到正确解释。文献资料在使用于少数民族时，基本上都属于间接材料，但却具有断代价值，它的真实性需要文化遗物与活文化因子的印证。认知模式是现代仍可直接感知的活事物，可是它却属于高度抽象化的内容，若无直接物证，它的诠释价值就无法落到实处，若无文献断代，它的诠释价值就无法确认生活方式变迁的具体时限。

发生第一次文化重构的契机是清雍正时代（1723—1735）的大规模改土归流。这次改土归流对该支苗族生活方式的冲突，以下三方面表现得最突出。改土归流后，该支苗族分布区之西北角——包括杉坪寨在内的今高坡乡西部和北部，划归贵阳府作"亲辖地"，称为"四司里"——中曹正、副长官、百纳正、副长官。小土司虽未罢废，但是只能按当时法规施政，不得自定规章。当地苗族的身份不再是土司部属，而是清王朝臣民，土司施政仅是代管性质。其后杉坪寨苗民多次上贵阳府控告土司横暴，正因此而发生，也因此而获得告状的法律依据。其二，土司的兵权被剥夺。现存各代土司墓碑碑文可以证实这一点。土司不再拥有胁迫、强制苗民的实力。苗民生活的改变不再受到土司的干预。其三，也是最关键的一点，苗民的税赋方式彻底改变。以前是按惯例由土司定征收对象和份额，现在是按国家统一的税则，与内地同样负担赋税。从此稻米——以前苗民不种的作物和银两成了税赋内容，这是刺激苗民大规模改种水稻、开辟水田的直接动因。这三方面的巨变诱发了杉坪寨一系列社会生活的震动，最终导致了文化重构。生活方式也相应地发生了巨变。巨变的内容可以从劳动生产、物质生活、社会政治、精神生活四个方面反映出来。

在人类的各种经济生活中，斯威顿耕作与农业耕作是两种截然不同的类型。二者之间不仅在生产工具、技术操作、生产组织、耕作结构上存在着很大的差异，而且在上述各方面的发展走向上也各不相同[1]。一些人把斯威顿耕作称作"原始农业"，并认为随着技术的进步，会自然发展出"传统农业"来。以杉坪寨的生产变迁为例，这种理解看来有欠妥当。

杉坪寨苗族远古的劳动工具包括长刀、摘刀和弓弩，加上其他辅助工具，组成一个旱地斯威顿耕作的工具结构。经过第一次文化重构后，工具结构发生巨变，改为以耕牛、犁、锄和镰刀为主干的农业工具结构。原来的主要工具，有的降到次要地位，有的转化为礼仪品，有的完全退出了实用范围。苗民们早年时，以长刀清除杂草和灌木，加以焚烧去整理耕地。以摘刀割取禾穗，束捆收藏，不在田中脱粒。以弓弩、长刀对付害兽，保护农作物。在杉坪寨，我们看到过长刀的实物。这是一柄长达80厘米，宽才3.5厘米，柄带大铁环饰的钢刀。据物主介绍，这是当年起义反清时的武器。但刀身留下明显的横向弯曲，足见该刀对付的目标并非活人，而是直径在5厘米左右的硬质树干。刀柄的大型环饰也不便于与活人拼搏，而是借以

---

① 刘锋：《对当代"原始农业"的再认识》，载《中国农史》1995年第1期，第6—16页。

系上硕大的布帛佩件，以便脱手落入丛林时，利于找寻和识别刀柄与刀身。刀刃尖端已磨成钝圆形，并留下了硬质物划伤的刻痕，足见它不仅供砍伐用，同时还充作刨地掘浅坑之用。关于这种长刀的使用状况，明人江进之的《黔中杂诗》有如下名句："耕山到处皆凭火，出户无人不带刀。"此外，《续黔书》中还有"苗刀"的专条记载。

经过文化重构后，长刀完全退出了实用，以致该刀物主已不能用苗语称呼它，而称它为"战刀"。但从苗语同源词语音对应规律中，发现这种长刀的名称各方言皆有，所指对象又完全相同，杉坪寨又有实物遗存，该支苗族所操次方言断不会单无这个名词。根据王辅世教授的古苗语音序，我们用复原出的长刀名称在该次方言的读音，对杉坪寨人进行探寻，发现他们的口语中仍有该词，读作"当"[ntaŋ⁵⁵]，被用去指汉族侠客的随身兵器宝剑。这一发现对我们的激励很大，它明白无误地告诉我们，文化重构中完全退出实用的事物虽然成了古董，但是它在文化系统中相应的文化因子并不会简单地随之而消失得无影无踪，而是经过调适后，还将以另外的形式存留在该文化中，并发挥另外的一些社会功能。文化重构中的调适其实也并非无规律可循。长刀的原生状态本来就具有随身农具与武器两种功用，调适中作农具的功用既然消失，转而强调武器方面的功用，按实际而言同样是贴切的引申办法。按这一思路，我们又陆续找到数十例性质相同的证据，其中一部分在下文还将作具体说明。

和长刀不同，弓弩和摘刀在文化第一次重构后，没有完全退出实用范围。原因在于这里除了种水稻外，一直栽培小米、红稗、燕麦、小麦等作物，摘刀可以照样发挥其效用。此外这一带新中国成立前害兽很多，保护庄稼仍需用到弓弩。摘刀刃口长5厘米，宽3厘米，刀背有双孔，可以用线穿孔将刀缚于食指上使用，割穗时不会妨碍双手捆束禾把。用摘刀只能收割不易掉粒的旱地作物及糯稻，而且必须捆成穗把运回。江进之《黔中杂诗》对此也有咏诵："绝壁烧痕随雨缘，隔年禾穗入春香。民间蓄积看如此，哪得公家咏积仓。"① 当地苗族未完全放弃旱地杂粮生产的原因主要是水田有限，这是至今尚无法缓解的问题。因而摘刀的继续使用乃是必然的客观现实。

早年苗族使用的弓弩配有箭毒，这是用蜂毒和鸟头制成的外伤性毒膏，沾在箭头上使用，射杀野兽的效力很高。清代改土归流后，明令禁用。但当地苗族直到新中国成立前尚在使用。60年代后，山林破坏，人口骤增，害兽绝迹了。弓弩与箭毒一道退出了实用。目前弓弩仅作礼仪用品，丧葬、敲牛祭祖、射背牌中都是不可缺的仪仗和用具。弓弩的实物多用桑木制作，配有弩机，以手指搬动击发。弩长60—80厘米，箭较轻而且短小，但弓的弹力很大，能射出50余米，还能穿透兽皮。

---

① ［明］郭子章：《黔记》卷五十九，贵州省图书馆馆藏油印本。江进之诗又见于乾隆《贵州通志》之"艺文志"中。

第一次文化重构完成后，牛耕镰收技术已全面普及。但是无论在相应的观念上，还是在技术的把握上，都与汉族、布依族不同。当地苗族并不像外族那样珍视耕牛，他们喂养的水牛黄牛并不少，但仅以一部分用于耕作，另部分则用作祭祀。对祭祀用牛喂养极为精心，往往以精粮喂养，不用于役使，整年放闲。相反，耕作用牛反而喂以粗饲料。对犁耕，他们也不认为是最好的整地手段。秋收后，逢到祭祖、婚丧事宜，水田不能及时翻犁，我们替他们着急建议他们及时翻耕，否则土地板结，牛犁不动了。回答仅是淡然一笑，反正牛犁不动，还可以用锄挖翻，犯不着发愁。

经过实地观察，我们注意到杉坪寨苗族农民训练的耕牛，不会原地转身360°，只能作有限角度的转弯。因此水田中的犁沟不呈现平行直线排列，而是呈现重叠的同心相似形，其形状相似于田块的轮廓。他们犁田的方式往往从田坎开始，沿田坎犁一周，再顺着犁沟内收一定距离，再犁一周，以此反复一直犁到田中心。问他们这样做的理由，他们回答，这些山田不坐水，先犁田边，让泥浆糊住漏水孔，才不至于脱水。听起来并非随意为之。然而插秧时情况亦复如是，往往留下田中部分，到最后才去补插，其理由如何，他们就不作解释了，只说那是碰巧未注意到。另一个与外族不同的做法看来和这种操作法有联系。当地苗族提供报偿时，不论斤、斗，也不计百分比，而是讲明将沿田坎的1至几行禾兜的产量作为回报，提供给对方，他们说，这样做双方都明白，不会引来任何争执的借口。面对这些令人费解的事实，任何轻率的结论都有害无益，不过我们还是应该承认他们接受水稻种植虽历时一个多世纪，但生产工具的运用尚未与其他民族同步。

斯威顿耕作与农业生产是两种很不相同的人类经济生活类型，两者在技术进取的走向上自然各有千秋，相互间很难说兼容。经过第一次文化重构后，当地苗族接受了水稻种植，他们也乐意发展水稻生产，但客观上却做不到。原因固然很多，但生存环境的限制却是最致命的困难。这里是山高谷深、地表崎岖的高寒山区，能辟作水田的地段十分有限。不用说一百多年以前，刚引进水稻之时，就是技术发达的今天，扩大水田面积仍是力所难及的事情。于是尽管他们喜爱水稻，但是却不得不同时要凭传统的斯威顿耕作求生存。这样一来，文化重构后，造成的不是一个真正的农业类型文化，而是一个斯威顿耕作农业生产的畸形混合物。这种混合物在技术上的表现就是采取兼容两种技术进取方向使之相互并行的做法。

从事斯威顿耕作在技术上，要求最大限度地发现、识别、利用当地可以长出的一切植物和动物，而不专门研究有限品种作物的增产办法。看了上节有关他们认知取向的特点后，不难发现他们的认知取向与斯威顿耕作的技术要求，刚好互为里表。农业生产则不同，得把技术进取的主攻点放到主要种植作物的增产上，其他自然长出的动植物凡有碍作物者，一律得清除干净。两者的不相兼容，致使他们种植水稻的技术精度，不仅在一个多世纪前，就是到了今天仍达不到坝区汉族、布依族的水平。更叫人费解的是，当地苗族长期在山下打工，替汉族、布依族打田、插秧、收割。打工时，可以按别人的技术要求行事，回到家后，种自己的田，反而不按已经会的技术行事。以此为例，我们不得不承认，技术引进不仅仅是学会的问题，重要的事情还在于学到的技术在当地社会、当地技术构成中的着生点是否具备。只要将我们的视野稍加展拓，观察一下他们的旱地耕作，这个问题并不难理解。

当地苗族的旱地作物品类纷繁，各种豆类、麦类、玉米、荞子、红稗等等不下数十种，其中小米和红稗的种植最能代表传统斯威顿耕作的特点。他们在秋季百草结实前砍掉杂草，目的在于减少地中杂草在来年的萌芽率。然后在春季将砍下的已干枯的杂草杂树烧掉。小米可以在热灰上直接撒播，红稗则需灰冷下雨后点种。以后就可以放心地等待收割了。开始时我们担心来年杂草可能长得比庄稼还茂盛，后来才知道这是多虑了。一则他们砍荒时已经把握了有利的时机，来年主要长得出哪些野生植物，早已胸有成竹。二则长出的野生植物有不少可以派上用场，不等泛滥成灾，他们已及时将它们取而用之了。比如，蕨类植物有宿根，砍与焚都无法清除，但新发的蕨芽是菜肴，稍老时又作饲料，经多次觅集后，对庄稼的影响就十分有限了。其他旱地作物的耕地也往往几种作物混生一道，按成熟先后取用，而不像农业生产那样一块地主要种一两种作物，丰收后贮以待用。他们的技术目标则是有效地利用多种植物成熟的次第差，去确保食物供给的衔接。懂得了这一点，我们自然得承认，他们并非不知道按汉族方式种水稻可以提高一定比例的产量，但是只要这个提高额代替不了全部旱地收获物之前，他们就不可能把那些技术用到自己的水田上来，因为另一套技术——传统的技术仍是不可少的东西。其实他们的抉择既合理又明智，丝毫不足为怪。

农业生产是一种季节性很强的经济类型，错过了季节，就意味着大幅度减产，生活将失去保障。斯威顿耕作则不然，它执行的是随种随收、即收即用的对策。在杉坪寨最直观的感觉是，他们的种与收季节都比外族拖得长。这不是单纯的季节迟到或水源无保证所致，而是得兼顾旱地的结果。而旱地又只能是种收结合，他们在水田大忙时，也得收旱地的麦类，种玉米和豆类。从农业经济的角度看，水田上造成了损失，但同时兼营的旱地却保证他们不会青黄不接。在杉坪寨，人们的收获物种类繁多，每一种作物的量都不多，但相互间的成熟期彼此衔接，不会出现空缺季节，因而仓储虽不如汉族农民多，但饥馑之事不易发生。

再看生产组织的变迁。第一次文化重构之前，当地的生产组织按苗历的季节更替而作周期性交换。热季按血缘宗族集中进行大季种植和采收，冷季则以姻亲集团为分野，做手工和狩猎。由于斯威顿耕作具有游动性，生产组织的活动区也按季节而变动。热季在山上，冷季下到平地。生产区除了按季节更换外，由于土地肥力因长期使用下降，热季寨址也常有变动。在一个相对稳定的地域内，周期性地轮次立寨，地址虽有位移，寨名却不变，因为寨名是与宗族联在一块，该宗族迁新址，寨名也随之而迁。这种游动式生产，江进之《黔中杂诗》也曾提到："花苗所在营三窟，草檄谁人谕百蛮。"诗中"花苗"指操贵阳次方言的苗族支系，百蛮则指包括该支苗族在内，从事斯威顿耕作的各少数民族。生产区与寨址的游动性，对定居农业民族当然会感到怪异，进而还诱发出一些误解和贬责。清初方志云："白苗其服饰皆尚白，性憨而狡，转徙不恒，为人雇役垦佃，往往负租而逃。"[①] 说他们"转徙不恒"是实情。要转徙自然得随本宗族而动，不能像定居民族那样，死守耕地受雇垦佃，他们并不是有意逃避。至于负租，可能与应佃时双方论报偿的计算方法有出入有关。以此说他们性憨而狡，乃不实之贬斥。

第一次文化重构后，生产组织所受的冲击并不大，原因在于他们头上的小土司还存在，当时的地方政府也未把他们列入正式编户，因而未干预其内部组织，只向他们的宗族首领索取赋税。这些首领在本民族中被称为寨老，封建官吏则委为"粮头"。但生产的活动方式却发生了较大变动。出于种水稻以及水田在经济中地位的提高，原先的季节转徙，其必要性开始下降，村寨随之而稳定下来。原先的冷季营地逐步地演化为纯粹的节日聚会场所，热季营地早年多位于烧畲地附近，水田开辟后，寨址位置逐步下移到新开水田之上方的山坡上。杉坪寨早年热季营地位于杉坪寨北面陡坡上，此地只有旱地，野花甚多，苗语称"格棒"——花地。今杉坪寨脚的大片水田，早年称作"野猪林"，是先辈的猎场，大约在清乾隆末开辟为水田。由于水田四周坡陡林密，水牛牵不进来。杉坪寨高祖辈时的寨老罗文魁，带领族人新开山间石板路，才将耕牛牵进水田，以供役用。修路的纪事碑至今尚存[②]。据寨中人介绍，罗文魁是本宗族第一个会汉语识汉文的人，罗文魁是他的汉族塾师给取的汉名，不消说也是本宗族的第一个汉族式人名。有了牛耕，昔日的野猪林才得以完全开辟，从而打下了今天杉坪寨稳定寨址的基础。罗文魁主持修的这条小路，连接着杉坪寨人的"三岔沟"和"寨脚"两大片水田，是寨中人种水稻必经的干道。一直被寨中人视为珍宝，沿用至1963年公路修通时才逐渐废弃。

寨址的稳定，水田的开辟，派生的一个现象是冬营地失去了经济价值，同时离定居寨址远的烧畲地逐渐被抛荒，从而导致了耕地结构的变迁。限于资料，我们对这一变迁的细节及起止时间难于尽知其详，不过如下一些材料可以作出一些有益的间接提示。杉坪寨及其五个姻亲村寨的冷季营地即上文提到过的批弓斗牛场，时至今日，这些村寨的苗族仍认为这片土地是他们的，而且上述各寨在这片土地上各有自己的专有地段。举行斗牛活动时，各寨的人要集合在属于各寨，也是本宗族的地段上。这可以理解为古代冷季营地生活的遗制。目前这片斗牛场的四周布满了布依族的耕地和村寨，对此他们很不满意，他们说他们对斗牛场的领有权是官府判过的，并指着斗牛场正面山崖上的石刻要我们看。石刻内容果如他们所言，判决的官

① 康熙《贵州通志》苗蛮白苗条。见贵州省图书馆馆藏油印本。

② 杨庭硕：《龙村锁钥碑跋》，见《贵阳志资料研究》第 3 期，第 44—47 页，1983 年 9 月。

府是贵阳府和定番州——今惠水县。时间是明万历二十五年（1579年）①。当时的苗族、布依族都处于土司管辖之下，按明代条例土司属下的诉讼官府可以不加受理，受理这一案子意味着事情超出了土司权责范围。将地权判归苗族也值得注意，明代土司属地不入户部，官府无土地底册，这次判决显然只能凭历史的连续领有为依据。因而这一石刻的存在，至少表明在明万历时，苗族尚一直连续占有并有效使用自己冷季营地。至于布依族的介入，则是自身人口发展以及大量汉族屯军、屯民涌入，挤占布依族坝区耕地的派生结果。此外，尚需补充一点，类似纠纷在黔中十分普遍。我们在惠水、龙里、贵定都见过类似碑刻。而且这种争议一直延续到今天。新中国成立后的五六十年代，贵阳市民委就重新处理过批弓地权纠纷。有关各县也处理过类似争执。

据康熙《贵州通志》载，"（苗族）所食多麦稗杂野蔬。间有稻皆储以待正供，或享宾。"从食习可以窥见，此时的苗族尚未普遍种水稻，其生产状况，与批弓石刻时并无大变。康熙《贵州通志》成书于17世纪末，该书记载表明苗族最后放弃冷季营地的生产经营，应该是18世纪以后的事情。乾隆初年，贵州连年用兵，大量士兵的调入导致了官粮贮备不足。清廷为缓解这一困境，一度令苗民不按旧例纳银充赋，而要求上纳米粮。到乾隆十一年（1746），土司们要求恢复旧例。一些官吏为此代为上奏："贵阳所属白纳等土司额田向系征纳条银，今改征米石，挽运艰难。"② 运输艰难当然是事实，但挽运的人是苗民，不是土司。土司愿代苗民请命，恐怕其真正用意在于当时治下米不多，完税后所剩不够食用，挽运艰难只是一个次要的原因。据此可知18世纪中期，苗族的水田仍十分有限。

杉坪寨上至今尚存的有关土地产权碑文，刻于清咸丰年间。内容记述高坡一带迁入汉民所建华严寺，买得杉坪寨一批田产。其中明确分别了田和地两种，而以田的数量大。此碑虽不能推知当时杉坪寨的水田和旱地比例，但至少可以证明19世纪中叶，杉坪寨苗民已经拥有较多的水田。土地结构的变迁接近尾声理应定在此时，即19世纪中期。

我们在杉坪调查期间，该寨的两位寨老罗泽清（原高坡乡党书记）和罗新阶，带我们去看过他们抛荒的烧畲地。这些烧畲地散布在格棒和杉坪与其他村寨毗连的山顶上，离今杉坪寨很远。这些烧畲地上杂草灌木很少，地面看得出有修成梯地的残痕，这些情况与我们原先的估计不同。查询后才知道，他们先辈原先也想辟为固定旱地，不再轮流休闲，可是效果不佳，离寨又远，大家无兴趣种下去，才抛荒下来。寨中又有人说，古代苗族多，种的地自然也多，后来人被反动派杀了，地种不了这么多才荒废下来。对这种说法，罗新阶竭力反对。他说，谁家祖上被杀害，难道我们不清楚？前些年人人必须说阶级斗争，才有人想出这样的解释。其实我们祖

---

① 张惠泉：《批弓狗场万历摩崖石刻跋》，见《贵阳志资料研究》，第40—44页，1983年9月。

② 张正东等辑录：《清实录·贵州资料辑要》第102页，贵州人民出版社，1964年11月。

上只种山地，不种水田；现在有了水田，山地自然要抛荒，哪里和人多人少有关系。要说人多，现在才是真正人多地少。他的话固然不错，但我们仔细分析后，发现问题比这还要复杂。早年的烧畲地全开在山顶草地和山谷森林的交接地段，这里土不太薄，林木疏，易于砍伐。焚烧时火往山上窜不会伤林木。开水田后山谷林木变疏，土壤能沿坡下滑，导致烧畲地土层变薄。而不再轮流休闲，又加剧了肥力下降，终至于无法再种了。目前这些地不长灌木野草，正好证明了这一点。从这一事实出发，我们似乎看到了，由于两种类型生产中技术不能兼容，发展取向各异，不适当的技术引进，反而出现了画虎不成的悲剧。

随着耕地结构的巨变，副业产品也发生很大的改变。据郭子章《黔记》记载，明代时这里的土司贡赋有东苗茶和马匹。茶因苗族得名显然为苗民所生产。这种茶叶不是茶园所出，而是丛林中杂生的高树茶。它虽名列贡茶，但生产方法与其他贡茶无相似之处。水田开辟后丛林缩小，大季插秧又与采茶争季节，因此入清后，茶叶生产反而萎缩了。目前虽仍有少数人家种有高树茶，但只供自食，未进入市场。与此同时，该支苗族的各宗族，发展起了各自的一些副业。杉坪寨自清中叶起，一直以伐木出卖，换取银两。杉坪寨的姻亲寨子中，甲定则靠伐青、红栗木烧炭换现金，腊利则靠水果、竹材换钱，卡上的云顶寨则靠竹编工艺，大红石门则靠马匹运输。总之文化重构后，这里出现了宗族、家族行业，并一直沿袭至 1949 年。

随着文化重构的完成，杉坪寨的物质生活也发生了巨变。衣、食、住、行都有了明显的差异，举其大略，已足见一斑。

从衣着上讲，衣制的变化就很突出。据明嘉靖《贵州通志》载，他们的男女都穿贯首之衣，裙、裤短才过膝。男子科头，女人盘髻贯有长簪。清中叶后，大量棉纱、棉布输入，原先的贯首衣形制缩小，演化为今天衣外穿戴的装饰品——背牌。这从苗语对背牌的称呼可以看出：黔东南苗语中读为"ud"，意思正好是"上衣"。同时妇女的裙子变长了，但仅礼仪场合才穿，平日只穿长裤。男子的衣制，自乾隆皇帝接受权臣和坤的建议后，鼓励苗民改穿满装，梳长辫。于是他们中不少人改着长衫、留辫子[1]。我们在崖葬洞里已朽棺枢中，见过独头辫和长衫残片。直到今天，他们中仍有人把长衫视为本民族服装，这当然是一种误会。衣料的改变也不小。明人记载说，他们穿蜡染的布料，可以织"土锦"，但未明言何种质料。我们调查中，注意到妇女的后围腰是麻织品，并用猪血浆过。其制法与黔东南苗族同，当是古代衣料之遗制。此外当地不能植棉（温度高），因此认定明时的蜡染布当是麻布。又受彝族影响，他们也用过毡作衣，如今鬼师的法衣尚用毡。清中叶后，棉布棉纱输入，布衣普及开去，同时丝绸也已传入。目前敲牛祭祖过的尊者，以红绸制连衣裙式盛装。这种连衣裙式长袍，才是明以前苗族的古代衣制，而今已礼仪化，苗族古时以海贝之类和铜铃作饰品，此习至今尚存。所异者在于清中叶后，副业收入扩

---

① 《清实录·贵州资料辑要》第 351 页。

大，银两流入苗区，以银为饰品普及化，而今几乎家家有之。和其他苗族相同，他们生性不喜金饰，也不用玉石。看来他们并不是对汉人的东西不加选择的样样都接受。妇女精于刺绣，则古今一贯；自织自纺，也古今一贯，未受文化重构的严重冲击。

居住的变迁当然以废止游动居处为最突出了，但此外一些改变也不容忽视。寨址虽由热季营地演化而来，但为了就近经营水田，寨址已明显下移，到了水田上方的山坡脚。同时冷季营地则转化为节日集会场所。这种位移，由于旧址尚存，因而很容易证实。另一个变化是，他们早年的热季营地有的在山洞中，实行穴居。杉坪寨对面山上有"竹鸡洞"，离田坝相对高度达70米。洞中有各种住家设施残存，一应俱全，还未被扰动过。目前这里成了青年男女谈情说爱的好去处。汉文献中未直接提到该支苗族有穴居古习，但对和他们西部近邻的麻山支苗族却有明确的穴居习俗报道，事见明田汝成《炎缴纪闻》"克孟牯羊苗"条。我们调查麻山支苗族时，注意到那里的穴居遗存与竹鸡洞相似。最能证明他们古代有穴居习俗的根据当推语言资料。当地苗族所称的"家"另有"岩洞"和"房子"的意思。古代过苗年要祭洞，现在还过跳洞节，关于这一点下文还要讲到。目前他们住在木架瓦房中，但墙壁封装不严，人多居楼上，楼下供炊事、畜圈、存放杂物之用。由于山林破坏，古代烧火塘的习惯正在消失之中，在杉坪仅少数人家仍烧火塘。

古代苗族的食习受斯威顿耕作影响，季节变化很大，大致是成熟什么吃什么。有限的粮食产品，小米、燕麦、荞子、天星米、红稗等从不构成主食，而是贮以备食物衔接不上时充饥。由于辅以狩猎，加祭祀用牲，肉食并不缺乏。一些其他民族不采食的小动物，在斯威顿耕作文化中却是正常的收获物，也是正规的食品。饮食尚好中，他们十分看重野生植物和动物内脏。当地汉族俗谚说："饭不养人荞和麦，肉不养人骨和血，菜不养人笋和蕨。"苗族尚好正与此相反。血与内脏是祭祀和敬老之佳品，野蔬杂粮是每餐必备之物。烹调法是一餐之食物和锅而煮，以发酵的酸水和植物灰调味，并加有野生植物香料。文化重构后，最大的改观是食盐的输入，关于此节汉文献记载甚多，不再赘述。其次是主食与副食分开，当然这很不彻底。我们在调查中都碰到主副食倒置的情况，有限的稻米饭或玉米饭算是主食，而佐食的豆羹——以菜豆或饭豆为之，却五倍于米饭，任你尽饱。再次是以杂粮仿汉族制米饭的办法，制作杂粮饭。大麦、红稗、荞子、玉米尽皆如此，我们皆品尝一过，外表如米饭，但其味迥别，而俱特异芳香。最后是一些小动物不再食用了，不过和锅而煮的遗风尚存。汉族口谚称"苗家不讲理，炖鸡下把米"，即指此而言。逢到过节与祭祀，同样是大块吃肉，大碗饮酒，豪性不减古代先辈。血与内脏照样是佳品，我在杉坪吃够了鸡肝、鸡血和猪肠猪肚，也豪饮过几次，深受大家礼遇，引为知己。

文化重构前，丛林密布，道路隐于草莽之中。苗族布料皆以动物蛋白质——血、皮胶、蛋清浆过，使之不透水，且防荆棘挂破，正是道路状况的间接物证。而今杉坪寨中人，仅妇女穿的后围腰尚如此做，这仅是遗留因子而已了。文化重构后，要往外运木料、木炭、竹编品和牛猪等活畜，各寨开始铺石板小路。杉坪寨除上文提到的小路外，先后修过通高坡、甲定、批林的石路。公路已遍通各寨，但不少地段马匹和人还得用这类小石路。

不难看出，文化重构后，与物质关系越密切的生活方式内容，变得越快；反之，变化不显著。故社会生活与精神生活，在第一次文化重构后，几乎无太大变化，而是到了20世纪中以后，才受到较大的冲击，因此在第二次文化重构时，再详加讨论。

第三节　从近代到现代的生活方式

在苗族生活方式变迁中，社会生活方式变迁的速度较慢，精神生活的变迁则更慢。杉坪寨这两方面的变迁直到20世纪初年才逐步明显，到了新中国成立后才加快了这一进程，然而时至今日，古代生活方式在这两方面仍有不少被完整地保持着。

辛亥革命的爆发对该支苗族，带来了一次前所未有的冲击。从民国3年起，贵州的地方军阀政府开始着手划拨"飞地"，统一行政建置的工作。残存的下级土司不再是世袭的代理统治执行人了，他们虽有不少转化为地方基层官吏，但是对苗民一手遮天的权势毕竟不复存在了。从法律上讲，苗族人民直接参与国内政治生活不再有直接障碍了。但是由于千百年来传统的惯性延续，苗族人民开始时尚未意识到这一变革，因而20世纪初，社会政治生活方式的变迁进度很慢，到新中国成立前夕，带实质性的变迁尚不明显。当时的苗族社会生活仍基本上沿袭着古代的传统。

传统的苗族社会以血缘为纽带，以男性血缘为基准构建起来。杉坪寨一直是同一男性始祖的一统天下，寨内细分为长寨、坪寨、杉木寨，它们同样以一位男性祖公为根本，由他繁衍的子孙结为一寨。以血缘关系而言，村寨就是一个个宗族集团；就社会关系而言，寨中人不是兄弟，就是叔伯子侄，因而在寨内的社会权责是均等的；从生活空间而言，村寨（也是本宗族）拥有的山水、林木、草坡，都是寨子中人的内地，人人拥有使用权。在这样的社会组织中，无血缘关系的成员，不可能在村寨定居下来，除非因婚姻或收养加入了该宗族。血缘的确认靠的是父子连名谱。苗族儿童出生后，由长辈以一件自然物或工具名，给他命名。取得这个生命的符码后，他就理所当然地成为本宗族的成员。因为当地称呼的惯例是先称本名，后连称其父本名；而他父亲也是如此。因此人名一确定，他在父子连名谱中的辈分也随之确定下来。这样的父子连名谱各家皆有，各宗族皆然，一道出这个谱系，就立刻知道你是哪寨、哪个宗族中人。这就是每个苗族成员都必须学会记诵本宗族谱系的原因。离开了谱系，他的社会地位也就失去了保证。个人因故离开本寨，不管外出多久，只要能记诵父子连名谱，一旦要回本寨随时都可以被获准。

由于这里执行的是男性承袭制，女性出生时也命名，但不列入父子连名谱，一旦出嫁则只能按其丈夫的宗族去称呼。比如，在宗教仪式上，是以其夫名代替本名，去接受子孙的祭祀，就是这一惯例的反映。若未婚而亡，则本名可以留在本宗族，但不连称父名，而是在本名前加上"果"去称呼。这里执行幼子承继制，男性成家后，必须离开父母，另外建屋居住，并以此成为一个独立"房"的代表，实际上是一个家庭的代表，参加本宗族的社会活动。幼子成家则与父母同住，直到养老送终，但是在参与社会活动时，与父亲一样，都各是一个"房"。血缘关系最近，共有一位六代内祖宗的各"房"，组成一个"家系"。注意这是笔者借用的提法，苗语中不这样说，而是称共有祖名，加上"房"去指称。一个自然村也就是一个最基本的宗族，由六个"家系"组合而成。像杉坪那样的正规村寨，都由二或三个基本宗族结成。最能反映村寨内结构的物证是该寨先祖罗文魁主持建立的《龙村锁钥碑》。

建立该碑的目的，是要求本宗族所有成员共同保护和祭祀先辈的陵墓——崖葬洞。当地苗族实行崖葬，一个宗族先辈祖宗的棺柩都集中放置在一个天然岩洞中。由于杉木寨是从坪寨分出的新宗族，两寨共同的祖先都葬在一个共同的崖葬洞中，因而此次立碑由两寨合议后共同完成。碑文中列有所有参加者的名单。该名单所列人名全为苗语父子连名的本名，并用汉字音译刻出。整个名单分坪寨和杉木寨两个宗族刻写。每一个基本宗族都包括六个"家系"，每个"家系"所包括的家庭则多少不等。

每个基本宗族包括六个"家系"并非偶然，这是苗族认知框架导致的结果。在实际的社会生活中，苗族认知框架的各组成部分并非孤立地存在，而是根据需要达成有机的结合去付诸实施。从认知的等次去看，苗族认为一切事物都是对称的，因而"二"是最核心的数字，新生事物一旦产生但尚未取得独立资格时，就只能和原有的母体等同看待，因而待分而未分成的状态一定是"三"，杉坪寨由三个宗族构成就属于这种状态。如果是一个复合结构，它的最小单位数必定是二、三、六这三个数字各级叠加而成。从空间设置来看，这三个基本宗族也各占一定的空间。长寨和坪寨是这里核心的基本宗族，这两个寨子平行地排列在一座山的半坡，长寨在东，坪寨在西。杉木寨是从坪寨分出的新寨，因而它不能和上述两寨并列，而是建在坪寨对面一座山下。在基本宗族内部各个"家系"也占据自己特有的空间。长寨和坪寨各自包括的六个"家系"，都各按等高线排成一列。也就是说，每寨都有六列房舍，当然由于各个"家系"的人丁多少不齐，因而这六列房舍也长短不齐，有的甚至合并。这种空间排列方式一直延续到新中国成立前夕。直到近年来，各个家庭由于贫富差异扩大，富有的人家开始自择地势另建大型房舍，这个古老的传统方式开始有所突破。从时间设置来看，凡具有独立资格的村寨，比如杉坪寨的坪寨和长寨，在时间的周期轮回中都必然占有自己的特定位置，具体地说，长寨与兔年兔月兔日相应，而坪寨则与鸡年鸡月鸡日相应，这种相应并不是抽象的认可，而是可以落到实处的社会活动规范。当地苗族一年中节日很多，凡是逢兔月过的节日，在杉坪寨所属的姻亲集团中，一定得以长寨为主，坪寨为辅，先过这个节日。不言而喻，过节的正日子一定得在兔场天。逢鸡月过的节日则相反，由坪寨为主，时间计算的办法一样。苗族中有些重大的祭典和庆典是每 12 年过一次，比如敲牛祭祖、办"冷丧"就是如此。这样的庆典若长寨举行，肯定要选择兔年，坪寨则选在鸡年。

在杉坪寨这一宗族集团中，所有个人在社会地位上都是平等的，若想得到大家的尊重和爱戴就必须凭借自己的努力、德行及智慧去争取。争取的办法有二，一是为本村做公益事业，二是代表本宗族在本苗族支系中争得荣誉。办公益事业的办法很多，上文提到的罗文魁为本寨修了路，建立了《龙村锁钥碑》，保护祖先的陵寝，就是这样的例子。但最通用的办法则是，积累资金购买祭祀用的公牛，举办敲牛祭祖典礼，祭后的牛肉则本宗族成员分食。经过这一仪式后，这个人的姓名就可以加上"东宏"这个称号，从此以后，他就可以穿着红绸制作的礼服，而且不管在任何场合出现，都受到大家的尊重，他所说的话也就具有权威性。更重要的是，这个尊号将被列入祖先的死亡名单，死后可以万古留芳，子孙每逢祭祀时都知道他举行过敲牛仪式，以此代代相传。至于代表本宗族争得荣誉的办法也很多，有的是凭能说会道，在姻亲集团中排难解纷，为本宗族争得荣誉。有的是领导本宗族反抗土司取得了胜利。有的是为本宗族找到了活动空间，领导和组织了寨子的搬迁，等等。本章提到的几次起义，其领袖人物至今仍被各宗族代代相传。

在杉坪寨，有一技之长的能手，也受到社会的尊重。主持宗教仪式的鬼师，本宗族的一切宗教活动都得请他们来主持。年节期间，还充当社会教师，教本宗族的子弟学习宗教仪式，背诵祖宗的死亡名谱。在宗教仪式中，鬼师除了受到盛情款待，还可以分到祭品的最好部分。在当社会教师时，本宗族的子孙要备办酒肉、糯米粑作礼品送给他们。博闻强记、能演唱大量歌谣的歌师也受到大家的尊重，在一切节日庆典活动中，他们将被邀请去演唱，同样受到礼遇并得到实物报酬。此外，芦笙手、各种工匠也受到大家的尊重。不过，在苗族社会中，职业分工并不完全，上述各种人都是业余的，他们的本业仍然是当农民。我们在坪寨结识了有名的歌师罗朝美，他能诵唱上百首各种歌谣。祭祀的"敲牛歌"，讲述苗族历史的"更古歌"，抒情的"围歌"，他都会。可是，他仍是一位农民，他得自己种地，遗憾的是他种地的本领没有唱歌的本领强，家道比较贫寒。因而，他每天都渴望过节，一到过节，他的生活就好过了。

与杉坪寨并列的五个姻亲村寨果里、甲定、洞口、腊利、冗刍，它们的内部结构与杉坪寨完全相同，它们都包含二至三个基本宗族，而且只有其中的两个是基本的宗族。核心的基本宗族在空间上必须并列排布。在时间设置的框架上，这些村寨也有自己的特定位置。比如，甲定占据蛇和猪，不管过任何节日，该寨都必须在蛇场天和猪场天举行。如果是蛇月过的节日，比如该姻亲集团过的射背牌节日，自然得由甲定寨做主，节日的主要活动地点也得在甲定寨。其他如果里占据狗和龙两个月份和日子，腊利寨占据牛和羊，洞口寨占据鼠和马，冗乌占据虎和猴，六个村寨刚好占满十二生肖的全部属相。不难看出，这样结构的姻亲集团是宗族的扩大。不同的是，宗族集团是外婚的，而姻亲集团则是一个内婚的社会组合。通过上文的讨论可见，不管是宗族集团，还是姻亲集团，都是苗族认知方式的实体化。

进入 20 世纪以后，杉坪寨的苗族开始直接参与了国内的政治活动。不少人通过自己的努力在外界赢得了声誉，他们本人觉得自己很荣耀，但回到本宗族后，他们的这种荣耀就会和传统发生冲突。本宗族的成员一方面感到他们在外界出了名很自豪，另一方面又苦于在宗族中无法显示出他们地位的变化，于是这些当事人往往必须力争去扮演双重角色，除了在外界争取荣誉外，还得在本宗族中按照传统再争取一次荣誉。长寨的罗国清，在抗战期间进了"青岩方言讲习所"，毕业后被国民政府委任为保长，他还当过民族学家鲍克兰、罗宗荣的向导和翻译，名见于新中国成立前的民族学专著中，来访者甚多。本宗族的人感到非常荣耀，但是却没有让他当寨老，祭祀活动中不让他穿红袍，因为他没有敲过牛。面对这一现实，他最后只有让步，先后买了两头牛，两次进行祭祖。这下矛盾解决了，他既当上了"东宏"，又当上了寨老。他的家庭，由于有了内外两重荣誉，家道很兴隆，土改时自然成了杉坪寨唯一的地主。坪寨的罗国富，新中国成立前，读到中学，新中国成立后被保送到贵州农技学习畜医，并在国家机关任职。60 年代困难时期放弃公职回到家里，替乡邻们当畜医，做了很多好事，群众都爱戴他。但是在当地的苗族社会中，他仍然是一个工匠，人们称为"牲畜的医药匠"（这是苗语的直接意译）。80 年代初，我们见到了他，当时政策还不开放，不允许敲牛祭祖。因而他很遗憾，无法当上"东宏"。又由于他出身富农，学历很高，村干部的职位与他无缘，他感到很委屈。长寨的罗泽清，是土改积极分子，后来入了党，还当上高坡的党委书记，杉坪的人都认为有了靠山。但是在 70 年代以前，他得按当时的政策办事。他带头焚毁本宗族的祖鼓，严禁敲牛祭祖，甚至不准吹芦笙，唱歌跳舞，还将杉坪中学的藏书烧掉。80 年代他年老退休，开始感到心灵空虚，在传统势力熏陶下，他又带头敲牛祭祖，当上了"文革"后第一个"东宏"。90 年代我们见到他时，他已经当上了寨老，他非常满意，因为这个职位不需要退休了。在这次调查中，我们接触了很多像罗泽清式的人，他们都扮演双重角色，在外是大队干部，在内是鬼师、歌师或寨老。一位小学校长，曾经当过兵立过功，1992 年他举行了敲牛仪式，当上了"东宏"。我们到他家的第一件事，不是向我们介绍他的立功受奖，而是把他的敲牛祭祖的彩色照片拿来给我们欣赏。当时，他那喜形于色的表情令我们至今难忘。到乡政府时我们知道他曾经是驰骋疆场的功臣。在我们观念中，很难将两者结合在一起，但他本人似乎没有觉察到这一点。目前，高坡外出就业的人很多。据粗略估计，整个杉坪寨有五分之一的人在外就业，当工人、教师、科技人员的都有，此外，还有一百多学龄儿童在校就读。这样的人如果要在外界取得成就，就不愿意回到本寨，一旦回本寨，在外面学到的东西就很难派上用场，而且在外界取得的荣誉在本寨无法得到理解。这就是杉坪寨中学生、大学生为数不少，但杉坪中学师资缺乏的原因。时至今日，杉坪中学的师资队伍仍然像走马灯一样三年两头换。

随着改革开放的深入，外界几乎是全方位地对这里施加影响，现代的新事物天天在往传统的苗族社会中灌。从表象上看，乡、村等各级行政组织，与汉族地区没有区别了，职业分化也越来越明显了，科学技术已经在群众中推广了，与外族结婚、组建家庭的人也日愈多了起来。然而这些新事物与杉坪中学的师资一样，无不具有双重性。传统与现代在作平行运动，碰不在一起，新事物似乎没有在传统中找到自己的着生点。它们必须靠外力支撑，才得以浮在苗族传统社会之上。

事情很清楚，不管我们叫大队，还是叫行政村，它们都是变化着的外壳，核心则是相对稳定的宗族集团。这里的乡、村干部，包括苗族出身的干部，心里一清二楚，他们是在替政府办事。政府的政策会被群众遵循到何种程度，他们心中并无数，上级逼紧了，除了强制命令，去蛮干外，别无良策。1995年春，上级要求拉绳插秧。于是他们只能一村派一个干部，去监督执行，种得不合要求，硬逼着扯了重插。他们心中都明白，一个干部实际不能同时盯死每一家人的插秧。结果公路边，村寨前，显眼的地方，蛮干过来了。边远地方，则只好心照不宣。明年若同样要求，就照样来一次，若不要求，大家也就一了百了了。不仅生产，普法教育、搞乡镇企业、扫盲、计划生育，都同样如此。只要上级不再催促，自然会弹回传统中去，按惯性运行。

杉坪寨的乡镇企业办了不少，也垮了不少。电站、大理石厂、造纸厂都办过。乡政府还引进资金办了硅铁合金厂。办企业的本意除了增加经济收入外，是想给苗族群众提供非农业的就业机会，让他们过现代化生活。企业一垮，一切希望都落了空。目前杉坪寨的职业分化还在继续。由于本村不能提供非农业就业机会，职业分化同样是外力支撑的结果。前面提到杉坪有五分之一的人在外就业，显然是外力支撑的结果。比如，贵阳钢铁厂招收了一批季节工，近两年来，贵阳钢铁厂经济不景气，这些季节工不少又回到了本村，他们省吃俭用也积累了一点钱，回家后，有的买了房舍，有的买了电气设备，生活自然比没有出去的人好一些，但是他们并不满足，因为寨上人并不因此给予他们分外尊重，于是不少人又想敲牛祭祖。

有些人被工厂解雇后无脸回家，只好什么事都干，从搞小生意、捡垃圾直到盗卖物资，甚至违法乱纪。这些人心理空虚，目标只在于挣点钱好回家。他们也知道，大城市并非他们的久留之地，加上失去了本民族的社会规约，一般人不敢干的事他们都敢干。我们认识一位青年，他推销过冒牌香烟、名酒，搞过汽车轮胎走私，用假证明买过矿产，他一再叮嘱千万不要到他的寨上讲他的行为，生怕在他的寨上永远抬不起头。从他的事例中，我们看到一个令人深思的问题，社会约束力对社会的安定非常重要，以破坏传统约束力为代价去搞现代化是件危险的事情。

就在杉坪寨青年涌向城市的同时，外地人也涌到高坡，渗透到杉坪。行政干部、科技人员、教师、新闻记者都有，这些人向苗族人民带来科学技术，让他们打开了眼界，致使他们对外界发生了兴趣，希望自己尽快富裕起来。但是具体该怎么干，他们和外来人一样，至今没有找到良方。长寨的一位老农民，知道国家的宗教政策，可以信教自由，于是想通过信教来争取资助，提高自己的地位。一个偶然的机会，他认识了一个天主教神父，他表示愿意将上帝的福音传到苗族人民中。这位神父被他的诚挚所打动（苗族人民自古以来都是诚挚的），接受他入了天主教，并免费带他参观了贵阳城，还让他接受了一个月教会训练。回乡后，他在杉坪寨引起了一场不大不小的波浪。杉坪寨的人感到不可思议。一个农村党员就说，我当了几十年的党员，共产党还没有让我去贵阳玩一趟，他一人教，就能到贵阳玩一个月，真是想不通。其实苗族群众由于传统，不可能加入天主教，但是，他们想不通，这些宗教为什么要这么做。类似的事都会使杉坪寨的人感到困惑，而不知所措。正因为对外界缺乏心理准备，因此对外界事物缺乏鉴别能力，对好的不敢于果断接受，对坏的缺乏排抗能力。

近年来，随着杉坪地区被卷入市场经济，小商小贩各种人物潜入高坡，他们认为苗族人老实好骗，使他们上当。苗族人民多次吃亏后，开始对外来人抱有怀疑态度，甚至结成帮伙，共同对付外来人。有的甚至采取不法手段，比如偷盗，结伙殴打外来人，他们不知道他们的做法反而加剧了双方的矛盾。这种矛盾往往为不轨之徒提供了可乘之机。目前，高坡地区是贵阳地区社会秩序最差的地方，偷盗、凶杀等事件经常发生。一些老年苗族人哀叹说，我们几辈子没有锁过门，大牛大马放在山上没人要，想不到现在多有几个钱，反而要提心吊胆的过日子。我们曾把这样的问题请教过寨老，他说，我们只管得到内部，外面来不听我们的招呼，我们的人要做坏事，绝不在本寨做坏事。但他们在外界做坏事我们又不知道，在我们苗族区，干坏事都是外地的人干的，我们又管不到，而今照我们办法只有一条路可走，那就是各寨寨老合议，订立盟约（榔议），大家携手，也许能治住这种歪风。在古代，这种办法很可行，我们反土司就很成功，不过现在是人民政府，我们还得听他们的话，他们不发话，我们就干起来，他们还误以为我们反对他们，把我们当反革命看待。

目前，这里的苗族人民最感兴趣的是科学技术，他们很欢迎化肥、杂交水稻。但是，他们有自己的保留意见，他们认为化肥价格太高，用起来不经济，如果政府优惠供应，他们乐于使用，但要自己出钱就有顾虑了。他们认为杂交水稻能增产，乐意种，但是杂交水稻米质差，不好吃，因而每家只种一部分，另一部分仍然种他们的小红粘和大麻粘。但是，他们的做法引起了一场风波。由于小红粘和大麻粘米质好，粮管部门接受公余粮时，一些粮管人员为了个人私利，拒绝收杂交水稻，规定必须交小红粘和大麻粘充作公粮。这种想法和苗族人民相冲突，因为苗族人民种杂交水稻本来是为了上交公粮，这样一来激起了苗族人民愤恨，差一点激起了苗族人民上告，后经乡政府出面调停，并处罚了粮管部门，事情才平息下来。这件事情影响很坏，使一些苗族人民对政府持怀疑态度。一位苗族人说，我们本来很相信政府，政府叫做什么，我们本来心里不愿意，也会照着做，出了这件事后，我们真不想再照着做了。我们世世代代在山沟里长大，外面的事好坏都不知道，政府也好，企业也好，学校也好，来我们这儿告诉新东西，如果不取得我们的相信，我们怎么照办呢？这一次受了骗，谁也不希望搞第二回。

他的话引起了我们的深思，诚然，这些年我们对苗族人民灌的太多，可惜的是没有章法，没有把各部门的人力、物力协调起来，没有稳扎稳打地从争取他们的信任着手，以致一个部门出了矛盾就会贻误大局，致使他们向现代生活方式变迁时，往往摇摆不定。若进一步思考，我们还会发现带实质性的问题，发展中民族若实行现代化，大多数是一个被动的过程，他们还来不及了解现代化是什么东西，就已经开始了现代化过程。这样一来，既缺乏对外来事物的鉴别能力，更缺乏外界事物是否适应于本民族具体情况的判断能力。在这种情况下，实现现代化、发挥主观能动性就可能成为一句空谈。杉坪寨所发生的事情看来具有普遍性，其他民族都可能遇到这种情况，发展中民族看来难逃这一关。我们认为，要使他们取得主动，关键在于他们的认知模式必须与现代科学技术接轨。只有这样，他们才能对外界事物作出准确判断，也才能正确认识自己。有了正确的判断，才能谈得上因地制宜，才能谈得上发挥主观能动性。

随着社会生活方式的变迁，精神生活也发生了变化。杉坪离贵阳不远，电视、电影等现代精神生活也传到了这里，江泽民主席访问这里，赠送了他们一座电视差转台，现代传媒带进的信息对他们来说可以畅通无阻了。可是，经我们观察，发现他们在接受外来事物时，并非依样照搬，而是将外来事物置入自己的精神框架，使之与传统协同运作。类似的例子太多，我们在这里仅以该地区的节日及信仰略加说明。

苗族的传统节日是按苗历来规定的，热季按宗族活动，各种节日的宗教活动都围绕祭祖这一主题展开，祭谷神、斗牛、敲牛祭祖无不如此。冷季则按姻亲集团活动，节日的主题自然转向婚姻和恋爱，跳洞、射背牌、坐花园都是如此。与外界接触多了，公历和农历传到了杉坪，汉族人民过春节对他们产生了影响，目前，他们不再过苗年了。这里说明一下，传统的苗年是在冷季的第一个月即鼠月过的，节日内容是由寨老主持祭洞，要杀猪，全寨分食；还要在洞中吹芦笙、跳舞，但不邀请姻亲宗族的人参加。以后冷季的每一个月逢到兔日和鸡日都要举行跳洞，内容是邀请姻亲集团的男女青年来唱歌跳舞，给青年提供谈情说爱的机会。由于这样的活动要由杉坪寨作东，耗费很大，因而只能按财物的多少择日举行。另一个节日是坐花园，内容是本寨的少女在寨外搭起一个围栏，升起一堆火，女青年集中在内做针线，等着姻亲男青年来拜访，一起谈情对歌。那时，男青年可以外出打猎，所得猎物可以与心爱的姑娘一起享受。不过苗年后，上述三个苗族冷季节日合并在一起，统一在每年正月度过。目前，祭洞除夕举行，坐花园在初一至十五度过。这时，苗族妇女都坐花园或回娘家，家务事都由男人承担，真像一个特殊的妇女节。跳洞则从初三开始，一直持续到初八，但顺序不变，仍然按各寨的生肖排列，按冗凸、杉坪、果里、甲定、洞口、腊利的顺序举行。从这个例子我们可以看出，他们的节日仍按传统进行，不过加上农历的躯壳而已。外来因素不足以破坏一个民族的文化整体，这就是一个例子。

当地苗族信仰自然宗教，特别崇拜祖先，人死后都要回到祖先那儿去享福，已故祖先灵魂所去的地方不在天上也不在地下，而是在茂密的原始森林以外的远处。他们认为，活着的祖先不能远去，活着的祖先可以随时来，因而他们祭祀祖先时，就像对待长辈吃饭一样。随着自然科学的普及和眼界的开拓，他们知道森林之外是城市、工厂，更远的地方是大海、大洋，祖先的去处在哪儿，他们开始困惑了。于是在祭祖仪式中，也发生了微妙的变化，不再由鬼师呼喊祖宗的死亡名谱，然后打卦，证实祖先来了没有；而是带上酒肉由鬼师直接到本宗族的崖葬洞去亲自请祖宗，当然，死亡名录还是要念的，竹卦还是要打的。一位鬼师向我解释说，祖宗在的地方太远，根本无法知道有多远，但是他们来我们寨，总得有个集合的地方，这个崖葬洞是子孙送他们来的地方，这里离寨子近，他们总得在此集合，在此请他们，他们方便，我们也方便。从科学的角度看，他的这番话似乎有点愚昧，但却导出了一个真谛，宗教具有无限的兼容性，无论新生事物怎么出现，它只需略加调适，就能把新生的东西包容进去。那种以为科学发达后宗教会消灭得无影无踪的看法，似乎是不现实的。

综观杉坪寨的两次文化重构，我们认为，这是一个被动接受现代化的典型。类似的生活方式变迁，具有下述四个特点：

1. 物质生活方式的变迁快于精神生活方式的变迁。

2. 生活方式的变迁，并不是新旧因素的简单替代，而是一个消化吸收、调适的漫长过程。

3. 外来因素对一个民族来说，并不能全套照搬，必须针对自己的情况加以选择吸收。杉坪寨苗族在不利于种植水稻的情况下，被迫依赖水稻为生，应当是一个教训。

4. 要变被动为主动，关键是要实行科学技术与传统文化的接轨，特别是与认知模式的接轨。关于这一点，亡羊补牢还来得及。我们的政策应该从这里开始。

第四节　对杉坪生活方式变迁的讨论

不管苗族的支系多么复杂，也不管几个世纪以来苗族内部的发展多么不平衡，就生活方式变迁的实际内容而言，杉坪寨的经历都说得上是苗族社会的一个缩影。认识了杉坪寨，苗族社会的情况，甚至与苗族相类的其他少数民族社会，都可以了解到一个基本轮廓。一旦认识到这一步，杉坪寨的现状确实很难说得上令人满意。

这里仍是贫困区，仍是重点扶贫对象，内地人眼中，这样的地方太落后了。更大的困惑是对待类似的地方，我们尚苦无良策。单凭杉坪寨这一个案的分析，想一下子找出灵丹妙药，自然很不实际，一切匆忙作出的结论都有害无益。然而明确一下如下几个问题，仍有必要，这样做至少可以深化我们对生活方式变迁的认识，可以帮助关心少数民族地区现代化的人看清问题的实质。

从变迁的内容看，杉坪寨两次生活方式的变革，内容并无差异，都是取准于汉文化，引进汉文化，力图达到汉族已有的发展水平。由于汉文化自身也在发展，不同时代治理苗族地区的目的要求愿望都不同，因此不同时代向苗族输进的生活方式内容也各有侧重，各有特色。但是苗族被动接受则并无差异。现在我们希望通过我们的努力，去引进、推荐、促成他们生活方式的变迁，使他们实现现代化。用心良苦，愿望可嘉。当我们在做一切时，有一个根本性的观念必须清醒地看到，汉族的现代化至今还是一个探索中的课题，谁也不能说对此已经稳操胜券。那么我们把这些尚未定准的办法，移到传统很不同的苗族社会时，操胜券的可能只会变小，不会变大。既然如此，若有人提别样的办法时，理当认真对待，绝不应该一刀切，按一种模式在少数民族中全面推广，这也许会更稳妥一些。

苗族生活方式的变迁，从表面上看错综复杂，变化很大。但就实质而言，都是文化重构的表现形式。任何生活方式的变迁，都不仅是简单的新旧替代，而是文化系统内一连串调适后，达成平衡的结果。生活方式中，新旧代替的最终完成，不一定标志着新的事物一定有效，一定先进（当然这只能针对苗族而言），但是却肯定标志着苗族的文化调适取得了进展，具备了接受和消化该事物的能力，或者说该事物在苗族传统文化中，找到了自己的着生点。杉坪寨两次文化重构的出现，虽然导因于外界的冲击，但是却不取决于外界，而取决于苗族文化自身的调适和发展，消化与吸收。明白了这一点后，我们在看待苗族的进步与发展时，绝不应该把立足点放在外界的好恶取向上，而应该放在苗族文化的立场上。我们绝不能仅因为这里出现了前所未有的东西，就以为是进步，是先进战胜落后。这些新东西对苗族是否真正有价值，得由日后苗族人民自身的感受判断去加以认定，而不是外界的人为越俎代庖，替他们作判断。随时注意苗族自己在生活方式变迁中的主观能动性，并调动这种能动性，生活方式的变迁才会有价值，经得起时间的考验。

杉坪寨第一次文化重构已到了尾声，稻田农业已经在这里生了根，与之相应的文化调适也取得了成效，与水田耕作相应的生活方式已经稳定地建立起来了。至于第二次文化重构目前尚在进行之中，要作任何形式的结论，都显得为时过早。因而谈生活方式变迁的结果，只能就第一次文化重构来分析。杉坪寨接受稻田农业当然很不彻底，然而这不是苗族人民的责任，因为问题出在外界输进的全套农业技术，不足以将苗族的生存空间改进得像长江下游平原那样，适合于这种稻田农业的经营。这场生活方式的变迁，单就稻田农业的引进而言，无疑是一次重大的成功，但是引进后的运行过程却暴露出人力克服不了的弊病。耕地不能扩大，土质与气候导致了生产成本的提高，同样的投入得不到同样的报偿，同时原先可以利用的动植物资源，反而不能了，整个生存空间的利用总体上在下降。因此，从他们接受稻田农业的那一天起，虽然他们将会与汉族在生产上趋于相同，但是却注定了他们将长期比汉族贫困。而且这是任何政策优惠缓解不了的问题。因为它超出了政策的作用力范围，是个文化与生境针对性结构调适与进化问题。在最不适宜作稻田农业的环境下，把生活支柱放到稻田收成上，将是今后相当长时期内困扰他们的严峻问题。

说到生活方式变迁的任务，情况就复杂而不确定了。因为这不是一个单方面的问题，也不是一个恒定的问题，而是一个牵动众多民族之间切身利益，又会随时代而推移的问题。清政府诱导并促进杉坪等苗寨传统农业化，尽管旗号上写着沐濡华风、一体同仁，但是骨子里却是基于多一个农民，多一份赋役，少一个转徙不恒的苗民，少一层治理上的繁难，这是十足的政治利己动机。民国时期执掌贵州大权的杨森则更露骨，他要搞所谓两论——进化论和大同论，他认定汉族文化绝对先进，要少数民族易服、易声、易俗，变得和汉人完全一样。办不办得到是一回事，他的主导思想能不能被清除又是一回事。今天谁都知道，各民族必须平等，重弹杨森旧调的人，当然不会再有。然而如下两种提法同样有害，一是认为趋同就是进步，二是以为引进了现代先进技术就是发展，因为它们主导思想一脉相承。这样的提法当然不能作为讨论生活方式变迁任务的依据。

我们必须牢记这样一条铁的事实，地球提供给人类的环境千姿百态，只用同一的文化模式去加以开发利用，必然得降低自然资源总体利用水平。文化的多元化既是事实，也是全人类的无形财富，以趋同为生活方式变迁的任务，则只会破坏文化的多元性，诱发为资源之争。不同的时代有不同的科学与技术，有不同的先进内涵。科学技术引进得有一个消化吸收的过程，得花费时间，以破坏传统去给引进铺路，不问经济效益去求引进的成活，都不是明智的作法。破坏传统，意味着破坏了安定平稳的消化吸收背景；失去了效率，意味着失去了所引进技术的持续运作能力，也就失去了吸收消化的必需时间。因此生活方式变迁的任务不是挤掉传统，更不是挤掉得越多越快，就是越好；而是要促成传统与现代生活需要的结合，在传统的自然延续中融进现代生活之内容。其间冲突当然不可避免，但解决冲突的办法绝不是你死我活，而是各得其宜，相得益彰。

最后谈一下生活方式变迁的目标。生活方式变迁的目标在于求得传统文化与现代科技的接轨，使现代科学技术能为我所用，能将实现接轨后自己掌握到的现代科技，用来研究自己所面对的问题，探索适合自己发展的有效方法。一句话，得让主观能动性发挥潜力。遗憾的是意识到这一点的人不多，把认识到这一点作为生活方式变迁中进步标志的人更不多。我先后十余次上杉坪，每一次都有新变化，电源线拉上了，电视差转台建起了，杂交稻种上了，乡干部可以派汽车送我了。我却不感到意外，我们这样一个大国，要扶持一个小小的高坡乡，领导人大笔一挥什么都可能有，问题是有了以后又将如何。一个乡干部说："我们无权怪国家，国家对我们的政策够倾斜了，给的扶持够多了。无奈别人给的肥膘不着肉，工厂办一个垮一个，电源线才拉上就被偷，办起中学尽是山下的差生来挤占名额，苗族学生反而不多。如果我们不找到自己能发展生产的路子，给得再多，也用不起来，维修不起。结果只能永远做伸手派。"这番话说明他们毕竟意识到别人包不下自己的现代化了，懂得主观能动性的价值了。在我看来，一个多世纪的生活方式的变迁，能让他们认识到这一点，才算得真正的进步，能持续生效的变革。

要实现传统文化与现代科技的接轨，核心问题自然得回到各民族的认知模式上去。成功的关键在于，要每一个民族懂得自己的认知模式装得下全部现代科学技术。对这个问题说清楚道理不难，唯在认识到之后得坚持不懈地一点一滴地做下去，积累下去。一个世纪以前西方各民族不乏人断言，东方人的传统文化、生活方式，接受不了先进的西方科学。而今东方各民族开始成为西方人的竞争对手了。以此例而言，苗族人民面对现代化要做的事断无接不了轨的道理。眼下的事情倒是我们如何让他们认识到这一点，并付诸行动。

［原载《现代化与民族生活方式的变迁》，高丙中主编，天津人民出版社，1997年］

贵州杉坪寨调查记

提要： 本文根据历史文献记载和实地调查结果，概述了杉坪寨600年间的政治、经济、文化变迁，以利读者看到在相际经营活动中，作为经营客方的少数民族，将会发生什么样的政治经济变动以及哪些文化特征相当稳定，长期的相际经营活动也不足以导致相应的变迁，从而能帮助我们理解如何组织相际经营，并正确对待经营客方的反应。在本文中，读者将可以看到，在相际经营活动中，经营客方的活动方式容易发生较大的变动，但变动的结果不一定都是有利的，有时还会导致极其严重的弊端，而经营客方的政治组织却较稳定，在长期的相际经营活动中变动并不大，它会较长时间地制约相际经营的进一步开展，经营客方的传统文化，特别是传统文化中的认知模式极其稳定，虽然经过了600多年的相际经营活动，至今还制约着该地区的经济发展，值得引起我们的高度重视，必须成为规划相际经营活动中的应当高度重视的重要内容，否则将严重地干扰相际经营活动的开展。

第一节　调查对象简介

在我国的民族大家庭中，苗族是一个支系纷繁的少数民族。我国境内共有800多万苗族（若连同境内外苗族总人口共计1000多万），分属5个大系，64个支系。若按分布方位定名，大致包括：

A. 东系指湘、黔、川、鄂交接地带的苗族，明清两代汉文献统称为"红苗"。明郭子章《黔记》、清严如煜《苗防备览》对该系有较完整的介绍。

B. 中系指贵州省黔东南苗族侗族自治州以及湘、桂两省区毗邻地带的苗族，元代文献统称"黑蛮"，明清两代文献统称"黑苗"。明田汝成《炎徼纪闻》、明郭子章《黔记》已涉及该系的某些资料，清田雯《黔书》、清方显《平苗纪略》中有较系统的介绍。

C. 北系指川、黔、滇三省交接地带的苗族，解放前汉族俗称"大花苗"，清代以前文献则按受辖之土司名，分别称为"茫部苗"、"乌撒苗"、"东川苗"等。有关该系的系统研究可参见杨汉先先生的论著。

D. 西系指贵州西部以及川、滇、桂地区的苗族，该系有一部分分布于中印半岛北部山区。汉文献称"花苗"、"川苗"、"水·西苗"。清《大定府志》、《安顺府志》对该系有较翔实的介绍。

E. 南系指贵州中部南部的苗族，汉文献中统称为"东苗"、"西苗"、"紫姜苗"，清代分别称为"白苗"、"青苗"以及其他一些称谓。明田汝成《炎缴纪闻》、明郭子章《黔记》、清田雯《黔书》、清《贵阳府志》都有系统的记载①。

此外，还有一些支系目前研究尚欠充分，一时无法确定其在上述五大系中的归属。比如贵州望谟县叙里红岩一带的苗族，又如贵州清镇、修文、贵阳毗邻山区的苗族，自称〔mhoŋ⁵⁵tai⁴³〕。至于境外苗族，由于国内学在研究尚不充分，国外学者在研究中所取参比系统，所用术语未与国内接轨，其系属尚无从认定。

支系不同，其所操语言（方言、次方言、土语）难于直接对话②。经济生活也有较大差异，风俗习俗、认知方式、伦理观及价值取向亦略有不同。但就文化传承而言，却一脉相承，内在的同一性很高。其差异主要表现为对所处生境（生境包括自然与人文两个方面的生存背景）的调适性变异或借入性歧化。因而差异的稳定性和整合性均不甚持久。

苗族又是一个生境跨度很大的民族。从自然生境看，苗族分布区跨越了好几个很不相同的生态区域，其最南端已进入副热带山地季风丛林区，西北端已进入高寒山地疏林草原区，东部主要处于亚热带低山丛林，或缓坡河谷坝区，中西部则处于中山丛林或山脊疏林草地。此外，还有一些范围不大的生态区，比如，黔、桂两省区的喀斯特石化峰丛区，南北盘江、樟江、大小环江的背风河谷焚风干旱区等等。面对的自然生态环境不同，有关地区的苗族文化，其调适取向亦随之而异，调适结果自然也各具特色。

从人文生境看，西系苗族主要受到彝族、哈尼族等氐羌族系民族的影响，其南部地区则多与布依族、壮族、傣族等百越族系民族交往，境外部分又与寮族、暹罗族、越族（京族）有较密切的交流。北系受彝族的影响很大。南系苗族在历史上同时与彝族和布依族有过频繁的交流，17世纪以后，彝族势力退出了黔中，至今主要是接受布依族的影响。中系苗族东部多与侗族发生频繁交往，南部和西部则与布依族、水族、毛南族、壮族联系很密切。东系苗族长期以来，一直与土家族、侗族保持密切的交流。不管哪个支系的苗族都深受过汉文化的熏陶，但是时间有先后，程度有深浅，如此而已。

各系苗族在行政管理上也经历了几次重大的变革，大致而言，13世纪以前几乎所有苗族分布区都是羁縻州郡辖境，中央王朝只能通过接受羁縻的各族地方势力对苗族实行代理统治。有关苗族生活方式的记载很难直接见诸汉文献，即使偶有涉及，也十分零碎，无系统性可言。13世纪末，元朝政府陆续设置了各级土司。中央王朝开始借助各族土司，对苗族实行间接统治。但土司的设置并非一次完成，而是

---

① 《苗族调查报告》P. 45，〔日〕鸟居龙藏著，国立编译馆泽. 民国35年4月初版。

② 《苗语简志》P. 103至106，王辅世主编，民族出版社1985年出版。

经历了一段漫长岁月。最早的是罗罗斯以及后来的东川、茫部、乌撒等，长期代表中央王朝对北系苗族执行统治。17 至 18 世纪，上述各彝族土司相继罢废，但其下属土目并未根除，他们对北系苗族的统治一直延续到解放前夕。统治西系苗族的彝族土司有水西、普安、郎岱等，布依族土司有沙营、募役等，不过级别很低，壮族土司有泗城、王弄川等。这些土司大都在明清之交受到重大冲击，大土司均被罢废，小土司的权力也被削弱。但彝族土目，布依族、壮族小土司对苗族的统治有相当部分同样延续到解放前夕。统治南系苗族的土司主要有汉族土司水东，布依族有八番各长官司、康佐、丰宁、都匀等，彝族土司有水西及宁谷、白岩等。这些土司在明清之交的境遇与西系土司相同。中系苗族的情况比较特殊，其核心分布区直到清雍正改土归流前，长期被中央王朝视为"生界"，未纳入行政管理之中，仅边沿地带曾通过各族土司施行间接统治。雍正改流后，汉官与苗弁并存，实质是一种准土司间接统治，当时在这一地区设置的"新疆六厅"，其统治力长期无法深入苗族之中，统治东系苗族的是思州、酉阳、容美等土家族土司。但思州、思南罢废很早，明永乐时代即罢除。对其核心地带，明廷则沿边设置"边墙"——类似于筑长城，把统治不及的腊尔山一带作为"生界"封锁起来，直到清代中期才陆续建立行政机构，施行直接统治。

明清两朝定例，对土司治下的苗族不丈量土地，不编户籍，不直接收征赋役，不受理诉讼，一切由土司全权代理，而最终受中央节制。只有当土司触犯律令，作为惩处手段，上述土司职权才会部分地被剥夺，改由当地政府管辖。只有当统治苗族的土司最终被罢废，一切行政职权才完全由政府直接执行，从而开始了直接统治。苗族地区由间接统治变为直接统治，同样是一个漫长的过程。由于土司内部等级纷繁，辖境参差错落，施政惯例各不相同，而中央改土归流的目标仅是那些不法的大土司，致使上层土司虽已罢废，而中下级土司却仍在行使职权。苗族由间接统治转入直接统治的进程往往不与改土归流同步。比如，思州、思南两土司改流时间甚早，在明永乐十一年，但属下统治苗族的葛彰长官司却一直沿袭至清末，所辖苗族至民国时才正式编入户籍。又如，水西土司在清初已改流，该土司原属下的毗那虽改置为织金县，但当地的安氏土目仍统治着当地的苗族，直到"土改"时才最后剥夺了土目的土地领有权及其对土地上苗族的控制。相反的例子有谷池里的苗族[①]，谷池里在当时是进入贵阳的东部咽喉，故明初广建卫所，兴修驿道时，即将当地苗族编入户籍，以利征发驿卒。"里"为当时之基层建置，从而开始了对当地苗族的直接统治。又如水东土司宋氏祖茔云锦庄上的苗族佃户，在水东覆灭的同时——明天启年间，即收入国家的编户齐民，故清代赋税底册上，该庄石头寨苗族不仅有户数，还有赋额的翔实记载。大致而言，凡大城市周围及交通沿线的苗族或大土司直辖的苗族，转入直接统治的时间较早，反之则较迟，最迟者直到 20 世纪初才扫尾。

---

① 《黔南丛书》合刊线装本，《黔书》卷四，田雯著。

人文生境虽是苗族生活方式变迁的外因，但其作用仍不容忽视。因为它不仅影响了变迁的进程，同时还制约了变迁的方式以及借入文化因子的源泉，此外又干扰变迁的调适取向。苗族内部生活方式的纷繁复杂，有相当一部分是所处人文生境不同导致的结果。

面对支系纷繁、生境（自然与人文，下同不再说明）跨度大这一客观现实，要想从中汰选出一个能代表全苗族生活方式变迁的村寨，作为个案调查的对象，实在是一件非常艰难的任务。为此，我们只好遵循如下三条原则，去确定个案调查的对象。一是前人已作过较多研究的苗族支系所属的村寨；二是文献记录比较系统和翔实可靠地区的村寨；三是距离中心城市较近，受到现代文明冲击较多的苗族聚居区，同时传统文化又保存较完整的村寨。综合比较的结果，我们选择了贵阳市花溪区高坡苗族乡的杉坪村，作为个案调查苗族生活方式变迁的对象，因为它基本上同时满足了上述三个原则规定的要求。

杉坪寨的居民属于苗族南系的一个支系，通用苗语西部方言惠水次方言东北土语。该支系的分布区位于苗岭中段山脊上，地处长江与珠江两大水系的分水岭。从行政归隶来看，分布区跨越了贵阳、龙里、贵定、惠水、平塘等一市四县。行政归隶虽然不同，但整个分布区却是连成一片的苗族聚居带，总面积约 900 多平方公里。杉坪寨位于分布区的西北部。不同时代的汉文文献对该支系苗族有不同的称谓。元代时，称作"平伐苗蛮"，见于《元史·世祖本纪》。明代时称作"东苗"，见于《明史·英宗本纪》及贵州的地方志。清代时称作"白苗"，见于道光《贵阳府志》及《黔书》，偶尔也称"高坡苗"，见于道光《贵阳府志·土司（青岩土弁)》。民国时，有人称作"海邑苗"，如吴泽霖；有人称作"白苗"，如罗荣宗。当地汉族和布依族习惯称作"红毡苗"或"背牌苗"[1]。该支系苗族自称为"东蒙"［toŋ⁴³m̥hoŋ²⁴][2]；称本支系为"蒙茸"［m̥hoŋ²⁴zoŋ¹³]，意思是森林中的苗族。称本支系北部的苗族支系为"蒙白"［m̥hoŋ²⁴pæ³¹]，意思是山顶上的苗族。称本支系南面的苗族支系为"蒙毕建"［m̥hoŋ²⁴pi¹³tɕɛŋ¹³]，意思是杉树林中的苗族。这三个支系的苗族都操苗语惠水次方言。但各是一种土语，相互间勉强可以通话。18 世纪后，本支系内出现了一个新的称谓——"蒙掌"［m̥hoŋ²⁴ŋtaŋ³¹]，意思是田坝上的苗族，专指本支系中较早从事定居稻田耕作的居民。杉坪寨的居民即属于蒙掌。仍然在森林中者沿用蒙茸这一称法。当然在今天被称为蒙茸的居民，也过上了定居稻田农作生活。称谓上的区别只剩下历史意义了。值得注意的是，蒙茸与蒙掌的区别，仅是本支系内的非定型分野，因为与他们有接触的其他苗族支系都一律称他们

① 《贵州民族调查》（之二）P. 349. 杨庭硕《海𤾺苗苗名称变迁考》. 1984 年 10 月，贵州省民族研究所编印。

② 《苗古语音构拟》，王辅世著，国立亚非语言文化研究所（东京）1994 年. 本文苗语记音出自该书，个别该书末载者为笔者调查记录。

为蒙茸。

与支系称谓相吻合，他们所处的自然生境确实是一片山地丛林。海拔最低处为1000米，最高处为1700多米。丛林为针叶与阔叶混交林，山谷中多杉树，山坡上多松树，阔叶树以山毛榉科乔木为主。1500米以上的山脊地段则是以松树为主的疏林草坡。与山下的贵阳市近郊相比，这里的冬季（指气候冬季）要长出一个半月，而夏季短一个月。大季作物的栽种平均要推迟半个月至20天。过去这里出产的杉木，以木质微密，不易腐朽而闻名远近，但因气候寒冷，土壤贫瘠，每公顷年积材量不超过1立方米。此外，过去这里盛产茶叶，明代宫廷贡茶之一"东苗茶"即产自该支苗族。

除汉族外，与他们接触最多的异民族是布依族，他们称布依族为"夜"[ʑɛ¹³]，布依族称他们为"尤"[ʑou³¹]。他们分布区的东、西、北三面河谷盆地，都是布依族村寨。杉坪村所在的高坡乡有几个布依族村寨，合称"绕扰"。村名是苗语音译，意思是山角落，而居民是18世纪后从山下迁入的新户。明代，彝族势力曾深入此地，水西土司在高坡建过私庄。汉文献中记载有罗鬼寨这一寨名。他们还与杨黄人（目前已确认为毛南族）有过密切交往，至今他们分布区内，还有杨黄寨一类寨名。

由于这里距中心城市和交通干线都较近，又是一个保持苗族文化较完整的聚居区，因此很早就引起了国内外学者的注意。调查研究过该支系苗族的知名学者就有好几位。1905年，日本人鸟居龙藏首次对国外报道过他们。上世纪40年代，吴泽霖[1]、鲍克兰、罗荣宗[2]等民族学家都作过专题研究。语言学家张琨、王辅世都研究过该支系的语言。

元代以前，该支系苗族区属于"生界"，不仅中央王朝未曾与当地苗族发生过联系，周围的各民族地方势力也未深入其地。元朝统一全国后，新添宋氏土司获准替朝廷招谕他们。元泰定二年（1325），该支系苗族首领的娘应招，亲赴大都朝贡[3]。从此中央王朝开始对他们施行代理统治。明代初年，朝廷为消除置卫开驿的后顾之忧，曾对他们大肆用兵[4]。事平后，令水东下属的大平伐长官对他们实行招抚，继续实行代理统治。景泰、天顺之际，当地苗族首领干把珠，趁明廷内乱之机起义反明。明廷于天顺三年（1459）组织五卫六土司兵力，在石门山与苗族激战[5]。苗族战败，干把珠被害，600余苗寨遭焚毁[6]。战后，明廷瓜分苗地，授予参战的有功土司，其中水东、金筑两土司得地较多，八番、大小平伐其次。从此开始

① 《吴泽霖纪念文集》P. 185，吴泽霖《海㞸苗中的斗牛》，湖北科学技术出版社1988年6月第1版。

② 《益世报》，重庆《边疆研究周刊》38期，罗荣宗《苗族之丧葬》。

③ 《元史·泰定纪》P. 654，中华书局标点本。

④ 《明实录·贵州资料辑录》P. 9，贵州人民出版社1983年。

⑤ 《明史·白圭传》P. 4595，中华书局标点本。

⑥ 《明史·方瑛传》P. 4488，中华书局标点本。

了对该支系苗族的间接统治。

间接统治期间，当地苗族与土司的冲突接连不断，比较大的争斗在明代有五次。明弘治十三年（1500），水东宋氏所刻纪功碑——"永镇边夷"①，至今尚存（位于今高坡乡石门村）。明嘉靖四十五年（1065），龙里长官司配合明军洗劫腊利等寨，苗族首领阿利遇害②。明万历二十五年，当地苗族与土司所部布依族争夺苗族批弓斗牛场，贵阳府判决词刻石至今尚存（位于今惠水县半坡）。明天启年间（1621—1627），当地苗族受水东、水西土司裹胁反明，明军火焚苗寨百余③。明崇祯四年（1631），新起的布依族地方势力青岩土守备班民，在明廷支持下，攻破了高坡，从此成为一个新的统治苗区的小土司——青岩土弁。记载这一事件时首次提到了蒋台——杉坪村古名④。

入清以后，鉴于大土司罢废，并为了配合罢卫改县，清廷纵使各小土司瓜分苗族区。苗族反抗土司的斗争，被清廷利用为罢废土司的口实，并因此而将有关苗寨改为政府直接统治区，从而陆续开拓了对该支苗族的直接统治。比较大的事件有五次。清雍正七年（1729），裁中曹副长官刘氏，将今高坡乡云顶等10余苗寨纳入贵阳府直辖⑤。雍正九年（1731）大平伐司西排土弁对苗族横征暴敛，致使苗族弃寨逃散。清贵定县政府被迫出面招抚苗族，惩治西排土弁。记录事件始末的《碑记》至今尚存高坡乡掌几村。乾隆五十五年（1790），发生了苗族反对贡茶征收的事件⑥。记录事件始末的碑刻，至今保存在贵定县仰望乡。道光十年（1830），甲定等寨苗民上诉土同赋敛太重。经贵阳府裁定，改向政府交纳一个牛头的价值充当年赋。可惜这块"牛头碑"在"文革"期间被毁坏。咸丰年间，杉坪寨苗民控告青岩土弁苛赋伤农，导致该土弁被罢废。此事件记事碑至今尚存杉坪寨，仅年款残缺。这两次事件都使相应的苗寨改由政府直接统治。

进入民国后，地方军阀政府开始全面接管土司领地，所借的名义是划拨飞地，统一行政管理。该项措施于1914年完成，至此该支苗族区全面改为直接统治。当时为此而立的碑刻，在高坡乡目前尚存四块。不过残剩的土司势力并未彻底清除，而是改任为民国的区、乡、保、甲官吏。比如，治理高坡乡西北各苗寨的中曹正长官谢氏，就一直到解放才被镇压。全面改为直接统治给该支苗族带来了两个方面的冲击。坏的一面是，当时的国民政府强制推行民族同化政策。杨森执政时，推行他的所谓两论——大同论和进化论，强令苗族改装，公开场合不准讲苗语。好的一面是，苗族人民直接参与了国内政治斗争。红军二万五千里长征时，经过了高坡、水

---

① 有关贵阳市高坡乡石刻史料，参见《贵阳志资料研究》第 3 期与第 7 期，以下恕不一一注出。

② 《明实录·贵州资料辑录》P. 827

③ 《明史·王三善传》P. 6456，中华书局标点本。

④ 道光《贵阳府志·土司》青岩土弁条，贵州省图书馆藏木刻本。

⑤ 《清史稿·地理志》，上海古籍出版社影印《二十五史》本。P9117 下栏。

⑥ 《贵阳文物》1986 年第 1 期，石开忠《试论仰望碑刻的史料价值》。

塘、杉坪、批林等苗寨，长期封闭自守的苗族第一次知道了共产党和革命道理。白色恐怖时，贵州地下党负责人之一徐建生，以教师名义作为掩护，在高坡活动达两年。抗战期间高坡和杉坪的小学都改名"保国民学校"，向苗族人民宣传抗日救国的道理。该支苗族也因此有了第一代教师和学生。在罗常培和吴泽霖的倡导下，举办了"青岩方言讲习所"，培养各民族基层抗日干部。该讲习所按学员母语分班，分别以各自母语教学。杉坪寨罗中清等三人进入正规教育课堂，民族学家罗荣宗经罗中清邀请访问了杉坪村，之后鲍克兰也访问了杉坪。杉坪寨因之而首次见诸民族学田野调查专著。

解放后，该支苗族和所有苗族一样，受到了党和人民政府的关怀和大力扶助。早在 50 年代，高坡就设立为苗族乡，实现了民族自治。培养了一批乡、区级干部，实现了干部队伍的民族化。培养了第一批大学生，使他们有了自己的教育、卫生、技术队伍。贵阳市的民族扶助经费每年约有三分之一向高坡乡倾斜。包括江泽民主席在内的许多党和国家领导人，视察过高坡和杉坪寨。不少农业专家和经济学专家都在高坡和杉坪作过研究。目前这里已开辟为民族旅游点，接待过好几个国家的游客。

尽管杉坪綦无论从哪一个方面都满足了我们选点的三个原则，但是我们仍然不能说，杉坪寨的情况可以代表苗族生活方式的变迁。原因有三。首先是苗族生活方式变迁的进程参差不齐，有的快于杉坪寨，有的又慢于杉坪寨。其次是苗族各支系面对的自然生境千姿百态，致使相互调适于现代生活的取向大不一样。最后是各支系面对的民族背景不同，借入文化因子的源流各别，消化改造的结果自然不同。然而如果换一个角度，从苗族生活方式变迁的纵向历程去观察，那么杉坪寨却有极大的典型性。这里的生活方式变迁和其他各支系苗族一样，都是从同一性很高的苗族传统文化出发，在接触到发达汉族定居稻作文化后，诱发了第一次生活方式变迁。当汉族受到现代冲击而文化重构以后，其变革的余波诱发了苗族的第二次生活方式变迁。我们选择杉坪寨作为调查对象的立足点正在于此。至于杉坪寨的情况在多大程度、在哪些方面可以代表其他各地的苗族生活方式变迁，则留给读者及关心苗族发展的有识之士去判断。

要弄清苗族生活方式的变迁，当然先得充分了解苗族的原生生活方式。然而要了解苗族的原生生活方式，却面临汉文献记载残缺，甚至相互抵触的困难，为此，我们不得不另辟蹊径去透视苗族的古代生活。这就是从苗族文化自身中去找突破口。和所有各民族文化一样，苗族文化也是一个有系的整体，但构成文化的各组成部分，其演化速率具有非等速性，比如，苗族的认知模式演化速度就十分缓慢，透过苗族现存的认知特点，就可以折射出苗族往昔的生活方式来。再辅以汉文献记载作印证，了解苗族古代生活方式就成为可能。因此我们的杉坪之行，自然得从苗族的认知模式开始。

第二节　苗族的认知模式

为了比较研究的方便，我们需要将一种文化的发展历程划分成若干个阶段。然而文化是一个有系的整合体制，它的实际演化历程只能是个渐进的新陈代谢式变迁。无论在历史上一种文化经过了多少次重构，每次重构的前后之间都不会呈现刀切斧劈那样的界面。文化的重构仅仅是淘汰、废弃那些与新的生活方式正面冲突，并且无法调适改制的文化因子，而将其余的绝大多数文化因子继承下来，当然并不是原封不动地照套。而是视新生活方式的实际需要进行有目的的调适和加工改造，再纳入新的文化体制中，重新构建出一个能为新生活方式服务的有系体制来。于是就某个侧面而言，就文化规约下的生活表征而言，文化重构前后似乎社会生活已经彻底改观一样；但是若从宏观的角度，从文化纵向演进的立场去观察，则文化的重构其实是一个脉络分明、承袭与改造相依存的新陈代谢过程。整个过程中各文化因子的变与不变、如何变，一切依社会生活的具体需求为转移，以维护文化自身的平稳过渡，始终保持有系状态为运作原则。

在该支苗族可以准确考知的 600 年间（从 13 世纪末至今），共发生过两次明显的生活方式变迁。综合分析后，我们发现当地的文化并没有推倒重来，而仅仅是那些与物质生活结合十分紧密，又与新的生活方式无法兼容的文化因子有一部分被取代掉了。另一些则被改造，使之仪式化、象征化而继续留在文化体制之中。至于那些主要作用于精神生活，或者虽然作用于物质生活，但与新生活方式可以兼容的文化因子，则较少变化，即使有了变化也不是从根本上被取代，而是调整了某些运作内容和运作条件，继续留在文化体制中，发挥其特定的社会功能，以至于从表象上观察很难发现它们已经有了进化和发展。当地苗族的认知模式就属于后一种情况，构成认知模式的文化因子非常稳定，文化因子间的结构关系也十分稳定，致使我们若把握了这一认知模式的特点后，还能进而推知它在定型时所适应的社会生活方式。由于汉文献记载的残缺，用认知模式分析的办法去廓清苗族早期生活方式，就显得更为重要了。

苗族的认知模式是苗族文化总体系中的一个子系统。它包括三个方面内容，一是认知框架，二是认知取向，三是知识归类。认知框架是每一个苗族成员在习得苗族文化的同时，连同接受下来的一套认识外界和积累知识的惯例，只有按这些惯例去感知的经验，才能顺利地进入苗族文化体制，成为全民族共有的知识财富。若不以这些惯例为基础和凭借，即使个人确有所知，若不转换为这些惯例的规范之前，往往只能是个人的求知行为，很难与其他社会成员发生共鸣，也万难达成认知上的滚动效应。认知取向也是一套惯例，不过它是引导苗族成员在认知实践中，主要关心哪些对象，关心哪些侧重面，以及对认知对象观察感知到何种深度和广度。任何民族面对的外部世界都是千姿百态，纷繁复杂的，由于文化中认知取向子系统的存

365

在，每个民族总是把认知的主攻点放到关系生存与发展的事物上。苗族自然也不例外，他们不会把精力花在那些暂时派不上用场的事物的认知上。换句话说，原则上任何一个民族都可以认知一切事物，认知是无限的；但是若就既定的时间、空间而言，一切民族的认知都是有限的，是被认知取向规约的活动。因此，一个民族对身边某些存在的事物不敏感，甚至熟视无睹、充耳不闻，并不表明该民族成员智力不健全，或该民族文化低下。文化人类学家的使命恰好是要发现这种差异，帮助各民族对自己的认知取向有深入的了解，从而使各民族在认知上扬长避短，实现各民族间的互补，务使各民族的认知所得为全人类共享。知识归类是另一套认知惯例，它包括如何分类获得的知识，分成多少门类，各门类的识别表征等等内容。它们的存在不仅直接规约了所获知识的存储积累和交流，还关系到对经验的检索，更深的层次上还规约着相关民族成员的联想走向以及推理规范。不言而喻，各民族在知识归类上也各具特色。其实这也是习见的客观实际，只不过大家常常不从这个角度去认识它而已。比如汉族把很多种成分、性质、外观都不相同的岩石统称作"玉"，并赋予相似的使用价值，用来制作装饰品和礼仪用品。而英吉利人却要用完全不同的两个名称去指代鸡的雄、雌个体。类似的情况在苗族中也俯拾即是。然而长期以来，人们往往不自觉地戴着经典进化论的偏光眼镜去观察判断，把这些苗族文化中的特点，一概视为不科学和愚昧，对这些现象漫不经心，仅把它们当作行将彻底被淘汰的古董。他们当然更不会留心到，即使自认为最发达的民族，其文化中的"不科学"与"愚昧"同样所在皆是。

苗族认知框架既是一个子系统，它自然包括着若干套习得的固定格式，这些固定格式都是全苗族公认的准则，是无需证明的传统。这些固定格式中，与苗族古代生活方式关系最直接最明显的要数如下三套了：时间设置框架、空间设置框架、亲疏等次框架。

苗族的时间设置是以一种特有的历法为基础去规定。这种历法前人称作"苗甲子"，但应该准确地称为"苗历"才妥当。它是一种物候历，以某一特定物候的出现为界定月份的标志。比如，桦木树开花是第六个月份的开始，蕨菜出齐作第七个月份的开始，而野兽冬毫的长出则是年终的标志，也是首月的开始。值得注意的是，这些仅是我们调查的这支苗族所用的月份的标志物候。由于气候、地理、生物种类的不同，各支苗族所取的月份物候标志也各不相同，相应地各月份的天数也互有参差。不少调查者都注意到苗族中的同一节日，各地往往不在同一天过节。这并不表明苗族内部不统一，恰恰相反这正好表明苗族文化具有高度的同一性，因为他使用着完全同一的历法，而节日时间的参差不齐，乃是物候历固有特征的派生现象。

苗历的另一个特征是一年仅分为热、冷二季，而不是春、夏、秋、冬四季。热、冷两季各含盖六个月。季节不同不仅是气候的差别，人们的社会活动方式、活动内容也各不相同。同样出于物候特征在各支苗族地区有早有迟，冷、热两季开始的时间也有先后，各季含盖的天数也不同。大致而言，温暖地区的苗族热季开始早，结束迟，热季较长。相反地，高寒地区的苗族冷季开始早，结束迟，冷季长而热季短。然而不管冷热两季如何参差，一年周期始终与太阳年周期吻合，因为物候变化周期与太阳年同步。因此苗历不存在置闰问题。

苗历一年有 12 个月，每个月的名称以十二生肖名标定。现将苗语中的月名、相应的公历月份、汉族农历月份表列如下：

A	一月	二月	三月
B	plu^{22}lha^{43}	zə^{51}lha^{43}	sə^{13}lha^{43}
C	鼠月	牛月	虎月
D	11 – 12 月	12 – 1 月	1 – 2 月
E	冬月	腊月	正月
A	四月	五月	六月
B	lu^{13}lha^{43}	zaŋ^{55}lha^{43}	na^{24}lha^{43}
C	兔月	龙月	蛇月
D	2 – 3 月	3 – 4 月	4 – 5 月
E	二月	三月	四月
A	七月	八月	九月
B	min^{31}lha^{43}	zaŋ^{55}lha^{43}	lɛ^{24}lha^{43}
C	马月	羊月	猴月
D	5 – 6 月	6 – 7 月	7 – 8 月
E	五月	六月	七月
A	十月	十一月	十二月
B	qe^{24}lha^{43}	tlə^{13}lha^{43}	mpa^{43}lha^{43}
C	鸡月	狗月	猪月
D	8 – 9 月	9 – 10 月	10 – 11 月
E	八月	九月	十月

表中的 A 栏为苗历月序，B 栏是苗语的读音，C 栏为苗历月名的意译，D 栏是相应的公历月份，E 栏是相应的汉族农历月份。由于月份的始末是依物候而定，因而各月含盖的天数互有参差，大致在 26 天至 35 天之间波动。不像汉族农历那样，每月 29 至 30 天。

称日名也和月份一样，以十二生肖名去赋定。于是一个节日可能出现三个同名的日子，为了区别得加上修饰语词初［shɛ⁴³］、中［ŋtaŋ²⁴］、后［qoŋ²⁴］。比如蛇月头个猪场天，蛇月第二个猪场天，蛇月后猪场天等等。于是该蛇月度过的节日虽然是同一个节日，却必须分在三个同名的日子过三次。比如该支苗族蛇月要举行"射背牌"仪式，而且在高坡乡政府所在片区（当地苗语称"卡上十八寨"）规定在"猪场天"举行，于是得分三批，举行三次过节活动。杉坪所在片区（苗族所称的"卡下十八寨"）规定在蛇场天过节，同样得在三个蛇场天，过三次节①。又如该支苗族在狗月要举行"斗牛"活动，于是杉坪等寨的苗族每逢狗月的狗场天都在惠水县境的批弓狗场举行盛大的斗牛庆典，前后共举行三次，每隔 12 天一次。

苗历的年份计算也用十二生肖定名。12 年为一个周期。因此，苗族中最隆重的祭祖典礼也 12 年举行一次。这样的庆典可以称为"鼓社祭"，各人的译名不统一，有的译作"吃牯藏"②，有的音译作"将略"，又有的叫"敲牛祭祖"。由于年、月、日都以 12 为计算基数，因而 12 在苗族生活中具有特殊的意义。下文中我们将可以看到，它几乎渗透进了社会组织、习俗、生产，甚至文学艺术之中，成为苗族人民认知外界的一个基本立足点。其直接派生的社会观念，更是与这套历法盘根错节地钩连在一起，从表现的外在形式上，很难弄清其间的来龙去脉。这里仅以苗族个人生命周期的设置为例，以见其一斑。

苗族将个人的生命周期分为四个阶段以及老年期。一是婴儿期［ŋa⁵⁵lɛ²⁴］，二是少年期［toŋ¹³laŋ³¹］，三是青年期［toŋ¹³go³¹toŋ¹³ntha⁵⁵］，四是壮年期［qə³¹mɛ⁵⁵qə³¹po¹³］。前两期无性别差异，后两期则必须男、女两性称谓并举。苗族的婴儿期为 1 至 2 岁，其间的长短与出身月份有关，因为一出生即算 1 岁了，所以到次年结束已进入 3 岁，算是少年了。只有年初生的人，才有十足的两年婴儿期。加上苗族观念中认为受孕就是生命的开始，而产生了"天一岁，地一岁"的提法，照此就得出婴孩期共计 4 岁的习惯计算格式。当地苗族户口登记的年龄与他们自认为的年龄有出入，正由此而产生。少年期指婴儿期完结后，到过完一轮生肖前的阶段，大致在生理年龄的青春期以前，都属少年期。少年期不会有性冲动，相应的称谓无性别差异，这与人的生理发育实际相吻合。但是我们在杉坪寨亲眼目睹了好几起少年期的订婚、结婚实例，虽说当地有不落夫家的传统习俗，但仍属与观念相抵牾的作法，足见个人生命阶段的界分代表着古代的生活方式，而现行的婚俗则是后起的变迁结果，在古代，进入青年期都要举行成年礼，男子要文面、文手，女子要结发、贯簪。现在不再举行了，但古歌及语言资料中对成年习俗仍有明确的反映。青年期也持续一轮生肖，直到有了儿女才结束。苗族的壮年期以结婚生育第一个孩子为开始，而不以婚礼的举行为标志。壮年期持续两轮生肖，至个人生理年龄到更年期以

---

① 《国师季刊》第 14 期，罗荣宗《苗族之娱乐》。

② 《苗学研究》（一）P.195，雷广正《贵州苗族屠牛砍马祭祀祖先习俗研究》，贵州民族出版社 1989 年 7 月第 1 版。

后，步入了老年期。苗族的老年人多与幼子共同生活。

苗族的空间设置以观察者所处位置为空间原点，而方位则以观察人自身的面背左右为准则，以面向延伸为前方，后对方向延伸则为后方，同理往左右手所向延伸，则取得了左方和右方。再以观察人所站位置为基准，高于该位置之处都称上，低者一律称下，苗语中对方位的六大要素的称法分别是：前［mplɛ²⁴］、后［qoŋ²⁴］、左［tɕaŋ³¹］、右［tɛ⁵⁵］、上［shu²⁴］、下［Nqa³¹］。而观察原点则称作中间［ntaŋ²⁴］。不消明言，这显然是一套纯主观的方位识别系统。以此为基准判定的方位，必须还原为观察时的原点和朝向才有意义。相邻两寨人对对方村寨方位的判定，其结果完全对称。与汉族长期接触后，也从汉族中引入了东、南、西、北等客观方向概念，在苗语中它们全是汉语借词①。对这些概念的认识仅止于太阳出没方和阳光背向，而且在使用时，得转换为苗族自己主观方位系统才能相互沟通。

苗族对空间范围的界定，也是一套主观判断系统。观察人所处状态是判定的总依据、总原点。由于在空间布局上村寨是一个完整的单元，因而观察人所属的村寨即是一个最基础的空间范畴，这个范畴包括了村庄、田地、山林、牧场、山脉、河流等等，该范畴内的一切物都视为"内"，反之都为"外"。再从本范畴出发，一切与本村寨有姻亲关系的村寨，连同村寨所属的一切物，一般说来是六个与本村寨同质的姻亲村寨，构成了大一级的空间范畴。这个大一级的空间范畴，其内、外界也由本村寨的内、外界分原则，扩大引伸去达成。不应该把这次一级空间范畴简单解释为空间的展拓，因为前一级空间范畴维系的纽带是血缘关系，而这一级的空间范畴是靠姻亲关系维系起来，其社会性质和职能并不一样。

由于我们未对该支苗族的所有村寨作过普查，目前尚无从判断共包括有多少个这样的次级空间范畴。根据杉坪寨及邻近村寨所获的资料，可以明确今贵阳市高坡乡至少分属三个不同的这种次级空间范畴。杉坪寨及甲定、腊利、洞口，加上龙里境的摆青、惠水县境的半坡为同一空间范围，当地习称为"卡下十八寨"。今高坡乡北区，即习称的"卡上十八寨"，加上黔陶乡的苗族村寨，为另一个次级空间范畴。高坡乡西南角的上午和惠水境内关山、甲烈等地苗寨又是另一个空间范畴。此外，贵定县的仰望及周围苗寨，龙里县的岱林周围苗寨、惠水的下摆榜、岗度一带，都存在同一级的空间范畴，与上述各空间范畴并列，总称"三十六甲、七十二摆"。凡此范围内的苗族都是"蒙茸"，都是同支系内的人。其所占空间都为内部。不言而喻，苗族自己对次级空间范畴的界定，与行政疆界没有任何联系，它们往往跨乡、跨县、跨地州界分，因而不少苗族事务动辄牵动几个邻近州县。此外也与距离无直接联系，有的苗寨不仅不毗连，而且相距几十、百里之遥，却被划为同一范畴。比如贵阳市孟关乡的后龙就被视为"卡下十八寨"同范畴的苗寨。

更上一级的空间范畴则是靠盟约或礼仪往还去界定。盟约的缔结方式是共同以

---

① 《汉苗词典（黔东方言）》．王存德著，贵州民族出版社1992年12月第1版。

牛祭把各方的祖先，按分到祭牛的部位等次承担相应的权责义务。历史上该支苗族的起义，即按此方式组织起来。这样建立的社会组合，具有临时性和跨血缘性、跨姻亲性，事情一完结联合即解除，缔结时只看共同的需要，不必考虑原有的关系，因此历史上的起义有时是该支苗族与其他支苗族联合行动。靠礼仪往还则不同，因为礼仪上该支苗族自成体系，一般不与其他支苗族建立稳定的礼仪往还。建立的空间范畴具有较大的稳定性。比如，高坡乡的卡上、卡下，在斗牛、祀祖时双方互相邀请，双方成员在这些场合自视为一个整体。据称，杉坪、甲定等寨早年也与贵定仰望、龙里岱林相互邀请，后来由于动乱难于联系而中断，但一遇双方有意时可以恢复。由此可见，靠礼仪往还维系的这一层次空间范畴，其界缘与该支苗族的地理分布范围相重合。只不过这种重合可以表现为显性，也可以是隐性的存在。

全苗族的整体空间范畴，也是靠盟约构建起来。凡与该支苗族有过盟约联系的，该支苗族都会赋予对方相应的支系名，上文提到的"杉树林中的苗族"、"山顶上的苗族"，就因此而获得。当然对方也给他们赋予特定的支系名。于是他们在苗族中实际上联系有多广，这一范畴就延伸到哪里。超出这三级空间范畴的地方一律被视为外界，因此，不仅把汉族村寨视为外地，把布依族村寨也视为外地。他们在丧仪中，导引亡灵的祭词中，明确地点明出苗区的路线，然后是如何通过布依区、汉区，去到祖宗亡灵共同生活的遥远的地方。

苗族认识的亲疏等次具有对称两分性，他们认为一切同质事物均可对称等分为二。新事物成长，但未发展到可以对称分为双联组合单元时，总是与原有单元附着在一起，构成三位一体的动态单元。因此二与三的倍乘合数就成了世界上最基础的结构关系。这套等次格式在语言上的表现形式，就是语言学家称的"苗语四字格短语"，其实这种"四字格"在言语中往往是偏义复词，并非各字节都有实义。表现在时间上我们已经指出过苗历的年、月、季，日，全部按二和三的合数叠加。表现在社会组织和地域概念时，同样如此。比如，这里的寨名都是由最近血缘的两寨并举，杉坪寨苗名为 $[zoŋ^{31}tɛn^{55}zoŋ^{31}ntæ^{13}]$，意思是坪寨长寨，音译为"茸登茸德"。不仅该支苗寨全为两寨并举，连汉族、布依族地名在苗族眼中也得如是观。贵阳被称作 $[qɛ^{31}saŋ^{55}qɛ^{31}zaŋ^{55}]$，意为大城、羊场，青岩被称作 $[qɛ^{31}lu^{13}qɛ^{31}zaŋ^{55}]$，意为兔场、羊场。

杉坪寨有一个附属小寨——杉木寨，是以茸登寨（坪寨）分宗后建立的新寨，苗语称之为 $[qhoŋ^{13}tça^{43}]$，意为"风洞"，音译为"控贾"。因为此寨未结成双联村寨组合，故不得自立为一个单元，寨名在指地域、社区时，借用"茸登茸德"去称谓，单指村寨地址时，才称"控贾"，因为此名是按地址特点——寨后有一个长年吹出冷风的山洞而得名，故不成一个社会的独立单位。类似情况在与杉坪寨有姻亲联系的六个村寨中皆有之。这是该片区合称"卡下十八寨"的原因，它正与上文分析的次级空间范畴相吻合，推而广之凡属该次级空间都统称为十八寨，除上文提到的"卡上十八寨"外，贵定仰望也称作"仰望十八寨"。更推而广之，该支苗族的地域统合也全是二与三的各级合数，"三十六甲、七十二摆"正由此而成称谓定格。这一认知套路在该支苗族中由来已久。在汉文献中，至少可以追溯到 13 世纪末。《元史·地理志》提到的有关地名全为双联寨名，如"茶山百纳"、"中曹百纳"即是。该支苗族头领首次进京朝贡，所举其下属单位同样是二与三的合数。《元史》载："（泰定二年，二月）丁亥，平伐苗酋的娘率其户十万来降，土官三百六十人请朝。"① 这三百六十土官显然是基层村寨的头人，其总数正为二与三的合数，当是基层单元全为二与三合数，按同一定格成倍递增而造成的结果。

苗族人民不仅用这一套路认知社会，还用这一套路去认知自然。光皮桦与樱桃本是不同种的植物，可是它们的花期相同，故都是蛇月的标志性物候植物。从这一认知出发，这两种植物名在蛇月物候表述的场合下，必须双联并举，不能单称一种。对天体的认知亦如是。苗族人民认为太阳与月亮是一对并联事物，而星星则为二者的派生物，是一位古代英雄因太阳月亮太过分地灼烤大地，人们无法正常生活，而用箭射杀它们，其碎片散落太空而成了繁多的星星。不难看出，这种解释与上文提到的杉坪寨分宗出杉木寨，在思路上一脉相承。类似的情况在地貌成因、动物繁衍、人体的结构等方面，都可以发现这一套路作用的线索。

苗族的认知取向包括认知主次等次、认知精度级次、认知广度层次三个认识套路。苗族人民面对的是一个纷繁复杂的无限世界，当然不会把有限的认知能力不分主次地用到一切可以感知的事物上。他们必须审时度势，针对本民族生存与发展的需要，把自己周围的自然与社会分出个主次来，借以去合理地安排认识能力的投入。这就形成了认知主次等次的差异。苗族认知世界总是从接触频率最高的事物开始。这些最先被认知的事物，一旦在认知框架中标定了位置，就会循例延伸开去，作为认知新事物的蓝本。在延伸认知的过程中，事物某一属性重视频率下降，就自然会降低对该属性的重视。循此发展的结果，就构建起了苗族自己的认知精度级次。在延伸认知的过程中，越远离该支苗族的事物，认知机率也随之而下降，于是又拉开了认知广度的层次，最终导致了苗族认知取向的定型。

苗族认知取向的特点是一个显而易见的事实，但由于涉及面太广，在此不能一一列举，粗略归纳后，如下一些带总结性的命题，已足够显示其概貌。苗族人民至今无星座、恒星、行星、黄道等等概念，然而对地上的生物却了解得十分透彻。人人能识别几百种有用的植物和动物，对物候的变化更是如数家珍。他们能根据植物体的细微变化，判断是哪种昆虫残损的结果，其准确度不亚于昆虫学家的虫情发生预报。仅凭兽迹和粪便就可以确定该只野兽的性别和个体大小。如果据此说苗族精于察地而疏于识天，一点也不过分。苗族人民能凭借昆虫的化蛹区分完全变态与不完全变态，凭触须形状区分蛾与蝶，凭木质判断几十种用材树，凭植物群落的构成树种判断土壤适宜哪种作物生长，事实上他们已经作到了对土壤酸碱度的定性估

---

① 《元史》P. 654，"泰定帝本纪"，中华书局标点本，1983 年 7 月 2 次印刷。

评。可他们对昆虫体的器官却所知甚少，对岩石的认知也极有限，仅知道哪些石头可以作火石用。据此断言，苗族精于外形的观察，精于动态的捕捉，却疏于对内在结构的剖析，同样符合苗族认知的实际。苗族人民基本上未建立平原和海洋的概念，他们理解的最大的平地是场、厂［ŋtaŋ¹³］，习惯音译作"掌"，在地名中常见的，那是可容千百人跳花的大平坝。他们把装饰用的货贝——一种热带海域生长的贝类外壳，称为"海"，至于海是什么样子，却无法描述。相反地，对生活区内的动植物、气象变化却了如指掌。奇怪的是他们对大象、类人猿所知极为精详，甚至其生活习性也掌握得非常准确和细致。然而当地今天并无大象和类人猿，这只能解释为，这两种动物古代曾分布过此地。说苗族精于识近，疏于探远，很能概括他们认知广度上的特征。

苗族对知识的归类是以使用价值为基准，使用价值最高的部分自然成为分类的标志，使用价值的分别自然引申出归类种数来。比如可供食用的叶，在苗语上以［mləŋ²²］（意为柔软）去系统命名，算为一大类植物。这样一来，芋头、牵牛花、竹笋等等被视为几类植物。又如作用材树的名称，其词首一律冠以［hu²⁴］——株或干，于是裸子植物、松、杉、柏等，与被子植物的桦、栗、桃、梨、椿等视作同类。而以果实充食用的植物则冠以［pi¹³］——果实，于是不仅我们习见的水果归放一类，一些藤本、草本植物也归入了此类，比如一些茄科、葫芦科植物就都被称作"果"。对动物也是这样。苗族古代以蜂蛹充食用，同时也以某几种果蝇充食用，致使在苗语中这两类昆虫共称作［moŋ³¹］。

苗族的认知类十分复杂精详，在此无法一一列举，但仅此数例已足见其一斑。知道了苗族的认知模式，我们只要连同相关的文献资料就可能廓清古代苗族生活方式的面貌了。

第三节　从远古到近代

该支苗族生活方式的变迁，在可考的范围内，共经历了两次。第一次发生在清嘉庆道光年间，第二次则从本世纪 40 年代起至今仍在继续。第一次的变迁内容是从斯威顿耕作（即前人所称的刀耕火种或锄耕农业。以下不再注明）转型为传统农业。第二次变迁则是由传统农业转型为现代产业。必须指出，表面上看这两次转型都体现为生业项目的新旧交替，然而其变迁的内容远比生业项目广得多，也深远得多，举凡生活方式的各方面都连带着发生了程度不同、内容各异的改观。若要更恰当地称谓其变迁的实质，应称之为文化的重构。文化重构的目标是使文化调适得更加适应新的生活方式，重构的途径是选择性地借入文化因子，经过消化吸收再纳入文化总体系中，并经历一段新旧文化因子的运行磨合，最终形成有别于往昔的新型文化结构来。整个变迁过程表现为新旧文化因子的有机配制和动态运作改建，而不仅是简单的文化因子进出。

经过文化重构后，生活方式已经大大改观，致使常规的民族调查很难直接恢复和窥见先前的面貌。要探索已经消失的往昔生活方式，除了上节介绍的认知模式外，还有两类资料可以帮上忙：一是汉文文献资料，二是当地的文化遗物、遗迹资料。当然仅仅把这三类资料简单拼合焊接起来，互为补充，才能达到预期的目标。这种三结合研究方法成功的关键在于正确把握三类资料的长处和短处。古代文化遗物具有无可挑剔的真实性，但却是死去了的僵化遗存，它自身不具备诠释价值，必须借助文化中发展演化慢的子系统才能得到正确解释。文献资料在使用于少数民族时，基本上都属于间接材料，但却具有断代价值，它的真实性需要文化遗物与活文化因子的印证。认知模式是现代仍可直接感知的活事物，可是它却属于高度抽象化的内容，若无直接物证，它的诠释价值就无法落到实处，若无文献断代，它的诠释价值就无法确认生活方式变迁的具体时限。

发生第一次文化重构的契机是清雍正时代（1723—1735）的大规模改土归流。这次改土归流对该支苗族生活方式的冲突，以如下三方面表现得最突出。其一，改土归流后，该支苗族分布区之西北角——包括杉坪寨在内的今高坡乡西部和北部，划归贵阳府作"亲辖地"，称为"四司里"——中曹正、副长官、百纳正、副长官。小土司虽未罢废，但是只能按当时法规施政，不得自定规章。当地苗族的身份不再是土司部属，而是清王朝臣民。土司施政仅是代管性质。其后杉坪寨苗民多次上贵阳府控告土司横暴，正因此而发生，也因此而获得告状的法律依据。其二，土司的兵权被剥夺。现存各代土司墓碑碑文可以证实这一点。土司不再拥有胁迫、强制苗民的实力。苗民生活的改变不再受到土司的干预。其三，也是最关键的一点，苗民的税赋方式彻底改变。以前是按惯例由土司定征收对象和份额，现在是按国家统一的税则，与内地同样负担赋税。从此稻米——以前苗民不种的作物和银两成了税赋内容，这是刺激苗民大规模改种水稻、开辟水田的直接动因。这三方面的巨变诱发了杉坪寨一系列社会生活的震动，最终导致了文化重构。生活方式也相应地发生了巨变。巨变的内容可以从劳动生产、物质生活、社会政治、精神生活四个方面反映出来。

在人类的各种经济生活中，斯威顿耕作与农业耕作是两种截然不同的类型。二者之间不仅在生产工具、技术操作、生产组织、耕地结构上存在着很大的差异，而且在上述各方面的发展走向上也各不相同[1]。一些人把斯威顿耕作称作"原始农业"并认为随着技术的进步，会自然发展成"传统农业"来。以杉坪寨的生产变迁为例，这种理解看来有欠妥当。

杉坪寨苗族远古的劳动工具包括长刀、摘刀和弓弩，加上其他辅助工具，组成一个旱地斯威顿耕作的工具结构。经过第一次文化重构后，工具结构发生巨变，改为以耕牛、梨、锄和镰刀为主干的农业工具结构。原来的主要工具，有的降到次要

---

① 《中国农史》1995年第1期 P.6-16，刘锋《对当代"原始农业"的再认识》。

地位，有的转化为礼仪品，有的完全退出了实用范围。苗民们早年时，以长刀清除杂草和灌木，加以焚烧去整理耕地。以摘刀割取禾穗，束捆收藏，不在田中脱粒。以弓弩、长刀对付害兽，保护农作物。在杉坪寨，我们看到过长刀的实物。这是一柄长达 80 厘米，宽才 3.5 厘米，柄带大铁环饰的钢刀。据物主介绍，这是当年起义反清时的武器。但刀身留下明显的横向弯屈，足见该刀对付的目标并非活人，而是直径在 5 厘米左右的硬质树干。刀柄的大型环饰也不便于与活人拼搏，而是借以系上硕大的布帛佩件，以便脱手落入丛林时，利于寻找和识别刀柄与刀身。刀刃尖端已磨成钝圆形，并留下了硬质物划伤的刻痕．足见它不仅供砍伐用，同时还充作剜地掘浅坑之用。关于这种长刀的使用状况，明人江进之的《黔中杂诗》有如下名句："耕山到处皆凭火，出户无人不带刀。"此外《续黔书》中还有"苗刀"的专条记载。

经过文化重构后，长刀完全退出了实用范围，以致该刀物主已不能用苗语称呼它，而称它为"战刀"。但从苗语同词语音对应规律中，发现这种长刀的名称各方言皆有，所指对象又完全相同，杉坪寨又有实物遗存，该支苗族所操次方言断不会单无这个名词。根据王辅世教授的古苗语音序，我们用复原出的长刀名称在该次方言的读音，对杉坪寨人进行探寻，发现他们的口语中仍有该词，读作"当"〔ntaŋ[55]〕，被用来指汉族侠客的随身兵器宝剑。这一发现对我们的激励很大，它明白无误地告诉我们，文化重构中完全退出实用范围的事物虽然成了古董，但是它在文化系统中相应的文化因子并不会简单地随之而消失得无影无踪，而是经过调适后，还将以另外的形式存留在该文化中，并发挥另外的一些社会功能。文化重构中的调适其实并非无规律可循。长刀的原生状态本来就具有随身农具与武器两种功用，调适中作农具的功用既然消失，转而强调武器方面的功用，按实际而言同样是贴切的引申办法。按这一思路，我们又陆续找到数十例性质相同的证据，其中一部分在下文还将作具体说明。

和长刀不同，弓弩和摘刀在文化第一次重构后，没有完全退出实用范围。原因在于这里除了种水稻外，一直栽培小米、红稗、燕麦、小麦等作物，摘刀可以照样发挥其效用。此外，这一带解放前害兽很多，保护庄稼仍需用到弓弩。摘刀刃口长 5 厘米，宽 3 厘米，刀背有双孔，可以作线穿孔将刀缚于手指上使用，割穗时不会妨碍双手捆束禾把。用摘刀只能收割不易掉粒的旱地作物及糯稻，而且必须捆成穗把运回。江进之《黔中杂诗》对此也有咏诵："绝壁烧痕随雨缘，隔年禾穗入春香。民间蓄积看如此，哪得公家咏积食。"该诗附有小注"贵州土俗藏稻（？）穗不藏谷"（其中"稻"字有误，原诗句堪作内证）。当地苗族未完全放弃旱地杂粮生产的原因主要是水田有限，这是至今尚无法缓解的问题，因而摘刀的继续使用乃是必然的客观现实。

早年苗族使用的弓弩配有箭毒，这是用蜂毒和鸟头制成的外伤性毒膏，沾在箭头上使用，射杀野兽的效力很高。清代改土归流后，明令禁用，但当地苗族直到解放前尚在使用。60年代后，山林破坏，人口骤增，害兽绝迹了，弓弩与箭毒一道退出了实用范围。目前弓弩仅作礼仪用品，丧葬、敲牛祭祖、射背牌中都是不可缺的仪仗和用具。弓弩的实物多用桑木制作，配有弩机，以手指搬运击发。弓长60至80厘米，箭较轻而且短小，但弓的弹力很大，能射出50余米，还能穿透兽皮。

第一次文化重构完成后，牛耕镰收技术已全面普及。但是无论在相应的观念上，还是在技术的把握上，都与汉族、布依族不同。当地苗族并不像外族那样珍视耕牛，他们喂养的水牛黄牛并不少，但仅一部分用于耕作，另一部分则用作祭祀。对祭祀用牛喂养极为精心，往往以精粮喂养，不用于役使，整年放闲。相反地，耕作用牛反而喂以粗饲料。对犁耕，他们也不认为是最好的整地手段。秋收后，逢到祭祖、婚丧事宜，水田不能及时翻犁，我们替他们着急，建议他们及时翻耕，否则土地板结，牛犁不动，回答仅是淡然一笑，反正牛犁不动，还可以用锄挖翻，犯不着发愁。

经过实地观察，我们发现杉坪寨苗族农民训练的耕牛不会原地转身360°，只能作有限角度的转弯。因此水田中的犁沟不呈现平行直线排列，而是呈现重叠的同心相似形，其形状与田块的轮廓相似。他们犁田的方式往往从田坎开始，沿田坎犁一周，再顺着犁沟内收一定距离，再犁一周，以此反复一直犁到田中心。问他们这样犁的理由，他们回答，这些山田不坐水，先犁田边，让泥浆糊往漏水孔，才不至于脱水。听起来并非随意为之。然而插秧时情况亦复如是，往往留下田中心部分，到最后才去补插，其理由如何，他们就不作解释了，只说那是碰巧，未注意到。另一个与外族不同的做法看来和这种操作法有联系。当地苗族提供报偿时，不论斤、斗，也不计百分比，而是讲明将沿田坎的一至几行禾兜的产量作为回报，提供给对方。他们说，这样做双方都明白，不会引来任何争执的借口。面对这些令人费解的事实，任何轻率的结论都有害无益，不过我们还是应该承认他们接受水稻种植虽历时一个多世纪，但生产工具的运用尚未与其他民族同步。

斯威顿耕作与农业生产是两种很不相同的人类经济生活类型，两者在技术进取的走向上自然各有千秋，相互间很难兼容。经过第一次文化重构后，当地苗族接受了水稻种植，他们也乐意发展水稻生产，但客观上却做不到。原因固然很多，但生存环境的限制却是最致命的困难。这里是山高谷深、地表崎岖的高寒山区，能辟作水田的地段十分有限。不用说100多年以前刚引进水稻之时，就是技术发达的今天，扩大水田面积仍是力所难及的事情。于是尽管他们喜爱水稻，但是却不得不同时要凭传统的斯威顿耕作求生存。这样一来，文化重构后，造成的不是一个真正的农业类型文化，而是一个斯威顿耕作与农业生产的畸形混合物。这种混合物在技术上的表现就是采取兼容两种技术进取方向使之相互并行的做法。

从事斯威顿耕作，在技术上，要求最大限度地发现、识别、利用当地可以长出的一切植物和动物，而不专门研究有限品种作物的增产办法。看了上节有关他们认知取向的特点后，不难发现他们的认知取向与斯威顿耕作技术的要求刚好互为里表。农业生产则不同，得把技术进取的主攻点放到主要种植作物的增产上，其他自然长出的动植物凡有碍作物者，一律得清除干净。两者的不相兼容，致使他们种植水稻的技术精度不仅在一个多世纪前，就是到了今天仍达不到坝区汉族、布依族的水平。更叫人费解的是，当地苗族长期在山下打工，替汉族，布依族打田、插秧、收割。打工时，可以按别人的技术要求行事，回到家后，种自己的田，反而不按已经学会的技术行事。以此为例，我们不得不承认，技术引进不仅仅是学会的问题，重要的问题还在于学到的技术在当地社会、当地技术构成中的着生点是否具备。只要将我们的视野稍加展拓，观察一下他们的旱地耕作，这个问题并不难理解。

当地苗族的旱地作物品类纷繁，各种豆类、麦类、玉米、荞子、红稗等等不下数十种。其中小米和红稗的种植最能代表传统斯威顿耕作的特点。他们在秋季百草结实前砍掉杂草，目的在于减少沙地中杂草在来年的萌芽率，然后在春季将砍下的杂草杂树烧掉。小米可以在热灰上直接撒播，红稗则需灰冷下雨后点种。以后就可以放心地等待收割了。开始时我们担心来年杂草可能长得比庄稼还茂盛，后来才知道这是多虑了。一则他们砍荒时已经把握了有利的时机，来年主要长得出哪些野生植物，早已胸有成竹。二则长出的野生植物有不少可以派上用场，不等泛滥成灾，他们已及时将它们取而用之了。比如，蕨类植物有宿根，砍与焚都无法清除，但新发的蕨芽是菜肴。稍老时又作饲料，经多次采集后，对庄稼的影响就十分有限了。其他旱地作物的耕地也往往几种作物混生一道，按成熟先后取用。而不像农业生产那样一块地要种一两种作物，丰收后贮以待用。他们的技术目标则是有效地利用多种植物成熟的次第差，去确保食物供给的衔接。懂得了这一点，我们自然得承认，他们并非不知道按汉族方式种植水稻可以提高一定比例的产量，但是只要这个提高额代替不了全部旱地收获物之前，他们就不可能把那些技术用到自己的水田上来，因为另一套技术——传统的技术仍是不可少的东西。其实他们的抉择既合理又明智，丝毫不足为怪。

农业生产是一种季节性很强的经济类型，错过了季节，就意味着大幅度减产，生活将失去保障。斯威顿耕作则不然，它执行的是随种随收、即收即用的政策。在杉坪寨最直观的感觉是，他们种与收季节都比外族拖得长。这不是单纯的季节迟到或水源无保证所致，而是得兼顾旱地的结果。而旱地又只能是种收结合，他们在水田大忙时，也得收旱地的麦类，种上玉米和豆类。从农业经济的角度看，水田上造成了损失，但同时兼营的旱地却保证他们不会青黄不接。在杉坪寨人们的收获物种类繁多，每一种作物的量都不多，但相互间的成熟期彼此衔接，不会出现空缺季节。因而仓储不如汉族农民多，但饥馑之事不易发生。

再看生产组织的变迁。第一次文化重构之前，当地的生产组织随苗历的季节更替而作周期性交换。热季按血缘宗族集中进行大季种植和采收；冷季则以姻亲集团为分野，做手工和狩猎。由于斯威顿耕作具有游动性，生产组织的活动区也按季节而变动。热季在山上，冷季下到平地。生产区除了按季节更换外，由于土地肥力因长期使用会下降，热季寨址也常有变动。在一个相对稳定的地域内，周期性地轮次立寨，地址虽有位移，寨名却不变，因为寨名是与宗族联在一块，该宗族迁新址，寨名也随之而迁。这种游动式生产，江进之《黔中杂诗》也曾提到："花苗所在营三窟，草檄谁人谕百蛮。"诗中"花苗"指操贵阳次方言的苗族。"百蛮"则指包括该支苗族在内，从事斯威顿耕作的各少数民族。生产区与寨址的游动性，对定居农业民族当然会感到怪异，进而还诱发出一些误解和贬责。清初方志云："白苗其服饰尚白，性憨而狡，转徙不恒，为人雇役垦佃，往往负租而逃。"① 说他们"转徙不恒"是实情，要转徙自然得随宗族而动，不能像定居民族那洋，死守耕地受雇垦佃，他们并不是有意逃避。至于负租，可能与应佃时双方论报偿的计算办法出入有关系。以此说他们性憨而狡，乃不实之贬斥。

第一次文化重构后，生产组织所受的冲击并不大，原因在于他们头上的小土司还存在，当时的地方政府也未把他们列入正式编户，因而未干预其内部组织，只向他们的宗族首领索取赋税。这些首领在本民族中被称为寨老，封建官吏则委为"粮头"，但生产的活动方式却发生了较大变动。出于种水稻以及水田在经济中地位的提高，原先的季节转徙，其必要性开始下降，村寨随之而稳定下来。原先的冷季营地逐步地演化为纯粹的节日聚会场所，热季营地早年多位于烧畲地附近，水田开辟后，寨址位置逐步下移到新开水田之上方的山坡上。杉坪寨早年的热季营地位于今杉坪寨北面陡坡上，此地只有旱地，野花甚多，苗语称"格棒"——花地。今杉坪寨脚的大片水田，早年称作"$\text{zoŋ}^{13}\text{mpa}^{43}\text{mhaŋ}^{43}$"——野猪林，是先辈的猎场。大约在清乾隆末开辟为水田。由于水田四周坡陡林密，水牛牵不进来，杉坪寨高祖辈时的寨老罗文魁带领族人修了山间石板路，才将耕牛牵进水田，以供役用。修路的纪事碑至今尚存②。据寨中人介绍，罗文魁是本宗族第一个会汉语识汉文的人，罗文魁是他的汉族塾师给取的汉名，不消说也是本宗族的第一个汉族式人名。有了牛耕，昔日的野猪林才得以完全开辟，从而打下了今天杉坪寨稳定寨址的基础。罗文魁主持修的这条小路，连接着杉坪寨人的"三岔沟"和"寨脚"两大片水田，是寨中人种水田的必经干道，一直被寨中人视为珍宝，沿用至1963年公路修通时才逐渐废弃。

寨址的稳定，水田的开辟，派生的一个现象是冬营地失去经济价值，同时离定居寨址远的烧畲地逐渐被抛荒，从而导致了耕地结构的变迁。限于资料，我们对这一变迁的细节及起止时间难于尽知其详，不过如下一些材料可以作出一些有益的提示。杉坪寨及其五个姻亲村寨的冷季营地上即上文提到过的批弓斗牛场，时至今日，这些村寨的苗族仍认为这片土地是他们的，而且上述各寨在这片土地上各有自己的专有地段。举行斗牛活动时，各寨的人要集合在属于各寨也就是本宗族的地段

① 康熙《贵州通志》苗蛮白苗条，贵州省图书馆藏油印本。
② 《贵阳志资料研究》第3期 P. 44－47，1988年9月，杨庭硕《龙村锁钥碑跋》。

上。这可以理解为古代冷季营地生活的遗制。目前这片斗牛场的四周布满了布依族的耕地和村寨，对此他们很不满意。他们说他们对这片斗牛场的领有权是官府判定的，并指着斗牛场正面山崖的石刻要我看。石刻内容果如他们所言，判决的官府是贵阳府和定番府——今惠水县，时间是明万历二十五年（1597）[1]。当时的苗族、布依族都处于土司管辖之下，按明代条例土司属下的诉讼官府可以不加受理，受理这一案子意味着事情超出了土司权责范围。将地权判归苗族也值得注意，明代土司属地不入户部，官府无底册，这次判决显然只能凭历史的连续领有为依据。因而这一石刻的存在，至少表明在明万历时，苗族一直占有并有效地使用自己的冷季营地。至于布依族的介入，则是自身人口发展以及大量汉族屯军、屯民涌入，挤占布依族坝区耕地的结果。此外，尚需补充一点，类似纠纷在黔中十分普遍。我们在惠水、龙里、贵定都见过类似碑刻。而且这种争议一直延续到今天。解放后的五六十年代，贵阳市民委就重新处理过批弓地权纠纷。有关各县也处理过类似争执。

据康熙《贵州通志》载，"（苗族）所食多麦稗杂野蔬。间有稻皆储以待正供，或享宾。"从食习可以窥见，此时的苗族尚未普遍种水稻，其生产状况，与批弓石刻时并无大变。康熙《贵州通志》成书于17世纪末，该书记载表明苗族最后放弃冷季营地的生产经营，应该是18世纪以后的事情。乾隆初年，贵州连年用兵。大量士兵的调入导致了官粮贮备不足。清廷为缓解这一困境，一度令苗民不按旧例纳银充赋。而要求上纳米粮。到乾隆十一年（1746），土司们要求恢复旧制。一些官吏为此代为上奏："贵阳所属白纳等土司额田向系征纳条银，今改征米后，挽运艰难。"[2] 运输艰难当然是事实，但挽运的人是苗民，不是土司。土司愿代苗民请命，恐怕真正目的在于当时其统治下米不多，完税后所剩不够食用，挽运艰难只是一个次要的原因。据此可知18世纪中期，苗族的水田仍十分有限。

杉坪寨至今尚存的有关土地产权碑文，刻于清咸丰年间。内容记述高坡一带迁入汉民所建华严寺，买得杉坪寨一批田产，其中明确分别了田和地两种，而以田的数量大。此碑虽不能推知当时杉坪寨水田和旱地的比例，但至少可以证明19世纪中叶，杉坪寨苗民已经拥有较多的水田。土地结构的变迁接近尾声应定在此时，即19世纪中期。

我们在杉坪调查期间，该寨的两位寨老罗泽青（原高坡乡党委书记）和罗新阶，带我们去看过他们抛荒的烧畲地。这些烧畲地散布在格棒和杉坪与其他村寨毗邻的山顶上，离今杉坪寨很远。这些烧畲地杂草灌木很少，地面看得出有修成梯地的残痕，这些情况与我们原先的估计不同。查询后才知道，他们先辈原先也想辟为固定旱地，不再轮流休闲，可是效果不佳，离寨又远，大家无兴趣种下去，才抛荒下来。寨中又有人说，古代苗族多，种的地自然也多，后来人被反动派杀了，地种

---

① 《贵阳志资料研究》P. 40 – 44，1983 年 9 月，张惠泉《批弓狗场万历摩崖石刻跋》。

② 《清实录·贵州资料辑要》P. 102，张正东等辑录，贵州人民出版社 1964 年 11 月．第 1 版。

不了那么多才荒废下来。对这种说法，罗新阶竭力反对，他说，谁家祖上被杀害，难道人们不清楚？前些年人人必须说阶级斗争，才有人想出这样的解释。其实我们祖上只种山地，不种水田；现在有了水田，山地自然要抛荒。哪里和人多人少有关系？要说人多，现在才是真正人多地少。他的话固然不错，但我们仔细分析后，发现问题比这还要复杂。早年的烧畬地开在山顶草地和山谷森林的交接地段，这里土不太薄，林木疏，易于砍伐。焚烧时火往山上窜不会伤林木。开水田后山谷林木变疏，土壤能沿坡下滑，导致烧畬地土层变薄。而不再轮流休闲，又加剧了肥力下降，终致无法再种了。目前这些地不长灌木野草，正好证明了这一点。从这一事实出发，我们看到了，由于两种类型生产技术不能兼容，发展取向各异，不适当的技术引进，反而出现了画虎不成的悲剧。

随着耕地结构的巨变，副业产品也发生很大的改变。据郭子章《黔记》记载，明代这里的土司贡赋有东苗茶和马匹。茶因苗族得名显然为苗民所生产。这种茶叶不是茶园所出，而是丛林中杂生的高树茶。它虽名列贡茶，但生产方法与其他贡茶无相似之处。水田开辟后丛林缩小，大季插秧又与采茶争季节，因此入清后，茶叶生产反而萎缩了。目前虽仍有少数人家种有高树茶，但只供自食，未进入市场。与此同时，该支苗族的各宗族，发展起各自的一些副业。杉坪寨自清中叶起，一直以伐木出卖，换回银两。杉坪的姻亲寨子中，甲定则靠伐青、红栗木烧炭换现金。腊利则靠水果、竹材换钱。卡上的云顶寨则靠竹编工艺。大红石门则靠马匹运输。总之，文化重构后，这里出现了宗族、家庭行业，并一直沿袭至1949年。

随着文化重构的完成，杉坪寨的物质生活也发生了巨变。衣、食、住、行都有了明显的差异，举其大略，可足见一斑。

从衣着上讲，衣制的变化很突出。据明嘉靖《贵州通志》载，他们的男女都穿贯首之衣，裙、裤短才过膝。男子科头，女人盘髻贯有长簪。清中叶以后，大量棉纱、棉衣输入，原先的贯首衣形制缩小，演化为今天衣外穿戴的装饰品——背牌。这从苗语中称背牌为"ə¹³"可以看出。该字在黔东南苗语中读为"ud"，意思正好是"上衣"。同时妇女的裙子变长了，但仅礼仪场合才穿，平时只穿长裤。男子的衣制，自乾隆皇帝接受权臣和坤的建议后，鼓励苗民改穿满装，梳长辫，于是他们中不少人改着长衫、留辫子[①]。我们在崖葬洞里已朽棺柩中，见过独发辫和马褂长袍残片。直到今天，他们中仍有人把长衫视为本民族服装，这当然是一种误会。衣料的改变也不小。明人记载说，他们穿蜡染的布料，可以织"土锦"。但未明言何种质料。我们调查中，注意到妇女的后围腰是麻织品，并用猪血浆过。其制法与黔东南苗族同，当是古代衣料之遗制。此外，当地不能植绵（湿度大），因此认定明代时的蜡染布是麻布。又受彝族影响，他们也用过毡作衣，如今鬼师的法衣尚用毡。清中叶后，棉布棉纱输入，布衣普及开去，同时丝绸也已传入。目前敲牛祭祖

---

① 《清实录·贵州资料辑要》P. 351。

过的尊者，以红绸制作的连衣裙式长袍为盛装。这种连衣裙式长袍，才是明以前的苗族古代衣制，而今已礼仪化。苗族古时以海肥（货币）、铜铃作饰品，此习至今尚存。所异者在于清中叶后，副业收入扩大，银两流入苗区，以银为饰品普及化，而今几乎家家有之。和其他苗族相同，他们生性不喜金饰，也不用玉石。看来他们并不是对汉人的东西不加选择地都接受。妇女精于刺绣，则古今一贯；自织自纺，也古今一贯，未受文化重构的严重冲击。

居住的变迁当然以废止游动居处为最突出了，但此外一些改变也不容忽视。寨址虽由热季营地演化而来，但为了就近经营水田，寨址已明显下移，到了水田上方的山坡脚。同时冷季营地则转换为节日集会场所。这种位移，由于旧址尚存，因而很容易证实。另一个变化是，他们早年的热季营地有的在山洞中，实行穴居。杉坪寨对面山上有"竹鸡洞"，离田坝相对高度达 70 余米。洞中有各种住家设施残存，一应俱全，还未被扰动过。目前这里成了青年男女谈情说爱的好去处。汉文献中未直接提到该支苗族有穴居古习，但对和他们西部相邻的麻山支苗族却有明确的报道，事见明田汝成《炎徼纪闻》"克孟牯羊苗"条。我们调查麻山支苗族时，注意到那里的穴居遗存与竹鸡洞相似。最能证明他们古代有穴居习俗的根据当推语言资料。当地苗族称"家"为"plæ^{13}"，这个词的另一个意思是"岩洞"和"房子"。古代过苗年要祭洞，现在还过"跳洞节"，关于这一点下文还要讲到。目前他们住在木架瓦房中，但墙壁封装不严，人多居楼上，楼下供炊事、圈畜、存放杂物之用。由于山林破坏，古代烧火塘的习惯正在消失之中，在杉坪寨仅少数人家仍烧火塘。

古代苗族的食习受斯威顿耕作的影响，季节变化很大，大致是成熟什么吃什么，有限的粮食产品，小米、燕麦、荞子、天星米、红稗等从不构成主食，而是贮以备食物衔接不上时充饥。由于辅以狩猎，加祭祀用牲，肉食并不缺乏。一些其他民族不采食的小动物，在斯威顿耕作文化中却是正常的收获物，也是正规的食品。饮食尚好中，他们十分看重野生植物和动物内脏。当地汉族俗谚说："饭不养人荞和麦，肉不养人骨和血，菜不养人笋和蕨。"苗族尚好正与此相反，血与内脏是祭把和敬老之佳品，野疏杂粮是每餐必备之物。烹调法是一餐之食物和锅而煮，以发酵的酸水和植物灰调味，并加有野生植物香料。文化重构后，最大的改观是食物的输入，关于此节汉文献记载甚多，不再赘述。其次是主食与副食分开，当然这很不彻底。我们在调查中都碰到主副食倒置的情况，有限的稻米饭或玉米饭算是主食，而佐食的豆羹——以菜豆或饭豆为主，却五倍于米饭，任你尽饱。再次是以杂粮仿汉族制米饭的办法，制作杂粮饭。大麦、荞子、玉米、红稗等尽皆如此，我们皆品尝过，外表如米饭，但其味迥别，而具特异芳香。最后是一些小动物不再食用了。不过和锅而煮的遗风尚存。汉族口谚"苗家不讲理，炖鸡下把米"即指此而言。逢到过节或祭祀，同样是大块吃肉，大碗饮酒，豪性不减古代先辈。血与内脏照样是佳品，我在杉坪吃够了鸡肝、鸡血和猪肠、猪肚，也豪饮过几次，深受大家礼遇，引为知己。

文化重构前，丛林密布，道路隐于草莽之中。苗族布料皆以动物蛋白质——血、皮胶、蛋清浆过，使之不透水，且防荆棘挂破，正是道路状况的间接物证。而今杉坪寨中人，仅妇女穿的后围腰尚如此做，这仅是遗留因子而已了。文化重构后，要往外运木料、木炭、竹编品和牛、猪等活畜，各寨开始铺石板小路。杉坪寨除上文提到过的小路外，还先后修高坡路、甲定、批林的石路。公路修通前，小路是唯一的交通主线。而今公路已遍通各寨，但马匹和人还得用这类小石路。

不难看出，文化重构后，与物质关系越密切的生活方式内容变得越快；反之，变化不显著。故社会生活与精神生活，在第一次文化重构后，几乎无太大的变化，而是到了本世纪中叶以后，才受到较大的冲击，因此在第二次文化重构时，再详加讨论。

第四节　从近代到现代

在苗族生活方式变迁中，社会生活方式变迁的速度较慢，精神生活的变迁则更慢，杉坪寨这两个方面的变迁直到本世纪初年才逐步明显，到了新中国成立后才加快了这一进程，然而时至今日，古代生活在这两方面仍有不少被完整地保持着。

辛亥革命的爆发对该支苗族带来了一次前所未有的冲击。从民国3年起，贵州的地方军阀政府开始着手划拨"飞地"，统一行政建置的工作。残存的下级土司不再是世袭的代理统治执行人了，他们虽有不少转化为地方基层官吏，但是对苗民一手遮天的权势毕竟不复存在了。从法律上讲，苗族人民直接参与国内政治生活不再有障碍了。但是由于千百年来传统的惯性延续，苗族人民开始时尚未意识到这一变革，因而本世纪初，社会政治生活方式的变迁进度很慢。到新中国成立前夕，带实质性的变迁尚不明显。当时的苗族社会生活仍基本上沿袭着古代的传统。

传统的苗族社会以血缘为纽带，以男性血缘为基准构建起来。杉坪寨一直是同一男性始祖的一统天下，寨内细分为长寨、坪寨、杉木寨，它们同样以一位男性祖公为根本，由他繁衍的子孙结为一寨。从血缘关系而言，村寨就是一个个宗族集团；就社会关系而言，寨中人不是兄弟，就是叔伯子侄，因而在寨内的权责是均等的；从生活空间而言，村寨（也是本宗族）拥有的山水、林木、草坡，都是寨子的内地，人人拥有使用权。在这样的社会组织中，无血缘关系的成员，不可能在村寨中定居下来，除非因婚姻或收养加入了该宗族。血缘的承认靠的是父子连名谱。苗族儿童出生后，由长辈以一件自然物或工具名，给他命名。取得这个生命的符码后，他就理所当然地成了本宗族的成员。因为当地称呼的惯例是先称本名，后连称其父本名，而他父亲也是如此。因此人名一确定，他在父子连名谱中的辈分也随之确定下来。这样的父子连名谱各家皆有，一道出这个谱系，就立刻知道你是哪寨、哪个宗族中人。这就是每个苗族成员都必须学会记诵本宗族谱系的原因。离开了谱系，他的社会地位也就失去了保证。个人因故离开本寨，不管外出多久，只要能记诵父子连名谱，一旦要回本寨，随时都被获准。

由于这里执行的是男性承袭制，女性出生时也命名，一旦出嫁只能按其丈夫的宗族去称呼。比如在宗教仪式上，是以其夫名代替本名，去接受子孙的祭祀，就是这一惯例的反映。若未婚而亡，则本名可以留在本宗族，但不连称父名，而是在本名前加上"果"去称呼。这里执行幼子继承制，男性成家后，必须离开父母。另外建屋居住，并以此成为一个独立"房"的代表，实际上是一个家庭的代表，参加本宗族的社会活动。幼子成家则与母同住，直到养老送终，但是在参与社会活动时，与父亲一样，都各是一个"房"。血缘关系最近，共有一位六代内祖宗的各"房"，组成一个"家系"。注意，这是笔者借用的提法。苗语中不这样说，而是称共有祖名，加上"房"去指称。一个自然村也就是一个最基本的宗族，由六个"家系"组合而成。像杉坪那样的正规村寨，都由二或三个基本宗族结成。最能反映村寨内结构的物证是该寨先祖罗文魁于清嘉庆十六年主持建立的《龙村锁钥碑》。

建立该碑的目的，是要求本宗族的所有成员共同保护和祭祀先辈的陵墓——崖葬洞。当地苗族实行崖葬，一个宗族先辈祖宗的棺枢都集中放置在一个天然崖洞中。由于杉木寨是从坪寨分出的新宗族，两寨共同的祖先都葬在一个共同的崖葬洞中，因而此次立碑由两寨合议后共同完成。碑文中列有所有参加者的名单。该名单所列人名全为苗语父子连名的本名，并用汉字音译刻出。整个名单分坪寨和杉木寨两个宗族刻写。每一个基本宗族都包括六个"家系"，每个"家系"所包括的家庭则多少不等。不言而喻，碑中的人名都是各家庭的男性家长。现将碑文中的人名抄摘如下：

……告曰：从今以后，不许再伐再卖（祖陵树木），如有不遵者，众问皂祭，封山通知，谨告
　　　坪　寨
荣郎、□有、往□、孟管、捧管、浪脱、手立、六捧、手捧、浪达、宋辇
乎脸、八也、孟也、立也
明贵、大发、母榜、平剪、手剪、乎剪
孟远、初臭、种□、宋害、宋连、报惹、乎奉、也宋、文宋、共千
乎勾、合谷、扛卜、过、勾贺、脸败、文宋、汪入、母早、包谷
供良、文宋、穹良、母哈
　　　杉　木　寨
宋勾、郎辇、昂管
冒报、穹乎、哈完
宋鲜、□富、勾乎、穹剪、乎要、穹往
辇穹、种要、穹母

管孟、报愿、要愿、达母

豆辇、歪豆、母往

众名通计六十七房，齐全协力，合行建记

  信士罗文魁助笔

嘉庆拾陆年岁次　八月上浣日二寨同顿恭立

"戒禁"碑中每一行为一个"家系"，每寨各有六个"家系"。每个基本宗系包括六个"家系"并非偶然，这是苗族认知框架的结果。关于认知框架我们在第二节中已经讨论过，这里仅作进一步的说明。在实际的社会生活中，苗族认知框架的各组成部分并非孤立地存在，而是根据需要达成有机的结合去付诸实施。从认知的等次去看，苗族认为一切事物都是对称的，因而"二"是最核心的数字，新生事物一旦产生但尚未取得独立资格时，就只能和原有的母体同等看待，因而待分而未分成的状态一定是"三"。杉坪寨由三个宗族构成就属于这种状态。如果是一个复合结构，它的最小单位数必定是二和三的积，即六个。每个基本宗族一定包括六个"家系"正由此而来。整个苗族社会就由二、三、六这三个数字各级叠加而成。从空间设置来看，这三个基本宗族也各占一定的空间。长寨和坪寨是这里核心的基本宗族，这两个寨子平行地排列在一座山的半坡，长寨在东，坪寨在西。杉木寨是从坪寨分出的新寨，因而它不能和上述两寨并列，而是建在坪寨对面一座山下。在基本宗族内部的各个"家系"也占据自己特有的空间。长寨和坪寨各自包括的六个"家系"都各按等高线排成一列，也就是说，每寨都有六列房舍。当然由于各个"家系"的人丁多少不齐。因而这六列房舍也长短不齐，有的甚至合并。这种空间排列方式一直延续列新中国成立前夕。直到近年来，各个家庭由于贫富差距扩大，富有的人家开始自择地势另建大型房舍，这个古老的传统才开始有所突破。从时间设置来看，凡具有独立资格的村寨，比如杉坪寨的坪寨和长寨，在时间的周期轮回中都必然占有自己的特定位置，具体地说，长寨与兔年兔月兔日相应，而坪寨则与鸡年月鸡日相应。这种相应并不是抽象的认可，而是可以落到实处的社会活动规范。当地苗族一年中节日很多，凡是逢兔月过的节日，在杉坪寨所属姻亲集团中，一定得以长寨为主，坪寨为辅，先过这个节日。不言而喻，过节的正日子一定得在兔场天。逢鸡月过的节日则相反，由坪寨为主，时间计算的办法一样。苗族中有些重大的祭典和庆典是每十二年一次，比如敲牛祭祖、办"冷丧"就是如此。这样的庆典若长寨举行，肯定要选择兔年，坪寨则选在鸡年。

在杉坪寨这一宗族集团中，所有的个人在社会地位上都是平等的，若想得到大家的尊重和爱戴就得凭借自己的努力、德行及智慧去争取。争取的办法有二，一是为本村做公益事业，二是代表本宗族在本苗族支系中争得荣誉。办公益事业的办法很多，上文提到的罗文魁为本寨子修了路。建立了《龙村锁钥碑》，保护祖先的陵寝，就是这样的例子。但最通用的办法则是，积累资金购买祭祀用的公牛，举办敲牛祭祖典礼，祭后的牛肉则由本宗族成员分食。经过这一仪式后，这个人的姓名就可以加上"东宏"这个称号，从此以后，他就可以穿着红绸制作的礼服，而且不管在任何场合出现，都受到大家的尊重，他所说的话也就具有权威性。更重要的是，在其死后这个尊号将被列入祖先的死亡名单，可以万古流芳，子孙每逢祭祀时都知道他举行过敲牛仪式，以此代代相传。至于代表本宗族争得荣誉的办法也很多，有的是凭能说会道，在姻亲集团中排难解纷，为本宗族争得荣誉，有的是领导本宗族反抗土司取得了胜利，有的是为本宗族找到了活动空间，领导和组织了寨子的搬迁，等等。本章提到的几次起义，其领袖人物至今仍被各宗族代代相传。

在杉坪寨，有一技之长的能手，也受到社会的尊重。主持宗教仪式的鬼师，本宗族的一切宗教活动都得请他们来主持。年节期间，还充当社会教师，教本宗族的子弟学习宗教仪式。背诵祖宗的死亡名谱。在宗教仪式中，鬼师除了受到盛情款待，还可以分到祭品的最好部分。在当社会教师时，本宗族的子孙要备办酒肉、糯米粑作礼品送给他们。博闻强识、能演唱大量歌谣的歌师也受到大家的尊重，在一切节日庆典活动中，他们将被邀请去演唱，同样受到礼遇并得到实物报酬。此外，芦笙手、各种工匠也受到大家的尊重。不过，在苗族社会中，职业分工并不完全，上述各种人都是业余的，他们的本业仍然是当农民。我们在坪寨结识了有名的歌师罗朝美，他能诵唱上百首各种歌谣。祭祀的"敲牛歌"，讲述苗族历史的"更古歌"，抒情的"围歌"，他都会。可是，他仍是一位农民，他得自己种地。遗憾的是他种地的本领没有唱歌的本领强，家道比较贫寒。因而，他每天渴望过节，一到过节，他的生活就好过了。

与杉坪寨平列的五个姻亲村寨果里、甲定、洞口、腊利、冗刍，它们的内部结构与杉坪寨完全相同，它们都包含二至三个基本宗族，而且只有其中的两个是基本的宗族。核心的基本宗族在空间上必须并列排布。在时间设置的框架上，这些村寨也有自己的特定位置。比如，甲定占据蛇和猪，不管过任何节日，该寨都必须在蛇场天和猪场天举行。如果是蛇月过的节日，比如该姻亲集团过的射背牌节日，自然得由甲定寨作主，节日的主要活动地点也得在甲定寨。其他如果里占据狗和龙两个月份和日子，腊利寨占据牛和羊，洞口寨占据鼠和马，冗刍占据虎相猴，六个村寨刚好占满十二生肖的全部属相。不难看出，这种结构的姻亲集团是宗族的扩大。不同的是，宗族集团是外婚的，而姻亲集团是则是一个内婚的社会组合。通过上文的讨论可见，不管是宗族集团，还是姻亲集团，都是苗族认知方式的实体化。

进入 20 世纪以后，杉坪寨的苗族开始直接参与了国内的政治活动。不少人通过自己的努力在外界赢得了声誉，他们本人觉得自己很荣耀，但回到本宗族后，他们的这种荣耀就会和传统发生冲突。本宗族的成员一方面感到他们在外界出了名很自豪，另一方面又苦于在本宗族中无法显示他们地位的变化，于是这些当事人往往必须力争去扮演双重角色，除了在外界争取荣誉外，还得在本宗族中按照传统再争取一次荣誉。长寨的罗国清，在抗战期间进了"青岩方言讲习所"，毕业后被国民政府委任为保长，他还当过民族学家鲍克兰、罗宗荣的向导和翻译，名见于解放前的民族学专著中，来访者甚多。本宗族的人感到非常荣耀，但是却没有让他当寨老，祭祀活动中不让他穿红袍，因为他没有敲过牛。面对这一现实，他最后只好让步，先后买了两头牛，两次进行祭祖。这下矛盾解决了，他既当上了"东宏"，又当上了寨老。他的家庭，由于有了内外两重荣誉，家道很兴隆，土改时就自然成了杉坪寨唯一的地主。坪寨的罗国富，新中国成立前读到中学，新中国成立后被保送到贵州农校学习畜医，并在国家机关任职。60年代困难时期放弃公职回到家里，替乡邻们当畜医，做了很多好事，群众都爱戴他。但是在当地的苗族社会中，他仍然是一个工匠，人们称他为"牲畜的医药匠"（这是苗语的直接意译）。80年代初，我们见到他。当时政策还不开放，不允许敲牛祭祖，因而他很遗憾，无法当上"东宏"。又由于他出身富农，学历很高，村干部的职位与他无缘，他感到很委屈。长寨的罗泽清，是土改积极分子，后来入了党，还当上了高坡的党委书记，杉坪寨的人都认为有了靠山。但是在70年代以前，他得按当时的政策办事。他带头焚烧本宗族的祖鼓，严禁敲牛祭祖，甚至不准吹芦笙、唱歌跳舞，还将杉坪中学的藏书烧掉。80年代他年老退休，开始感到心灵空虚，在传统势力熏陶下，他又带头敲牛祭祖，当上了"文革"后第一个"东宏"。90年代我们见到他时，他已经当上了寨老，他非常满意，因为这个职位不需要退休的。在这次调查中，我们接触了很多像罗泽清那样的人，他们都扮演双重角色，在外是大队干部，在内是鬼师、歌师或寨老。一位小学校长，曾经当过兵立过功，1992年他举行了敲牛仪式。当上了"东宏"，我们到他家的第一件事，不是向我们介绍他的立功受奖，而是把他的敲牛祭祖的彩色照片拿来给我们欣赏。当时，他那喜形于色的表情令我们至今难忘。到乡政府时我们才知道他曾经是驰骋疆场的功臣。在我们的观念中，很难将两者结合在一起，但他本人似乎没有觉察到这一点。目前，高坡外出就业的人很多，据粗略估计，整个杉坪寨有五分之一的人在外就业，当工人、教师、科技人员的都有。此外，还有100多位学龄儿童在校就读。这样的人如果要在外取得成就，就不愿意回到本寨，一旦回到本寨，在外面学到的东西就很难派上用场，而且在外界取得的荣誉在本寨无法得到理解。这就是杉坪寨中学生、大学生为数不少，但杉坪中学师资缺乏的原因。时至今日，杉坪中学的师资队伍仍然像走马灯一样三年两头换。

随着改革开放的深入，外界几乎是全方位地对这里施加影响，现代的新事物天天在往传统的苗族社会中灌输。从表象上看，乡、村等各级行政组织，与汉族地区没有区别了，职业分化也越来越明显了，科学技术已经在群众中推广了，与外族通婚、组建家庭的人也日益多了起来。然而这些新事物与杉坪寨中学的师资一样无不具有双重性。传统与现代在作平行运动，碰不在一起，新事物似乎没有在传统中找到自己的着生点，它们必须靠外力支撑，才得以浮在苗族传统社会之上。事情很清楚，不管我们叫大队，还是叫行政村，它们都是变化着的外壳，核心则是稳定的宗族集团。这里的乡村干部，包括苗族出身的干部，心里一清二楚，他们是在替政府办事。政府的政策会被群众遵循到何种程度，他们心中并无数。上级逼紧了，除了强制命令去蛮干外，别无良策。1995 年春，上级要求拉绳插秧。于是他们只能一村派一个干部。去监督执行，种得不合要求，硬逼着扯了重插。他们心中都明白，一个干部实际不能同时盯死每一家人的插秧。结果公路边，村寨前，显眼的地方，蛮干过来了。边远的地方则只好心照不宣。明年若同样要求，就照样来一次，若不要求，大家也就一了百了了。不仅生产，普法教育、搞乡镇企业、扫盲、计划生育，都同样如此。只要上级不再催促，自然会弹回传统中去，按惯性运行。

杉坪寨的乡镇企业办了不少，也垮了不少。电站、大理石厂、造纸厂都办过。乡政府还引进资金办了硅铁合金厂。办企业的本意除了增加经济收入外，是想给苗族群众提供非农业的就业机会，让他们过现代化生活。企业一垮，一切希望都落了空。目前杉坪寨的职业分化还在继续。由于本村不能提供非农业就业机会，职业分化同样是外力支撑的结果。前面提到杉坪寨有五分之一的人在外就业，显然是外力支撑的结果。比如，贵阳钢铁厂招收了一批季节工，近两年来，贵阳钢铁厂经济不景气，这些季节工不少人又回到了本村，他们省吃俭用也积累了一点钱，回家后，有的买了房舍，有的买了电气设备，生活自然比没有出去的人好一些，但是他们并不满足，因为寨上人并不因此给予他们分外尊重，于是不少人又想敲牛祭祖。

有些人被工厂解雇后无脸回家，只好什么事都干，从搞小生意、捡垃圾直到盗卖物资，甚至违法乱纪。这些人心理空虚，目标只在于挣点钱好回家。他们也知道，大城市并非他们的久留之地，加上失去本民族的社会规约，一般人不敢干的事他们都敢干。我认识一位青年，他推销过冒牌香烟、名酒，搞过汽车轮胎走私，用假证明买过矿产。他一再叮嘱我千万不要到他的寨上讲他的行为，生怕在他的寨上永远抬不起头。从他的事例中，我们看到一个令人深思的问题，社会约束力对社会的安定非常重要，以破坏传统的约束力为代价去搞现代化是件危险的事情。

就在杉坪寨青年涌向城市的同时，外地人也涌到高坡，渗透到杉坪，行政干部、科技人员、教师、新闻记者都有。这些人向苗族人民带来科学技术，让他们开阔眼界，致使他们对外界发生了兴趣，希望自己尽快富裕起来。但是具体该怎么办，他们和外来人一样，至今没有找到良方。长寨的一位老农民，知道国家的宗教政策可以信教自由，于是想通过宗教资助，提高自己的地位。一个偶然的机会，他认识了一个天主教神父，他表示愿意将上帝的福音传到苗族人民中去。这位神父被他的诚挚打动（苗族人民自古以来都是诚挚的），接受他入了天主教，并免费带他参观了贵阳城，还让他接受了一个月的教会训练。回乡后，他在杉坪寨引起一场不大不小的波浪。杉坪的人们感到不可思议，一个农村党员就说："我当了几十年的共产党员，共产党还没有让我去贵阳玩一趟，他一入教，就能到贵阳玩一个月，真是想不通。"其实苗族群众由于传统，不可能加入天主教。但是，他们想不通，这些宗教为什么要这么做。类似的事情都会使杉坪寨的人感到困惑，而不知所措。正因为对外界缺乏心理准备，因此对外界事物缺乏鉴别能力，对好的不敢于果断接受，对坏的缺乏排抗能力。

近年来，随着杉坪地区被卷入市场经济，小商小贩各种人物进入高坡，他们认为苗族人老实好骗，使他们上当。苗族人民多次吃亏后，开始对外来人抱有怀疑态度，甚至结成帮伙，共同对付外来人。有的甚至采取不法手段，比如偷盗，结伙殴打外来人。他们不知道他们的做法反而加剧了双方的矛盾，这种矛盾往往为不轨之徒提供了可乘之机。目前，高坡地区是贵阳地区社会秩序最差的地方，偷盗、凶杀等事件经常发生。一些老年苗族人哀叹说，他们几辈子没有锁过门，大牛大马放在山上没人要，想不到现在多有几个钱，反而要提心吊胆的过日子。我曾经把这样的问题请教过寨老，他说："我们只管得到内部，外面来的不听我们的招呼。我们的人要做坏事，绝不在本寨做，但他们在外面做坏事，我们又不知道。在我们苗族区，坏事都是外地的人干的，我们又管不到，而今照我们的办法只有一条路可走，那就是各寨寨老合议，订立盟约（榔议），大家携手。也许能刹住这种歪风。在古代，这种办法很可行，我们反上司就很成功。不过现在是人民政府，我们还得听他们的话；他们不发话，我们就干起来，他们还误以为我们反对他们，把我们当反革命看。"

目前，这里的苗族人民最感兴趣的是科学技术，他们很欢迎化肥、杂交水稻。但是，他们有自己的保留意见，他们认为化肥价格太高，用起来不经济，如果政府优惠供应，他们乐于使用，但要他们自己出钱就有顾虑了。他们认为杂交水稻能增产，乐意种，但是杂交水稻米质差，不好吃，因而每家只种一部分，另一部分仍然种他们的小红粘和大麻粘。但是，他们的做法引起了一场风波。由于小红粘和大麻粘米质好，粮管部门在收公余粮时，一些粮管人员为了个人私利，拒绝收杂交水稻，规定必须用小红粘充作公粮。这种想法和苗族人民相冲突，因为苗族人民种杂交水稻本来是为了上交公粮，这样一来激起了苗族人民愤恨，差一点酿成了苗族人民集体上告事件，后经乡政府出面调停，并处罚粮管部门的有关人员，事情才平息下来。这种事件影响很坏，使苗族人民对政府持怀疑态度。一位苗族农民说："我们本来很相信政府，政府叫做什么，我们本来心里面不乐意，也会照着做，出了这件事后，我们不想再照着做了。我们世世代代在山沟里长大，外面的事好坏都不知道，政府也好，企业也好，学校也好，来我们这儿告诉新东西，如果不取得我们的信任，我们怎么照办呢？这一次受了骗，谁也不希望搞第二回。"

他的话引起了我们的深思。诚然，这些年来我们对苗族人民灌输的太多，可是没有章法，没有把各部门的人力、物力协调起来，没有从稳扎稳打地争取他们的信任着手，以致一个部门出了矛盾就贻误大局，致使他们向现代生活变迁往往摇摆不定。若进一步思考，我们还会发现带实质性的问题，发展中民族若搞现代化，大多数是一个被动的过程，他们还来不及了解现代化是什么东西，就已经开始了现代化过程。这样一来，既缺乏对外来事物的鉴别能力，更缺乏外界事物是否适应于本民族具体情况的判断能力。在这种情况下，实现现代化、发挥主观能动性就可能成为一句空话。杉坪寨发生的事物看来具有普遍性，其他民族都可能碰到这种情况，发展中民族看来难逃这一关。我们认为，要使他们取得主动，关键在于他们的认知模式必须与现代科学技术相接轨。只有这样，他们才能对外界事物作出准确的判断，也才能正确认识自己。有了正确的判断，才能谈得上因地制宜，才能谈得上发挥主观能动性。

随着社会生活方式的变迁，精神生活也发生了变化。杉坪离贵阳不远，电视、电影等现代精神生活也传到了这里，江泽民主席访问这里，赠送了他们一座电视差转台，现代传播媒介带进的信息可以无阻了。可是，经我们观察，发现他们在接受外来事物时，并非依样照搬，而是将外来事物置入自己的精神框架，便于与传统协同动作。类似的例子太多，我们这里仅以该地区的节日及信仰略加说明。

苗族的传统节日是按苗历来规定的，热季按宗族活动，各种节日的宗教活动都围绕祭祖这一主题展开，祭谷神、斗牛、敲牛祭祖无不如此。冷季则按姻亲集团活动，节日的主题自然转向婚姻和恋爱，跳洞、射背牌、坐花园都是如此。与外界接触多了，公历和农历传到了杉坪，汉族人民过春节对他们产生了影响。目前，他们不再过苗年了。这里说明一下，传统的苗年是在冷季的第一个月即鼠月过的，节日内容是由寨老主持祭洞，要杀猪，全寨分食，还要在洞中吹芦笙、跳舞，但不邀请姻亲宗族参加。以后冷季的每一个月逢到兔日和鸡日，都要举行跳洞，内容是邀请姻亲集团的男女青年来唱歌跳舞，给青年提供谈情说爱的机会。由于这样的活动要由杉坪寨作东，耗费很大，因而只能按财物的多少择日举行。另一个节日是坐花园，内容是本寨的女青年在寨外搭起一个围栏，燃起一堆火，女青年集中在内作针线活，等着姻亲男青年来拜访，一起谈情对歌。那时男青年可以外出打猎，所得的猎物可以与心爱的姑娘一起享受。不过苗年后，上述三个苗族冷季节日合并在一起，统一在每年正月一起过。目前，祭洞在除夕举行，坐花园在初一至十五过。这时苗族妇女都坐花园或回娘家，家务事又都由男人承担，真像一个特殊的妇女节。跳洞则从初三开始，一直持续到初八，但顺序不变，仍然按各寨的生肖排列，按冗兮、杉坪、果里、甲定、洞口、腊利的顺序举行。从这个例子我们可以看出，他们的节日仍按传统举行，不过加上了农历的躯壳而已。外来因素不足以破坏一个民族的文化整体，这就是一个例子。

当地苗族信仰自然宗教，特别崇拜祖先，人死后都要回到祖先那儿去享福，已故祖先灵魂所去的地方不在天上也不在地下，而是在茂密的原始森林以外的远处。他们认为，活着的祖先不能远去，活着的祖先可以随时来，因而他们祭祀祖先时，就像招待长辈吃饭一样。随着自然科学的普及和眼界的开阔，他们知道森林之外是城市、工厂，更远的地方是大海、大洋，祖先的去处在哪儿，他们开始困惑了。于是在祭祖仪式中，也发生了微妙的变化，不再由鬼师呼喊祖宗的死亡名谱，然后打卦，证实祖先来了没有，而是带上酒肉由鬼师直接到宗族的崖葬洞去亲自请祖宗，当然，死亡名录还是要念的，竹卦还是要打的。一位鬼师向我解释说，祖宗在的地方太远，根本无法知道有多远，但是他们来我们寨，总得有个集合的地方，这个崖葬洞是子孙送他们来的地方，这里离寨子近，他们总得在此集合，在此请他们，他们方便，我们也方便。从科学的角度看，他的这番话似乎有点愚昧，但却导出了一个真谛，宗教具有无限的兼容性，无论新生事物怎么出现，它只需略加调适就能把新生的东西包容进去。那种以为科学发达后宗教会消失得无影无踪的看法，似乎是不现实的。

综观杉坪寨的两次文化重构，我们认为，这是一个被动接受的典型。类似的生活方式变迁，具有下述四个特点：

1. 物质生活方式的变迁快于精神生活方式的变迁。

2. 生活方式的变迁，并不是新旧因素简单替代，而是一个消化吸收、调适的漫长过程。

3. 外来因素对一个民族来说，并不能全套照搬，必须针对自己的情况加以选择吸收，杉坪寨苗族在不利于种植水稻的情况下，被迫依赖水稻为生，应当是一个教训。

4. 要变被动为主动，关键是要实行科学技术与传统文化的接轨，特别是与认知模式的接轨。关于这一点，亡羊补牢还来得及。我们的政策应该从这里开始。

第五节　杉坪生活方式

不管苗族的支系多么复杂，也不管几个世纪以来苗族内部的发展多么不平衡，就生活方式变迁的实质而言，杉坪寨的经历都说得上是苗族社会的一个缩影。认识了杉坪寨，苗族社会的情况，甚至与苗族相类似的其他少数民族社会，都可以了解到一个基本轮廓。一旦认识到这一步，杉坪寨的现状确实很难说得上令人满意。这里仍是贫困区，仍是重点扶贫对象。内地人眼中，这样的地方太落后了。更大的困惑是对待类似的地方，我们尚苦无良策。单凭杉坪这一个案的分析，要想一下子找出灵丹妙药，自然很不实际，一切盲目作出的结论都有害无益。然而证明一下如下几个问题，仍有必要，这样做至少可以深化我们对生活方式变迁的认识，可以帮助关心少数民族地区生活的人们看清问题的实质。

从变迁的内容看，杉坪寨两次生活方式的变革，并无差异，都是取准于汉文化，引进汉文化，力图达到汉族已有的发展水平；由于汉文化自身也在发展，不同时代治理苗族地区的目的、要求、愿望都不相同，因此，不同时代向苗族输进的生活方式内容也各有侧重，各有特色。但是苗族被动接受则并无差异。现在我们希望通过我们的努力，去引进、推荐、促成他们生活方式的变迁，使他们实现现代化，用心良苦，愿望可嘉。当我们在做这一切时，有一个根本性的观念必须清醒地看到，汉族的现代化至今还是一个探索中的课题，谁也不能说对此已经稳操胜券。那么我们把这些尚未定准的办法，移到传统很不同的苗族社会时，操胜券的可能性只会变小，不会变大。既然如此，若有人提别样的办法时，理当认真对待，绝不可一刀切，按一种模式在少数民族中全面推广，这也许会更稳妥一些。

苗族生活方式的变迁，从表面上看错综复杂，变化很大，但就实质而言，都是文化重构的表现形式，任何生活方式的变迁，都不仅是简单的新旧更替，而是文化系统内一连串调适后，达成平衡的结果。生活方式中，新旧代替的最终完成，不一定标志着新的事物一定有效，一定先进（当然这只能针对苗族而言），但是却肯定标志着苗族的文化调适取得了进展，具备了接受和消化该事物的能力，或者说该事物在苗族文化传统中找到了自己的着生点。杉坪寨两次文化重构的出现，虽然导因于外界的冲击，但是却不取决于外界，而取决于苗族文化自身的调适与发展、消化和吸收。明白了这一点后，我们在看待苗族的发展与进步时，绝不应该把立足点放到外界的好恶取向上，而应该放到苗族文化的立场上。我们绝不能因为这里出现了前所未有的东西，就以为是进步，是先进战胜落后。这些新东西对苗族是否真正有价值，得由日后苗族人民自身的感受判断去加以认定，而不是外界的人越俎代庖，替他们作判断。随时注意苗族在自己的生活方式变迁中的主观能动性，并调动这种能动性，生活方式的变迁才会有价值，经得起时间的考验。

杉坪寨第一次文化重构已到了尾声，稻田已经在这里生了根，与之相应的文化调适也取得了成效，与水田耕作相应的生活方式已经稳定地建立起来了。至于第二次文化重构，目前尚在进行之中，要作任何形式的结论，都显得为时过早。因而谈生活方式变迁的结果，只能够就第一次文化重构来分析。杉坪寨接受稻田农业当然很不彻底，然而这不是苗族人民的责任，因为问题出在外界输进的全套农业技术不足以将苗族的生存空间改造得像长江中下游平原那样，适合于这种稻田的经营。这场生活方式的变迁，单就稻田农业的引进而言，无疑是一次重大的成功，但是引进后的运行过程暴露出人力克服不了的弊病。耕地不能扩大，土质与气候导致了生产成本的提高，同样的投入得不到同样的报偿，同时原先可以利用的动植物资源反而不行了，整个生存空间的利用率总体上下降了。因此，从他们接受稻田农业的那一天起，虽然他们将会与汉族在生产上趋于相同，但是却注定了他们将长期比汉族贫困。而且，这是任何政策优惠缓解不了的问题，因为超出了政策的作用力范围，是个文化生境的针对性结构调适与进化问题。在最不适宜作稻田农业的环境下，把生活支柱放到稻田收成上，将是今后相当长时期内困扰他们的严峻问题。

说到生活方式变迁的任务，情况就复杂而不确定了。因为这不是一个单方面的问题，也不是一个恒定的问题。清政府诱导并促进杉坪等苗寨传统农业化，尽管旗号上写着沐濡华风，一体同仁，但是骨子里却是基于多一个农民，多一分赋役，少一个转徙不恒的农民，少一层治理上的繁难，这是十足的政治利己动机。民国时期执掌贵州大权的杨森则更露骨，他要搞所谓两论——进化论和大同论。他认为汉族文化绝对先进，要少数民族易服、易声、易俗，变得和汉人完全一样。办不办得到是一回事，他的主导思想能不能被清除又是一回事。今天谁都知道，各民族必须平等，重弹杨森旧调的人，当然不会再有。然而如下两种提法同样有害，一是认为趋同就是进步，二是以为引进了现代先进技术就是发展，因为它们主导思想一脉相承。这样的提法，显然不能作为讨论生活方式变迁的任务的依据。

我们必须牢记一条铁的事实，地球提供给人类的环境千姿百态，只用同一文化去加以开发利用，必然得降低自然资源总体利用水平。文化的多元化既是事实，也是全人类的无形财富，以趋同为生活方式变迁的任务，则只会破坏文化的多元性，诱发为资源之争。不同的时代有不同的科学与技术，有不同的先进内涵。科学技术引进得有一个消化吸收的过程，得花费时间，以破坏传统去给引进铺路，不问经济效益去求引进的成活，都不是明智的作法。破坏传统，意味着破坏了安定平稳的消化吸收背景；失去了效率，意味着失去了所引进技术的持续动作能力，也失去了吸收消化的必需时间。因此生活方式变迁的任务不是挤掉传统，更不是挤掉得越多越快就是越好。而是要促成传统与现代生活需要的结合，在传统的自然延续中融进现代生活之内容。其间冲突当然不可避免，但解决冲突的办法绝不是你死我活而是各得其宜，相得益彰。

最后谈一下生活方式变迁的目标。生活方式变迁的目标在于求得传统文化与现代科技的接轨，使现代科学技术能为我所用，能将实现接轨后自己掌握到的现代科技，用来研究自己所面临的问题，探索适合自己发展的有效方法。一句话，得让主观能动性发挥潜力。遗憾的是意识到这一点的人不多，把认识到这一点视为生活方式变迁中进步标志的人更不多。我先后十余次上杉坪，每一次都有新的变迁，电源线拉上了，电视差转台也建起了，杂交稻种上了，乡干部可以派汽车送我了。我却不感到意外，我们这样一个大国，要扶持一个小小的高坡乡，领导人大笔一挥什么都可能有，问题是有了以后又将如何。一个乡干部对我说："我们无权怪国家，国家对我们的政策够倾斜了，给的扶持够多了，无奈别人给的肥膘不着肉，工厂办一个跨一个，电源线才拉上就被偷，办起中学尽是山下的差生来挤占名额，苗族学生反而不多。如果我们不找到自己能发展生产的路子，你给的再多，也用不起来，维修不起，结果只能永远做伸手派。"这番话说明他们毕竟意识到别人包不下自己的现代化了，懂得主观能动性的价值了。在我看来，一个多世纪的生活方式的变迁，能使他们认识到这一点，才算得真正的进步，能持续生效的变革。

要实现传统文化与现代科技的接轨，核心问题自然得回到各民族的认知模式上去。成功的关键在于，要每一个民族懂得自己的认知模式装得下全部现代科学技术。对这个问题说清楚道理不难，难在认识到之后得坚持不懈地一点一滴地做下去，积累下去。一个世纪以前西方各民族不乏人断言，东方人的传统文化、生活方式，接受不了先进的西方科学。而今，东方各民族开始成为西方的竞争对手了。以此例之，苗族人民面对现代化要做的事断无接不了轨的道理。眼下的事情倒是我们如何让他们认识到这一点，并付诸行动。

要现实这一目标，我们有众多的有利条件可资利用。首先，我们有优越的社会主义制度，为每一个民族的发展在政治上铺平了道路，民族压迫、民族歧视、民族隔阂所造成的干扰已经降到了最低限度；其次，经过 40 多年的努力，我们已经培养了一批苗族的知识分子。这些知识分子尽管是按照汉文化的模式培养出来的，但是他们毕竟出生在苗族社会之中，他们对苗族认知模式仍然有较深的了解，只要他们在思想上认识到这样做的必要性，他们自然会成为完成苗族认知模式与现代自然科学接轨的先驱和生力军。有了这些有利条件，再加上行政部门的有力配合，原则上要完成接轨工作完全可以办到。目前真正的困难在于无论是汉族的科技人员还是苗族出身的科技人员，由于受现成教育模式的影响，总是把汉文化的作用绝对化，自觉或不自觉地认为只要推广汉文化一切问题都能解决，根本没有考虑过任何一个民族的发展都得考虑传统文化与现代文化的接轨问题，致使这样一件本来可以做的事情，长期久议不决，更没有人认认真真地开始做下去。为此，我们呼吁社会各界在社会科学领域中换一个角度，从少数民族的角度出发，切实认真地探讨各民族传统文化与现代化的接轨问题，并且在众多的学科领域中进行综合的分析研究。只要我们把这一重大的研究使命列入跨世纪的社科研究内容，为我国各民族的现代化找到切实可行的道路就有可能在不长的时间内彻底实现，各民族现代化的光辉前景肯定能在 21 世纪前半期完成。

［原载《相际经营原理》，贵族民族出版社，1995 年］

民族调查综述

严格意义上说，"民族调查"仅指对自己所处民族以外各民族"文化"资料的系统搜集和整理。至于搜集本民族的"文化"资料，则不能算真正意义上的"民族调查"，它们属于"社会调查"或"民俗调查"的范畴。其间的本质差异在于调查中是否需要越过"族际差别"，若必须越过，则理当称为"民族调查"；否则就应该正确地称为"民俗调查"，或视为"社会调查"。目前对于"民族调查"一词的使用，比较复杂、混乱，大有加以澄清的必要。有的人把"民族调查"仅仅理解为对少数民族，或对所谓"落后民族"进行调查，这是"播化学派"偏见的余波，应该摒弃。因而汉民族对西方"发达"各民族"文化"的搜集，或反过来他们对汉"文化"的系统整理，皆是纯粹的民族调查；各少数民族搜集整理汉"文化"，或国外各民族的"文化"资料，当然也是在进行纯粹的民族调查。有的人把"民族调查"看成特殊对象的"社会调查"，这也有问题。民族固然是一种社会现象，但是由于"族际差别"的存在，致使"民族调查"不仅对象有区别，工作方法、工作手段、工作要求都有异于一般的"社会调查"。那种等同二者的作法显然不能完美地反映问题的实质。

"民族调查"并不是民族学的产物。在人类社会中，一旦某一个民族（广义的民族，下同）进入了阶级社会，为了便于对周围各族的奴役和资源的掠夺，就得有目的地对周围各族情况进行搜集和整理，这就产生最初的"民族调查"。经过漫长的岁月后，"民族调查"的资料积累越来越多，到需要系统化和理论化时，同时这种需要已成为某些民族的迫切企望和具有实用价值时，民族学也就以一个独立学科的身份为学术界所普遍接受。就这个意义上说，民族学实际上是对"民族调查"资料进行处理的产物。

尽管在历史上"民族调查"先于民族学本身，然而民族学成为一门独立学科后，"民族调查"自然成了它的主要研究手段之一。今天"民族调查"是民族学获取第一手资料的主要手段之一，是验证民族学理论推导正确与否的手段之一，是观察族际关系，了解异族文化作用机制的重要途径之一。"民族调查"既是民族学的田野研究基础，又是实验场，因而当代民族学若没有"民族调查"，那将会降格为一种空洞的"玄学"，正像没有史料的史学，没有实验室的化学一样，叫人不可思议。鉴于"民族调查"在民族学上的特殊地位，有一个时期，人们直接把"民族调查"连同其工作结果，视为民族学的一个分科，叫做"描述民族学"。仅仅这一事实，就足以表明"民族调查"在民族学中的特殊地位和作用了。

"民族调查"与其他调查一样，随着指导思想、目的、使用方法、社会背景、学术背景的变化，它也在不断的更新自己。古代的民族调查与 16 世纪民族学萌芽期的民族调查法各具特点，不可一概而论。民族学各学派的大师们各从自己的学术信条出发，又各有千秋，不容互相混淆。今天随着新技术的采用，民族学研究领域的扩大、理论的深化，更由于现实给民族学提出了更高的要求，今天的民族调查，显然正酝酿着一场重大的突破，以顺应民族学的需要，满足学术的新陈代谢的要求。

局外人眼里的"民族调查"实在是再简单不过了，去到一个陌生的民族中，见了什么就记下什么，听到什么就照录什么不就完了吗？如果有录音机、照相机那更省事，录下摄下后带回家来慢慢整理。跑累了也有法子，把有经验的人找来开个"调查会"，开一天当跑几天。这些看法当然不对。

事实上"民族调查"并不会像看电影，电门一开，机器一运转，影片上的内容完全出现，一遍看不清再来一遍。在民族调查中要看到需要看的内容，往往得多方设计各种方案，甚至等上一年半载之久。要弄清一段有价值的谈话的真实含意，有时连找十几个翻译仍不得要领；有时辛辛苦苦记下来的材料，到临返程时，一句无意识的"闲话"，却足以全盘推翻。之所以会出现这些预想不到的繁难，最本质的原因在于调查人与被调查的对象不同民族，各自抱定自己熟知的"文化"素养去思考、分析、品评接触到的对方"文化"。这就是"族际差异"，它的存在造成了民族调查与其他调查不同的特征。

随着民族学自身的发展，克服"族际差异"的指导思想也随之而逐步深化，人们越来越看清这种差异不是简单的翻译不恰当，而是支配各民族生活的一系列观念的总和，调查人若不身临其境，任何言传都是不理想的。自然科学的发展和测量手段的数据化也大大丰富了民族调查，使其在测量仪器及描述方法上日愈精确化，民族调查的主观成分因而越来越淡漠。其他社会科学的发展，大大促进了人们对"族际差异"成因的理性探索，于是致力于绕开这个差异，直接调查可以说明本质的事物的方法，逐步在民族调查中被人们采用。民族学资料的积累大大丰富了民族调查的参比对象。在早期的民族调查中，调查人总是千篇一律地把自己出身的民族作为调查的参比对象。随着时代的推移，调查人开始将自己调查的几个民族进行参比。最后由于民族学理论的逐步完善，调查人在进入调查点之前，往往先弄清与之有关各民族情况，作为调查的基础，这些有牵连的各族情况自然成了系统的参比对象。上述各方面均直接引起民族调查法的变迁和不断更新。因此要研究民族学就必须高度重视民族调查，要做好民族调查就必须认识并在实践中时刻注意，民族调查法在不断变化和更新，以便顺应形势改进自己的手段和方法，才能收到合乎时代要求的民族调查效果。

在民族学未形成独立学科之前，人们早已开始了民族调查。司马迁对"西南夷"的访问，玄奘法师对印度和西域的调查，希罗多德对埃及、西亚的描述，马可·波罗对中国的精彩介绍，都给了我们有关早期民族调查的典型范例。这些民族调查虽然调查者所处时代各别，出生的民族各异，调查的对象亦复千差万别，然而这些民族调查作为同一类型的成果，其间的相似之处仍然十分明显而且带有实质性。这类民族调查的第一个特点在于：调查本身具有很大的探险性，民族调查者必然先是探险家，甘冒饥寒之苦、性命之忧去拼搏去接触异族的陌生人和事。因而评价这些民族调查成绩的标准往往是看其进入异族的艰难度。若能冒世人之所惧，履世人之所难，即使调查报告文辞欠雅、条理欠清，世人仍会视为珍宝。这时的民族调查者能够"到达了、看见了、记下了"，其关键性的核心任务也就完成了一大半。樊绰仅仅因为他亲临战阵，直接审讯过各族战俘，又数次冒过生命之忧，因而他的《蛮书》虽然在流传中到了烂断不可通读的地步，原文的描述亦欠文采，但是却一直为历代文人所珍视，就是这个原因。

这类民族调查的第二个特点是具有很大的附属性，上引诸人都不是专业的民族调查者，搞民族调查仅仅是他们在进行另外一些他们自己认为最伟大的事业时顺便从事的副业。司马迁即使不到"西南夷"，丝毫不影响其作为历史学家的伟大；玄奘法师不过问所过各地民族风情，不写《大唐西域记》，专一译经，宣传其法相宗，仍然是一位佛学大师；希罗多德也仅仅是醉心于写《历史》，为让人们看清波希战争的对手，才去了解西亚各民族。为了统治的方便，我国封建时代的地方官往往也兼做一些民族调查，并有著作传世。田汝成的《炎徼纪闻》、周达观的《真腊风土记》都是这类业余民族调查的好例子。

第三个特点是这些调查一般都以调查人出生民族的现状作为其调查的参比对象。玄奘法师是虔诚的佛教徒，他心目中的最高信仰和是非标准，自然是宗教。然而这并不足以妨碍他站在汉文化的角度，去贬斥一些和他一样虔诚的少数民族佛教徒，对这些少数民族的风习作一些不尽如实的评议。唐初的塔吉克族群众是小乘佛教的虔诚信徒，玄奘法师一面称赞他们崇法敬佛，一面又贬斥他们面容丑陋，衣着粗劣，行为懒惰。在这里民族的偏见甚至超过了宗教的狂热，其关键在于玄奘法师和他那一类型的民族调查者一样，其调查的参比对象太单一，以致成见殊深，无法客观地去理解、认识其他民族与自身民族的差异。

由于调查参比对象太单一，其调查结果的评议必然缺乏客观理性，而多带主观好恶因素，这种情况纵然是名家高手也在所难免。玄奘法师贬斥塔吉克族衣着粗劣，他心目中的精美自然是唐人的丝罗锦缎了。然而他做梦也不会去想在气候万变的帕米尔高原，是毡衣还是丝罗更有价值，更有吸引力，也更为一般人所喜好。今天在使用前人的这类成果时，若再沿袭其评议，那就太无道理了。另一个性质相同而更叫人啼笑皆非的例子，出在周达观的笔下。他在《真腊风土记》中，对柬埔寨族大便时不用手纸，就讪笑嘲弄一番。然而他万万没料到汉人用手纸的习俗，就他生活的时代来说，为时也不长。在南北朝时尊贵如皇帝者，也不用手纸，而是用厕筹——一种专用竹片，与今天的傣族风习相同。

第四个特点是这类调查缺乏综合性，调查内容往往受调查人个人兴趣左右。可以说这类民族调查的材料一般都仅仅记载某个民族的有限几个侧面，单凭这些材料要想复原这些民族的历史面目十分困难。元人周致中的《异域志》对数以十万计（估计当时黔中苗族人数已超过二十万）的黔中地区苗族，仅有不到一百字的记载。明清两代的地方官在此基础上，不断有所增益，但是直到日本人鸟居龙藏作系统苗族调查之前，这一地区苗族的系统材料从未有过。仅此一例，已足见这类调查缺乏综合系统性这一基本特征了。

正当我国沿袭早期民族调查的老传统时，西欧却由于新大陆的发现及随之而来的殖民活动的猖獗，对民族的了解越来越多。过去那种走马观花式的民族调查远远不能适应当时的需要，于是一门新兴的学科——民族学也就应运而生。民族学兴起之初，早期民族调查的传统影响仍十分巨大。这一时代中虽然诞生过拉菲托那样的大师，然而就民族调查法而言，人们尚未总结出系统的理论性主张和可以普遍推广的方法。

进入 19 世纪，民族学成一门繁荣鼎盛的学科。当时的民族学，学派林立，分科层出；各种理论纷纷问世，专门著述琳琅满目。当时的民族调查也进入了一个昌明鼎盛的新时代，其基本情况也像民族学本身一样，纷繁复杂，各自标新立异。这里仅择其大略，以见其一斑。

进化学派是民族学中的古典派，这一学派的代表人物有巴斯提安、巴霍芬、泰勒、弗雷泽，麦克伦南和摩尔根。进化学派的民族调查偏重搜集能证明民族文化总发展的事例，因此十分强调广泛接触世界各族。巴斯提安就是其中最有名的一个，他曾九次环游地球，辛勤地记述了大量民族学的"奇闻"，然而由于面太宽，以至于对具体的某个民族来说，事实上是走马观花。这当然不止是巴斯提安个人，实际是该学派的总倾向。为了求其广度，摩尔根就曾首倡"表格调查"——把能代表民族文化发展的特征性事例，按类编成表格，分发到世界各地，请人代理查访后填写寄回调查人。由于直接执行调查的人思想高度、学术锐敏性、基本知识各各不一，以至得到的资料其可靠性自然参差不齐。这乃是后人多有指责的根本原因。不过平心而论这些调查对汇集民族学资料确实是必不可少的一个过程，其缺陷仅在于把复杂的民族发展问题过于简单化。

进化学派坚信民族的差异仅是发展阶段不同的结果，在民族调查中提出了捕捉"遗留文化"的主张。泰勒是这一主张的倡导者和忠实执行者，他的行动带动了英国的很多研究者，曾开起一代的研究风气。不过这些研究者对"遗留文化"的理解不足，没有充分注意到所谓"遗留文化"本身也在不断发展，仅是发展速度缓慢而已。因而把"遗留文化"作古代民族文化原形去调查的作法显然是有问题的。就这一方面来说该派民族调查的特点在于"静态"探求和筛选。惟其民族调查人为简化的结果，同是进化派的民族学者，面对同一类民族文化现象，比如家族制度，其调查结论却各不相同。

在具体工作中，由于力求广和静，因而自然形成该派民族调查的第三个特点：以访问式调查为基本工作法。进化派的代表们，除了个别人如摩尔根外，大多仅限于访问异族或听取旅行者对异族情况的转述，这一工作法在当时被认为是理所当然的手段。弗雷泽的《蛮族的风俗、信仰和语言问题》用设问法搜集资料，正是访问调查的惯用手段在其实际工作中的自然表露。访问调查必然带来这样一些直接后果，首先，它不自觉地忽视"族际差异"对调查结果的影响，造成只要见到了，就是全部事实的假象；其次，忽视了民族"文化"发展的多渠道性，把一些表面上相似的现象，硬看成是同一类型的东西，或同一发展阶段的现象；再次，由于访问受时间和空间的制约，这些人的工作成效都带有一定的偶然因素，以故后人重复他们的工作时，往往在其基础上发现大量漏掉的重要事实；最后，这种获取资料的手段，主观色彩太重，一些十分关键的事实往往由于访问对象失当，或调查人主观看法的不同，而产生很大的歧异，或得出不同的结论。

进化论诸家的民族调查，其参比对象大大突破了本民族的限制，开始有目的地把相似相近、相邻的民族特征加以对比，并以此为线索去搜集资料。摩尔根在亲族称谓上的对比和追踪调查，铺平了发展系统复原研究的大道，引出了民族学上划时代的成功。他的成功除了别的因素外，有意识地引进来自不同民族的可参比因素是一大主要因素。随着参比对象的丰富化，民族调查开始不为定格所囿，萌发了尽可能求全的倾向，从此民族调查再也不是单一的情况查访，而开始了综合性调查的新时期。摩尔根虽以家族制度发展为其主要调查研究对象，然而他对易洛魁人的宗教、风俗也作了调查，晚年又从事住房的调查。一种把民族"文化"视为完整的综合物，而有意识地进行众多方面调查的企图已酝酿成熟并付诸行动了。

播化学派是与进化派几乎并存的民族学派别，两者的区别主要在于对民族文化形成原因的理解不同。播化学派的代表人物认为，"民族文化"不是发展而来的，而是仅在地球上某几个中心发生后，逐步传播开去的。在这种理论指导下，该派民族调查则变成了一种对"文化"传播证据的探求，即所谓"形的标准"的找寻。该派的创始人拉策尔正是在这一思想支配下，提出了"地理决定论"，而他的弟子弗罗贝尼乌斯进一步发挥这一学说，提出了所谓"数量标准"，他把"文化"划分成若干要素，通过调查不同民族文化中这些要素的异同数量关系，去推断各种"文化"之间的亲疏关系。于是他们的追随者们的民族调查，事实上成了对他们构思的文化要素的对号查寻。这种工作由于在调查中有了较为一致的客观对照依据，因而为后人留下了一笔数量可观，而又有头绪可寻的民族资料。这份资料由于指导思想较明确，系统性较强，使用比较容易。当然这种指导思想并不正确，故这些后继人中出现了史密斯、佩里那样的极端"埃及文化中心论"者。

至于该派民族调查的其他特点则与进化派相似，手段上多采用访问式，但注意到了实物及其形制的发展；参比对象较宽，突破了自身民族的界限；也属于"静"态调查，不过他们强调的"静"是指"文化要素"在传播过程中的不变性——不可创造性；在调查广度上，该派与进化派几乎可以媲美，当然两者都同样欠深入。

该学派的另一位极端性人物是施密特，他企图用民族调查去找寻"一神宗教"是最原始宗教的证据，找寻一夫一妻制是人类最合乎《圣经》教义的制度的证据。为此他组织了人数众多的考察团，踏遍世界各地，搜集了大量材料。然而由于调查人要找的是事实上不存在的神学臆想，故在调查中不得不删削有价值而不合意的东西，对似是而非的材料则削足适履地人为改造一番，其真实价值深可怀疑。纵然这些材料洋洋大观，但是用之不慎往往陷入其预设泥潭而不自拔。

上述两派的民族调查有一个共同之处，那就是根据一套深信不疑的理论去指导具体的调查工作。各自的理论虽然针锋相对，但随着调查的深入，材料积累越多，则与原有理论的冲突也就越尖锐，最后理论与材料之间往往漏洞百出，不仅敌对者攻击有门，连自己人也每感不足。在此基础上，加以美国政府迫切需要具体的各民族资料以利施政，于是一个新的学派———批判学派在美国应运而生。该派为了避免前二者的错误，在民族调查上，提出了一套新的工作理论。

经过上述两派的长年积累，批判学派的创始人鲍亚士逐步意识到族际差异的存在和不容忽视。于是他毅然放弃了先归纳系统理论，并以之指导调查实践的作法。用他的话来说，就是民族志资料的搜集工作可以脱离未经证实的理论的指导而进行，一旦有了足够的有用资料，理论问题就自然会得到清楚正确的答案。他们这样主张其目的正在于绕开族际差异的干扰，力求避免在证据不充分时归纳系统理论，以至于有意无意地把自身民族的文化模式强加在"理论"之上。这种审慎的态度当然是难得的大好事。

为了尽量排除调查人自身民族文化的干扰，该派反对大面积地普查，而是要求做民族调查的人，长时期地在小范围内深入细致地实地考察。这样做有利于调查人直接观察到需要了解的人和事，而不是听人转述需要的东西，或凭机遇碰上需要的东西。因此如果把前两个学派的民族调查特点归纳为"访问式"的话，批判学派的特点则是有目的的"观察式"调查。毋庸解释，这一指导思想，无论其本意如何，必然取得克服族际差异的好作用，以此该派的调查材料虽难于查询和把握（它们往往繁冗琐碎），但其真切性则往往胜于前两个学派的工作成果。另一个旨在于绕开族际差异的手段是调查人应尽可能掌握被调查者的语言，鲍亚士本人的语言学造诣极深，他为之创办了《国际语言学杂志》。他还多次肯定他的印地安助手乔治·亨特在他调查工作中的特殊贡献。族际差异虽然不仅仅反映在语言上，但是语言毕竟是一个主要方面。对语言差异的这种深切注重和理解，在民族调查中克服族际差异带来的困难无疑是大有好处的。此外他还强调民族调查应与考古学结合起来，这也是该派独具一格之处。在人员培养上，该派重视造就训练有素的民族调查者，反对假手于别人的调查。这与摩尔根遥寄表格式的代理调查，和施密特假手神职人员、旅行者、殖民军官搜罗材料大不相同。为此，鲍亚士本人亲手训导了克娄伯、罗维、萨皮尔等一代学者，在他的门下还诞生了一大批女性民族学专家，如本尼迪克特、米德、帕尔森斯。这是由于民族调查对象的女性难于接近，克服族际差异更其困难，若调查人为女性更有利于工作的缘故。该派为排除族际差异的干扰，其用心真可谓精诚之至了。

在民族调查的组织上，该派本着民族调查一定是综合性的原则，在组织工作中，往往周严全面，力求包括不同特长的工作人员，规模一般较大，历时较长。他领导的杰苏普北太平洋考察队，美、俄双方出人，历时五年之久，汇编的报告达二十册之多。仅此可见其特点之一斑。当前由于政治和人事的原因，该派虽已式微，但是这一套工作理论并未过时，大有提倡的必要。

鲍亚士本人工作的另一个独特之处在于，他本人是一位自然科学家"转业"的民族学大师。故在调查中对有关学科的知识几乎是信手拈来皆成良材。这是一般民族学家难于做到的事，因而更其显得可贵。

20 世纪 20 年代，在英国兴起了一个民族学流派，即功能派。该派大力主张"物质、社会、精神三因子的功能相关论"。这个主张包含着该派对以往各学派理论的批判继承原则，该派重视物质对民族的作用，但不像播化学派那样把地理环境绝对化；重视精神的功能，但又不像早期进化派那样，过分夸大心理因素对民族文化演进的作用；强调不同民族所处社会的比较研究，更重视自然科学方法的运用，这一点比批判学派大大进了一步。因而在其民族调查中，提出了一系列比以往各派都更彻底，也更能克服族际差异的主张。

在调查方式上，该派主张走出书斋，长期地以社会一员的身份住进调查区去，在实际生活中体验出要了解的东西来，这种调查法被称为"局内观察法"或"住居体验法"。这一方法显然是批判学派长期观察法的大发展，当然也是克服族际差异最有效的办法之一。为此，该派创始人之一的布朗就曾长期住到安达曼群岛上去，与当地居民为伍，实施其"住居体验"的主张，最后完成其代表作《安达曼岛人》。该学派在我国的代表人物费孝通的《江村经济》、《花篮瑶社会组织》，也是按这一调查法进行研究的成果。另一位代表人物李安宅则从 1938 年起，到 1941 年止，长期住进甘南拉卜楞寺，从事对喇嘛教制度的研究。

在参比对象的选用上，该派也有重大突破。该派不仅把各种类型的文化用作调查的参比对象，而且还把英国在不同殖民地上所施行政策的不同成效，作为进行比较调查的参比对象。在这里该派的民族调查思想虽未挑明，但是如此处理法，事实上是把调查对象视为"黑箱"。通过施加外界影响，再观察其反应，最后比较不同影响和不同反应，去发现"黑箱"的真实内容。在这里该派的行动不仅表明，他们已经明确地意识到"族际差异"的影响，同时已经看出了各民族社会的"内在完整性"。从这种认识出发，该派的民族调查十分重视系统性和完整性。

最后，该派的民族调查十分注意其实用价值。布朗明确指出"欲求殖民地行政之健全，必须对土著文化有系统之认识。"吴文藻在介绍布朗和马凌诺夫斯基的学术思想时，就强调了这一点，"功能人类学因起始即兼顾殖民地行政实际问题的研究，而得到了迅速发展的机会。"从这一思想出发，功能派在我国的代表人物，其民族调查无不明确应用原则。如，吴文藻的《边政学发凡》一书，就是为此而出。在吴文藻的带动下，李安宅、田汝康、林耀华均做过目的明确、结论确切、具有应用价值的专题民族调查。

民族学学科体系发展到功能派，可以说理论系统已日渐成熟。反映到民族调查上，则该项研究工作的两大特点——克服"族际差异"的干扰和注重各民族文化的相对完整性，都有了较为准确的认识，工作方法也逐步完善并提出了成套的理论。然而这些理论全是舶来品，若要在中国文化传统基础上健康发展，不注意发挥中国文化的特点和优势，也是不行的。因而民族学传入我国后，我国学者纷纷探讨这一严肃课题。一部分人注意到国外民族学家面对的往往是一些从无历史记载的陌生对象，而我国各族在浩瀚的汉族和各族史籍中却记载十分丰富。对此中国学者走出的第一步是以民族学知识解释古史，如刘师培、梁启超均因此而名噪一时。接着以杨成志为代表的一批人开始把我国的方志材料引入民族调查中去，一方面以之为规划民族调查的基础，另一方面在民族调查实际中重现、验证、丰富这些史籍记载，从此我国的民族调查有了自己的独特性。起初这种应用十分粗糙，然而由于正面地奠定了民族学在中国独立生存的基础，因而响应者云集。不管出自哪个流派的中国民族学家，无论是刻意追求，还是顺手牵扯到，都不得不联系中国的浩瀚史籍，以至成了一个风气。江应樑教授在此基础上提出民族学、历史学、考古学的三结合研究法，并规定了一套在民族调查实践中必须遵循的基本原理，使民族调查更完善地适应中国的特定工作环境和工作对象。

中国民族学在民族调查中的另一个特别之处是应用马列主义理论到民族调查中去。体现在如下几个方面：一、注意经济形态对民族文化的制约作用；二、强调各民族一律平等的根本原则；三、重视各民族文化的完整性和相对独立——是自身创造的总汇，不是任何其他民族传给或赐予；四、重视各民族自身的主观能动作用；五、注意族际影响的相互性（表现在经济扶助上则体现为互相性）；六、调查中使用发展、辩证的观点和方法。

民族调查乃是特殊的社会调查，其特殊在于，调查研究中要克服"族际差异"的障碍，要在力图维护调查对象内在的完整下工作。历史上的各种民族调查的区别，正体现在对此两者认识的深浅上，和对付此两者的办法和手段上。从古代的纯客观、纯机遇性的被动记录，到功能派诸人的"住居体验"，其发展的脉络不外乎对"族际差异"的认识越来越清晰，以至不满足任何外界因素的传达，代之以亲身捕捉调查机遇，亲身体验，站在被调查人立场上及其民族文化传统立场上去分析理解体验到的一切。除了这条主线外，还有人力图通过对文物的系统调查去代替语言转述的调查，尽量减少"族际差异"附加上的作用；有人又企图通过系统统计法调查，去克服调查中难于避免的本民族文化传统的干扰。

对各民族自身的内在完整性的认识也经历了一个漫长的发展过程。进化派诸人仅看各民族存在着发展阶段上的差异，播化派看到地域上造成的差异，然而他们均未看到这两类差异体现在具体民族中时，绝不会孤立的存在，而是与其民族特征交错在一起，互相影响，互相制约，互相促进。为了维护其理论，致使在民族调查中不得不削足适履。批判学派注意到了这一点，故企图用周详细致的长期观察，去弥补其调查中难于克服的疏漏。其结果虽有较大提高，然而盲目性和代价太大，仍是严重问题。直到住居体验法的提出才基本上正视这一问题。不过要提高到理性认识的高度，仍有待于今后的努力。

作为民族学研究手段之一的民族调查，经历了一百多年的发展，旧的问题一批一批解决了，而新的问题、新的要求又接踵而至。当前我国面临的民族背景与前人大不一样了。我国各民族之间已实现了法律上的平等，各民族关系日趋融洽和睦，做民族调查要准备冒险已成陈迹。然而民族调查必须系统把握其文化系统发展及脉络这一今天的基本要求，比前人的工作来说标准一下子提高了好几倍。为了加速民族调查的工作速度，尽可能采用现代先进科学技术又成了尖锐的问题。时代要求今天的民族学工作者必须有更广博的有关学科的知识。今天我国各民族之间的交往频率大上以往百倍。族际关系的研究成了或即将成为民族学的大热门。规划、制定族际关系调查的方法手段、探索其经验都是眼前的民族调查必须正视的任务。目前不仅汉族急需深入了解少数民族，少数民族也急于了解汉族，随着对外开放还得迅速了解国外民族，可见民族调查任务一下子陡增几倍。这也是前人预料不到的事。为了扶助少数民族发展，我国已执行过各式各样的政策，目前是收集信息反馈，修订民族工作理论的时候了，关于这一方面的民族调查的研究，已是燃眉之急的任务。类似的情况不胜枚举，正等待着新一代的民族学家去垦拓。

总之，民族调查一直在发展，今后仍将继续发展，要紧的是我们得抓紧时间审时度势，为民族调查提出新任务，探索新方法，制定新的标准，培养一代新人。那么这一研究法的光辉前程自然会在中国大地上呈现出来。

[原载《贵州民族研究》1986 年第 1 期]

试论仰望碑刻的史料价值

　　贵定县仰望公社有清代碑刻两通，其一建于清乾隆五十五年，所载内容与当地苗族拒交贡茶一事有关，群众称之为"抗贡碑"；其二立于清嘉庆十年，内容叙苗族指控大平伐营生员郑士品等越界霸占苗族山林，因而由官府勘查定界，调整民族关系，故群众称之为"定界碑"。两碑现在尚存，立于仰望公社关口寨上。为行文方便，本文中仍沿用群众对该碑的称法。细读碑文后，我们认为这两道碑刻不仅仅是"抗贡"和"定界"，它们还从另一个侧面，揭示了清代时该地苗族的社会性质和民族关系的变化，史料价值很高，值得有关人士重视。

　　"抗贡碑"高125cm，宽57cm，厚11cm。碑额横书"万古流芳"四个楷书大字，正文直书共十行，每行平均约二十五字，全文共计二百五十八字。内中除有个别字残损外，绝大多数字能认读，故碑文内容基本上完整。"定界碑"高167cm，宽50Cm，厚15cm，碑顶呈弧形。碑额横书有"万古留芳"四字，正文直书，共计十六行，每行约有四十字．全文共计五百九十九字。除一十二字残缺外，其余皆可认读，全碑内容亦基本完整。此外，我们还在仰望搜集到"拨山契约"一份，内容与上述两碑相关联（碑文及契约原文见附录），因而将它们全文公布，加以分析，谈谈我们的粗浅看法。

　　"抗贡碑"除了题名及立碑年款外，主要叙述了两件事，一是定番州差弁方文超被派往仰望寨踏看当地苗族茶树生长状况的原委及勘查结果，证实当地茶树确系年老枯焦，非苗民治枯；二是定番州正官程某批准仰望的茶贡及一切捐派皆停止，并拨银四百二十两交当地"殷实户"生息，作日后置办茶贡之资。据查这碑上所言茶树枯焦并非年老枯死，而是当地苗族人民不堪茶贡、捐派之扰，以开水烫死，并瞒过了方文超的勘查。"拨山契约"订立于道光十五年，内容叙及"抗贡碑"所说拨下的四百多两银子，交给当地苗族生息，而雷阿受、阿去二人领了银子，却无钱认息办茶贡，不得不将自己名下的山场四座拨给"同族兄弟"八十六房共有，并订下护林、用材、防盗的乡规。

　　"定界碑"叙述雷阿豆到贵阳府控告大平伐营生员郑士品、兵士陈宗华越界砍伐苗族的山林，贵阳府下令叫贵定县正堂勘界明辨曲直。于是贵定县正堂带领书办及仰望当时的在任土司亲到现场勘查，勘查中审察苗族的地契，确证郑士品冒占山林，因而立碑晓谕。同时鉴于大平伐营官兵人口众多，柴薪艰难，又下令勘定官山地界，禁止任何人再出售官山及私买官山，并要求大平伐营官兵护蓄使用官山林木，永作柴薪林使用。最后告诫汉族军兵不得欺凌苗族人民，要求大家永敦和好。

两碑一契的内容表面上并无任何特殊的地方，但是对比了有关仰望苗族的文献资料后，至少有下列五个问题不易理解。

1. 据道光《贵阳府志》载："大平伐西排土舍宋氏：其先曰宋三纲，大平伐长官宋应祥别子也，康熙十二年从征普安有功，别授西排土守备，后改为外委土舍。三纲传子文秀，文秀传子经贵，经贵传子承周，承周传子开勋，开勋传子仁术，仁术传子恩继。道光十一年袭，属贵定县。"该书虽载有西排土舍这个土司，并提到该土司所辖寨名，但是这些寨子的地望由于重名地在这一带十分普遍，具体地点一时难以确指。"地界碑"首行云："照得西排青苗雷阿豆等"，直接指明雷阿豆所住地即是西排辖区。又据仰望雷姓苗族鬼师雷作云保存的雷姓祖宗名单，得知雷阿豆即是仰望长寿寨人。因而今天的仰望肯定是当年西排土司的辖地无疑了。

西排土司的第三任名宋经贵，而"定界碑"第七、八行云："雷阿豆所呈之契，除乾隆十一年二月雷阿沟、阿若得买土司宋经贵仰王山场，上抵牛坡沟，下抵母猪冲，左抵高寨丫口，右抵深河坡，并无争竞外。"可知雷阿豆出验的地契乃是管辖仰王（望）的土司宋经贵的卖地凭据。明清两代时土司卖田土，本属司空见惯。然而土司出卖自己的辖地（不是私产）却少见，而买地者又是土司的下属百姓更少见，加之还是所属的苗族百姓更叫人不可思议。

2. "定界碑"第四行云："四至以外官山，亦带同该处（指西排）土司勘明，何处系属官山，何处系属民地，订立界址，出示晓谕。"第七行中又云"弁宋开勋"，查《贵阳府志》得知这位宋开勋乃是西排土舍的第五任土司，因而上文所说的带同该处土司，即是指这位宋开勋而言。宋开勋出场处理其祖父出卖的土地产权争执，并同时处理官山、民地产权。这件事实说明一方面清政府当时承认这一做法——卖土司地给苗族，另一方面说明土地出卖，并不丧失该土司的治理权。不仅土司辖地可以出售，而且汉民的田地也可以卖给苗族老百姓。"定界碑"第八、九行云："乾隆十二年三月内，雷阿理等得□□钟山高寨山场水田一契，东抵老五寨坎，南抵排上田，西抵老密寨叉路，北抵羊蹄庄田小沟。"上述地段位于今仰望公社西北，部分地方已划入今龙里县岱林公社。第八行"钟山"二字按文意当是人名，从命名特征看显然是汉人，可惜因碑文腐蚀其姓氏不得而知。"雷阿理"从命名习惯、碑文行文特征都证明是苗族，因而这一份契纸无疑是汉人出卖土地给苗族的凭据，而这一买卖当时是合法的，契约有法律保证。

众所周知，黔中地区的汉人多是明清两代从邻省迁入的军人和屯垦农民。从苗族的家谱坟茔看，仰望的苗族在苗岭山区生活已超过六百年；从仰望苗族的传说看，苗族人民认为自己是当地土著；从汉文文献看，元代时这里的苗族已经生存在此很久了。无论如何苗族先于汉族在这里生存繁衍，可是先到者却反过来向后来的人买土地为业，而且只有这样作了才有法律效力，这不管从哪种意义上讲，都叫人纳闷。

3. 封建社会的土地所有制必然是私人所有，或者形式上的国家所有，而在事实上是个人占有并经营，上述两碑文都是在这一原则下处理产权纠纷的。可是《拨山契约》分明告诉我们直到道光十五年时，仰望苗族还用同族议事的办法把已经成为雷阿受和阿去的私产的山场，转化为同宗共有、共管、共用甚至共同防盗的八十六户公有山林。于是我们不得不承认，苗族手中契约代表的产权只在对外族人有产权纠纷时使用，在事实上产权尚未完成私有化，同族人在处理已经是个人名下的土地权上，仍有相当大的决定权，而且可以将私产转为公有的财产，却不受任何阻力。这样的行事与订立契约、确定产权，在精神上和法律含意上显然不相符合。这一情况同样叫人奇怪。

4. 茶叶是多年生经济作物，要经营好茶园，经营者必须定居在茶园上。从"抗贡碑"得知仰望的茶叶在乾隆时已成为"贡茶"，并有名目繁多的茶税，似乎茶叶生产很不错，而植茶的苗族当然非定居在仰望多年不可。再看明清时代对这一地区产茶的记载，也会得出同样的结论。郭子章《黔记》已明确记载云雾山周围的土司要向朝廷贡茶，张澍《续黔书》记载"龙里东苗坡"（包括今仰望一带）盛产茶叶，据此可知云雾山一带的茶叶在明代已很有名，已开始上贡了。云雾山产茶之历史悠久，植茶的人民自然非多年定居不可。可是道光《贵阳府志》中明确记载，今仰望及龙里县南（当时称东苗坡）居住着"白苗"，这一记载证之以今天的民族调查并无一毫不符，这一带的苗族操西部苗语方言惠水次方言北部土语，他们是同一个苗族支系。他们中一部分人的苗语自称还可以直接译成"白苗"。比道光《贵阳府志》早不到一个半世记的康熙《贵州通志》对白苗的记载却另是一个样子，该书说："白苗在龙里县亦名东苗西苗，其服饰皆尚白。性憨而历，转徙不常。"仰望的长寿寨据我们调查在一百多年中迁了两次，仰望的杂凉寨曾见诸文献，但因人迁徙外出，今天只剩废墟。在云雾山区类似的例子还很多。足见康熙《贵州通志》的记载言之有据。这样一来植茶有法，而植茶者却四方为家，转徙不常，光从情理上讲也叫人十分费解。

5. "定界碑"第五、六行云："其苗民等赴场（指大平伐营猴场）贸易之时，该营兵如敢欺凌滋挠，立即严惩勿纵，仍将遵（？）缘由于三日内具文报府备查。"又第十四行云："至该处赶场贸易民苗兵丁应敦和好，毋得相挠，致滋事端。"这处已经点明仰望苗族的经济生活中，赶场贸易已经是不可或缺的项目了。进一步看碑文，苗族能买田地，已有殷实之户，并接受官银生息办理茶贡，这些现象充分表明货币已在苗族经济生活中扎了根。云雾山区山高水冷，气候无常，种植水稻事倍功半，至今尚难于粮食自给，清代中叶时缺粮的情况应有甚焉。因而苗民的贸易除了卖木材换回货币外，茶叶应当是一宗较重要的出售品。按理苗族人民应十分珍视茶树，可是这两碑的记载却相反，苗族人民对茶树毁掉时一毫余地也不留，似乎不足为惜一样。除了将这一现象解释为苗族人民淳朴敦厚、不善作假外，看来别有原因。

上述五个问题，从处于封建社会下的农民的角度去理解，几乎是不可思议的事情，然而仰望却是确凿无疑的事实。因而我们必须将这五个问题联系起来，结合苗族人民生产、生活的实际加以考虑才能够找出正确的答案。

仰望苗族的语言（惠水次方言北部土语）中，目前通用的农具名称，如锄头、犁、镰、耙等，皆是现代汉语的借词，也就是说，这些名称是近三百年才被借入苗语的，当然这些名称所代表的实物传进苗族地区也不会太早。在稻田耕作技术上，苗族远远落后于汉族和布依族；苗族至今盛行牛祭，往往一次宰杀大批耕牛；苗族人民至今大量种植着小米、红稗等旱地作物，并称种红稗为"烧红稗"，意思是烧荒撒种。这些情况表明在变成定居的稻田耕作者之前，苗族人民一直过着刀耕火种的游耕生活。在这种耕作方式下，苗族人民当然只能像《贵州通志》所说的那样，"食麦稗杂野蔬"以度日。由于刀耕火种地力不断枯竭，耕种一段时间之后势必迁居他处，在一个区域轮流居住。《黔书》说"白苗迁徙不恒"，看来是当时的实际情况。

苗族人民既然处在不断的迁徙之中，土地当然无所有权可言。在人烟稀少时，这并没有什么不便之处。然而随着汉族、布依族大量地住进云雾山周围地区后，一方面苗族有可能学会稻田耕作技术，另一方面可供迁徙、游耕的余地越来越少了，土地所有权问题也日趋尖锐化。由于苗族之间本无土地所有权的概念．因而不可能在苗族内部买地，只有向汉族，尤其是向接受了世袭领地的土司买地，才能取得可靠的土地所有权．并得到封建国家的承认。从土司的立场上看，卖领地给苗族也是合算的。因为苗族一旦出钱买了地，就不会再四处迁徙了，更不必怕他们"为人垦佃"会"负租而逃"了（见康熙《贵州通志》"白苗"条）。再则土地虽属于苗族，但治理领地之权属封建国家所授，并不能出卖，土司照样可以派役、收租，并不会影响他的收入，相反却方便了他的管理。就这样出现了作为地盘业主的苗族反而从"客家"手中买地居住的特殊现象。

刀耕火种的游耕农业收入低微，难于满足生活的需要，因而除游耕之外，临时性的狩猎与采集必然在当时的苗族生活中占有一定地位。狩猎生产不可避免地导致动物食品短期内集中消费，为了帮助消化，采集山茶作饮料乃是必然之举。由于云雾山区天气凉爽，云雾缭绕．湿度大而气温偏低，极有利于耐湿、耐低温的高树茶生长。因而这种叶多锯齿形，叶面长有一层茸毛的茶叶，很早就成了苗族人民的采集对象。由于这种茶叶品质优良，为其他茶所难于代替，因而很早就引起了汉族的注意。在实际生活中茶叶消费的弹性较大，广阔的苗岭山区茶树众多，故苗族采集的茶不少，商品化的可能性也较大。苗族人民在采集，消费的同时，常常用茶叶换取生产生活必需品，于是这种山茶逐步取得了贡品的地位。"云雾毛尖茶"虽然名列贡品，誉满全国，但是由于它实际上仅是品种特异，生产上并未专业化的野茶，因而经营这种茶树的苗族人民当然不必非定居不可。反正满山皆有，采之为茶、为

"贡品"，不采则与杂草杂树无异。"云雾茶"长期以来产量不稳定，长期无专业茶园，一直停留在单家独户、田边地角的粗放种植状态正是这个原因。

随着苗族通过购买土地而逐步定居，农业尤其是精细的稻田农业有了发展，消费茶叶不再像狩猎时那样必不可少了；相反名目繁多的茶税和上贡，却闹得苗族人民鸡犬不宁。同时农业的发展，生活有了一定的保障，土地所有权已通过购买而挣到了，货币对于自给自足的苗族来说吸引力不是那样大了。因而当贡茶成为一种重负时，苗族人民宁肯毁掉茶树，以免除贡茶的烦恼。这就是苗族人民全族动员彻底毁掉茶树的根本原因。

"定界碑"中提到的两份苗族买地契约，一份是乾隆十一年，一份是乾隆十二年，两者的购置年代如此之近，看来不是一种偶然情况。它标志着苗族人民从游耕转向稻田农作，由迁徙不常转入建寨垦田世代定居。在此之前苗族内本无土地所有权的概念，土地是大家的，谁种归谁，这种观念是苗族人民世代相传的固有思想；而土地私有各守本业，对苗族人民来说，却是一件新鲜事，在头脑中并未扎下根。因而苗族人民在行事时总是时不时地要把老传统重新抬出来。《拨山契约》正是在这种背景和思想支配下出笼，它是苗族土地私有制尚未定型的标志，是土地公有制的回光反照。

再看碑中提到的两个苗族代表——阿虎和阿豆。"抗贡碑"中雷阿虎代表苗族办理与官府的交涉，居然瞒过了差弁，为苗族人民赢得了好处。事前还有力地组织了苗族人民将所有茶树烫死，事后居然无一人泄露真情。这位雷阿虎的"权威"不可谓不大了。但是他显然不是一个独断专行的大头人，因为后来订的《拨山契约》中分明写着这次告状，请免茶贡是五个人同去，即雷启仁、雷启凤、雷阿虎、雷阿豆、雷阿瑾，据查这五个人各属不同的家族，这种权威仅在各家族一致赞同时才能体现出来。

在"定界碑"中雷阿豆是代表雷姓苗族去告状，他出示了两份地契，地契所管的土地将近今仰望公社三分之一的山场和耕地；又是分属四个人购买为业，而不是雷阿豆个人产业。这一事实再次说明当时苗族社会中土地并未完全私有化，雷阿虎、雷阿豆并非以财东身份去官府活动，而是以同族人代表身份去打官司。因而他们的活动不能看成个人的行为，他们虽然在争地权，但是他们还远不是土地直接所有者；他们的行动虽在封建官府认可下进行，但是他们绝对不是封建势力的代表。一句话，他们所处的社会并不是真正封建社会，而是包含在封建政权外壳下正在瓦解的原始公社。

当然，土地的买卖一经出现．就不会永远停留在买地为本族公有的水平上，随着土地买卖的发展．土地的真正私有必然会出现，并逐步被全族所公认。这两碑一契上反映的若干矛盾现象，正是土地制度处在变形期的必然的结果，就这个意义上，这几件文物作为苗族社会变革的物证，其价值之大是不容忽视的。

苗族社会在何时，通过什么样的途经进入封建社会，自来争议颇大。这两通碑刻的代表性虽然不大，仅仅代表云雾山区苗族的情况，但是它们毕竟是客观的证据，毕竟证实通过向土司购买土地而实现土地制的转化是这里的历史事实，在研究苗族社会发展时值得加以考虑。我们切盼有更多的同类文物被人们注意到，被报道出来．这样做对苗族史的研究将是大有好处的。

一九八四、五、二十

附件：抗贡碑原文①：

万　古　流　芳

一　署贵阳府贵定县事　定番州正堂程②为据禀给事　案据

二　方文超等禀称："本年四月二十日接奉钧札：'因仰王苗民雷阿虎③

三　禀年久茶枯，仰约前往确查，据实禀覆'。奉此约，遵即前往。临山踏 [看]

四　茶老焦桔，并无一枝生发。实非苗民治枯，捏禀 [伪弊缘]。奉札查迄

五　禀明。伏惟查核施行上禀"等情。据此查，茶树既俱枯坏，并无生产，自应

六　除批示外，合行给照。为此照给该苗民等遵守，嗣后该处每年

七　贡茶定数茶觔及其余所派之茶④准行停止，以免采办之累。如有差人 [以]

八　办茶为名，下乡滋挠者，许尔等指名禀究。领至照者□茶 [贡]

九　银肆佰贰拾两收移发交殷实之户生息。每年购办该处　贡茶

十　乾隆五十五年四月日

附件：定界碑原文：

万　古　留　芳

一　特授贵定县正堂加五级记录六次刘为出示晓谕事：照得西排仰王青苗雷阿豆等赴⑤

二　府具控生员郑士品等越界砍薪一案。蒙

三　府宪亲审结案。行县票：开仰县官惠查。照来文事理，立即束装前诣勘明该苗阿豆等四至界址，出示谕令，照界永远管业。

四　官山□四至以外官山亦带同该处土司勘明，何处系属官山，何处系属民地定立界址，出示晓谕。嗣后

五　砍伐柴薪毋得越占苗寨地土，致启事端。其苗民等赴场贸易之时，该营兵如敢欺凌滋挠，立即严惩勿

六　纵。仍将遵缘由于三日内具文报府备查等。因奉此令，本县于七月二十四日，带同书办徐玉卿、差土

七　弁宋开勋等登山勘查雷阿豆所呈之契，除乾隆十一年二月雷阿沟阿若得买

407

土司宋经贵仰王□□

八　上抵牛坡沟，下抵母猪冲，左抵高寨丫口，右抵深河坡并无争竞外，又乾隆十二年三月内，雷阿理等得□□⑥

九　钟山高寨山场水田一契，东抵老五寨坎，南抵排上田，西抵老密寨叉路，北抵羊蹄庄田小沟，除东抵南抵

十　并无争竞外，惟西抵之梅子冲，生员郑士品、兵丁陈宗华称系官山，以致获此互控。今勘得梅子冲

十一　南抵老密寨叉路之内，应付雷阿豆□等营业，郑士品等毋得冒占于咎。但该处兵民人等甚多［柴薪］

十二　皆仰给官山，今查石门之北、云雾山之下、五道河之上四五里之内一带官山，应付平伐营兵民护蓄砍伐，禁

十三　私卖，并苗民等私买。如有擅行买卖者除追价入官，将其地土仍公外，并将私行买卖之人严行治罪。

十四　五道河之外，其余各处官山一并付兵民护蓄，永禁私买私卖。至该处赶场贸易，民苗兵丁应敦和好，毋得相□□

十五　挠滋事端。为此出示晓谕，仰王青苗雷阿豆等、平伐营生员郑士品、兵民陈宗华等各执一纸，⑦各宜禀遵毋违

十六　嘉庆十年八月初三日立

注：

①碑文按原行款抄出。原文中字迹不清而能猜测者，用方括号括出。字迹太模糊无法认读者用□表示所缺字数。原文中行文有空格处，亦空出。抄件所标数字是原额行数。

②据碑文所署官衔，此碑所述案子当系贵定县正堂缺员，而由定番州正堂代理结案。

③仰王即今之仰望。雷阿虎据仰王雷姓祖宗名单，可证实是今仰王雷姓苗族先辈。

④贡茶指直接上贡给朝廷的茶叶，所派之茶指贡茶外加派的捐税茶。

⑤仰望一带苗族在文献上各代称法不一。元称"苗蛮"，明称"东苗"，清初叫"白苗"，民国称为"海苗"，从无称"青苗"之例。此碑称法与前碑不同，而两碑之建立相隔才十五年，断不至于新出一个族称。查雷阿豆后人所居寨子按苗语名称意译出来为"苗黑"——"黑色苗族"。此处之称"青苗"当是指寨名，或家族名（该地苗族至今聚族而居）而不是苗族支系名。与文献所载"青苗"不是一回事，不能将"青苗"作为"海苗"的别称。

⑥此处所缺之字，按行文语气当是卖地人之姓氏，"钟山"为其名。

⑦文中之平伐营即今之云雾区。文中的羊蹄庄已划入龙里县，其余地名皆在今仰望。

附件：拨山契约原文

拨 山 契 约

立计（据）长古草文契人地名仰王雷启仁、雷启风为因早年，乾隆五十五年，礼（与）堂族同内弟兄因为察（茶）山告状，有一案在贵定县。雷启仁，雷启风、雷阿豆、雷阿虎、雷阿瑾伍人契（去）告。日后，段（断）案来到家中。伍人来礼（理）茶耕。每一科茶耕落（摊）叁拾两纹银正。存案在县以凭，一共银四百贰拾两正。

为因仰王雷阿去、阿受二人无银开堂族，同为弟兄杖等。阿受、阿去二人请堂族同内本家，将到本名下护遗山场一匹，坐落地名滥塘冲山，又有河边山一匹，又有大茶人一匹，又有克麻山一匹，共四过（个）山场，当凭堂族同内弟兄拨如（人）众人本家管业，恐无凭，立拨山约为据。

堂族本家雷姓捌拾陆门户管业即日得，少众人银陆拾两文银正的茶耕，阿去、阿受无银开（付给）众人，明白立契之日，一并拨山作银，中间并无私情，准折亦非逼勒成交，此系二比情愿。自拨之后任随八十六户子孙世代永业护蓄。拨山不准番（返）悔异言，如有异言者实系堂族同内本家，一并耽当，今恐不古人心，不凭契内立有拨与，九族为据。

九族一议

山中树木捌拾陆户来护蓄，不准哪一个偷柴，不准哪一各（割）稗秧，不准各（割）木叶。日后每人必要看贼、强盗。偷山场罚银乙两，拿（捉）贼贴相叁百文钱。

众九族来议

请（亲）笔雷万兴、雷万明二人

甲头人捌个

一议在牛打场肉二十斤

高寨雷万明、阿采二人

羊蹄庄老伍寨雷阿衰、阿把二人

山寨仰王丫口寨雷阿所、雷阿慢、雷阿批、雷阿过道光拾五年闰六月（后六月）十七乙亥日立议定。

[本文与石开忠合作，原载《贵州文物》1986年第1期]

白裤瑶传统信仰寨神剖析

　　地处黔、桂交界的黔南荔波县瑶山公社，是白裤瑶的一个聚居地，这里瑶胞的日常生活，尚生存在万物有灵的原始宗教气氛中，神、人共性，鬼、神、灵魂一体。在他们视野所及的范围内，大到风调雨顺、五谷丰登，小至梦幻异景、疾病缠身，皆认定是精灵之所为。精灵名目繁多，无处而不在、无事不与之相关；精灵各有所司，相互之间各不统辖，也不能相互替代。哪一位精灵"作祟"，只有祈求这位精灵，才能驱魔消灾，而祭祀别的任何精灵，哪怕供品如山，也会无济于事。要弄清它们之间的关系确非容易。因此，在瑶胞中有一些业余人员专掌其职，为人们侦察灾难的缘起，备办祭祀驱祛事宜，这样的人当地尊称为"先生"（鬼师），受到瑶胞的崇信。

　　在瑶胞心目中，一切自然物、自然现象皆各有精灵，一切精灵又皆各有一定的自然物为其象征，对精灵的恐惧与迷惑，和对特定自然物的膜拜浑为了一体。主管阴晴雨雾的天神名叫"雷公雷婆"，他以雷电为替身。初雷一响，瑶胞立即休耕回家，对天鸣枪以示尊崇。

　　大地孕育了万物，养活着人类，瑶胞亦尊之为神，称为"山神"，他以苍茫大山为替身。每次猎获了野兽，必须用兽的里脊献给这位嗜肉的精灵；他还是战争之神，守护之神，保卫瑶山免遭异族伤害。

　　房门是人畜进出的必经之地，瑶胞十分害怕其他精灵破门而入，因此对门的精灵十分敬重，尊之为"门旁老人"，他是家庭的卫士，传说他有三个小孩，一只犬、一只雄鸡，和他一起执行任务。瑶胞住房的大门上悬挂着狗爪一只、鸡毛三根、大木刀二柄、小木刀三把，那就是他和他的孩子以及鸡、狗的替身。他的妻子也像人类的祖先那样，实行"望门居"，并不居住在家中。她是保护青年男女恋爱婚姻的爱情之神，以男女幽会场所为其替身。

　　引起暴病、夭亡的凶神叫"休息鬼"——"铁器老人"。凶神祭祀日，瑶胞们不准出工，不准刺绣，甚至不准煮饭，完全休息一天，因为铧口、锄头、针、锅、三脚架都是铁制品，一律不准挪动。

　　主管牲畜的神以牛圈为替身。其他一些精灵也有各自的替身，如管产妇难产、婴儿夭折、少女暴病的"饿鬼"，管生育的"夫妇"皆如此。

　　这些精灵与他们的替身之间有着密切的联系。雷电自天而降，来去无踪，却能焚树毁物，残人害畜，使人恐怖，因而自然成了天的替身和象征。瑶胞所居皆山，直到民国时才有人学会犁田，以前在深山丛林中，经济生活以采集、追猎、游耕为主，在瑶胞的心目中，"山"自然成了大地的代表。铁器犀利坚韧，在生产、生活上受益无量，但在旧社会瑶胞备受大民族主义的欺压，这些强暴者手中有的是铁制凶器和锁链，于是铁与凶死结下了不解之缘。人类驯养野牛，必须圈以畜之，牛圈是野牛驯化为家牛的关键工具，因此六畜兴旺的神，自然跟厩圈联系在一起。鸡、犬是家家伺养之动物，鸡啼、犬吠使家庭生活井然有序、戒备森严，犬又是赶山追猎的依靠物；刀是烧畬赶山的人随身必备之物，因此有刀、有犬、有鸡才成人家，于主管家门的神祇以木刀、犬爪、鸡毛为象征。从上述可见，要弄清楚瑶山白裤瑶信仰的各种精灵的由来，首先要舞清楚象征这种精灵的自然物跟瑶胞生活的关系，同样的道理，发现瑶胞目前尚崇拜某种精灵，那么联系这种精灵的代替物，也一定可以窥见瑶胞曾经历过的或目前尚存的生活实况。

瑶山公社有 26 个自然村，每个村寨都设有本寨的寨神，寨神也像瑶山的一切神祇一样有自己的替身。跟其他民族显著区别的是每个村寨的寨神都分为两组，每一组各有一套自然物为替身。两组寨神中主寨神是一夫、二妻、三子组成的精灵家庭；副寨神是三位单身男子，正在等待配偶；他们共同组成一个精灵集团。

主寨神藏匿在村寨路边坡上的密林中，特别是枫树林中。副寨神则坐落在离主寨神不远的路边大岩石的凹陷处，两组寨神共有一个"休息地"，"休息地"设在主、副寨神中间的地面上。各村寨寨神的替身物大同小异，我们仅以瑶山公社所在地的寨神为例，作简略的探讨。

公社所在地总名叫拉片，主要居民是谢姓家族，该地的寨神就是以该家族为主设立起来的。从公社通向公社林场的大路左侧的山坡上，有刚成林的枫树一片，主寨神就栖息在枫树上。进入枫林后，可以看见在相距各 1 米的三株枫树之间，用竹竿搭起了一座小竹棚，小竹棚用细竹绳平行悬空捆缚在枫树上部，略呈三角形。棚面由 1 厘米宽的竹片编成，粗疏与小猪笼孔洞相似，底下放置着鸡笼一个、猪笼一个以及以往祭祀残留的食品渣滓，竹栅上插着木制的刀、剑、斧、七个小碗，其中一个碗中盛柴条和炭灰，其余的六只放着各类食品。支撑竹栅的枫树杆上，自竹棚向上呈螺旋形分别排列着小竹篓四个，竹篓之间相距 20 厘米，竹篓内各置土碗一个，内盛柴、炭、灰。小竹篓边挂着好几串竹制手编的环链，环链都由十厘米直径的小竹圈一个套一个地连接成一长串，每个竹圈由一厘米宽的细竹片绕成，绕法与桶箍相同。据瑶胞解释：主寨神一家就住在竹棚上，竹棚及其摆设就是主寨神的替身。

副寨神距主寨神的竹棚 30 米之远，它是一块高 2.5 米、长 7 米、厚 3 米的大岩石，当地鬼师称之"弯石"，岩石座向公社，部外伸，底部凹陷，离地 30 厘米，凹陷处进深 40 厘米、长 50 厘米，高 30 厘米，俨如一座有屋檐遮蔽的岩洞。"岩洞"中以碎石堆成三个人形，排成一列，两边插十几把木制长刀、剑和两柄大斧，这里也同样挂着竹制环链。瑶胞说，副寨神们就住在这块岩石中，供副寨神时，就向这块弯石膜拜，岩石四周尚剩留香、纸及供品残余物。

主、副寨神之间的灌木丛中，地上有一块竹笆簧，上置碗一只，内盛柴灰，旁插竹竿一根，竿顶系白纸花一条。簧旁及簧下均弃置着饭粒、鸡毛、猪骨等，瑶胞介绍这里是主、副寨神共同休息、玩耍的地方，也需要供奉。

寨神虽有主、副之分，但是他们之间并不存在谁比谁的权威更大，谁统辖谁的关系，是一个集体中平等的两部分。到底是什么原因要把一个寨神精灵分成两组分别膜拜呢？瑶胞们无法回答这个问题，只是说此事古已有之。下面我们将邻近两支瑶族和白裤瑶的主、副寨神及其所陈列的物品试作比较剖析。

贵州省荔波县还有两支瑶族，一支是聚居在瑶六公社的青裤瑶，另一支是散居在该县茂兰区各地的长袍瑶，他们也祭祀寨神，但是与瑶山白裤瑶有较大的区别。青裤瑶寨神称为"祖公祖婆"，其象征物是一块基脚宽大、端尖狭窄的石头，像一座孤立的小山，放置在寨外的路边。石头是经专门挑选的，标准只有一个，即入选的石头中间一定要有一个前后相通的孔洞，这种寨神石在当地我们曾见到四尊，检查残留在寨神石附近的供品，证实青裤瑶的祭祀仪序与瑶山白裤瑶大致相同。长袍瑶的寨神也分为两组。前者相当于白裤瑶的主寨神，后者相当于白裤瑶的副寨神，而与青裤瑶的寨神相同，这里的副寨神的象征物也是有凹陷的巨石，比白裤瑶进步之处是巨石上搭起了茅棚。

青裤瑶的寨神和白裤瑶的副寨神外形差别十分大，但是有一点却是相同的，即被奉为寨神的石头不能被雨淋着，如青裤瑶寨神的石孔，白裤瑶副寨神的岩石凹陷处，长袍瑶寨神巨石上立茅棚，其用意就更明显了。综观三处寨神，可以认为凡能提供遮雨之处的天然石穴，是能充当寨神象征物的主要标志。

房屋是供人生活憩息的住所，其功用一是避雨雾、挡风雪、躲阳光，二是便于防御禽兽。用三支瑶胞选择寨神的标准去衡量住房的功用，则不难看出寨神的象征物实质上是按照人类对居住条件的要求进行选择或塑造的。在这样的思想指导下，其选择或塑造的成果，自然即是人类原始居住环境的复原了。请看白裤瑶的副寨神，即带有凹陷处的大岩石不正是大山中的洞穴缩影吗？那排列在石穴的偶像，不正是在岩洞中栖身的人类祖先吗？一句话，瑶胞们以此来象征寨神，正好是对人类曾在石洞栖身的回忆。

选择象征寨神的替身还有一个条件，石堆人像和木制刀、剑不仅不能遭日晒雨淋，而且不能直接安置在地表面。这一条件，反映着原始时代对住房的另一要求——安全。由于当时生产力水平低，人们无力有效地防止猛兽的袭击，栖息处不能直接安置在容易抵达的山坡上，理想的居住是悬崖上的岩穴，人可以通畅无阻，而猛兽却无由抵达，这样的地方保障了瑶胞祖先生活的安宁。

明白了上层意思后，对白裤瑶寨神替身中保留的一件奇特的圣物——竹环链的用途就清晰明白了（主、副寨神中竹环链的用途是一样的）。瑶山的鬼师们认为，这是寨神的兵器,用以捆绑妖魔。然而上文我们已经阐明,寨神形象只不过是祖先居室的复原,并无对抗性的意思,竹环链必定另有来由。

瑶胞的祖先以岩穴藏身,人身固然安全,但上下却并不方便。为了自由进出,梯子不可缺少,然而在没有铁制工具以前,木料加工极端困难,要建造云梯几乎是办不到的事情。那时的攀登工具除了牵藤附葛外,只能靠竹片编制了,竹子就地取材、质地坚韧、轻巧方便,而又耐腐蚀,竹子中空有节,制作上无须刀劈,仅用石块锤砸,就可分解成竹条编结环链,竹环链中每一个环就是一级梯阶,同时也可当扶手,当人上到岩洞(树巢)后,又能轻而易举地收拢,不使外敌有可乘之机,正是只利于己、不能为人所用的利器,竹环链是上下攀登的软梯模型,确是穴居时代的发明,它为人类原始住房建筑提供了可贵的民族学实证。由于它是穴居(树栖)的必备之物,故作为寨神替身的一部分,受到瑶胞念念不忘,世代供奉。

瑶山的主寨神,不是一座简陋的土地庙,而是悬空架在树间的竹棚,上不遮雨,四周透风,又如何住人呢?这样的住处显然是特定条件下的产物,只能是供原始人类一段时期所用。白裤瑶生存的地区是一个干湿变化季节性很强的亚热带河谷地区。冬天干燥而温和,几乎无雨;夏天则多雨而炎热,潮湿闷热的丛林,几乎难于住人。生存在这一环境中从事狩猎与采集的瑶族先民,为了避开炎夏的酷暑,也为了追逐山上的飞禽走兽,一到夏天人们就拥簇向山上迁徙,以悬崖上的岩穴栖身。冬天气候转寒,飞禽走兽纷纷下河谷来御寒、觅食、饮水,以游猎渡生的瑶族先民自然会尾随着迁居到河谷平地。这时他们已无岩穴作屏障,只得上树栖息,安全要求提到了首位,好在这里冬天无冰霜的威胁,也没有暴风骤雨,而河谷地带的苗壮结实的枫树林上筑巢,成了最恰当、最方便的冬季安身之地。寨神全家就在棚顶落户,悬挂着的成串的竹环链,象征着云梯,竹棚上盛柴灰的土碗,是家庭火塘,棚下堆放杂物。

主寨神替身中还有一套耐人寻味的圣物——螺旋向上排列的竹篓和碗,瑶胞解释那也是寨神的火塘。可是从实际使用着眼,任何人(当然包括神化的祖先)都不可能悬在空中烹食、取暖。因而它不是通常居室中的火塘,据分析,应是传递信息的工具——烽火台的象征物。瑶族先民冬季迁到河谷时,由于气候干燥,树叶纷纷飘落,草类一片枯黄,人类的活动很容易暴露,即使上树居住仍会不够安全。为了与同伴联系,以便取得帮助,或警告邻居逃避危险,都需要加强联系,共同防御,这样的工具就是烽火,它利用不同位置的火光,传递各种简单的信息。烽火台在生活中的原型,与主寨神的这件圣物相同,只不过实际使用时规模大大地扩大了。至于那些木制兵器的由来,自然比寨神本身要年轻得多,其材料、造型都系外族输入的,并是受到欺侮后接受的东西,是瑶胞为了生产、自卫的需要才添设的寨神附属品。

一旦剥去主寨神身上的宗教光晕,剩下的正好是一幅活生生的先民树栖图。这样的画面,在瑶族先民中有过,在其他历史悠久的民族中也曾经有过,如《韩非

413

子》一书中所称的"有巢氏"。把瑶山白裤瑶主寨神形象用作《韩非子》"有巢氏"的附图，是再切题不过了。

寨神的共同休息地的构造同主寨神的竹棚一样，但草率得多，且直接铺于地上，同时插上竹竿为标记。这一套圣物可能是瑶族先民的娱乐场所，或者是狩猎临时住房的象征，但不是固定居室，它的方位需靠竹竿去辨别。

综观上述，现在可以从正面回答瑶胞一寨两神的信仰之谜了，原来瑶山的两组寨神是瑶胞先民冬夏两组居室的缩影，主、副寨神的象征物合起来是一幅逼真的"穴居树栖图"。由于岩穴和树巢分别在不同季节为瑶胞先辈提供了安全居住的环境，在瑶胞先民的心目中成了平安的象征，祭祀了这个能让祖先安居的圣物，子孙后代也随之可以得到庇护，安居乐业、人丁兴旺。这种信念一代一代沿袭流传，随着年代的久远，历史的变迁，它的本意逐渐模糊，并被宗教外壳所掩盖，于是树巢成了主寨神的替身，岩穴象征着副寨神，一寨配二神就这样形成了白裤瑶寨神的定制，而枫林、弯石一并沾着先民信赖的灵光，被赋予灵气而长期受到后人的膜拜。

在我国南方民族中，有着不同形态的寨神形象，但似瑶山式的寨神已极少见，应该说白裤瑶脱离"穴居树栖"的时代并不太久远，他们塑造的寨神象征物还十分接近生活原型，使我们今天还有幸目睹寨神的原生形态。但对各种继续发展的寨神形象，倘不熟悉其原生形态，并进行历史比较，已很难猜度其意义了。如青裤瑶所奉祀的"寨神石"这类崇拜物往往被误解为简单的自然崇拜——怪石崇拜，至于何以选择"怪石"，怪石信仰的意义，长时期来未有过准确答案，若不联系白裤瑶的寨神，对它的认识几乎无从着手。仅我们所见，为各民族崇信的"怪石"不出两类：一是与瑶山副寨神相似的所谓"弯石"，一是瑶六型的带孔石，前者是模型化的住人穴，后者是抽象化的住人洞，两类怪石实质是同源同义的信仰，只是各处于不同的发展阶段。

曾经供人类栖身的树林，在信仰上也经历了怪石同样的发展过程，先是膜拜树林中的巢穴，再是膜拜模型化的树栖巢穴，最后直接膜拜祖先曾经栖息过的树枝本身。不少民族在崇拜怪石的同时，也崇拜大树，汉族先秦文献中，就有"以石为社"，社上植"社树"的记载。目前各民族村寨中普遍存在的"神树"、"神林"，也是瑶山主寨神的同源同义物，其差别仅在于比瑶山白裤瑶多走了几步。

寨神崇拜具有跨族性，它不是某一个民族的专有信仰，而是若干民族共有的崇拜对象，这种多民族共有的崇拜物，乃是民族具有共同发展经历的见证。瑶山寨神所保留的人类祖先居室的象征物，是值得后人缅怀的，它对原始生活、原始信仰作了重要的注释和启示，其科学价值即在于此。人们不要因它朴素、简陋而嗤之以鼻，更不必因它披上宗教迷信外衣而感情用事，重要的是如何引导瑶胞认识它的真正价值，而不是把它当成单纯的崇拜偶像。

（本文与姜永兴合作，原载《学术论坛》1983 年第 6 期）

贵阳市高坡公社苗族葬习调查

    1981 年 2 月我们对贵阳市郊的高坡公社进行了为期十三天的社会历史考察，发现当地苗族在清代仍普遍存在着崖葬的习俗，个别情况下还有悬棺葬的例子。清代中叶以后大批汉人迁入该地，对该地苗族的社会生活、生产和习俗都产生了深远的影响，刺激了该地苗族社会的发展。在此情况下，当地苗族的葬习也逐步发生了变迁。本文拟介绍该地苗族葬习近三百年来变化的事实，并讨论这一变化得以发生的社会原因及各类葬习之间的内在联系。

一、高坡公社的形势和民族

    高坡公社位于贵阳市郊的东南角，南面接惠水县的摆金区，东面接龙里县羊场区，北连贵阳市黔陶公社，西通惠水县的姚哨。全境多山，平均海拔 1572m，最高点 1850m，是一个半高寒山区。全公社共有 13 个大队，总人口 1.4 万余人，分属苗、汉、布依三个民族，其中苗族最多共 1 万余人，汉族其次有两千多人，布依族人数最少不足 1000 人。鉴于贵阳市郊少数民族居住十分分散，这里可以说是贵阳市郊少数民族最集中的公社之一了。

    全公社的十三个大队中，杉坪、云顶、五寨、批林、洞口、上午、甲定，基本上由苗族村寨构成；高坡、高寨、水塘，基本上由汉族村寨构成；石门、大红、摆龙则以苗族村寨为主杂以少数汉族或布依族村寨（或有少数住户）构成。公社所在地位于高坡大队。高坡和甲定（紧邻着高寨）是该公社内两大农村集市，当地苗语中高坡叫 ［go^{11}ba^{24}］（猪场），甲定叫 ［go^{21}na^{21}］（蛇场），这两地是苗族和汉族人民接触交往的场所，对苗族的经济生活和苗族的社交活动有着十分重要的作用。

    当地苗族自称为 ［mp$\underset{\sim}{\wedge}$^{24}］，汉族称为"高坡苗"，又称"红毡苗"。该支苗族的居住地除了本公社外，还聚居在龙里县的羊场区和惠水县的摆金区，最东达贵定县西南角和平塘县西北角，最西接惠水县的姚哨。该支苗族的总人数接近十万人，所操方言属苗语西部方言，但与同方言的其他苗族语言支系有较大差异，通话有相当困难。

    该支苗族的服装也较贵阳市郊其他苗族为特殊，妇女要去掉额上及脑后的头发，外包黑色往前后翘起的大包头；上穿领襟相连、无扣无系带的蓝或白短衣，衣

袖短而宽，长不及肘部；下穿黑色半短裤，小腿上打黑绑腿。最重要的装饰品为称作［？ ɤ²⁴］的背牌，穿时由头上穿过，前面盖住前胸，后面盖住背部的上半部，全由黑布精挑蓝白色花纹做成。腰上系各式腰带，前系挑花围腰，后系麻布浆过猪血的围腰，盛装时外穿黑色百褶长裙。男子已改穿汉人服装，但死后装殓时仍需穿本族服装，这是一种无扣无领，下为裙褶样的大长袍，多为黑色。本族服装多白、蓝、黑三色，妇女盛装时亦穿红色或绿色。

主要的节日活动有跳洞、射背牌、斗牛、敲牛祭祖等，均与贵阳市郊其他苗族有区别，他们也不参与其他苗族的节日活动，很像一个苗族中的独特分支。实际上他们虽为苗族，但他们和汉人的交往大过与其他苗族的交往。

生产以农业为主，兼营伐木，喜爱狩猎和采集，但在生产中所占比例甚小，多为娱乐性质的活动。生产水平还不高，本族无专业的竹、木、泥、石工匠，直到解放前仅能自织窄幅粗麻布，养蚕而不能缫丝，故棉布、丝线、绸料、农具皆仰汉族商人输入。

汉族在当地定居已有相当长的历史，现存最老的庙宇筑路碑是道光十年所立，最老的墓碑为冉姓（汉人）在嘉庆九年（1804年）所立及文姓（汉人）在嘉庆十七年（1827）所立。可见汉人在当地定居已超过了一百八十年。至少在嘉庆和道光时代，今天的高坡已形成了汉人为主体的村寨，成为汉人和当地苗族发生直接交往的中心。

当地的布依族多住在公社沿边的大队，是近百多年内才由附近地区迁入，他们与贵阳的其他布依族无大区别。在当地他们和汉族关系较密切，和苗族较疏远。

二、高坡地区的悬棺葬

高坡公社的悬棺葬分布在公社内的大峡谷中，或高山绝壁上。位于杉坪大队和水塘大队间的大峡谷——"三岔河"中，我们一共观察到五座悬棺葬；在五寨大队苏亚村西北的白岩山上，又有一座悬棺葬。这六座悬棺葬都是利用天然地形，将棺柩放入能勉强置一具棺木的岩缝中，岩缝的上下都是绝壁。放上的棺柩从上方和下方皆看不见，而远处却能一目了然，但是却难于接近。

"三岔河"是一条长达1200米的大峡谷，最宽处约200米，深达200米以上。从云顶大队流来的小溪在谷尾形成落差达100多米的瀑布，苗族群众叫它"滴水岩"。峡谷口朝西，尾在东，北面的侧壁非常险峻几近90°；南面侧壁则较缓，但也在75°以上。从高坡大队和水塘大队流来的溪流在北侧壁形成两道瀑布，第一道距谷口600多米，第二道距谷口800多米。南北两面侧壁都是石灰岩构成，石灰岩各岩层几乎平行于谷底，由于自然力的侵蚀和岩层断裂的结果，绝壁上形成了一些与岩层方向一致的浅缝。当地的悬棺葬就是利用这些条形岩缝作为安置棺柩的处所。

最容易观察的一座悬棺葬位于"三岔河"北面侧壁上，棺柩安置处下距谷底约

120 米，上距谷顶 40 米以上，东距谷尾瀑布 250 多米，西距第二道瀑布 100 多米。安置棺柩的地方是一道微凹入的浅岩缝，岩缝长约 5 米，高约 1.3 米（我们未能接近，数字是根据爬到棺柩安置处的社员介绍的情况推算得出来）。棺木呈长方盒形，大小头无明显区别，棺驮高出棺墙少许，棺盖内面横向凿有一头一尾两道浅槽，能和棺驮高出部分相配合，以便关闭棺木。整个棺木置于棺架上，棺架由两个"并"形框构成，棺木的两头各穿过一个框架中间的方孔而得以固定，并盖紧棺盖。目前脚下一头的框架已坏，一部分散落谷底，头上一个框架虽朽坏但仍有部分悬在空中。据到过的社员介绍，棺内无殉葬品。

另一座悬棺葬紧靠着谷尾瀑布的北侧，安置处下距谷底 40 多米，上距谷顶 80 多米，水大时完全挡住，水少时露出一个圆弧形的洞口，隐约可见一口棺木的一头。由于难于接近，此墓葬内的详细情况还无法得知。在"三岔河"的南面侧壁上，下距谷底 80 多米，东距谷尾瀑布 150 米处，另有连续排列的三座悬棺葬。我们攀着树根爬近时，仅见已经残碎的棺木片及零散的尸骸，棺木的大部分早已滚落到峡谷底去了，故棺木的形制未能推知。

五寨大队苏亚村白岩山上的一座悬棺葬位于该山的东坡，坡下是苏亚村的田坝。棺柩安置点的下面是一堵几近 80° 的绝壁，绝壁高 30 多米；上面也有一堵绝壁高约 40 多米。绝壁下面有一块面积才 150 平方米的小平地，平地上有废牛圈坑一个，房屋废墟一座，堆砌墓三座。从这块小平地下行羊肠小路 80 米，能下到苏亚村田坝。棺木亦使用了棺架。棺木已朽烂，棺架及棺盖、棺墙、棺驮有一部分滚落山下，仅棺底还留在原有位置。从所见残片推测棺木形制和当地崖葬中所见棺木形制相近。

这座悬棺葬是同类葬法中唯一确知墓主名字及生平的一座。死者名"尤动长"［iou²¹doŋ²⁴ẓaŋ²¹］，他的子孙取姓"王"，现在仍在杉坪大队居住，是苗族。他生前曾经代表苏亚村到贵阳打官司，争苏亚村田坝的耕种权，取得胜讼，因而受到大家敬重。他遂在今天所见悬棺葬下的小平地筑房居住，临死时遗嘱要葬在屋后悬崖上。村民遵嘱而葬，并于此后在他的旧居地安葬了他的妻和子，现在平地上的三座堆砌墓就是他的妻和子的坟茔。

三、高坡地区的崖葬

崖葬一般是选定村寨附近的天然石灰岩洞，作为某个家族的集体坟茔。安葬棺柩时不分男女，不依辈分，完全以葬入的先后为序；每个洞穴葬入棺柩的多少，取决于洞穴的大小和使用时间的长短；棺柩放置的方位和次序各洞之间差别甚大，看不出有统一的规定，多视洞穴的形状以方便为准。对洞穴本身一般未做加工和修饰。目前这些崖葬洞已经没有人再继续葬入了。但各崖葬洞的后代仍加意保护并经常扫祭。

高坡地区的崖葬分布甚广，我们一共查实并考察过八座，它们的大致位置是：杉坪大队对面山头的东侧山凹、山顶、山后背各有一座；五寨大队苏亚村西北晏家冲内总共有三座，其中两座洞口已崩塌，仅能窥见不能进入，一座甚完整在冲的最深处的半山坡；甲定大队去龙里县摆省公社的小路边，恰好在两地交界线上有一座；洞口大队和上午大队之间有一座。下面择重介绍三座，其他的因情况基本相似，故不赘述。

"龙山洞"〔bla⁴¹laŋ⁴¹kiŋ²¹〕，位于杉坪大队正对山头的东侧山凹内，洞口在杉坪大队去批林大队的小路左侧 20 米处。该洞下距杉坪大队水田坝 600 米左右，垂直高 80 米左右，洞口正前方 1120 米处的小路左侧梯土中有碑一块。碑高 1.3 米，宽 0.8 米，厚 0.25 米，碑额楷书"龙村锁钥"四字，碑文已残损，但仍勉强可识其大意。

该崖葬洞洞口宽 16.2 米，高约 16 米，洞的深处达 12 米，洞口略呈拱形，洞内较平整，无钟乳石，看不出人工修饰的痕迹。洞内由于阳光可以穿过树枝射入，因而比较明亮。棺木都放在洞的左侧，右侧留着放殉葬品和祭品。上五层的棺柩垂直于洞侧壁放置，头靠左足朝右，底层的棺柩使用了棺架，放置方向和上层的方向垂直，头朝洞内足朝洞口。上 5 层大致每层 3 至 4 列，每列 8 至 14 具棺柩，底层的棺柩由于已经完全朽烂已无从计算数字了。目前棺柩的堆积尚有 4 米多高，但洞口 3 米处及原先留空的洞内右侧都散满了棺木碎片，估计是下层朽烂倒塌造成的结果。由于棺碎柩烂倒塌，棺内及洞内放置的殉葬品已和尸骸混在一起，现已无从辨其所属和层位。

栗木山洞位于甲定大队到摆省公社去的小路边，正好位于两地交界处。洞口在小路左侧山腰，洞口有两个，方向朝东，上大下小。上洞口宽 11 米，高 10 米，深 66 米，洞呈不规则圆弧形。入洞 30 多米处有一条支洞向右下侧出直通下洞口，支洞较主洞为窄。这条支洞的存在使洞内排水通风都便畅，洞内棺木保存很好，自然破碎的几乎没有。

棺柩仅置于主洞中，支洞内一具也未放过。棺柩放置的方向一致，都平行于洞侧壁，依洞内天然形状排成长短不等的五个纵列，每列的棺柩多少不等，总计目前全洞有完整棺木 64 具，在主洞上摆满了一层。正中一列从洞口向内数的第五具棺木甚小，仅及其他棺木的一半，据介绍是先堆砌葬一段时间后又再二次葬入的。

该洞洞尾堆满了碎石，洞顶有崩塌和熏黑的痕迹，碎石下堆有烧焦的棺木残片。洞内深处另有三具熏黑的棺柩，而其他棺柩是失火后又另外葬入的。

洞内绝大多数棺柩都在棺架上，个别馆架放有两具以上棺木。每具棺柩下放置殉葬的陶罐一个，碗一个，此外未见其他殉葬品。由于棺木完好，我们又未获当地群众允许开棺清理，故棺内的殉葬情况，尚不得而知。

煤洞〔bla⁴¹ẓu²¹〕位于五寨大队苏亚村晏家冲内，这是一个较险峻的崖葬洞。洞口在晏家冲这条山谷的谷尾，方向朝东偏北，下距洞底 110 米。垂直高 80 米左右。洞口略呈长方形，宽 8 米，高约 4 米，洞深 42 米左右，洞侧壁平直，洞顶和洞底皆向下倾斜。洞口用碎石砌有保坎一道以防山水流入，有三级碎石阶进入洞内。洞内有碎石砌成宽石阶十三级，平行于洞口，长与洞宽一致，宽约 3 米，高约0.3 米。从洞口起一至八级逐级下降，至第九级起又逐级抬升，直至最后一级。

棺枢都置于宽台阶上，一律平行于洞侧壁，每级可辨认出棺枢 2 至 5 具不等，共计可辨认的棺枢有 45 具。已碎的棺板由于山水流入已和淤泥混在一起，而无法计算了。棺枢大都紧靠洞侧壁，在洞穴中轴线偏右处留着一条供扫祭时的走道。每具棺枢的上面或旁边放有殉葬陶罐一个，走道上放了祭扫时的碗，洞内未见其他殉葬品。该洞右侧也有熏黑痕迹，估计为失火所引起。由于此洞太潮湿，有两具被洞顶滴下的地下水淋着棺枢，被扫祭的后人用碎瓦片盖着。在已破损的棺内木可找到苗族服装的残片和海贝。

其他崖葬洞和上述三处的情况大同小异，所异之处多是由于洞穴的自然状态引起，并非在葬法习惯上有差异。值得注意的是和煤洞邻近的另外两座悬葬洞，洞口崩塌封住了洞口后竟无人掘开，扫祭时遂改在洞外举行。有的洞很小，葬满后就自然放弃另找新洞。看来崖葬洞的弃取，多因自然因素引起，人工开凿去扩大洞穴以利安葬的事，我们尚未发现过。

四、崖葬所用的棺木形制

崖葬用的棺木都很粗陋，非常容易残损，除极个别外一般未漆过。按其结构特点可以分为四个类型：①方头楔式；②方头半楔式；③圆头半楔式；④圆头嵌合式。方头楔式见于杉坪大队的各崖葬洞内，方头半楔式和圆头半楔式见于苏亚村各崖葬洞及栗木山洞中被烧过的部分，圆头嵌合式是栗木山洞内的主要棺木形制。悬棺葬的棺木形制和第一型相近。

方头楔式棺由平整的大方板靠榫卯并加楔子固定装成。制作时先在棺盖、棺底、棺墙的两头各凿上一个方孔，方孔一般长 8cm 左右，宽较短。棺驮的两侧各锯出一个榫头。装合时先把棺驮的榫头投入棺墙两头的方孔中，各榫头伸出棺墙的部分再挖凿方孔，外加楔子把棺墙和棺驮的位置固定。棺盖和棺底则用两头带榫的短木枋，上方穿过棺盖两头的方孔，下方穿过棺底两头的方孔，依上述方法加楔子固定并关闭棺木。由于要加楔子榫头多呈长方形断面，以便向垂直于长轴的方向凿孔，并打进楔子，所以楔子打上后从正面看是一个十字形结，一口方头楔式棺两头各有这种十字形结四个，总共八个。棺木外形呈长方盒形。在木工技术落后，不能在木板上创出长达二米以上的准确的燕尾槽时，这种结构棺木的办法是唯一可行的装配手段。不过这样的棺木外形难看，结合不严缝，棺木容易散开，为了使榫头伸出，棺板不能加厚，因而杉坪大队各崖葬洞内的这类棺木几乎难有完好的。同时凿孔位置不能太靠两端，致使棺木虽用长木板但是棺木内空长度都很小，少有超过

1.7 米的。下列两个实测数据可以说明这种情况：

    A. 全长 2.30 米，宽 0.60 米，高 0.56 米，内空 1.71 米，板厚 0.08 米。

    B. 全长 2.10 米，宽 0.43 米，高 0.43 米，内空 1.65 米，板厚 0.06 米。

方头半楔式棺是在上一类型基础上稍加改进的结果。当木工技术发展到能较准地拉出短燕尾槽时，棺驮和棺墙之间的结合处就自然放弃了凿孔投榫的方式，改为拉槽采台的嵌合式结构了。同时棺底和棺盖因要拉的槽太长一时技术上达不到，只得仍用加楔固定的老法子。这种结合办法的局部改造，致使部分棺板厚度突破了原来限制，而未改部分的棺板厚度仍在 0.10 米以下。下面一个实测方头半楔式的数字显示了这一变化：

    C. 全身 2.35 米，宽 0.67 米，内空长 1.6B 米，棺墙厚 0.12 米，棺盖厚 0.08 米。

在相同的技术条件下，仿照汉族棺木把棺板尽可能地修成圆弧形，则导致了圆头半楔式棺的产生。为了解决这类棺木既像汉族棺，又能加上楔子的矛盾，往往把加楔子的位置留出，而其余部分尽力修成圆弧形。这类棺木所见数量不多，但由于它突破上两类棺木的长方盒样的外形，是一种过渡型而值得注意，同时这种类型棺木的出现也标志着苗族和汉族联系的加强。

圆头嵌合式棺木即一般汉族棺木形制，这种类型的棺木仅见于栗木山洞，考虑到该地有大量汉族定居，该地又位于摆省、摆金去高坡的交通线上，洞内棺木又是失火新近葬入三个因素，这个类型的棺木在该洞大量出现就不难理解了。总之前三个类型可以基本肯定是当地苗族所用的棺木形制，而最后一种仅是特例，不能据以肯定它为苗族抑或其他民族所用，必须看它出现的背景去断定属于哪个民族所用。栗木山洞中由于它和上三种类型之一同时出现，故应肯定是苗族的棺木。若在其他环境出现则一般不能轻易认为是苗族所用。

崖葬中的棺木多置于棺架土，棺架的结构和"三岔河"悬棺葬所见者同，不过通常较悬棺葬使用者为高，棺柩放上后往往离地 0.4—0.6 米。

五、高坡地区的堆砌墓

堆砌墓在高坡分布非常广泛，可以说没有一个大队没有这种墓葬，甚至目前已没有苗族居民的村寨也不例外。这种葬法的特点在于平地放置棺柩，围着棺柩堆放乱石构成长条形堆，顶上仅盖薄土，以至置于棺柩上的殉葬陶罐的罐口还能露出来。据调查当地苗族在过去有办冷丧的习惯，即老人去世的当时装殓后仅简单料理一下停放在村外，等到后代有力量办丧事时再发柩而出，大办丧事，进行二次葬。可见早期的堆砌墓是一种临时性的假葬，它是二次葬的第一步，而不是真葬。

随着汉族的大量迁入，汉族的葬习在当地逐渐发挥了影响，堆砌墓原有的作用逐渐发生了变化，由暂时的假葬变成了真葬。同时堆砌墓逐渐堆得较为牢固，堆砌的形状也逐步向汉族土坑墓的外形靠拢，依次变成圆锥形堆砌墓和圆桩形堆砌墓，并有意识地在墓前树立较平整石块，作墓碑的代用品。尽管如此，由于仍是用不规则乱石堆成，因而和汉族墓仍然很容易分别。

苗放堆砌墓上真正墓碑的出现是很近的事情，我们找到的最早的苗族墓碑建于光绪十五年。死者名罗茂广和罗九茂，这两个名字都是苗族名字的汉语译音，原本的名字可以记着〔niɜ²⁴kaŋ⁴¹〕和〔tɕigŋ⁵⁵m̩ɜ²⁴〕根据当地苗族父子连名制的习惯，这正好是父子俩。父子俩当然不可能同年同时安葬建碑，可以证明这是后代举办"冷丧"后，同时补立的墓碑。

尽管现在的堆墓砌墓是真葬，但是举行二次葬的例子至今仍时有发生。栗木山洞内就有二次葬的小棺。而办"冷丧"的习惯至今流行不衰，遇到条件可能时，不少家族还举行各代祖先的大合祭。这些现象足以看出二次葬在地的苗族中有着十分久远的传统，并且十分稳固，至今仍有影响。

最后应当补充一下，上述各类葬法只用在正常死亡的情况下。对非正常死亡的人，如难产而死、械斗致死则实行火葬，火葬时不得按一般礼仪办丧事。火葬的骨灰也不收集，而任其随风四散。这样做的目的据说是怕这些人作祟，危害亲属和朋友。

六、各类墓葬的族属和年代

我们在高坡区见到的这三种主要的葬习，从外表看互相之间差别非常之大，很难叫人相信它们全属于苗族的葬式，然而事实毕竟是事实。对崖葬的族属最有说服力的物证是前面提到的"龙村锁钥"碑，该碑碑文的可识残句如下：

盖闻山水秀乃天地生成，人丁发占祖宗德行。但此坟茔自古遗焉□□亿□年，惟□不认宗族、广钱营利剖腹藏珠之计。□□合寨传齐，公议□抽揽□指银，□□□工好师，诚图封锁佳域，□遗骸与金玉护共坚，冥福与邱山并厚，伏惟善光永镇斯土，厚德无疆，功崇万古。今辟新阡，山环水聚，敢竭微□，洁修襘祷，尝蒸□簋，□□□□□无惊无怒，底众先□，孔宁礼固，千秋永安，我众殊臻，于斯万聚。至今四□□□，俊我后人，次耳无欺无□，自始至终而兴于斯也。佑启后人福桂胜芳，耋耄期颐之□□仰，万古不磨，而众筹□心或佐为序。

告白：从今以后，再不准谁人再伐再卖，如有不遵者众问皂祭。封山通知
杉木寨坪寨　六十七房　齐全协力，合行建记
嘉庆拾陆□□□□□信士罗文魁助笔

该碑中明确记载建立这块碑是为了相约保护"龙山洞"前的林木，以利子孙的"人丁发"，同时还捐银修筑"新阡"。而参加建记的人是杉木寨和坪寨的六十七房

人。今天这两寨人全部姓罗，都是苗族。他们一直保护这碑和所定公约。去年两寨人协议卖掉洞前一株直径达一米的大杉木时，买主被要求出肥猪一口，鸡一只，米若干斗，两寨人同祭了"龙山洞"才准砍伐。祭品则两寨人共同分享，卖杉木得的钱也两寨人分享。

据介绍早年苗族不是清明扫祭祖坟，而是遇灾祸或祭祖时才祭"龙山洞"，由于和汉族接近的结果，目前已仿汉族在清明时扫祭，并且像汉族一样要标青，挂白皮纸条。这两寨人在"龙山洞"前的树枝上挂的白皮纸条，我们到"龙山洞"时还残存不少，充分显示这种扫祭的经常性。

类似杉木寨和坪寨人对"龙山洞"的这种所属关系，不仅限于"龙山洞"这一座崖葬洞，其他各崖葬洞属于哪个家族同样十分清楚。比如前面提到的栗木山洞属于甲定大队姓王的苗族，煤洞属于苏亚村姓王的苗族，在晏家冲内的另外两座崖葬洞属五寨大队姓唐的苗族，"龙山洞"反背的"老鹰洞"［bia^{41}buc^{41}loŋ^{21}］属于杉坪大队长寨村姓罗的苗族。

各家族不仅知道哪个崖葬洞是自己的祖坟，而且还知道是哪一代的祖先葬在哪个崖葬洞，个别情况下还能指示哪口棺木是哪一位祖先的，这位祖先和现在的后裔差几辈。这样一些情况如果不是代代相传，如果这些崖葬洞不是和当地苗族生活休戚相关，他们是不能了解得如此清楚的。

这些崖葬洞内的殉葬品和棺木内的殉葬品也能证实这些崖葬的族属。我们在"龙山洞"内发现殉葬有当地苗族所用的芦笙，苗族妇女所戴的背牌、海贝、系带的残片。在煤洞也发现了海贝和苗族服装的残片。各崖葬洞中都殉葬有形制十分相似的陶罐，这些陶罐和现在苗族中所用的十分相似。当地的汉族或布依族都有自己的服装，与苗族服装迥然不同，皆无芦笙也不用海贝作装饰。当地汉族和布依族的木工制作水平较高，不像苗族那样无专业木工。崖墓内制作粗陋的棺木与苗族的木工水平恰好相当。

高坡地区的悬棺葬数量不多，并且有的已经残破，但是就现在存在的而论，仍可以断定是苗族的墓葬。首先这些悬棺葬的棺木形制都作长方盒形，都连有棺架，这与崖葬洞内的棺木非常相似，制作水平和当地苗族木工手艺相当。当地苗族都一致传说这些悬棺葬是他们"老辈子"的墓葬，尤其是苏亚村的"尤动长"悬棺葬，既有世系可算，又有事迹可传，而且还有他的遗迹（住房）可寻。其次这些悬棺葬和崖葬一样均未能对安葬点的岩石进行加工，这同当地苗族石工水平一致，而远远低于当地其他两个民族的石工水平。最后还应该注意"尤动长"悬棺葬是遵照本人的遗嘱安葬的，可见这种葬法是当地苗族的传统，他肯定不是实行这种葬法的第一个人。

悬棺葬分布最密的"三岔河"北面是汉族和布依族杂居的寨子（属水塘大队），从表面上看似乎不能排除这些悬棺葬非苗族墓葬的可能。但进一步的考察后，我们发现水塘大队的名称是近年才有的。当地的中心寨子叫格蚌［go^{21}baŋ^{24}］（花场），是标准的苗族地名，这与杉坪大队罗姓苗族传说他们祖先自格蚌迁来相符，因而从历史角度看"三岔河"是处于苗族的传统分布地内。从地理位置上看这里的悬棺葬和"尤动长"悬棺葬一样应该属于苗族的墓葬。

高坡地区的堆砌墓，由于仍是今天当地苗族的基本葬法，故属于苗族不存在任何问题。并且这种葬法的分布区和苗族的历史分布地相一致，也和今天的苗族分布地相符，也和苗族未能加工石料的生产水平相符。加之其他两个民族也一致称这些堆砌墓为"苗坟"，可以完全肯定这也是当地苗族有一段传统的葬法。

当地苗族没有文字，他们的过去的社会状况全凭传说来保存，因而这些葬法的使用上限，基本上不能确定，只能做一个大致的推测。"龙村锁钥"碑准确记载了立碑时间是嘉庆十六年（1811），但在立碑时"龙山洞"已经看成"自古遗焉"的古迹了，可见当时的人已无法记得它的起始时代了。但是这些崖洞内的棺木是锯过的木板制成，在板上还有凿子打孔的痕迹，这显然是大量专用铁工具输入的结果。而铁工具输入得仰给于汉族商人，得靠市场的形成为前提条件。这种情况不可能早过贵阳完全确立为全贵州省政治经济中心时，并有大量汉人进入高坡活动以前。因而这些崖葬的上限可以大致估定在明末清初。

悬棺葬的棺木制作水平和崖葬内原始型棺木方头楔式棺的水平一致，故可以看成同一时期的遗物。"尤动长"悬棺葬的墓主生平已牵涉到争耕种权，他本人有能力通汉话、打官司等。可以肯定这是清代晚期的悬棺葬。高坡地区的堆砌墓在今天的汉族寨内也有分布，并和最早的汉族墓交错分布，故可以断定为一种真正的葬法（不是二次葬的第一步），这个意义上的堆砌葬起于当地汉族定居的同时，即清代的嘉庆和道光时期。

崖葬的使用下限已经进入了能够记忆的时间内了，所以已能准确查清。据苗族同志介绍，最后葬入崖葬洞的一具棺柩在栗木山洞，死者名王同蒿，葬入时间是1957年。

七、三类葬习的内在关系

大致明确了苗族的三类葬习流行的时间后，自然得出一个印象：当地苗族曾在相当时期内共有这三类葬习。三者能并行不轨地被采用着，这个现象显然不是一种巧合，应当是有一定原因的必然结果。那么这原因究竟是什么呢？下面我们准备就这个问题提一点不成熟的看法。

关于悬棺葬我国古籍中提到之处甚多，可惜十分零碎和失实的多，真正深入调查后全面记录的少。就这个意义上看下面三条材料实在是难得的实录了，他们的价值确实不容忽视。

一、唐张鷟《朝野金载》"五溪蛮条"："父母死，于村外阁其尸，三年而葬。打鼓踏歌，亲属宴饮舞戏一月余日。尽产为棺，于临江高山半肋凿龛以葬之，自山上悬索下枢，弥高者以为至孝。"

二、宋朱辅《溪蛮丛笑》"葬堂条"："死者诸子昭水内，一人背尸，以箭射地，箭落处定穴。穴中藉以木。贫则已。富者不问岁月，酿酒屠牛，呼团洞发骨而出，易以小函，或架岩屋，或挂大木。风霜剥落，皆置不问，名曰'葬堂'。"

三、明田汝成《炎徼纪闻》"仡佬条"："棺而不葬，置之岩穴间，高者绝地千尺，或临大江，不施蔽盖，以木圭若主罗树其侧，号曰'家亲殿'。"

这三段材料所记的民族不同，时代也不同，涉及的地域更不同，可是所记的内容在本质上却有惊人的相似之处。他们共同肯定悬棺而葬之习在执行时差别非常大，既可以简单地"置之岩穴"，又可以置于"绝地千尺"之上；既可以因贫而随便以树枝为藉简单掩盖了事，也可以重办葬礼挂上大树，甚至于不惜工本去架岩屋以葬之；既有"于高山半肋凿龛而葬"者足称"至孝"之举，等而下之，在力不支时在较低的地方凿龛而葬之者想来也应该有，而且会被视为"至孝"的葬法者数量上来得更多。高坡地区的苗族的葬习和这种记载同样有惊人的相似处：既有通常人用的广布全苗族住区的崖葬洞，又有像"尤动长"享受的那种用于"名人"的悬棺葬。

总而言之，不管是五溪蛮、仡佬还是高坡苗族，他们虽然都有悬棺而葬的习俗，但是能够真正葬于"高山半肋"的人仅只是这些民族中的极少数。真正的悬棺葬只是一种特例，它必然伴有更为"从众"的较简易的葬法。古籍中所记录到的悬棺葬自然不少，但是记录者多出于好奇，或附会神怪，注意力多半在那些悬得最高最险的特例上，而全然不顾它的必不可少的伴随葬法。从高坡苗族调查的结果出发，我们坚信那些充满鬼怪仙道的悬棺葬附近，一定可以找到这些悬棺葬的伴随葬法的遗迹。说到此处我们不得不佩服向达教授深锐的洞察力，他不把作为特例的悬棺葬独立开来，而是把悬棺千尺的现象和它的伴随葬法——置棺岩穴间放在一道统称为"崖葬"。这是非常正确的称法，是抓住了本质的真知灼见。

这三条记载中又一个值得注意的地方是都把悬棺葬和二次葬连在一起，同时指出对已葬的悬棺既不需"蔽盖"，又不加防护，"风霜剥落，皆置不问"。似乎死者尸骨一旦暴露于空中以后该办的事就算了结了，而留在土中反而是对死者欠一笔债一样。我们在高坡的苗族葬习中同样看到这样的事实：老人死去的时候丧事很简单，但是以后却大办"冷丧"改葬；堆砌葬后还不算完事，而"发尸而出"易以小棺，葬入崖葬洞才算完事，后代才可心安理得；葬入岩洞时要装殓齐备，但葬入岩洞后哪怕棺木朽烂，尸骸满洞"皆置不问"，悬棺者棺落骸坠，后代不必另行收敛。如是种种，究其本意同样在于有意要让尸骸外露，而且露得越彻底越好。用汉族对死者必须厚敛深埋以求不朽的传统观点看来，这种做法很不好理解。但是如果从人死之后，绝不要把死者灵魂闭在肉体内，而要尽快让灵魂顺利放出来的初民思想看来，这一切做法就完全属于顺理成章的举动，因而实在是非常好的事情。

正因为怕死者灵魂闭住，所以假葬时要在穴中藉以木，在高坡苗族中是堆乱石，意在让灵魂有缝隙可以逃出；为了让灵魂出得快，所以最好是挖出来再葬入岩穴中；为了让风把灵魂带走，所以葬得越高就越好（因为高处风大）；等到棺坠骸落则灵魂大概已走了，故可以"置而不问"。从这种看法着眼，我们认为高坡苗族的传统葬习虽然表现得很不同，但是其指导思想只是一个：赶快放出死者的灵魂。故早期的堆砌葬（指假葬形式的堆砌葬、悬棺葬、崖葬）究其本应该看成一种葬习的不同的三种表现形式，割裂三者中的任何一种来研究看来都不当。

目前学术界正在深入研究悬棺葬问题，许多人把注意力集中在百越族系和氐羌系统的悬棺葬研究上，很少有人注意到苗族也可能有悬棺习俗。我们不揣冒昧在整个高坡苗族调查尚待深入的同时，提出一些我们自己的看法，仅在于引起对苗瑶族系的悬棺葬习的注意，因而不当之处一定甚多，万望专家及同仁不吝赐教。

[本文与张惠泉合作，原载《贵州民族研究》1981 年第 2 期]

其他篇

多元文化的和谐共生

　　多元文化的和谐共生既是现代社会追求的理想目标，同时又是现代社会可持续发展的人文基础，这在今天的黔东南已经是一个客观的事实了。因此，亟待回答的理论问题正在于，为何黔东南能够做到排除各种社会干扰，确保多元文化的和谐并存。借助于近半个世纪以来生态民族学对文化变迁理论的建树，如下三个方面的原因值得做进一步的深入探讨。

　　黔东南的自然与生态结构本身就具有小规模多样并存的特色，不同类型的自然与生态集合在黔东南范围相互穿插、密集分布，而且很少相互干扰、相互排斥。这就使得来源各不相同的民族及其文化在黔东南都能找到理想的最佳生存环境，以至于在漫长的历史岁月中，不管在什么时候，以什么样的方式迁徙到黔东南地区定居的民族及其文化都能在黔东南顺利的成长、壮大，并保持其稳态延续。由于自然与生态系统本身就具有很强的稳定性，随着时间的推移，进入黔东南的民族及其文化只要能够得以稳态延续，经长期积累后，文化的多样并存也就成了不可避免的客观事实。就这一意义而言，当前观察到的文化多元并存，既是自然与生态系统多样并存的客观产物，又是长期历史积淀的结果。

　　黔东南地区复杂多样的自然地理结构，对文化间的相互传播发挥了强有力的制约作用。黔东南的总面积虽然不大，但境内的山河阻隔却十分突出，各地生态系统的特异性又十分明显。在现代科技大规模推广之前，不管是哪个民族要直接影响到黔东南都要面临难以克服的交通困难，因而外来文化要介入黔东南并发挥强有力的影响，都得耗费巨大的人力和物力代价，以至于在漫长的历史岁月中，外界对黔东南施加的政治、经济、军事和文化教育影响虽说从来没有间断过，但要发挥明显的效应都往往感到力不从心。其最终表现为，不管在哪一个时代，对黔东南施加过什么样的外来文化影响都得经过漫长的历史岁月。这就使得早已生息在黔东南的各世居民族拥有充分的调试时间和空间，最终能够做到对外来的文化影响做出较为理想的消化和吸收，而不会在突发的文化冲击面前丧失自身的文化特性，从而确保了已有的多元文化并存格局不容易被打乱，并实现和谐并存。就这一意义上说，多元文化的和谐并存，显然不是预先设计好的建构产物，而是通过磨合达成的制衡状态。因此，多元文化在黔东南的多元并存，是历史积淀下来的一笔财富，是各民族文化之间相互冲突、碰撞和磨合而达成的理想状态。到了今天，尽管现代化的浪潮表面上十分强大有力，但对于已经稳态延续的和谐并存状况而言，抗拒干扰的能力已经形成，化解冲击的社会机制已经相对健全，这样的文化并存格局也就不容易被打乱了。

黔东南各民族文化对自己所处的生存环境具有极高的适应水平。黔东南所处的地理区位刚好位于从高原到平原的过渡带，因而境内的生态系统也表现出明显的过渡性来，这样的过渡性也就使得不同的民族文化要想在黔东南得以稳态延续，都必须拥有多样化的生存策略和生存智慧，都必须具有对异质文化很强的包容能力，即必须具有应对环境和社会巨变的双重禀赋。这样一来，黔东南不同民族的社区尽管规模不大，但应对环境和社会干扰的潜力却十分坚韧和顽强，民族之间又具有很强的包容能力。这就使得不管是什么样的社会性干扰，在进入黔东南后，要产生明显的影响力，都需要耗费较长的时间。然而，现代化的冲击主要是通过市场方式发挥其影响，而市场本身就具有很大的波动性。一种影响力和影响方式还来不及发挥明显的影响，新的冲击又来了。外来冲击只要不形成持续的同质性冲击，那么黔东南的各民族小社区都具有消化、吸收和改造的能力，这正是在其他地区很多传统文化难以保持而黔东南却能化解外来冲击的原因所在。

多元文化的和谐并存是黔东南的一项社会财富。形成这一社会财富的原因虽然各不相同，但它的共性特征则在于，黔东南环境和区位造就的民族制衡格局，拥有维持其稳态延续的优势。如何确保这一优势的长期生效，则是当前文化建设的重任所在。

[原载《当代贵州》2012 年第 14 期]

"原生态文化"疏证

摘要："原生态文化"这一提法本身是一个缩写形式。既然是一个缩写，单就字面理解，会引起歧义和纷争本来是一件十分自然的事情。但关键是要澄清它的内涵而不必追各方的是非得失。原生态文化本身是指本土的生态文化，而不是其他。之所以要强化对本土生态文化的研究，是因为原生态文化内容具有很高的稳定性和长效性，即使到了今天，它仍然具有不可替代的价值，特别在生态维护和生态建设上面。不仅在今天，即使在未来，也需要发掘、利用这一知识和经验的宝库。影响民族文化变迁的因素很多，其中，所处的自然与生态环境影响力最为持久，而且又是相关民族赖以生存和延续的根基，因而，凡属适应于所处生态环境的要素及其结构部分，自然是该民族文化的"内核"，也就是"生态文化"。至于相关民族的特殊历史过程和跨民族文化传播导致的影响，虽然也会在相关民族文化中留下明显的轨迹，但在研究"原生态文化"时，仅是作辅助内容去加以对待。

关键词：生态文化　自然与生态系统　文化变迁

作为学术概念的"原生态文化"一经提出，立即得到了社会各界的认同和推广，但也引发了一连串的争议。综合对比来自各方的诘难，总可以发现，所有的诘难都不是导源于这一学术概念本身，而是与文字表述的准确程度相关联。称为"原生态文化"，其实是一种缩写形式，为的是使行文更加简洁，但一经这样的缩写后，按字面意义去理解就会产生如下三种歧义：其一是，将它理解为"原生形态的文化"；其二是，将其理解为本源于生态系统的文化；其三是，理解为"生态文化"的原型。

作第一种意义理解的学者反诘说，任何民族的文化在时空场域中，永远处于新陈代谢的发展演化状态，因而世界上根本不存在不变的文化，尤其是到了现代化的今天，更不可能找到"原生形态的文化"了，据此认定"原生态文化"这一提法本身就缺乏科学性。更有甚者进而指出，以"原生态文化"名义推出的民族文化事项，不管是音乐、舞蹈、美术，甚至是民俗，都经过了艺术家的加工，既然经过了加工，还有什么理由称为"原生态文化"呢？

值得澄清的是，"生态文化"一词自从斯图尔德正式提出以来①，在文化人类学话语圈内，一直是作为一个稳定的语义结构单元而得到了广泛的使用。其中的"生态"一词是特指生态系统，即特定民族文化所处的那个生态系统。因而将"原生态文化"理解为"原生形态的文化"，其实质在于曲解了"生态"这一术语的完整涵义，将其中的"生"字不理解为"生物"或"生命"，而是理解为"生成"。很显然，错，不出在文字的固定搭配本身，而出在理解者将完整的"生态"一词加入了新的含义，变成了"生成的形态"去使用。导致分歧的责任不在于这一概念的提出者，而在于理解者不了解"生态文化"这一术语的出处。

提出第二类诘难的学人显然早就注意到了斯图尔德的基本学术思想。斯图尔德的那本巨著书名就叫《文化变迁论》，也就是说，他是把民族文化本身看成不断发展演化的社会规范体系去对待，因而"生态文化"不是修饰关系，而是并列关系，既不能理解为"生态的文化"，也不能理解为"文化的生态"，而必须作为一个整体去把握。生态文化应当是指文化与它所处的生态系统结成的那一个耦合整体。这样一来，足以引起歧义的字仅在于"原"字了。考虑到斯图尔德一再强调，文化是针对所处的生态而建构起来的，文化一定会适应于所处的生态环境，那么这里的"原"字，只能理解为"原本"或"植根于"的意思，因而其正确的写法应当是"源"字，而不是"原"字。也就是说："是指原生态文化来源于所处生态系统的文化。"这些学人据此主张，与其写成"原生态文化"倒不如写成"源生态文化"为好。然而，这样的诘难不是实质性的否定。因为既然是缩写，就不可能拘泥于准确和周全。而且在现代汉字的字义中"原"和"源"在特定的语境内本是可以通用的，既然可以互通，改动的必要性也就不大了。"原"和"本"在一定的语境中也是可以通用的，称作"源生态文化"对文化人类学话语圈来说，可以顺理成章，但一般民众却难以接受，更难以领悟如此表述的深意所在。同样的道理，称为"本生态文化"也不错，但一般民众显然会感到有些不顺口，因而既然是缩写，那么不如从众，仍旧称为"原生态文化"为好。与此同时，还需要指出，"原"和"本"两个字都可以作进一步的语意引申，可以理解为"本土的"、"土著的"、"土生土长的"等等，而这样的语意引申，正好与斯图尔德文化生态学的初始用意相合拍，因而称为"原生态文化"，从学术概念的本义而言，也完全吻合，因而，尽管在理解上可能会引起歧义，但仍以沿用"原生态文化"为好。

应该声明的是，第三类诘难并没有歪曲斯图尔德的本义。但斯图尔德所处的那个时代，与"古典进化论"时代的研究旨趣已经明显有别，斯图尔德当时强调的是"共时态"的研究，而不在于对文化"原型"的构拟。因而，将"原生态文化"理解为生态文化的原型，显然不符合斯图尔德强调"生态文化"概念的初衷。因为斯图尔德知道，不管是生态系统，还是植根于生态系统之上的民族文化，两者都是可

---

① 黄淑娉，龚佩华. 文化人类学理论方法研究［M］. 广州：广东高等教育出版社，2004：304.

变的，只不过两者的变化速度有差异罢了。正因为生态系统的变化速度较慢，因而斯图尔德是将生态系统作为一个稳定的参照体系，去透视文化的变迁，而不是探讨生态文化的原型。既然生态文化发端于斯图尔德的启用，在使用这一概念时，显然得尊重斯图尔德的原意，因而把"原生态文化"理解为生态文化的"原型"，字面上虽然言之有理，但以此提出诘难显然是多此一举。

众所周知，人类社会即使在远古时代，也早就有了民族文化的区分。考古资料明确地告诉我们，旧石器时代的各种并存文化之间，已经有了明显的区别。旧石器时代的文化和新石器时代的文化，其间的差异更是如同天壤之别。除了人的生物性因素外，关键还在于人类所处的生态系统已经变得面目全非了。举例说，从旧石器时代与新石器时代地层出土的遗物作系统对比，可以明显地感知，旧石器时代的人们所面对的生物物种和新石器时代简直不能同日而语。旧石器时代，我国大陆经常出现的"三趾马"、"剑齿虎"，在新石器时代，已经完全绝迹了。更重要的还在于，旧石器时代的人类和新石器时代的"智人"，虽然都属于"人科"动物，但他们分属于不同的"种"，两者之间不能相提并论。这样一来，要探究一种"生态文化的原型"，就必须具备三个前提：（1）弄清特种生态系统的起点及其特征；（2）弄清特定民族文化的起点及其特性；（3）弄清这两者耦合的起点及其耦合方式。由于这些前提都牵涉人类有文字记载以前的历史文化事项，因而直到今天还没有能力去加以界定和廓清。有鉴于此，提出"生态文化原型"这样研究的命题，在"原生态文化"的研究领域内也缺乏现实意义和可操作性。

总而言之，原生态文化的定义应当是指在民族文化中，针对所处的自然与生态背景作出成功适应的文化要素及其结构和功能的总和，这是民族文化中最稳定，又最具有持续能力的构成部分，同时在现代化生活中具有较大应用的潜力，因而才需要作为一个特别的民族文化内容去展开广泛深入的研究。"原生态文化"研究的重点是民族文化与自然及生态系统的复合运行，强调共时态的系统分析探讨，特别是并存多元文化与并存多元自然与生态系统的复合运行研究。它虽然并不排除文化的溯源探索，也不排除文化传播的手段、前提、运行方式及后果探讨，但只是作为"原生态文化"研究的辅助手段去加以对待和展开必要的分析。"原生态文化"研究是一个文化人类学的新研究领域，主要由生态人类学这一分支学科去承担，并联合文化人类学其他分支学科去共同完成。

对影响文化变迁的原因，斯图尔德作了一个经典的归纳。他认为，一个民族特殊的历史过程所处的生态系统和文化的传播都会对文化的变迁发挥深远的影响。但这三方面的作用又不会同时或同等的发挥影响，而是在不同的时空场域，分别发挥各不相同的影响。各民族"特殊历史过程"显然不是斯图尔德的独创，而是从博厄斯那里承袭而来的学统。按照博厄斯、赫斯科维茨和斯图尔德的理解，一个民族在历史上走过的特殊历程，并不是一个纯粹的时间推移过程，因而文化每前进一步，都会留下在特定"时空场域"的记忆和经验积累，并融入该民族的文化之中，通过世代积累和新陈代谢，会形成一个庞大的社会规范体系。轻易地改动这样一个体系，都会引发认同上的混乱和社会整合力的下降。因而在历史进程中，一个民族的文化绝不会一成不变，但所有的改变肯定会遵循"最小改动"原则，只有按这样的方式去改变，才能确保民族文化的稳定和有效。他们的这一理解，在历史人类学理论建构中得到了有力的支持和响应。布雷戴尔主张的长时段、中时段和短时段社会事项的划分，其理论渊源就与博厄斯的"特殊历史过程"有关，而且这样的理论，即使到了今天仍然得到学术界的普遍关注和认同。我们今天可以明确地区分不同的民族，其理论依据也正在于此。因而提出"原生态文化"这一概念，完全符合文化自身的历史过程。

然而，文化的"特殊历史过程"对"原生态文化"的研究又必然产生重大的影响。比如：来源不同的两种文化进入同一个生态系统一道并存与延续，每一种文化对该生态系统的适应又都遵循"最小改变"原则，在已有特殊历史过程的基础上去启动新一轮的适应，那么其适应之后果肯定会各不相同。内亭当年诘难斯图尔德过分看重对生态系统的适应时，提出的依据正是属于这一情况。

注意到所处生态系统与文化的复合关系，是斯图尔德的独创，斯图尔德在这一理解的基础上，进而指出，技术和发明是针对特殊的环境而建构的，因而一个民族的技术和发明也具有很强的稳定性，只要它所对应的生态环境没有实质性的改变，历史上形成的技术和发明，就可以长期有效，并无需作重大的改变。他的这一思想，到了格尔兹手中正式提出了"地方性知识"这一醒目的概念。需要完善之处在于，对格尔兹所提出的"地方性知识"应当进一步具体化，称为"本土生态知识和技术技能"。而这一点，正好是"原生态文化"有待深入展拓研究的广阔空间。

民族文化中植根于所处生态系统中的文化要素及其结构，之所以值得深入研究，可以从如下四个方面去加以说明：

首先，今天我们所能观察到的各种生态系统，其稳定延续的周期肯定要比任何一种民族文化都要长，这就注定了植根于生态系统的民族文化必然具有极强的可持续能力和超长时间的有效性。它不仅属于过去和现在，只要生态系统不发生实质性的改变，它还可以属于未来。因而认知这样的"原生态文化"，发掘相关的本土生态知识和技术技能，不仅可以造福于今天，还可以施惠于后世。

其次，生态系统是一切人类社会赖以生存的根基。植根于生态系统的民族文化标志着对所处生态系统的整体认识水平。因而是利用好这一生态系统的经验和智慧，是一笔难得的财富，是我们今天从事生态建设可资借鉴的知识总汇。失去了这种不可替代的"非物质文化"，显然无法做好今天的生态建设。

再次，一切形式的科学技术，都仅仅体现为利用资源的能力的提高，而不具备制造任何资源的禀赋①。生态环境所提供的资源，都属于"可再生"资源，是人类

---

① 杨庭硕. 生态人类学导论［M］. 北京：民族出版社，2007：57.

生存和发展的根本性依赖。因而，植根于特定生态系统的文化，本身就是科学技术的源头。要准确地理解、认识和运用现代的科学技术，确保这样的运用能够真正地做到因地制宜、与时俱进，显然得仰仗"原生态文化"去充当指南，没有各民族生态文化与现代科学技术的有效结合，现代科学技术的潜力就不可能得到充分的发挥。

最后，人类肯定是生物性与社会性的"二元对立统一体"，而人类的生物性显然比人类的社会性更具有稳定延续能力。因而研究植根于所处生态系统的民族文化，对相关民族来说，更具有代表性和标识性，也是该民族文化的精华所在。忽略了"原生态文化"，去奢谈"非物质文化"的保护，将会成为无源之水、无本之木。加强"原生态文化"的研究，不仅是时代的要求，也是民族文化的本质所使然。

深化"原生态文化"的研究，当然具有其艰巨性。在文化人类学一百多年来的传统中，一直重点关注文化自身的特性，但对文化与所处的自然与生态背景的关系却疏于关注。以至于，即使在新进化学派圈子内，不同学人对"原生态文化"的理解也会有所差异，若不加以澄清，显然会对"原生态文化"的深入研究造成负面影响。萨林斯在怀特和斯图尔德已有成果的基础上，提出了"双重进化"原理①，这当然是一项创举。但他对"特殊进化"的表述却可能造成一种误导。他认为，文化对所处生态环境的适应经历的是一个从不适应到适应的横向过程，一旦适应所处的生态环境后，文化就会"特化"，而"特化"就可能会制约下一步的发展。也就是说，对所处生态环境的过分"特化"对当前是有利的，但对未来是不利的。由于他这一理解直接涉及"原生态文化"问题。而且是对斯图尔德已有理论的延伸，因而对一般人而言，具有很强的说服力和感召力。然而斯图尔德注意到了生态环境具有很强的稳定性，但并没有作僵化的理解，对文化也是如此。而萨林斯的认识则可能使人误以为，针对生态系统的适应必然会走向"僵化"。这样的理解恰好是有害的。原因在于，生态系统是一个庞大的整体，文化对所处生态环境的适应，只是针对其中的一些要素去加以适应，而不是对生态系统中的一切都要加以适应。因而，文化适应即使达到了很高的程度，它仍然具有很广阔的适应空间，绝对不可能"僵化"。事实上，当今世界上的任何一个民族，无一不在接受异民族的影响，但这样的接受并不意味着全部都损害了对所处生态系统的适应，其中既有成功，也有失败。断言对所处生态环境的适应"特化"，肯定会制约民族文化的下一步发展，显然不足为据。我国各民族对所处生态环境的适应，确实达到了很高的水平，但这并没有制约中国各民族的现代化。揭示这一实情，对我们正确理解"原生态文化"，在今天更显得必不可少。

马文·哈里斯揭示了对土地资源的利用存在着一个"临界值"，这显然是一个

---

① 托马斯·哈定等. 文化与进化 [M]，韩建军，商戈令译. 杭州：浙江人民出版社，1987：10—36.

很有价值的发现，但他的这一发现有时也会被误用。因为马文·哈里斯是针对作物种植而言，而且是针对特定的作物种植而言。然而，对土地资源的利用，就已知的人类学资料而言，它不仅有"类型"的差异，还具有"样式"的差异。对不同的"类型"和"样式"而言，同样的土地资源，其"临界值"是各不相同的，因而改变利用方式会造成这一"临界值"的变动。在这方面，"原生态文化"可以能动选择的空间同样很大。这就意味着"原生态文化"需要展拓研究的领域极为宽广，因而把马文·哈里斯的成果绝对化，对"原生态文化"的研究也是有害的。

塞维斯提出了有名的"地域间断"和"族系间断"原则①，这也是一个富有创意的贡献。同时也是一种容易引起误解的结论。塞维斯所说的"双重间断"是指在历史舞台上特定民族声望和权势的凸显，而不是对文化自身价值的作任何意义上的优劣评判。我们必须注意"文化相对主义观"并没有在"新进化论"中被否定掉。一个民族声望和权势的提高，并不等同于文化价值的好坏。在人类的历史进程中，"原生态文化"既可以"显性"存在，也可以"隐性"存在，暂时隐而不显的生态文化事项，还不等于失去其应用价值。事实上，很多远古时代的生态文化事项，在经过一段漫长时代的沉寂后，在今天的现代科学技术面前，反而得到了合理性的证明。比如：中国汉民族古代推行过的"架田"，美洲阿兹特克人的"奇南帕"（浮田），印度恒河三角洲的分水工程都是如此。在今天干旱地区的水库工程中，启用"浮田"有利于降低可贵水资源的无效蒸发，同样还能扩大资源利用的空间；而恒河三角洲的工程，在控制海水倒灌时也能发挥功效。注意到这一点，对深入研究"原生态文化"十分重要。在我国各民族传统中，很多"非物质文化"已经淡出了人们的视线，但这并不意味着它们没有价值了。随着时间的推移，形势的转变，科学技术的发展，这些淡出了的"原生态文化"事项，也许在未来很可能大放异彩。在这一问题上，"原生态文化"的研究绝不能以短时段的"成败"论"英雄"。明确这一认识，对深化"原生态文化"的研究至关重要，应当将它视为一种原则。否则的话，很多有价值的"原生态文化"会被我们忽略掉，这将会在无意中造成重大的损失。

文化传播对文化变迁造成的影响在文化人类学历史上，早就引起了前辈们的关注，但直到斯图尔德才对影响的性质和特征作了精辟的归和总结。文化传播造成的影响必然具有"突发性"，影响的后果对被影响的民族而言，又必然具有"不相协调性"，由此导致的文化变迁其可持续能力往往与民族间的实力消长相关联。在此基础上，他重点讨论现代国家对国内各民族文化的影响，并因此而提出了"国家整合模式"这一全新的概念②。按照他的理解，一个多民族国家要确保其统一和有效，都要引导各民族文化接受其"涵化"，但这样的"涵化"作用也遵循"最小改

---

① 杨庭硕等. 民族文化与生境［M］. 贵阳：贵州人民出版社，1992：254.

② 黄淑娉、龚佩华. 文化人类理论方法研究［M］. 广州：广东高等教育出版社，2004：304.

动"原则，国家仅仅要求各民族改变必须改变的那部分内容，而不必要求各民族必须放弃本民族所有的文化。就实质而论，他所理解的在国家权力范围内所发生的民族文化"涵化"，本身就是一种文化的适应。因而，他的这一理论创新一直影响着美国的民族学家，并在他的后继者中，得到了很大的发展。即令是对他提出批评的内亨，批评意见的源头仍然是来自于国家权力如何影响民族文化的变迁，而不是否定对"涵化"的理解。但如果查阅我国古代的哲学思想，我们还应当注意到，与斯图尔德上述命题相类似的论述，早在2000多年前我们的儒家思想就有了。《礼记·王制》中的如下两句话"修其教，不易其俗，齐其政，不易其宜"，其思想实质和斯图尔德的"国家整合模式"就极为相似，但表述得比斯图尔德更精练更准确。这就难怪费孝通在上述理解的基础上，更精辟地归纳提出了"中华民族多元一体格局"① 这样一种表述了。

文化传播是民族文化研究中一项极其重要的内容，但文化传播对"原生态文化"的影响，却有其特异性，不注意这些特异性，往往会干扰我们对"原生态文化"的认识，并在无意中造成误判。在这些特异性中，最突出的有如下三个方面：其一，影响因素具有非稳定性，它往往以特定的政权和国际国内的政局变化为转移，但受到影响的民族文化在影响因素消失后，还可以按照文化的惯性稳定延续很长一段时间；其二，这样的影响除了受制于民族之间的格局外，还有很大的随机性因素存在。这样造成的文化变迁很难纳入逻辑分析的框架内去展开研究。因为文化的此类变迁，其原因与历史事件和历史人物的关系更为密切；其三，由此导致的后果不一定能够与"原生态文化"相兼容，既可能产生正面的影响，也可能产生副作用，而且这一点正好是研究"原生态文化"必须引起高度重视的难题。

综上所述，原生态文化研究的重点在于不同民族对所处生态系统作出文化适应的全部相关内容。由于民族文化是一个整体，因而这样的研究课题涉及文化的所有事项，因而需要研究的内容极其丰富多样，展开这一研究将极大地改变文化人类学一个多世纪以来仅重点关注文化自身的习惯性传统，开启重点研究在文化与自然与生态环境之间建构可持续和谐关系的新时代。各民族的特殊历史过程和文化传播引发的文化变迁当然也需要研究，但研究的目标和内容仅是服务于"原生态文化"的研究需要。

[原载《原生态民族文化学刊》2009年第1期]

---

① 费孝通. 中华民族多元一体格局 [M]. 北京：中央民族大学出版社，2003：3.

《凉山彝家》研究方法管窥

一、民族学本土化

中国民族学的发展乃是一个引进西方理论与方法，并使之本土化的历程。这也必然是一个艰苦而漫长的过程。一则，西方的民族学学派林立，观点与方法相互抵牾。引进民族学必然是一个艰苦的汰选、消化与吸收的过程。二则，西方民族学家研究的对象与中国的少数民族也有所不同，西方学者的研究对象往往是那些缺乏基本历史记载的陌生少数民族，而中国少数民族有赖于汉文典籍的记载，其历史线索并非一片空白。三则，西方学者的学术背景也与中国学者不同，他们总是从本国的学术传统出发，去调查和了解那些与本国很少直接关系的边远封闭群体。而中国学者研究国内的少数民族，无论在古代还是今天，都是中央政权军国大政的有机组成部分。这是中国学者不能像西方学者那样超脱，必须在一定程度上考虑学术结论的后续影响。致使民族学的中国化尽管在民族学引进之初，学者就意识到其必要性，但直到《凉山彝家》成书之前，它仍然是一个亟待解决的重大学术难题。这乃是吴文藻先生要以"本土化"为旗帜相号召的原因所在①。

林耀华先生的《凉山彝家》一书是贯彻民族学本土化精神的力作。纵观《凉山彝家》一书，字里行间无不贯穿中华文化的学术传统。从该书中不难找到历代史志编修的传统，也不难找到经世治用的治学态度，骨子里还透露出以教化为先、中庸为本的哲理思辨的学风。与此同时，该书在引进和消化吸收西方理论与方法时，绝不局限于一家一派之说。通览全书，既可看到功能学派的理论架构，又可以找到文化相对理念的思维方式，还能看到法兰西学派细致入微的精审观察。就是对早已过时的经典进化观念，该书中也是有所批判，有所继承。

能将中华学统与引进的西方民族学理论与方法熔铸一炉，有机地整合了跨文化性、相对性和综合性等三项民族学学科特点，使得《凉山彝家》一书在20世纪的前50年成为一部里程碑式的代表作。剖析该书的研究方法，不仅是对中国民族学发展史的总结，也是为今天追求民族学本土化提供一个有益的借鉴。

---

① 《民国丛书·第三编18》总序，1页。

二、深化结构功能理念

自从 1935 年吴文藻先生邀请结构功能学派大师拉德克利夫—布朗来燕京大学讲授英国学派理论后，燕京大学在中国民族学界就成了功能学派在中国的大本营。燕京大学荟萃了一批介绍和引进功能学派理论的研究者，林耀华先生也是其中之一。因而在《凉山彝家》一书中首尾一贯地贯穿了中国功能学派的理论与方法乃是一件自然的事情。而《凉山彝家》的可贵之处正在于它不是简单地套用功能学派的理论和方法，为该学派提供一个中国少数民族的个案；而是审时度势，熔铸了中华学风，给功能学派的理论和方法赋予了新意，使之能贴切地揭示中国各民族间的文化互动及其深远的社会影响。

经典的功能学派理论和方法，总是把一个小的社区及其文化作为一个相对独立的刚性单元去加以整合研究。为了确保研究结论的中立性和完整性，它要求参与者必须长期做参与式的驻点研究。由于时间、经费和精力的限制，林先生对凉山的调查显然没有达到功能学派大师们的基本要求。但通观《凉山彝家》，这一明显的缺陷不仅得到了最大限度的弥补，反而注入了诸多功能学派大师们所没有使用过的观察角度和方法，贴切地应用了一些前人没有认真使用过的资料。其中，最醒目之处有三：

其一，《凉山彝家》动用了大量的汉文典籍资料。该书第一章对凉山历史地理的概述，不仅取用官方的文书档案，还援引了与凉山相关的外文资料；不仅总结了历代封建王朝治理凉山的措施及效果，还看到了凉山的过去。与此同时，它看到了彝汉两族在历史过程中的势力消长和文化要素互渗。

其二，经典的结构功能分析方法往往是选取研究者认为资料数量较为厚实，也最感兴趣的文化丛结推演开去，牵连剖析文化要素之间的结构关系及其在该种社会中所承担的社会功能。然而在《凉山彝家》中，读者看到的突破口就不仅是一个。该书除第一章外的八章中，每一章探讨一个相对独立的文化丛结。每一章所讨论的文化丛结，无一不与其他各章讨论的内容息息相关。通过这种文化因素的结构关系，使全书讨论的内容融为一体，结成了一个彝家文化的有机网络。就连该书所举的例证也是以不同的分析需要在不同的章节出现；同一例证在不同章节所揭示的文化功能却互有区别，同时又是该种文化中所必不可少的内容。"保头"里区打吉在该书不同章节中都被反复提到，但在不同章节中在他的身上体现的彝族文化特质却各是不同的侧面。排除了林先生对他的评价之外，在这个人物身上正好体现出彝族文化的内在整合性和同一性。

其三，传统的结构功能理论较多地关注文化要素结构的实体。特别是布朗，他将制度化放到了突出位置；但却弱化了对文化要素间多重联系、多重功能的透视，尤其是对有关精神活动文化要素的透视。《凉山彝家》在这一点上比前辈们走得更远，在剖析彝族的婚姻制度时，他不仅看到了转房制度在保有氏族财产上的直接功能，还看到了这一制度在消除鳏寡孤独上的间接作用，看到了在这一婚姻制度下当事男女各方对人处事的思想方法。这些分析不像经典的功能学派分析方法那样直接地追求结构与功能的因果关系；而是将相关的例证和当事人分在了不同的章节中，展示不同的文化表征，以利读者能从不同的角度把握文化要素之间的不同结构联系，从而对转房制度做出符合彝族文化逻辑的全面理解。

《凉山彝家》中具有突破意义的贡献在于，他没有将凉山作为一个封闭的社区去做文化研究，在该书的几乎每一个章节中都贯穿了彝汉文化的互动和文化要素的互渗。在"经济"一章中，揭示了枪支的输入对彝族经济生活的影响以及俘虏汉族娃子对彝族产业结构变迁的影响。在"冤家"一章中，又揭示了枪支的输入对械斗方式变迁的作用。在该书的首章中则全面地介绍了汉彝两地物资的互市以及彝汉势力在小凉山的消长而导致的彝族汉化与汉族彝化双边进程。正是这种把凉山作为整个中国政治经济一个组成部分的观察视角，使得作者笔下的凉山并不是一个封闭的社区，而是一个与周边民族有着有机联系的文化单元。从表面上看，林先生对功能学派理论和方法的这些突破，似乎仅是个人努力的结果；但究其实质而言，我们不得不承认，中华传统学风在其中起着决定性的作用。如果林先生不是在中华文化熏陶下走向世界，而是像外国学者到凉山来猎奇一样，他就肯定做不到这一点。

三、文化相对观不仅仅是口号

林先生出国前是吴文藻的弟子，接受的教育是功能学派的理论和方法。但林先生在国外却受业于哈佛大学，而当时的美国民族学界正处于鲍厄士学派的鼎盛期，当时的美国各大学传授的几乎都是鲍厄士的文化理论，林先生深受鲍厄士学派的影响自然是不可避免的事情。细心的读者不难在《凉山彝家》一书中找到鲍厄士及其传人惯用的术语，如文化模式、文化分布、文化适应等等。但这些术语在林先生的笔下却赋予了新意，举例说，他并没有将文化模式理解成僵化的标志性的文化丛结，而仅仅是将它理解为文化要素的某种定型结构。在接受这些术语时，既有传承又有发展。

在林先生就学于美国之前，鲍厄士学派的理论与方法早就为中国学术界所熟知。黄文山、戴裔煊都在美国取得了民族学学位，学成后都将鲍厄士的理论与方法移植到中国，从事民族学的理论与研究。黄文山力图在鲍厄士学派的基础上建构中国的文化学，而戴裔煊则是将鲍厄士学派的理论与中国的文献结合起来另辟蹊径。他对古代傣族的研究和对干栏式住房的剖析曾赢得过崇高的学术声誉。但戴裔煊的这些著作中基本上是沿用鲍厄士的文化圈、文化层术语架构，而较少从本质上把握鲍厄士的学术观。相比之下，林先生的做法则是注意贯彻鲍厄士的文化相对理念而较少套用鲍厄士的惯用术语，以至于从表象来看很难从《凉山彝家》中看出鲍厄士的影响。深入凉山腹地调查，林先生不是第一人，在林先生之前，杨成志、江应樑均有相应著作问世。但这两位先驱对凉山彝族社会的揭示大多采用客位的观察办法，更由于翻译不得力，这两位先驱者的著作中，很多资料都属于第二手、第三手的转述资料。林先生的《凉山彝家》在揭示彝族文化内涵时，则基本上采用主位的观察角度，从彝族文化本身去揭示彝族文化的特点，仅仅是将汉族文化作为参照系去使用。除此之外，《凉山彝家》还在世界民族中选取了众多的参照系，从北美的祖尼人到南洋群岛的伊富高人，从马林诺夫斯基笔下的美拉尼亚人到布朗笔下的安达曼人，都成了文化比较研究的参照系，正是这种多视角的文化比较使得《凉山彝家》的主位观察视角得到最大限度的凸现。在林先生的笔下，彝族文化中众多在汉文化看来不近情理的文化事实，从彝族社会的角度看，都获得了合理的诠释。掠卖人口一直为汉族居民所切齿，也是中央政府治理彝区最感头痛的社会问题。但《凉山彝家》里并没有简单地把这一现象视为非法或视为匪类行径，而是从彝族社会结构出发，揭示这一社会行为乃是彝族社会既有结构的必然产物。因为彝族的经济生活要靠这样的外来人口支撑，彝族各氏族间的势力制衡，也需要扩大人口容量。更重要的是，在彝族的阶级结构中，已经形成了一种固化的观念，即黑彝要作"硬都都"，就得在掳掠人口中显示其勇武和智谋，如此才能服众，也才能维护氏族的稳定和财产的安全。也就是说，在彝族看来，这仅是获取财产的一种正当方式。因而从事此类活动的黑彝从来不会感到自责，更不会放弃。为了揭示彝族当事人的内心世界，林先生列举了众多黑彝的个人行为举止事实，意在表明这些黑彝在观念、价值取向和行为准则上与中央政府所推行的法制很不相同。他们有自己的是非观，有自己的行为准则，也有自己的尚好和气质。而这一切都是彝族文化的有机组成部分，简单地套用汉文化的思维办法去否定彝族的这些行为，并不能揭示彝族文化的本质。而林先生的这种做法乃是对文化相对观符合逻辑的贯彻。

值得注意的是，林先生并没有将文化相对观泛化，更没有将它极端化，而是辩证地就事论事。举例说，该书在简介他的翻译王举嵩在彝区的惨痛经历时就客观地介绍了王氏兄弟个人的不幸和屈辱愤恨。这就为读者提供了另一个视角，使读者看到被掳掠当事人的真实感受。王举嵩重获自由的过程中经历了多次曲折，多次被骗，若单从当事人的角度看很容易得出一种错觉，那就是彝族生性欺诈、不讲信用。但看完《凉山彝家》后，这种误解很快就会冰释，因为在彝族社区要释放一个锅庄娃子，不仅仅是锅庄娃子拥有者当事人个人的事情，也不仅仅是相关家族、氏族的事情，它还涉及各氏族间的势力制衡问题。更关键在于，在当事彝族的精神理念中已经把掠卖人口合法化和正当化。因而，单纯指责锅庄娃子拥有者不讲信誉、欺诈，远远无法揭示事情的本来面目。鉴于揭示文化相对理念的困难性，林先生在书中恰如其分地介绍了围绕"反保"一事在彝族内部引起的争议和冲突，其良苦用心正在于使读者从中可以体会到掳掠人口并不是个人有意触犯法纪，牟取私利，而是一种符合文化逻辑的社会行为。只有从文化相对观的角度才能对这一现象做出符合情理的解释。因而，林先生并不是为自己的研究对象作简单的辩护，也不是从汉文化的角度对这种行为给予一味的贬斥。而是从主位观察的角度出发，就彝族文化的本质去做出说明，同时对当事的受害者抱以极大的同情和关注。

时下，不少研究者一提到文化相对主义，要么就把它绝对化，以为它所在皆是在感情的支配下一味地替被研究者辩护；要么就将文化相对主义无原则地泛化，把文化相对主义作为一种旗号，套用于所有的文化事实分析中。其实文化相对观仅是一种有特定适用范围的对待异种文化的研究态度。文化的相对性并不意味着不存在客观的是非曲直。它仅仅是两种文化客观存在相互冲突的前提下，保持研究态度中立的一个基本原则，绝不能以文化相对主义为借口去偏袒任何一方，或者为某种文化某一方面的负面影响作辩解。《凉山彝家》在这一点上做得恰到好处，既不违背文化相对观的基本理念，又同时注意到相关文化间的差异与冲突。这对今天的学人仍不失其启迪价值。

四、"文化适应"新解

民族学中的经典进化学派从生物学中引进了进化论，建构民族学的早期理论。但这种引进具有很大的局限性。它是在忽略了文化与生物物种差异的前提下，就单个或有限几个文化要素的发展脉络作进化分析，因而在生物进化理论中至关重要的变异与适应概念在早期的民族学论著中被忽略掉了。最早将文化的环境适应纳入研究视野的，可以法兰西学派的莫斯为代表。莫斯对爱斯基摩人社会聚落的季节变化做了深入的研究，他注意到了北极的漫漫长冬直接制约着爱斯基摩人的聚落规模。以此为出发点，该学派的追随者们一方面高度重视文化事实所处的环境；另一方面精审入微地去揭示文化事实的各种细节，在欧洲大陆形成了一贯的研究传统。但该学派对文化要素间的联系关注不够，在这点上也远远逊色于以后发展起来的功能学派。

由于历史的原因，中国早期接受民族学专业研究教育的学人大部分留学于法国，因而蔡元培主持的中央研究院民族学组其成员中法兰西学派的追随者不少，凌纯声就是其中的代表之一。若将凌纯声的成名作《松花江下游的赫哲族》和《湘西苗族调查报告》做比较，就不难发现凌纯声致力于引进和推广法兰西学派研究方法的痕迹，而且在其中生搬硬套之处不少。在《湘西苗族调查报告》一书中，凌纯声几乎是将到手的资料不经筛选、组合就简单地分类，编入该书，致使各章节间比例失衡，章节间的联系也至为松散。可贵之处仅在于所收集的资料精审无误，具有极高的资料价值。《凉山彝家》则不然，全书九章中各章的资料相互印证、相互贯通。该精审之处观察细致入微，至于显而易见的文化逻辑联系，则仅一笔带过。按文化剖析的实际需要将所获资料熔铸一炉几乎达到了炉火纯青的地步。

该书"阶级"一章对不同身份的个人在家内坐卧位置的格局描述堪称经典之

作。作者在此处精审周详地剖析了阶级地位的差异如何在坐卧位置上明显地反映出来。进而还由座位安排延伸到当事人的行为举止，言语仪态。用大量目击到的细节资料全面揭示了彝族社会中的阶级分野，其精审的程度足以帮助读者透视到不同阶级个人的内心世界。这段观察资料的铺陈比之凌纯声在《湘西苗族调查报告》中对宗教祭仪的描写，其准确周详不相上下。但在《凉山彝家》中，这些细节的观察能够贴切地服务于对阶级分野的剖析。而在凌氏的书中除细节描写之外，并未能揭示出这些细节与苗族宗教观的内在联系来。优劣悬隔一望可知。很明显，林先生在此处吸取了法兰西学派田野调查之所长，却能有效地避其短，确实为民族学理论的本土化做出了有益的贡献。

《凉山彝家》中四次使用了"适应"一词，而这四处大多数是用去指彝族文化对所处自然环境的调适，其用例与莫斯一脉相承。众所周知，美国的社会学家在20世纪初曾有组织地开展过跨文化的春田调查。在其调查结论中也使用了"适应"一词，但所指范围有所扩大，除了指文化对生态环境的适应，还指文化之间的相互适应，即文化适应的社会方面。公正地说，美国社会学家的这一工作，在方法论上有重大的突破，而林先生的《凉山彝家》显然也受到了这一影响。该书"经济"一章中精当地剖析了抓来的汉族娃子对彝族经济生活变异的影响。在该书的"氏族"和"家族"两章中又剖析了黑彝"保头"确立过程中广大的白彝阶层在其中发挥的制约作用，还进而剖析了汉文化影响在黑彝内部引起的新旧思想冲突。尽管林先生没有将"适应"一词用去明确地指代对异种文化的调适，但上述分析所使用的方法却明显地与春田调查的做法如出一辙。林先生这一工作显然对今天深化文化进化观念具有难以替代的启迪作用。遗憾的是，林先生以后的著作中在这一问题上没有得到进一步发挥和使之规范。

《凉山彝家》成书之际，经典进化论在我国的学术界还有相当大的影响力。不仅对民族学，对史学、考古学都曾产生了深远的影响。《凉山彝家》另一个可贵之处在于，它没有受时尚所左右，而是对经典进化论有影响的惯性结论以事实为根据作了贴切的修正。该书"亲属"一章就明确提出："父系和母系不是绝对不同的东西。"[1] 要知道，在经典进化论中，母系与父系是前后承接的两个不同发展阶段。其后，鲍厄士的学生罗维在《初民社会》一书中出了质疑，指出在某种情况下两者的发展顺序还会逆转。而林先生在《凉山彝家》中则更进一步指出，在执行父系继嗣的彝族社会中，母系亲属在社会生活中依然在发挥着不容忽视的影响。排除了前人在这一问题上的众多误解和无端的结论，对澄清经典进化论的习惯性偏颇确实起到了巨大的作用。

---

① 《民国丛书》第三编，《凉山彝家》，27 页。

五、中华学统是根本

提及民族学的本土化，显然不能回避近一个半世纪以来中国的学术思想史，其间提出的各种学术理念都对民族学本土化产生过直接或间接的影响。保存国粹、中学为体、西学为用等等学术思潮，尽管非民族学家所提出，但对于民族学的本土化而言，却一直在发挥着潜在的制约作用。时至今日，类似的干扰因素也未完全排除，其中隐含着一个理解上的误区。任何一种民族文化，随着时间的流逝和空间的位移而发生变异势在必行，而且古今一例。因而完成民族学的本土化并不是一个形式问题，既不能原封不动地延续本土化的研究传统，也不能生搬硬套外来的学术思想。本土化也不是一个功利问题，不能以简捷易行或者便于与境外对话为理由去肢解不同的学术思想，本土化的实质在于对精神的把握。

诚如上文所言，《凉山彝家》受到过众多国外民族学理论与方法的影响，但可贵之处在于，不管是哪一种外来的思想都没有在该书中占据凌驾地位。而对于这些外来思想的去取，又都按照它与中华学统能否有效衔接为转移。进化观、结构观、文化相对观尽管是民族学理论的支柱，但相似的观念在中华学统中并非空白，相关的思想和方法在中华学统中甚至可以追溯到纪元以前。老庄的相对论思想比之于文化相对论，差异仅在于分析探讨的对象不同，剖析的精细有别，但在精神理念上却无实质性的差异。"三代不同礼"、"时移则事异，事异则备变"早见于先秦诸子的论著。因而接受进化论，对于中国学人来说并不是一件难事。先秦诸子在探讨为君之道时，主张法、术、势相结合，就本质而言已经涉及了事物间的相互依存关系，将这种相互依存理念用去观察文化的内在结构，肯定不会得出与结构功能主义相背谬的结论来。完成民族学的本土化只能从中国已有的学术传统出发，在知己知彼的基础上才能做到相互融通，形成既有传承又有借鉴的学风，才说得上是真正意义上的本土化。通览《凉山彝家》不难发现，作者具有深厚的中华学术素养，这样的学术素养即使使用上了众多民族学外来术语，仍无法掩盖其闪亮的内核。该书"区域"一章若仅作粗略浏览，往往会误以为它仅是全书的一个空间铺垫，并无更多的深意，但若将该章与中国众多的历史地方志相对比照，我们不禁会为该章拍案叫绝。因为在它的山水走向叙述中，我们可以看到《水经注》的影子；对关隘、形胜的记载中，我们又能够看到《苗防备览》一类著述中经世致用学风的再现；在谈及地理沿革时，尽管作者并非史学家，但历史地理沿革考订的方法却把握得极为有分寸。上述各节显然是西方的民族学专著难以做到的事情，但在中国的学术专著中却是习以为常的一种范式。更难能可贵之处在于，该章的叙述中，似乎在不经意的情况下，曲尽其意地揭示彝汉势力在小凉山的消长历史过程，完成了民族学论著中必不可少的族际关系剖析这一必备主题。在这里，民族学的学科要求与中华学统几乎到了密不可分的地步，是以一个整体呈现给读者。不像我国早期的民族学者那样，仅是将史志文献抄摘编撰入著述中，作为一般性的资料去处理，甚至仅是作为田野调查的陪衬。关于这一点，对比一下《凉山彝家》与杨成志等人的著述就一目了然了。

田野调查就一般意义而言，仅能获取共时态的资料，西方的民族学者往往仅以此为满足，而中国的民族学家至少从蔡元培开始就意识到需要从共时态的资料出发上溯推演文化的变迁，然而，要真正做好这一研究，在我国的民族学史上事实上经历了一个漫长的岁月。按照中华学统从事民族学领域的研究，《凉山彝家》也不例外。阅读该书时，读者能够得到的第一印象是当时的彝族主要是依靠农业为生，但该书中又在不同的地方提示读者，黑彝虽然自视高贵，但却乐于从事畜牧作业，并不觉得有失身份。该书又提到，彝族的重大礼仪活动乃至接待贵宾都极端重视畜牧产品，盟誓要喝血酒、钻牛皮，待客必杀鸡，疾病禳解都杀牛。与此同时，黑彝只指挥娃子从事农业生产，自己绝不亲手操作。经过这些铺陈后，作者又画龙点睛似地指出，彝族社会早年应当是以畜牧为主，转而以农耕为主，乃是因为娃子的虏入或是征服农耕民族后新起的现象。诚然，这一研究主题不是该书研究的重点，而仅是旁及，但从中透露出的睿智剖析和对中华学统的把握仍然给人留下了深刻印象。此外，该书中还提到彝族牧放猪群，以猪鬃和汉族贸易，以及在彝族地区引种玉米和洋芋等。虽然仅是一些线索，但应当看到如果遵循作者的上述研究思路，完全可以做到复原彝族文化的变迁历程。应当说，这项使命尽管在《凉山彝家》中没有得到全面的展开，但它毕竟开了一个很好的头，可以引导后人在这一领域内发扬光大，使之成为民族学本土化的一个醒目侧面。

《凉山彝家》一书中，立足于中华学统消化和吸收外来民族学理论与方法之处不胜枚举，受篇幅所限，恕不一一，读者不妨以此为线索，自己去举一反三。

六、小　结

《凉山彝家》面世已经过去了 55 年，其间中国的民族学界发生了众多的震动和巨变。重温《凉山彝家》，反观现今激烈讨论的民族学本土化，使人不由得对林先生肃然起敬。林先生在该书中所坚持的理念与方法时至今日还不失其领先意义。而林先生所坚持的民族学研究三大特点：跨文化性、相对性和综合性在今天仍然是民族学研究应当延续的特色。因而，将《凉山彝家》视作是民族学本土化的里程碑一点也不过分。

与此同时，我们又不得不以《凉山彝家》为憾，上文所提到的《凉山彝家》中诸多闪亮的创意，在林先生以后的著述中有的没有得到发扬光大，有的却从另外的道路上改变了原有的看法。是时局所限还是林先生个人的精力不济，不得而知。但不管属于哪种情况，都应视为中国民族学研究上的一大损失。而发扬林先生研究方法之所长，其重任只能落到了当代学人的肩上。

[原载《林耀华先生纪念文集》，2005 年]

苗族与水族传统历法之比较研究

摘要： 苗族属苗瑶族系，水族属侗傣族系，两族在大文化谱系上相去甚远。按理两族间对位的文化因子群，不应当呈现有系对应状况。然而这两个民族的传统历法，却明显地呈现有系对应状况。它们同属物候历，一年仅分冷热两季，都以十二生肖轮回计时、日、月、年。月、日定位一般不直接取决于太阳，视运动和月相变化，故通常无需置闰。更重要的是，两族历法均以时间、空间、血亲宗族聚居定位，姻亲界缘认定结成的四维时空认知框架为计时文化逻辑，时间、空间、宗族、姻亲在框架中相互印证，对应得名，完整地体现这两个民族的时、空、人群观念。上述各项相似性，往往给人造成两族在时间认知上同源的假象。但是进一步的考察仍然可以发现，两者之间还存在着诸多的差异。水族历法计算节期兼用十二与十两种进位制，时间与空间变维体系中，与时间对应的空间范围更广，足以基本上含盖整个水族分布区，且具有层次分野。因此，水族历法是一种苗、水两种文化互动中通过文化因子牵连成组借用后，与本民族固有文化因子经系统整合重构而形成的混合时空认知框架。据此，可以把水族传统历法视为两个毗邻民族互动涵化中局部文化特征互动混合的典型例证。从该两族历法研究出发可以展拓开去，有助于说明甚至预测当代异族文化长期互动后，有关各方文化演进的走向和结果，能支持我们对当代族际关系过程作深层次透视。全文分五个部分：一、引言，二、四维时空框架，三、两族计时法差异例举和四、结论。

一、引言：研究的对象与价值

苗族与水族是两个毗邻聚居的民族，但两者在分布上却呈现出明显的差异。苗族的分布面广，遍及中国大陆 7 个省（区），分布区纵横均超过 1200 公里。水族却仅分布于中国大陆贵州省三都水族自治县及其毗连各县，实际分布区才 2600 平方公里。苗族的分布聚合度很低，除了黔东南苗族侗族自治州和湘西土家族苗族自治州两地外，一般都以 5000 至 10 万人的规模呈星点状聚落，散布在 60 余万平方公里的中山与高山区，在中国大陆总人口数仅 738 万多人。水族的分布则较密集，34万多水族成员，主要定居在龙江与都柳江的上游分水领地带，分布区为一个完整的连续的聚居面。从分布形态看，苗族的村寨聚落大都位于山坡上，村寨沿等高线作带状构筑，村寨的稳定性较低。水族则在山间盆地形成聚落，村寨多沿山麓作环状布局，村寨寨址长期稳定，一般不轻易迁徙。

苗族是一个内部支系分化很突出的民族，依据文化的地区性适应，可以大分为五大支系，其下还可以细分为二十余个亚支系以及三十多个归属尚待认定的人群单元。为了使称谓明晰易晓，目前习惯于依各支系的主要分布带地名去称呼苗族的各支系以及所属的各亚支系。即，湘西支系、黔东南支系、黔中黔南支系、黔西滇东南支系、滇东北支系等。其下还可以按同一办法分别将各亚支系称作：黔中黔南支系的罗泊河亚支系、苗岭中段亚支系、麻山亚支系、黔东南支系的清水江与舞阳河流域亚支系、都柳江流域亚支系等等。相比之下，水族文化的内部差异不大，仅分为西北与东南两个支系。这两个支系的标志性差别之一，在于计时制度的起算点不同，西北支系为冷季开年的姻亲群聚合，东南支系则是以热季中期开年的姻亲群聚合。此外，西北支系的水族长期经营稻田农作，糯稻与稻田养鱼一起是食物主要取给源，东南支系的水族早年大多靠山地越冬农作物和猎狩野生动物为主食。不过近年来，东南支系的这一经济生活特征已逐步消失，变得与西北支系的经济生活趋同，仅一些与旱地农作相关的文化特征尚以变形的方式得以延续。

苗族各支系的文化特征，从表面上看确实存在着不少差异，但这仅是就共时性的表象而言是如此。若从历时性的文化演变角度出发，我们不难发现，此类表面很不一致的文化特征，其实是出自同源的次生形式。即使是对当代的田野调查资料作深层次剖析，我们同样可以发现，这类表面上不一致的文化特征，同样存在着内在的严整对应关系。完成同一社会功能所涉及的文化要素和文化要素的数量基本相同，这些文化要素的储存关系也大体一致，甚至这些文化要素与哪些其他文化要素相关联也无重大区别。总之，完成同一社会功能的文化要素组合，在文化网络中具有同样的结构定位特质。对同一种民族文化而言，这样的结构定位物质，乃是从该种文化结构逻辑延伸出来的结果，因而不管该民族内支系文化多么纷繁，但其各支系间完成同一社会功能的文化要素组合，必须呈现为结构上的有系对应状态。对这样的文化要素组合比较研究，自然也是有意义的和可行的了。苗族内各支系的文化表征正是如此。至于水族由于其内部支系分野不明显，各支系间文化差异不大，故水族各支系间的同功要素组合更是十足的有系对应关系。

对两种或两种以上民族文化而言，情况就大不一样了。在族际之间完成同一社会功能所涉及的文化要素组合，一般而言不会呈现有系对应状况。因此即使表面上看来相同或相似的文化要素，进行简单的比较研究就只具有描述价值，而不能揭示其成因，说明是两个谱系归属各不相同的民族，苗族属于苗瑶族系，而水族却属于百越族系。他们的文化发展过程各有其不同的取向和脉络，他们的文化之间呈现有系对应的情况显然极为鲜少。当然能清醒地意识到这一点，是近年来才有的族际文化分析规范。在文化人类学一个多世纪的发展历程中，我们的前辈通常是以表面相同或相似的文化要素为研究的基础，他们或者据此去推衍人类文明进化的线性过程和呈现出的历时性发展阶梯，或者去复原文化要素的空间传播轨迹。类似的研究办法从终极上讲，仅具有民族志上的描述性价值，无法提示并存文化间的互动机制。20世纪30年代后，文化人类学的目光集中到了单个民族的小社区上，致力于提示文化要素的共进性结构功能关系，说明这种结构功能关系的合理性，同时却忽视族际互动关系，也忽视了文化的历时性发展孕育过程。到了今天，族际关系日趋密切，上述各种久历年岁、影响深远的研究规范，看来都不能满足今天的研究需要了。为此确立跨世纪的文化人类学研究规范，已经成了时下的当务之急。

我们认为，当代的跨文化研究规范与前人的做法很不一样，它既不是以单项指标界定的文化事实为比较基础，也不是从人为抽选出来的一个或几个文化要素出发，进行共时性比较，而是在大量田野资料的基础之上，从相关文化中汰选出一个或几个呈有系对应状态的文化要素组合，作为分析比较的对象，去揭示相关文化的互动过程，或透视此类有系对应文化要素组合如何规约具体的文化表征，成为可以客观感知的文化事实。

综合不同学者的众多田野调查资料后，我们确信苗族与水族的传统历法，是一对跨文化的有系对应文化要素组合规约下的文化事实。这两个民族的传统历法都属于典型的物候历，其计时办法不是天象的周期变化，而是取于动植物的季节演替。而且计时系统不是抽象的单线模型，而是与空间界定、血缘宗族确认、姻亲集团界分相互结合在一起的具体循环认定模型。或者说这两个民族的传统历法是一种时间、空间、血缘、姻亲界缘四维指标兼容的计时系统，是一种具体化了的时空确认框架。尽管这两个民族的传统历法具有如此众多的同一性，但是若进一步考察后，其间仍存在着一些不容忽视的差异。因此我们只能说他们的历法仅是一个视同文化事实，而不是全等的计时体制。本文的任务正在于透过这一视同四维时空框架，去揭示这两个毗邻民族的互动辐合过程。

我们选定这两个民族的传统历法作为比较研究对象，并非完全凭直觉，而是按下述三项原则汰选的结果。其一是比较对象必须在相关民族文化中具有普适性，而不是个别支系、个别地区的文化事实。其二是比较对象必须具有共时态的活力，它的存在不仅能显示出对应的文化特征，还能对该种文化其他要素构成影响，制约或促成其他文化要素的存活和发挥社会功能。其三是必须具有可长期延续性，而长期延续的基础正在于作为比较对象的要素组合，在所属民族文化中不存在与之下面冲突的文化要素群或可以替代的文化要素群。不言可喻，这两个民族的传统历法基本上符合这三项要求。顺便提一句，传统历法并非这两个民族间唯一可资比较的对象，不落夫家婚俗，对雷神的敬畏等所涉及的文化要素组合，也可供作类似研究之用。

正式切入研究主题的最后一项难题是田野作业点的选定。鉴于本文研究的是一个兼具共时性与历时性的课题，历史文献的连续记载至关重要。本课题又是一项文化要素群的整合研究，前人的资料积累也极其重要。考虑到苗族与水族是毗邻而居的民族，因而临时性的文化要素互渗现象必然普遍，为了有效排除偶然的文化要素借入而造成的干扰，田野作业点还必须保持一定程度的空间间隔。加上苗族又是一个支系纷繁的民族，作为研究主题的传统历法是否至今仍不失其完整性和代表性，在选定的田野作业点上自然要求有充分展示。综合上述四项要求后，我们选定了贵州省贵阳市东南郊的高坡乡杉坪寨作为苗族的田野调查点，贵州省三都水族自治县的廷牌乡化贤村作为水族的田野作业点。

高坡地区的苗族属于苗族黔中黔南支系的苗岭中段亚支系（汉文献中习惯称作东苗或白苗）。该亚支系苗族于 13 世纪末首见于汉文史籍，其后六百余年间记载从未断过。廷牌地区的水族见诸汉文典籍较迟，明代后期始见于记载。廷牌在明永乐以前一直是广西省南丹土司之属地，永乐年间设置荔波县，廷牌为该县北部边地。该县于清初划归贵州省，于是该县之水族也相应地被载于清代贵州方志。至于廷牌则是到 1949 年后才由荔波县划归三都县。其连续可稽文献记载也超过三个世纪。近一个世纪以来，研究工作涉及高坡地区苗族的学者有鸟居龙藏、吴泽霖、罗荣宗、张琨、鲍克蓝等人，他们都有大量关于该地苗族文化的论著传世。研究过水族的学者也不少，其中岑家梧、陈国钧最有影响。高坡与廷牌之间直线距离超过 150 公里，其间还隔着汉族和布依族的定居地带。因此这两地之间文化要素相同或相似绝不是直接借用的结果，更不可能是近年来直接互动的产物。更重要之处还在于高坡长期以来一直是土司领地，距省城虽近，但一直不受地方行政统辖。最后一任土司的罢废是 1949 年以后的事情。廷牌也与此相似，不管归广西土司领辖，还是归贵州省荔波县统辖，这里一直是边沿地带。因此这两地的苗族和水族固有文化保存较为完整，足以反映这两个民族传统历法的原生状况。笔者对高坡的田野调查始于 1981 年，先后共 17 次追踪调查过该地苗族。对廷牌水族的调查则完成于 1995 年夏。对两地传统历法的研究亦有先后，高坡地区苗族历法研究完成于 1992 年，对廷牌水族调查时，可以说是以苗族历法为参比系，去从事资料搜集整理的。但是水族历法的资料搜集主要不是个人的第一手资料，而是他人的成文资料。

对这两个民族的传统历法，时下虽有零星的报道，但读者很难从这样的报道中窥见其全貌。为此，我们在本文的第二部分，不得不花较大的篇幅去勾画苗族传统历法的轮廓，并概述水历和苗历的主要相似点。第三部分则从水历的角度，对苗历进行反观，以揭示其间的差异。第四部分则就我们能力所及，提示这两种历法呈现有系对应状况的族际互动过程。我们比较这两个民族的传统历法，目的不仅仅在于揭其异同和成因，更重要的还在于把这种比较作为一处实例，希望能从中总结出一些探讨族际互动的研究规范来。这乃是我们在本文的末尾提出的一些待探讨的问题，总称为余论的原因之所在。

二、四维时空框架

关于苗族的传统历法，汉文典籍中早有过零星涉及。明代田汝成作《炎徼纪闻》，书中曾提到贵州的原住各民族，使用一种叫做"苗甲子"的计时方法，并说这种计时法与当时的汉族农历"暗合"。清代田雯《黔书》则明确记载苗族"不知正朔，以十二辰属为期"。由于类似的记载过于简单，单凭记载本身还无法窥见苗族传统历法的全貌。要复原苗族的历法，较为有效的作法只得依赖文化人类学田野调查资料了。不过借助田野资料也有其难处。当代苗族各支系中，没有任何一个支系，至今尚完整地沿袭着苗族的传统历法，各支系事实上都不同程度地兼用了汉族农历或公历，以至于田野调查中所获资料，总是混合计时的结果，若无剔除其他历法干扰的相应手段，恢复苗族传统历法仍然举步维艰。这乃是类似课题至今进展不大的原因之一。

我们认为突破难点的关键有四。一、必须清醒地意识到，苗族传统历法很可能是一种自成体系的计时制度，将我们熟知的任何一种历法，简单地与之作套合比较，势必会不自觉地曲解田野调查资料。二、鉴于田野调查资料必定是几种并行计时制度的混合反映，对这样的资料当然不应该等量齐观，只有那些与汉族农历和公历都不相兼容的文化事实，才可能属于苗族历法制约的结果。这类现象才是可以用去复原苗族传统历法的依据。三、一种成熟的计时制度绝不可能孤立地存在，它必然会与认知方式、风俗习惯、经济生活、社会组织等文化现象紧密结合。因此单就计时结果去复原苗族传统历法，是远远不够的。四、苗族是一个支系纷繁的民族，近几个世纪以来，各支系苗族的发展背景又很不一致，因此各支系苗族中都保留着传统历法的某些特点，而相互之间保留的内容又各有不同。复原苗族传统历法既要兼顾到各支系的当代文化事实，又不能简单地认定哪个支系在传统历法上更有代表性。为此在复原中，交互参比来自不同支系的田野资料，具有重要意义。从这四点认识出发，如下一些来自杉坪点的调查资料，在得到其他支系相应资料的印证时，其可信度和代表性就有足够的把握了。

杉坪寨苗族通用苗语西部方言惠水次方言（以甲定寨为语言代表点）北部土语。该土语中，没有东、南、西、北等单词，要表达此类客观的天象坐标概念，一律借用相关的汉语单词。当然这样的借用只在翻译或与汉人对话时才用到。在口语中，当地苗族表达方位概念，只用前、后、左、右、中这样一套单词。显然这是一套以讲话人为中心或者以宗族或姻亲集团为中心的主观地缘坐标概念。这种情况并非该土语所特有，其他苗语方言也与此相同。由于缺乏客观的天象定位坐标作依托，天体星象的视运动无法准确定位，足见苗族的传统历法不大可能是一种天象历法。这一猜测在当地苗语中也找到了旁证。在这里的有关天象语词，至今没有黄道、白道、二十八宿一类名词，甚至没有行星和恒星的区分。苗语中缺乏有关天象的语词，原因不在于认知能力或水平，而是认知环境导致的认知取向不同。苗族的生息地大多僻处深山穷谷，所处环境又大多在亚热带林中，全面完整地观察天体，客观上存在着诸多困难。

当地苗族没有客观的天象定位坐标，并不表明他们无法准确计时。事实上，他们的计时体制十分严整，是用鼠、牛、虎、兔、龙、蛇、马、羊、猴、鸡、狗、猪十二种动物名，去轮回计时、计日、计月和计年。这里仅以他们的各月月名列表如下，以见其计时体制之一斑。

苗历月序	一月	二月	三月
苗语月名	plu^{22}lha^{43}	ʐə^{51}lha^{43}	sə^{13}lha^{43}
汉语直译	鼠月	牛月	虎月
相当于汉农历月份	十月至冬月	冬月至腊月	腊月至次年腊月
苗历月序	四月	五月	六月
苗语月名	lu^{13}lha^{43}	ʐaŋ^{55}lha^{43}	na^{24}lha^{43}
汉语直译	兔月	龙月	蛇月
相当于汉农历月份	次年正月至二月	二月至三月	三月至四月
苗历月序	七月	八月	九月
苗语月名	min^{31}lha^{43}	ʐaŋ^{55}lha^{43}	lɛ^{24}lha^{43}
汉语直译	马月	羊月	猴月
相当于汉农历月份	四月至五月	五月至六月	六月至七月
苗历月序	十月	十一月	十二月
苗语月名	qe^{24}lha^{43}	tlæ^{13}lha^{43}	mpa^{43}lha^{43}
汉语直译	鸡月	狗月	猪月
相当于汉农历月份	七月至八月	八月至九月	九月至十月

核对这套计时用语后，发现其中有三个词的读音与口语有别，它们是鼠、虎、蛇，"鼠"在口语中读作［plu^{22}］，"虎"在口语中读作［sho^{13}］，"蛇"在口语中读作［naŋ^{24}］）。但这种改读却大有深究的必要，原来这三个计时词读的是当地苗族的古音。

在这套月名用词中，没有闰月一词，当地苗族也不知道何为"闰月"，只知道汉族才在农历中置闰。鉴于苗族传统历法不是天象历，更不是阴阳合历，而置闰月本是阴阳合历的一项根本性特征，当地苗族不知闰月本该是情理中的事实。可是近年来，一些学者断言，苗族的传统历法是阴阳合历，进而指出黔东南地区的苗历特点正在于一律在五月置闰。统一到某个月置闰，意味着月份与太阳视运动的最大偏离值将可能超过一个月，这对农事活动极其有利。为此，汉族古农历都是将闰月置于年末，称十三月，商代甲骨文中就有相关之记载。目的是将闰月置于农期，以免影响把握农时。其后才逐步修订，最后定型为哪个月偏离太阳视运动超过半月日数，就在哪个月置闰，不消说这乃是阴阳合历中，最佳的处置办法。由此看来，统一于五月置闰，不仅与太阳年的偏离值会超过一个月，而且最大偏离值又出现在农事最忙的月份。这样的作法即使在田野调查中获得了实证，最多也只能是个别地区近代才有的试行作法，绝不可能是种长期执行过的成熟计时制度。

杉坪传统苗历不置闰月，足见其年周期或许与太阳年周期吻合，或许每年的日数容许有差异。由于没有相应的天文观测手段，前一种情况显然不会出现。若传统苗历属于后一种情况，那样它又如何去调整日数，使年周期尽量接近太阳年呢？要解决这一问题，不能孤立地单独调查每年日数，必须连同各月日数定制一并加以研究。首先应该弄清楚当地苗族如何确定每月首日。由于当地目前并行着传统苗历、公历和汉族农历，当地群众无法理顺三者的区别与联系，因此也无法向我们解释清楚传统历法如何认定各月的首日。好在当地的传统节日至今仍沿袭古例，剖析这些节日节期的认定，有助于帮助我们揭穿谜底。当地苗族的传统节日中，凡属全体苗族不分宗族单独过节者，都有特定的聚会场所，而且该场所的地名一定与该节日所在的月名相同。举例说，苗历狗月当地要举行盛大的斗牛集会，集会地点就在批弓狗场，该地苗名叫 [pæ^{31} kaŋ^{24} qa^{13} tl̥æ^{13}]，批弓为前两个词音译，含意"角（牛）山"。狗场则是两个词的音译，苗历狗月共有三个狗场日，故要在这里每间隔十二天举行一次斗牛比赛，共计三次。再如苗历蛇月要过"射背牌"节，该节日实则上是集体冥婚成亲日，生前相爱但无法成亲的男女，预先嫁娶为死后的配偶。届时该地苗族齐集高坡乡政府前的大场，欢度这一独特的成婚大典。这场苗语叫 [qa^{13} mpa^{43} qa^{13} na]，意思就是猪场蛇场。这个节日同样是每十二天一次，共计三次。

当地苗族目前不像黔东南地区苗族那样，单独过苗年，而不过汉族似的春节。他们是将苗年与汉族春节合并在一起过节，但在时间上两者依然泾渭分明。属于春节的部分，依然按汉族农历，节日内容也与汉族春节相似；属于苗年的那部分，则从汉族农历的正月初四开始，按照杉坪、果里、甲定、上午、洞口、腊利的秩序，先后在上述各寨举行跳洞，即在山洞里跳舞、唱歌、吹卢笙、拜访亲友，一直持续到汉族农历的正月初九才结束。初看起来，他们所过的苗年，似乎也在按照汉族农历排定。但若了解下述背景后，我们不得不承认他们的这种编排，完全符合苗族传统历法的逻辑。上文已经讲过，汉族农历的正月，相当于传统苗历的兔月，而上述六寨中杉坪寨恰好配属兔场天，果里配属龙场天，以下按此类推，腊利寨配属猴场天。值得注意的是，腊利一名出自苗语的音译，含意是最迟一个。这表明上述六个村寨是一个整体，它们代表着一个记时上的轮回。兔日的具体节日，在这里同样是以代表兔场天的地点开头，亦按该秩序推算。

将上述三项事实归纳起来，我们不难发现传统的苗历，每个月份的开头，总是以该月名称相同的日子作为初一，即鼠日的第一天，必定是鼠场天，牛月的第一天，必定是牛场天，余以此类推。而且每个月开头的那一天，还与特定的集会场地相匹配，这样一来，记时与空间认定，实现了相互结合、相互印证。进一步的调查，还可以证实当地的苗语地名，全部被配计时单位名称。举例说，杉坪寨配属的是兔场天和鸡场天，果里配属的是龙场天和狗场天，甲定配属的是猪场天和蛇场天等等。不仅村寨如此，该地的所有公众集会地点都被赋予了日、月、年配属名称。如上述说到的批弓狗场，不仅狗场可以聚会，龙场天也可在此聚会。当然狗月和龙月的狗场天和龙场天，其聚会规模较大。如果该年恰逢狗年或龙年的话，其规模将盛况空前。

每月以同名的日子开头，这就意味着每月的日数要么是二十四天，要么是三十六天。也就是说，在传统苗历中月份也有大小之别，大月三十六天，小月二十四天。这又派生了一个问题，传统苗历如何去派定哪个月是大月，哪个月是小月呢？由于上文列举到的六个村寨集合中，所属各寨在地位上是完全平等的，当它们与相应的月份匹配时，也应当是平等的。按照当地的价值观念逻辑，人为派定哪个村寨配属大月或小月，显然有违这一精神。鉴于每个村寨分属两个月份，最大的可能性是各寨均等地摊到了一个大月一个小月。这样一来，传统苗历中年周期自然成了均等的三百六十天。可是，太阳年不是三百六十天，而是三百六十五又四分之一天。如果年年都按三百六十天纪年，经过若干年积累过后，必须出现严重的节令偏差，影响正常的生产和生活。传统苗历要成为规范的历法，就不得不正视这一客观的自然事实。经调查，我们确认他们是依据物候变化，去调节大小月比例和年周期天数。

传统苗族建月，除了确保月名和首日名称统一外，还得观察当月的物候，从中确定一整套建月的物候特征。举例说，蛇月的建月是以蕨类的嫩芽长齐为标志，猪月是苗族的祭祖日期，该月是以野兽的毫毛长出为标志等等。由于物候的节令变化，在不同的年份略有不同，因而人为排定的大小月的相间的建月规则，就可能被打破。遇到这样的情况，哪个月出现异常，哪个月就得相应地增或减十二天。相应地年周期的天数，就会在三百六十天或三百七十二天间交错出现。通过这种年周期天数的选择变化去实现与太阳历周期的吻合，而达成这一吻合的基础乃是物候的节律变化。鉴于物候的节律不受人事的左右，为了平息月份天数的变动所造成的人事间分配不均衡，在当地苗族的观念中，将这种必须执行的天数调整归因于天，认为是因天或地增减的天数，当事各寨也就没有理由提出异议了。正因为传统苗历需要不断地调整月份天数和年周期天数，因而在汉族农历未传入苗区之前，当事各宗族通过聚会协商"分日子"或"占日子"，都是必须经常推行的社会协调活动。

由于"分日子"这种社会协商活动早就不再举行了，当代的田野调查中很难记录到直接的实例，但有关这一仪式的传说却容易找到。黔东南州的施秉县马号乡，在清咸丰年间的战乱中，当地的苗族社会组织被打乱了。目前当地的苗族社会仅有少数是早年老住户的后裔，其他的都是从外地新迁入的民族居民。但这些老住户后裔却一直沿用早年最后一次"分日子"形成的"占日子"惯例，去确认各宗族的年节次序，并要求新入户照此执行。据称那次"分日子"是用比赛开年那天谁取新水早来分定日子次序的。当事的姻亲集团内各宗族，年前约定，开年第一天——指未分宗前之纪年，哪个宗族的成员最先从指定的汲水位置挑回一担"新水"，该宗族就"占"了今后每个新年的第一天，余下的五天同按取新水先后排定，至此新的一套计日规则即告形成。由于物候历具有地方性，用这种方法订下的规矩只在该姻亲圈内通行，当然无需求得整个苗族社会的认可，甚至不必立即告知其他姻亲集团知道，因为在今后新规则执行的过程中姻亲圈外的苗族迟早会知道的。当然上述传说仅是"分日子"的仪式之一，其他苗族地区理当有另一些"分日子"的做法。

苗族传统历法不仅是时间与空间的结合，还是时空认定与宗族认定相联系的产物。原因在于苗族社会总是聚族而居，每个村寨原则上由出自同一父系远祖的晚辈们聚居而成。这在杉坪寨就可以得到证明。当今的杉坪寨由长寨、坪寨和杉木寨三寨合成，苗语中总称"戎登戎得"（$\mathrm{z,o\eta^{31}tin^{55}z,o\eta^{31}nt\mathfrak{x}^{13}}$）。值得注意的是，该名称中并未提到杉木寨一名。

原来三寨当中的杉木寨，是从坪寨分化出来的村寨。杉木在苗语中称为"控假"（$\mathrm{qho\eta^{13}tc\vartheta^{43}}$），含意是风洞。得名的依据是，该寨的后山有一个山洞，时时有凉风吹出。然而控假一名，并不是正式寨名，只是该寨寨址的地名，因而在该寨居住的人绝不说自己是控假人，而必须说自己是戎登戎得人。这标志该寨在当地苗族社会中还没有取得正式的寨名和地位。现在的问题是，该寨要通过什么样的方式，才能获得正式寨名呢？考虑到当地苗族正式寨名必须两寨并举，问题的答案只能有两条。其一是从长寨也就是戎得寨再分化出一个小寨来，与杉木寨配对；其二是杉木寨分化成两个寨。不管属于哪种情况，都必须经过当地苗族协商，给这两个新的村寨赋予时间和空间的定名，并因此而获得相应的权责义务后，它们才能与老的戎登戎得一样，获得当地苗族的时空架构位置以及相应的平等社会地位。

长寨与坪寨据传是两位新兄弟传下来的晚辈，戎得寨的始祖居长，因而戎得寨在这三个村寨中地位最高。该寨所配属的兔，也就成了这一组村寨的标志，跳洞节与兔场天开场也因此而来。在这里，我们可以看到分得什么样的日子，所处的位子在整个计时轮回圈中所处的地位，既是这一组村寨在该地苗族中社会地位的标志，又是他们权利和义务的具体化。至于坪寨，由于它的始祖居幼，因而它配属到的计时名称，自然得与戎得（长寨）相对，被配属于鸡，但两寨在实际的地位上是完全平等的。这从苗语寨名中就可以得到体现。当地苗语的口语中绝对不会单称戎登（坪寨）或戎得（长寨），必须戎登戎得连称。不管是出自坪寨或杉木寨的人，对外都一律称戎登戎得人。在这里，戎登戎得与兔场、鸡场同时成了当事成员具有共同父系血缘关系的标志。也就是说，时间、地点、血缘使用同一套标志。也许有人会问，这里的戎登戎得是否可以理解为由同一个氏族分化出来的两个胞族。我们的回答是，两者之间既有关系又有区别。最大的区别在于，这两者的关系是协商派定的结果，而不是自然分化出来的胞族。戎登戎得的这种关系，在当地苗语中也有反映，当地苗语在称地名时总是两寨并举，构成定型的四音节格式。由此看来，戎登戎得的这种结构特征，是当地苗族中普遍性的社会现象，甚至是整个苗族源远流长的定型社会格局。

戎登戎得寨的这种二加一的三合格局，在当地苗族社会中具有普遍意义。上文提到的与杉坪寨并列的五个村寨莫不如此，它们都是按照二加一的三合格局构建起来的血缘宗族聚落，他们也同样代表着同样的计时单位和空间范围，又同时集合成一个内婚姻集团，即上述六个宗族集合间可以相互通婚，而二加一的三合结构内禁止通婚。这样一来，一个内婚的姻亲圈不仅与计时相对应，又与特定的空间范围相重合。对这样的姻亲集圈当地苗语有明显的反映，将它们合称为"卡下十八寨"。与卡下十八寨相对应的"卡上十八寨"，即今高坡乡乡政府所在地周围的十八个寨子。经调查，卡上十八寨与卡下十八寨的内部结构完全相同。此外，属于该亚支系的贵定县仰望乡，也自称是仰望十八寨。类似的结构在龙里县的南境和惠水县的东北部还各有两个，共计六个计时轮回地缘组合。

苗族传统历法，如果仅仅只有十二轮回计年，显然不能成为一个可以长期使用的定型历法，因为超过十二年后就不能再准确认定时间的远近了。当地苗族解决这一难题的办法，其实仅是对上述社会结构的延伸，原来每一个计时轮回的第一年，都要举行大型的敲牛祭祖活动，要将过去十二年亡故的先辈进行合祭，与此同时，若有必要，还得确认人间村寨的定名定位，也就是对需要分宗的村寨，通过这一形式告知整个姻亲集团，以后的计时按分宗后新形成的计时圈执行。由于分宗发生的周期太长，短期的田野调查无法获得直接证据，但当地苗族之传说却清晰可查。据传今"卡上十八寨"中的"中院"是从今"卡下十八寨"中的"甲定寨"分宗，时间距笔者调查时，已过去了 20 个计时轮回，即 240 年。这一传说在汉文方志中可以找到旁证。道光《贵阳府志·土司传"青岩土弁条"》载：崇祯四年，青岩班氏（布依族）征服高坡时，是将今"卡上十八寨"中的"摆龙"、"开花"、"高超"等寨与"蒋台"即今戎登、戎得并列，而未提到"中院"之名，足证是还未分宗。又同书载分地时，又开列了甲定、中院、长寨、坪寨、杉木寨等寨名，足证该书成书时，已经分宗过了。故此次分宗的时间大致在崇祯四年之后，而在道光之前。即距今 300 年至 170 年间，正好与苗历 240 年的传说相吻合。

通过伴随敲牛祭祖的分宗，使得新起特定村寨的得名就成了特定周期的标志，致使一个个已经过去了的十二年轮回周期都得到了相应的定位，发生在那个计时周期里的大事，也就因具体的确认村寨名而获得了准确的时间演进定位。在这里，时间的确认同样与空间的认定在一起，与特定的分宗在一起，也与姻亲集团的内部调整相结合。苗族传统历法的这一作法，将抽象的时间与具体的空间联系起来，与具体的宗族姻亲集团联系起来，从而使抽象的时间定位获得了具体化的形象。为了行文的方便，我们将传统苗历的这一特点，简称为"四维时空框架"，即时间、空间、宗族、姻亲四项标量的相互结合、相互印证。

尽管我们对其他苗族地区没能作过全面的调查工作，或者说作过的调查没有像杉坪寨那样深入细致，但是核对了同行们在其他苗族地区的调查成果后，我们惊异地发现，上文所说的四维时空框架是整个苗族内的统一历法格局。鉴于苗族传统历法要进行分宗赋定计时名称，轮回计时、计月、计年，而计时名称又是十二种动物，于是不管在哪个苗族支系中，凡属姻亲集团单元，其宗族构成数不是六个，就必然是十二个。而一个姻亲集团发展到最大时，将包括十八个宗族单元。尽管很多学者不是研究历法，也不是讨论苗族的时空认知特点，而是在讨论苗族的婚姻制度，但在他们的报告中，我们总可以看到苗族的姻亲集团都要是由六的倍数个宗族构成。目前我们查过的资料中，滇东北苗族的节日，同样证实了这一传统历法的普遍性。目前还过苗年的地区，节期都在汉族农历的十月到十一月，这正是传统苗历鼠月份开年制在延续。那些不过苗年的地区，不管是以跳花吹笙的形式过节，还是以各亲族间走寨的形式过节，节期既不会在汉农历的初一，也不会在十五，而是以相应的场集天为节期。这是沿袭传统节期的明证。再看贵州省内苗区的地名，我们还会注意到，很多地名总是以相应的计时空联合定位遗留下来的老规矩。这些地名的存在，清楚地向我们表明，这些地区也像杉坪寨那样执行过传统苗历。

传统苗历的长期执行，对苗语也产生了深远的影响。先看苗语数字观念，除了上文提到的偏重于六、十二、十八外，对二和三也特别看重。看重二是因为苗族村寨的正式寨名，肯定包容着两个血亲宗族。知道了这一点之后，我们就不难理解，苗语中为何有那么多的四字格，说话中名词也往往成双对举。"二"若不是在苗族心目中成了定格，就不可能在日常口语中得到如此广泛的反映。由于"三"是二加一格局的体现，它预示着发展到了尽头，接下来是应该分宗了。在这一点上，苗语"三"与汉语的"三"有所不同。汉语的"三"仅表明数量积累多，而苗语则不仅表明多，还兼有即将发生变化的含义，同时也有繁盛的意思，这乃是很多村寨尽管实际包容的村寨数不是三个，苗族群众总要说自己是十八寨，意在表明自己发展到顶峰。总之，"二"与"三"在苗语中具有附加的特别含义，能够对举的二个单元，表明是至亲，二加一构成的格局，则表明繁盛和待变。在这样使用时，各构成单元的地位并不对等，因为在三个之中有一个是附加的，没有取得平等地位的单元。这与汉族说到三时是很不相同的，原因在于这两个民族的传统历法计时结构不相同。

苗语中的指示代词，也深受苗族四维空间框架的影响。苗语的指示代词，不像汉语那样只有"这"和"那"两个基本指示代词，而是由三个或四个基本指示代词构成，在这里，"这"有远指和近指之别，"那"也有远指和近指之分。如在黔东南苗语中，基本代词就有如下四个：mend、neng、id、aid。苗语中之所以要作如此区别，是因为在执行主观个人方位坐标的情况下，为了确保空间定位的准确，表述中严格制定空间范畴至关重要。举例说，杉坪寨中出生在戎得寨的人，在说话中使用近指"这"时，指的就是他出生的戎得寨，说"这"的远指时，指的则是戎得寨，连同杉木寨。他说话中用到"那"的近指时，指的是属于同一个姻亲集团的其他五个寨子，说到"那"的远指时，指的则是和他们有关系的卡上十八寨。这是最基本的空间范畴概念。如果他是对卡上卡下三十六寨以外的苗族说话，那么"这"的近指，指的则是卡下十八寨，"这"的远指便成了卡上十八寨。"那"的近指和远指，则是指该亚支系的其他地区。通过这种层层套合的空间范畴，尽管计时和定位使用的是同一套轮回计数名称，也能确保定位的高度准确。

总之，从杉坪寨的计时制度调查出发，我们发现苗族的传统历法，是一种建立在四维时空框架之上的定型计时制度。这种制度可能已经执行了数千年，以汉文典籍作佐证，杉坪寨的传统历法至少 13 世纪时，就与我们今天所能观察到的现象基本一致了。结合对其他苗族地区的调查，还可以看到苗族的这种传统历法，是整个苗族共同的计时制度。进而可以说，当代苗族内部支系纷繁的成因，很可能是按照这一历法制度，不断分化，不断扩散，不断建立新的计时和定位范畴，同时不断调适于新的生存环境的综合结果。因此，把握四维时空框架，就意味着找到了一把解释苗族文化的钥匙。

我国的百越系统各民族，其传统历法与苗族很不相同，他们实行的不是物候历，而是天象历。汉文献中早就提到，我国的布依族和壮族以月亮的望日为新月的第一天。这两个民族的场集是按照十进制推算，如确定歌墟的日期，就是如此。这种推算法在侗族中也可以看到。这些迹象表明，我国的百越系统各民族，其传统历法为阴阳合历。这些民族历法与汉民族农历的区别，主要表现为，开年的建月不同，每个月的首日确定法不同。但是在我国百越民族中有一个例外，那就是水族的传统历法——水历与传统苗历一样，是从四维时空框架中推演出来的计时体制。

水历的计时方法，也与相应的空间范围相联系。举例说，水历将整个水族地区一分为二，西北片区的水族各村寨以借端节为开年，东南片区则以借卯节为大节，从而构成水族中的两大支系。西北支系的祭祖活动在秋收后执行，时当冷季，东南支系的祭祖活动则在盛夏举行，时当热季。我们的调查点廷牌寨属于西北支系。这种剖分办法，从表面上看似是人为派定的结果。但核实水语中的季节名称后，我们发现水语与其他百越族系的诸语言不同。他们的一年仅分为冷热两季，在水语中分别称为 $[njen^{31}sən^{11}]$、$[njen^{31}no^{11}]$。不难看出，水族的借端地区被配属于冷季，借卯地区被配属于热季。在这里，一年中的两季在空间上得到了具体的确认。

水族的姻亲圈，也与相应的日子相匹配。据查水族的借端地区，全部村寨被剖分为五组，每组为一个姻亲集团。近年来，尽管姻亲集团间的通婚禁忌被突破，但是各姻亲集团中的人，仍然把借端的日子视为自己的专属，看成是自己在水族中权利、地位和义务的象征。这一点，与我们在苗族中看到的情况极为相似。以下罗列水族借端和借卯两个地区各组开年期不同的村寨名，每组这样的村寨在水历中，都是一个个内婚的姻亲集团，它们都与相应的计时单位结成互相匹配的关系。每年水历十二月至次年二月上旬（即汉农历八月至十月上旬），每逢第一个亥日，为都匀市内套、外套各村寨的借端日；第二亥日，为拉佑、水东各村寨的借端日；第三个亥日，为水龙、安塘、甲倒、石奇、恒丰、廷牌、水维、天星屯各村寨的借端日；最后一个亥日，为腊领、水昂、系大各村寨的借端日。而卯节则分四批过，第一批为水利各村寨，第二批为水尧各村寨，第三批为水浦各村寨，第四批为九阡各村寨。过卯节是在插秧结束后的水历九月、十月（汉农历的五、六月）的卯日分别进行的。

在水族人民的观念中，端节为一年的开头，端节节期不同，意味着各姻亲集团时间的起算点不同。鉴于各姻亲集团的起算点是水族内部一致公认的，这就意味着各姻亲集团，连同他们的分布空间与相应的计时单元名称的匹配，已经过了全民的协商赋定，造成的结果，依然是一个时空定位与姻亲集团间的相互匹配、相互印证的计时体制。它与苗族传统历法一样，使抽象的时空定位变得具体化。

水族的宗族单位，在称谓上与苗族不同，它们被称为"水"（sui[33]）。值得注意的是，这个字与水族族名有关。据传，整个水族早年由十三个"水"组成。若按照水族现行的十二种动物名计时制，理应是十二"水"，而非"十三水"。但要彻底弄清楚其原因，必须对水族当前乃至古代的宗族结构作全面调查，目前笔者尚未能完成这一任务，故这一例外情况，只好在此存疑，留待方家去加以说明。

水族观念中的"水"，不仅是血缘宗族单位，也是一个个空间地域单位。时至今日，在水族地区，河流、村寨、水尾、水东一类的名称俯拾即是，不胜枚举。透过这些名称，我们再一次看到血缘宗族、空间地缘与时间单位的匹配关系。

综合所述，我们认为尽管水历与苗族传统历法有别，但它们之间的计时体制同为四维时空框架，认识时空而得出的结果，则是完全一致的。至此，我们不禁要问，两个不同的民族，何以在历法上会表现得如此相似？为此，我们显然需要全面客观审视一下这两个民族在历法上的具体差异。

三、两族历法差异例举

水历与苗历的差异，可以从五个方面得到反映。其一是，同一套计时制覆盖的空间范围不同。其二是，定月定季的物候依据不同。其三是，宗亲与姻亲社会结构不同。其四是，姻亲与宗亲对计时名称的承袭方式不同。其五是，宗亲与姻亲和时空单位的匹配格式不同。

苗历的计时原则和具体的时空定位操作，虽然是全民族共有的，但这样的原则和操作如何贯彻到具体的人群，却容许有很大的差异。于是从表面上看，各地苗历似乎是在各行其是，可是当我们全面考虑苗族分布地区的总体特征后，不得不承认这种执行上的差异，其实是对生存环境的最佳调适方式。苗族分布区幅员辽阔，各地面对的生存环境千姿百态，在如此纷繁的背景下，要找出统一的物候替变标志来，在事实上是办不到的。这乃是各地执行的苗历往往是以姻亲集圈为单元，规定适应于该地区的计时规则的原因。各地苗族的经济生活方式，也存在着较大的差异。有的地区执行农业生产，有的地区执行刀耕火种，有的地区兼营牧业。经济生活方式不同，所关心的物候替变也会存在系统性的差异，这是无法规定统一物候指标的另一个原因。各地苗族面对的族际环境，同样千差万别，异族文化的渗透和影响，也使各支系苗族在计时操作上不得不作局部的变通处理，这就造成同一计时操作规范，在苗族内往往只在有限范围内使用。同一性质的节日，在苗族内节期参差不齐，也因此而造成。

相比之下，水族则不同。由于分布地域相对狭小，全民族都从事定居农业生产，面对的族际环境也较为单纯，因而水历可以做到在全民族内统一确立计时规范。水历在计时规则上，最突出的特点在于确立了整个水族地区的计时基准点，因而尽管容许各地在执行中存在变通的余地，但这样的变通却可以按照统一的格式进行换算。水历的计时基准点，以猪月建年，猪月的第一个猪场日开年的那个姻亲集团，其计时规程就是整个水族的基准计时。在水族的借端地区，其他各姻亲集团开年的日子，尽管先后相距达六十天，跨越了两个月，但各姻亲集团间均等地相差十二天，换算时只要加减固定的天数，其结果就会与基准点的计时相符。这一地区以猪月建年，其物候标志为大田农作的收割完毕，因而整个借端区，基本的经济生活方式是定居的稻田农业。借卯区以热季的开始为一年的起算点，同样是以猪月的第一个猪场天作为一月一日起算。据我们在廷牌的调查资料，起算的物候标志为山上的青草发齐。早年做出这样的规定，显然与畜牧或狩猎相关。今天的借卯区，由于山高谷深，经营稻田农业有一定难度，主要农产品为旱地越冬农作物，这样一来，开年时期恰逢青黄不接。经济生活的这一转变，正是该地区将祭祖活动移置到兔月第一个兔场起算的根本原因，以便利用麦收后物资供应丰富的时机祭祖和宴享亲朋。每年的起点，尽管与借端地区相差了整整半年，祭祖的大节又推迟了四个月，但因为是等距离的推移，整个借卯地区的各姻亲集团，同样只需要增加固定的日数，就能与基准点的计时结果相符，据此我们可以说，水历在执行中尽管容许变通，但却可以换算成为统一的基准计时，水族的基准计时覆盖面，几乎遍及整个水族地区。

水历容许各地区的变通处置，是立足于各地区的物候替变时差，这从不同借端期所处的地理位置，就可以得到说明。大致而言，在借端地区，地势越高的村寨，借端期越早，因为这样的地区，冷季的物候特征出现较早。我们调查的廷牌之所以排列第三批借端，原因正在于，这里的海拔高度在整个借端地区居中。借卯则相反，地势越高的地区，借卯越排到后。三都的九阡，在整个借卯区地势最高，因而借卯排列最后。原因在于对热季而言，地势越低的地区，相应的物候出现越早。明白了这一点后，我们就不难理解水历中，地区性变通计时调整的内在原则。当然，这样的地理环境差异，绝对不可能导致相应的物候特征出现均等地间隔十二天，但若单凭物候特征去规定变通计时，换算成基准计时，也就不可能了。因而各地区按均等的十二天差距变通计时，肯定是整个水族统一协调的结果。水历能够统一换算，乃是即正视了地区性差异，又进行了人为调整的结果。

苗历和水历都是物候历，物候历的开年建月必须取准于相应的物候变化，但这两个民族由于经济生活的差异，选用什么样的物候特征作为开年建月的标准，也就各不相同了。大致而言，水族是选用农作物长势的季节变化作为开年建月的标准，各支系苗族则大多选用野生动物植的季节变化作为开年建月的标准。水族中不管是借端或是借卯，都选在主要农作物收获完毕后，这就造成水族某些地区，实际的农事状况与计时不相吻合的状况。如第一批借端村寨，过节时，水稻尚未完全成熟，稻田中放养的鱼也未长大，物资供应还相当困难，在这样的时候借端，确实有很大的难度。但是不确立在这时候借端也不行，那样一来，会使其他地区换算成基准时出现偏差。由此看来，物候历尽管是以物候替变作为开年建月的依据，但却不能死守物候替变作为唯一标准，物候历的计时准则，还不能不掺入人为的成分。从我们的调查实际资料看，各地建月，仅是以相应物候出现时最近的人为赋定的日子作为开年建月的首日。举例说，开年日的确定，以基准物候的出现为基准点，并容许存在十二天以内的偏差。

苗历在开年建月上，也采取同样的办法，允许基准物候特征出现与开年建月首日存在十二天以内的差距。因为只有这样做，计时规则才变得有规律可循，才能在较大范围内统一遵循使用。苗历与水历开年建月上的物候依据不同，这在苗历的季节划分中表现得尤为突出，也最能反映这两种物候历的差异。上文已经说过，水历中季节已经做到了空间定位，借端区代表冷季，借卯区代表热季，相应的物候标志，是山上的青草发齐和水稻成熟。苗历中没有全民族统一的季节空间定位，但是各地区各支系苗族却分别采用着各自的季节空间定位法。以杉坪为例，这里是以蕨芽长齐为热季的开始，以野兽秋毫的长出为冷季的开始，时当苗族的鼠月。这里的热季与各宗族的居住点相印证，整个热季一切生产活动和祭祖活动都围绕宗族展开，各姻亲宗族之间的联系放到了极次要的地位。当地苗族从蛇月后开始，要封存卢笙，青年男女间不容许集体游方，正是从这一要求做出的规定。在热季内，全地区性的活动当然存在，如狗月的斗牛，就是如此。从表面上看，斗牛时整个姻亲圈都参与其中。可是观察了斗牛的场面后，我们不难看出，各宗族仍然是活动的基本单元。因为在批弓狗场上，所属的六个宗族都有自己的特定集合位置和观看位置，其位置之名称与各宗族之村寨名一致，排列之先后又与配属的月名先后一致。提供角斗用牛也以宗族为单位，宗族之间在这里是对手，而不是社交的伙伴。斗牛中的胜负也是称某宗族的牛胜了，绝不会说哪几个宗族共同的牛胜了，获胜的宗族每每以此自诩。从某种意义上说，斗牛场简直就是整个地区的时间与空间缩版，其空间定位也与计时用名相印证。而时间与空间配置又落实到宗族上，足见全姻亲圈参与是个表象，其活动单位仍然是宗族。

在热季中，如下一些活动，更能代表苗历的季节空间定位原则。在热季开始的第一个月，各宗族都要办"冷丧"。其宗教含义是招回过去一年中死者的亡灵，回到本宗族团聚。这一宗教仪式，在整个苗族中同样具有普遍性。黔东南地区的翻鼓仪式，名称和仪轨虽然略有差异，但实质与这里的冷丧相同。麻山地区的苗族，据文献记载，春天子规开始啼叫时，合寨嚎哭，说："鸟犹岁至，亲死不复矣。"其性质与这里办冷丧相同。

在热季中，最重要的活动，当然是以宗族为单位的大田耕作。在耕作中，其他宗族的成员一般不直接参与。例外的情况只有两种：一是不落夫家的新婚媳妇，可以接来帮助干农活。二是妻子未落夫家的丈夫，为了取悦于妻方宗族，也常去帮忙干农活。本宗族嫁出的女性，则是以本宗族的身份参与务农。

热季最大的宗族活动是敲牛祭祖，节期安排在苗历猪月。这时各宗族依各自所属的计时名称为序，分别举行祭祖大典。举例说，杉坪寨以兔场天或鸡场天开始祭祖。这样的祭祖仪式要持续三至五天，最大的全宗族公祭要持续十二天。甲定寨则是以蛇场天和猪场天开始祭祖，其余各寨也依此类推。在这样的祭奠中，各姻亲宗族的成员，总是以客人的身份助祭，因而他们需要备办礼品赠送。祭祖仪式完毕后，对芦笙一类的娱乐用具，才能开禁。

射背牌仪式，也在热季举行。从表面上看，这种做法似乎不符合逻辑，因为它必须涉及姻亲宗族。但苗族理解却有自己的逻辑。他们认为射背牌过后，当事的女方不仅身前且身后也将归属于本宗族，性质与过继和收养相同，而且在死后还有宗族成员的认定价值。这与通常的结婚不同。通常经婚娶过来的媳妇，人虽在本宗族生活，但她的血缘却不是本宗族的，在他们看来，这仅是一种临时性的寄住。明白了这一点后，将射背牌编排在热季，就显得合情合理了。综合以上事实后，我们可以看到，在苗历中热季是与各宗族的空间位置对节期时段进行定位，宗族的空间分布与该季间的六个月相互对举，相互印证。

与热季相反，冷季的活动是以整个姻亲集团作单元。在这个季节里，早年各宗族的男子主要外出从事狩猎和采集，妇女则留在本寨接待来自其他宗族的成员。近年来，狩猎活动已经降到了极其次要的地位，外出狩猎更多的是具有娱乐价值，但是与其他宗族成员进行广泛的社交活动则始终未变。

在冷季中，主要的活动是过苗年、跳洞、坐花园以及各种喜庆活动。比如迎亲、立新房、亲友宴享等等。值得注意的是，前人的调查往往认为，过苗年的主题仍然是祭祖。作出这样的结论，当然也有相应的事实根据，即在过苗年时，进餐之际照例要延请亡故的祖先前来就餐。但是我们应当注意到，这种进餐时延请祖先共享的礼仪，是当地苗族经常性的活动。每餐只要有佳肴美酒，照例也要进行这一仪式，而不单单在过苗年时才是如此。单就这点，就认定过苗年的主题是祭祖，结论并不全面。在我们的调查中，当地苗族在过年之际（节期已移到春节后），主要的祭祀虽然是各家庭完成，但祭祀的对象却不是本家族已故的成员，而是关系到整个苗族小区的自然界诸神。至于跳洞、坐花园，无论从内容到形式，都是姻亲集团内的各宗族间的活动内容。冷季时段的空间定位，完全与姻亲集团空间范围相对应。据此，我们可以总结说，苗历的热季是各宗族神祭祀期，苗历的冷季则是欢快的社交活动期。尽管时空的定位方法与水历不同，但季节也要进行空间定位，则是两种历法一致的内核。

水历和苗历的计时，都要与具体的宗族和姻亲集团相匹配，凭借宗族与具体月日的对应，将缺乏明确标志的时间进程具体化。可是，水族与苗族的宗亲结构各不相同，于是作为与时间匹配的单元也就各不一样了。上文已经讲过，苗族的这种单元是二加一的三合结构，附加的那个新分出来的寨子不参与时间的匹配，因而尽管一个姻亲集团总是被社会认定为十八寨，但事实上仅分为六个单元，每个单元配属两个月份和日子，合成十二个轮回计时单位。水历执行的初期，被确立为十三水，每个"水"配属于一个时间名称，附属的第十三水仅供配属闰月使用。以后随着生存地域的展拓和人口的滋生，通婚禁忌的限制日益变得难于执行，于是在同一"水"内举行分宗仪式，将一个"水"分成可以互相通婚的两外婚宗族，就势在必行了。我们调查的廷牌，据传最近的一次分宗，发生在距今的六百多年前。当时是由宗族首领祭天后，倒栽一棵枫树，日后该枫树居然成活，表明上天允诺了分宗。这株作为分宗的枫树，至今仍根深叶茂，生意盎然。分宗前本是一个宗族，当然是遵循水族地名的惯例，称为水廷。分宗后原有的宗族中分出了两个不同的姓氏，一个叫 [lao^{31}]，一个叫 [la：m^{31}]。[lao^{31}] 居水廷河上游，[la：m^{31}] 居水廷河下游，其间的分界线，就是那株苍翠挺拔的倒栽枫。分宗后由于可以内婚，它就不能再称为"水"了，而是改称为"恒"。早年可能是被称为恒廷，后因中央王朝在该地编置里甲，整个恒廷一牌，于是在汉文典籍中，才以廷牌这一名称被记录下来。通过我们对廷牌周围地区的调查得知，原先的周围各水都经过了分宗，按例都应当称为恒某，但因早年这些宗族都是以水某载入汉文典籍，这些地名遂被长期沿用下来。尽管当地的水族不再称水某而已改称恒某，其他民族也就很难跟上水族分宗的实际变化了。至于至今在地图上以恒某出现的地名，则是在中央王朝编置里甲前已经分宗的宗族。因此，从水族地区的地名，可以相应地判定各水分宗是在里甲编置前，或是里甲编置后。

恒水结构按照这样的发展脉络，逐步完善遍及水族地区的宗族和姻亲结构。相比之下，水族的恒水结构是对分的互婚宗族，它不存在苗族中那种特定的附属新寨，是真正意义上的两合对婚组织。另一个重要的区别是，水族按恒水结构所作的分宗，是由每一个水协议完成的。而在苗族的二加一结构中，新寨正式确立分宗，就得牵动全局，派生出一个新的计时轮回区来，或者说复制出一个新的姻亲集团来。应当指出的是，在这个新的姻亲集团中的各宗族与原先相应的宗族之间，继续保持通婚禁忌。比如说，杉坪地区的苗族属于卡上十八寨的云顶中院寨，据传是由卡下甲定寨分出，直到20世纪50年代，尽管两寨属于不同的计时圈，其间进行通婚，仍被视为不合理。宗族和姻亲结构不同，时间与空间的匹配对位自然会出现相应的差异，在水族中无论是恒或是水，都代表着一条河的整个流域。从时间观念上看，一个水无论它如何分宗，与它配位的时间，都是作为他们早年还是同一个水时所赋定的借端或借卯时间点。苗族则不同，每一次正式分宗后，随着新的姻亲圈和祭祀圈的形成，各宗族或村寨所代表的时间和空间定位都重组。这样一来，新出现的村寨所代表的时间和空间，必须发生变动。

水族和苗族围绕着分宗和迁徙，分宗后的新宗族对时间和空间定位名称的承袭，也采取了不同的方式。廷牌［lao^{31}］姓的宗族，在20世纪前半叶曾发生过大批的迁徙。据调查，目前可考的有三处，其中一批人迁往今三都县的都江地区，另一批迁往今三都县的九阡地区，第三批迁往今独山县的东北部地区。需要指出的是他们迁往的三个地区都是水族分布区，但这三地的时间配置与廷牌不同。比如九阡是借卯区的最后一个，而独山的东北部虽然也是借端区，但借端的次序和廷牌不同。至于都江则是苗族与水族的杂居地带。但廷牌［lao^{31}］姓宗族的成员，至今仍清楚地知道这三批人的世系关系。比如迁往独山的［lao^{31}］姓后裔与廷牌的［lao^{31}］姓后裔恋爱时，就受到了［lao^{31}］姓宗族长辈的干预，最终迫使双方分手。同时这些迁出者至今仍坚持自己属于［lao^{31}］姓，借端期也与廷牌一致，而不受居住地的影响。也就是说，留居廷牌的人与迁出的人都自认为仍然是"恒廷"的成员，都是同一借端期后裔，其定位的地域都是廷牌。迁出的新住地并未形成新的时空配位。不消说，随着这迁徙活动的频繁化，原先规整对应的时空和宗族，现在变得不那么清晰对应了。因此，水族的时空承袭惯例，可归结为一句话，那就是分宗不改变时间和空间的配合名称。

苗族的承袭办法则不同，正式分宗后，时间和空间单位不直线继承，1986年，杉坪戎登寨一位老人举行敲牛祭祖活动，主持整个仪式的鬼师不是本寨人。这引起了我们的怀疑。苗族的谚语说："别家的鬼师，做不了本家的鬼。"从老远的贵阳孟关乡请鬼师来念鬼，主持大型祭祀，绝不可能是随意而为的事情。经过查问过后，最后才弄清楚，孟关乡的这个苗族宗族，原是从杉坪分出去的。分宗后，孟关这个宗族配置的时间名称是猪场和蛇场。顺便提一句，孟关一词的苗语音译，就是蛇场。他们这个分出的宗族不再像杉坪寨配属于鸡场和兔场了。足见苗族分宗，不再承袭时间和空间的配位名称，但仍然承认其间存在着血缘关系。对苗家的这种承袭办法，也可以用一句话进行总结：分宗要改变原先的时间与空间的配位名称。

苗历和水历都是长期使用过的定型历法，这种历法又是建立在四维时空之上的计时制度。按照这一制度逻辑，宗族和姻亲圈必须保持严格的对应关系，必须与计时名称、空间定位名称相对应。然而空间方位是相对稳定的，时间也是一个稳定的连续过程，而宗族与姻亲却是可变的。这样一来，随着时间的推移，宗族和姻亲圈不断地发生变化，原先与计时名称、空间定位名称的严格对应关系必须被打破，以至于我们今天看到的苗历和水历执行情况显然与这种历法的初始时期有所区别。再加上其他外族历法的传入，也会使这种对应关系发生偏离。总之一句话，在当今的田野调查中，要找到纯粹的苗历和水历执行的实例，恐怕很难如愿了。不过由于这两个民族在发展进程中所处的社会背景不太一致，因而田野调查中所观察到的偏离状况，两族间又略有区别。

上文已经提到，水族早年由十三个水组成，从水历的角度看，这十三个水显然是以宗族匹配十二计时名称的结果。以宗族为单元匹配计时名称，这与我们在杉坪寨所观察到的苗历基本一致。可是到了今天，由于历史上不断的分宗结果，宗族已经不再是与计时名称相匹配的单元了。当今水族地区各批借端和借卯的村寨群，事实上都溶进了可以互婚的若干个恒，已经变成了以姻亲集团与具体时段对应的局面了。这样一来，计时名称已经失去了禁止内婚的标志作用了。对这种局面形成后的结果，可以说得上是得失参半。好的一面是，同一计时规则得到了有效的展拓，全水族内可以使用一套计时办法，协调全民族的生活节律。当然要做到这一点，并不是机械延续四维时空框架逻辑的结果，而是得力于在水历中掺进了靠天象作辅助定时的天象历法因素，比如以望日建月就是重要的一环。其不足的一面则是，破坏了四维时空框架的自身逻辑，宗族完全失去了定时定位价值，四维时空框架实际上已经蜕变为三维时空框架，即只有姻亲圈还具有定时定位价值。

苗历的执行与水历不同，它长期以来，一直按四维时空框架计时和定位。如果随着人口的增长，宗族的规模太大，那么也严格按四维时空框架的逻辑，复制新的宗族单元和新的姻亲圈，新旧两个姻亲圈又继续沿用同一的计时定位准则，分别执行宗族自己的计时定位操作。正因为如此，尽管我们在杉坪一带观察到了好几个姻亲圈，但各姻亲圈中原则上都是以宗族为单元，去与计时定位名称匹配，以姻亲圈与计时轮回相对应，并作为一级空间范围。因此，我们有理由说，四维时空框架逻辑，在这儿基本得到稳定的延续。不过就目前而论，这样的传统苗历也受到了重大的冲击。一则，按规律重构新的姻亲圈已经长期不再执行了，现在的宗族单位比之于上个世纪时，规模远远庞大了。目前像杉坪寨和其他五个宗族村寨，人口都接近甚至超过了千人，这显然是传统苗族难以包容的规模。二则，标准的二加一结构也受到了冲击。今后的杉坪寨，事实上有四个自然小寨，除了长寨、坪寨与杉木寨结成标准的二加一结构外，还附属一个很小的只有三户人家的小寨白果寨。这个小寨的居民是从外地迁来的。由于难于纳入二加一结构中，杉坪寨的人们不容许他们住进寨内，强令他们在远离上述三寨的山沟里建房子居住。可是这个小寨的存在，对旧传统始终是个定时炸弹。因为年轻的一代，有人已经与白果寨的青年缔结了姻缘，破坏了同一宗族寨组合内不通婚的禁忌。鉴于该寨的地位在通婚圈内并没有明确，处置此类婚姻纠葛，变得无章可循，支持者和反对者参半，久议难决。再如腊利寨，在形式上虽然也被视为二加一的三寨组合，但事实上却是五个自然村寨，在形式上虽然也被视为二加一的三寨组织，但事实上却是五个自然村寨，其中还包括有汉族定居居民。若不及时按程序分宗，复制新的通婚圈，照原样执行传统苗历，困难将会越来越大。三则，汉族农历和公历的渗入，对传统苗历的冲击也不小。上述提到的苗年与春节合并，可以视为传统苗历对汉历渗入的一种调适。但是目前这种调适，还远未达成稳定，在今后一段时间内，传统苗历中的节日和过节的内容，还会与外界规定的节日发生新的冲突和抵牾。将来如何发展，只有静候时间去考验了。

对比了苗历和水历后，我们可以说，四维时空框架是传统苗族的计时基础。而水历虽然也沿用了四维时空框架，但贯彻得并不彻底。据此可知，这两个民族的历法并非同源，两种历法之间呈现出某些文化要素的有系对应，乃是族际互动导致的辐合现象。由此而产生的问题是，我国的众多百越民族中，为什么单有水族较为完整地借用了苗族的计时方法？对待这个问题，由于我们的研究面还欠广，因此，在下文只能作意向性的解释。

四、余　论

本文定稿后，感到问题比我们原来估计的要复杂得多，特别是处理田野调查资料的思路，更值得深入探讨。老实说我们从事杉坪和廷牌调查，原先的主题并不是历法，但我们原先关心的主题一旦深入后，又甩不掉时空概念的影响。等我们把水族和苗族的历法资料稍加整理后，猛然发现民族文化几乎是一面无形的潜网，无论你从哪一个角度切入，总会触及到人类认知这条举纲的网。因此，我们想借此机会，将我们一些不成熟的理解写出来，希望引起学界的关注，共同去开启文化人类学研究的这些盲点。

自20世纪30年代以来，做田野调查形成了一种定格，那就是要在一个封闭的社区作长时间的观察和资料搜集。从完整地把握一种文化的各种细节和表征而言，这样做显然是必要的。但问题在于我们所接触到的文化，哪怕是最封闭的文化，事实上决非孤立地存在。我们调查的社区，肯定会受到该民族的其他社区的强烈影响，同时还要受到其他众多异民族的影响。调查者的视野太窄，对文化事实就会缺少敏感性和足够的判断力，就很容易将表象和干扰因素当成该文化的本质。事实上，时间单位与宗族的匹配，宗族与姻亲圈的界定，时空认知与通婚禁忌的界定，都是我们第一次进杉坪就接触到的文化事实，但我们一直不敢相信这些文化事实之间存在必然的文化逻辑关系，一直到我们做过了其他苗族社区和水族社区的民族调查后，通过对相关文化要素的参比，才清醒地认识到这些文化事实之间的逻辑关系，进而认识到这种逻辑关系不仅属于杉坪，而且属于整个苗族。据此我们认为当前习以为常的田野作业规范应当有一个突破，一是要较大地展拓调查人的视野，二是要提倡族际间的资料参比，三是要透视文化的自身逻辑。否则的话，文化人类学的结论就很难在现代社会中引起共鸣并发挥效益。

　　婚姻家庭一直是人类学研究的重点，围绕着家庭的演化、婚姻形态的差异描述，前人做了大量的工作。但却很少有人将婚姻与时空界定和人类认知联系起来。其实人的行为都要受认知的支配，婚恋行为也不例外。一个人如何知道他能够与什么样的人结成配偶，又怎样结成配偶，当然要受社会规范的模塑，但问题在于个人的行为如何与社会规范协调起来。个人不能准确地认知社会规范，社会不能提供个人认知的一切条件，个人行为与社会规范的协调就无从谈起。据此我们认为，结成社会规范的原动力与支配个人认知的原动力应当是一致的。从苗历和水历四维框架的存在，我们似乎触及到了这两个民族认知内核的边缘。事实很清楚，时间、空间、社会规范对个人认知而言都是抽象的，文化如果不具备将这些抽象的东西具体化的能力，个人其实是无所措手足的。对这两个民族的历法研究，使我们看到了将抽象概念具体化的某些实例。据此，我们以为跨世纪的文化人类学研究，很有必要向人类认知的方向推展，将前人积累的大量表层文化事实，在认知的层面上加以整合，从而使文化的研究可以透视得更深。

　　在文化人类学史上，有那么一个时期，学者们普遍认为文化的传播仅是个是否能接触得到的问题，或者是先进与落后对比中自然接受先进的问题。通过对苗族、水族历法的研究，看来事情并不如此。在当代的水族中可以确认为从苗族文化中介入的文化要素确实不少。但这样的文化要素，有的仅在水族的局部地区可以观察得到，有的在水族中仅是昙花一现，有的则被水族改造得面目全非。只有历法等几个有限的文化要素集合能够在水族中全面推广开去，能与水族其他文化要素协调动作，并按水族的文化逻辑加以改造和重组。据此我们有理由说，在族际互动中围绕着文化要素的介入，客观存在着无序反馈与有序反馈的界限。水族历法中看到的文化事实，就属于后者。在当代几乎所有的第三世界各民族，都蒙受了工业文明的极大冲击。面对这一事实，有的学者又认为在经历不长的时间后，民族的多样性将不复存在；有的学者又认为第三世界各民族无法抵挡工业文明的冲击，他们要存活下去的唯一选择，只能是调适于工业文明；有的学者还认为第三世界各民族看到了工业文明的威力，不管他们自愿还是不自愿，他们都会接受工业文明这一套。从水历的事实出发，我们看到的却是另一回事，在与异民族接触之初，大量的异族文化的介入，仅是种无序的介入。这样介入的文化要素是不能生根的，也是没有活力的。当代第三世界各民族面对的工业文明冲击，绝大部分属于这种情况。要使一种文化要素的介入能够存治，本民族必须发挥自己的主观能动性，将外来的文化要素进行有效的消化和吸收，也就是使这种介入有序化。据此，我们建议，在今后的文化人类学研究中，有必要区分族际互动中的有序反馈和无序反馈，以免将暂时性的无序反馈误以为是文化的变异。

［原载《社会·民族与文化展演国际研讨会论文集》（下），2001 年］

从中原到西南

自古迄今，我国的大西南都是一个多民族生息的地带，也是一个多种文化并存发展的区域。从历朝正史的角度看，开发西南就是一个中央王朝行政势力不断展拓的过程。从经济的角度看，经营西南意味着将汉族的生产模式移植到西南地区，在吸收当地各民族生产特点的前提下，不断加以调适和扩散的过程。从军事的角度看，进取西南是一个与笼络、和亲等政治策略相伴的挺进过程，目的在于与当地各民族势力建立巩固的联系，以确保边境的稳定与安宁。就汉文化的立场而言，中原与西南的关系仅是一个文化传播的过程，为了确保汉文化能够在新的背景下存活，不可避免地得进行一系列的调适，从而导致了汉文化在西南的地方化；就西南各民族的文化而言，西南与中原的关系则是一个文化互动延续和演化的历程，逐步达成了各种文化相互渗透嵌合的互补性格局。

开发西南的性质虽然首尾一贯，但在具体作法上，却前后有别。大致说来，从纪元前3世纪到纪元后10世纪为前期，10世纪之后为后期。前期开发主要取北南向，即以关陇河洛为出发点，向南越过秦岭，进入巴蜀，再从巴蜀出发，向南挺进南中；或向南取道川西一直进取滇池、洱海。后期则不同，主要取东西向进入西南，即以湖广为出发点，向西穿越黔中进入云南；或自四川出发，向西过打箭炉入藏。汉文化传播方向的巨大变迁，在史籍的记载上也有反映。10世纪以前的史籍对川西的邛都、汶山、河湟记载颇为翔实，但对紧邻长沙、桂林的五溪以及今天贵州的东部地区，却语焉不详，很多地方连古地名都未流传下来。与此相反，10世纪以后的史籍对徽州、大藤峡等西南东部地区的记载越来越频繁，对川西一带的记载却偏少。若非考古发掘，我们万难相信淹没在荒山野岭间的果洛，曾一度是开发黔西北的重镇。若非袁滋石刻那样的古迹尚存，我们同样难于相信至今尚筑路为艰的崇山深谷，早年曾经是入滇的战略要冲。

面对汉文化传播方向上的巨大变化，人们作出各式各样的解释。有人从政治因素出发，认为10世纪以前，全国的政治中心不离关中河洛一带，自北向南进军，兵员的集结，后勤的补给，都易于执行。可是这种解释却无法说明，元明清三朝都城都在北京，而且一直牢牢地控制着关陇，却偏要千方百计打通黔中，再进云南。同时更难解释，都城均在北方的王朝，何以对距汉区千里之外的云南永昌，远在纪元前就着手开发；而距汉区近在咫尺的贵州黔东南，却迟至清雍正年间才提到正式开辟的日程上。唐文成公主的入藏路线也耐人寻味。盛唐时，中央王朝已经彻底控制住了巴蜀，公主入藏，并未取道巴蜀，从东路进拉萨；却取北路入藏，横跨青海全境，在 3000 米以上高原跋涉数千里，才抵达目的地。与文成公主入藏不同，10世纪以后则主要取道川西入藏，自北路入藏却较少了。

有人从战略攻防角度去加以解释。他们认为从北路进入西南，可以很快占据江河上游，顺河而下，势如破竹，容易取胜。这种解释对巴蜀而言，确有道理。战国后期秦灭楚之战就是如此。但这种解释却不适用于滇、黔等地，也难于适用于广西。10世纪以前的十几个世纪中，几乎无一例成功的征伐，是从清水江、舞阳河顺流东下以获胜。至于从西江上游出发，顺流东下偷袭番禺，虽有行动，但未获成功。10世纪以后，这一战略思路有了一些成功的战例，比如 13 世纪时，兀良合台从西江上游出发，直捣湖广，大败南宋守军，转战数千里如入无人之境。不过兀良合台是蒙古族人，他统领的军事行动与汉文化传播无直接关系。由此看来，10世纪以前开发西南，取北路挺进，也不是仅仅出于战略攻防上的方便。

更多的人是从经济的角度去解释这一现象。他们认为，10世纪以前，汉族的经济重心在黄河中下游一带。从北路进取西南容易得到经济力量的支持。10世纪以后，经济重心南移，从东路进取，变得更有利实施。这种解释比前两种都贴近史实，但仍有不足。比如，10世纪以后，四川的富庶并不弱于江南，从四川取得补给大大近于江南。明太祖取云南，既不遵汉唐古道，又不效法元世祖偷袭下关，却偏偏要千里运粮，从湖广穿越黔中用兵。这就很难用后勤补给去说明了。类似的例子还有，如清初对西南的两次大用兵，灭南明王朝与平定吴三桂叛乱。说到后勤补给还有一点值得注意，从北路进取可以遇到不少北南向的河流，利于顺水运粮。从东路进兵，大多是逆水行舟，而且水路不通后，又得改为人挑马驮。两相比较，从北路进西南优于东路。可见经济中心尽管南移，但单就后勤补给而言，东路进取也无优势可言。何况两路并进，亦无害于从东路进兵。何以 10 世纪后，却要过分偏重于东路，而冷落从北路进取呢？这显然是单就经济重心转移立论无法解释的历史现象。

上述观点之所以有失偏颇，在我看来主要是人们忽视了与之并存的另外一些变化因素。比如：战略战术、兵员结构、民族关系等。大致而言，10世纪以前，对西南的征伐利在轻兵突进，长途奔袭，迅速结束战事。10世纪之后，务在持重，步步为营。单就战事持续的时间而论，前后两期的差别也很大。张仪取巴蜀、陈立击斩夜郎王兴、诸葛亮擒孟获、史万岁袭云南、天宝时对南诏用兵，都是前期进取西南的典型战例。这些战役短不过数月，长也不出两三年。后期则相反。北宋对依智高之战，朝廷长期举棋不定。章惇开辟梅山洞廷臣交相攻讦，多年不绝。明廷三征麓川，平定杨应龙之乱、征讨奢安叛乱，目标仅是一两个不法的土司，却无一不是旷日持久的大战役。清雍正时的改土归流、乾隆时的讨伐大小金川，一打就是好几年，个别战事甚至数十年才见分晓，善后处理又是好几年。诸葛亮南征，转战数百里，战区广达数万平方里，从五月渡泸，到秋后班师，历时才半年。明朝平米鲁之乱，战区不过一州之地，前后历时竟达 5 年，善后处理又用了 4 年时间。前后期战事持续之久，于此可见一斑。

战术上前后两期也不相同。前期的统帅不论是成功者，还是失败者，都不惮于单向挺进，悬军深入。后期将帅老成持重者皆受嘉评，悬军履险者不免为兵家所讥。唐蒙招夜郎王、司马相如通西夷，都是在仅有传闻资料的情况下，凭探险式的活动而建立功勋。史万岁征爨玩，时当隋朝统一之初，却转战千余里，攻破 30 余部，直捣爨氏腹心。后期则不然。元平蛇节之乱，时当统一全国数十年之后，反而坐等湖广、四川、云南三省联兵，四面合围，才最后决战。明时王骥征麓川，兵力五倍于思任发，仍不失稳重，进取必分道齐出，破敌全凭合围。将校怯于奔袭，致使思任发逃遁，留下日后复叛的隐患。李化龙平定播州，规划了八路进军，去对付一个辖地才两府的土司。兵力不足，不得不重赏以诱使水西土司参战，从而留下日后水西坐大，酿成奢安之乱的苦果。王守仁督军广西，纵然连战告捷，却一意主抚，不惜与当地将校意见相左。王守仁的主张反而被皇帝所嘉纳。王三善在给养不济、兵员不足的困境下，被迫以攻代守，直捣水西，却难逃史家骄兵轻进之讥。这些情况看来不是个别例外，而是后期用兵的常规。前汉时陈立敢于悬军处险，斩夜郎王兴，破翁指，其胆识果断，在后期近千年的西南战事中，竟无一人堪与匹敌，就是明证。

前期经营西南，多力求出奇制胜，因而军事防卫工程的修建并不看重。后期重守轻攻，军事工程的规模自然越修越大。前汉修筑通牂柯江道，半途而废。贞观盛世募民重修，又不了了之。千余年间，几乎没有像样的大工程留存后世。后期则不同。元代广修驿道，驿站遍布于西南。明代广置卫所，大兴军屯，城堡营寨之修筑，深入西南腹地数千里，驿传一线相通，互为声援，工程浩繁实前代所无。清代为巩固改土归流的成果，同样大修营寨。凡改土归流新辟地区，几乎乡乡都有当年的营盘遗址留存至今。更令人惊异的是，明代在北方重修万里长城的同时，在南方的湘西也筑了边墙数百里，以封锁"生苗"区。北方面对拥有强弓快马的蒙古各部，修长城守御，尚可理解。南方的苗族不过是些以村寨为聚落的游勇，有何必要筑边墙去防范？然而这恰好体现了后期重防怯攻的战术传统。

前期经营西南，主要与氐羌各少数民族发生联系，百越各少数民族只要不深入汉地，一般置而不问。苗瑶各民族罕见于史籍。后期则多与百越各民族取得联系，同时加紧招降苗瑶各民族，与氐羌各民族间的正面冲突明显增多。随着民族关系的变化，进入西南的通道，前后两期也各具特色。前期通道多从高山疏林草原穿过，各险段靠栈道索桥相连接，水路运输一直不占主要地位。后期则尽可能利用水运，陆路交通则以山间坝子为依托，靠横穿山口的驿道相连接。前期经营西南，一方面为了探寻战略上出奇制胜的间道，另一方面为了扶助少数民族地方势力，替中央稳定西南边疆。张仪取巴蜀、汉武帝通西南夷，正是出于前一个目标。诸葛亮实行攻心战略、唐朝支持南诏统一六诏，则是出于后一个目的。涉及的氐羌各民族世代以高山农牧业为生，入西南通道选在高山疏林地带，正是出于规避逆水行舟之难，而就牲畜驮运之利。这样的通道要跨越山间丛林和激流，修栈道与索桥就成了自然的选择。后期经营西南则是希望通过汉族移民活动，去带动西南各民族濡染华风。因此深入各民族聚居区，建立稳固的移民点，具有极为重要的意义。百越各族与后期汉族都靠稻田经营为生，移民点自然得建在已有百越各族群众定居的坝子上。而联系各移民点的通道当然得修在利于翻越山岭的捷径上。各坝子多有河流相贯，水路运输的地位自然有较大程度的提高。经营西南主导目标的变化，宋初已见端倪。宋太祖中断与氐羌各族地方势力联系的同时，却准许总辖地不足一县的布依族"五姓番"按例朝贡。宋廷在移民伫佒——侗族地区——且耕且守的同时，又深入壮族聚居区腹地广置榷场互市。元朝统一全国后，即委任皇族世袭镇守云南，结束了氐羌各族头人全权代理中央统辖云南的历史。又将归附的南宋军户，派往西南各地长期定居戍守，从而开创了有计划地军事移民的定制。明清两代则将这一定制，在整个西南加以推广。这种作法显然与氐羌各族头人世袭坐镇一方的局面不相兼容，故而改土归流的矛头自然指向了这些横霸一方的地方势力。明太祖征云南，立即罢废了白族段氏的世袭权。明清之交，水西、乌蒙、乌撒、茫部等彝族土司相继罢废，正是这种趋势发展的必然结果。

前后期另一个重要的变化是兵员的构成。前期无论战区多远，战事持续多久，都是义务兵参战，后期则以职业兵应战。从某种意义上说，前期经营西南务在速决，后期可以打持久战，也与兵员构成的变化相关。宋朝的禁、厢、乡、藩四大军队建制，所辖军士主要是职业军人。其中与西南经营关系最密切的是招募侗族、壮族从军，特称为峒丁，属于藩兵之一部分。明代实行军民分籍，更是全以职业兵应役。明代除将汉族职业兵派往西南戍守外，也大量征调各民族土兵参战。明代西南地区的重大战役，甚至对安南的战争，都有各民族土兵参战。清初出于消除明朝残余势力的考虑，下令把前明在西南的屯军改为民籍，但是其后驻防各民族地区的戍卒，仍然是职业兵。不应该把职业军人集团的出现，仅仅视为国家政策的改变，因为它涉及生产结构、行业分化、伦理观念、社会教育等众多社会因素的重构，而政策的改变仅是顺应这些深层社会变化的结果。

如果我们不把眼光局限在西南，我们还会发现前后期的变化是个全局性的问题，在经营西南上看到的变化，仅是全局变化的部分表露形式。在前期，西北有张骞通西域的壮举，西南有唐蒙、司马相如的伟业，南北辉映，决非偶然。若无卫青、霍去病千里奔袭匈奴龙庭的成功，陈立平夜郎之举，定然显得太突兀。北有南匈奴内属，南方相应地也有白狼王归附。世人盛赞诸葛亮"西和诸戎、南抚夷越"为远见卓识，却不该忽视曹操破乌桓而定辽东，同样有其成功的一面。新莽妄自尊大，贬匈奴王为侯，酿成乱阶。同样的悲剧再现于西南，致使30万生灵涂炭。高仙芝惨败于中亚，杨国忠则覆没于南诏。南北成败，如出一辙。可见地不分南北，成败得失，谋略手法，其实一脉相承。

随着西南经营的巨变，10世纪后，国内其他地区的经营也变得截然不同。就在宋朝中断与大理联系之后，宋廷放弃了对河西走廊与河套的收复，高粱河战役失利之后，事实上完全放弃了幽云十六州。在西南重偿厚赐以招徕各民族地方势力入朝进贡，在西北则岁输重赂于西夏，以求边境之安宁。在西南沿边置重兵设防的同时，在北方的幽州城南亦掘深壕注水，去阻遏契丹铁骑南下。事实上，后期宋明两个汉族王朝，除明初曾短暂北征，深入过大漠之外，后汉封狼居胥山那样的壮举，连试都未曾试过。进而看战略规划与具体战例，情况亦复如斯。从横贯西南沿驿道卫所如串珠，不难看出北方沿长城置九边守御，其战略思路实一脉相通。从李化龙八路合围以平播州可以窥见，杨镐在萨尔浒的四道并进，在战术用心上实前后相承。凡此种种都向世人揭示，前后期经营西南的差异，决非某些个人、某项政策、某些地域所能造就的结果，而是全社会性的系统演化变异所致。

这种全局性的系统变异，即民族学所谓的文化歧化。文化歧化的基本动因是面对的生存环境发生了巨变，生存环境包括自然与社会的众多要素。任何一个民族面对生存环境的巨变，绝不会改变社会成员个人去对付变迁，而是创造性地对本民族的各社会要素加以重构，比如对经济生活、社会关系、习俗、科技取向、社会教育，甚至伦理道德、信仰、文艺等等，淘汰不适用的因子，增加适用的新因子，从而造成一整套新的社会规范体系，使之完全适应于业已变化了的生存环境。这种系统性调适的结果就是文化的歧化，也就是适宜于特定生存环境的新文化的重构完成。

本文所讨论的前期，汉族面对的是冬寒夏暑的半干旱的黄土高原以及同氐羌、阿尔泰各畜牧民族毗邻的社会环境。古代汉族人民针对这一生存环境构建起来的前期汉文化高度适应于黄土高原，对于比黄土高原更干旱的塞外大漠以及青藏高原的东沿也大致可以应付。经营西南取道北路，仅是古汉文化总体特征的局部表征现象。若古汉文化作用于个人，自然会祸福参半。马援征战一生，声震华夏，却受困于五溪。其实并非他个人的悲剧，文化所使然也。后期则不同，汉族面对的是炎热郁湿的河网湖泽地区，得更多地与百越、苗瑶各民族打交道。随着10世纪后汉文化歧化重构的完成，前期视为轻车熟路的塞北，被目为畏途，而前期不敢问津的亚热山地丛林，却可以步步为营地深入。这同样是文化适应性之变动所使然。表现在个人身上照样是祸福相依，使用同一战术，李化龙、朱燮元大胜于西南，而杨镐惨败于萨尔浒。以此例之，后期经营西南偏重于东路，潜在的原因也在文化适应力所致。

［原载《寻根》1995年第5期］

反切表意文字是汉藏语系
诸语言的新一代理想文字

汉藏语系诸语言，目前已有多种文字使用，这些文字互有优缺点。我们的任务在于综合比较现有各种文字的长处和短处，结合汉藏语系诸语言的特点及其对匹配文字的要求，探索适应现代化需要的新一代汉藏语系诸语言匹配文字的构拟。

一、反切表意文字的由来

我国是个多民族构成的多元一体化的大家庭，现有的 56 个世居民族中，属于汉藏语族类的民族就有 31 个，他们都以汉藏语系某一种语言作为本民族的母语。汉藏语系诸语言除了有很多共有的特点外，内部分歧也比较大。为此，语言学家将这些汉藏语言划分为若干个语族。苗、瑶、畲 3 个民族的母语属苗瑶语族。壮、布依、傣、侗、水、毛南、仫佬、黎、仡佬等 9 个民族的母语属于壮侗语族。藏、门巴、珞巴、彝、纳西、白、怒、傈僳、独龙、羌、普米、土家、阿昌、景颇、哈尼、拉祜、基诺等 17 个民族使用的母语属于藏缅语族。汉族母语汉语属于汉语族。

由于历史的原因，这 31 个民族所使用的文字很不统一。有的民族，比如苗、瑶、壮、侗、独龙、景颇、珞巴等 22 个民族到 20 世纪初尚未形成自己的文字系统，有的则使用表意文字，比如汉字、白字、水书、东巴文（纳西族）和哥巴文（纳西族）、彝文，有的则使用拼音文字，如藏文、傣文，其中傣文有 4 种，比较通用的是德宏傣文和西双版纳傣文，不大通用的有金平傣文和傣朋文。6 种表意文字中，汉字历史最为悠久，从甲骨文算起，已有近 4000 年的历史，留下了浩繁的文献资料。彝文至少已有 11 个世纪的使用历史，也留下大量的手抄文献。纳西族的东巴文和哥巴文使用历史比彝文更早一些，不过留下的文献较少。白族的白字是在汉字基础上改造而成，也有 10 个世纪以上的使用历史，不过在今天，使用面已极为狭窄。水书同样是在汉字基础上改造而成的表意文字，也使用 5 个世纪以上，使用范围大多集中在宗教文献的记载上，很少在日常生活中使用。藏文是松赞干布时代由通密散布喇嘛所创制，是一种使用加湿弥勒字母改良后记录藏语的文字，迄今已使用 1400 年以上，保存了浩繁的文献，特别是佛教经典。西双版纳 4 种傣文都是从婆罗米字母演化而来，傣族人用这 4 种文字记录大量文献，用西双版纳傣文书写的《贝叶经》已有 600 至 700 年的历史。

20 世纪初，西方传教士为了传播基督教的需要，先后为苗族、布依族、傈僳族、哈尼族、景颇族等民族编制过相应的文字，这些文字都是以拉丁字母为基础的拼音文。其中为滇东北苗语次方言编制文字（柏格里文字）较为适用；因而流播较广。新中国成立后在党和人民政府的关怀下，我们编制了苗、布依、侗、壮、景颇等民族文字，目前这些文字正在推广使用之中。

我国现有的汉藏语系诸种文字属于表意类型的文字，与汉藏语系诸语言配合较为理想，它们都能较好地克服方言障碍所造成的交际困难，表达的含义较为稳定，可以少受语言变迁造成的字义分歧。但是它们也有严重的缺陷，即难以认读，难以进行电讯传输，使用电子计算机处理信息时，难于输入和检索。拼音文字则与表意文字相反，虽然易读易写，容易上机和电传通讯，但是在跨方言使用时，却遇上重重障碍。解放初期我们过分夸大了拼音文字的优点，同时过分贬低表意文字的长处，因而 50 年代以来，我们为少数民族新编文字，皆采用拉丁字母为基础的拼音文字，甚至企图使已十分成熟的汉字也走上拉丁式拼音化的道路。经过近半个世纪的试行后，事实证明表意文字与拼音文字各有其优缺点，片面贬低表意文字不是一种客观的科学态度。为了适应现代化的需要，我们迫切需要构拟一种兼取表意文字和拼音文字优点的新型文字，为了使这种新型文字适合书写汉藏语系诸语言，我们还应当要求这种文字立足于声韵拼合的两拼式特点。

能满足上述要求的文字，在历史上也不是没有出现过，仅仅是由于历史原因和认识的局限不加以推广而已。10 世纪到 13 世纪通行于河套地区的西夏文就是一例。西夏文是党项族所建王国西夏的法定文字，被西夏王国尊为国字。这种文字取法于汉字的造字法：象形、指示、会意、形声等。由于汉字是一种发展极为成熟的表意文字，西夏文取法于汉字，因而也具备了表意文字的全部长处。值得注意的是西夏文的形声字，它不像汉字那样仅起读音的提示作用，不能确切地表音，而是采用反切注音的办法，用该字读音的反切上字和反切下字合拼成该字的声符，认读时只需快读该字中的声符两字即可得出该字读音。这样一来西夏文同时兼取了表意文字和拼音文字的长处，并且能与党项语（汉藏语系古语言之一）密切配合。

假若我们能够借鉴西夏文字的造字长处，立足于现代科学的实际需要，构拟出一套具有同等功能的新型文字，那么目前汉字和汉藏语系各少数民族文字的改革工作，必将能走上一条全新的更为切实的道路。这样的新文字应当保留意符系统，使之具有跨方言使用的长处和字义稳定的长处，同时还必须保留声符系统。鉴于汉藏语系诸语言每个字音均由声母和韵母（附带声调）两部分构成，因而声符必须用反切符号入字。这种借鉴于西夏文的新文字兼取了表意和反切标音的双重功能，应当称之为反切表意文字。我们认为这样的新型文字，是最适合于书写汉藏语系诸语言的新一代文字，只有这样的文字才能解开目前汉藏语系诸文字改革和新创的死结，才能适应四个现代化建设的需要。

二、汉藏语系诸语言的特点

汉藏语系诸语言虽然彼此分歧很大，但是其共通的特点也十分突出，为了记录汉藏语系诸语言的实际需要，势必要求与汉藏语系诸语言相匹配的文字，也得具有某些共通特点。大致说来如下 5 个方面最为重要：第一，必须尽可能做到一字一音；第二，标音的办法最好是采用两分式的反切拼音；第三，每个单字尽可能做到形体规整；第四，不需要表达语法意义的附加符号；第五，不需要识别的换行符号和大小写字母之分。

汉藏语系诸语言音节十分完整，而且具有明显的音节界限，每个音节都包括声母、韵母、声调 3 个部分（极少数情况下可以没有声母）。每个这样的音节在实际的言语过程中，一般不会发生实质性变化，语法的特征基本上是由词序表现出来。由于汉藏语系诸语言的音节具有相对的独立性，而且每个音节绝大多数情况下都有词汇意义或兼有语法意义，不需要通过音节的变化和附加音素就已经很完整和确定了。因此与汉藏语系诸语言相匹配的文字符号，可以直接与具体的音节对应，形成具有独立使用价值的文字符号。汉字就因为在这样一个问题上完满地解决了这一实际需要，故而可以与汉语长期匹配 4000 余年，仍具有生命力。相反地以音素为基础的拼音文字，其长处在于容易表现词形的变化，但却难于标记声调的差异，其长处在汉藏语系诸语言中无用武之地，而其短处恰好是汉藏语系诸语言不能忽略的要求，有鉴于此，一字一音的文字选形比用音素拼音文字更适合于表现汉藏语系诸语言的特点。

汉藏语系诸语言其音节数量不大（比起印欧语系诸语言来说），因而各语言的词汇系统中同音词较多，采用纯拼音文字则很多同音词无从区分，往往必须上下文和长期练习才能确定。这样一来所书写的文字，读起来容易上口，但很容易发生歧义。目前使用拼音文字的藏族和傣族，其文字在认读中就存在着这种不可忽视的局限。这也是汉字虽然难写难认难读，但也不失其生命力的根本原因。对此，理想的汉藏语系诸语言匹配文字很有必要保留表意符号，同时应力图想办法解决难于准确认读的缺陷。鉴于汉藏语系诸语言的音节都由声母、韵母、声调 3 部分构成，而且拼合稳定，理想的拼读办法应当取声母与韵母（附上声调）的两分式音读办法。这样的拼读办法已有长期的历史传统，汉字从 6 世纪末开始就有了完善的两分式拼读标音手段，这就是反切标音法。反切标音法是用一个与被标音的字的声母相同的字表示该字的声母，称为反切上字，用一个与被标音字的韵母和声调相同的字表示该字的韵母和声调，称为反切下字。只要将反切上字和反切下字快读，就可自然得出被标音字的准确读音。汉字的这种标音办法一直沿用到 20 世纪初，效果十分理想。之后由于受到西方文字的影响，中国的语言学家才将反切上字和反切下字的反切符号规整划一，提出了国语注音字母，这种注音字母一直沿用至解放初。从本质上看这种标音法与反切标音法实质完全相同，只不过是标音符号更简便划一和适用而已。可以说国语注音字母，仅仅是反切标音的发展形式。新中国成立后，我们大力推广拉丁字母的拼音符号，其实际使用效果并未超过反切标音的已有水平，相反却难于适合汉语注音的两分式拼读需要。

目前，现行汉字（彝文、水书、白字也有类似情况）标音手段仍停留在形声字的水平上，各汉字中的声符仅起提示读音之用，有的仅提示该字的声母，有的仅提示该字的韵母和声调，有的甚至只表示该字的古代读音，与今天该字的读音完全不相干。在数以万计的汉字中，只有15%左右的形声字，其声旁读音与该字读音相同。由于标音欠准确，因而克服读错字音现象是学习汉字的一大难题，也是汉文字改革中最艰难的任务之一。若不用单个的声旁标音，而是用反切法标音就能完满地解决这一困难。事实证明，理想的汉藏语系诸语言匹配字，不仅需要保留形符，也需要准确的标音，理想的标音手段无过于反切标音手法。

汉藏语系诸语言都有大量固定音节的词组和短语，比如汉语中的4音节成语，苗语中的4音格词组，此外侗语、布依语、壮语中这种情况也十分普遍。汉藏语系诸语言非常强调语句的音节规整和对仗，甚至十分重视平仄相匹，这些特点在音素拼音文字中无从反映出来，因为音素拼音文字拼读音节时长短不齐，语言的上述特点在文字上难以得到反映，相反地，方块形的文字则把这些特点反映得十分醒目。正由于这个原因，汉族的律诗、绝句、对联，用汉字书写出来无不具有天然的建筑美，同汉语在这个问题上匹配得天衣无缝。除汉语外的汉藏语系诸语言，既然语言特征与汉语相近，因而这些语言的匹配文字也应当考虑到各个单字的形体完整，最好选用方块字构形。

汉藏语系诸语言名词在一般情况下，没有性、数、格的区别，动词无时态的区别，形容词和副词也无级的区别，这些语法概念往往用固定的附加音节表示。这样的附加音节本身具有完整的词汇意义和语法意义，可以用独立的单字书写出来，因此这些附加音节的存在不会影响一字一音的严整对应关系。印欧语系中那些词尾或词头的变化仅具有语法意义的前置词、冠词，若要严格地在文字上反映出来，就无法做到一字一音的严整对应，这正是印欧语系诸语言较早地使用音素拼音文字，放弃表意文字的原因所在。可见理想的汉藏语系诸语言匹配文字无需保留仅具语法功能的附加音节，选用一字一音的方块文字构形，对汉藏语系诸语言来说不存在任何实质性的障碍。

汉藏语系诸语言其单词的音节构成十分稳定，单音字、双音字单词往往占该语言词汇总数的70%以上，超过3音节的单词极为罕见，而且往往是外来词，因而与汉藏语系诸语言匹配的文字书写时，单词与单词之间留出适当的间隔没有实质性的必要，可以连写到底，不会影响表意，这仍然是汉文、彝文、水书、白文在古代都连写到底，甚至不用标点符号的原因所在。印欧语系诸语言则不同，由于这些语言的词汇中，各单词的音节构成参差不齐，若不分词连写，在各单词之间留出间隔，往往无从分辨词与词之间的界限，遇到单词内需要换行书写时，就不得不用换行符号。为了进一步区分，更加明细地表达词与词之间的界限，在某些单词的首字得采用大写，同时印欧语系诸语言并不完全依赖词序来表达语法概念，一个句子的主语、谓语、表语、定语位置不十分稳定，句首字母不采用大写，则无从分辨句与句之间的界限，因而在印欧语系诸语言的匹配文字中，大小写字母的分别和换行符号的使用绝对不可忽视和缺少。

藏文和傣文是行用已久的汉藏语系拼音文字，这些文字虽然也采用音素拼写办法，但是却不分词连写，也不使用分行符号，在古代也不采用标点符号，并未造成表达上的障碍。这些文字也没有大小写字母的区别，同样也未造成表意上的困难。藏文与傣文的实际情况再次向我们表明，汉藏语系诸语言的匹配文字无需制定大小写字母，也无需使用换行符号。

综上所述，汉藏语系诸语言理想的匹配文字，字形以方块构形为好，字音以单音为好，标音以反切标音法为好，字体以单体（无需分大体、小体）为好，书写格式以连写为好。

三、反切表意文字的特点

音素拼音文字既然很难满足记录汉藏语系诸语言的需要，要构拟出适应记录汉藏语系诸语言的新型文字，就得立足于汉藏语系诸语言的特点，综合比较现有各种文字的特点，扬长避短才能得到理想的结果。

由于汉藏语系诸语言构成音节数量有限，单音词和双音词在词汇构成中占绝大多数，因而汉藏语系中不管哪种语言，同音词的比重较大。双声词和叠韵词在语言中十分普遍，而且有特殊的语言表达功能。在实际的言语活动中，这些同音和近音现象，在特定的言语环境中一般不至于引起语意混淆，一旦用文字记录下来，由于失去了特定的言语环境，语意混淆往往难于避免，因成熟的汉藏语系诸语言记录文字，都需要在文字中加注表意符号。汉字使用 4000 余年，文字加注形符，一直沿用至今，有效地保存了浩繁的汉文献，就是对这种实际需要的最好例证。正因为汉字有这样的特点，因而在历史上存在不少民族皆用汉字记录本民族语言，收到了良好效果。苗、壮、布依等族，虽然没有独立创造本民族的文字，但却使用汉字成功地记录了本民族语言，保留了大量的碑刻、家谱手抄文和宗教典籍的手抄文。以汉字为基础创造的各民族文字，不管是白字、西夏文，还是水书，同样保留了形旁（或意符）系统。这些民族创造的文字，正因为吸收了汉字的这一长处，因而与本民族的语言配合十分理想。这些文字的存在，再次证明了汉藏语系诸语言保留形旁（或意符）系统十分必要。

汉藏语系诸语言中，不少语种的方言分歧很大。汉语的 8 大方言之间很难通话；彝语可划分为 6 大方言，各方言之间同样难于通话；壮语分为北南两种方言，两种方言之间亦难于通话；傣语使用最多的是西双版纳方言和德宏方言，此外还有一些其他方言，如金平方言。正因为方言分歧较大，所以使用音素拼音文字记录傣语时不得不并行 4 种傣文；侗语分成 3 大方言，即南部方言、北部方言和报京方言，使用拼音文字同样难于形成一种文字。方言分歧最大的是苗语，目前语言学界将苗语划分成 3 大方言，湘西方言、黔东方言和川黔滇方言，其中川黔滇方言又下含 8 个次方言。在次方言之下还要细分为不同的土语区。此外还有 18 种土语无法归属于上述 3 大方言之内。在实际的言语中，不仅各方言之间不能通话，而且各土语之间也无法通话。正是由于方言分歧的极端复杂，50 年代编制新文字，不得不创制 3 种苗文，改革 1 种苗文，即湘西苗文、黔东苗文、川黔滇苗文和滇东北苗文。这一格局实际上重蹈傣族一个民族中 4 种文字的覆辙。单纯使用音素拼音不追加意符，事实上只能加剧民族内的隔阂，无助该民族的统一和凝聚。如果采用意符系统构拟文字，就能避免方言分歧的障碍，真正实现一个民族一种文字。彝族方言多达 6 种，文字发育的成熟程度不及汉字，使用面也不及汉字宽，但是由于是以形符系统构拟的文字，因而才能做到全民族文字统一。上述客观事实告诉我们，汉藏语系诸语言的文字必须保留形符系统。

汉字形成之初，本是六书并重。在甲骨文时代，象形字、会意字的比重甚大，形声字的比重较小。随着文字的发展，形声字的比重加大，同时出现了大量的假借字和转注字，到东汉许慎编撰《说文解字》时，形声字已超过 80%，许多原先的假借字和转注字都重新加上形旁，构成新的形声字。这一发展历程告诉我们，表意文字本身存在着需要为文字注义的要求，特别是文字使用扩大，需要跨方言使用时，更需要对文字加注形符。可见，要构拟当代的汉藏语系诸语言的理想文字，绝不能忽视声旁和形旁的价值，问题在于如何找出理想的注音注义方法。

当前汉字延用数千年的传统，采用提示性的单体音符作形旁，由于形声字的声旁仅具有提示作用，说不同方言的人根据提示可以按自己的方言特征发音，这一特点有效地克服方言分歧对文字推行的障碍，保证汉字的跨方言性，因而汉族这样一个人数多达 10 亿以上的民族可以使用同一种文字。这一事实又一次表明，汉藏语系诸语言的理想文字，当然需要较准确的注音声符，但是这样的声符不应限得过死，保留一定的含混性是完全必要的，否则无法构拟出超方言的文字来。

提示性的单体声旁在构成形声字中，虽然有很好的超方言性，但是这种标音的办法，不是建立在语音特点基础上的标音手段，它无法充分利用一种语言各方言之间的语音对应规律，是一种纯粹的人为约定俗成的结果，在保证声旁标音一定含混性的同时，若深入分析各方言之间的语音对应规律，采用反切拼音的办法，就能同时兼顾声旁标音的准确性和超方言性。用反切法为汉藏语系诸语言的单字标音由来已久。汉字从六、七世纪开始就已相当成熟，与此同时，汉文献中也使用反切法为其他民族语言单字标音。成书于南宋时代的《溪蛮丛笑》，将侗族族名"更"，标为"仡伶"；将苗语的"花朵"标为"不兰"。《元史》中将苗族的族名标成"木猫"、"木娄"等等。这些例子充分表明，汉藏语系诸语言用反切法标音十分捷便，并且在十多世纪以前就已形成了成熟的见解。有鉴于此，新型的汉藏语系诸语言的文字其标音办法应当抛弃汉字的单体提示性标音法而改用反切拼法标音，使同一种语言的不同方言使用者各自按自己的发音特点反切拼读，就能达到文字准确标音之目的。同时由于方言之间的语音对应规律，并不能完全涵盖所有的字音，因而使用反切拼读后，既提高了文字标音的准确性，又不会妨碍不同方言区成员的使用。因为它并没有牺牲标音上一定程度的含混性，加上若附有意符，文字阅读中发生理解歧义的机率就可能大大降低。

基于上述理由，我们认为新型的理想汉藏语系诸语言匹配文字应当由意符（形旁）、反切上字、反切下字三结合造字，这样的文字应当称为反切表意文字。这种文字既有表意的形符系统，又有标音的反切系统，只有这样的反切标音文字，才能同时兼容准确注音和跨方言性两大长处，才利于在汉藏语系各族中推广。

汉字是目前世界上发展最为成熟的表意文字，反切表意文字的形态理当借鉴汉字的形旁系统。汉字形旁根据许慎的归纳共有 540 部，其中有不少部首构字能力很弱，有的还可以互相归并，如"鸟"和"隹"，"犬"和"豸"；还有的是重叠单字构成的部首，比如"水"和"淼"、"目"和"䀠"、"口"和"品"。若将这些使用价值不高的部首删去，则汉字的部首可以大大简化，比如说减到 100 部以下。这样一来，所构成的字就可以直接进入计算机的输入系统，同时又便于学习记忆和认读，基本上克服了汉字难于上机和认读的缺点。

反切标音是以两个单体字组合标音，形旁既然已压缩到 100 部，如果形旁兼作标音的反切上字和下字，从理论上讲是完全可行的，同时与汉藏语系诸语言的实际也不冲突。汉藏语系诸语言声母系统一般不会超过 100 个音位，韵母系统也不会超过 100 个音位，使用 100 个形旁兼作反切上字和下字也是完全可行的。比如苗语，湘西方言有声母 48 个，韵母 35 个；黔东方言有声母 32 个，韵母 26 个；川黔滇方言有声母 54 个，韵母 31 个。这些数据表明，纵然苗语方言分歧突出，但是用 100 个反切上字和下字进行准确标音是切实可行的。此外，我们还应当考虑到汉藏语系诸语言声母和韵母存在着相互的制约关系。声母数量多的语言，韵母数量必然少，在这种情况下，反切下字可以同时兼顾标调；韵母多的语言，声母必然少，反切上字就可以兼取声调归类之作用。用 100 个部首作反切上字和下字，同样可以部分兼负汉藏语系诸语言记录文字所必需的标调任务。

借用汉字部首构拟反切表意文字，同时派生出 3 重困难。第一，汉字部首笔画较多，不便书写；第二，同一套部首既作反切上字、下字使用，又作形旁使用，这将会造成意符和声符难于分辨的障碍；第三，若这种文字在汉藏语系诸民族中推广，还会造成难于识别是哪一种文字的困难。这 3 重困难我们准备采取如下途径加以克服。

新中国成立以来，汉字部首已经过了简化，但是仍有不少部首笔画太多，比如

"卵"、"走"、"金"等等，很难直接付诸使用。同时我们还应当考虑到每一个字都必然包括3个组成部分：形旁、反切上字和反切下字，若单个部首笔画超过3笔（或3画），则1个单字的笔画可就多于9画，为此，反切表意文字的部首必须尽量使用1画2画构成，最多不得超过3画。要做到这一点也是可行的，因为目前除了有汉字部首简化的成熟经验，还可参照日文的假名，朝鲜的谚文，使新文字的部首笔画压缩到3笔以下，而且尽可能地使用两画构成的部首，经过反复的探索，我们已经做到了这一点。

为了明确区分新文字的意符和反切上下字，同时又不能增加符号，这就得考虑应用部位定性的办法，这样的办法在现有文字中已有成功的范例，如朝鲜文就是一个极好的代表。当代朝鲜文也是方块结构，其拼音字母相对固定于左上角、右上角和下方，所在部位不同，在拼读中的作用也不一致，这样一来就完好地将文字的方块构成和音素的拼合结合在一起。又比如柏格里苗文，采用大小字母拼合方式，大写字母代表声母，小写字母代表韵母，小写字母的位置不同，则表示不同的声调。这种文字基本上保存单字的方块构形，同时严格地区分开了声母和韵母，文字符号又妥善地解决了标调困难。可见，使用定位法只要得法，是可以明确地区分开意符、反切上字和反切下字的。

至于几个民族同时使用反切表意文字时，各种文字间的相互区别问题，我们认为有两种手段可以解决。第一是使用构形手段。由于每一个文字均包括形符、反切上字和反切下字3个部分，这样一来在每个字中可能有如下4种构形：A. 左形右上声右下韵；B. 上形左下声右下韵；C. 右形左上声左下韵；D. 下形左上声右上韵。不同的文字选用不同的构形，文字间就能达到互相区别的目的。第二是使用符号手段。每种文字可以在现有汉字形旁的基础上，根据使用者的需要，通过笔画和结构差异，创制自己的符号系统。这样一来，即使我国31个使用汉藏语系语言的民族都使用反切表意文字，皆能够达到相互区别的目的。

妥善地解决了这三重困难后，我们认为反切表意文字在汉藏语系诸民族中付诸使用是切实可行的。

四、反切表意文字是汉藏诸民族的理想文字

我们认为创制、推广和使用反切表意文字具有七大优越性。

第一，这样的文字具有超方言性。由于反切表意文字的每个字均包含有意符，同时又能体现同一语言中各方言之间发音上的规律性，因而说不同方言的人纵然读音不同，每个字的含义却完全相同，所以不管说哪种方言的人都能看懂，并能按自己的发音特点朗朗上口。鉴于我国汉藏语系诸语族内部分歧大，使用音素拼音文字很难达到这一目的。

第二，反切表意文字部首十分有限，不多于100字，每个单字的结构都十分稳

定，因而这样的文字极利于电子计算机输入和检出，也利于机械化的通讯需要。根据我们的初步统计，一旦相应的电子计算机软件编制完成，只需两码就能输入或检出一字。这样的文字完全能适应现代化的电传、机械排印和电子计算机的存贮等现代化机械操作需要，能很好地为有关各民族的现代化需要服务。

第三，这种文字由于符号有限，构形规整，与本民族语言的发音实际契合较好，因而易学、易写、易认，有利于文化科学知识的普及。在这一方面比起纯粹的表意文字如汉文、彝文、东巴文更利于普及和推广。

第四，这种文字由于以汉字形旁为基础创制，又能较好地与汉藏语系诸语言相匹配，若在我国汉藏语系诸民族中推广使用，就能更好地为加强有关各民族的交流提供方便，有利于中华各民族在文字上趋同，以加强各民族的团结。同时，还能做到一套电子计算机软件可以在数种文字中同时使用，节约大量的人力和物力、财力。

第五，这种文字由于采用反切标音，标音的准确度大大超过了单纯的声旁标音，使文字与语文得到紧密配合，接近纯拼音文字的效果，对现在尚无文字或文字不完善的民族普及文化科学知识极为有利。

第六，由于这种文字规律性很强，因而具有通向机械翻译的潜在优势，有利于汉藏语系诸民族的族际文化和科学交流。

第七，这样的文字还能为汉字的改革提供新鲜的实际经验。

基于上述，我们认为反切表意文字是汉藏语系诸语言新一代理想的文字造型。此外，这种文字与汉藏语系诸语言现存的各种文字并无直接冲突，并行使用无障碍。为此，我们写下这篇短文，期望引起学术界的注意和深入研究。目前我们对反切表意文字已作了多年探讨，新一代苗文与侗文的创制工作正进行之中，有关的电子计算机软件已着手编制。为此希望得到有志于此的同仁学者以及有关社会部门的支持和帮助，更希望与大家交流和切磋。

[本文与刘锋、潘盛之合作，原载《贵州民族研究》1993年第2期]

民族习俗与经济开发关系发微

民族习俗是民族文化的重要组成部分，又是一个民族的基本特征之一，因而它一直是民族学研究的热门话题。围绕着民族习俗曾经发展起众多的理论，这些理论分别从不同的角度和深度确认了习俗的实质及其对所在民族的价值和作用机制。从今天的眼光看来，这些理论都存在着一些缺陷，不足以单独指导当前的民族经济开发。然而它们也具有一些不容抹杀的精当见解，能对今天的民族经济开发提供有益的参考，关键在于如何去认识它们以及如何恰如其分地采纳其中的合理内核。

影响民族习俗的因素很多，从 20 世纪 20 年代以来，前人在研究习俗时早已不把探讨的范围局限在某个因素上了。今天要全面认识习俗，当然更不得例外。在大力开发民族经济的今天，经济的变化对民族习俗的冲击比以往任何时候都大，而民族习俗对经济生活的反作用也分外明显。为使问题的讨论简单化，本文将人为地搁置其他因素（如社会背景、生态环境、民族历史传统、族际关系等）及其对习俗的作用和反作用，主要从经济的角度讨论互相关联的五个问题。1. 习俗及其相对稳定性；2. 习俗演化的特点；3. 习俗的阻滞效应；4. 习俗的升华效应；5. 加强民族习俗对策的研究。

本文力图通过对前人见解的汇总和弃取，以说明民族习俗决非可以任人搓揉的橡皮泥，而是一个客观存在的社会文化范畴。它在遵循自身的演化规律发展时，既能对人类任何违背客观规律的轻举妄动进行严厉的报复，又能极大地促成人类符合客观规律的愿望实现。关键完全在于能否正视民族习俗的存在并有效地利用其演化规律。所以，在民族经济开发的时期，加强民族习俗对策的研究，确实是刻不容缓的事情。

一、习俗及其相对稳定性

经过一个多世纪的探索之后，人们对民族习俗的理解已经较为深入了。目前大致倾向于认为民族习俗是一个自身完整并具有特定社会功能的相对稳定的社会文化范畴。在其稳定期间内，一个民族的习俗系统将会按大体不变的形式长期延续下去。在习俗的正常延续中，如果施加外力的干预，必将遭到激烈的排抗。当然，也可能通过习俗系统自身的调整，使外来干预蜕变为可以接纳的组成部分而继续保持习俗系统自身的完整。某一民族的习俗系统往往是这一民族社会不可一日或缺的组成部分，直接发挥协调这一民族社会生活的作用，确保这一民族能以最小的经济和心理代价延续其生存。因此，没有习俗的民族和没有经济生活或没有分布地的民族一样是不可思议的。

对习俗的相对稳定性的认识经历了一个从肯定到否定，再加以肯定的复杂过程。经典进化论诸贤坚持人类文化（民族学界把习俗视为文化的当然的和重要的组成部分，所以在早期的民族学著作中讨论的文化即主要或部分地指习俗而言，下文中凡遇类似之处均不另加注明）是按从低级到高级分阶段发展的结果，因而在其同一发展阶段的延续期间内，习俗必然处于相对的稳定状态。由于尚未把习俗的结构纳入研究对象，因而习俗构成因子的相对稳定自然无从谈起。不过，为了证明文化的不断发展，先贤们往往不自觉地选取容易说明的一个或一组习俗因子做专门研究，比如摩尔根对亲族称谓的研究即一例，他在客观上已经意识到习俗有其内在结构。又如泰勒在《原始文化》一书中提出了"残习"（残留文化）的概念，首次肯定了习俗因子的这一特殊稳定方式。可以说，经典进化论学派对习俗稳定性的肯定，仅仅是一种下意识的推理结果，未能深入习俗内部去探明其所以会稳定的原因。因此，他们在后来遭到攻击和怀疑，就在所难免了。

播化学派兴起后，它的代表人物们都将注意力转移到习俗因子的横向关系上，为了揭示各民族习俗的差异成因，开始注意到了习俗的内部组成关系。拉策尔提出了"形的标准"，作为分辨习俗因子是否同源的依据。格雷布内尔进一步提出一个新的概念——"数量标准"，力图使习俗因子的同源研究定量化。这些工作的基础已将习俗因子视为相对稳定的习俗基本单位。然而在习俗系统的相对稳定性上，他们完全走到了另一个极端，彻底否定了习俗系统的稳定性，把各民族的习俗系统理解为偶然传入的各种因子的杂乱拼加。他们认为，随着新因子的传入，习俗系统将不断地改变自己的面貌。

鲍亚士学派对习俗研究的功绩有三方面。首先鲍亚士提出了文化的综合决定论，即文化是极其复杂的整体，生物、地理、经济、历史、政治都足以决定性地制约或促进文化的形成，然而，任何一个因素，均非唯一的决定性因素。这一论断首先从习俗形成因素间关系的复杂性和综合牵制作用出发，揭示了文化（习俗）相对稳定性的外部原因，至今仍有极大的认识价值。其次，他提出了文化（习俗）的整体观，他将文化视为独立于社会之外的某种实体，强调要认识这个实体只能不遗余力地搜集一切细节并加以分析才行。总之，他把文化当成了难于捉摸而又实有其用的"黑箱"了。这一观点虽然用最坚定的语气肯定了习俗系统的稳定性，然而这仍是一种停留在直觉基础上的判断。鲍亚士本人一生孜孜不倦地调查夸库特尔印第安人，至死未完成这一民族文化的整体概括，正充分反映他对自己的直觉判断所持的审慎态度。最后，鲍亚士论证了文化的社会作用，指出文化可以影响经济条件，可以改造地理条件。他首次将文化视为能动的社会范畴，确是难能可贵的，不过，尚有待进一步完善和发展。

功能学派对习俗的研究，比前人大大前进了一步，而深入习俗内部构成因子的相互关系之中，他们用功能分析的方法，去论证习俗系统及其构成因子的相对稳定性。马林诺夫斯基在《社会人类学》中说明：功能学派的目的，是以功能的眼光去解释一切"在发展的水准"上的人类学事实，看这些事实在完整的文化体系内占什么位置，在这个体系中各部分怎样互相联系以及这个体系又如何与周围环境互相作用，以期了解文化的本质。从这一理解出发，他提出了文化本质的新命题，认为文化是由其构成要素（因子）组成的有机整体。他在《文化论》中说："文化是包括一套工具及一套风俗的习惯。"文化的组成部分———一切要素"一定都在活动着起着作用，而且是有效的。"因而"文化的意义就在要素间的关系中"，文化既然是由复杂的功能关系互相制约着的因子组成的有机统一体，那么外力的触动，显然无法轻易改变它，至此，习俗的相对稳定性自然不再是一种直觉的猜测，而是有其内在根源的客观事实了。

功能学派对习俗的研究虽然有了突破性的进展，但是在其理论著作中也充满了一些令人难以苟同的做法和态度。功能学派主张的文化观与鲍亚士学派的文化完整观，分明存在着某种共同之处，但是马林诺夫斯基和布朗却不遗余力地攻击鲍亚士学派的观点。马林诺夫斯基在对待新几内亚部族战争时十分有理智，他坚决反对用行政命令去禁止这类战争，主张用行政力量去诱导而使其逐步缓和，最后使之演化为无害的体育运动。在这里，他不仅承认习俗可以变化，而且主张人为力量可以促成这一变化，使之向有利的方向发展。按照逻辑推理，他不应该无视习俗的进化，然而在他的著作中充满了对进化论的抨击。特别是对泰勒"残留文化"概念的嘲弄，几乎到了不近情理的地步。突出自己的新观点，本来是无可厚非的，但是因此而骂倒前人似乎并无这种必要。

综合前人对习俗的论证，结合我国对各民族习俗研究的成果，我们对习俗相对稳定性应该做如下理解：（1）任何一个民族的习俗都具有相对稳定性，或者可以叫做"惯性"，其含意包括两个方面的内容，即习俗因子的相对稳定性和习俗系统的相对稳定性。（2）不管习俗因子还是习俗系统，都是民族的背景条件，如经济生活、历史、社会形态、生态环境、族际关系等综合作用的结果。这些外部条件的发展永远不可能步调一致，因而习俗因子对任何条件都不会呈简单的对应变化，而总是落后于这些条件的变化，最常见的形式是缓慢地被代谢，并牵动整个习俗系统的更新。这是外因限制造成的相对稳定。（3）在一个习俗系统中，各组成因子之间按其社会功能、赖以正常执行的物质条件、历史的传统等关系，组织成一个严密完整的体系，各因子之间互相依存、互相制约、互相促进，个别因子的存亡都会牵动习俗系统本身，因而习俗系统的任何细微变化都需要一定的自我调整时间。这是习俗内因交互牵连造成的稳定性。

经济生活对习俗的稳定性具有重要作用，其影响机制可以归纳为四个方面。

（1）经济活动为习俗因子的执行提供了必需的物质产品，这些产品的稳定生产确保了有关习俗因子的正常延续。习俗因子对物质产品的依存关系是习俗系统的结构的一种方式，经济活动造成的产品结构稳定，部分地维系着习俗系统的稳定。（2）在时间分配上，经济活动与习俗系统内各因子的执行节律相互嵌合，致使双方在执行中必然互相牵制，因此经济活动的稳定延续也造成了习俗系统的稳定延续。（3）生产技术水平是决定习俗因子面貌的重要因素之一，生产水平的稳定造成有关习俗因子以大致不变的形式延续，生产技术水平还制约着习俗系统内各构成因子间的组合层次，生产水平不变，习俗系统内的相应结构亦将稳定延续。（4）经济活动还是沟通生存生态与习俗系统的桥梁，一个民族对其所处生态环境的改造和利用，集中地透过经济活动而反映到习俗上，经济活动的稳定带来了改造和利用自然环境手段的延续，也导致了习俗适应生态环境的有关结构将长期稳定。

二、习俗演化的特点

习俗的相对稳定既然是众多因素交互作用而达成平衡的结果，因而有关因素在质和量上的发展均足以引起这一动态平衡作相应的调适性演化。由于习俗是一个自身完整的体系，加上影响因素的复杂化，致使习俗的演化具有一些特殊形式，这些特征归并起来可分为四个方面，分别称之为习俗因子虚化律、习俗因子非等速代谢律、习俗因子牵连代谢律和习俗系统定向适应律。这四个方面既制约着习俗因子，又制约着习俗系统，其间并无轻重主次之别，它们几乎是一道协同作用，制约着习俗的演化，仅仅在作用的机制和角度上有所不同而已。

习俗因子虚化律的含意是，当一个习俗因子赖以执行的物质或社会条件消失时，或其固有社会功能已被其他因子所代替时，这一因子透过习俗系统自身的调节机能，改变其原有执行条件及社会功能，从而转化为礼仪化、信仰化或装饰化的因子——残习因子，继续生存在该习俗系统之中。经济生活的变化导致某些习俗因子执行所依赖的物质产品缺乏，是造成有关习俗因子转化为残习因子的主要原因之一。在一个民族经济发展的过程中，随着物质产品结构的变化，若牵连到的习俗因子虚化速度超前或落后，均为对经济发展产生有力的反作用，直接影响着经济发展的进程。尽力使经济发展与有关习俗因子虚化协调，是确保经济发展高速度的重要措施之一。

习俗因子非等速代谢律的基本内容是，在同一个习俗系统内，各构成因子的代谢速度各不相同。代谢速度是一个相对概念，仅在同一习俗系统内有效，仅在各因子代谢进程中相比较时才表现出来。习俗因子代谢速度在某些情况下与经济活动直接相关。当经济发展时有三种主要的表现形式：（1）习俗因子执行中对有关物质产品的依赖性越大，该因子的代谢速度就越快，反之则较慢。（2）习俗因子的执行周期较长，代谢周期也比较慢。但是，若执行周期与经济活动节律相嵌合，在经济发展时期，有关因子不论执行周期长短，都会较快地被代谢。（3）当习俗因子对物质产品的依赖不止一项时，依存项目越多的因子代谢速度越慢。这三种表现形式并非单一地孤立出现，而是综合性地同时在习俗因子代谢中表现出来，使这些代谢速度呈现极大的速度差。

习俗因子牵连代谢律是习俗整体观的动态表述形式。关于文化整体观，鲍亚士和马林诺夫斯基都作了精当的论述，至于它在习俗演化特点中的含意可以用以下文字概括。在同一个民族的习俗系统内，任何一个习俗因子发生了变化，或新的因子被引入，均会引起同系统内其他构成因子作程度不同的相应变化，这种连锁反应的结果，必然形成这一系统的新的内在协调。从经济生活的角度着眼，这种连锁性演化的主要对象有同根因子，即以同一物质产品为执行条件的几个习俗因子。其次是与经济活动有关的同功因子，即社会功能相同或相近的数个习俗因子。当然，它们实现社会功能的角度与方式各不相同。此外，还有依附性因子，即这一因子的正常执行有赖于其他一个或几个因子的执行为前提。当被依附的因子随经济而变化之后，其依附因子亦将发生连锁演化。在一般情况下，这种连锁演化持续的时间很长。在持续期内，新旧因子往往长期并存，以利习俗系统自身发挥其固有的调节功能，并与经济活动逐步互相适应。如果经济发展太快，缺乏足够的调整时间，则必然造成习俗系统的混乱，严重地阻碍其社会功能的发挥。在这种时候，习俗系统几乎是牵一发而动全身，往往对经济活动产生巨大的反作用力，严重地影响经济发展的步伐。

习俗系统定向适应律成立的前提，是有关民族所处的社会及生态环境相对稳定。其基本含意是，习俗系统在其延续的过程中，能逐步强化有利于这些民族生存的习俗因子，同时弱化或淘汰不利的习俗因子，使之消失或虚化为残习因子，习俗系统本身亦随之而逐步调整其结构，使这些民族习俗向适应其生存环境的方向作特殊的演化。这一演化特点的含意与萨赫林斯的"特殊进化"相近。其差异在于这里充分注意到各民族具有能动地创造新的习俗因子的能力，具备改造和利用借入因子的能力，具有能动地控驭习俗系统适应新环境的能力，而不像萨赫林斯理解的那样仅是被动地接受"一般进化"及"特殊进化"的既成事实。习俗系统的定向适应律是造成各民族习俗差异的主要原因之一，习俗差异对本民族十分重要，对异民族来说虽然会引起局部的矛盾，但是从全局和长远看来仍然利多而弊少，因为这种差异将保证人类最有效地利用各类不同的生态资源。

三、习俗的阻滞效应

民族经济开发按通常的理解往往指新技术的引进、新生产项目的创办、商业渠道的开拓、生产管理的改善等等。这一层次的改良比起一个民族经济活动总体变革来，毕竟仅是一种局部性和突发性的冲击。单纯的经济开发既无力彻底改变一个民族长期形成的传统习俗，也无力承担习俗系统变革的全部经济后果。因此，在经济开发中，民族的习俗演化必然大大落后于开发工作的需要，传统习俗中大量不利于经济开发的因子势必较长期地阻碍开发工作的进程。传统习俗对经济开发限制和阻碍作用的总和就是我们所称的习俗阻滞效应。造成阻滞效应的原因很复杂，大致说来与习俗的相对稳定性有关，也与习俗的各演化规律有关，由于成因不一，其表现形式亦复各异。

由于习俗的相对稳定性，传统习俗对经济开发表现为巨大的迟钝性。习俗系统的机械延续致使经济开发所必需的社会条件长期不能具备，以至于不得不增加额外投资去人为创造社会环境，大大延缓开发的进程，并将加大投资负担。不利于开发的习俗因子长期滞留，有利的习俗因子成长与强化缓慢，造成新引入的经济因素长期不能独立成活，不得不凭借外力支撑以维持其生存。阻滞效应的这一表现形式使得开发项目早期运行费用大大超出预计数额。习俗的惯性延续还制约民族消费结构，使之长期无力将引入经济项目的产品纳入稳定的消费系统之中，同时还制约着该民族劳动力投入方式，致使引入项目中用于劳动力的开支加大。这种状况势必降低引入项目的效益，使之在短期无法达到基本预计指标。此外，习俗的惯性延续还容易诱发传统习俗与引入经济因素的冲突，招致对开发信赖的波动，亦将阻碍经济的开发。

在习俗因子虚化律的作用下，习俗因子虚化的对象、范围和速度，往往与经济开发的需求不相协调，从而造成习俗演化与经济开发相抵触。主要表现形式有两种：（1）虚化超前；（2）虚化迟缓。前者的成因在于引入经济项目所造成的产品结构排挤了传统产品，致使以传统产品为执行依托的习俗因子快速虚化；后者成因则是引入项目未能排挤传统产品的直接后果。习俗因子虚化超前之所以会阻滞经济开发，主要是因为虚化超前会带来的消费变化，结果必然在消费领域过多占用资金，从而限制了进一步扩大投资；同时还将导致这一民族对外族的经济依赖。虚化迟缓对经济开发的直接阻滞表现为引入项目难于在该民族内生根，延迟经济开发的引入时间，可能诱发新旧经济活动在习俗上的摩擦，从而阻滞经济开发。

习俗因子非等速代谢律表明一个习俗系统内，其结构因子各自有其代谢速度，并具有自然的代谢次序。若按这一次序代谢，习俗的演化将会呈现平稳而安定的形势。然而经济开发往往自觉或不自觉地要求打乱这一次序，于是习俗本身必然表现出激烈的排抗力。排抗力最明显的表现形式是抗逆向代谢，即当经济开发迫使原来代谢迟缓的习俗因子提前代谢时，习俗系统的社会作用无法发挥，使被牵连的经济活动失去固有的社会环境依托，导致经济活动无法正常进行。这里，仅以节令性逆向代谢为例加以说明。在正常状况下，习俗活动与生产活动在节令安排上往往互相嵌合，其嵌合较紧的习俗因子一般处于代谢次序之后位。但是经济开发中引入的生产项目在生产节律上，若能与传统生产项目相互契合，就可收到相辅相成、相得益彰之效。反之若不能与传统生产项目相契合，就会出现如下一些不利现象。（1）挤掉了传统生产项目的生产时间；（2）打乱习俗的正常节律；（3）新引入项目难于正常进行。这些现象出现后，往往迫使有关习俗因子提前被代谢。结果不是牺牲传统生产，就是阻滞经济开发，无论怎样做都要付出超额的经济代价。

由于习俗因子牵连代谢律的作用，经济开发中原先准备倚为开发条件的习俗因子，往往在消除不利开发的另一些习俗因子时，被牵连甚至被代谢，以至于开发工作无法顺利进行。布依族蜡染和刺绣等装饰工艺是建筑在整个衣着习俗上的习俗因子，它们在经济开发中具有可利用社会价值，但是若为了压缩劳动力的非生产性支出，而以廉价化纤织品冲击布依族的衣着习俗，那么原先待开发对象的丢失就难以避免了。为了提高牧区各民族的畜产品商品率，不少经济学家主张采用集约式固定牧养，其后果绝不是简单地引入新品种，或说服牧民学习新技术和一两项新的生活习惯，而是改变从饮食到衣着，从居处到礼仪的一整套建立在游牧基础上的习俗，这当然不是轻而易举的事，其代价往往比预计的经济投资高出若干倍，最终还是无法妥善解决草原均匀载畜和局部草原退化问题，甚至会诱发更严重的经济问题。

在习俗定向适应律的作用下，一个民族的传统习俗一定能最经济最有效地为民族传统生产服务，然而人为组织的经济开发，往往难于兼顾到习俗。青藏草原上单位面积载畜率低，放牧半径大，加上气候原因，藏族人民的饮食习俗从汉族的眼光看来是难以理解的，在制定藏族地区的经济开发规划时，就有人提出，藏区人畜的寄生虫病与藏族的饮食习俗有直接关系，要提高畜产品商品率就要改进饮食习惯，但这不仅涉及炊爨能源问题，还和气候及高山草甸的资源特征有关，即使这些问题勉强解决，目前勉强可用的荒漠草甸将只好弃置不用。可见要使开发项目与习俗演化相适应，实在不是件容易的事。在两者未相适应之前，传统习俗必然会影响经济的开发，而且是纯经济手段无力加以改变的。

四、习俗的升华效应

从短期的利弊着眼，不管是汉族习俗还是少数民族习俗，往往使经济学家感到棘手。然而从长远的利益出发，从习俗发展的眼光入手，这些习俗又会是经济开发效益增强的促进剂和稳定剂。关键在于能否有效地利用习俗的特点和演化规律，能否利用非经济的手段诱导习俗向有利方向演化，在选择开发项目时，能否避开不利的习俗因子。若能做好这些工作，则任何一个民族的习俗都会具有承受经济冲击的能力，具有使各种引入经济项目适应本民族需要的能力，具有协调社会生活使之有利于新生产项目的能力。这些能力在经济开发中正常发挥的表现形式，其总和就是我们所称的习俗演化对经济开发的升华效应。

升华效应能在经济开发的诸多环节中被直接观察到。在投资基金上，各民族传统习俗的延续都积压了大量非生产性资产与资金，习俗演化中，都可以转化为经济开发的投资基金。在开发项目的优选上，习俗的定向适应律可以发挥其终极的优化和定型化作用。在劳动力组合和开发上，习俗的演化能够将大量原先无法利用的劳动力转化为有效的劳力资源。在消费市场上，习俗的演化能为开发项目的产品建立稳定的消费体系，从而构成较大的消费市场和市场节制网。在生产项目更新上，习俗演化能将非商品性产品和资源转化为商品，并且能开发出具有某些特征的商品，为本民族经济跻身世界性市场做贡献。这些功效还将由于习俗相对稳定的作用而逐渐定型和深化，促使新开发项目在民族地区不断发展。

五、加强民族习俗对策的研究

事实证明，民族习俗也是经济开发的一条杠杆。不过目前对习俗在经济开发中的作用，除了经济学家的抱怨和政治家的移风易俗口头号召之外，切实的工作做得甚少。从长远看，系统地从事习俗与经济开发及其相互关系的研究，绝不是多余的事。从目前看，起码有如下几方面应是经济开发中必不可少的决策要求：首先在投资估算中应加上习俗阻滞带来的耗损，其次在效益预测中应减去习俗带来的损失，这两项均应逐步形成稳定的对策细则。任何一个经济部门都不应当以经营方便为理由，人为干预民族习俗，或请求行政部门作命令式要求，以防更多的习俗因子做出不利本身开发或其他经济部门的连锁式代谢。在选择开发项目时，应尽力避免有关习俗因子的虚化超前和迟缓，避免出现大量的因子逆向代谢，避免有价值的习俗因子因牵连代谢而消失。开发经营中出现始料未及的动向时，千万不可简单地、粗暴地将它们当作消极现象来处理，因为其中有相当一部分是定向适应律作用下吸收消化引入项目的好结果。对消费市场的预测，必须留有余地，放长市场容量的兑现期，千万不可人为地排挤市场，以防习俗节制机能的失调。对劳动力估算亦应留有余地。在资源利用上绝不可急功近利，起码得留出足够习俗作相应演化的时间，并选用阻力最小的方式。对伴随开发而产生的习俗演化及某些纠纷，应及时、妥善地加以充分的研究然后谨慎地加以处理。总之，无视民族习俗或为了局部利益践踏任何一个民族的习俗的做法都是不对的。不但对各少数民族的习俗，也包括汉族习俗。

最后，重温一下《中华人民共和国宪法》第一章《总纲》第四条的有关规定："各民族都有使用和发展自己语言文字的自由，都有保持或者改革自己的风俗习惯的自由。"记取上述规定，从正确而积极的方面加以深入理解，并且采取正确而积极的措施是非常必要的。

[原载《贵州民族学院学报》（社会科学版）1989 年第 2 期]

苗族习俗结构刍议

摘要：本文认为，对苗族习俗的研究应更深入一步，避免简单的习俗因子现象罗列；苗族的习俗是由若干个习俗因子组成；根据各习俗因子的来源、与当前苗族社会的关系以及在习俗中的地位和作用，可分为残留因子、借入因子、主体因子三类，各个因子之间又分别结成同根、并存、依附、同链四种关系。只有看到苗族习俗的完整性及苗族社会与习俗的关系，才能弄清其实质。

苗族习俗早就引起了我国学者的极大兴趣，有关记载见之于正史，充斥于文人随笔，而总汇于方志，稍加检索即可琳琅满目。然而以严格的科学尺度看，这些记载只能称得上苗族习俗因子的孤立罗列。笔者认为运用马克思主义民族学原理，从民族习俗的社会性、完整性、能动性三方面重新认识苗族的习俗，是一件颇有意义的事。本文拟依次讨论与此有关的苗族习俗与其构成因子的关系、习俗因子间的差异、习俗因子的相互关系等三个问题，以求教于大方之家。

一、习俗与习俗因子

同世界上一切民族一样，苗族的习俗也是由一些具有特定的内容和形式，能对所在社会产生作用而又依赖于该社会，并按一定的方式组合而成的社会现象综合体。这些基本的习俗结构单位就是苗族的习俗因子。在研究苗族习俗时，人们往往最先注意到其中具体习俗因子的表现形式，而忽视其社会功能和它所依存的社会物质条件，所以在古代文献中对苗族习俗的介绍往往只是一些习俗因子的现象罗列，在民族学研究业已深入的今天，这样的罗列已远远不能反映苗族习俗的全貌，本文准备用文献对"克孟牯羊苗"的记载为例，对此加以分析。

有关"克孟牯羊苗"的众多记载中，田汝成的《炎徼纪闻》一书所载内容较为完整，成书的时间也较早。该书第四卷"克孟牯羊苗"条云：

"在金筑司者有克孟、牯羊二种，择悬崖凿窍而居。不设茵第，构竹梯上下，高者百仞。耕不挽犁，以钱镈发土，穰而不耘。男女骊笙而偶，免乳而归其聘财。亲死不哭，笑舞浩唱，谓之'闹尸'。明年闻杜鹃声，则比屋号泣。曰：'鸟犹岁至，亲不复矣。'"

这短短一百余字的记载中，一共包括了居处、耕作、婚姻、丧葬四个方面，共计七个独立的苗族习俗因子。由于这些习俗因子是孤立地罗列，因而它们与苗族社会有何联系，又如何服务于所在社会，都无从反映出来，当然也就无法揭示这些习俗因子的实质，并进而揭示苗族习俗的基本特征了。

为了查证上述记载的准确程度，笔者曾全面调查过贵州麻山地区，从所获资料的综合分析中，发现这段影响很大的记载与麻山地区苗族习俗有一定差距。这些差距可以归纳为三个方面。

首先，这段记载提供的习俗因子并不完整，它并没有提供足够决定习俗特征的全部习俗因子，又对已经提到的因子漏记了不少重要环节。麻山地区苗族历史上长期实行悬棺葬和崖（洞）葬，至今尚遗留大批葬点或可以查证的遗址。我们调查中还有幸于1986年6月亲历一次悬棺葬安葬仪式。这本是当地苗族葬习的一个关键性习俗因子，然而上述记载中却漏了这一点。又如婚姻习俗中，当地苗族实行一种非常完备的血亲辨认制——父子连名宗谱，并把这作为排除血亲婚姻、划定血亲外婚范围的根据。这种婚姻习俗上不可忽视的习俗因子，上述记载也明显脱漏。在耕作习俗中，上述记载准确地记录了当地苗族实行斯威顿耕作（Swiden Cultivation），但却忽视了这一耕作必然并存的定期迁徙习俗。类似例子甚多，就不一一罗列了。

任何习俗因子都不会孤立地存在。它一定要与其社会相适应，因而漏掉它生存的基础，必然使人困惑不解。上述记载中的丧礼一节，由于忽视了当时苗族社会的生死观，也就误解了丧礼的实质，同时把这种丧礼习俗的另外几个重要的习俗因子一并脱漏。苗族同胞认为：人死就是回到祖先之所在地，因而丧礼的核心内容是送死者远行。上述记载中的"亲死不哭，笑舞浩唱"，就是严重误解了这一点。这里的浩唱实际上是"鬼师"以吟诵形式宣读历代祖先名字，供死者灵魂识别；而笑舞则是表演送死者远行和与死者诀别，两者皆是送行丧礼的具体表现形式。由于脱漏了鬼师——人魂沟通者的活动，上述描写在亲死必悲号（当然不少是作出悲的姿态而已）的汉人看来就显得离情悖理了。而记载人却因为这样写反而突出其"奇"和"异"，符合志殊俗异风的心理而被大家传播长期流传下来。基于同样的原因，在居处习俗上，强调了构竹梯而处岩穴，却忽视了住人的岩穴内还有为了生活需要而构筑的居处设施。此次调查中我们就注意到，曾住过人的岩穴遗址内，同样构筑有畜圈、工作间、卧室区、储藏区等设施。这种忽视使上述记载给读者造成居处非人的假象。在婚姻习俗中，上述记载仅提到生第一个孩子后，"归其聘财"，却遗漏了届时将举行隆重的认婚仪式这一环节，造成婚姻似乎不举行礼仪的假象。这些脱漏的环节若不经实地调查，几乎无法弄清真相。

其次，上述记载完全不管所记各习俗因子间的有机联系，从而使他们的功能无法理解。事实上仅就上述记载提到的习俗因子而论，他们既是当地苗族社会及生态环境的产物，反过来又有效地适应了这些环境。麻山地区位于云贵高原台地向桂北丘陵过渡的江河切割地带，境内高山深谷纵横交错，人称"山乱如麻"。山间溶洞密布，山坡上土层冲刷严重，地面缺水，不存在开辟整片农田的条件。这是当地苗族无法过渡到犁耕，而长期实行"以钱镈发土"的斯威顿耕作的客观原因。这一生产状况又造成村寨无法扩大，而利用天然岩穴安置居民点的原因。同时由于生人穴居，出于为死者安排类似于生人环境的目的，又形成了当地普遍实行悬棺葬和崖洞葬的特有葬式。更由于斯威顿耕作固有的游动性，因而婚姻制度中无法保证跳花择偶及各式包办婚姻的执行（这些婚姻手段只能执行于当事双方相对定居的情况之下），这正是生子而后举行婚礼得以长期在这儿持续的主要原因之一。造成这种婚礼的又一个主要原因是内部交通的困难，不得不极度压缩婚礼的程序，力争在既成事实后一次完成。

上述记载中最难理解的部分是每年杜鹃鸣时哭祭先人的习俗。这一习俗因子涉及当地特有的岁首确定办法。斯威顿耕作的特点之一是在同一耕地内，同时种植多种作物。由于各种作物生长季节参差不齐，因而无明确的种、耘、获、藏的周期，而只能随种随收，随收随食。于是以耕作间隙安排岁首的犁耕农业历律制度，在这里无法正常实施。在这种前提下，物候特征对确定季节必然具有决定性作用。杜鹃始鸣这一物候的出现，意味着新鲜食品的到来，将此确定为岁首乃是十分自然的事。而新鲜食品充裕的岁首又正好是思亲怀故的佳节。这些背景正是杜鹃鸣时哭祭先人的社会物质原因。

最后，上述记载无法体现作为整个苗族习俗中一个地区性组成部分的克孟牯羊苗习俗与苗族整体习俗之间的内在联系。给人一种错觉，似乎这里的苗族习俗是一种孤立习俗系统，而与其他地区的苗族习俗无关。这样一来，民族文化的一致性又如何体现呢？造成这种错觉的原因同样在于这段记载仅罗列现象，而未注意到这些习俗因子在各地苗族中的出现几率及其表现形式的演化。作为例证仅指出如下几处就可以类推其余了。

从婚习看上述记载中的婚习因子，早在宋代就见于记载，《溪蛮丛笑》一书在介绍湘西、黔东地区苗族习俗时，提到过同类的习俗因子，并取有专门名称叫"出面"婚礼。笔者在镇宁县调查还注意到一部分苗族至今仍实行这种婚礼。

从葬习看，重要祭仪不在死者新故之时，而在事后若干时候的"冷丧"，在苗族中也十分普遍。上述记载中"笑舞浩唱"的祭礼仪式，与乾隆《贵州通志》中"风俗·东苗及西苗"条的"呼鬼名"，又是同类的因子。至于上述记载中漏记的悬棺葬和崖葬，更是遍及各地苗族之中。

岁首不在一月（指汉族农历）之制，以稍稍变化的形式同样广行于黔东南苗族中。那里由于要安排冬猎，而将兽类秋毫长满前的十月（指汉族农历）为岁首，以利组织生产。这也是一种物候历律。

至于穴居习俗，由于与苗族内广泛流行的岩洞、巨石、枫林崇拜有关，将留待下文深入分析，此处从略。

综上所述，习俗因子仅是习俗的构成单位，单纯罗列习俗因子无法反映习俗的实质性特征。苗族习俗的整体特征必须由其全部习俗因子及其结构方式来加以确定。因此以罗列习俗因子为特征的汉文献对苗族习俗的介绍,不应简单地就当作苗族习俗去看待,而只能看作具有重要参考价值的资料,即具体的习俗因子资料。

目前还有人热衷于对比苗族习俗的个别因子与哪些民族的习俗(因子)相同或相似,若有这类情况则不加分别地去据之推断两者文化同源或有文化传播关系。由于这种方法的立足点不对,因此不管推断的结果如何,都同样不能叫人信服。苗族至今仍广泛实行父子连名制,彝族也有此习俗因子,维吾尔族的这一因子至今仍是实用的习俗因子,俄罗斯族至今也有这一习俗因子。试问苗族与谁同源?苗族古代盛行树葬,以后演化为崖葬及悬棺葬,今天又发展成厝置式土葬。而鄂伦春族至今仍实行树葬,百越族系各族古代也实行过悬棺葬,若再看远一点,西起东非,东至南太平洋各岛,崖葬之习遍及数以百计的民族,苗族又该与谁文化同源才好?苗族中流传的黑人庆故事,景颇族中同样流行,傣族式的统裙在部分苗族中也可以看到。苗族崇祀牛角,实行敲牛祭祀,同样的习俗因子也出现在佤族习俗之中。这又该如何定同源关系?类似的例子多得不胜枚举,若再沿此方式推演下去,还有什么学术价值和实用价值可言呢?

事实上每一个习俗因子,不管是苗族自己创造的,还是由外族借入的,只要进入了苗族习俗,就必然与苗族习俗中的其他构成因子结成错综复杂的关系,而苗族人民也必然要改造这些因子使之适应整体习俗的需要和更好地为苗族社会服务。这些改造工作的表现形式,则是苗族习俗因子的社会功能分类及其因子间的组织关系。这些也是苗族习俗的重要组成部分,为此我们接着进一步讨论苗族习俗因子的分类。

二、习俗因子的分类

根据各个习俗因子与当前苗族社会的关系、各个习俗因子的来源以及各个习俗因子在习俗中的地位和作用,可以把所有习俗因子归为三大类:残留因子、借入因子、主体因子。下面分情况加以讨论。

综观构成苗族习俗的因子,我们常常发现一些因子,它们形成的原因在今天的苗族社会生活中已无法加以解释,它们的存在与否已经不能对苗族的社会产生直接的实质性影响,它们赖以生存的背景与苗族的现实生活环境已出现了差异,而执行这些习俗因子所需要的社会产品往往不是当前苗族社会中的常规产品了。这样的习俗因子就是苗族习俗中的残留习俗因子,省称残留因子。

在当前的苗族习俗中,残留因子十分普遍,无论哪方面的习俗:居处、服饰、婚姻、节日、丧葬……几乎无处不存在着大量残留因子。苗族丧葬习俗中的"炕骨",或称"骑马"、"挂尸"即是一例。这一因子的记载初见于《安顺府志》"苗蛮传"中的"青苗"条。该书说"青苗"举办安葬仪式时,要将死者用腰带悬挂

（或以竹笆承托再悬挂）于屋梁上。这一因子在苗族葬仪中存在的普遍性，民国年间得到了进一步的证实。罗荣宗的《苗族之丧葬》除了确认操贵阳次方言的苗族（上述之青苗）有此仪式外，又补充说："白苗（操惠水次方言者）人死衣殓毕，用木板悬于中堂左壁，置尸其上。"又说："黑苗（操黔东南方言者）尸体放竹席或竹架上，再殓入棺。"笔者经调查证明，上述记载均确凿无误。

综观上述记载可以看出，这一习俗因子的特征是在一段时期中，将死者尸体悬空安置。在当前的苗族生活中，已经无法找到该因子形成的原因了，然而较早的文献却能提供一些线索。郭子章《黔记》"诸夷卷·黑苗"（指今操黔东南苗语者之先辈）条载："死不葬，以藤蔓束之树间。"这一葬法最早可以追溯至 7 世纪，《隋书·地理志·蛮夷》条中，已有十分详尽的记载。这两书中记载的是对死者的终极安置法——葬式。若用民族学术语应称作"树葬"。而罗荣宗所见者仅是一个仪式而已。这反映出残留因子的第一个基本特征，即仪式化。

苗族习俗中的又一个残留因子是所谓的"巨石"崇拜。这一习俗因子在以往多被曲解为图腾崇拜的遗风，然而图腾崇拜圈组成的人群只是一个个外婚集团，最高只能结成半偶族（moiety）。这显然与全苗族普遍崇拜同一自然物无关。对全苗族共有的习俗因子只能从苗族共同的历史脉络去寻求答案。鉴于个别地区的苗族同胞至今尚连续保存着穴居习俗，鉴于供崇拜的巨石并非任意指定，而必须具有象征居穴的孔洞，或实有挡风避雨之功用，两者综合分析足以看出，巨石崇拜应是对先辈居室缅怀的宗教化。类似之因子还有枫木崇拜、岩洞祭祀。这些现象显示了残留因子的第二个特征——信仰化、宗教化。

文献记载黔东南地区的苗族头插"白翎"（或言白鸡羽）为饰，事实上是互相易于识别的实用性标记，而目前已转化为一种流行于台江南境的银质头簪式样。文献记载黔中地区苗族有穿"仅蔽前覆后"的无袖贯首衣的习俗，目前这类衣服却已经转化为装饰性的"背牌"。苗族过去的葬具是用平板拼合的棺木，为了达到固定拼板位置的目的，在无拉槽拼装的技术条件之下，一直用竹藤捆缚或外套"井"字木架的办法。然而技术条件改变的今天，外加木架却以稍微变化的形式保存下来。这种带上非实用"井"字框架的葬具，在黔南、黔中的苗族崖葬山洞内随处可见。这些现象显示了残留因子的第三特征——非实用化和装饰化。凡具有上述三个特点的习俗因子就是残留因子。

苗族习俗的借入习俗因子为数不少，它们和残留因子一样遍布于苗族习俗的各个方面。从来源上看两者却各不相同，前者植根于苗族自己的社会生活，靠习俗自身的演化而进入当代苗族习俗的结构。后者却植根于其他民族的社会生活，是其他民族的固有文化成分，要靠习俗的横向渗透而进入苗族习俗的结构。除了来源不同外，苗族习俗内的借入因子还有如下一些特征，使他们与前者易于区别开来。

首先，借入因子在苗族各地区的分布不带普遍性。从布依族借入者多分布在与布依族接触较密切的苗族地区，从彝族借入的习俗因子一定多出现在与彝族关系较紧密的苗族地区。苗族为了适应山地丛林的生态环境，服饰习俗中以短褶裙最为流行。清代贝清乔的《苗俗记》中，还把裙子的长或短作为区分苗族与仲（布依族）的依据。然而就在贝清乔长期仕居的归化（今紫云县）北部，目前有一部分自称古董苗（在吴泽霖《苗胞影荟》中称为镇宁花苗）的苗族却以布依族古代流行的长至脚踝的统裙为正规服饰。当然这种借入因子也仅仅生存在这有限的苗族地区。贵阳市郊的苗族把传统的月中（阴历，以其月圆利于夜晚对歌，故又称跳月）跳花场，改到每年的四月初八，即汉族佛会节，显然是个借入因子，而这一因子也仅仅出现在邻近中心城镇的苗族地区。

其次，借入因子在执行中凭借的社会物质条件，往往不是苗族社会生活的正规产品，或与苗族社会不相协调。沿着从湖南横穿贵州直至云南去的古道，两面居住着操惠水次方言和罗泊河次方言的苗族，他们的服饰习俗中都用海贝作装饰品。这一习俗因子要得以延续，不是靠自身的社会生产，而要靠远在千里之外热带海域沿岸各族的供应。苗族传统的祭奠方式是见诸《溪蛮丛笑》的"呈生"带血荐仪，这一习俗因子至今仍以各种形式流布于各地苗族之中。但是烧纸钱、焚线香等靠外族产物维持的同质因子，因系借入因子，故至今仅在部分苗族中执行。类似的例子还有黔东南的丝线绣衣和黔西北苗族地区的羊毛披毡、腿套等。

再次，借入因子往往与它并存的其他习俗因子互相抵触，或在含意上无法沟通。比如上文的"四月八"跳花场，与按十二生肖计日、以十二天为一周的计日法，与以年末为岁首的开年计算法（苗年即按此定）不协调。而且四月八日为节期，必然与夜场对歌相违。又如，苗族丧葬习俗的核心是将新魂托于祖魂，祖宗之生存地——苗族传说是在遥远的某地，当然不用钱，因而烧纸钱这一因子无法从并存因子中得出合逻辑的解释来。

苗族习俗中借入了大量习俗因子，但是在借入的过程中，苗族人民对这些因子都要进行创造性的加工改造，务使之能较好地为本民族服务。前面提到丝线绣衣，就仅仅借入平绣法，而所取图案绣制部位喜尚色调，一律按苗族传统行事。部分地区苗族也从布依族习俗中借入了"干栏"式住房，但是苗族"干栏"住房不由正面登楼，并附建宽敞的游廊，建有晒棚，这些都有机地融进了本民族传统。

主体因子是苗族习俗构成的核心。这类因子与苗族社会紧密结合在一起，起到从社会惯例塑造其社会生活的作用，从而为社会稳定、协调发挥特定的社会功能。苗族的服饰不仅以其丰富性、多变性显示苗族人民的审美特性，还是区别通话分歧与否的社会标志，又是各种重大社会活动的组成部分，特定场合下又会成为结成婚姻关系的信物，不同特点的服装还有界定社会身份的作用，等等。

主体因子之间往往互相制约，互为补充。居处习俗中，室内布局是一个重要因子，而这一因子必然与家庭规模及其组织方式互为表里，而家庭规模又与婚姻习俗直接相关，影响着婚礼的举行方式与婚礼的规模以及婚后的某些生活特点。这种联系的错综复杂性，致使每一个因子的变化必将引起众多因子的相应调整。

主体因子生存的社会条件与物质条件，一般全部由苗族的现实生活与生产去满足。这是主体因子与上述两类因子的又一个重要区别。当前苗族习俗中主体因子延续所需的物质条件种类甚多，其数量在生产总值中占有很大比例。比如各地苗族敲牛祭祀、吃牯藏消耗的牛只，并不比役用牛的正常消耗少。苗族妇女一套盛装的所需工作日，往往大过一位少女未婚前总共可使用工作日的三分之一。

主体因子具有较大的稳定性，有显明的特征性、代表性。吃牯藏从《溪蛮丛笑》记载"例牛"起，至今已历七八个世纪却长盛不衰。苗族跳场在明代见于记载，历五百余年，至今其内容仍相沿不变。这些因子长期稳定，致使人们能把它们指为苗族习俗之代表。不过这种代表性仍然不是孤立地发挥作用所能造成的，而是众多因子通过一系列关系协同作用的结果，为此，我们还应该进而讨论，苗族习俗构成因子的相互关系。

三、习俗因子间的相互关系

构成苗族习俗的众多习俗因子，并非各自孤立地发挥其功能，而是按苗族社会的实际需要，依据习俗因子间的多种复杂关系，将它们有机地组织在一起，使它既互为促进，互为补充，又互相制约，共同结成完整的苗族习俗。因而苗族习俗不仅取决于它包含了什么样的习俗因子，还取决于这些因子的类别，更取决于各因子间结成的关系；只有三者的总和才能客观反映苗族习俗的基本面貌。

苗族习俗中众多的构成因子之间，必然会有两个或两个以上的习俗因子，它们赖以延续的社会条件相同或相近，它们之间通过共同的社会及物质财富需求基础紧密地联系在一起，结成一荣俱盛、一枯皆损的同根共株关系。这种习俗因子间的关系可以称为同根关系，处于同根关系的所有习俗因子互为同根因子。

父子连名制命名法是苗族中通行较广泛的制度。苗族社会中正是通过它去划分人与人之间的亲缘关系，凡父子连名的祖宗名单一致的任何个人都是同宗血亲，否则就不同宗。苗族社会为了建立和维持这一制度，必须提供一定的社会条件，也得随时消耗一定量的物质财富。苗族中每一个家族都有一名至数名"鬼师"，鬼师的职能之一就是背诵该家族由父子连名祖宗名字联成的谱系，并传授给本家族的所有男性成员。每年春节初一至十五或一定季节，苗族青年男子就三三两两地携带酒肉去馈赠本家鬼师，请他传授本家谱系，所带去之酒肉，一部分大家共享，一部分作鬼师的收入。整个过程中，苗族社会提供了整整十五天不事生产的基本条件，又由每个成员提供酒肉等物质财富，共同延续了这一制度。

在此基础上，发育出若干个散布在不同习俗范围内的习俗因子。在婚姻习俗中，婚姻当事人凭着祖宗谱系去找寻可以与自己婚配的对象，凡父子连名宗谱同者，不得婚配，反之则可以成亲。这就是苗族习俗中的宗谱确认婚配法，它是苗族婚俗中至今处于主体地位的婚习因子之一。在信仰习俗中，这个宗谱又是确认祖宗祭奠对象禳解灾祟的凭据之一。在丧葬习俗中，这个宗谱又是丧礼参与人界限划定的依据，还是"新魂认祖"奠仪中祷告词的主要内容。在财产继承习俗中，这个宗谱又是限定续承次序，确认过继手续的组成部分之一。就这样，上述各习俗因子一致通过父子连名宗谱，结成互相之间的同根关系。若春节期间鬼师执教宗谱这一社会教育环节不能执行，这些习俗因子也就随之而无法延续。

同根关系在苗族习俗因子之间是一种十分普遍的现象。黔中地区苗族的跳花是一个早就引起外界注目的习俗因子，它不像以往理解的那样，仅仅在于提供青年男女的择偶机会，它还与各种苗族文娱活动的表演、各种传统技艺的社会化、苗族内各村寨的互相观摩等性质各异的习俗因子结成同根关系。特别值得一提的是，跳花择偶还得受上述父子连名宗谱制约，于是跳花这一因子又与春节习俗宗谱因子结上同根关系，通过后者又与其他和习俗宗谱有着同根关系的因子再结成复合的同根关系。如此层层串联构成一个完整而错综复杂的同根关系网。而最终决定这个关系网性质与存亡的因素，不是什么苗族的抽象心理禀赋，而是具体的社会物质条件。

和同根关系相反，处于并存关系的习俗因子，不是靠它们延续的社会条件，而是靠它们相似的社会功能而发生互相牵制作用。包办婚姻制与自由结合的目的都在于完成两性的结合，其社会功能相同。但两者依赖的社会条件不一致，前者靠婚姻当事人的长辈（父系或母系）之间的愿望和利益的支配，并利用社会力量，把这些愿望和利益合理化和实力化，迫使当事人就范。后者则不同，是以当事人愿望为出发点，利用另一批社会力量，同样要求合理化和实力化，以便最终实现婚姻。从社会适应性看，包办婚姻比较合乎父系大家庭的要求，而自由结合则合乎小家庭的需要。由于当前苗族社会处于这两种家庭的过渡时期，社会上并存着两种家庭，因而这两种婚姻的习俗因子自然也就得以并存相安了。

与并存关系最容易相混的是依附关系。先看一个例子，当前黔中地区的苗族丧葬习俗中的葬式就包括了好几个因子，除了土葬（厝置式，或称假性土葬）外，同时有火葬、悬棺葬和崖葬、树葬等，其中土葬是正常的和主要的葬式，火葬专施于暴死或暴病死者、难产死者，悬棺葬和崖葬取决于本人生前的愿望或儿孙为了家道兴隆，树葬则出于鬼师之卜问结果，或者死因不正常。粗看起来它们很像是并存关系，然而这些因子施行的对象是特定的，是由稳定的社会观念划定，并长期执行，而且将继续延续下去的。社会一致公开承认他们之间主从地位，不可互相代替，在非特殊情况下一般按主位因子（如上述的土葬）执行。可见处于依附关系的各因子其社会目的一致，社会功能却有别，但不互相排斥，而是服务同一社会需要，这与并存关系互相排斥显然不同。处于依附关系的各因子必然互为补充，互为对立面，共同去完成其社会使命。

如果一些习俗因子间存在着执行的前提或直接归宿上的联系，即只有前者执行，后者才得以执行的关系，则他们之间就是同链关系。苗族丧葬习俗中的丧礼、葬仪、葬式按顺序执行，缺一不可，其间就是同链关系。居处习俗中的寨址，寨内组合、住房规范、室内布局，也是同链关系。在这种关系下，由于前提制约着结果，以致前一个习俗因子的特点往往迫使后一因子具有某种相应的特点。比如苗族村寨寨址具有在半坡立村落的特点，于是村寨内的组合不得不沿等高线平行建房，而贯穿全寨的主道只能在寨侧等。

上述四种关系是苗族习俗诸因子间最常见、最主要的关系，不认识到这一点就无法理解苗族习俗的实质。

苗族社会一方面有选择地保存一些传统习俗因子，再一方面又借入一些习俗因子，又自己新造一些习俗因子，并随时按需要把这些因子织入习俗因子的关系网，以便有效地为社会服务，这就是苗族在习俗上发挥其能动性的一个表现。我们必须承认这种能动性，才能谈得上有效地认识和利用苗族习俗为现代化服务。

［原载《思想战线》1988 年第 6 期］

以贝为饰习俗成因考

"海𧵃苗"世居苗岭中段山脊地带，其住地距海千里有余，他们绝对没有见到大海并直接认识海洋生物的任何条件。然而他们的日常生活却离不开一种海产贝类的外壳——"海𧵃"，这是他们妇女不可一日或缺的装饰品。正如吴泽霖教授所说："（海𧵃苗）女子的背上挂有一条线织的花布，布顶端缝有二十个左右的海𧵃，所以汉人称他们为'海𧵃苗'。"供这种装饰用的海𧵃表面呈长椭圆形，背面隆起，光洁圆润，坚硬异常，在浅黄褐色的底子上，杂有些暗红褐色的花纹，十分晶莹可爱。这种海贝盛产于热带海域，海𧵃苗能得以认识它，并形成普遍戴用、人人喜爱的风习，看来非经他人转手并能保持稳定的供应不可。

海𧵃苗群众也承认他们以海𧵃为饰，是从他人那儿学来的。在苗岭深山区至今流传着一个有关海𧵃的民间故事。苗家每年都要举行斗牛比赛，一看完斗牛，就要唱歌跳舞。在举行斗牛比赛的坝子边有一口井，里面住着龙女，苗家称作"龙洞井"。苗家姑娘都喜欢在龙洞井边跳舞，因为井里的龙女会出来与大家一道跳舞。龙女的穿着十分漂亮，尽管苗家姑娘个个穿着节日的盛装，总比不上她们的衣服好看，她们每次来苗家姑娘都看呆了，非常羡慕这些龙女。但是心灵手巧的苗家姑娘不肯就此罢休，在和龙女跳舞时，她们处处留心。能看见龙女的前面时，就记住龙女胸前的四方花；当龙女转过背时，又记住了龙女背上的四楞花样，四楞花样的下面还缀着二十来个晶莹光洁的花海𧵃。回到家后大家凭着记下的图样，试着做了又做，终于做成了漂亮的"背牌"，穿起来就和龙女穿的一模一样。从此以后苗家姑娘个个做背牌穿，并且佩戴海𧵃，直到今天都是这样。

在这个故事中除了虚构的"龙女"外，苗族妇女向别人学习制衣饰和用海𧵃装扮自己，则是这种习俗由来的真实写照。当然实际情况不可能如此简单，因为不管采用任何一种东西做装饰品，不仅仅是个学会使用的问题，更重要的是该物品的供应问题。海𧵃这种远道而来的物品能够成为苗族妇女人人必备的装饰，更非有充足的供应来源不可。要满足这个条件，海𧵃就首先要成为"海𧵃苗"周围各族的经常贩运品。于是一个新的问题提出来了，即，海𧵃苗的友邻各族为什么要贩运这种既不能吃，又无具体实用价值的东西呢？要回答这个问题，看来得回顾一下我国各族人民与"海𧵃"的关系史。

和海𧵃苗交往十分密切的汉族人民在古代也曾广泛地占有过"贝"，即本文所说的海贝。他们以贝作货币使用，充当贸易的媒介。在商代的墓葬中，经常有贝出土，商代的铜器铭文中也有以贝赏赐的记载。到了周代，铜器铭文中提到贝的更多了。随着冶金技术的提高，人们开始用金属去铸造货币，贝才逐渐被排斥于货币之外。故东汉人许慎总结说："贝，海介虫也。居陆名猋，在水名蜬。象形。古者货贝而宝龟，周而有泉，至秦废贝行钱。"这里所说的贝显然与海贝苗以贝为饰无关。因为汉族至秦代已废贝行钱，从海上贩运海贝已无利可图，要从汉人手中取得足够的海贝供装饰之用已不可能。因此海贝苗所用的海贝必然另有来路。

就在汉人废弃贝币之后，我国的云南各族却大行贝币。"（云南）用贝为货币，在唐咸通初年以后开始通行"。而"滥觞于南诏，至大理时而盛"。这些海贝来自南海和孟加拉湾各国，是南诏、大理等地方政权与这些滨海国家交易中得来的。据江应樑教授考证，暹罗（古泰国）是云南货贝的主要供应地。这一供应线直到明末清初，才因"云南大量铸造铜钱以后，铜钱有充分的供给准备，于是海贝的使用乃废止"。因而明代人的著作中还一再提到云南大量用贝作贸易中介物。《明史·食货志》云："滇中不行鼓铸，反以重价购海贝。"李时珍《本草纲目》："古者用贝子为交易，今独云南用之，呼为'海贝'。"明末王士性在《广志绎》中说："云南贸易用贝。"如此，直到明末，地处自湘入滇官道南侧的海贝苗聚居区，要获取足够的海贝作装饰之用，看来是不成问题了。

弄清海贝的来源后，可以进一步讨论以贝为饰习俗形成的年代了。海贝苗在清初被称为"白苗"，在明代称为"东苗"，在元代和明初称为"苗蛮"。明代的贵州方志，如《贵州图经新志》、嘉靖《贵州通志》都说东苗的衣服上"杂缀海贝、铜铃、绿珠为饰"，据此可知至少在明代中叶时，以贝为饰的习俗在苗族中已经盛行了。至于这一习俗的开始应当更早一些。要形成这一习俗，其先决条件是云南流通的海贝要大量流入黔中，要实现这种流入，又与中央王朝与云南之间的交通有关，因此只有全面分析自云南用贝之日起直到明中叶以前，这一长段时间内云南商道穿越贵州的情况后，才能得出一个大致的轮廓来。

《旧唐书》、《新唐书》、《蛮书》这些唐代文献对云南与中央的交通记载可谓翔实，但是这些书几乎未提到过云南穿过贵州到湖南有过交通大道。当时仅记载入云南有三条大路：一从金沙江入，一从大渡河雅砻江入，一从安南都护（今越南）入，这些道路均未穿过今天的贵州。仅《蛮书》提到过：巴、夔一带的盘瓠蛮在今广西与云南交界一带出现。这些少数民族走的正是穿越贵州的山路，但是唐政府并不掌握这条山路，因而《蛮书》的作者要查证这件事情的真相，不得不绕道至今四川、湖北一带才查清这些少数民族的来路。当时的黔中布满了许多各自相对自立、分别接受唐政府羁縻的少数民族集团，由于他们相对自立，因而无法结成较大的经济势力，故与当时以贝为货币的大理贸易往来，其规模不大，海贝流入黔中的规模自然也很有限。

宋王朝建立之初集中全力巩固中央政权，对西南经营的步伐因而放慢，大理地方政权遂得以长期存在下来，同时云南地区与黔中的关系仍保持在唐代后期的水平上。比如黔中出现的"五姓番"，主要是与宋王朝发生朝贡关系，这种往来在《宋史》、《宋大诏令集》中都留下了可凭的记载。而黔北的思播土司则直接通过四川向北宋朝贡。故终北宋之世，从云南横穿贵州直达湖广的大道一直未畅通过。

宋室南迁后，由于形势所迫，宋王朝不得不大力经营西南，因而"五姓番"等黔中势力集团越来越频繁地入贡。同时北方领土丧失后，军马的来源断绝，也迫使南宋朝廷留心买进大理出产的马匹。于是从昆明一带向东南穿过贵州西南部到达广西横山一带的交通一下子兴旺了起来。《岭外代答》一书对这条贩马之路有较具体的说明。不过这条通道远远地偏离了黔中"海肥苗"的住地，这种贸易即使流入了"贝币"，也不会对黔中苗族带来直接的大影响，真正给"海肥苗"带来大量海肥的商道是另一条偏东的大路，这条路西起今滇黔边境，中经比喇（今织金），再于今贵阳南越过苗岭进入濛江（当时的五姓番住地），最后直接到达宜山一带。这条商路由于宋王朝规定马匹一律要在横山寨交易，仅用过一次即被封闭。不过宋王朝仅是封闭了这条通道的出口，这条通道本身由于大部分不在宋王朝的直辖区内，宋朝廷是封闭不了的。由于这条通道的存在，使通道沿线的土司们富足起来。这些情况在《宋史》中虽未留下可凭的记载，但元初时，沿线土司对元朝朝贡的丰裕仍可间接地为这些土司的富足作证。

位于今贵阳南偏西的金筑土司是一个很小的苗族土司，其地既不产马，又无冶铁。但是在元初，该土司的头领扫间却因贡马和刀、毡等物丰裕，被元朝廷重视，破格提级，就其地设置金筑府。贵阳正南的"五姓番"在元朝时发展为"八番"，每一"番"皆设"军"，授安抚衔。然而这"八番"之辖地总共才今惠水一县的一小部分——濛江河谷一带，其狭小可想而知。在宋时，这些土司名分虽低，但能数千里跋涉入贡，其实力不至太低；至元时又能一下子引起元政府的重视，显然更不是一贫如洗的角色。这些事实从侧面道出这条通道的客观存在。

南宋后期元蒙领有了云南。元、宋除了在两淮、汉水、巴蜀交兵外，还在今贵州境内设防，形成两军对峙的局面。这种局面的直接表现则是宋人在舞阳河上游（今黄平旧州）设镇远城以防元兵东进。元军为了牵制宋人也在黔中屯兵，储备军需，因此当时云南广为流通的货币海肥势必随着军备的东运大量涌入黔中；更由于再向东去海肥已不再通用了，这些流入的海肥必然在黔中富集起来，为黔中苗族取作装饰品奠定了丰厚的物质基础。

元朝统一全国后，自湘穿黔入滇横贯黔中的大道畅通无阻了，但是元朝却未能改变云南地区的币制，故元时的黔中一面从东流入钱币，一面又从西面流入海肥，这两种不同的货币同时在黔中流通，并继续富集起来。这种富集更由于元朝不断地征缅、征八百媳妇而加快了速度，同时逐步抬高了黔中土司的地位。

这时的苗岭深山区已处在上述各土司的包围之中，为了扩大势力范围，占领当时社会发展水平还较低的苗族地区是他们最方便的门径了。于是元时的黔中苗族聚居地，成了新添、金筑、八番的角逐场。这些土司借着元政府的旗号对苗族实行招谕，故《元史》称该地苗族时往往将招谕他们的土司名联称，如平伐苗蛮、八番苗蛮、紫江苗蛮，等等。这种形势下，富集在黔中的海贝遂由于这些土司活动，被带入苗岭深山区。但由于苗族尚未有较大的市场贸易，又很快地退出了流通领域，被苗族群众当成远方来的珍奇物保存下来。在这种前提下，一旦衣着需要，海贝就能转化为装饰品。鉴于海贝只有在这样的背景下才会被带到苗岭深山区，故可以断定聚居在苗岭深山区的苗族要形成以海贝为饰的习俗，其时间绝不会早于宋末元初。

海贝转化为装饰品是在两种不同的动机作用下实现的。其一是海贝本身的珍奇，引起苗族群众的普遍爱好；其二是衣着本身需要海贝一类的东西缀上以便于穿着。

先谈第一个因素。海贝既然是以货币的身份被贩运到苗族群众手中，故海贝本身虽然在海边俯拾即是，但是当它在苗岭深山发现时已经过辗转的运输，它已经被赋予了价值，可以作为交换的计价标准了，因而保存它就等于保存了某种价值。在海贝传入苗岭深山之初，苗族人民正是在这种心理的支配下，贮藏并积攒海贝的。

海贝晶莹可爱，给人以美感，能满足苗族人民对美的要求。加上海贝不霉不腐、耐贮存、不易损坏等特征，苗族人民保存海贝不需要付出什么代价，故乐于贮藏它作观赏之用。加上海贝是远道运来之物，在苗岭深山实属珍奇，容易引起人们的好奇心，培植了苗族人民对它的好感和追求的热情、刺激了苗族人民对它的占有欲。于是海贝这种自云南传入的货币不仅仅是一种简单的价值中介物和标准进入苗族人民的生活，而且是以一种有观赏价值的实用物和珍奇异宝进入苗族人民生活中。

众所周知，原始观念中总是把生产物的多少视为美丑之标准，拥有的劳动产品越多，其拥有的身价越高，人也就越美。海贝既然是价值的尺度和标志，也必然会成为美丑的尺度，于是在海贝大量富集于苗岭深山区的同时，苗族人民自然把海贝作为美的象征品，大量地缀到自己的衣服上去。这种做法和今天黔东南苗族在衣服上堆饰银片一般无二。所不同者仅在于黔东南苗族从东接受大量贵金属货币，而海贝苗则从西大量引入贝币而已。

苗族使用海贝为饰的动机之二是把它当成衣物的配重物。关于这层用意上面的引文中已有端倪。在东苗使用海贝为饰的记载中，是将它与铜铃、绿珠同列。仅此可见海贝在开始时是通用的各种装饰品之一，而不像今天那样是最主要的装饰品。嘉靖《贵州通志》称"杂缀海贝、铜铃、绿珠为饰"，这里的"缀"字还有另外一层意思，即这些装饰品全部被固定在衣物的下沿，而不钉在衣物的显要部位如前胸、肩、背等部位。这一装饰部位与今天"海贝苗"的"背牌"上海贝的装饰部位完全相同，可以视为一脉相承的前后两个阶段的同一风习。

在调查中我们仔细地询问苗族人钉海贝在背牌上对实际穿着的作用，被访问的人，除了说是为了好看外，不少人认为不钉海贝"背牌"会飘起来不好穿。实际观察也证明了这一说法，因为背牌多排多少次花，都无法使之加重到自然贴身的地步，因而添加配重物——海蚆，看来必不可少，故就此意义上说，海蚆除有观赏之功外，尚有实用之效。

嘉靖《贵州通志》所记东苗的服装是"遮前覆后，当中作孔，以首纳而服之"的贯首之衣。这样的上衣既无扣子，亦无系带，仅是披在身上，其形制至今尚在贵阳乌当石头寨、龙里谷冰、长顺广顺等地苗族中盛行，也在荔波白裤瑶中盛行。这一形制的服装不可能贴身，为要使之不致飘起来，衣服的下沿一律要加重物压住衣裾。故文中所言的杂缀海蚆、铜铃，正是一些衣服的配重物。

鉴于上述两种动机，海蚆遂发展成苗岭中段苗族的必备装饰物，并因而蒙上了"海蚆苗"之称。这种情况无论在今天的调查或文献中均可获得证明，而且也与类似的衣饰特点相通。因此我们有理由说，"海蚆苗"以海蚆为饰之习乃是民族关系、衣着特点、苗族人民的思想意识、实用原则等一系列复杂原因综合作用的结果。它在一定程度上是这些苗族近几百年来社会发展的一个见证。

［原载《贵州民族学院学报》（社会科学版）1985 年第 2 期］

后　记

　　杨庭硕教授从事教学与研究工作50多年来成果丰硕。吉首大学为了纪念他在教学和学术上的重大贡献，特决定在吉首大学举办一次学术活动，以便总结经验，推动民族学学科的发展，激励青年一代效仿前辈，投身民族学研究事业。为此，决定将他几十年来公开发表的代表性论文汇编成集，以利于学术界参考和利用。任务下达后，参编人员经过几个月的艰辛努力终于完成。需要说明的是，本论文集在收载原作时，尽可能的保持原貌，仅是某些字句由于时代的发展稍感不宜而做了必要的技术性修改，原文的基本思想和内容则坚持尊重历史、保持原貌的原则。在整个汇编过程中，值得感谢的单位和个人很多。

　　首先，感谢吉首大学的校领导对本论文集的大力支持和帮助。从纪念会议的初步策划，到论文集的汇编工作，校领导都一直关注。

　　其次，感谢吉首大学历史与文化学院的领导和老师们。他们在认真贯彻和落实学校领导的指导意见时，更是对本论文集的所有细节进行了系统的指导和把握。这给编者提供了更为宽敞的工作空间和勇气。

　　再次，感谢云南省社会科学院原院长、中国西南民族学会终身名誉会长何耀华先生赐序。感谢中央民族大学出版社张山教授惠允担任本书责编，他的工作为本书增色不少。

　　最后，感谢吉首大学民族学专业的硕士研究生们，正是他们的大力支持和帮助，才使得论文集的汇编工作顺利开展和进行。他们是李银艳、张文静、王坤、李彬、翟慧敏、陈少玉、龙跃、朱堃、张晓利、罗崇奎和胡曦元。

　　本论文集在汇编过程中还注意到，杨庭硕教授的不少论文由于各种原因，发表的刊物级别不高但却十分有价值。考虑到本书的篇幅不能过大，同时又得兼顾论文发表后的实际影响力，因而只能忍痛割爱。特别是有关贵州省贵阳市高坡苗族乡的民族志调查资料，由于篇幅过大，至今没有机会全文出版。日后希望能够通过适当的机会单独出版，以期对该资料的妥善传承。

编　者

2012年12月6日于吉首大学